Politik und Wirtschaft

Kursthemen für die Sekundarstufe II

Band 6:
SOZIALPOLITIK
Soziale Sicherheit im Wandel

Herausgegeben von Peter Jöckel und Dirk Lange
Erarbeitet von Peter Jöckel

Cornelsen

Politik und Wirtschaft
Kursthemen für die Sekundarstufe II
Band 6: Sozialpolitik – Soziale Sicherheit im Wandel

Herausgegeben von Peter Jöckel und Prof. Dr. Dirk Lange

erarbeitet von Peter Jöckel

Redaktion:	Klaus Pflügner
Umschlaggestaltung:	Rosendahl Grafikdesign
Grafik:	Infotext, Berlin
Layout und technische Umsetzung:	Stephan Hilleckenbach, Berlin

www.cornelsen.de

Die Links zu externen Webseiten Dritter, die in diesem Lehrwerk angegeben sind, wurden vor Drucklegung sorgfältig auf ihre Aktualität geprüft. Der Verlag übernimmt keine Gewähr für die Aktualität und den Inhalt dieser Seiten oder solcher, die mit ihnen verlinkt sind.

1. Auflage, 1. Druck 2014

Alle Drucke dieser Auflage sind inhaltlich unverändert und können im Unterricht nebeneinander verwendet werden.

Druck: Mohn Media Mohndruck, Gütersloh

ISBN 978-3-06-065155-9

PEFC zertifiziert
Dieses Produkt stammt aus nachhaltig bewirtschafteten Wäldern und kontrollierten Quellen.
www.pefc.de
PEFC/04-31-1033

Liebe Lehrerinnen und Lehrer, liebe Schülerinnen und Schüler,

die Bände der Reihe „Kursthemen Politik und Wirtschaft" sind für die gymnasiale Oberstufe konzipiert und bieten umfassende Materialien zur Abiturvorbereitung. Die Bände „Gesellschaft", „Demokratie" und „Wirtschaftliche Ordnung" greifen die grundlegenden Problemstellungen der Bezugswissenschaften des Faches auf. Die Bände „Sozialpolitik", „Globalisierung", „Wirtschaftspolitik" und „Europa" gehen von diesen Grundlagen aus und behandeln zentrale Leitthemen, wie sie auch in den Lehrplänen ihren Niederschlag finden. Die drei erstgenannten Bände eignen sich daher insbesondere für die Einführungsphase der gymnasialen Oberstufe, die vier weiteren für die Qualifikationsphase.

Hilfestellung und Orientierung

In fast allen Bundesländern sind die Schülerinnen und Schüler der gymnasialen Oberstufe aufgrund der Schulzeitverkürzung jünger geworden. Die Bände der Reihe tragen diesem Umstand Rechnung und geben mit verschiedenen Mitteln Hilfestellung und Orientierung. Sie orientieren sich am Verfahren des kooperatives Lernens. Die Arbeitsanregungen sind differenziert und ermöglichen ein problemorientiertes und urteilsbildendes Vorgehen. Der Aufbau der Bände folgt dem Doppelseitenprinzip. Vielfach wird das zu behandelnde Thema auf zwei gegenüberliegenden Seiten abgehandelt. Ist es komplexer, so können auch zwei oder mehr Doppelseiten einem Thema gewidmet sein.

Förderung von selbstständiger Arbeit

Die Themen knüpfen an aktuelle politische, wirtschaftliche und gesellschaftliche Fragestellungen an und ermöglichen es, zum gegenwärtigen politischen Geschehen selbst Stellung zunehmen. Da jedes Thema in Zeiten raschen sozialen, politischen und ökonomischen Wandels ständig der Aktualisierung bedarf, werden vielfältige Möglichkeiten zur Weiterarbeit geboten. Hierbei hilft ihnen ein ausführlicher Methodenanhang, den jeder Band enthält. Die Schülerinnen und Schüler werden stets aufgefordert, sich selbstständig mit den Problemstellungen zu befassen und zur Bearbeitung eine passende Methode aus dem Methodenanhang auszuwählen und zu nutzen. Zudem ist in jedem Band eine Methode exemplarisch ausgeführt.

Fachspezifischer Kompetenzerwerb

Die Bände tragen zu einem fachspezifischen Kompetenzerwerb bei. Die gymnasiale Oberstufe soll die Voraussetzungen für ein wissenschaftliches Studium schaffen. Deshalb bieten die Bände der Reihe Materialien, die den Erwerb entsprechender Kompetenzen ermöglichen sollen. Jedem Kapitel ist ein „Kompetenzcheck" zugeordnet, der nach den Anforderungsbereichen (AFB) der Prüfungsanforderungen für das Fach Politik und Wirtschaft bzw. Sozialwissenschaften gegliedert ist. Damit können die Schülerinnen und Schüler überprüfen, ob sie sich anhand des jeweiligen Kapitels sozialwissenschaftliche Kompetenzen erworben haben.

Merkmale der Reihe

Kurz zusammengefasst zeichnen sich die Bände der Reihe „Kursthemen Politik und Wirtschaft" aus durch
- Einüben politischer Urteilsbildung
- Kompetenzorientierung
- Kontroversität
- Problemorientierung
- Methodenorientierung
- Handlungsorientierung

Herausgeber und Verlag

1 Soziale Ungleichheiten

Wer verdient wieviel? – Einkommensungleichheiten 8
Und wer hat wie viel? – Vermögensverteilung 14
Für alle gleich? – Die Verteilung von Einkommen und Vermögen 16
Wann ist man arm? – Armut und Reichtum 20
Prekäre Verhältnisse – Armutsgefährdung 28
Schrumpft die Mittelschicht? – Angst vor sozialem Abstieg 32
Kompetenzcheck 36

2 Sozialstruktur

Was ist uns gemeinsam? – Sozialstruktur 38
Welche Strukturmerkmale gibt es? 40
Klasse, Schicht, Lage, Milieu? 46
Einen Millionär oder die Chefin heiraten? – Soziale Mobilität 52
Hinten anstellen? – Veränderung durch Zuwanderung 56
Funktion oder Konflikt – Ist soziale Ungleichheit notwendig? 58
Kompetenzcheck 62

3 Was ist sozial? – Sozialpolitik

Wie ist Sozialpolitik entstanden? 64
Was soll Sozialpolitik leisten? 70
Wie soll Sozialpolitik umgesetzt werden? – Struktur der Sozialpolitik 74
Wer profitiert von der Sozialpolitik? 76
Wie tief geht das? – Sozialpolitik als staatlicher Eingriff 78
Wer bezahlt das? – Finanzierung der Sozialpolitik 80
Kompetenzcheck 84

4 Sozial ohne Ende? – Der Sozialstaat

Sozialpolitik in Deutschland 86
Markt oder Staat? – Sozialstaat und Marktwirtschaft 90
Aktivierende Sozialpolitik? 92
Zu hart(z)? – Die Hartz-Gesetze 94
Was brachten die Hartz-Gesetze? 96
Fröhliches Wechselspiel? – Der Sozialstaat als Umverteiler 98
Rundumversorgung? – Sozialstaatliche Leistungen 100
„Sozialschmarotzer"? – Leben Menschen unnötig auf Kosten aller? 106
Abriss oder Umbau? – Der Sozialstaat in der Diskussion 108
Kompetenzcheck 116

5 Rundum abgesichert? – Die soziale Sicherung

Soziale Sicherheit? – Soziale Sicherung 118
Alles abgesichert? – Die Sozialversicherung 122
- Absicherung im Alter 122
- Absicherung im Krankheitsfall 128
- Absicherung bei Unfällen 132
- Absicherung im Fall von Arbeitslosigkeit 134
- Absicherung im Pflegefall 138

Geht das so weiter? – Neue Herausforderungen 140
- Kostenexplosion 140
- Wachstumsschwäche 141
- Demografische Entwicklungen 142
- Arbeitslosigkeit 144
- Wandel der Arbeitsverhältnisse 144
- Globalisierung 146

Was tun? – Reform der sozialen Sicherung 148
Kompetenzcheck 152

6 Gut versorgt? – Weitere Leistungen des Sozialstaats

Menschenwürdig? – Wozu der Sozialstaat verpflichtet ist 154
Welche Rolle haben die Tarifparteien? 156
Muss Mindestlohn sein? – Eine sozialpolitische Herausforderung 160
Ist das ausreichend? – Grundsicherung und Sozialhilfe 166
Führt Ausbildungsförderung zur Chancengleichheit? 170
Ist Kinderkriegen Luxus? – Familienpolitik als Sozialpolitik 172
Ist der Sozialstaat Deutschland sozial gerecht? 176
Kompetenzcheck 184

7 Wie entwickelt sich die Gesellschaft? – Sozialer Wandel

Alles fließt? – Sozialer Wandel 186
Wie ist das zu erklären? – Theorien des sozialen Wandels 190
Immer älter? – Demografischer Wandel 196
Immer bunter? – Migration und sozialer Wandel 198
Wer wird gebraucht? – Wandel der Arbeit 202
Immer vielfältiger? – Wandel der Familie 206
Jedem sein eigenes Risiko? – Individualisierung 210
Woran halten wir uns? – Wertewandel 214
Lauter Bruchzonen? – Strukturwandel 218
Wie hält das noch zusammen? – Konfliktpotenziale sozialen Wandels 220
Kompetenzcheck 224

8 Zukunft des Sozialstaats

Sozialstaat am Ende? – Herausforderungen durch Globalisierung 226
Ein Weg? – Der global compact 232
Soziale Marktwirtschaft weltweit? 236
Alles rosig? – Zukunftsszenarien des Sozialstaats 240
Kompetenzcheck 246

9 Methoden in den Sozialwissenschaften

Analyse von Grafiken 248
Analyse von Karikaturen 250
Analyse von Texten 251
Analyse von Tabellen 252
Arbeiten mit Texten 254
Fallanalyse 256
Gruppenpuzzle (Jigsaw) 258
Placemat 260
Politische Urteilsbildung 262
Sach- und Werturteile 264
Deskriptive und präskriptive Aussagen 265
Präsentation 266
Recherche 268
Umgang mit Theorien 269
Klausuren 270
Kurzvortrag/Impulsreferat 272
Eine Debatte führen 273
Planspiel 274
Szenariotechnik 276

Glossar 279
Register 284
Bildquellenverzeichnis 287

1 Soziale Ungleichheiten

Man spricht von sozialer Ungleichheit, wenn die Lebensbedingungen bestimmter Gruppen so beschaffen sind, dass sie regelmäßig bessere Lebens- und Verwirklichungschancen als andere haben. Soziale Ungleichheit kommt in allen Gesellschaften vor. Sie zeigt sich etwa darin, dass Mächtige ihren Willen gegenüber Ohnmächtigen durchsetzen können oder dass Wohlhabende angenehmer leben als Arme. Art und Ausmaß sozialer Ungleichheiten sind allerdings in verschiedenen Gesellschaften sehr unterschiedlich.
In vielen hochentwickelten Gesellschaften gelten immer mehr Menschen als arm. Gering Qualifizierte finden immer schwerer eine Erwerbstätigkeit. Zuwanderern fällt es immer schwerer, sich zu integrieren. Die Arbeitslosigkeit verharrt häufig auf einem relativ hohen Sockel. Die einst tonangebenden selbstbewussten Mittelschichten schrumpfen. Auf der anderen Seite konzentriert sich immer mehr Reichtum in immer weniger Händen. Die „Schere" zwischen Armut und Reichtum geht immer weiter auseinander.
Die Notwendigkeit von Sozialpolitik ergibt sich aus diesen sozialen Problemen.

Wer verdient wie viel? – Einkommensungleichheiten

Armut und soziale Ungleichheit sind Probleme, die den Bestand einer Gesellschaft gefährden können und deshalb zu Lösungen drängen. In Europa wurde mit Sozialpolitik im 19. Jahrhundert begonnen. Doch bereits vorher gab es Almosen und Armenhäuser. Aber auch andere Gesellschaften als die europäisch-transatlantische Wohlstandsgesellschaft haben Einrichtungen, die sich um soziale Fragen kümmern. So kennen etwa islamische Gesellschaften seit langem den Zakat, eine Art Almosensteuer, die auf den Koran zurückgeht. Wie entstehen die Probleme, die nach einer Lösung rufen? Wenden wir uns zunächst den Einkommens- und Vermögensungleichheiten zu.

M 1 Einkommensarten

Personelles Einkommen: das gesamte Einkommen einer Person; dies können Faktoreinkommen (s. M 2), aber auch Transfereinkommen sein

Sekundärverteilung: Steuern und Abgaben werden nicht gleichmäßig auf die Steuerzahler verteilt, sondern insbesondere für soziale Zwecke ausgegeben. Dementsprechend werden die Einkommen zugunsten der Bezieher niedriger Einkommen umverteilt

Einkommen sind materielle Leistungen, die einer Person, einem Haushalt oder einer Organisation (z. B. Unternehmen) innerhalb eines bestimmten Zeitraumes (täglich, monatlich, jährlich) zufließen. Zu unterscheiden sind:

1. Natural-Einkommen (Güter oder Dienstleistungen);
2. Geld-Einkommen;
3. Leistungs-Einkommen, d. h.
   a) Löhne, Gehälter etc. aufgrund geleisteter (unselbstständiger oder selbstständiger) Arbeit,
   b) Erträge aufgrund eingesetzten Kapitals (Gewinne),
   c) Vermögens-Einkommen aufgrund von Vermietung, Verpachtung etc.;
4. Transfer-Einkommen aufgrund gesetzlicher bzw. rechtlicher Ansprüche (z. B. Renten) oder aufgrund freiwilliger Zuwendungen (*s. auch M 4*);
5. Nominal-Einkommen (d. h. die in Geldeinheiten ausgedrückte Kaufkraft);
6. Real-Einkommen (d. h. die durch Auf- oder Abwertung des Geldes bereinigte Kaufkraft).

Klaus Schubert/Martina Klein: Das Politiklexikon, 5. aktual. Aufl. Bonn (Dietz) 2011, S. 98

M 2 Primäre und sekundäre Einkommensverteilung

Zu unterscheiden ist zwischen den jeweiligen *Faktoreinkommen* und dem *personellen Einkommen*. Das Faktoreinkommen beziffert die Einnahmen, die durch den Einsatz des Faktors Arbeit (Einkommen aus unselbstständiger Beschäftigung) und den Einsatz des Faktors Kapital (Einkommen aus Unternehmertätigkeit und Vermögen) entstehen. Eine Person kann mehrere Einkommensarten beziehen, so z. B. neben Löhnen auch Gewinne, Zinsen, Mieten. Während die Faktoreinkommen Markteinkommen sind und über die *Primärverteilung* gesteuert werden, handelt es sich bei den sozialpolitischen Geldleistungen um Sozialeinkommen, die über die sozialstaatliche *Sekundärverteilung* gesteuert werden.

Die Sekundärverteilung finanziert sich durch Steuern und Beiträge. Die *Bruttoeinkommen* werden durch den Abzug von Steuern und Beiträgen gemindert, übrig bleiben die *Nettoeinkommen*.

Werden die Einkommen in laufenden Preisen ausgewiesen, handelt es sich um *Nominaleinkommen*. Um die Entwicklung des *Realeinkommens*, also der tatsächlichen Kaufkraft des Einkommens, zu erkennen, müssen die durchschnittlichen Preiserhöhungen aus der Einkommensentwicklung herausgerechnet werden.

Gerhard Bäcker u. a.: Sozialpolitik und soziale Lage in Deutschland, Band 1: Grundlagen, Arbeit, Einkommen und Finanzierung, 5. Aufl. Wiesbaden (VS) 2010, S. 222

Einkommen durch Gehalt

M3 Entwicklung der Einkommen der privaten Haushalte

Zeit	Bruttolöhne und -gehälter		Nettolöhne und -gehälter		Empfangene monetäre Sozialleistungen		Masseneinkommen[1]		Verfügbares Einkommen[2]		Sparen[3]		Sparquote[4]
	Mrd. €	Veränderung gegen Vorjahr in %	Mrd. €	Veränderung gegen Vorjahr in %	Mrd. €	Veränderung gegen Vorjahr in %	Mrd. €	Veränderung gegen Vorjahr in %	Mrd. €	Veränderung gegen Vorjahr in %	Mrd. €	Veränderung gegen Vorjahr in %	
2004	924,7	0,5	627,9	2,0	359,5	0,3	987,3	1,4	1435,4	1,7	151,8	3,1	10,6
2005	922,1	−0,3	625,5	−0,4	359,8	0,1	985,3	−0,2	1463,9	2,0	156,9	3,3	10,7
2006	935,0	1,4	627,8	0,4	358,5	−0,4	986,3	0,1	1502,0	2,6	162,5	3,6	10,8
2007	965,9	3,3	646,2	2,9	353,6	−1,4	999,8	1,4	1524,8	1,5	168,1	3,4	11,0
2008	1002,3	3,8	664,0	2,8	355,4	0,5	1019,4	2,0	1571,2	3,0	183,5	9,2	11,7
2009	1000,1	−0,2	661,5	−0,4	386,8	8,8	1048,3	2,8	1560,5	−0,7	173,1	−5,7	11,1
2010	1026,7	2,7	688,5	4,1	391,6	1,2	1080,1	3,0	1603,8	2,8	180,8	4,5	11,3
2011	1074,7	4,7	713,6	3,7	385,9	−1,4	1099,5	1,8	1655,8	3,2	181,4	0,3	11,0

1 Nettolöhne und -gehälter zuzüglich empfangene monetäre Sozialleistungen. 2 Masseneinkommen zuzüglich Betriebsüberschuss, Selbstständigeneinkommen, Vermögenseinkommen (netto), übrige laufende Transfers, Einkommen der privaten Organisationen ohne Erwerbszweck, abzüglich Steuern (ohne Lohnsteuer und verbrauchsnahe Steuern) und übriger geleisteter laufender Transfers. Einschl. der Zunahme betrieblicher Versorgungsansprüche. 3 Einschl. der Zunahme betrieblicher Versorgungsansprüche. 4 Sparen in Prozent des verfügbaren Einkommens. *Deutsche Bundesbank, Monatsbericht Februar 2012, Frankfurt a.M. 2012, S. 67. Quelle: Statistisches Bundesamt 2012*

M4 Haushaltseinkommen

Höhe und Struktur der Haushaltseinkommen unterscheiden sich von den durchschnittlichen Bruttoverdiensten eines Arbeitnehmers. Die Einkommenszufriedenheit der Haushalte hängt unmittelbar vom verfügbaren Nettoeinkommen der privaten Haushalte ab, den relevanten Lebensgemeinschaften und Konsumenteneinheiten. Das durchschnittlich verfügbare Haushaltseinkommen für alle Bevölkerungsgruppen betrug in Ostdeutschland 1998 etwa 80 Prozent des Vergleichswertes in Westdeutschland, nachdem der Wert 1991 noch bei etwa 60 Prozent gelegen hatte. Hierzu haben wesentlich Transferzahlungen (*s. auch M 1*) beigetragen. Gemessen am erzielten Markteinkommen betrug der Anteil der ostdeutschen Haushalte nämlich nur 70 Prozent des westdeutschen Wertes. Bei näherer Analyse der Verteilungsstrukturen zeigt sich allerdings, dass sich die Einkommensgruppen mit den häufigsten Anteilen von Haushalten in Ost- und Westdeutschland gar nicht wesentlich unterscheiden. Die relativ häufig besetzte Einkommensgruppe (*liegt*) jeweils im unteren Bereich der Einkommensstrukturen. Die typische Rechtsschiefe der personellen Verteilung der Haushaltseinkommen (*ist*) in Westdeutschland wesentlich stärker ausgeprägt. M. a. W., die personelle Verteilung der Einkommen in Ostdeutschland war stärker im Bereich der unteren Einkommensgruppen konzentriert; im Bereich der oberen Einkommensgruppen war die Streuung der westdeutschen Einkommen erheblich stärker ausgeprägt. Insgesamt war die Verteilung der Haushaltseinkommen in Ostdeutschland weniger gestreut als in Westdeutschland.

Dies kommt auch in der im Vergleich zu den alten Bundesländern gleichmäßigeren Verteilung der Nettoäquivalenzeinkommen zum Ausdruck, die ja die Zahl der Haushaltsmitglieder berücksichtigen.

Die monetären Einkommen unterscheiden sich schließlich von den realen Einkommen der Haushalte, sofern die Kaufkraft der Geldeinkommen systematisch differiert. Wichtige Gütergruppen des privaten Verbrauchs in Ostdeutschland, die Wohnungsnutzung, Energiestoffe, Verkehrsleistungen u. a., wurden im Jahr 1990 noch stark subventioniert. Daher waren die realen Kaufkraftnachteile der ostdeutschen Einkommen zunächst geringer, als es die Relation der monetären Einkommen ausdrückte. Mit dem schrittweisen Abbau der Subventionen mussten sich in der Folge die ostdeutschen Verbraucherpreise stärker erhöhen, die Kaufkraft der monetären Einkommenssteigerungen nach 1990 wurde daher durch relativ stärkere Preissteigerungen reduziert (…).

Gerd-Jan Krol/Alfons Schmid: Volkswirtschaftslehre. Eine problemorientierte Einführung, Tübingen (Mohr) 2002, S. 495 f.

Transferzahlungen: Zahlungen, die ein Empfänger ohne die Verpflichtung zur wirtschaftlichen Gegenleistung erhält. Staatliche Transferzahlungen an private Haushalte werden auch als Sozialleistungen, die Zahlungen an Unternehmen auch als Subventionen bezeichnet

Rechtsschiefe: Eine „Schiefe" bezeichnet hier eine unsymmetrische Einkommensverteilung. Eine rechtsschiefe Verteilung besagt, dass es hier einige wenige Personen mit extrem hohem Einkommen und sehr viele Personen mit eher niedrigem Einkommen gibt

Das **Sozio-oekonomische Panel (SOEP)** ist eine repräsentative Wiederholungsbefragung in Deutschland. Mit ihr werden seit 28 Jahren ca. 12 000 Bürgerinnen und Bürger zu einem breiten Spektrum an Themen wie Erwerbstätigkeit, Einkommen, Wohnsituation, Bildung, Gesundheit, aber auch Lebenszufriedenheit und politischen Einstellungen und Meinungen befragt

M5 Ermittlung der Einkommen

Die Einkommen werden im SOEP im Rahmen der jährlichen Befragungen detailliert erfasst: Zum einen wird das monatliche Haushaltsnettoeinkommen erfragt, also die regelmäßigen Einkünfte nach Abzug von Steuern und Sozialabgaben zuzüglich erhaltener Sozialtransfers; zum anderen werden jeweils für das zurückliegende Jahr alle individuellen (Brutto-)Einkommen aller aktuell im Haushalt befragten Personen erhoben. Diese individuellen Einkommenskomponenten werden über den Haushalt aufsummiert und liefern so, mithilfe einer Schätzung der Steuer- und Sozialabgaben, die Jahresnettoeinkommen des Vorjahres. Bei den Jahreseinkommen sind neben einmaligen Sonderzahlungen (13., 14. Monatsgehalt, Weihnachtsgeld, Urlaubsgeld etc.) auf diese Weise auch Steuerrückzahlungen implizit berücksichtigt.
Die erhobenen Monatseinkommen bilden die zum Interviewmonat aktuell verfügbaren ökonomischen Ressourcen ab für alle zu diesem Zeitpunkt im Haushalt lebenden Personen. Die Jahreseinkommen beschreiben demgegenüber die von jeder aktuell im Haushalt lebenden Person im Vorjahr erzielten Markt- und Nettoeinkünfte. Beide Einkommenskonzepte unterscheiden sich damit nicht nur hinsichtlich des zeitlichen Bezugsrahmens, sondern auch in ihrer Konzeption. (…)
Um die Einkommenssituation von Haushalten unterschiedlicher Größe und Zusammensetzung vergleichbar zu machen, werden alle Haushaltseinkommen entsprechend dem inzwischen EU-weit standardisierten Vorgehen unter Verwendung der neuen (revidierten) OECD-Skala in so genannte „Äquivalenzeinkommen" – das sind unter Bedarfsgesichtspunkten modifizierte Pro-Kopf-Einkommen (*s. auch M 8*) – umgerechnet. Alle Einkommensangaben werden in Euro ausgewiesen. Die Analysen erfolgen auf Personenebene und repräsentieren die in privaten Haushalten lebende gesamte Bevölkerung in Deutschland. Die Anstaltsbevölkerung (z. B. in Altersheimen) bleibt unberücksichtigt.

Destatis (Hg.): Datenreport 2011. Ein Sozialbericht für die Bundesrepublik Deutschland, Band I, Bonn 2011, S. 162

M6 Nominale und reale Entwicklung von Volkseinkommen, Unternehmens- und Vermögenseinkommen sowie Arbeitnehmerentgelten in Deutschland 1991 bis 2011

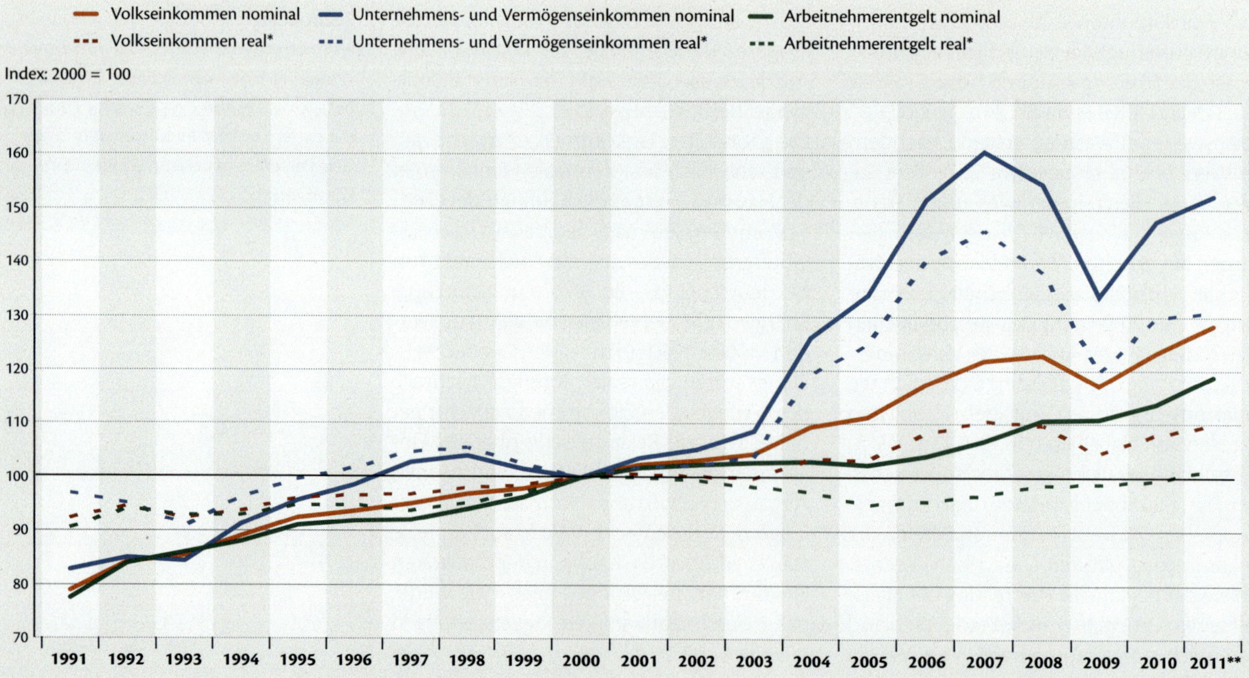

**deflationiert mit Preisentwicklungen der privaten Konsumausgaben*
*** hochgerechet auf Gesamtjahr 2011 anhand saisonbereinigter Wachstumszahlen für das 1. Hj. 2011*

Quelle: StBA-VGR 2. Vierteljahresergebnisse 2011; eigene Berechnungen.

M 7 Monatliches Haushaltsnettoeinkommen

nach sozialer Stellung der Haupteinkommensperson 2008, in Euro

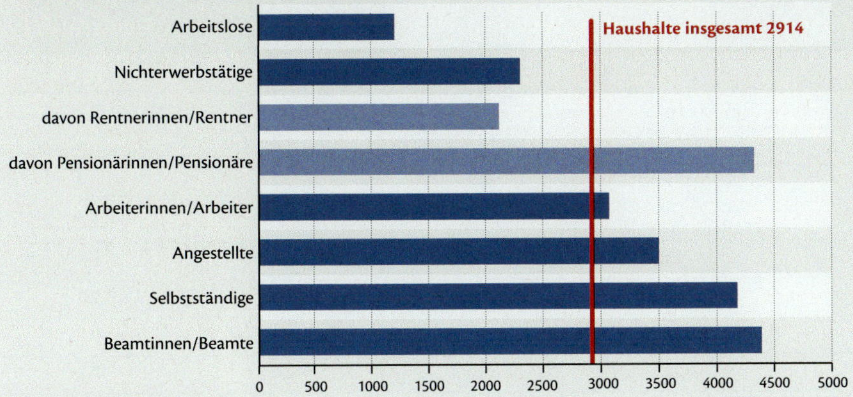

Quelle: Statistisches Bundesamt, 2011

M 8 Markteinkommen und Äquivalenzeinkommen

Bei der Analyse von Verteilungen wird zwischen verschiedenen Einkommensbegriffen unterschieden: Unter dem Markteinkommen der Haushalte werden Einkommen aus selbstständiger und abhängiger Erwerbstätigkeit sowie aus Vermögen einschließlich privater Transfers verstanden. Dabei ist zu berücksichtigen, dass den Einkommen aus abhängiger Erwerbstätigkeit die Arbeitgeberbeiträge zu den Sozialversicherungen nicht hinzugerechnet werden. (…)

Zur Berechnung der Haushaltsnettoeinkommen werden vom Markteinkommen die geleistete Einkommensteuer und die Pflichtbeiträge zur Sozialversicherung (Arbeitnehmeranteil) abgezogen und die Renten aus der Gesetzlichen Rentenversicherung sowie staatliche Transfers hinzugerechnet. Das Haushaltsnettoeinkommen entspricht nicht dem tatsächlich verfügbaren Einkommen eines Haushalts – um dieses zu ermitteln, müssten noch Aufwendungen für freiwillige Versicherungen oder für die private Altersvorsorge abgezogen werden –, es kommt diesem aber am nächsten.

Die auf Haushaltsebene erhobenen Einkommen werden mittels einer Äquivalenzgewichtung auf die einzelnen Haushaltsmitglieder bezogen. Zur Äquivalenzgewichtung wird hier die neue (modifizierte) OECD-Skala herangezogen, die den Haushaltsvorstand mit einem Gewicht von 1, alle weiteren Haushaltsmitglieder ab einem Alter von 15 Jahren mit einem Gewicht von 0,5 und Kinder (unter 15 Jahren) mit einem Gewicht von 0,3 berücksichtigt. (…)

Die Verwendung einer solchen Äquivalenzskala impliziert zum einen die Annahme, dass die Einkommen aller Personen in einem Haushalt zusammengefasst und gemeinsam verwendet werden, sodass alle Haushaltsmitglieder dasselbe Wohlstandsniveau erreichen und folglich Verteilungsungleichheiten innerhalb eines Haushalts unberücksichtigt bleiben. Zum anderen wird unterstellt, dass die gemeinsame Haushaltsführung mehrerer Personen Einsparungen bei den Lebenshaltungskosten im Vergleich zu einer entsprechenden Zahl von Einpersonenhaushalten mit sich bringt. Das Konzept des Äquivalenzeinkommens berücksichtigt den unterschiedlichen Bedarf von Erwachsenen und Kindern.

Sachverständigenrat zur Begutachtung der gesamtwirtschaftlichen Nachfrage, Gutachten 2009/10, S. 310 f.

Dezile: Zehntelteile. Berechnung der Anteile am Bruttoeinkommen nach Dezilen: Zunächst werden alle Einkommen aufsteigend nach der Höhe sortiert. Dann wird die Verteilung in 10 gleich große Teile (Dezile) zerlegt und für jedes Dezil die Summe der Einkommen berechnet. Anschließend wird der Einkommensanteil der einzelnen Dezile an allen Einkommen berechnet

OECD: Organisation für wirtschaftliche Zusammenarbeit und Entwicklung (englisch Organization for Economic Cooperation and Development). Internationale Organisation mit 34 Mitgliedstaaten, die sich der Demokratie und Marktwirtschaft verpflichtet fühlen. Die meisten OECD-Mitglieder gehören zu den Ländern mit hohem Pro-Kopf-Einkommen und gelten als entwickelte Länder

1. Erstellen Sie eine Übersicht über die verschiedenen Formen des Einkommens.
2. Nennen Sie die verschiedenen Berechnungsarten.
3. Stellen Sie dar, wie sich das Einkommen der Haushalte zusammensetzt.
4. Arbeiten Sie heraus, wie das Einkommen der Haushalte ermittelt wird.
5. Kennzeichnen Sie die Entwicklung der Einkommen (M 9–M 11).
6. Erläutern Sie Möglichkeiten der Erfassung der Einkommensverteilung.

M9 Einkommensanteile

	Markteinkommen[1]			Haushaltsnettoeinkommen[1]		
	Westdeutschland	Ostdeutschland	Deutschland	Westdeutschland	Ostdeutschland	Deutschland
	Dezilanteile (vH)[2)] 1999					
1. Dezil	0,3	0,0	0,2	4,0	4,6	4,1
2. Dezil	1,7	0,5	1,4	5,8	6,4	5,9
3. Dezil	3,8	1,9	3,4	6,8	7,4	6,9
4. Dezil	6,0	4,8	5,7	7,6	8,2	7,7
5. Dezil	7,9	7,4	7,8	8,5	8,9	8,5
1–5. Dezil	**19,8**	**14,6**	**18,6**	**32,8**	**35,5**	**33,0**
6. Dezil	9,7	9,8	9,6	9,4	9,7	9,4
7. Dezil	11,5	12,1	11,6	10,5	10,4	10,4
8. Dezil	14,1	14,8	14,1	12,1	11,5	12,0
9. Dezil	17,5	18,2	17,7	14,2	13,3	14,2
10. Dezil	27,4	30,5	28,3	20,9	19,6	21,0
	Dezilanteile (vH)[2)] 2009					
1. Dezil	0,2	0,0	0,1	3,5	3,9	3,6
2. Dezil	1,4	0,5	1,2	5,2	5,7	5,2
3. Dezil	3,1	1,6	2,8	6,3	6,9	6,3
4. Dezil	5,3	3,4	5,1	7,2	7,8	7,3
5. Dezil	7,3	6,6	7,2	8,2	8,8	8,2
1–5. Dezil	**17,3**	**12,2**	**16,3**	**30,4**	**33,0**	**30,6**
6. Dezil	9,1	9,6	9,2	9,2	9,6	9,3
7. Dezil	11,1	12,5	11,3	10,3	10,7	10,3
8. Dezil	13,5	15,6	13,6	11,9	12,3	11,9
9. Dezil	17,5	19,2	17,7	14,2	14,0	14,2
10. Dezil	31,5	30,9	31,7	24,0	20,4	23,7

1 Äquivalenzgewichtet mit der aktuellen (modifizierten) OECD-Skala. – 2 Anteil des auf die Haushalte des jeweiligen Dezils entfallenden äquivalenzgewichteten Einkommens an der Summe dieser Einkommen über alle Dezile. *Quelle: SOEP, Berechnungen des DIW; Sachverständigenrat zur Begutachtung der gesamtwirtschaftlichen Nachfrage: Gutachten 2011/12, S. 340*

M 10 Entwicklung der Einkommen nach Dezilen

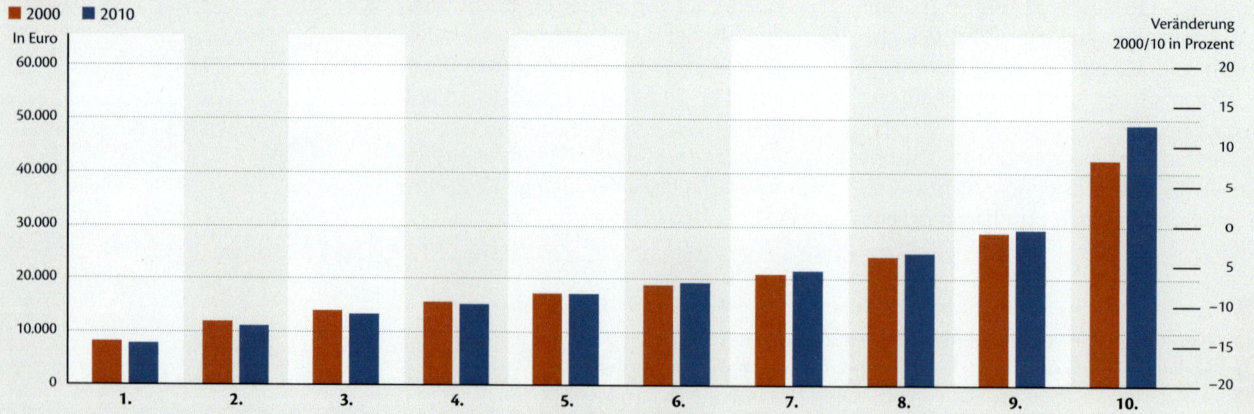

Quelle: TNS Opinion, Europäisches Parlament

M 11 Gesamteinkommen nach Einkommensarten

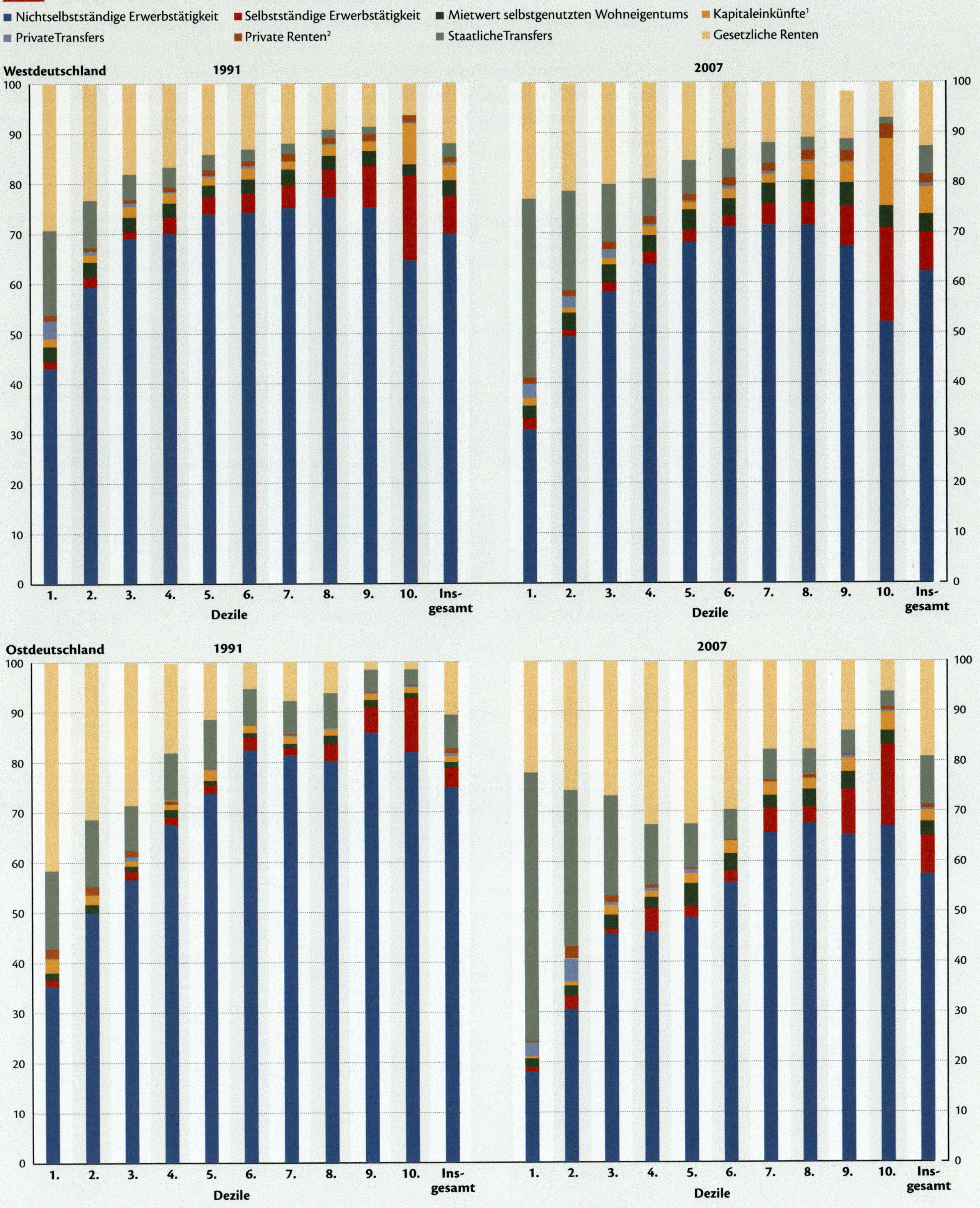

Einkommensarten: Mit der aktuellen (modifizierten) OECD-Skala äquivalenzgewichtete Markteinkommen zuzüglich Sozialversicherungsrenten und staatliche Transfers.
1) Kapitaleinkünfte umfassen Zinsen, Dividenden sowie Einkünfte aus Vermietung und Verpachtung.
2) Private Renten umfassen unter anderem Renten aus privaten Rentenversicherungen, Betriebsrenten und Renten aus der Zusatzversorgung des öffentlichen Dienstes.
Quelle: SOEP, Berechnungen des DIW

Und wer hat wie viel? – Vermögensverteilung

Die Wirtschaftswissenschaft bezeichnet die Gesamtheit aller Güter und Ansprüche auf Güter im Eigentum eines Menschen oder einer Körperschaft als Vermögen. Ähnlich wie die Einkommensverteilung spielt auch die Verteilung der Vermögen eine große Rolle in der Gesellschaft. Die Vermögensverteilung wird zwar anders ermittelt als die Einkommensverteilung, kann aber ähnlich dargestellt und damit mit dieser leicht verglichen werden.

Kontokorrentkredit: Limitierte Überziehungsmöglichkeit zur Überbrückung von kurzfristigen Liquiditätsengpässen. Sie wird von einem Kreditinstitut auf einem Girokonto befristet eingeräumt und ist durch ankündigungslose Abrufbarkeit und jederzeitige sofortige Rückzahlbarkeit gekennzeichnet

M 12 Vermögen in Deutschland

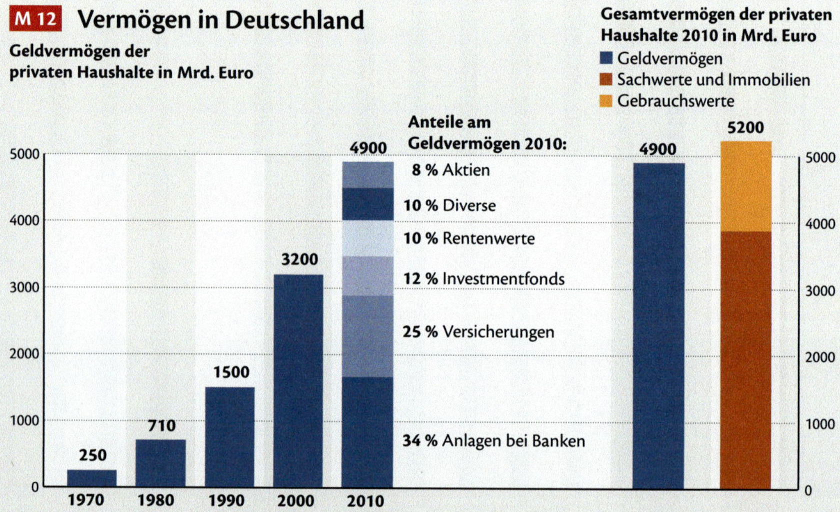

Angaben in Mrd. Euro, gerundet (bis 1990 ohne neue Länder)

Quelle: Stat. Bundesamt

M 13 Vermögensbilanz eines Haushaltes

Aktiva	Passiva
Sachvermögen • selbstgenutztes Haus- und Wohneigentum • anderer Haus- und Grundbesitz • eingerichteter Gewerbebetrieb (Nettowert) • Fahrzeuge, Sammlungen, Schmuck, usw.	**Verbindlichkeiten** • Hypotheken • Konsumentenkredite (einschl. Kreditkartenschulden, Kontokorrentkredite, unbezahlte Rechnungen, BaföG-Schulden) • Kredite für Geschäftstätigkeit
Finanzvermögen • Spar- und Girokonten, Bausparguthaben • Fondsanteile, Schuldverschreibungen, Aktien, Derivate und Zertifikate • Guthaben aus privaten Renten- und Lebensversicherungen • Beteiligungen • verwaltetes Vermögen	**Nettovermögen**
Bilanzsumme	Bilanzsumme

Quelle: Deutsche Bundesbank

M 14 Individuelles Nettovermögen in Deutschland nach Dezilen

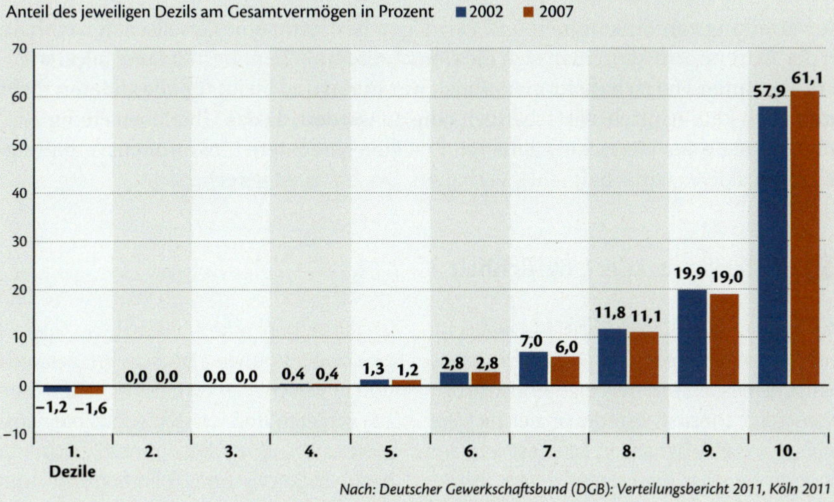

Nach: Deutscher Gewerkschaftsbund (DGB): Verteilungsbericht 2011, Köln 2011

M 15 Wird Reichtum korrekt besteuert?

Im Bann der neoliberalen Politik wurde auch die Steuerbelastung für die Neureichen abgemildert. Generell gilt jetzt, dass die Besteuerung von Kapitaleinkünften geringer ausfällt als die Steuer auf Einkommen aus Arbeit. Wer nennt das endlich einen Skandal? Die Kapitalertragssteuer liegt inzwischen bei 25 Prozent, die Besteuerung des Arbeitseinkommens aber bei 45 Prozent. Am Anfang der 80er-Jahre lagen Gewinn-, Vermögens- und Lohnsteuer mit rd. 28 Prozent noch in etwa gleich auf. Seither wurden die Lohnsteuer, die Mehrwert- und Mineralölsteuer auf 38 Prozent angehoben, die Gewinnsteuer aber auf 15 Prozent gesenkt. Die Vermögensteuer wurde nach einer Intervention des Bundesverfassungsgerichts, dem man mit einer Neufassung der gesetzlichen Grundlage hätte begegnen sollen, seit 1995 gar nicht mehr erhoben. Die Tabaksteuer ist inzwischen höher als die Steuer auf Kapitalgewinne. Vermögensbezogene Steuern erreichen gerade einmal 2,3 Prozent der Fiskaleinnahmen anstatt die durchschnittlichen fünf Prozent in den OECD-Ländern. Die Abgabenquote bei Arbeitseinkommen (Löhne und Gehälter) liegt zurzeit bei 33,7 Prozent, die Abgabenquote der Steuern auf Erbschaften dagegen bei grotesken 1,6 Prozent. (...) Die Lohn-, Umsatz- und Verbrauchsteuern ergeben achtzig Prozent des gesamten Steueraufkommens, die Unternehmen- und Gewinnsteuer nunmehr zwölf Prozent.

Die Bundesrepublik ist daher eines der wenigen westlichen Länder, das sich den Luxus eines völligen Verzichts auf die Vermögensteuer erlaubt. Das vorwaltende Steuersystem enthüllt in eklatantem Maße die Ungleichbelastung der Kapitalbesitzer und der „normalen" Arbeitnehmer. Von einer grundlegenden Steuerreform, die sich Gerechtigkeitsvorstellungen über die Verteilung des erwirtschafteten Sozialprodukts annäherte, ist angesichts der mächtigen Contra-Lobby, die auf die großen Parteien bisher erfolgreich einwirkte, nicht die Rede. Gleichzeitig wurde das Fluchtkapital, das in Steueroasen wie die Schweiz, Liechtenstein und Luxemburg abwandert, auf mehr als 180 Milliarden Euro geschätzt. Die Steuergewerkschaft berechnete das Volumen der jährlich nicht gezahlten Steuern auf 70 Milliarden Euro.

Hans-Ulrich Wehler: Die neue Umverteilung. Soziale Ungleichheit in Deutschland, 2. Aufl. München (Beck) 2013, S. 79–81, 83–84

1 Erläutern Sie, wie sich das Vermögen der Haushalte zusammensetzt.

2 Kennzeichnen Sie die Entwicklung der Vermögen.

3 Begründen Sie, warum die Vermögen weniger gleich verteilt sind als die Einkommen (**M 10**, **M 14**).

4 Nehmen Sie Stellung zu der Kritik Wehlers an der Besteuerung des Reichtums (**M 15**).

Für alle gleich? – Die Verteilung von Einkommen und Vermögen

Die Verteilung von Einkommen und Vermögen bestimmt eine Gesellschaft nachhaltig. An der Extremform kann man sich dies leicht verdeutlichen: Besitzt einer alles, wie es in absoluten Herrschaftsformen üblich war und ist, so bleibt für alle anderen nichts, somit auch kein Antrieb, wirtschaftlich tätig zu werden, da das Überleben einzig von der Gnade des Herrschers abhängt. Erst eine gerechtere Einkommensverteilung garantiert aktives wirtschaftliches Verhalten. Doch was ist gerecht?

M 16 Kriterien sozialer Ungleichheit

Was ist das Thema der „Sozialen Ungleichheit"? Ein erster Anhaltspunkt besteht darin, dass es keinesfalls um beliebige Andersartigkeiten geht, sondern um die ungleiche Verteilung von Lebenschancen. So ist es nicht die Schuhgröße oder die Haarfarbe, die soziale Ungleichheit ausmacht (obwohl sich selbst in körperlichen Merkmalen Ungleichheiten widerspiegeln können), sondern z. B. ein höheres oder niedrigeres Einkommen oder ungleich verteilte Chancen je nach Geschlecht. Gerade in modernen, differenzierten Gesellschaften sind die „Unterschiedlichkeiten" recht groß. Welche Verschiedenheiten auch soziale Ungleichheit bedeuten, ist bereits eine wichtige Frage, die sich theoretische Ansätze zur sozialen Ungleichheit stellen. Die zentralen Ursachen und Merkmale sozialer Ungleichheit können nämlich im Zeitverlauf und in verschiedenen Gesellschaften durchaus variieren und werden selbst in einer Gesellschaft zu einem bestimmten Zeitpunkt je nach theoretischem Hintergrund unterschiedlich gesehen. Sind z. B. die Nationalität, der Stadt-Land-Unterschied oder die Wohnverhältnisse eigenständige Kriterien sozialer Ungleichheit, oder sind sie eher abgeleitet von solchen Merkmalen, mit denen sie gegebenenfalls einhergehen, z. B. mit der Bildung oder dem Beruf?

Nicole Burzan: Soziale Ungleichheit. Eine Einführung in die zentralen Theorien, 4. Aufl. Wiesbaden (VS Verlag für Sozialwissenschaften) 2011, S. 7

M 17 Gerechtigkeitsprinzipien

John Rawls (1921–2002), US-amerikanischer Philosoph

Risikoaversion (Risikoscheu): Eigenschaft eines Marktteilnehmers, bei der Wahl zwischen mehreren Alternativen stets diejenige mit dem geringeren Risiko zu bevorzugen

Offenbar besteht eine grundlegende Schwierigkeit zunächst darin, die allgemein verwendete, aber zunächst leerformelhafte Zielformulierung „gerechte Verteilung" zu konkretisieren und zu definieren. Gerade weil die jeweilige Sichtweise von Verteilungsgerechtigkeit untrennbar mit der jeweiligen gesellschaftlichen und ökonomischen Position verknüpft ist, schlägt Rawls in seiner Theorie der Gerechtigkeit vor, gesellschaftliche Einigungsprozesse über Gerechtigkeitspostulate (gedankenexperimentell) unter dem „Schleier des Nichtwissens" durchzuführen, bei dem niemand seinen späteren Platz in der Gesellschaft, seine Talente und Fähigkeiten kennt. Unter diesem „Schleier des Nichtwissens" über die eigene zukünftige Position werden die als risikoavers eingestuften Gesellschaftsmitglieder nach Rawls diejenigen sozialen und wirtschaftlichen Ungleichheit akzeptieren, die den am wenigsten Begünstigten den größtmöglichen Vorteil bringen (Differenzprinzip). Umgekehrt ist eine Zunahme von Verteilungsungleichheiten dann nicht mehr zu begründen, wenn aus den daraus resultierenden Anreizwirkungen keine Vorteile für die am wenigsten Begünstigten entstehen.

In der Literatur findet man drei verschiedene Verteilungsnormen zur Bestimmung des Gerechtigkeitsbegriffes, die Ausrichtung der Einkommen nach dem Leistungs-, dem Bedarfs- und dem Egalitätsprinzip.

Vielfach wird auf die Frage nach einer gerechten Einkommensverteilung mit Anforderungen der folgenden Art geantwortet: „Gleiche Einkommen für gleiche Leistungen! Wer mehr leistet, soll auch ein höheres Einkommen erhalten!" In diesen Antworten schlägt sich als allgemeine Forderung das Leistungsprinzip nieder. Die konkrete Umsetzung des Leistungsprinzips als unmittelbare Verteilungsnorm würde allerdings voraussetzen, dass verschiedene Leistungen unterschiedlicher Personen vergleichbar gemessen und bewertet werden könnten. Das Leistungsprinzip als unmittelbar operationale Verteilungsnorm würde folglich ein umfassendes, allgemein akzeptiertes System der Leistungsbewertung voraussetzen. Die faktischen Probleme der Leistungsdefinition und -bewertung führen zu Schwierigkeiten in der konkreten Ausführung des Leistungsprinzips. Eine spezifische Form des Leistungsprinzips verwendet den Begriff der marktwirtschaftlichen Leistung. Die marktwirtschaftliche Leistung entspricht dem Einkommen, das unter marktwirtschaftlichen Bedingungen aus der Produktion von Gütern und dem Angebot an Leistungen unter Bedingungen des Leistungswettbewerbs erzielt werden kann. Der undifferenziert an Marktleistungen geknüpfte Leistungsbegriff hat allerdings nicht selten einen unkritischen Rechtfertigungscharakter der bestehenden Verteilung der Einkommen. Die beobachtbaren Einkommensunterschiede seien der normale Ausdruck unterschiedlicher Leistungen am Markt. Die Marktwirtschaft biete jedem Arbeits- und Leistungswilligen Chancen, Einkommen zu erzielen. Ein höheres Einkommen erziele derjenige, der die gegebenen Chancen besser als andere nutze. Sollte ein strenges Leistungsprinzip gelten, würde es andererseits vielen Menschen sehr schlecht ergehen, die kein Erwerbseinkommen erzielen können, z. B. kranken oder älteren Menschen. Die Bedürfnisse der Menschen ohne Erwerbseinkommen bilden ohne Zweifel ein wesentliches Argument einer weiteren Verteilungsnorm, des Prinzips der Bedarfsgerechtigkeit der Einkommensverteilung. Nach dem Bedarfsprinzip wird die Verteilung der verfügbaren Einkommen als gerecht angesehen, wenn den Bedürfnissen einer angemessenen Versorgung der Menschen Rechnung getragen wird. Eine extreme Variante des Bedarfsprinzips spiegelt sich in der bekannten Forderung „Jedem nach seinen Bedürfnissen!" Diese Forderung des extremen Bedarfsprinzips würde bedeuten, dass jeder ausreichend Einkommen erhalten sollte, um frei über sämtliche Güter und Gütermengen seines Bedarfs verfügen zu können. Die verfügbaren Gütermengen einer Volkswirtschaft wären bald erschöpft, sodass ein extremes Bedarfsprinzip keine realistische Verteilungsnorm sein kann. Ferner würde das Bedarfsprinzip als dominantes Kriterium der Einkommensverteilung dazu führen, dass die Leistungsanreize zur Erzielung von Erwerbseinkommen auf Dauer entscheidend gemindert würden. (...)

Als eine dritte verteilungspolitische Norm wird das Egalitätsprinzip vertreten. Nur wenige Befürworter fordern eine absolute Gleichheit der Einkommen. Sie mögen in der Begründung hierzu auf ein bekanntes Gesetz der Nutzentheorie (erstes Gossen'sches Gesetz) und ein Argument der Wohlstandsmaximierung verweisen. Ein Euro habe demnach für einen Reichen – verstanden als Besitzer eines hohen Einkommens oder Besitzer eines großen Vermögens – einen viel geringeren Wert als für einen Armen. Folglich sei der gesellschaftliche Nutzen aus einem gegebenen Gesamteinkommen am größten, wenn die Einkommen absolut gleich verteilt würden. (...)

Häufiger wird das Egalitätsprinzip in einer weniger extremen Variante als Forderung nach einer größeren Gleichmäßigkeit der Einkommen vertreten: „Erst durch die Verbindung mit dem Postulat der Gleichheit erhält die soziale Gerechtigkeit einen konkret(er)en Inhalt: Soziale Gerechtigkeit bedeutet dann eine größere Gleichheit in der ... Einkommens- und Vermögensverteilung." Das Ausmaß der Gleichmäßigkeit wird nicht konkretisiert, lediglich die Richtung der Umverteilung.

Eine weitere, auch mit liberalen Vorstellungen kompatible Variante des Egalitätsprinzips hebt den Aspekt der Chancengleichheit hervor. Als Norm gilt dabei, dass jedem gleiche Chancen auf soziale Aufstiegsmöglichkeiten in einer Gesellschaft mit sozialer Mobilität (in der Besetzung der Einkommensgruppen) gegeben werden. Abgelehnt wird demnach eine Gesellschaft mit sozialer Immobilität, in der die Einkommens- und Vermögensstrukturen im Zeitverlauf relativ gleich bleiben, sodass die Verteilungspositionen der Kinder jeweils denen der Eltern entsprechen würden.

Gerd-Jan Krol/Alfons Schmid: Volkswirtschaftslehre. Eine problemorientierte Einführung, Tübingen (Mohr) 2002, S. 476 ff.

Hermann Heinrich Gossen (1810–1858), preußischer Jurist und Ökonom. Er gilt als wichtiger Vorläufer der modernen Ökonomik

1 Erläutern Sie Ungleichheit als soziologisches Problem.

2 Analysieren Sie **M 17** und entwickeln Sie ein Lernplakat dazu.

3 Analysieren Sie arbeitsteilig die verschiedenen Möglichkeiten der Messung von Einkommens- und Vermögensungleichheiten (**M 18** bis **M 21**) und diskutieren Sie sie.

4 Vergleichen Sie die Ungleichverteilung in Deutschland mit der anderer Länder anhand des HDI (**M 21**).

M 18 Messung sozialer Ungleichheit: die Lorenzkurve

Die *Lorenzkurve* (...) wurde erstmals 1905 von Max Otto Lorenz zur grafischen Darstellung von statistischen Verteilungen und der Veranschaulichung des Ausmaßes an Konzentration bzw. Ungleichheit eingeführt. Sie wird insbesondere zur Analyse der Einkommensverteilung verwendet.

Man erhält die Lorenzkurve, wenn man die Einkommensbezieher nach der Höhe ihres Einkommens ordnet und sie dann, beginnend mit den unteren und fortschreitend zu den oberen Einkommensbeziehern zu Gruppen von jeweils x Prozent der Bevölkerung zusammenfasst. Anschließend wird ermittelt, wie viel Prozent des Volkseinkommens auf jede Gruppe entfallen.

Die Einkommensverteilung ist umso gleichmäßiger, je mehr sich die Lorenzkurve der 45°-Linie nähert. Die 45°-Linie entspricht der Gleichverteilung, da dann x Prozent der Bevölkerung auch einen Anteil am Nationaleinkommen von x Prozent erhalten. Der charakteristische Bauch der Lorenzkurve gibt anschaulich das Maß der Ungleichverteilung an.

Nach: http://www.wagner-berlin.de/fhtwmakroHandtmann.pdf (Zugriff: 17.3.2012)

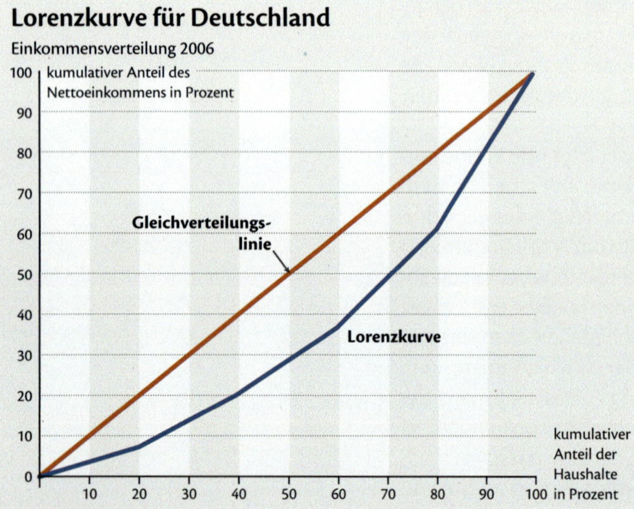

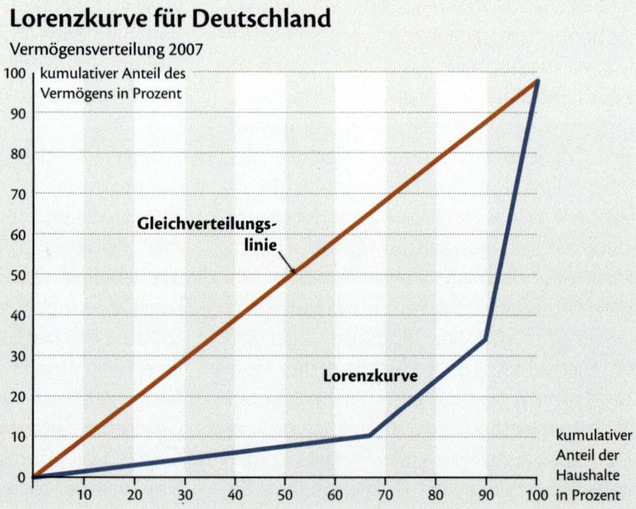

Nach: http://www.wagner-berlin.de/fhtwmakroHandtmann.pdf (Zugriff: 17.3.2012)

M 19 Stichwort: Gini-Koeffizient

Möchte man soziale Ungleichheit – zumeist in Form von Einkommensverteilung gemessen – im Zeitverlauf oder zwischen Ländern vergleichend analysieren, bietet sich der sogenannte Gini-Koeffizient an. Entwickelt wurde dieser vom italienischen Statistiker Corrado Gini. Der Gini-Koeffizient stellt eine Maßzahl dar, die die Ungleichheit einer Verteilung in einer einzigen Maßzahl zwischen 0 und 1 zum Ausdruck bringt. Er basiert auf der Lorenzkurve (*vgl. M 18*), da sich der Gini-Index auf der Grundlage der Größe der Fläche zwischen der Gleichverteilungslinie/Winkelhalbierenden und der empirischen Lorenzkurve ergibt. Ein Wert von 0 entspräche dabei einer absoluten Gleichverteilung, ein Wert von 1 würde sich wiederum bei absoluter Ungleichheit (ein einziger Haushalt erzielt das gesamte Einkommen) ergeben. Der Gini-Koeffizient ist somit ein übersichtlicher Kennwert der Ungleichheit bzw. der Einkommensverteilung, bei dem jedoch auch wichtige Informationen verborgen bleiben. So können ganz unterschiedliche Lorenzkurven, also Einkommensverteilungen vorhanden sein, dennoch bleibt der Wert des Gini-Indexes gleich, solange die Fläche zwischen Winkelhalbierender und Lorenzkurve gleich groß ist.

Demnach können zum Beispiel in Land A 50 Prozent der Haushalte über 10 Prozent des Gesamteinkommens verfügen, die andere Gesamteinkommenshälfte besitzen die restlichen 90 Prozent der Haushalte. In Land B jedoch verteilen sich 50 Prozent des Einkommens auf 90 Prozent der Bevölkerung, während die restlichen 10 Prozent der Bevölkerung über die restlichen 50 Prozent des Gesamteinkommens verfügen (*M 20*).

Der Gini-Koeffizient erlaubt somit keine Aussagen, wie sich die Einkommensverteilung auf die untersten bzw. obersten Einkommensbereiche auswirkt. Sozialpolitisch betrachtet könnte dies bedeuten, dass aus einem identischen Wert ganz unterschiedliche Konsequenzen und Lösungen zu ziehen sind.

Ein weiteres, allerdings nur pragmatisches Problem ist, dass der Gini-Koeffizient eines relativ aufwendigen Rechenverfahrens bedarf.

Schwerwiegender ist da schon die Tatsache, dass der Gini-Koeffizient relativ stark auf Veränderungen in den mittleren Einkommensbereichen reagiert, aber Umverteilungen am unteren oder oberen Einkommensrand schwächer gewichtet.

Autorentext

Formel des Gini-Koeffizienten

$$G = \frac{2 \cdot \sum_{i=1}^{n} i x_i}{n \cdot \sum_{i=1}^{n} x_i} - \frac{n+1}{n}$$

M 20 Lorenzkurve und Gini-Koeffizient

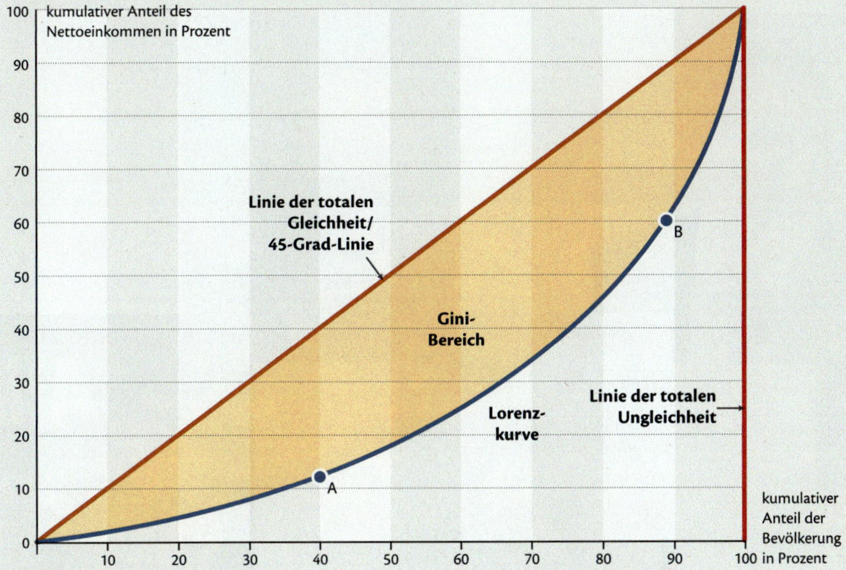

Nach: FU Berlin, in: http://www.lai.fu-berlin.de/e-learning/projekte/vwl_basiswissen/Umverteilung/Gini_Koeffizient/index.html (Zugriff: 17.3.2012)

M 21 Ungleichheit vergleichen: Gini-Koeffizient und HDI

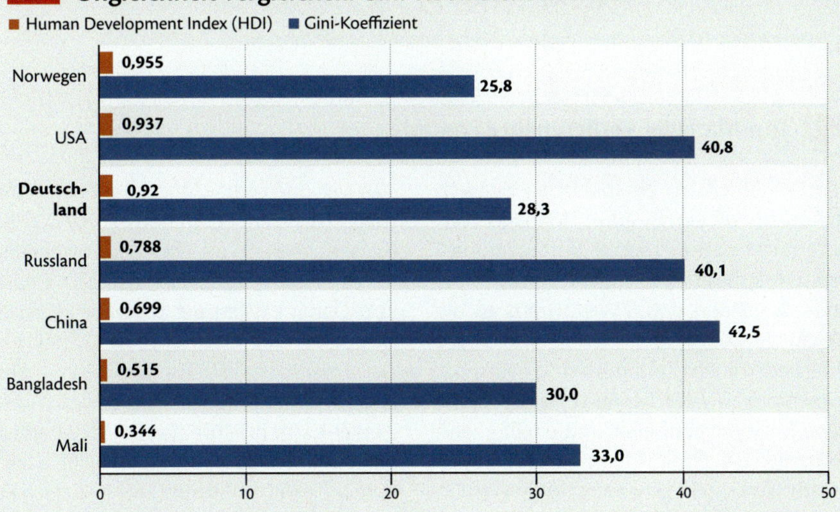

Nach: Human Development Report 2013, New York 2013, S. 152 ff.

Wann ist man arm? – Armut und Reichtum

In modernen Gesellschaften spielen soziale Ungleichheit und wachsende Armut eine wichtige Rolle – vor allem, weil sie letztlich den sozialen Frieden gefährden. In Deutschland ist der Reichtum sehr ungleich verteilt. Das Vermögen konzentriert sich bei wenigen Menschen, während die Mehrheit der Bevölkerung mit keinem oder einem sehr geringen Vermögen vorlieb nehmen muss. Es geht jedoch nicht nur um sehr arm und sehr reich. Auch die Mittelschichten sind nun von dieser Entwicklung betroffen. Die Verteilung des Reichtums ist in Deutschland zu einem wichtigen Thema der öffentlichen Diskussion geworden. Doch wann ist man arm oder reich, gar zu arm oder zu reich?

M22 Manager-Jahresgehälter von DAX-Unternehmen

Obere Reihe (v. l.): Martin Winterkorn, Volkswagen, 17,4 Mio., Peter Löscher, Siemens, 8,9 Mio., Dieter Zetsche, Daimler, 8,8 Mio.
untere Reihe (v. l.): Wolfgang Reitzle, Linde, 6,9 Mio., Jürgen Großmann, RWE, 6,6 Mio., Michael Diekmann, Allianz, 5,8 Mio.
Quelle der Zahlen: Deutsche Schutzvereinigung für Wertpapierbesitz, TU München, Frankfurter Allgemeine Sonntagszeitung

M23 Top-Manager verlieren ihre Freunde

Martin Winterkorn entspricht so ziemlich dem Ideal von einem guten Manager: vernarrt in das eigene Produkt, durchsetzungsstark, erfolgsfixiert, integer. Mit sturer Akribie treibt der Mann den VW-Konzern an die Weltspitze. Die Aktionäre sind glücklich, die Mitarbeiter auch: Zehntausende Leute hat Winterkorn als VW-Chef neu eingestellt, eine halbe Million Mitarbeiter und ein Dutzend Automarken fügen sich zu einem großartigen Gesamtwerk. Mehr geht nicht: Mehr Gewinn kaum. Mehr Gehalt auch nicht. Das ist sein Problem.

17,4 Millionen erhält Winterkorn von Volkswagen (darin enthalten sind die 767 000 Euro für den Zweitjob als Chef der Porsche-Holding) – so viel wie keiner in der DAX-Liga vor ihm. Damit kassiert der Schwabe locker das Doppelte von Deutsche-Bank-Chef Josef Ackermann, der es – wie wir hören – dieses Jahr auf acht Millionen Euro bringt. Mit der Banker-Kaste möchte der VW-Chef erst gar nicht in einem Topf landen, schließlich basiere sein Gehalt auf einem „real erwirtschafteten Ergebnis“: echtes Blech, ehrliches Geld also. „Manche Banker haben Boni bekommen, obwohl sie bankrott waren. Das ist bei uns nicht der Fall."

Alles richtig, alles wahr. Nur hilft es dem VW-Chef wenig: Das Volk in seiner großen Mehrheit (71 Prozent laut einer aktuellen Umfrage) hält Millionengehälter für Manager selbst dann nicht für gerechtfertigt, wenn die einen satten Profit erwirtschaften. Dieses Jahr sind die Gewinne explodiert, das zahlt sich aus: Arbeiter kassieren Rekordprämien, Aktionäre Rekorddividenden, Top-Manager Rekordboni. 23 der 30 DAX-Konzerne haben bis zum Wochenende ihre Zahlen für 2011 vorgelegt, Ergebnis: Das Gehalt der Vorstände liegt laut einer Towers-Watson-Studie 14 Prozent höher als im Vorjahr. (...)

„Jenseits der zehn Millionen Euro wird es sozial unverträglich", urteilt etwa die Deutsche Schutzvereinigung für Wertpapierbesitz (DSW) – und eröffnet eine Debatte über fixe Obergrenzen: Bei 10 Millionen Euro Barausschüttung soll demnach Schluss ein. Für den Verband der Familienunternehmer sind fünf Millionen Euro Jahresgage das Äußerste. (...)

Als völlig unangemessen kritisiert auch Lutz Goebel, Präsident des Verbandes der Familienunternehmer, die 17-Millionen-Gage: „Kein Top-Manager ist das 300- oder 400-fache eines einfachen Angestellten wert: Solch hohe Beträge verderben die Sitten und auch die Gehaltsstrukturen." (...) Für Staatsmänner, die Verantwortung über Krieg und Frieden tragen, sei es schwer erträglich, „dass ein Autoverkäufer das 50-fache von ihnen kassiert", wettert Adams: „Muss Herr Winterkorn wirklich das 50-fache der Bundeskanzlerin verdienen, das 180-fache eines Professors oder 15 Mal so viel, wie ein Nobelpreisträger bekommt?"

Hendrik Ankenbrand/Georg Meck: Top-Manager verlieren ihre Freunde, Frankfurter Allgemeine Sonntagszeitung v. 18.3.2012, in: www.faz.net (Zugriff: 28.5.2013)

M 24 Kluft zwischen Arm und Reich wird größer

Die Einkommenskluft zwischen Arm und Reich ist in Deutschland in den vergangenen zwei Jahrzehnten erheblich stärker gewachsen als in den meisten anderen Industrienationen.

Dies zeigt eine am Montag von der Organisation für wirtschaftliche Entwicklung und Zusammenarbeit (OECD) vorgelegte Studie. Danach verdienten die zehn Prozent der Deutschen mit den höchsten Einkommen 2008 etwa achtmal so viel wie die untersten zehn Prozent. Konkret beliefen sich ihre Nettobezüge auf durchschnittlich 57 300 Euro im Jahr, die der Geringverdiener hingegen nur auf 7400 Euro (ohne staatliche Hilfsleistungen). Anfang der 90er-Jahre hatte das Verhältnis noch bei sechs zu eins gelegen.

Für die zunehmende Kluft ist laut Studie vor allem die Entwicklung der Löhne und Gehälter verantwortlich. So hat sich die Lohnschere zwischen den Spitzeneinkommen und den untersten zehn Prozent der Vollzeitarbeitenden in den vergangenen 15 Jahren um ein Fünftel erweitert. Hinzu kommt ein starker Zuwachs von Teilzeitarbeit und Fristverträgen. Die Zahl der Teilzeitarbeiter stieg in Deutschland seit Mitte der 80er-Jahre von knapp drei auf mehr als acht Millionen.

„Die Flexibilisierung des Arbeitsmarktes war ein erster wichtiger Schritt. Jetzt müssen weitere zur Schaffung von Arbeitsverhältnissen mit Perspektiven und Aufstiegschancen folgen", sagte der OECD-Arbeitsmarktexperte Michael Förster. Aber auch sozialer Wandel verstärkt laut Studie die Einkommensunterschiede zwischen armen und reichen Haushalten. Es gibt mehr Alleinerzieher- und Single-Haushalte mit entsprechend niedrigem Einkommen. Auf der anderen Seite fänden sich zugleich immer mehr Paare aus der gleichen Einkommensgruppe zusammen. Das Modell „Chefarzt heiratet Krankenschwester" sei auf dem Rückzug.

Laut Untersuchung sind die verfügbaren Haushaltseinkommen in Deutschland in den beiden Jahrzehnten vor der Finanz- und Wirtschaftskrise im Schnitt um 0,9 Prozent jährlich gestiegen. Davon profitierten vor allem die Gutverdiener, deren Einkommen im Schnitt um 1,6 Prozent stieg – während die Niedriglöhner nur einen Zuwachs von 0,1 Prozent verzeichneten. (...)

„Zunehmende Ungleichheit schwächt die Wirtschaftskraft eines Landes, sie gefährdet den sozialen Zusammenhalt und schafft politische Instabilität – aber sie ist nicht unausweichlich", sagte OECD-Generalsekretär Angel Gurría. Als zentrales Mittel zum Abbau von Einkommensunterschieden empfehlen die Autoren vor allem mehr Investitionen in Bildung und Weiterbildung.

dpa/epd/KNA: Die Kluft zwischen Arm und Reich wird größer, Badische Zeitung v. 6.12.2011, in: www.badische-zeitung.de (Zugriff: 28.5.2013)

M 25 Absolute und relative Armut

Absolute Armut ist ein Leben am äußersten Rand der Existenz. Sie ist gekennzeichnet durch eine unzureichende Mittelausstattung, um lebenswichtige Grundbedürfnisse zufriedenstellen zu können. Absolut arme Menschen leiden unter schwerwiegenden Entbehrungen und müssen permanent um ihr Überleben kämpfen. Absolute Armut ist für die meisten der in Deutschland lebenden Menschen kaum nachvollziehbar.

Der gebräuchlichste Indikator für die Bestimmung absoluter Armut ist die Verfügbarkeit von einem Dollar und weniger pro Tag für die Befriedigung der Lebensbedürfnisse. (Neuerdings setzt die Weltbank diese Grenze bei 1,25 US-Dollar an.) Die meisten der 1,2 Milliarden Menschen, die in diese Kategorie fallen, haben sogar deutlich weniger als einen Dollar zur Verfügung. Sie besitzen oft praktisch überhaupt kein Bargeld und versuchen ausschließlich vom Ertrag ihres Grund und Bodens zu leben. Neben der 1-Dollar-Grenze spricht die Weltbank auch noch von der 2-Dollar-Grenze (auch als moderate poverty bezeichnet). Sie gilt als Indikator für die typische Armut in Ländern mit mittlerem Einkommen.

Das verfügbare Geld muss freilich auch in Beziehung gesetzt werden zu den Lebenshaltungskosten, die für den städtischen Bereich durchschnittlich um 30 Prozent höher liegen als im ländlichen Bereich.

Unter relativer Armut versteht man eine Unterversorgung an materiellen und immateriellen Gütern und eine Beschränkung der Lebenschancen, und zwar im Vergleich zum Wohlstand der jeweiligen Gesellschaft. Wer relativ arm ist, hat deutlich weniger als die meisten anderen. Sein Einkommen reicht in vielen Fällen nicht aus, um ein annehmbares Leben zu führen.

Im Gegensatz zum Begriff der absoluten Armut, der auf Subsistenz verweist, also auf das, was zum Leben unbedingt notwendig ist, basiert der international anerkannte Begriff relativer Armut auf der Vorstellung sozialer Ungleichheit. So gilt zum Beispiel in Deutschland als relativ arm, wer maximal 50 Prozent des Durchschnittseinkommens einer Bevölkerungsgruppe zur Verfügung hat. Es wird auch unterschieden zwischen einem „Armutsrisiko" (auch „milde Armut" genannt), das bei 60 Prozent des Durchschnittseinkommens angesetzt wird, der eigentlichen Armutsgrenze, die wie gesagt mit 50 Prozent definiert wird, und einer „strengen Armut", die bei 40 Prozent des Durchschnittseinkommens angesetzt wird. Nach den Kriterien der Europäischen Union ist derjenige arm, der 60 Prozent oder weniger des Durchschnittseinkommens zur Verfügung hat.

Die relative Armut muss in ihrer Bedeutung allerdings „relativiert" werden, weil das finanzielle Einkommen nur ein Indikator unter anderen ist und im Zusammenhang mit anderen Gegebenheiten gesehen werden muss. Im 2. Armutsbericht der Bundesregierung von 2005 heißt es darum zu Recht: „Schließlich greift eine indirekte Bestimmung der Armut wie etwa in Form der Einkommensarmut zu kurz, wenn andere Faktoren (z. B. Vermögen, Schulden, Gesundheit, Bildung, Arbeitslosigkeit) bei gleichem Einkommen einen jeweils unterschiedlichen Stellenwert besitzen." Vor allem geht es bei der Beurteilung der relativen Armut um den tatsächlichen Lebensstandard bzw. um die tatsächliche Befriedigung der Grundbedürfnisse.

Weil die so genannte Einkommensarmut den gesellschaftlichen Status nicht genügend wiedergibt, versucht man mit dem „Lebenslagenkonzept" eine weitere Beschreibung. Dieses Konzept interpretiert Armut als Unterversorgung in verschiedenen Bereichen, zum Beispiel in den Bereichen Wohnen, Bildung, Gesundheit, Arbeit, Einkommen und Versorgung mit technischer und sozialer Infrastruktur. (...) Eins ist fast allen Versuchen, das Problem „Armut" zu beschreiben, gemeinsam: Es geht um die ungleiche Verteilung von Chancen, am gesellschaftlichen Leben teilzunehmen.

Absolute und relative Armut, in: www.armut.de 2008 (Zugriff: 18.3.2012)

1 Analysieren Sie die Texte **M 23** bis **M 25** im Hinblick auf die deutlich werdende Kluft zwischen Reich und Arm in Deutschland.

2 Erarbeiten Sie die Definitionen von Armut und diskutieren Sie sie.

3 Beurteilen Sie, ob es notwendig ist, Grenzen für Armut bzw. Reichtum zu ziehen.

4 Erarbeiten Sie arbeitsteilig in Gruppen Dimensionen der Armut und stellen Sie sie im Plenum vor. Diskutieren Sie anschließend, welche Konzepte der Armutsbekämpfung man in einem Wohlfahrtsstaat wie der Bundesrepublik Deutschland praktizieren sollte (s. auch **M 36**).

M26 Dimensionen der Armut

Armut ist kein Zustand, sondern ein Prozess, an dessen Herstellung und Dauerhaftigkeit verschiedene soziale Instanzen beteiligt sind: die Politik, das Bildungssystem, das Rechtssystem, die Ökonomie und die auf der Diskursebene angesiedelten symbolischen Repräsentationen. Genauer gesagt handelt es sich im Fall von Armut um einen gesellschaftlich vermittelten Abstiegsprozess mit der teils größeren, teils kleineren Möglichkeit zum erneuten sozialen Aufstieg.

Bereits für die 1990er-Jahre (wurde in Untersuchungen) die Dynamik von Armutsverläufen zunehmend in den Mittelpunkt von Analysen gestellt. In ihrem Gefolge wird nunmehr angenommen, dass es zu einer Vervielfältigung von Wegen in die Armut gekommen sei. Seither sind zahlreiche theoretische und empirische Bemühungen erkennbar, die verschiedenen Armutslagen zu systematisieren. Innerhalb der für Deutschland bisher erforschten Armutsdynamik sind selbstverständlich auch verfestigte Armutslagen zu erkennen. Die ebenfalls Ende der 1990er-Jahre einsetzende Exklusionsdebatte will dem Problem begegnen, dass „Arme nicht nur materiell, sondern umfassend vom normalen gesellschaftlichen Leben ausgeschlossen sind. Dieses Konzept beinhaltet ökonomische, soziale, politische, rechtliche und kulturelle Dimensionen".

Sowohl im Fall der Dynamisierung von Armut wie auch bei den verfestigen Armutslagen ist davon auszugehen, dass die Bewältigungspraxen der Einzelnen infolge von Deklassierungserfahrungen heterogener sein dürften, als es viele soziologische Beschreibungen vermuten lassen. Übertragen auf die Ebene der sozialen Praxis bedeutet dies, dass die gesellschaftlichen AkteurInnen mit systematisch unterschiedlichen ökonomischen, sozialen, kulturellen und kognitiven Ressourcen ausgestattet sind, um ihre jeweilige soziale Situation zu bearbeiten und zu bewältigen. Dabei soll auch der subjektive Faktor berücksichtigt werden. Je nach Kombination, Verschränkung und Wechselwirkung von sozialen Merkmalen entwickeln die Einzelnen wie in einem Zerrspiegel ein vergrößertes bzw. verkleinertes Bild von sich selbst. Das Erleben der eigenen sozialen Position ist Ausgangspunkt und Folge des auf der Basis des Bildes entwickelten Verhaltens, der Denk-, Wahrnehmungs- und Handlungsstrukturen (…). Dadurch wird es eingebettet in soziale Interaktionen sowie in den jeweils relevanten Handlungskontext, die das Zerrspiegelbild beständig aktualisieren. Damit wird angenommen, dass sich die Bedingungen, Chancen und Risiken von Bearbeitungsstrategien in Armutslagen danach ausrichten, welche „Achsen der Ungleichheit" beim Abstieg in die Armut eine Rolle gespielt haben bzw. das Erleben und die Bewältigung von Armutslagen strukturieren.

Wie erklärt sich eine solche Annahme? In der Armuts- wie auch in der Ungleichheitsforschung wird seit langem der Anspruch formuliert, von einer Mehrdimensionalität von Armut bzw. sozialer Ungleichheit auszugehen. (*Forscher erinnern*) in diesem Zusammenhang mit Nachdruck an die Forderung (…) nach einer Integration von neuen und alten, nationalen und internationalen, vertikalen und horizontalen Ungleichheitsachsen in einen gemeinsamen theoretischen Rahmen. Die soziale Lage, in der sich ein Mensch befindet, wird in der Regel durch die Überschneidung mehrerer Ungleichheitsachsen bestimmt. Schwinn schlägt angesichts dieses Umstands „Konstellationsanalysen" für die Ungleichheitsforschung vor: „Der Konstellationsbegriff setzt voraus, dass das, was in Konstellation steht, (…) sich wechselseitig beeinflussen und prägen kann. Es gibt sich gegenseitig verstärkende, schwächende oder ausgleichende Effekte. Das setzt Modellannahmen über die Konvertierbarkeit oder die Beeinflussbarkeit unterschiedlicher Ungleichheitsdimensionen voraus. Dies muss theoretisch geklärt werden."

Stefanie Schröder/Konstantin Bender: Dimensionen der Armut, 29.7.2011, in: http://www.bdwi.de (Zugriff: 18.3.2012)

M27 Armut in Deutschland

Anteil der Einwohner, die 2010 weniger als 60 Prozent des Durchschnittseinkommens hatten, in Prozent (Armutsgefährdungsquote)

Anstieg bzw. Rückgang der Armutsgefährdungsquote 2010 im Vergleich zu 2005 in Prozentpunkten

Quelle: Deutscher Paritätischer Wohlfahrts-Gesamtverband

M 28 Armutsgefährdungsquote

Die Armutsgefährdungsquote gibt an, wie hoch der Anteil der armutsgefährdeten Personen an einer Gesamtgruppe ist. Als armutsgefährdet gelten Personen, deren Einkommen weniger als 60 Prozent des mittleren Einkommens beträgt. Dabei berücksichtigt die Einkommensberechnung sowohl die unterschiedlichen Haushaltsstrukturen als auch die Einspareffekte, die durch das Zusammenleben – durch gemeinsam genutzten Wohnraum, beim Energieverbrauch pro Kopf oder bei Haushaltsanschaffungen – entstehen. Die Einkommen werden also gewichtet.

Zur Ermittlung des Einkommens wird zunächst das von allen Haushaltsmitgliedern tatsächlich erzielte Haushaltseinkommen zusammengefasst. Dieses setzt sich zusammen aus dem Einkommen aus selbstständiger und unselbstständiger Erwerbstätigkeit, dem Einkommen aus Vermögen, Renten und Pensionen sowie empfangenen laufenden Transfers – wie zum Beispiel Arbeitslosengeld, Sozialgeld oder Kindergeld. Direkte Steuern und Sozialbeiträge werden abgezogen.

Anschließend wird das verfügbare Einkommen gewichtetet bzw. das sogenannte Äquivalenzeinkommen ermittelt. Dazu wird das verfügbare Haushaltseinkommen unter Berücksichtigung eines Gewichtungsschlüssels (Äquivalenzskala) geteilt. Die Äquivalenzskala weist dabei der ersten erwachsenen Person stets das Gewicht 1 zu. Weitere Erwachsene und Kinder ab 14 Jahren erhalten das Gewicht 0,5, Kinder unter 14 Jahren das Gewicht 0,3.

Ein Beispiel: Eine Familie mit zwei Erwachsenen und zwei Kindern unter 14 Jahren hat nach der Äquivalenzskala das Gesamtgewicht 2,1 (1 plus 0,5 plus 0,3 plus 0,3). Zur Berechnung des Äquivalenzeinkommens muss das verfügbare Haushaltseinkommen demnach durch 2,1 – und nicht durch die Anzahl der Personen – geteilt werden.

Bei einem verfügbaren Haushaltseinkommen von beispielsweise 2100 Euro hat jedes der vier Haushaltsmitglieder ein Äquivalenzeinkommen von 1000 Euro.

Um das mittlere Einkommen zu berechnen, wird der Median (Zentralwert) verwendet. Dabei werden hier alle Personen ihrem gewichteten Einkommen nach aufsteigend sortiert. Der Median ist der Einkommenswert derjenigen Person, die die Bevölkerung in genau zwei Hälften teilt. Das heißt, die eine Hälfte hat ein höheres, die andere ein niedrigeres gewichtetes Einkommen. 60 Prozent dieses Medianwertes stellen die Armutsgefährdungsgrenze dar.

Bundeszentrale für politische Bildung: Ausgewählte Armutsgefährdungsquoten, 23.4.2013, in: http://www.bpb.de (Zugriff: 29.5.2013)

M 29 Dimension Einkommen

Ausgewählte Armutsgefährdungsquoten in Prozent, 2010

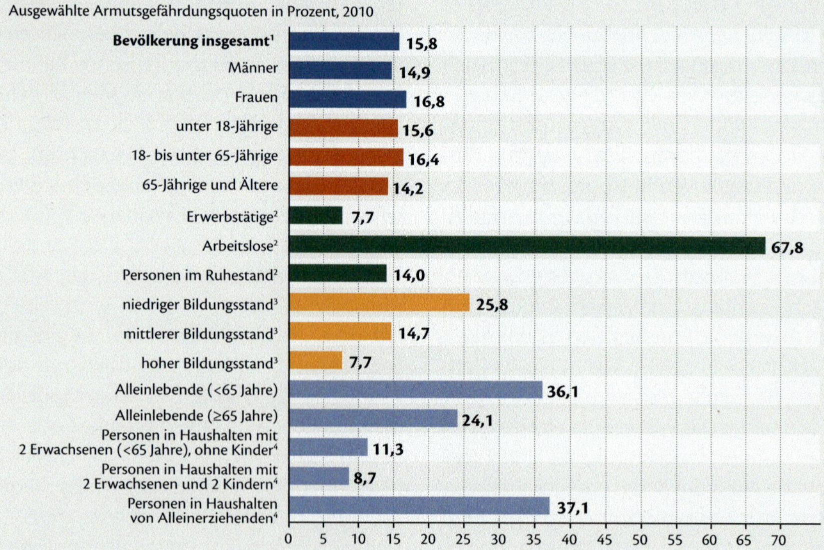

Quelle: Statistisches Bundesamt: Gemeinschaftsstatistik über Einkommen und Lebensbedingungen (EU-SILC)
Bundeszentrale für politische Bildung, 2012, www.bpb.de

M 30 Dimension Alter

Armutsquoten nach Altersgruppen in Prozent der Bevölkerung ■ 2000–2002 ■ 2007–2009

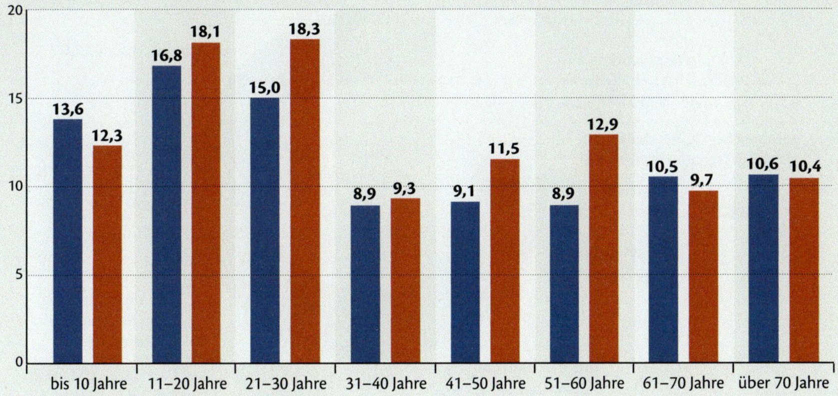

Quelle: Statistisches Bundesamt, Datenreport 2011

M 31 Dimension Gesundheit

Die Lebenserwartung der Deutschen hängt vom Einkommen ab

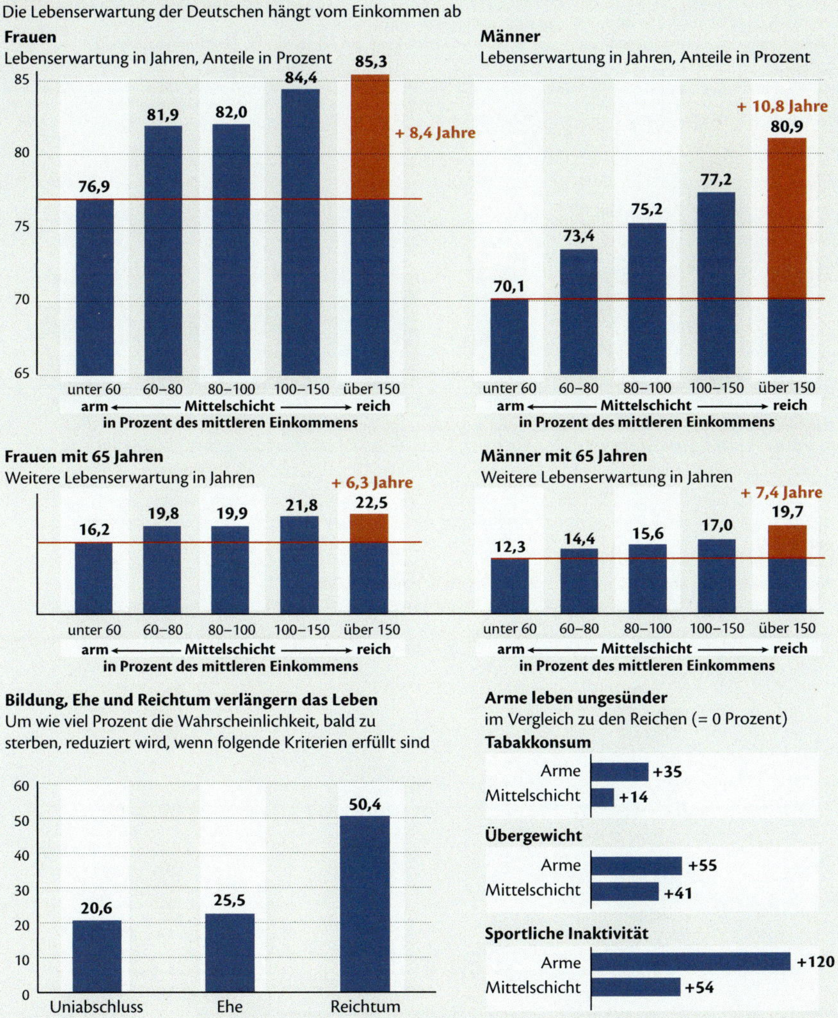

Nach: Periodensterbetafeln 1995 bis 2005 und SOEP; Quellen: Robert-Koch-Institut, Annette Reil-Held

M 32 Dimension Überschuldung

Hauptauslöser* für die Überschuldung privater Haushalte in Prozent, 2011

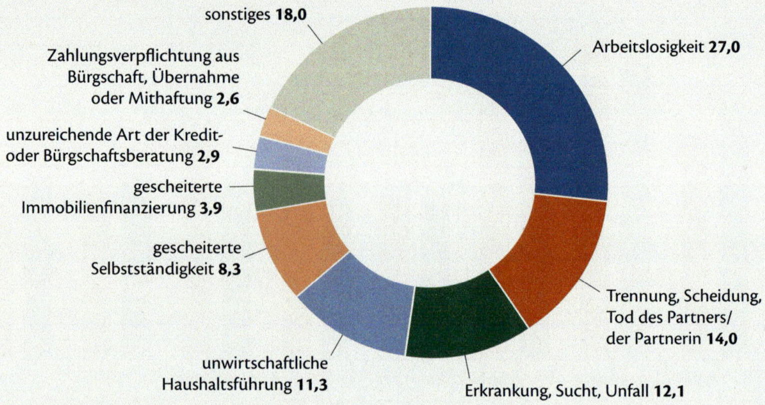

** für die Statistik ist hier immer nur ein Hauptgrund maßgeblich.*
Quelle: Statistisches Bundesamt: Ergebnisse der Überschuldungsstatistik 2011, Bundeszentrale für politische Bildung, 2013

M 33 Dimension Wohnungslosigkeit

In absoluten Zahlen*, Schätzungen, 1997 bis 2010

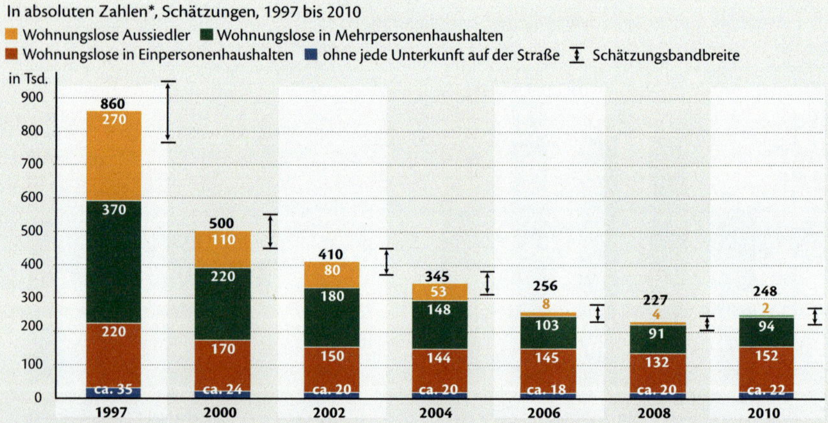

** wohnungslos ist, wer nicht über einen mietvertraglich abgesicherten Wohnraum verfügt*
Quelle: Bundesarbeitsgemeinschaft Wohnungslosenhilfe e.V., Bundeszentrale für politische Bildung, 2013, www.bpb.de

M 34 Dimension Bildung

Bildungsbeteiligung von Kindern nach akademischem Abschluss des Vaters

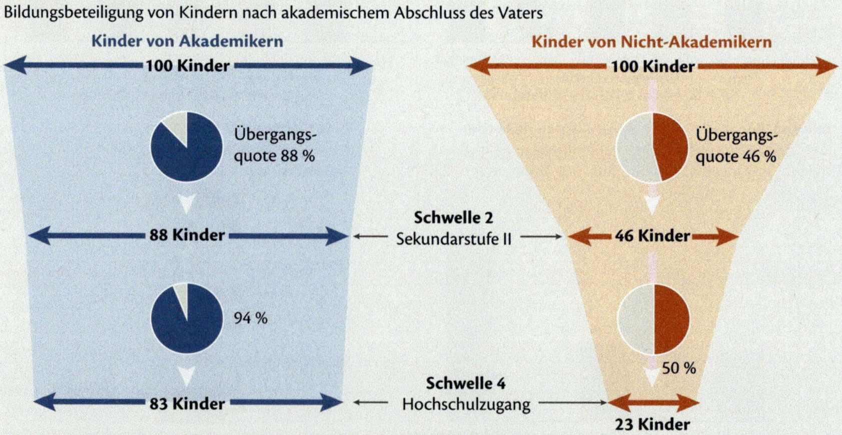

Nach: Lebenslagen in Deutschland, 3. Armuts- und Reichtumsbericht der Bundesregierung, S. 69
Quellen: Statistisches Bundesamt 2001 und 2005, HIS-Studienanfängerbefragung 2005

M 35 Dimension Teilhabe

Mitgliedschaft im Sportverein nach persönlichen und sozialen Merkmalen, in Prozent

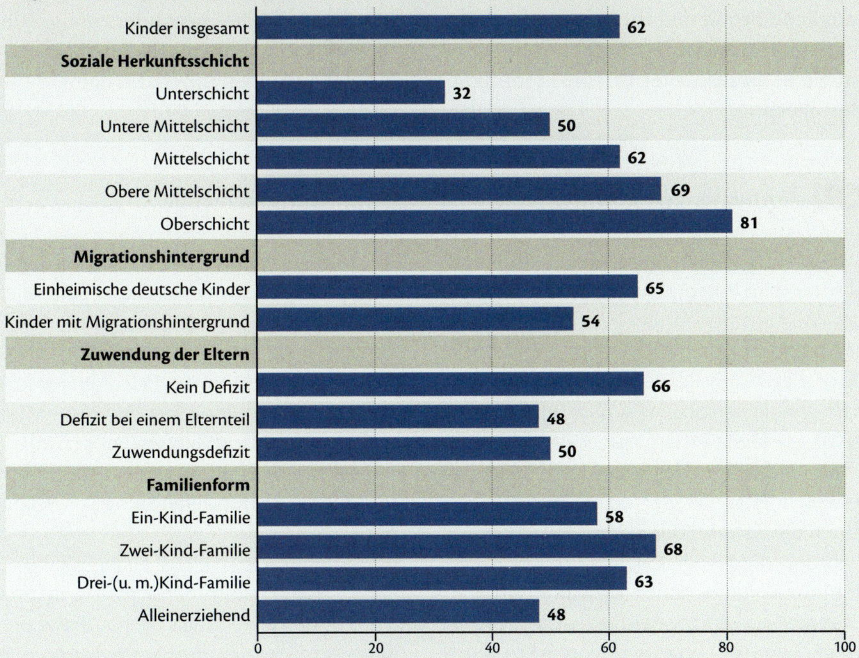

Nach: Dietrich Engels/Christine Thienebein: Zusammenhang von sozialer Schicht und Teilnahme an Kultur-, Bildungs- und Freizeitangeboten für Kinder und Jugendliche, Köln 2011, S. 10

M 36 Wie lässt sich Armut am besten bekämpfen?

Aus einem Streitgespräch zwischen dem Ökonomen Michael Hüther und dem Politologen Christoph Butterwegge:

Spiegel Online: Die zehn reichsten Prozent der deutschen Bevölkerung besitzen 53 Prozent des gesamten Vermögens – acht Prozentpunkte mehr als zehn Jahre zuvor. Ist die steigende Vermögensungleichheit ein Problem?

Butterwegge: Ja, denn die Spaltung der Gesellschaft geht mit einem allmählichen Zerfall unserer Städte einher: Es gibt erste Gated Communitys, also Viertel für die Reichen und Superreichen, die hinter hohen Mauer leben und sich von privaten Sicherheitsdiensten bewachen lassen. (...) Damit folgt der US-Amerikanisierung unseres Sozialstaats die US-Amerikanisierung der Sozialstruktur und auch der Stadtentwicklung.

Hüther: Ich weiß nicht, wo Sie leben, Herr Butterwegge. Ich jedenfalls erkenne unsere Städte in Ihrer Schilderung nicht wieder. Nirgendwo gibt es so große Anstrengungen wie in Deutschland, schwierige Wohngebiete zu entwickeln. Aber zurück zur Ungleichheit: Richtig ist sicher, dass wir eine Vermögenskonzentration haben. Die Frage ist aber, ob das politisch relevant ist. Die These der Amerikanisierung der Sozialpolitik ist jedenfalls vollkommen abwegig, wir haben immer noch eine Sozialstaatsquote von 30 Prozent. Das heißt: Der Anteil der Sozialausgaben an der Wirtschaftsleistung ist konstant. (...)

Spiegel Online: Was die politische Relevanz der Vermögenskonzentration betrifft: Ist sie nicht ein eklatanter Vorstoß gegen das urliberale Argument der Leistungsgerechtigkeit, spätestens wenn große Vermögen komplett steuerfrei vererbt werden?

Hüther: (...) Ich bin da Ihrer Ansicht: Die Erbschaftsteuer ist das zentrale Element, um eine Neutralisierung von unfairen Vermögensverteilungen vorzunehmen. Wir müssen dabei aber eine absolute Besonderheit Deutschlands beachten: Ein hohes Maß der Privatvermögen besteht aus Betrieben. Der Erbübergang darf nicht zum Untergang des Betriebs führen, weil der Erbe hohe Steuern zahlen muss. Das würde Arbeitsplätze vernichten.

Streitgespräch: Arme Republik, reiche Republik, Spiegel Online v. 9.12.2012. Das Gespräch führten Florian Diekmann und Christian Rickens (Zugriff: 18.9.2013)

Prekäre Verhältnisse? – Armutsgefährdung

Vorausschauende Politik kümmert sich nicht nur um bestehende, sondern auch um mögliche Probleme. Im Bereich der Armutsbekämpfung ist dies besonders nötig. Die Statistiker haben dazu das Kriterium der Armutsgefährdung entwickelt. Inhaltlich ermöglicht dieses Kriterium die Identifikation von Risikogruppen innerhalb der Bevölkerung.

Zeichnung: Prüstel

M37 Äquivalenzeinkommen und Armutsgefährdungsschwelle

Die Armutsgefährdungsschwelle wird – dem EU-Standard entsprechend – bei 60 Prozent des Medians der Äquivalenzeinkommen (s. M 28) angenommen. Zur Ermittlung des Medians der Äquivalenzeinkommen wird zunächst jeder Person eine *Äquivalenzklasse* zugewiesen. Diese erhält man, indem man die Ober- und Untergrenze der Klasse, in der das jeweilige Haushaltsnettoeinkommen liegt, durch die Summe der Bedarfsgewichte aller Haushaltsmitglieder teilt. Das Äquivalenzeinkommen liegt zwischen den so ermittelten Grenzen. Folgendes Beispiel kann dies verdeutlichen: Das bedarfsgewichtete Pro-Kopf-Einkommen (Äquivalenzeinkommen) einer Person aus einem Zwei-Personen-Haushalt (2 Erwachsene) mit einem Haushaltsnettoeinkommen von 1500 Euro bis 1700 Euro liegt zwischen 1000 Euro (= 1500 Euro/1,5) und 1133 Euro (= 1700 Euro/1,5). Eine Person mit gleichen Angaben zum Haushaltsnettoeinkommen, die in einem Drei-Personen-Haushalt lebt (zwei Erwachsene und ein Kind im Alter von unter 14 Jahren) verfügt über ein bedarfsgewichtetes Pro-Kopf-Einkommen zwischen 833 Euro (=1500/1,8) und 944 Euro (= 1700/1,8). (…)

Die *Armutsgefährdungsschwelle* liegt bei 60 Prozent des Medianwerts. Dieser Schwellenwert wird in einem nächsten Schritt wieder mit dem jeweiligen Äquivalenzgewicht des Haushalts (= Summe der Personengewichte pro Haushalt) multipliziert. Auf diese Weise wird für jeden Haushaltstyp bezogen auf das Haushaltsnettoeinkommen ein spezifischer Wert für die Armutsgefährdungsschwelle ermittelt.

Alle Personen, deren Haushaltsnettoeinkommen in einer Einkommensklasse liegt, deren Obergrenze kleiner ist als die haushaltsspezifische Armutsgefährdungsschwelle, werden als „einkommensarm" eingestuft – ihnen wird eine Armutswahrscheinlichkeit von „1" zugewiesen.

Alle Personen mit Klassenuntergrenzen oberhalb der Armutsgefährdungsschwelle werden dagegen als „nicht einkommensarm" eingestuft (Armutswahrscheinlichkeit = 0). Personen, deren Haushaltsnettoeinkommen in einer Einkommensklasse liegt, in die auch die haushaltsspezifische Armutsgefährdungsschwelle fällt, können weder pauschal als „einkommensarm" noch als „nicht einkommensarm" klassifiziert werden. In diesen Fällen wird die Armutswahrscheinlichkeit aus dem Abstand der Armutsgefährdungsschwelle zur Klassenuntergrenze, im Verhältnis zur Klassenbreite, berechnet. Die Armutswahrscheinlichkeit liegt bei diesen Personen zwischen 0 und 1. Diesem Vorgehen liegt die Annahme der Gleichverteilung innerhalb der Klassen zugrunde. Anhand der so ermittelten Armutswahrscheinlichkeit kann dann die *Armutsgefährdungsquote* berechnet werden. Diese ergibt sich aus der durchschnittlichen Armutswahrscheinlichkeit der betrachteten Population.

Information und Technik Nordrhein-Westfalen: Berechnung von Armutsgefährdungsquoten auf Basis des Mikrozensus, April 2009, in: http://www.amtliche-sozialberichterstattung.de (Zugriff: 23.3.2012)

M38 Problemgruppen

Die Armutsrisikoquote für die Bevölkerung ist insgesamt zwar um 3,5 Prozentpunkte – rund ein Drittel – gestiegen, über Altersgruppen hinweg war die Veränderung aber sehr unterschiedlich. Das geringste Risiko der Einkommensarmut zeigt sich bei Erwachsenen im Alter von 46 bis 55 Jahren. In diesem Lebensabschnitt ist die Bildungskarriere in der Regel abgeschlossen, die Erwerbsbeteiligung ist besonders stark ausgeprägt und noch nicht von Verrentung beeinflusst. Zudem sind im Haushalt lebende Kinder im Allgemeinen nicht mehr in einem Alter, in dem das Problem, Kindererziehung und Beruf in Einklang zu bringen, noch eine bedeutende Rolle spielt. Vor zehn Jahren betrug in dieser Gruppe der Anteil der von Armut Betroffenen etwas mehr als sechs Prozent, bis 2008 ist er stark – auf knapp elf Prozent – gestiegen.
In den ersten Jahren nach einer Verrentung (Altersgruppe der 66- bis 75-Jährigen) fällt das Armutsrisiko ebenfalls unterdurchschnittlich aus. Im höheren Lebensalter ab 76 Jahren erreicht es wieder den Wert für die Bevölkerung insgesamt, unter anderem bedingt durch die kürzere Lebensdauer von Männern und den damit verbundenen höheren Anteil von Witwen mit häufig etwas geringeren Alterseinkünften.
Zum Teil weit überdurchschnittliche Armutsrisiken sind hingegen bei Kindern und insbesondere bei jungen Erwachsenen zu beobachten. Im Jahr 2008 lebte knapp ein Viertel der Erwachsenen im Alter von 19 bis 25 Jahren in Haushalten mit einem verfügbaren Einkommen unterhalb der Armutsschwelle. Diese Gruppe weist – mit mehr als sechs Prozentpunkten – auch den absolut stärksten Zuwachs des Armutsrisikos in den vergangenen zehn Jahren auf. Dazu dürften vor allem drei Faktoren beigetragen haben: Erstens haben die Dauer der Schul- und Berufsausbildung sowie der Anteil der Hochschulabsolventen an den jeweiligen Altersjahrgängen zugenommen, was den Eintritt in den Arbeitsmarkt und die Erzielung von Erwerbseinkommen verzögert. Zweitens erfolgt der Einstieg in den Arbeitsmarkt bei vielen über prekäre Beschäftigungsverhältnisse oder schlecht bezahlte Praktika (Generation Praktikum). Drittens gibt es einen Trend zur früheren Abspaltung vom elterlichen Haushalt, das heißt innerhalb der Gruppe der jungen Erwachsenen finden sich zunehmend Ein-Personen- und Alleinerziehenden-Haushalte. Deren Bevölkerungsanteil hat gegenüber 1998 um gut sieben Prozentpunkte zugenommen. (...)

Armutsrisiko steigt mit der Kinderzahl

Die Armutsrisikoquote für Kinder liegt insgesamt zwar über dem Durchschnitt, doch das Vorhandensein eines Kindes in einem Haushalt ist nicht zwangsläufig mit einem höheren Armutsrisiko verbunden. Differenziert nach der Zahl der minderjährigen Kinder (bis zu einem Alter von 16 Jahren) im Haushalt, zeigt sich, dass Familienhaushalte von Paaren mit zwei Kindern mit 13,4 Prozent sogar ein leicht unterdurchschnittliches Armutsrisiko aufweisen. Mit zunehmender Kinderzahl steigt dieses aber deutlich. Bei Familien mit drei Kindern betrug es 2008 knapp 22 Prozent, und bei vier und mehr Kindern erreichte es 36 Prozent. Gegenüber 1998 ist das Armutsrisiko bei kinderreichen Haushalten damit überdurchschnittlich gestiegen. (...)

Alleinerziehende

Unter allen Haushaltstypen weisen Alleinerziehende mit weitem Abstand die höchsten Armutsraten auf. Über 40 Prozent der Personen in Haushalten von Alleinerziehenden mit minderjährigen Kindern galten 2008 als einkommensarm.
War das jüngste Kind in einem solchen Haushalt bis zu drei Jahre alt, waren sogar mehr als die Hälfte der Personen von Armut betroffen. Die Zunahme des Armutsrisikos gegenüber 1998 war bei Alleinerziehenden, deren jüngstes Kind 12 bis 16 Jahre alt war, weit überdurchschnittlich.

Markus M. Grabka: Weiterhin hohes Armutsrisiko in Deutschland: Kinder und junge Erwachsene sind besonders betroffen, in: DIW Wochenbericht 7/2010, S. 5 ff.

M39 Armutsrisikoschwelle ausgewählter Haushaltstypen im Jahr 2008

	Bedarfssatz nach neuer OECD-Skala	Armutsschwelle[1]: Nominal in Euro je Monat
1-Personen-Haushalt	1,0	925
Ehe-/Paar ohne Kinder	1,5	1388
Ehe-/Paar mit 1 Kind	1,8	1665
Ehe-/Paar mit 2 Kindern	2,1	1943
Ehe-/Paar mit 3 Kindern	2,4	2220
Alleinerziehende mit 1 Kind	1,3	1203
Alleinerziehende mit 2 Kindern	1,6	1480

[1] Der Median der nominalen bedarfsgewichteten Haushalts-Nettoeinkommen des Vorjahres betrug 18 500 Euro oder 1542 Euro pro Monat.

Quelle: SOEP, DIW Berlin 2010

M 40 Bevölkerungsanteil und Armutsrisiko*

nach Altersgruppen und Kinderzahl 1998 und 2008, alle Angaben in Prozent

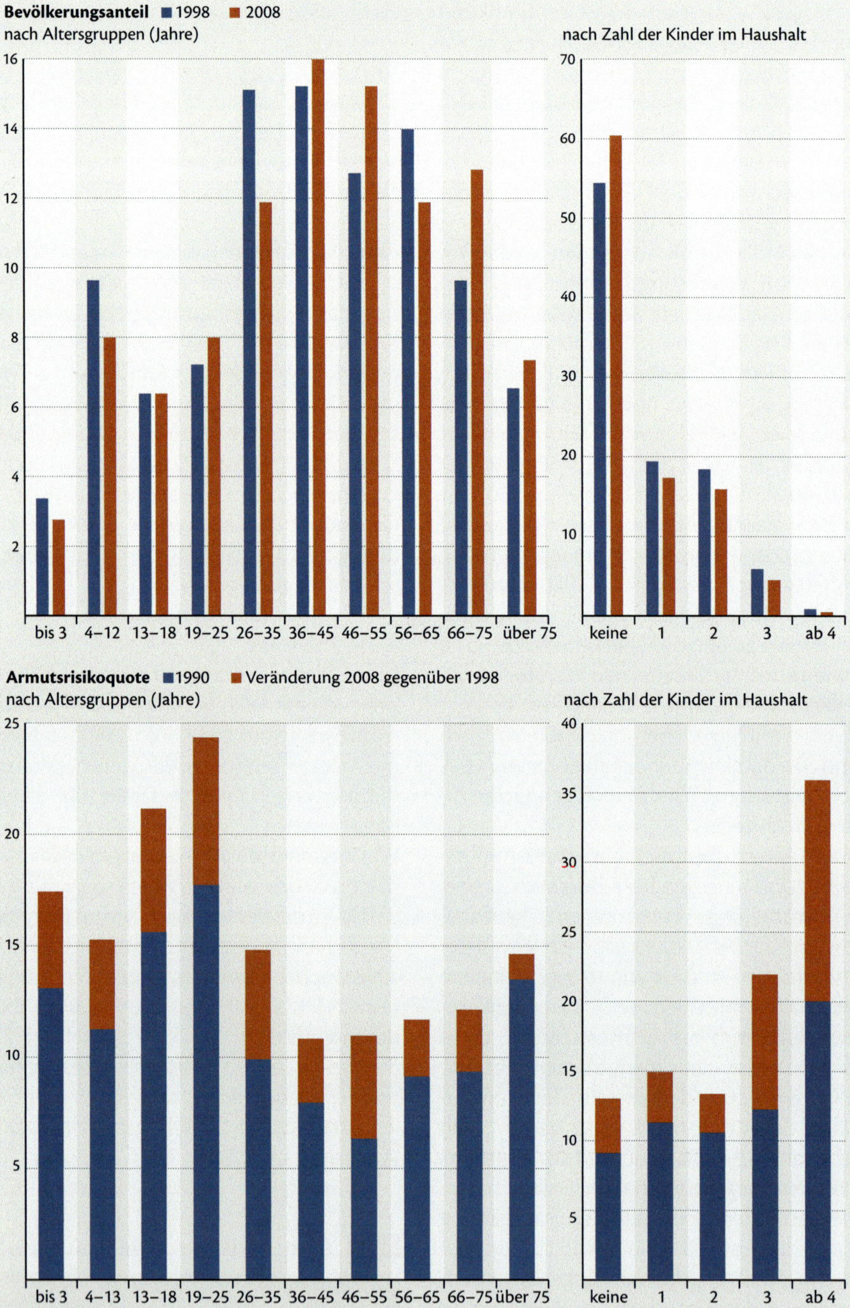

**Personen mit weniger als 60 Prozent des Medians der verfügbaren Einkommen, bedarfsgewichtet je Personen in privaten Haushalten*
Nach: DIW Berlin 2010, Quelle: SOEP

1 Erläutern Sie die Armutsgefährdungsquote als Maßstab für das Armutsrisiko.

2 Identifizieren Sie Problemgruppen der Armutsgefährdung und erkunden Sie in Gruppen die Lage der Problemgruppe.

3 Armut als Lebensphase? Nehmen Sie in der Gruppe Stellung zu dieser These.

4 Unsoziale Gesellschaft? Beurteilen Sie diese Frage bezogen auf die von Ihnen bearbeitete Problemgruppe.

M41 Unsoziale Gesellschaft?

(*Es*) zeigt sich, dass die untere Einkommensschicht insbesondere durch die Veränderungen der Zusammensetzung der Gesellschaft und nicht durch einen Abstieg aus der Mittelschicht gewachsen ist. Darüber hinaus hat auch die statistische Berechnungsmethode einen Einfluss.

Die soziodemografischen Entwicklungen der vergangenen Jahrzehnte führten dazu, dass auf dem Arbeitsmarkt oft schlechter positionierte Gesellschaftsgruppen – zum Beispiel Alleinerziehende, Alleinstehende und Personen mit Migrationshintergrund – prozentual an Gewicht in der Gesamtbevölkerung gewonnen haben. Dies lässt sich unter anderem durch die geringe Geburtenrate in der deutschen Mittelschicht und durch die höhere Geburtenrate in Familien mit Migrationshintergrund erklären. Außerdem kam es vermehrt zum Zerfall der traditionellen Familien und damit zur Zunahme der Alleinerziehung. In dieser Entwicklung sehen Gesellschaftsforscher ein Indiz für eine unsoziale Gesellschaft, in der man sich häufiger und schneller trenne und sich mehr auf staatliche Transfers und Hilfen verlasse. Schäfer/Schmidt (2009) zeigen, dass die genannten Gesellschaftsgruppen eine deutlich erhöhte Abstiegswahrscheinlichkeit aus der Mittelschicht besitzen. Auch von Einkommensarmut sind sie häufiger betroffen: Galten im Jahr 2007 von allen Haushalten 13,4 Prozent als relativ einkommensarm (mit einem Einkommen bis zu 60 Prozent des Medianeinkommens), so waren überdurchschnittlich viele der Alleinerziehenden (37,6 Prozent) und der Personen mit Migrationshintergrund (20,8 Prozent) betroffen. Insgesamt können die soziodemografischen Veränderungen allein seit Mitte der 1990er-Jahre rund die Hälfte der Zunahme relativer Einkommensarmut erklären.

Ein weiterer Teil der Zunahme der Unterschicht lässt sich darauf zurückführen, dass die Anzahl der Singlehaushalte in Deutschland steigt. Die Gewichtung der Haushaltseinkommen nach der Personenanzahl im Haushalt impliziert, dass der Pro-Kopf-Bedarf zusammenlebender Paare als sehr viel geringer eingeschätzt wird als der von Singlehaushalten. Viele Alleinstehende sinken aufgrund dieser Berechnung nach einer Trennung in die untere Einkommensgruppe der Statistik, ohne dass dies mit einem Rückgang ihres individuellen Einkommens einhergeht.

Ein Beispiel: Ein Single gehört mit einem Nettoeinkommen zwischen 860 und 1844 Euro im Monat der mittleren Einkommensschicht an; zwei Singles müssen also zusammengenommen zwischen 1720 und 3688 Euro verdienen, um zur Mittelschicht zu gehören. Ein Paar benötigt hingegen lediglich ein gemeinsames Nettogehalt zwischen 1290 und 2766 Euro. Damit nach einer Trennung nicht mindestens eine Person in die untere Einkommensschicht absinkt, müssten beide ehemaligen Partner jeweils wenigstens 860 Euro verdienen, was einem Haushaltseinkommen von mindestens 1720 Euro entspräche (s. *M 42*).

Nur Haushalte der mittleren Einkommensschicht, in denen beide Partner ungefähr das Gleiche verdienen, können sich also eine Trennung leisten, ohne dass mindestens einer in die untere Einkommensschicht absteigt. Kommen noch Kinder hinzu, so lastet der Druck auf dem alleinerziehenden Elternteil besonders stark. Diese Ergebnisse verdeutlichen, dass nicht jede statistisch gemessene Zunahme der Unterschicht mit Gehaltseinbußen oder mit dem Verlust eines Arbeitsplatzes einhergehen muss.

Dominik H. Enste/Vera Erdmann/Tatjana Kleineberg: Mythen über die Mittelschicht, München (Roman Herzog Institut) 2011, S. 8 ff.

M42 Abstieg durch Trennung

Monatseinkommen (netto) im Jahr 2009 in Euro			
	Niedrige Einkommen	Mittlere Einkommen	Hohe Einkommen
Ein Paarhaushalt	bis 1289	1290 bis 2766	ab 2767
Zwei Singlehaushalte	bis 1719	1720 bis 3688	ab 3689

Nach: Dominik H. Enste/Vera Erdmann/Tatjana Kleineberg: Mythen über die Mittelschicht, München (Roman Herzog Institut) 2011, S. 8 ff.

Schrumpft die Mittelschicht? – Angst vor sozialem Abstieg

Gut 60 Prozent der Deutschen zählen sich zur Mittelschicht. Immer mehr Bürger dieser Schicht sind in Sorge um ihren sozialen Status. Soziologen stellen in der Mittelschicht ein Klima der Verunsicherung fest. Die Angst vor Armut ist von den Rändern der Gesellschaft zur Mitte gewandert. Hauptursache hierfür ist die Angst vor dem Verlust des Arbeitsplatzes, die Furcht also, dass nämlich selbst bei Unternehmen, denen es gut geht, die Arbeitsplätze nicht mehr sicher sind. Es verbreitet sich das neue Gefühl, dass es jeden treffen könne.
Neben objektiven Kriterien der Armut sind in Wohlstandgesellschaften auch die subjektiven Befindlichkeiten sehr wichtig. Darunter spielt die Angst vor sozialem Abstieg eine ganz wesentliche Rolle.

M 43 Die Angst vor dem Abstieg wächst

Anteil der Beschäftigten, die sich um ihren Arbeitsplatz sorgen (in Prozent), unter ...

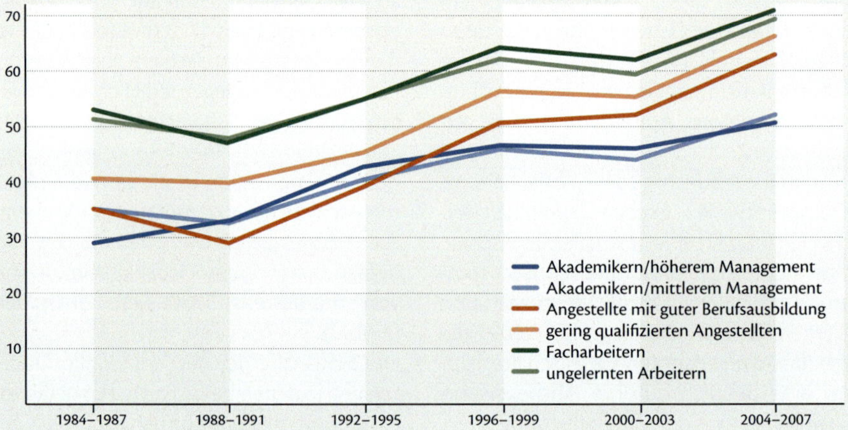

in Vierjahreszeiträumen gewichtete Daten, bis 1990 nur Westdeutschland
Quelle: Lengfeld/Hirschle 2009

M 44 Schrumpfende Mittelschicht – wachsende Ränder

Als Mittelschicht wird die Bevölkerungsgruppe mit einer relativen Einkommensposition von 70 bis 150 Prozent des Medians bezeichnet. In dieser Abgrenzung umfasste die Mittelschicht in den 80er-Jahren in Westdeutschland stabil rund 64 Prozent der Gesamtbevölkerung – die deutliche Mehrheit der Erwachsenen und deren Kinder. Auch für Deutschland insgesamt lag der Anteil der Mittelschicht 1992 mit knapp 62 Prozent ungefähr in dieser Größenordnung – das entsprach etwas mehr als 49 Millionen Personen – und ist bis 2000 weitgehend stabil geblieben. Seither aber schrumpft die Einkommensmittelschicht und macht nur noch rund 54 Prozent (rund 44 Millionen Personen) der gesamten Bevölkerung aus. Innerhalb der Mittelschicht hat die Gruppe derjenigen mit einem Einkommen zwischen 90 und 110 Prozent des Medians – also die „Durchschnittsverdiener" – mit einem Rückgang von rund fünf Prozentpunkten die stärksten Verluste hinnehmen müssen.
Entsprechend haben die Ränder der Einkommensverteilung an Bedeutung gewonnen. Einen deutlichen Zuwachs verzeichneten die untersten Schichten. Personen mit einem Einkommen von weniger als 70 Prozent des Medians machten 2006 über ein Viertel der gesamten Bevölkerung aus, ihr Anteil ist seit 2000 – vor allem im Zusammenhang mit der starken Zunahme der Zahl der Arbeitslosen und Sozialhilfeempfänger – um knapp sieben Prozentpunkte gestiegen. (...)
Wer arm ist, bleibt in Deutschland immer öfter arm, und es gibt kaum Hoffnung auf Aufstieg. 66 Prozent der Menschen, die vier Jahre zuvor zu den Armen des Landes gehörten, gehörten 2006 noch immer zu den Schlechtverdienern. Vor rund einem Jahrzehnt lag diese Quote noch bei 54 Prozent. Die Studie ent-

larvt die Chancengleichheit in Deutschland einmal mehr als Mythos. Der Traum der Politik, die Chancen der Schwachen verbessern zu können, ist längst zu einem deutschen Albtraum geworden.

Ein weiteres Ergebnis: Abstiege sind in Deutschland weitaus häufiger als Aufstiege. Während der Weg von der Unterschicht zur Mittelschicht weitgehend versperrt ist, rutschten zwischen 2000 und 2006 rund 13 Prozent aller Beschäftigten in die unteren Einkommensklassen.

Markus M. Grabka: Schrumpfende Mittelschicht – Anzeichen einer dauerhaften Polarisierung der verfügbaren Einkommen?, in: DIW Wochenbericht 10/2008, S. 102 f.

M 45 Die Mittelschicht schrumpft

Deutsche Bevölkerung mit ■ niedrigem Einkommen ■ mittlerem Einkommen ■ hohem Einkommen, in Prozent

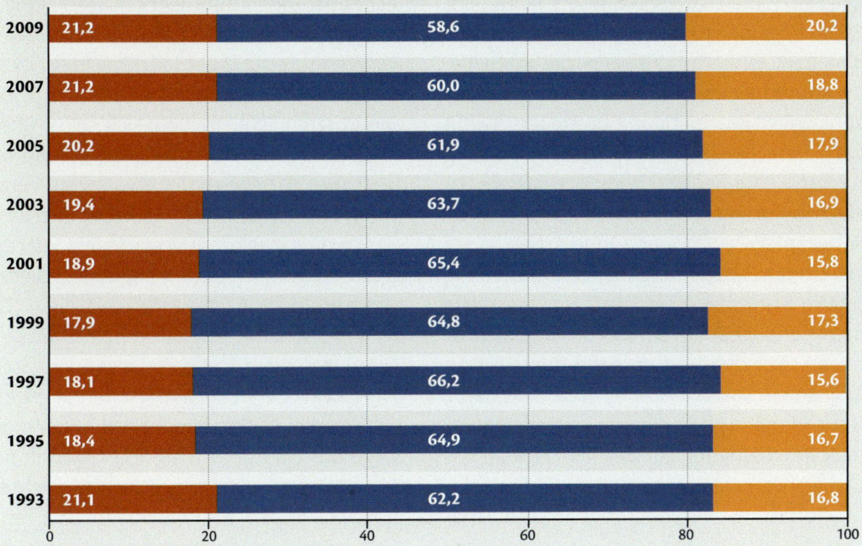

Nach: Zeit Online; Quellen: Jan Goebel, DIW (SOEP-Daten)

M 46 Die Angst geht um

Zwar ist schon lange bekannt, dass hierzulande die Kluft zwischen Arm und Reich wächst. Die DIW-Ökonomen aber behaupten mehr. Folgt man der These von Grabka und Frick (s. *M 44*), hat die soziale Krise des Landes nun auch die Mitte der Gesellschaft erreicht. Es bröckelt nicht nur ihr unterer Rand. Auch ehemals gut situierte Personen, denen der Gedanke an einen möglichen Abstieg bislang fremd war, rutschen ab. Lag vor acht Jahren der Anteil der Bevölkerung, der mittelmäßig gut verdient hat, noch bei 62 Prozent, beträgt dieser heute nur noch 54 Prozent. Gleichzeitig wuchsen die Ränder der Gesellschaft um insgesamt 23 Prozent. Die Mitte der Gesellschaft schrumpft, die Ungleichheit wächst.

Die Entwicklung ist nicht neu, historisch betrachtet aber bedeutsam. Jahrzehntelang durften sich in Deutschland über 60 Prozent der Menschen zur Mittelschicht rechnen. (…) Bis zum Jahr 2000 blieb dieses Modell weitgehend stabil. Seither verliert die Zwiebel Schale um Schale. Die Formel, dass, wer in der Mittelschicht angekommen ist, dort auch ein Leben lang bleibt, gilt nicht mehr (s. *M 44*). Siemens, BMW, Nokia: Unternehmen, die früher absolute Jobsicherheit boten, lösen mit ihren Konzernumbauten und Entlassungen heute Ängste und Verunsicherung aus.

Thomas Fischermann: Die Angst der Mittelschicht, Die Zeit v. 16.2.2007, in: http://www.zeit.de (Zugriff: 22.3.2012)

1 Erläutern Sie die These von der schrumpfenden Mittelschicht. Beziehen Sie dabei insbesondere die Mess- und Begriffsfestlegungen zur Mittelschicht und psychologische Faktoren ein.

2 Führen Sie eine Pro-und-Kontra-Diskussion über die These von der schrumpfenden Mittelschicht durch.

M47 Entspricht die Abstiegsangst der objektiven Situation?

Abstiegsangst ist kein theoretisch gehaltvoller Begriff, sondern ein empirischer Indikator für die Wahrnehmung von Abwärtsmobilität. Wer der Meinung ist, die eigene Wohlstandsposition sei in Zukunft grundlegend bedroht, empfindet Abstiegsangst.

Die materielle Grundlage des Wohlstands einer Person ist in der Regel die von dieser Person ausgeübte Erwerbstätigkeit bzw. die ihrer engsten Familienangehörigen. (...) Uns geht es um Personen mittlerer beruflicher Positionen bzw. Einkommenslagen, die ihren Lebensunterhalt überwiegend aus fortgesetzter abhängiger Beschäftigung bestreiten. Wenn sich diese Personen vor sozialem Abstieg fürchten, so gehen wir davon aus, dass sie vor allem befürchten, in näherer Zukunft ihren Arbeitsplatz zu verlieren. Ohne Arbeit ist der gewohnte Lebensstandard nicht zu halten, soziale Kontakte gehen verloren, und viele Betroffene schämen sich, im Beruf versagt zu haben. Auf den Verlust des Arbeitsplatzes folgt so ein sozialer Abstieg, jedenfalls dann, wenn die Betroffenen nicht mittelfristig erneut Beschäftigung auf gleichem Niveau finden. Daher fragen wir zunächst, welche sozioökonomischen Veränderungen sich ausmachen lassen, aufgrund derer Mittelschichtangehörige ihre Arbeitsplatzsicherheit gefährdet sehen könnten. (...)

Zum einen wird angenommen, dass sich Abstiegsangst auch bei Beschäftigten mit mittleren beruflichen Qualifikationen einstellt, deren eigener Erwerbsverlauf infolge flexibler Beschäftigung tatsächlich instabiler geworden ist, auch wenn der Grad der Destabilisierung geringer ausfällt als bei gering qualifizierten Beschäftigten:

Zum anderen wird argumentiert, dass sich auch Inhaber mittlerer Positionen, die selbst nicht von Flexibilisierung betroffen sind, zunehmend sorgen. Diese Personen nehmen zum einen an, dass Statusübergänge vom Bildungs- ins Erwerbssystem und weitere Karriereverläufe, die bislang als gesichert und berechenbar galten, nunmehr schwerer geplant bzw. erreicht werden können. Zum anderen wird vermutet, dass ein Teil der Mittelschicht die Beobachtung zunehmender Armut bei den unteren Schichten auf sich selbst überträgt: So nimmt Heinz Bude an: „Wenn die ‚bedrohte Arbeitermitte' etwas von Verarmung und Ausschlusstendenzen hört, fühlt sie sich zuerst selbst angesprochen. Von anderen, die wirklich bedroht sind und die auf einem schmalen Grat wandeln, will dieser Teil der gesellschaftlichen Mitte nichts wissen."

Wir wollen diese These im Folgenden „Spillover-Effekt" der Abstiegsangst nennen: Trotz individueller Nichtbetroffenheit könnte die Sorge um die eigene materielle Zukunft auf die besser qualifizierten Mittelschichten „überschwappen", auf Facharbeiter und Techniker, qualifizierte Sachbearbeiter, Lehrer und öffentlich Bedienstete, ohne dass dieser Verunsicherung eine objektive Verschlechterung der eigenen Lage entspricht.

Holger Lengfeld/Jochen Hirschle: Die Angst der Mittelschicht vor dem sozialen Abstieg. Eine Längsschnittanalyse 1984–2007, in: Zeitschrift für Soziologie 38/2009, S. 81 f.

Zeichnung: Tomaschoff

M48 Mittelschicht in internationalem Vergleich

Der internationale Vergleich zeigt – anhand der etwas restriktiveren Definition der Mittelschicht von 75 bis 125 Prozent des Medianeinkommens – die anhaltende Stärke der deutschen Mittelschicht. Während um die Mitte der 2000er-Jahre vor allem die USA (29,9 Prozent), das Vereinigte Königreich (32,9 Prozent) und Italien (33 Prozent) durch eine schmale Mittelschicht gekennzeichnet waren, lag Deutschland mit einem Anteil der Mittelschicht von 42,8 Prozent im Mittelfeld. Die skandinavischen Länder hatten überwiegend eine noch breitere Mittelschicht. Damit verbunden ist aber auch ein alternatives Familienmodell, in dem es selbstverständlich ist, dass beide Partner berufstätig sind. In Bezug auf die Veränderung der Mittelschicht innerhalb von 20 Jahren (s. *M 44*, *M 45*) zeigte sich für Deutschland dagegen nur eine mit 2 Prozentpunkten geringfügige Abnahme, während die Mittelschicht Schwedens und Österreichs um 3 Prozentpunkte und die Finnlands sogar um 7 Prozentpunkte schrumpfte.

Fakt ist: Der Anteil der Mittelschicht liegt in Deutschland auf einem international hohen Niveau und ist im Zeitablauf nur leichten Schwankungen unterworfen gewesen. Ein eindeutig negativer oder positiver Trend ist dabei nicht zu beobachten.

Dominik H. Enste/Vera Erdmann/Tatjana Kleineberg: Mythen über die Mittelschicht, München (Roman Herzog Institut) 2011, S. 5 f.

M49 Einkommensverteilung im Vergleich

In der Tabelle (*M 50*) sind die für diese Auswertung ausgewählten Länder nach der Höhe des Medianeinkommens sortiert. Als Einkommensvariable liegt hier das äquivalenzgewichtete Netto-Jahreseinkommen der Haushalte ohne imputierten Mietwert zugrunde. Diese Medianeinkommen reichen von 21 276 EUR in Schweden bis zu 5097 EUR in Polen, Deutschland liegt mit 18 603 EUR auf einem mittleren Rang.

Der Anteil von Personen mit einem relativ niedrigen Einkommen (weniger als 60 Prozent des äquivalenzgewichteten Medianeinkommens) ist unter den hier verglichenen Ländern in Schweden, Österreich und Frankreich mit 12–13 Prozent am niedrigsten und im Vereinigten Königreich, Polen und Italien mit 17–18 Prozent am höchsten, Deutschland liegt mit 15 Prozent in der Mitte. In etwa dieser Reihenfolge sind auch die mittleren Einkommensschichten verteilt: In Österreich ist sie mit 87 Prozent am breitesten, gefolgt von Schweden mit 86 Prozent und Frankreich mit 85 Prozent. In Deutschland liegt sie – den EU-SILC-Daten zufolge – bei 83 Prozent und in den drei übrigen Ländern Vereinigtes Königreich, Polen und Italien bei rd. 80 Prozent. Die Einkommensoberschicht mit mehr als 300 Prozent des Medianeinkommens reicht von 3,2 Prozent im Vereinigten Königreich über 2,7 Prozent in Polen und 2,4 Prozent in Frankreich bis zum niedrigsten Wert von 0,7 Prozent in Schweden. In Deutschland ist dieser Anteil mit 1,9 Prozent relativ klein ausgeprägt (5. Rang unter den sieben Ländern).

IGS: Überprüfung der These einer „schrumpfenden Mittelschicht" in Deutschland, Köln 2011, S. 27 f.

EU-SILC: European Union Statistics on Income and Living Conditions

M50 Einkommensverteilung im Vergleich europäischer Länder

Mittelschicht im europäischen Vergleich		Auswertung des EU-SILC 2009		
Land	**Median**	**Armutsrisiko**	**Mittelschicht**	**Oberschicht**
Schweden	21 276	13,2	86,2	0,7
Österreich	19 886	12,0	86,8	1,2
Frankreich	19 760	12,8	84,7	2,4
Deutschland	18 603	15,4	82,6	1,9
Großbritannien	16 292	17,1	79,7	3,2
Italien	15 656	18,4	79,5	2,1
Polen	5097	17,1	80,2	2,7

Die **Zurechnung** zur Mittelschicht hängt von deren Definition ab. Dadurch können sich unterschiedliche Berechnungsgrößen ergeben

Kompetenzcheck

Anforderungsbereich I:

- Nennen Sie die Einkommensarten in Deutschland.
- Stellen Sie dar, in welcher Weise das Einkommen der Haushalte ermittelt wird.
- Skizzieren Sie, wie sich die Einkommen in der Bundesrepublik in der jüngeren Vergangenheit entwickelt haben.

Anforderungsbereich II:

- Erläutern Sie, wie Einkommensungleichheit gemessen werden kann.
- Erklären Sie den Gini-Koeffizienten.
- Erläutern Sie den Armutsbegriff.
- Erläutern Sie die Armutsgefährdungsquote.
- Arbeiten Sie heraus, inwiefern Armutsgefährdung in einer Wohlstandsgesellschaft eine wichtige subjektive Komponente hat.
- Interpretieren Sie die nachstehende Karikatur:

Zeichnung: Koufogiorgos

Anforderungsbereich III:

- Nehmen Sie Stellung zur These von der Armut als Lebensphase.
- Beurteilen Sie, inwiefern die aktuelle Art der Ermittlung der Einkommen, vor allem ihre Haushaltsbezogenheit, aktuell ist.

2 Sozialstruktur

Soziale Unterschiede in Gesellschaften lassen sich nur sehr schwer durch klare Grenzziehungen bestimmen. Trotzdem haben viele Menschen das Gefühl, dass es soziale Unterschiede, z. B. ein „Oben“ und „Unten“, gibt. Soziologen versuchen deshalb, soziale Strukturen zu bestimmen und zu beschreiben, die „Sozialstruktur“ einer Gesellschaft zu ermitteln. In der Soziologie gibt es unterschiedliche Interpretationen des Begriffs „Sozialstruktur“. Unbestritten ist jedoch, dass mit ihm die Gesellschaft nach bestimmten sozialen Merkmalen gegliedert werden kann. Die Sozialstruktur einer Gesellschaft besteht im Wesentlichen aus dauerhaften, grundlegenden Wirkungszusammenhängen, in die die Individuen eingebunden sind und die das individuelle und kollektive Verhalten der Menschen fördern oder begrenzen können. Die Ergebnisse von Sozialstrukturanalysen haben große Auswirkungen auf Ziele und Methoden der Sozialpolitik.

Was ist uns gemeinsam? – Sozialstruktur

Die Sozialstrukturanalyse soll vor allem Auskunft geben über die Verteilung der Bevölkerung in einem bestimmten Gebiet unter verschiedenen Gesichtspunkten (z. B. Einkommen, Geschlecht, Schulbildung). Ein wesentlicher Aspekt dieser Analyse ist die Aufdeckung sozialer Ungleichheit – etwa der Einkommensungleichheit. Ungleichheiten erstrecken sich bis weit hinein in das Alltagsleben und in den persönlichen Bereich, den wir häufig als allein selbstbestimmt und frei empfinden.

M1 Wohnverhältnisse

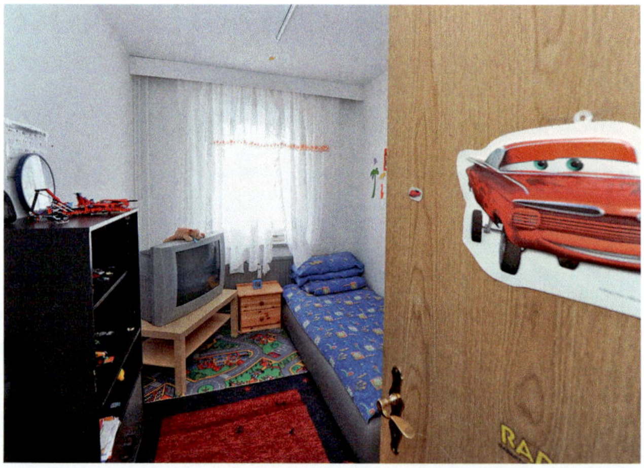

M2 Sozialstruktur

Wichtige Bereiche der Sozialstruktur einer Gesellschaft (und damit der Sozialstruktur-Analyse) sind:

- die Bevölkerungsstruktur inkl. der Haushalts- und Familienstruktur;
- das ökonomische System und damit die Formen der Arbeit und Produktion, der Bedeutung von Beruf und Erwerbsstruktur für die personale und allgemeine gesellschaftliche Entwicklung;
- das politische System und damit die Strukturen von Staat, Regierung, Parteien, aber auch von Gesetzgebung und Recht für die Integration und Entwicklung des gesellschaftlichen Systems;
- das System der Siedlungsformen, das in enger Wechselbeziehung zu Struktur und Wandel des ökonomischen Systems steht und in den Formen der räumlichen Segregation die gegebene soziale Ungleichheit widerspiegelt;
- das kulturelle System, wozu i. e. S. auch Ausbildungs- und Bildungsstrukturen, Wissenschaftssystem, Religion und Kulturgemeinschaften gehören;
- das Informations- und Kommunikationssystem, das sich durch die Wirkung der neuen Technologien immer deutlicher als übergreifend und prägend herausstellt.

Die Sozialstruktur einer Gesellschaft und ihrer Bereiche ist nichts Statisches; sie befindet sich in dauernder „Bewegung" und Entwicklung. Die Analyse der Sozialstruktur kann daher als Momentaufnahme der sie prägenden sozialen Prozesse angesehen werden. Eine möglichst umfassende Analyse der Sozialstruktur hat daher auch die Aufgabe, den Wandel dieser Struktur zu verdeutlichen.

Die „Soziologie des sozialen Wandels" hat ein differenziertes begriffliches und theoretisches Instrumentarium entwickelt, um die Wechselwirkungen zwischen einzelnen Bereichen (z. B. Technik – Wirtschaft – Kultur) und deren Auswirkungen, z. B. auf die Herrschaftsordnung oder das Wertsystem, zu analysieren.

Uwe Andersen/Wichard Woyke (Hg.): Handwörterbuch des politischen Systems der Bundesrepublik Deutschland, 5. Aufl. Opladen (Leske+Budrich), 2003, S. 25

M3 Sozialstruktur und soziale Differenzierung

Probleme der sozialen Ungleichheit und der Verteilung finden gegenwärtig insbesondere angesichts der verschärften wirtschaftlichen Situation und der stagnierenden Einkommensentwicklung wieder große Aufmerksamkeit. Mit den veränderten Rahmenbedingungen sind politische Diskussionen und Konflikte verbunden, aber auch unmittelbare Konsequenzen für die Verteilung des Wohlstands sowie die soziale Lage und Stellung verschiedener Bevölkerungsgruppen in der gesellschaftlichen Statushierarchie. Zudem ist neuerdings auch die Strukturierung der Gesellschaft in soziale Klassen und Schichten wieder ins Blickfeld der Öffentlichkeit gerückt, nachdem deren Existenz zuvor von manchen Sozialwissenschaftlern zunehmend infrage gestellt und die „klassenlose" oder „entschichtete" Gesellschaft als Folge einer weitgehenden Individualisierung proklamiert worden war.

Roland Habich: Soziale Lagen und soziale Schichtung, in: Datenreport 2011. Ein Sozialbericht für die Bundesrepublik Deutschland, Bonn 2011, S. 173

M4 Gruppierung der Berufe

Seit 1966 ermittelt das Institut für Demoskopie Allensbach in regelmäßigen Abständen das Ansehen ausgewählter Berufe, und von Anbeginn an führt der Arztberuf unangefochten die Liste der am meisten geachteten Berufe an. Daran ändert sich auch in der jüngsten Allensbacher Berufsprestige-Skala (2011) nichts: 82 Prozent der Deutschen zählen den Arzt zu den Berufen, vor denen sie am meisten Achtung haben. An zweiter Stelle folgt die Krankenschwester mit 67 Prozent. Der Lehrer (42 Prozent) und der Handwerker (41 Prozent) rangieren an dritter und vierter Stelle, der Hochschulprofessor (33 Prozent) und der Ingenieur (ebenfalls 33 Prozent) folgen gemeinsam auf dem fünften Platz.

Bei einigen Berufen gab es im Laufe der Zeit deutliche Veränderungen. So haben Pfarrer bzw. Geistliche in den letzten zwei, drei Jahren deutlich an Ansehen verloren. Lag der Pfarrer bei früheren Untersuchungen meist hinter dem Arzt auf dem zweiten Platz der am meisten geachteten Berufe, ist er bei der jüngsten Erhebung auf den siebten Platz abgerutscht. Statt 39 Prozent (2008) zählen nunmehr lediglich 28 Prozent der Deutschen den Pfarrer zu den Berufen, denen sie besondere Achtung entgegenbringen (*s. auch M 5*).

Allensbacher Berichte, April 2011

M5 Die Allensbacher Berufsprestige-Skala 2011

Frage: „Hier sind einige Berufe aufgeschrieben. Könnten Sie bitte die fünf davon heraussuchen, die Sie am meisten schätzen, vor denen Sie am meisten Achtung haben?" (Vorlage einer Liste).

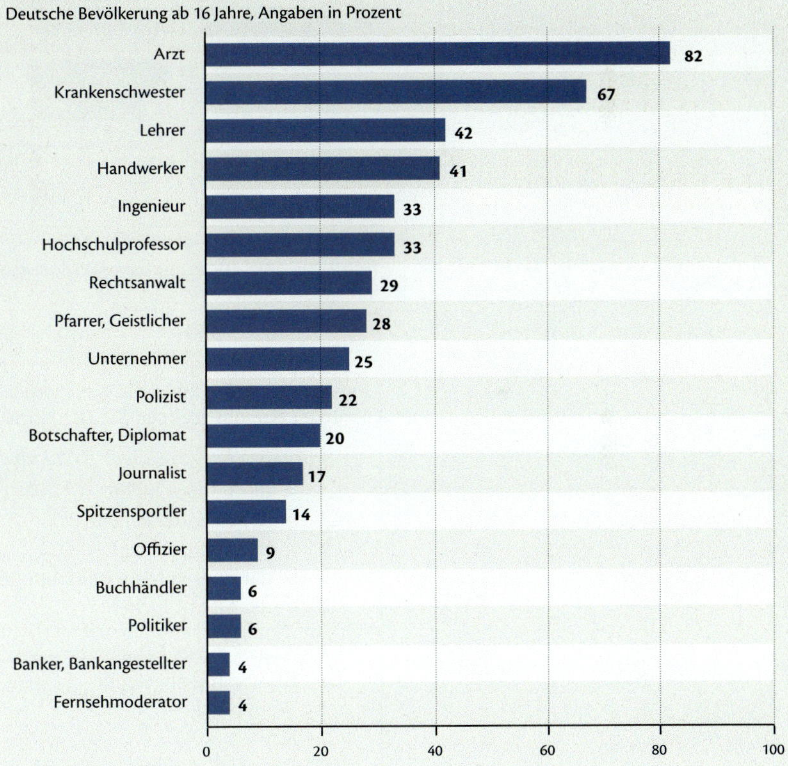

Quelle: Allensbacher Archiv, IfD-Umfrage 10067, Februar 2011

1 Bearbeiten Sie **M 1**, indem Sie die einzelnen Fotos im Hinblick auf Zeichen für die soziale bzw. Lebenslage beschreiben.

2 Analysieren Sie die Materialien zur Sozialstruktur (**M 2–M 5**).

3 Machen Sie eine Blitzumfrage zum Berufsprestige ausgewählter Berufe und vergleichen Sie Ihre Ergebnisse mit denen der Allensbach-Umfrage (**M 5**).

4 Beurteilen Sie, inwiefern die Struktur der Gesellschaft durch das Ansehen von Berufen bestimmt ist.

Welche Strukturmerkmale gibt es?

Wenn die Gesellschaft eine Struktur hat, dann muss man – wie bei einer geologischen Struktur – die einzelnen Teile und ihre Merkmale erkennen können. Da es in der Gesellschaft vor allem auf das Oben und Unten ankommt, liegt es nahe, von Schichten auszugehen. Das Schichten- bzw. Klassenmodell ist zwar der am meisten verbreitete, aber nicht der einzige Ansatz zur Beschreibung der Gesellschaftsstruktur. Weitere Ansätze rücken andere Aspekte in den Vordergrund, etwa Mobilität oder soziale Milieus. Es muss jedoch stets die Methode, die die Aufstellung eines solchen Gesellschaftsmodells erlaubt, einbezogen werden.

M6 Die Gesellschaft nach Selbsteinstufung

a) Subjektive Schichtzugehörigkeit

1990 und 2010, in Prozent

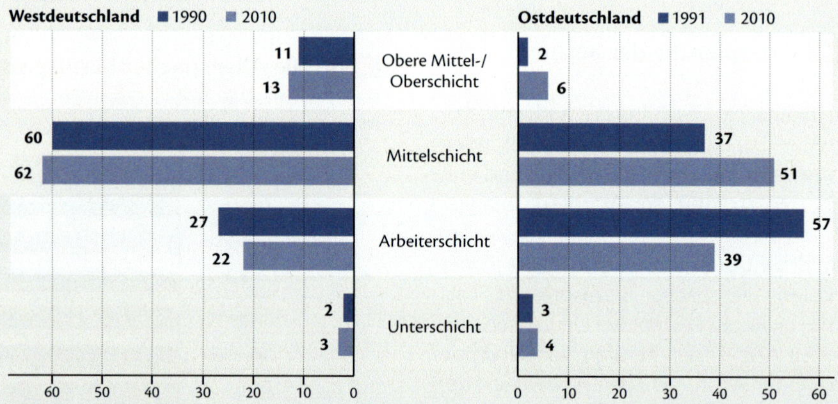

Nach: Roland Habich: Soziale Lagen und soziale Schichtung, in: Datenreport 2011, S. 178. Datenbasis: ALLBUS, kumuliert

b) Fragebogen

Es wird heute viel über die verschiedenen Bevölkerungsschichten gesprochen. Welcher Schicht rechnen Sie sich selbst eher zu?

⇨ *Vorgaben bitte vorlesen!* *Nur eine Nennung möglich!*

- ❍ > der Unterschicht,
- ❍ > der Arbeiterschicht,
- ❍ > der Mittelschicht,
- ❍ > der oberen Mittelschicht oder
- ❍ > der Oberschicht?

- ❍ Keiner dieser Schichten
- ❍ Einstufung abgelehnt
- ❍ Weiß nicht
- ❍ KA

TNS Infratest München 2010

1 Untersuchen Sie die verschiedenen Modelle zur Sozialstruktur (M 8, M 10, M 13) arbeitsteilig unter folgenden Gesichtspunkten:
- Welche Kriterien werden einbezogen?
- Wie wird die Aufteilung der Gesellschaft festgelegt?
- Nach welchem Muster (z. B. oben/unten) wird die Sozialstruktur beschrieben?
- Wie genau ist die Analyse?
- Warum wurden neue Erklärungsansätze entwickelt?

2 Stellen Sie im Plenum die verschiedenen Ansätze vor und vergleichen Sie sie.

3 Beurteilen Sie anschließend die verschiedenen Ansätze.

M 7 Soziale Lagen in West- und Ostdeutschland 2010

Angaben in Prozent

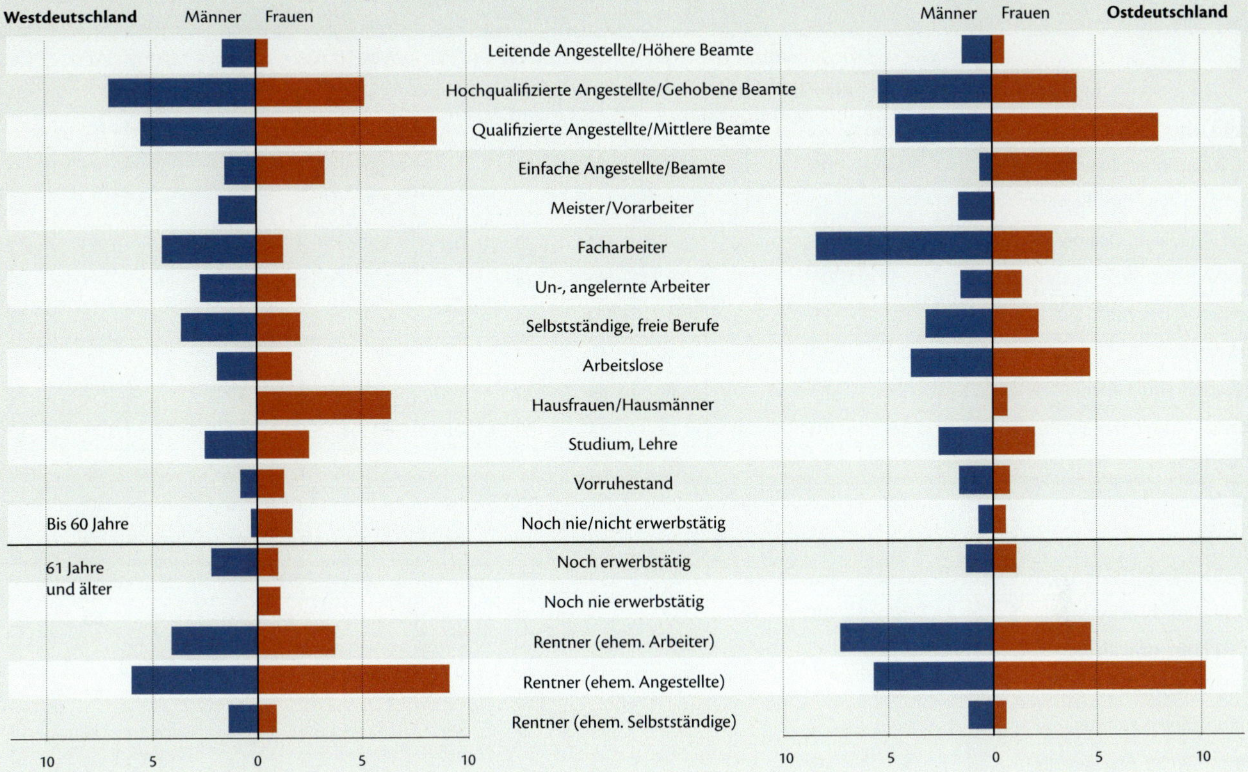

Nach: Roland Habich: Soziale Lagen und soziale Schichtung, in: Datenreport 2011, S. 178. Datenbasis: ALLBUS, kumuliert

M 8 Das Modell der sozialen Lagen

Das Lagenmodell der Wohlfahrtsforschung untergliedert die erwachsene Bevölkerung nach sozial bedeutsamen Merkmalen in verschiedene soziale Lagen und untersucht, wie „objektive Wohlfahrt" (materielle Ressourcen wie Einkommen, Wohneigentum u. ä.) und „subjektive Wohlfahrt" (Lebenszufriedenheit, Realisierung von Lebensvorstellungen u. ä.) mit den verschiedenen sozialen Lagen verbunden sind. Traditionell ist bei dieser Art der Analyse die Verknüpfung von objektiven Ressourcen mit subjektiven Befindlichkeiten in verschiedenen sozialen Lagen. Neu ist die Mehrdimensionalität, die Kombination von mehreren ungleichheitsrelevanten Merkmalen bei der Ermittlung der sozialen Lagen. (*In M 9*) werden neben dem traditionellen vertikalen Schichtkriterium Berufsstatus (...) noch die horizontalen Kriterien Nichterwerbstätigkeit, Alter (bis/über 60 Jahre), Geschlecht und Region (West-Ost) herangezogen. Bei der Kombination dieser Kriterien entstehen Modelle mit 32 bzw. 64 sozialen Lagen. Sie ermöglichen einen relativ differenzierten Blick auf die Verteilung der objektiven und subjektiven Wohlfahrt in der deutschen Bevölkerung.

(*M 9*) zeigt zunächst – wie die vertikalen Modelle auch – die Kumulation von Privilegien in den statushöheren Berufsgruppen, bei höheren und gehobenen Dienstleistern und Selbstständigen insbesondere in Westdeutschland sowie die Anhäufung von Benachteiligungen in den unteren Ebenen der Schichtungshierarchie, bei Arbeitslosen und un- und angelernten Arbeitern, insbesondere in Ostdeutschland. Andere Kategorien – z. B. die sozialen Lagen von Studierenden, Vorruheständlern und Rentnern bzw. Pensionären – gehen über den Rahmen der vertikalen Modelle hinaus.

Rainer Geißler: Die Sozialstruktur Deutschlands. Aktuelle Entwicklungen und theoretische Erklärungsmodelle, Bonn (Friedrich-Ebert-Stiftung) o.J., S. 42

M9 Soziale Lagen in West- und Ostdeutschland 2006

	Soziale Lagen				Äquivalenzeinkommen unteres Fünftel		Äquivalenzeinkommen oberes Fünftel		Einstufung Oben-Unten-Skala[2]		Lebensvorstellung realisiert[3]		Gerechter Anteil[4]	
	West		Ost		West	Ost	West	Ost	West	Ost	West	Ost	West	Ost
	Männer	Frauen	Männer	Frauen										
bis 60 Jahre	in %[1]				in %				Mittelwert				in %	
Leit. Ang./höhere Beamte	0,7	0,4	0,3	0,4	0	–	65	–	6,6		82	–	83	–
Hochqual. Ang./Geh. Beamte	6,4	4,5	3,9	4,6	2	10	53	35	6,4	6,1	65	61	78	58
Qual. Ang./Mittl. Beamte	4,3	8,6	3,6	7,8	4	13	29	16	5,7	5,3			65	42
Einf. Ang./Beamte	1,3	2,9	0,7	3,6	15	20	14	7	5,2	5,0	53	46	53	46
Meister/Vorarbeiter	1,9	0,2	1,9	0,3	3	0	26	20	5,9	5,4	56	–	55	38
Facharbeiter	6,1	0,9	9,0	2,8	8	18	17	7	5,3	5,0	43	29	59	26
Un-, angelernte Arbeiter	2,2	1,8	1,2	1,9	34	39	15	6	4,6	4,7	29	–	52	24
Selbstständige, freie Berufe	3,3	2,5	4,0	2,0	12	11	39	28	6,3	5,6	61	39	71	46
Arbeitslose	2,6	1,7	5,6	6,2	61	75	3	1	4,3	3,8	25	16	35	18
Hausfrauen/-männer	0,1	7,3	–	0,9	20	–	10	–	5,7	–	50	–	67	–
Studium/Lehre	1,9	2,1	2,2	2,2	29	38	26	15	6,1	5,5	61	70	73	70
Vorruhestand	1,2	0,8	1,2	1,7	20	50	27	7						
Noch nie/nicht erwerbstätig	0,4	1,2	0,8	0,5	57	–	10	–	5,0	–	35	–	65	–
bis 61 Jahre und älter														
Noch erwerbstätig	1,6	1,1	1,0	0,8	3	–	56	–	6,0	5,8			81	45
Rentner (ehem. Arbeiter)	4,5	6,3	6,0	5,9	25	28	6	0	5,0	4,8	63	55	56	33
Rentner (ehem. Ang./Beamte)	7,4	8,4	5,0	9,2	6	21	27	6	5,9	5,3	72	71	74	39
Rentner (ehem. Selbst.)	1,9	0,9	1,7	1,3	26	27	31	0	5,8	5,1			62	

– Fallzahl zu gering

1 alle Männer + Frauen West sowie alle Männer + Frauen Ost jeweils 100 %. 2 Vorstellungen über das, was man im Leben erreichen wollte, haben sich „erfüllt/mehr als erfüllt". Daten von 2004. 3 Mittelwerte auf der Oben-Unten-Skala von 1 bis 10. 4 Anteil „gerecht/mehr als gerecht".

Datenbasis: ALLBUS 2006 und 2004

M10 Das Klassenlagen-Modell

Neben dem Konzept der sozialen Lage wird für sozialstrukturelle Analysen – insbesondere Analysen zur sozialen Mobilität – vielfach auch das auf Max Weber zurückgehende Konzept der Klassenlage verwendet (s. *M 11*). Die beiden Konzepte weisen Ähnlichkeiten, aber auch einige Unterschiede auf. Sowohl das Konzept der sozialen Lage als auch das der Klassenlage betonen die Zentralität des Erwerbssystems und gehen davon aus, dass die Position auf dem Arbeitsmarkt und im Beruf die Lebenschancen der Gesellschaftsmitglieder insgesamt und nachhaltig prägt.

Die Unterschiede liegen insbesondere darin, dass sich das Konzept der Klassenlage bei der Klassifizierung der Personen allein auf Merkmale der Berufstätigkeit stützt, die eigene aktuelle oder frühere, bzw. der Partnerin.

Betrachtet man die Verteilung der Bevölkerung auf die elf unterschiedenen Klassenlagen, dann zeigt sich, dass die Klassenstrukturen in West- und Ostdeutschland mittlerweile (2010) überraschend große Ähnlichkeiten, aber weiterhin auch charakteristische Unterschiede aufweisen. Die Unterschiede manifestieren sich in etwas geringeren Anteilen der Bevölkerung in Ostdeutschland, die auf die beiden Dienstklassen und die einfachen Büroberufe entfallen, sowie in nach wie vor deutlich höheren Anteilen der Klassenlagen der Facharbeiter.

Insgesamt entfällt im Jahr 2010 einschließlich der so genannten „Arbeiterelite" mit 46 Prozent fast die Hälfte der ostdeutschen Bevölkerung auf Arbeiterklassenlagen (Westdeutschland 36 Prozent), darunter 25 Prozent auf die der Facharbeiter.

In Westdeutschland werden mehr als vier von zehn Personen den beiden Dienstklassen zugeordnet, gegenüber gut einem Drittel in Ostdeutschland. In mehr als der Hälfte der unterschiedenen Klassenlagen – einschließlich der Selbstständigen – sind zwischen West- und Ostdeutschland allerdings praktisch keine Unterschiede mehr festzustellen.

Roland Habich: Soziale Lagen und soziale Schichtung, in: Datenreport 2011, Bonn 2011, S. 177

M 11 Klassenlagen in West- und Ostdeutschland 2010, in Prozent

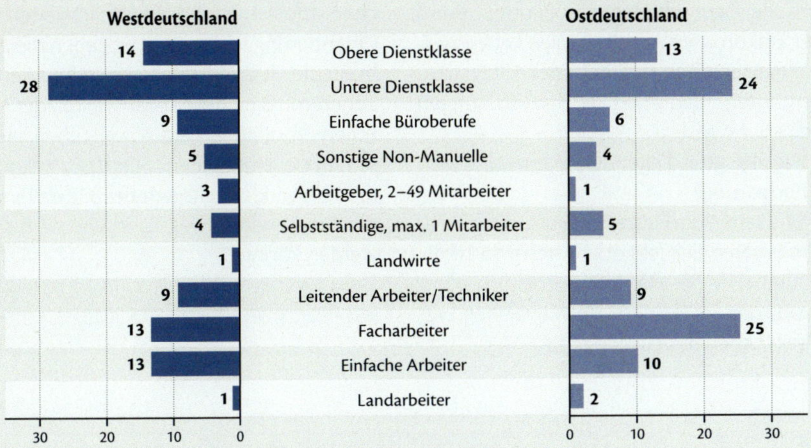

Nach: Roland Habich, Soziale Lagen und soziale Schichtung, in: Datenreport 2011, Bonn 2011, S. 177

M 12 Schichtstruktur Deutschlands in den 1920er-, 1960er- und 1990er-Jahren

1920er-Jahre (Mentalitätstypen nach Geiger)	1960er-Jahre („Dahrendorf-Haus“)	1960er-Jahre („Bolte-Zwiebel“)	1990er-Jahre („Geißler-Haus“)
Kapitalisten (ca. 1 %)	Eliten (weniger als 1 %)	Oberschicht (2 %)	Machteliten (weniger als 1 %)
Alter Mittelstand (ca. 18 %)	Alter Mittelstand (20 %)	Obere Mittelschicht (5 %)	Selbstständiger Mittelstand (7 %)
			Ausländischer Mittelstand (2 %)
			Bauern (1 %)
Neuer Mittelstand (ca. 18 %)	Dienstklasse (12 %)	Mittlere Mittelschicht (14 %)	Höhere Dienstleistungsschicht (23 %)
		Untere Mittelschicht (29 %)	Mittlere Dienstleistungsschicht (22 %)
			Ausführende Dienstleistungsschicht (9 %)
Proletariat (ca. 51 %)	Arbeiterelite (5 %)	Unterste Mittelschicht bzw. oberste Unterschicht (29 %)	Arbeiterelite (2 %)
	Arbeiterschicht (45 %)		Facharbeiter (14 %)
			Ausländische Facharbeiter (2 %)
Proletaroide (ca. 13 %)	Unterschicht (5 %)	Unterschicht (17 %)	Un-, angelernte Arbeiter (12 %)
		Sozial Verachtete (4 %)	Ausländische Un-, Angelernte (6 %)

Nach: Helmut Bremer: Schicht, Klasse, Milieu, in: Die Zeitschrift Magazin IV/2007, S. 27

M 13 Soziale Milieus

Worum geht es bei den Sinus-Milieus?

Der Begriff „Sinus-Milieus" ist ein Begriff aus der Markt- und Sozialforschung. Er beschreibt neben den geografischen, soziodemografischen und verhaltensbezogenen Merkmalen auch die Lebenswelt, die in den letzten Jahren immer wichtiger geworden ist.

Die Sinus-Milieus (s. *M 14*) verbinden demografische Eigenschaften wie Bildung, Beruf oder Einkommen mit den realen Lebenswelten der Menschen, d. h. mit ihrer Alltagswelt, ihren unterschiedlichen Lebensauffassungen und Lebensweisen:

- Welche grundlegenden Werte sind von Bedeutung?
- Wie sehen die Einstellungen zu Arbeit, Familie, Freizeit, Geld oder Konsum aus?

Dadurch wird der Mensch ganzheitlich wahrgenommen, im Bezugssystem all dessen, was für sein Leben Bedeutung hat. (…)

Die Einteilung der Gesellschaft in „Gleichgesinnte", die in den Sinus-Milieus abgebildet werden, hat sich bewährt: Sinus-Milieus sind heute Bestandteil der wichtigsten Markt-Media-Studien in Deutschland sowie der TV-Zuschauer-Panels in Deutschland, Österreich und der Schweiz.

Um Menschen bzw. Zielgruppen zu erreichen, muss man ihre Befindlichkeiten und Orientierungen, ihre Werte, Lebensziele, Lebensstile und Einstellungen genau kennen lernen, muss man die Lebenswelten der Menschen „von innen heraus" verstehen, gleichsam in sie „eintauchen". Nur dann bekommt man ein wirklichkeitsgetreues Bild davon, was die Menschen bewegt und wie sie bewegt werden können.

Sinus-Institut: Sinus-Milieus, in: http://www.sinus-institut.de (Zugriff: 30.5.2013)

M 14 Die Sinus-Milieus in Deutschland

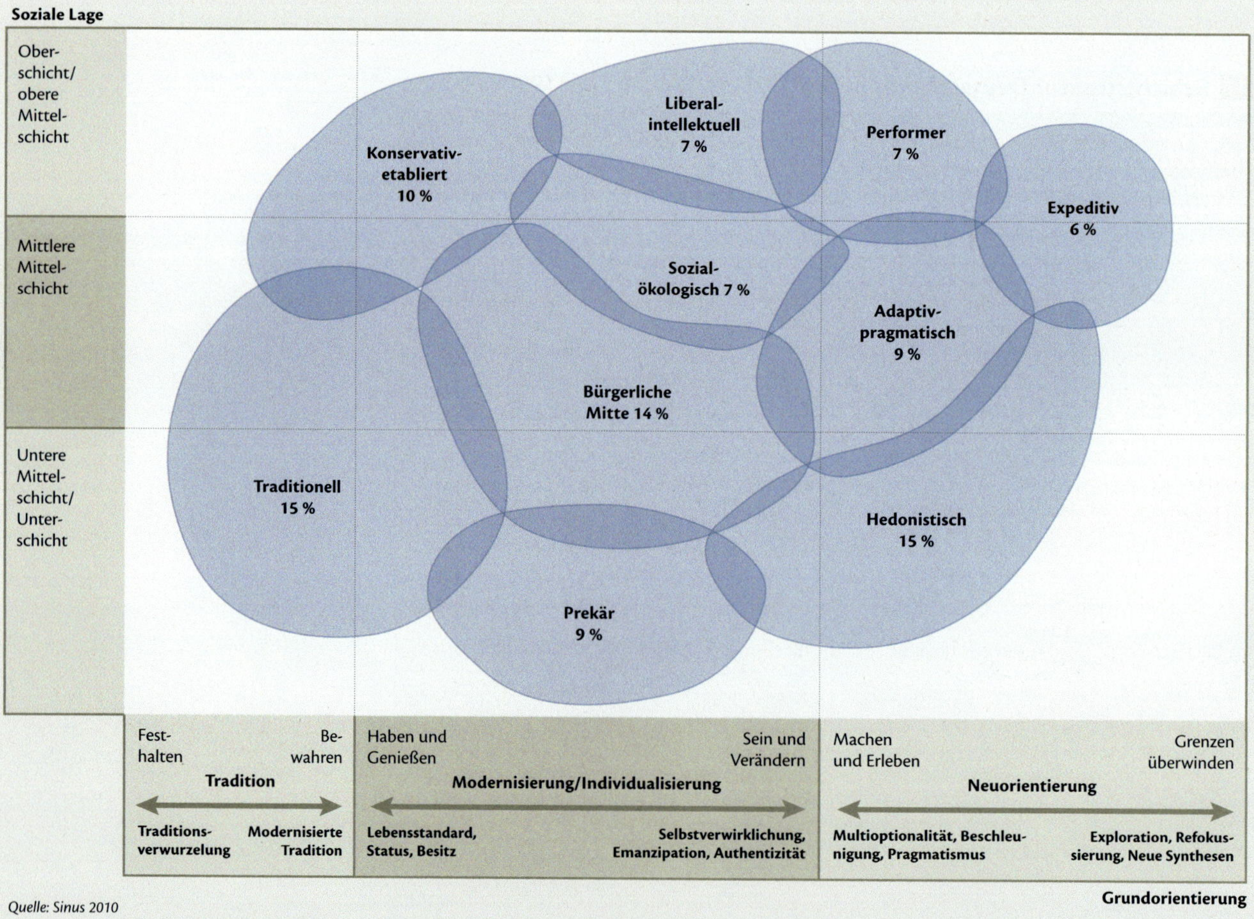

Quelle: Sinus 2010

M 15 Erläuterung der Sinus-Milieus von S. 44

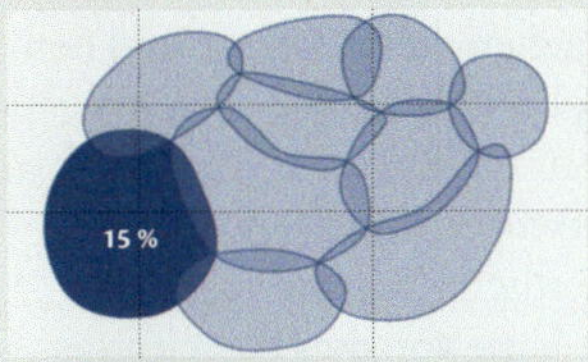

Traditionelles Milieu
Die Sicherheit und Ordnung liebende Kriegs-/Nachkriegsgeneration: in der alten kleinbürgerlichen Welt bzw. in der traditionellen Arbeiterkultur verhaftet

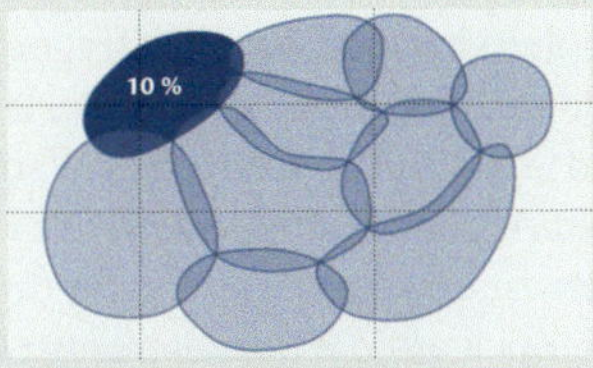

Konservativ-etabliertes Milieu
Das klassische Establishment: Verantwortungs- und Erfolgsethik, Exklusivitäts- und Führungsansprüche versus Tendenz zu Rückzug und Abgrenzung

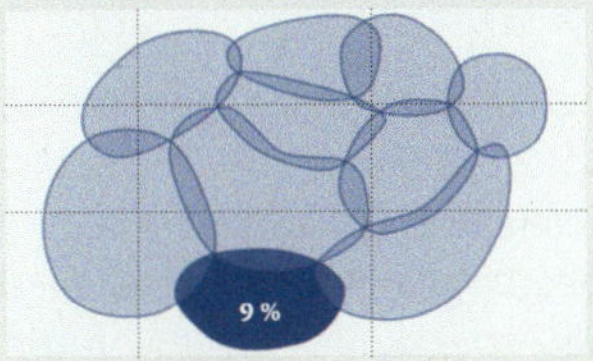

Prekäres Milieu
Die Teilhabe und Orientierung suchende Unterschicht mit starken Zukunftsängsten und Ressentiments: Bemüht, Anschluss zu halten an Konsumstandards der breiten Mitte als Kompensationsversuch sozialer Benachteiligung; geringe Aufstiegsperspektiven und delegative/reaktionäre Grundhaltung, Rückzug ins eigene soziale Umfeld

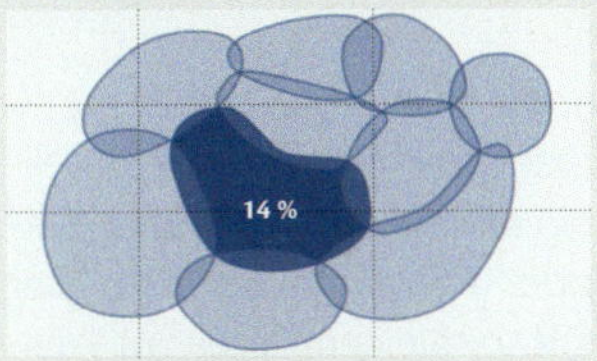

Bürgerliche Mitte
Der leistungs- und anpassungsbereite bürgerliche Mainstream: generelle Bejahung der gesellschaftlichen Ordnung; Streben nach beruflicher und sozialer Etablierung, nach gesicherten und harmonischen Verhältnissen

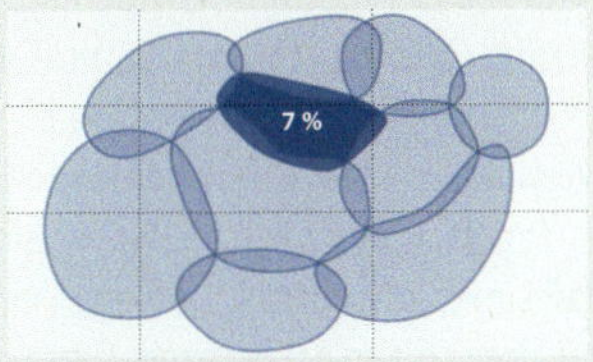

Sozial-ökogisches Milieu
Idealistisches, konsumkritisches/-bewusstes Milieu mit ausgeprägtem ökologischen und sozialen Gewissen: Globalisierungs-Skeptiker, Bannerträger von Political Correctness und Diversity

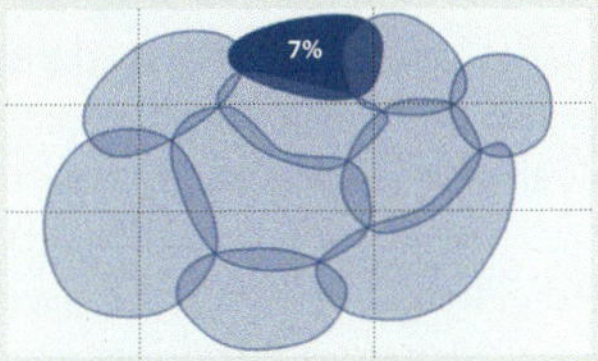

Liberal-intellektuelles Milieu
Die aufgeklärte Bildungselite mit liberaler Grundhaltung, postmateriellen Wurzeln, Wunsch nach selbstbestimmtem Leben und vielfältigen intellektuellen Interessen

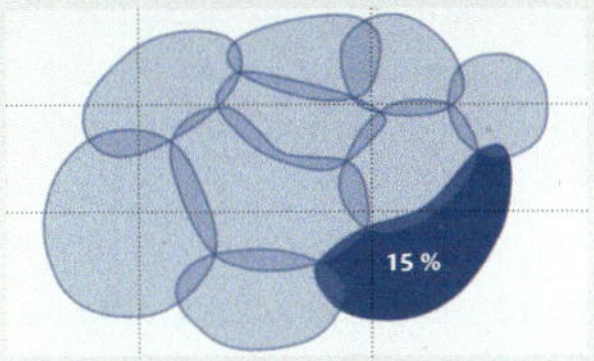

Hedonistisches Milieu
Die spaßorientierte moderne Unterschicht/untere Mittelschicht: Leben im Hier und Jetzt, Verweigerung von Konventionen und Verhaltenserwartungen der Leistungsgesellschaft

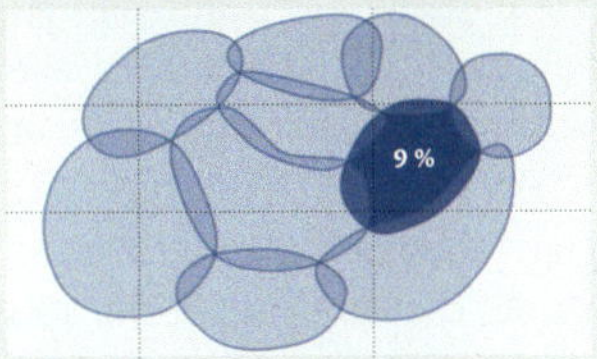

Adaptiv-pragmatisches Milieu
Die mobile, zielstrebige junge Mitte der Gesellschaft mit ausgeprägtem Lebenspragmatismus und Nutzenkalkül: erfolgsorientiert und kompromissbereit, hedonistisch und konventionell, starkes Bedürfnis nach „flexicurity" (Flexibilität und Sicherheit)

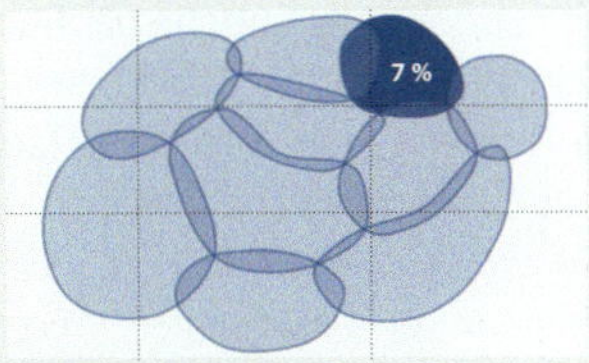

Milieu der Performer
Die multi-optionale, effizienzorientierte Leistungselite mit global-ökonomischem Denken und stilistischem Avantgarde-Anspruch

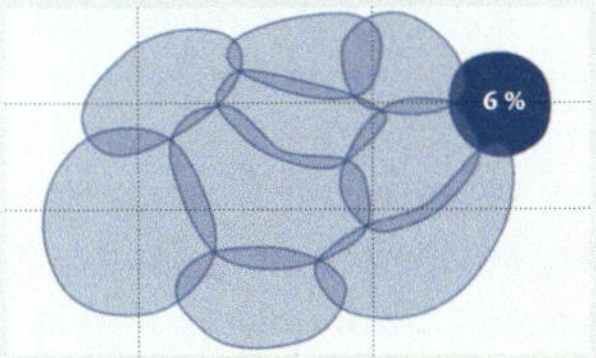

Expeditives Milieu
Die stark individualistisch geprägte Avantgarde: unkonventionell, kreativ, mental und geografisch mobil und immer auf der Suche nach Veränderung

Quelle: Sinus, 2010

Klasse, Schicht, Lage, Milieu?

Die Theorien des sozialen Wandels fragen nach den Ursachen, dem Verlauf und den zu erwartenden Änderungen der Sozialstruktur von Gesellschaften. Alle soziologischen Theorien sind Versuche, den Wandel der Normen und Bräuche, des Familienlebens und der Arbeitsbedingungen, der Herrschaftsstrukturen und Weltanschauungen zu erklären. Es gibt allerdings keine einheitliche Theorie sozialen Wandels. Der Blick auf die Sozialstruktur hängt in erster Linie von den Forschungsansätzen und -methoden der Theoretiker ab, die sich mit diesem Thema befassen.

Karl Marx (1818–1883), einflussreichster Theoretiker des Sozialismus und Kommunismus

MEW: Marx-Engels-Werke, Sammlung der Werke von Karl Marx und Friedrich Engels in 43 Bänden. Diese wurden von 1956 bis 1990 vom Institut für Marxismus-Leninismus beim Zentralkomitee der SED (Bd. 1–42) bzw. vom Institut für die Geschichte der Arbeiterbewegung (Bd. 43) im Dietz Verlag, Berlin (DDR) herausgegeben

M 16 Marx' Theorie der Klassengesellschaft

Der Kern von Marx' Analyse der bürgerlichen Gesellschaft als kapitalistische Gesellschaft besteht in seiner Mehrwert- bzw. Ausbeutungstheorie. Marx glaubt, dass der Reichtum der Kapitaleigentümer auf Ausbeutung beruht, d. h. auf der Aneignung fremder Arbeit. Marx geht vom Angebotszwang des Lohnarbeiters aus, aber auch in einer idealtypischen Subsistenzwirtschaft müsste man seine Lebensmittel erarbeiten. „Zur Verwandlung von Geld in Kapital muss der Geldbesitzer also den freien Arbeiter auf dem Warenmarkt vorfinden, frei in dem Doppelsinn, dass er als freie Person über seine Arbeitskraft als eine Ware verfügt, dass er andrerseits andre Waren nicht zu verkaufen hat, los und ledig, frei ist von allen zur Verwirklichung seiner Arbeitskraft nötigen Sachen" (MEW 23, S. 183).
In der Marx'schen Arbeitswerttheorie gibt es nur einen wertschöpfenden Produktionsfaktor, nämlich die Arbeitskraft, sodass der Wert einer Ware bestimmt ist durch die verausgabte Arbeitszeit. „Als Werte sind alle Waren nur bestimmte Maße festgeronnener Arbeitszeit" (MEW 23, S. 54). „Der Wert der Arbeitskraft, gleich dem jeder andren Ware, ist bestimmt durch die zur Produktion, also auch Reproduktion, dieses spezifischen Artikels notwendige Arbeitszeit" (S. 184). Marx würde damit aber eine Art „ehernes Lohngesetz" formulieren, sodass er selbst relativiert: „Andrerseits ist der Umfang sog. notwendiger Bedürfnisse, wie die Art ihrer Befriedigung, selbst ein historisches Produkt und hängt daher großenteils von der Kulturstufe eines Landes, unter andrem auch wesentlich davon ab, unter welchen Bedingungen und daher mit welchen Gewohnheiten und Lebensansprüchen die Klasse der freien Arbeiter sich gebildet hat. Im Gegensatz zu den andren Waren enthält also die Wertbestimmung der Arbeitskraft ein historisches und moralisches Element" (S. 185). Dann aber ist der Lohn letztlich das Ergebnis von Aushandlungsprozessen und die Arbeitskraft nicht eine Ware wie jede andere.
Marx' Ausbeutungskonstruktion besteht darin, dass die Arbeitskraft Quelle von mehr Wert sei, als sie selbst hat. „Durch die Betätigung der Arbeitskraft wird also nicht nur ihr eigner Wert reproduziert, sondern ein überschüssiger Wert produziert. Dieser Mehrwert bildet den Überschuss des Produktenwerts über den Wert der verzehrten Produktbildner, d. h. der Produktionsmittel und der Arbeitskraft" (S. 233). „Es (das Kapital) ist wesentlich Kommando über unbezahlte Arbeit. Aller Mehrwert, in welcher besonderen Gestalt von Profit, Zins, Rente usw. er sich später kristallisiere, ist seiner Substanz nach Materiatur unbezahlter Arbeitszeit. Das Geheimnis von der Selbstverwertung des Kapitals löst sich auf in seine Verfügung über ein bestimmtes Quantum unbezahlter fremder Arbeit" (S. 556). (…)
Marx' Klassenbegriff ist relational, die herrschende Klasse profitiert von der beherrschten Klasse: „Die Geschichte aller bisherigen Gesellschaft ist die Geschichte von Klassenkämpfen. Freier und Sklave, Patrizier und Plebejer, Baron und Leibeigner, Zunftbürger und Gesell, kurz, Unterdrücker und Unterdrückte standen in stetem Gegensatz zueinander …" (MEW 4, S. 462).
In der bürgerlichen Gesellschaft stehen sich gemäß Marx zwei zentrale Klassen gegenüber: „Unsere Epoche, die Epoche der Bourgeoisie, zeichnet sich jedoch dadurch aus, dass sie die Klassengegensätze vereinfacht hat. Die ganze Gesellschaft spaltet sich mehr und mehr in zwei große feindliche Lager, in zwei große, einander direkt gegenüberstehende Klassen: Bourgeoisie und Proletariat."

Dieter Holtmann: Die Sozialstruktur der Bundesrepublik Deutschland im internationalen Vergleich, 6. Aufl. Potsdam (Universitäts-Verlag) 2010, S. 29 f.

M 17 Max Webers Übergang von Klassen zu Schichten

Max Weber schlug folgende Unterscheidung vor:

1. Die Einteilung in Klassen bezieht sich auf das Verhältnis zu den Produktionsmitteln (Besitz vs. Nichtbesitz von Produktionsmitteln), durch welches die Einkommen bestimmt sind, mit denen man auf dem Markt Waren erwerben kann. Dieser Aspekt lässt sich als ökonomischer bezeichnen.
2. Aufgrund der Arbeitsteilung hat eine Differenzierung in sehr viele Berufsgruppen und entsprechende Ausbildungen stattgefunden. Diese Berufe sind i. a. mit unterschiedlichem Prestige, d. h. Wertschätzung ausgestattet und charakterisierbar durch einen zugehörigen Lebensstil, der sich in dem Konsum von Waren niederschlägt. Eine solche „Lebenslage" oder Stellung wird auch als sozio-ökonomischer Status (Bolte) bezeichnet. Von einer Schichtung soll dann gesprochen werden, wenn es im Statusaufbau verhaltensrelevante Einschnitte gibt (Bolte). Dieser Aspekt einer Differenzierung, die mit einer Bewertung (Prestige) verknüpft ist, lässt sich als sozialer bezeichnen.
3. Der politische Aspekt bezieht sich auf die Verteilung der Macht. Die Träger der politischen Auseinandersetzung sind u. a. die Parteien.

Insgesamt also:

Klassen, Schichten und Parteien			
Aspekt	1 Ökonomischer	2 Sozialer	3 Politischer
Träger	Klassen	Schichten	Parteien
Medium	Einkommen	Prestige	Macht

Der Schichtbegriff wurde von Theodor Geiger (...) in den Dreißigerjahren des letzten Jahrhunderts als graduelle Unterscheidung und zur Untersuchung des Zusammenhangs von objektiven Soziallagen und subjektiven Mentalitäten ausgearbeitet.

Dieter Holtmann: Die Sozialstruktur der Bundesrepublik Deutschland im internationalen Vergleich, 6. Aufl. Potsdam (Universitäts-Verlag) 2010, S. 46

„Pyramide a renverser" („Eine Pyramide, die umgestürzt werden muss"): Allegorische Darstellung der Gesellschaftspyramide. Flugblatt der belgischen Zeitung „La Presse socialiste", Farblithografie, Berlin, um 1900

Max Weber (1864–1920), Klassiker der Soziologie, Kultur- und Sozialwissenschaften

1 Erarbeiten Sie arbeitsteilig die theoretischen Gesellschaftsvorstellungen, die zu einer Einteilung der Gesellschaft in Klassen, Schichten, soziale Lagen bzw. Milieus führen.

2 Stellen Sie die Gesellschaftsvorstellungen im Plenum vor.

Karl Martin Bolte (1925–2011), deutscher Soziologe

M 18 Leben in der Ungleichheits-Pyramide

(*Die Bolte-*)Zwiebel (*M 19*) ist vor allem das Ergebnis von Einkommensdaten der amtlichen Statistik. Um den Zustand einer Gesellschaft besser zu beschreiben, bedarf es weiterer Anhaltspunkte: Wie die Bürger ihre Gesellschaft wahrnehmen, ob sie sich ausgeschlossen fühlen, ob und inwieweit sie Protestpotenzial entwickeln oder sich resigniert zurückziehen. Ein wichtiges Element dieses größeren Panoramas ist der individuelle Blick auf die Gesellschaft: Wie stellen sich die Deutschen die Verteilung von Arm und Reich vor? Welches Bild haben sie von der Gesellschaft?

Die meisten haben ein völlig anderes Gesellschaftsbild als das, was die Zwiebelform symbolisiert. Dies zeigt eine Befragung von 1200 Paaren. Die Mehrheit sieht die Gesellschaft als Pyramide, Sinnbild für die schärfste Form sozialer Ungleichheit: Die breite Masse ist arm, und nur wenige haben es an die Spitze geschafft. Die Gesellschaft wird somit als ungleicher erlebt, als sie ist. Diese Einschätzung teilen übrigens die Paare ganz unabhängig davon, wie es ihnen persönlich geht, ob sie in Lohn und Brot stehen, Arbeitslosengeld I oder Hartz IV beziehen.

Dieser Befund könnte beunruhigen, lässt er doch ein enormes Konflikt- und Protestpotenzial vermuten. Trotz mancher Wahlerfolge der Partei „Die Linke" aber hat sich bisher kein großer Protest entwickelt. Warum das so ist, darüber können weitere Betrachtungen des Gesellschafts- und Selbstbildes Auskunft geben. Wo sehen die Befragten ihren Platz in der Gesellschaft – ganz unten, in der Mitte, am Rand? Fragt man, wo sich die Befragten selbst innerhalb der wahrgenommenen Pyramide einordnen, verflüchtigt sich das Bild des schroffen Gegensatzes zwischen den ganz wenigen oben und den vielen unten.

Die Mehrheit positioniert sich nämlich selber im mittleren Feld: Auffällig ist, dass selbst Hartz-IV-Empfänger einen Abstand zum unteren Ende der Armutsskala wählen – sie bezeichnen sich also selbst nicht als sehr arm. So taucht insgesamt wieder das Bild der Mittelstands-Zwiebel auf – inmitten der Pyramide.

Jutta Allmendinger: Leben in der Ungleichheits-Pyramide, Der Tagesspiegel v. 17.2.2009, in: http://www.tagesspiegel.de (Zugriff: 28.9.2010)

M 19 Die „Bolte-Zwiebel" der 1960er-Jahre

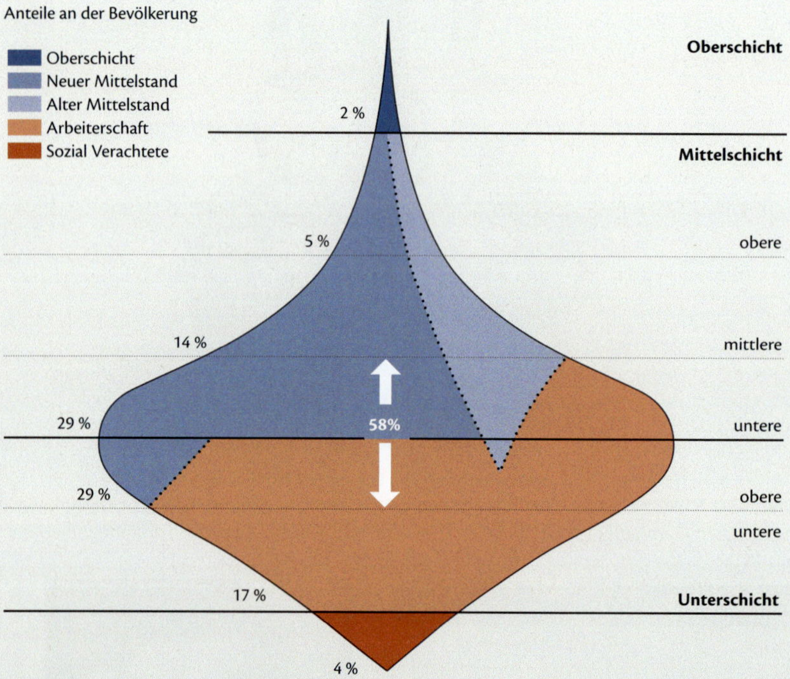

Statusaufbau und Schichtungen der Bevölkerung der BRD. Nach diesem Modell des Soziologen Karl Martin Bolte hat der Aufbau der deutschen Bevölkerung eine Form, die etwa einer Zwiebel ähnelt. 60 Prozent aller Gesellschaftsmitglieder liegen in den breiten – allerdings auch in sich abgestuften – Mittellagen.
Nach: Karl Martin Bolte/Stefan Hradil: Soziale Ungleichheiten in der Bundesrepublik Deutschland, Opladen 1988, S. 118 f.

Ralf Dahrendorf (1929–2009), deutsch-britischer Soziologe und Politiker

M 20 Das Haus-Modell von Dahrendorf: Alle unter einem Dach

Die Gliederung der Bevölkerung in verschiedenen Schichten beruht (*beim Hausmodell von Dahrendorf, M 21*) einerseits auf den verschiedenen Funktionen der Gruppen im Herrschafts- und Wirtschaftssystem, andererseits fußt die Unterteilung auch auf soziopolitischen und soziokulturellen Mentalitäten, die typischerweise mit den verschiedenen Soziallagen zusammenhängen.

Insgesamt unterscheidet Dahrendorf sieben Schichten. Die Spitze der Gesellschaft bilden die Eliten. Im Obergeschoss residieren nebeneinander die bürokratischen Helfer der Eliten, die Dienstklasse, (...) sowie der alte Mittelstand der Selbstständigen. Im Hauptgeschoss wohnen die große Arbeiterschicht und der falsche Mittelstand der einfachen Dienstleistungsberufe, dessen soziale Stellung sich nicht von derjenigen der Arbeiter unterscheidet, der sich jedoch seinem Selbstverständnis nach „fälschlicherweise" zur Mittelschicht zählt. Die Arbeiterelite hat sich dagegen nach oben hin vom Rest der Arbeiterschaft abgesetzt. Der Keller des Hauses ist bevölkert von der Unterschicht der „Dauererwerbslosen, Unsteten, Rückfallkriminellen, Halbalphabeten und anderen" (...).

(*Das Haus-Modell Geißlers, M 22*) ist das Ergebnis eines Versuchs, das Dahrendorf'sche Haus aus den 1960er-Jahren etwas umzubauen und zu modernisieren. Umschichtungen – quantitative Verlagerungen und qualitative Veränderungen –, die sich in den letzten Jahrzehnten vollzogen haben (...), haben dabei Berücksichtigung gefunden. (...)

Zwei wichtige Veränderungen werden im Schaubild nicht sichtbar. Zum einen hat sich das vergleichsweise einfache Wohnhaus der 1960er-Jahre inzwischen in eine ansehnliche Residenz mit Komfortappartements verwandelt; selbst im Kellergeschoss ist es – von einigen Ecken abgesehen – inzwischen etwas wohnlicher. Zum anderen sind die Decken und Wände noch durchlässiger geworden (dargestellt durch gestrichelte Linien).

Rainer Geißler: Die Sozialstruktur Deutschlands, 5. Aufl. Wiesbaden 2008, S. 99 f.

M 21 Dahrendorfs Haus der sozialen Schichtung

Anteile an der Bevölkerung

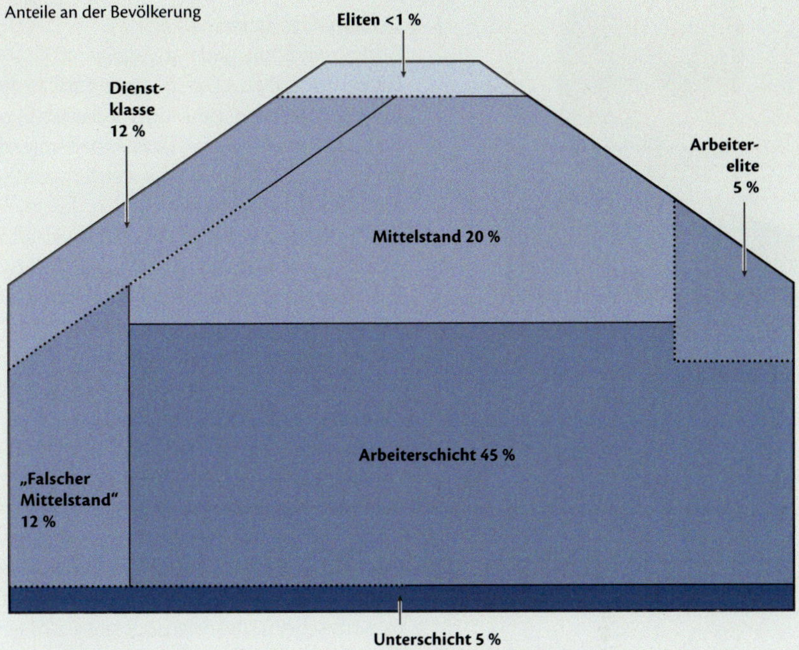

Nach: Ralf Dahrendorf: Gesellschaft und Demokratie in Deutschland, München 1965, S. 105

M 22 Rainer Geißler: Soziale Schichtung Westdeutschlands im Jahr 2000

Anteile an der Bevölkerung

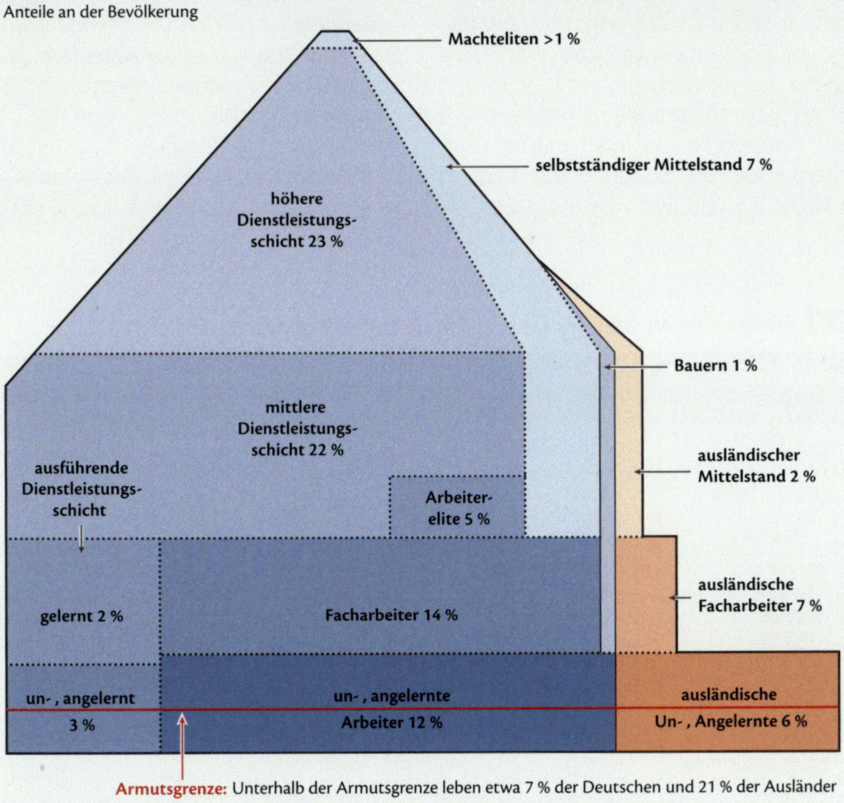

Nach: Rainer Geißler: Die Sozialstruktur Deutschlands, 5. Aufl. Wiesbaden 2008, S. 100

Rainer Geißler (geb. 1939), deutscher Soziologe

Stefan Hradil (geb. 1946), deutscher Soziologe

M23 Zukünftige Entwicklungstrends der Außenwanderungen

Der Soziologe Stefan Hradil:
Arbeitsmigration wird notwendig

Blickt man auf (...) Darstellungen zur künftigen Bevölkerungszahl und Altersstruktur (...), so wird erkennbar, dass Arbeitsmigration in Zukunft notwendig werden wird. Es sollte jedoch festgehalten werden, dass durch Zuwanderung nur der vergleichsweise unproblematische Rückgang der Bevölkerungszahl insgesamt vermieden werden kann. Die Verschiebung der Altersstruktur und die damit einhergehenden erheblichen Probleme lassen sich durch Zuwanderung nur etwas mindern, keinesfalls völlig beheben.

Arbeitsmigranten können die Alterung der Erwerbstätigen und den Mangel an Erwerbspersonen, das Fehlen von Beitragszahlern für soziale Sicherungen sowie die Zunahme der Hochaltrigen und Hochbetagten nur begrenzt ausgleichen. Es bedürfte geradezu astronomischer Zuwanderungsraten, um eine Egalisierung der Altersstruktur herzustellen bzw. um Erhöhungen von Rentenzahlungen innerhalb des 2001 bestehenden Systems völlig zu vermeiden. Hierzu müssten in der Spitze mehr als 5 Mio. Menschen pro Jahr einwandern, dies aber in großen Schwankungen von Jahr zu Jahr. Diese Menge und Unstetigkeit von Einwanderungen kann wohl keine Gesellschaft verkraften.

Mit wie vielen Migranten ist zu rechnen?

Geht man von den (in verschiedenen Prognosen) erwähnten Zuwanderungen aus, so ist damit bekannt, wie viele Menschen aus dem Ausland zu uns kommen werden, um Arbeit zu finden: Im Schnitt der nächsten Jahrzehnte etwa 200 bis 250 Tausend, davon bis 2010 relativ wenige, von da an in steigendem Maße. Wir wissen auch, dass sie mehrheitlich wohl lange bleiben werden. Wie viele „Ausländer" dann aber in Deutschland wohnen werden, ist damit noch nicht gesagt. Und zwar aus mindestens zwei Gründen:

Zum einen wird es neben der Einwanderung zu wirtschaftlichen Zwecken (der Zuwanderer und der Deutschen) auch eine Zuwanderung aus humanitären Gründen geben. Wie viele Flüchtlinge, Asylsuchende etc. zu uns kommen werden, ist jedoch nicht vorherzusagen. Das wird von der politischen und ökonomischen Lage in vielen Ländern, aber auch von den künftigen Regelungen der Europäischen Union abhängen.

Zum andern werden sich die künftigen Einbürgerungsbestimmungen auf die Zahl der unter uns lebenden „Ausländer" auswirken. Wer „Ausländer" ist und wer nicht, bestimmt sich ja nicht nach sozialwissenschaftlichen Kriterien wie Sprache, Verhalten, Aussehen oder Kultur, sondern nach dem jeweiligen Pass und damit nach einer juristischen Definition und den politisch entschiedenen Verfahrensregeln.

Sicher dürfte sein, dass der Anteil von „Ausländern" hierzulande vor allem nach 2010 deutlich steigen wird.

Stefan Hradil: Bevölkerungsentwicklung und Gesellschaftsveränderung in den kommenden Jahrzehnten. In: Gegenwartskunde 50 (2001), S. 394ff.

M24 Dimensionen sozialer Ungleichheit gemäß Hradil

Bedürfnisse		Dimensionen ungleicher Lebensbedingungen
Wohlstand Erfolg Macht	„ökonomische"	Geld Formale Bildung Berufsprestige Formale Machtstellung
Sicherheit Entlastung Gesundheit Partizipation	„wohlfahrtsstaatliche"	Arbeitslosigkeits- und Armutsrisiken Soziale Absicherung Arbeitsbedingungen Freizeitbedingungen Wohn(umwelt)bedingungen Demokratische Bedingungen
Integration Selbstverwirklichung Emanzipation	„soziale"	Soziale Beziehungen Soziale Rollen Diskriminierungen/Privilegien

Quelle: Hradil 1987, S. 147

M25 Schulzes Milieubegriff

In seinem bekannten Buch „Die Erlebnisgesellschaft. Kultursoziologie der Gegenwart" (1992) unterscheidet Gerhard Schulze drei „alltagsästhetische Schemata", nämlich das Hochkulturschema, das Trivialschema und das Spannungsschema. Basis der Unterscheidung von Stilen (Wiederholungstendenzen) sind bei Gerhard Schulze einerseits sinnlich wahrnehmbare Zeichen, andererseits die Bedeutungen „Genuss", „Distinktion" (wie das Subjekt sich von anderen unterscheidet) und „Lebensphilosophie" (zentrale Wertvorstellungen).

Aufgrund einer repräsentativen Befragung (...) in Nürnberg im Jahr 1985 arbeitet Schulze (mithilfe von explorativen Datenanalysen) fünf unterscheidbare Milieus heraus, die sich durch ihre Erlebnisorientierung charakterisieren lassen (s. *M 26*): Das Niveaumilieu (Streben nach Rang) weist Nähe zum Hochkulturschema auf. Das Integrationsmilieu (Streben nach Konformität) weist eine Nähe sowohl zum Hochkulturschema als auch zum Trivialschema auf und rangiert insofern darunter. Das Harmoniemilieu (Streben nach Geborgenheit) weist Nähe zum Trivialschema auf und rangiert insofern unter den beiden bisher genannten. Das Selbstverwirklichungsmilieu weist eine Nähe sowohl zum Hochkulturschema als auch zum Spannungsschema auf, Letzteres findet sich eher bei Jüngeren. Dies gilt auch für das Unterhaltungsmilieu, das eine Nähe zum Spannungsschema aufweist.

Als hypothetisches Modell formuliert Schulze zunächst Bildung als hierarchische Dimension und Alter als horizontale Dimension. Bildung muss nicht unbedingt Basis für Hierarchisierung sein, sondern kann auch die Grundlage für (horizontal) verschiedene Spiele sein: „Wenn Macht und Kampf die wesentlichen Koordinaten des Bezugssystems sind, begründet Bildung eine soziale Hierarchie mit den typischen Beziehungen von Neid, Arroganz und Konflikt. Im erlebnisorientierten System des ästhetisierten Alltags dagegen begründet Bildung Fraktionierungen des persönlichen Stils, die sich nicht in eine allgemeinverbindliche Rangordnung bringen lassen."

Dieter Holtmann: Die Sozialstruktur der Bundesrepublik Deutschland im internationalen Vergleich, 6. Aufl. Potsdam (Universitäts-Verlag), S. 245 ff.

Gerhard Schulze (geb. 1944), deutscher Soziologe

M26 Milieu und Erlebnisorientierung

Milieuspezifische Varianten der Erlebnisorientierung	Übersetzung in den dimensionalen Raum alltagsästhetischer Schemata (Stiltypen); + bedeutet Nähe, – bedeutet Distanz		
	Hochkulturschema	Trivialschema	Spannungsschema
Streben nach Rang (Niveaumilieu)	+	–	–
Streben nach Konformität (Integrationsmilieu)	+	+	–
Streben nach Geborgenheit (Harmoniemilieu)	–	+	–
Streben nach Selbstverwirklichung (Selbstverwirklichungsmilieu)	+	–	+
Streben nach Stimulation (Unterhaltungsmilieu)	–	–	+

Nach: Holtmann 2010; Quelle: Schulze 1992

Einen Millionär oder die Chefin heiraten? – Soziale Mobilität

Die Begriffe „Stand“ oder „Kaste“ werden bisweilen auf moderne Gesellschaften angewendet. Dies ist jedoch nicht sinnvoll, weil sie Gesellschaftsstrukturen bezeichnen, in denen feste und so gut wie nicht überwindbare Grenzen zwischen den einzelnen Teilen bestehen. Dies ist in modernen Gesellschaften nicht der Fall. Doch wie groß sind hier die Chancen zum Auf- oder Abstieg, also zur „sozialen Mobilität“?

M27 Soziale Mobilität

Mit *Mobilität* sind Bewegungen von Personen (als Individuen, als Familien oder als Gruppen) zwischen sozialen Positionen, Kategorien oder Lagen gemeint. In der Regel wird zwischen räumlicher bzw. regionaler Mobilität oder *Migration* (Pendeln, Nah- und Fernwanderungen) und sozialer Mobilität in einem engeren Sinne unterschieden, obwohl beide Mobilitätsarten oft zusammen auftreten.
Unter sozialer Mobilität versteht man dann Bewegungen oder Wechsel zwischen beruflichen Positionen (berufliche Mobilität) bzw. zwischen sozialen Lagen, *Schichten* oder *Klassen* (Schichten- oder Klassenmobilität). Darüber hinaus kann darunter auch die Erwerbsmobilität (z. B. Übergänge von Vollzeiterwerbstätigkeit in eine Teilzeitbeschäftigung oder in Arbeitslosigkeit), Bewegungen zwischen Teilarbeitsmärkten oder die „konnubiale“ bzw. Heiratsmobilität (Wahl eines Partners mit ähnlicher/unterschiedlicher sozialer Herkunft) gefasst werden.
Wenn zwischen den Positionen, sozialen Lagen, *Klassen* oder *Schichten*, zwischen denen Bewegungen stattfinden, Ungleichheiten in der Bewertung (als „besser“ oder „schlechter“, als „rangniedriger“ oder „-höher“) oder in der Ausstattung mit Ressourcen (z. B. Einkommens- oder Machtchancen) bestehen, spricht man von *vertikaler Mobilität* bzw. von Auf- und Abstiegen. Bewegungen zwischen gleich oder ähnlich ausgestatteten bzw. bewerteten Positionen oder Positionsveränderungen innerhalb von Klassen und Schichten werden demgegenüber meist als *horizontale*, seltener auch als *laterale* Mobilität bezeichnet.
Unter *intragenerationeller* oder Karrieremobilität versteht man Positionswechsel oder Wechsel der Schicht- bzw. Klassenzugehörigkeit im Lebenslauf; unter *intergenerationeller* oder Generationenmobilität Wechsel zwischen den Eltern- und Kindergenerationen. Schließlich kann zwischen *individueller* Mobilität als Bewegungen einzelner Personen von einer Position oder sozialen Lage in eine andere, und *kollektiver* Mobilität als Auf- oder Abstieg einer ganzen Gruppe, Schicht oder Klasse unterschieden werden.
Gemessen wird soziale Mobilität mithilfe von Mobilitätsquoten oder -raten, die – meist in Form von Prozentzahlen – die Anzahl mobiler Personen in Beziehung setzen zur Anzahl der insgesamt oder in der jeweiligen Start- bzw. Zielkategorie erfassten Personen: Legt man z. B. für einen ersten Beobachtungszeitpunkt eine Ausgangsmenge von 1000 Personen zugrunde, von denen bis zu einem zweiten Beobachtungszeitpunkt 450 ihre Position gewechselt haben, erhält man eine Mobilitätsrate von 45 Prozent; komplementär dazu ergibt sich in diesem Beispiel eine Stabilitäts- oder Immobilitätsquote von 55 Prozent.
Peter A. Berger: Soziale Mobilität, in: Bernhard Schäfers/Wolfgang Zapf (Hg.): Handwörterbuch zur Gesellschaft Deutschlands, Opladen (Leske + Budrich) 2000, S. 45

M 28 Elastizität zwischen Einkommen von Söhnen und dem der Väter

(1 = totale Abhängigkeit)

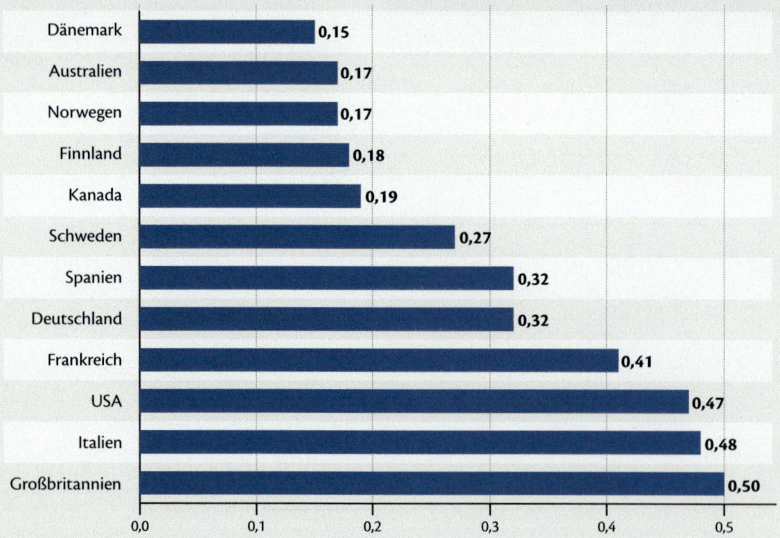

Quelle: OECD 2010

M 29 Hochschulabschluss und sozialer Status

Wahrscheinlichkeit eines Hochschulabschlusses von Schülern aus hohem sozialen Status verglichen mit solchen aus niedrigem

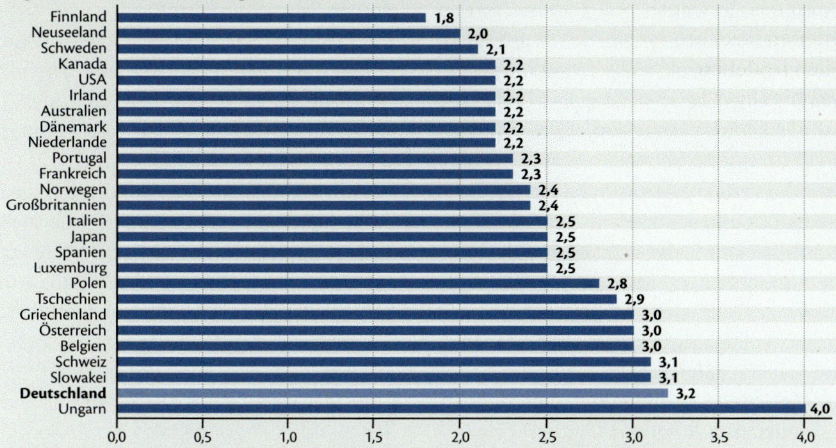

Zur Verdeutlichung: In Finnland ist die Wahrscheinlichkeit eines Hochschulabschlusses für jemanden mit hohem sozialen Status 1,8-mal, in Deutschland 3,2-mal höher als für jemanden mit niedrigem sozialen Status.

Quelle: OECD 2010

M 30 Langfristige Entwicklung der sozialen Mobilität

Schon im ersten Drittel des 20. Jahrhunderts, das eine deutliche Expansion der Angestellten- und Beamtenschaft mit sich brachte (der Anteil dieser beiden Kategorien an allen Erwerbstätigen wuchs im Deutschen Reich von gut 8 Prozent im Jahre 1895 auf rund 19 Prozent im Jahre 1939), vergrößerten sich die Mobilitätsströme deutlich. Im Zeitraum von der Jahrhundertwende bis in die späten 20er-Jahre stieg dabei auch die Zirkulationsmobilität, sodass man von einer allmählichen Verminderung von Chancenungleichheiten sprechen kann.

Die Nachkriegsperiode ist schließlich durch eine durchgängige Tertiärisierung, also durch das Wachstum des tertiären oder Dienstleistungssektors gekennzeichnet: In Westdeutschland ging zwischen 1950 und dem Ende der 80er-Jahre der Anteil der im primär-agrarischen Sektor Erwerbstätigen von fast 24 Prozent auf unter 4 Prozent zurück. Der sekundäre oder industrielle Sektor wuchs von etwa 43 Prozent im Jahre 1950 auf fast 50 Prozent in den 70er-Jahren, verkleinerte sich dann aber auf gut 40 Prozent am Ende der 80er-Jahre. Der tertiäre Sektor dehnte sich dagegen kontinuierlich von rund 33 Prozent auf mehr als 55 Prozent aus. Die Arbeiterschaft schrumpfte im gleichen Zeitraum von gut 50 Prozent auf knapp 40 Prozent, während die Angestellten und Beamten von etwa 20 Prozent auf mehr als 50 Prozent zunahmen.

Wegen der geschärften Aufmerksamkeit für Chancenungleichheiten, die dem Leistungsprinzip als zentraler Legitimationsgrundlage sozialer Ungleichheit in westlichen Gesellschaften zuwiderlaufen, kam es in der Nachkriegszeit zu einer Vielzahl international vergleichender Mobilitätsuntersuchungen, die sich schwergewichtig mit der intergenerationellen Mobilität beschäftigten. Dabei wurde u. a. deutlich, dass zwischen den Mobilitätsmustern einzelner Nationalgesellschaften z. T. erhebliche Unterschiede bestehen. Bei den in relativen Mobilitätsraten gemessenen Chancenungleichheiten zeigte sich jedoch auch eine große historische Konstanz.

Mit Blick auf die absoluten Raten intergenerationeller Mobilität findet man allerdings in den westeuropäischen Gesellschaften durchgängig einen Rückgang der Immobilität bei den Landwirten, einen Anstieg der Mobilität aus der Landwirtschaft in den Bereich der industriellen Arbeiterschaft und eine leichte Zunahme bei den Söhnen, deren Väter Landwirte oder Arbeiter waren und die nun in sog. „Dienstklassenpositionen" einrücken. Für die Bundesrepublik Deutschland ergibt sich aus einer vergleichenden Perspektive bei diesen beiden Mobilitätspfaden bis in die frühen 70er-Jahre hinein eine besonders starke Zunahme der Mobilitätsquoten. Im Rahmen eines internationalen Vergleichs, der 35 Staaten umfasste, konnte schließlich gezeigt werden, dass es in neuerer Zeit auch im Hinblick auf relative Mobilitätsraten einen weltweiten Trend zu mehr „Offenheit" gibt, dem die Bundesrepublik in Verein mit anderen fortgeschrittenen Industriegesellschaften gefolgt ist. Sowohl berufsstrukturelle Wandlungen in Richtung einer Dienstleistungsgesellschaft wie auch die Bildungsexpansion, die zum Abbau von Chancenungleichheiten zwischen Männern und Frauen beitrug, haben in der Bundesrepublik und vor allem in den 70er-Jahren zu einer Zunahme der Aufstiegsmobilität bei einem gleichzeitigen Rückgang der Abstiege geführt: Im Rahmen einer Klassifikation nach beruflicher Stellung und gemessen in absoluten Mobilitätsraten konnten z. B. von den in den 40er-Jahren in den Beruf eingetretenen, westdeutschen Männern (Frauen) etwa 27 Prozent (35 Prozent) einen Aufstieg im Vergleich zur Berufsstellung der Vätergeneration vollziehen; rund 35 Prozent (40 Prozent) mussten einen Abstieg erfahren. Bei einem Berufseintritt in den 70er-Jahren finden sich bei den Männern Aufstiegsquoten von etwa 38 Prozent (Abstiege: rund 29 Prozent). Bei den Frauen können sogar rund 52 Prozent als Aufsteigerinnen bezeichnet werden, und etwa ein Drittel musste Abstiege in Kauf nehmen. Die sich abzeichnende „Öffnung" der westdeutschen Sozialstruktur, die freilich mit dem Übergang in die 80er-Jahre wieder zum Stillstand zu kommen scheint, brachte jedoch für ausländische Arbeitnehmer nur wenig verbesserte Aufstiegschancen mit sich: Auch aus der zweiten Ausländergeneration sind in den 80er-Jahren noch mehr als die Hälfte als un- oder angelernte Arbeiter beschäftigt, während dies nur auf etwa ein Fünftel der gleichaltrigen Deutschen zutrifft.

Schon fast die Hälfte der deutschen Erwerbstätigen (bis zum Alter von 25 Jahren) befindet sich dagegen in Angestelltenpositionen; bei der zweiten Ausländergeneration beträgt diese Quote jedoch nur rund 20 Prozent.

In der westdeutschen Bevölkerung hat die Bildungsexpansion auch zu einem tendenziellen Rückgang des Einflusses der sozialen Herkunft auf Bildungslaufbahnen und -abschlüsse und insofern zu etwas mehr Chancengleichheit im Bildungsbereich geführt. Strittig ist jedoch, inwieweit sich dies auch in einer größeren Chancengleichheit beim Berufseintritt und in den Berufslaufbahnen, also im Erwerbsbereich, ausdrückt. International vergleichende Untersuchungen zeigen zudem, dass das Muster intergenerationeller Mobilität in der Bundesrepublik in einigen Punkten deutlich von dem anderer westlicher Gesellschaften abweicht: Vor allem die in Deutschland seit dem frühen 20. Jahrhundert besonders scharf gezogene „Kragenlinie" zwischen Arbeitern und Angestellten und die hohe Statusvererbung in der Beamtenschaft hat hier – zumindest bis in die 70er-Jahre hinein – zu einer vergleichsweise geringeren intergenerationellen Mobilität geführt.

Peter A. Berger: Soziale Mobilität, in: Bernhard Schäfers/Wolfgang Zapf (Hg.): Handwörterbuch zur Gesellschaft Deutschlands, Opladen (Leske + Budrich) 2000, S. 35

M31 Soziale Durchlässigkeit in Deutschland

Deutschland ist das Land mit der geringsten sozialen Durchlässigkeit, verglichen mit den europäischen Nachbarn und Nordamerika. Wer in eine bestimmte soziale „Klasse" hineingeboren wird, hat wenig Chancen, im weiteren Lebensverlauf in die nächste höhere Klasse aufzusteigen. Dies ist das Ergebnis einer aktuellen Expertise, die Dr. Reinhard Pollak vom Wissenschaftszentrum Berlin für Sozialforschung im Auftrag der Vodafone Stiftung Deutschland erstellt hat (...). In der Nachkriegszeit schafften besonders viele Menschen einen sozialen Aufstieg, was in Westdeutschland nicht nur am „Wirtschaftswunder" lag, sondern auch an einer zunehmend chancengleicheren Gesellschaft, so Pollak. Heute hingegen gäbe es in Deutschland deutlich mehr soziale Abstiege als früher. Gleichzeitig sei es gerade für die Menschen, die am unteren Ende der Gesellschaft leben, besonders schwierig geworden aufzusteigen. Die Ursachen für die mangelnden Aufstiegschancen, so der Forscher, sind klar. Die Antworten der Politik jedoch sind völlig unterschiedlich. Dies zeigte sich bei einer Diskussionsrunde der Vodafone Stiftung und der „Stiftung neue Verantwortung", bei der führende Vertreter aller Parteien mit den Ergebnissen dieser neuen Expertise konfrontiert wurden.

Zunächst die Ursachen: Laut der Expertise des Sozialwissenschaftlers ließen sich in allen Lebensphasen – im Kleinkindalter, in der Schulzeit, in der Jugend, aber auch im Erwachsenenalter – Hürden für den sozialen Aufstieg ausmachen.

Aufstiegshürde Nr. 1: Bildungs- und Erziehungsdefizite im Elternhaus blockieren Entwicklung im Kleinkindalter
In den ersten Lebensjahren entwickeln Kinder die Eigenschaften, die für ihren späteren Werdegang von entscheidender Bedeutung sind. Hierzu zählen sowohl Sprachfähigkeit und rechnerische Fähigkeiten als auch soziale Kompetenzen, Motivation und Selbstdisziplin. Die Vermittlung all dieser Eigenschaften erfolgt in Deutschland im Wesentlichen durch die Eltern.
Viele Eltern können aber diese wichtiger werdenden Grundkompetenzen heute nicht mehr ausreichend vermitteln. Viele Kinder haben daher von vornherein schlechte Startchancen.

Aufstiegshürde Nr. 2: In der Schulzeit werden Schulwechsel blockiert
Während der ersten Schuljahre werden die Leistungsunterschiede zwischen Kindern aus niedriger und hoher sozialer Herkunft immer größer. Dies liegt häufig auch daran, dass es keine geeignete Nachmittagsbetreuung gibt, bei der die Kinder aus niedriger sozialer Herkunft ihre Nachteile zumindest teilweise ausgleichen könnten. Nach der Grundschule besuchen viele Kinder aus benachteiligten Verhältnissen nicht das Gymnasium, obwohl ihre schulischen Leistungen bzw. ihre kognitiven Fähigkeiten dafür ausreichen würden. Dies liegt an mangelnder häuslicher Förderung und den Bildungsentscheidungen der Eltern, die je nach Schichtzugehörigkeit unterschiedlich ausfallen. Lehrer lassen sich zudem durch die soziale Herkunft der Kinder beeinflussen, insbesondere bei der Notengebung und beim Verfassen der Schulempfehlungen. Auch dadurch werden die Aufstiegschancen dieser Kinder blockiert. Im weiteren Verlauf der Schulzeit geht das Leistungsniveau der unterschiedlichen Schulformen so stark auseinander, dass ein späterer Wechsel auf eine höhere Schulform kaum möglich ist.

Aufstiegshürde Nr. 3: In der Jugend werden die Berufschancen blockiert
Jugendliche, die einen sehr guten mittleren Schulabschluss und eine Berufsausbildung haben, können sich zwar theoretisch durch ein Hochschulstudium weiterqualifizieren, praktisch wird diese Möglichkeit jedoch vielfach nicht genutzt, da Vorkenntnisse aus der Schulzeit und eine gezielte Förderung fehlen. Hauptschulabsolventen oder Jugendliche ohne Abschluss werden voreilig als nicht ausbildungsreif abgestempelt und haben somit kaum Chancen auf einen Ausbildungsplatz.

Aufstiegshürde Nr. 4: Im Erwachsenenalter werden Karriereschritte blockiert
Ein bestimmter Qualifikationsabschluss ist häufig unverzichtbar, um einen bestimmten Beruf oder eine bestimmte Lohngruppe zu erreichen. Die große Bedeutung von Abschlüssen und nicht von tatsächlichen Leistungen im Beruf blockiert aber die Karrierechancen von vielen Menschen in Deutschland. Dies wiegt besonders schwer, weil das Nachholen eines Abschlusses hierzulande besonders schwierig ist. Es fehlen hierfür klare Rahmenbedingungen und eine ausreichende finanzielle Förderung. In vielen Teilen Deutschlands sind zudem nur unzureichende Kinderbetreuungseinrichtungen vorhanden, um die Eltern während einer Weiterbildungsphase zu entlasten.
Die Problemlage wird von keiner der politischen Parteien in Deutschland geleugnet, die Meinungen über die politischen Schlussfolgerungen gehen indes auseinander.
Reinhard Pollak: Soziale Mobilität in Deutschland, Eine Expertise im Auftrag der Vodafone Stiftung Deutschland, Düsseldorf 2012, S. 4 ff.

M 32 Soziale Durchlässigkeit in Deutschland

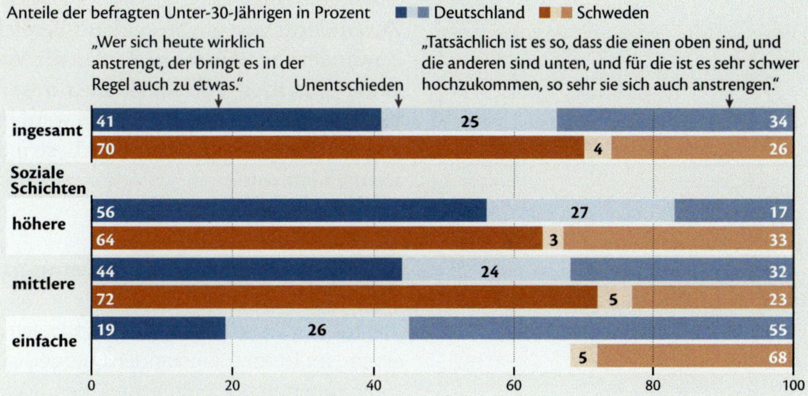

Quelle: Allensbach-Archiv, IfO-Umfrage 6241, Mai/Juni 2012

1 Erstellen Sie eine Übersicht zu den möglichen Arten von sozialer Mobilität.
2 Untersuchen Sie die unterschiedlichen Aussagen zur sozialen Mobilität in der Bundesrepublik.
3 Beurteilen Sie die Möglichkeiten sozialer Mobilität und der Aufstiegschancen in Deutschland.

Hinten anstellen? – Veränderung durch Zuwanderung

Zuwanderung ist ein besonderer Bereich sozialer Mobilität. In Deutschland war Zuwanderung über lange Zeit an die Vorstellung gekoppelt, kurzfristig benötigte kaum qualifizierte Arbeitskräfte für wenige Jahre zu beschäftigen. Diese Vorstellungen mussten relativiert werden. Nun werden immer mehr hoch qualifizierte Arbeitskräfte angeworben. Wie gliedern sich diese in die Sozialstruktur der Bundesrepublik Deutschland ein?

M 33 Deutschland – ein Einwanderungsland

Westdeutschland hat sich nach und nach zu einem modernen Einwanderungsland mit einer zunehmend multi-ethnischen Sozialstruktur entwickelt. 2007 leben 15,4 Millionen Menschen mit Migrationshintergrund in Deutschland, 95 Prozent von ihnen in den alten Ländern und Berlin. Ca. 4 Millionen sind Aussiedler, 2,5 Millionen stammen aus der Türkei und 1,5 Millionen aus den Staaten des früheren Jugoslawien. Mit 760 000 stellen ehemalige „Gastarbeiter" aus Italien die viertgrößte Gruppe mit einer interessanten Besonderheit: Sie sind häufiger mit einheimischen Deutschen verheiratet als andere. Von den Kindern bis 5 Jahre stammt jedes dritte aus einer Zuwandererfamilie. Die Bevölkerungsprognosen zeigen, dass Deutschland aus demografischen und ökonomischen Gründen auch in absehbarer Zeit auf weitere Einwanderer angewiesen sein wird (*s. auch S. 50, M 23*).

Die PISA-Studien (*s. S. 180*) belegen, dass Deutschland zu denjenigen OECD-Ländern gehört, in denen die Kompetenzunterschiede zwischen den 15-Jährigen aus den oberen und unteren Schichten am größten sind. Dem deutschen Bildungssystem gelingt es nicht, das Leistungspotenzial der Jugendlichen aus statusniedrigen Familien so zu fördern, wie es in den meisten anderen Gesellschaften geschieht. Darüber hinaus existiert im mehrgliedrigen deutschen Schulsystem ein starker leistungsunabhängiger sozialer Filter. So besuchen z. B. 15-Jährige aus der sogenannten Oberen Dienstklasse (im Wesentlichen Akademikerfamilien) dreimal häufiger ein Gymnasium als die Jugendlichen aus Facharbeiterfamilien mit denselben kognitiven Grundfähigkeiten und derselben Lesekompetenz. Auch die Kompetenzunterschiede zwischen Jugendlichen aus einheimischen und zugewanderten Familien sind in Deutschland größer als in den meisten anderen wichtigen Einwanderungsgesellschaften der OECD. Migrantenkinder besuchen auch erheblich seltener ein Gymnasium und erheblich häufiger Haupt- und Förderschulen als Einheimische. Eine wichtige Ursache für die Benachteiligung der Migrantenkinder ist die starke Unterschichtung Deutschlands durch Migranten: Die Statusunterschiede zwischen Einheimischen und Migranten sind in Deutschland größer als in allen wichtigen Einwanderungsländern der OECD. Viele Jugendliche aus Einwandererfamilien stoßen also auf ähnliche Bildungsprobleme wie die Jugendlichen aus sozial schwachen einheimischen Familien. Dazu kommen zusätzliche Defizite in der deutschen Unterrichtssprache, die von ihrer Migrationsbiografie herrühren.

Es muss beachtet werden, dass zwischen den verschiedenen Nationalitäten deutliche Unterschiede in der Bildungsbeteiligung bestehen. Italienische Jugendliche haben dabei – wie auch die türkischen – besonders schlechte Bildungschancen. Die Ursachen dafür sind bisher leider nur sehr unzureichend erforscht.

Rainer Geißler: Sozialstruktur und Ungleichheiten, Konrad-Adenauer-Stiftung, 18.2.2010, in: http://www.kas.de/wf/de/71.7800 (Zugriff: 26.3.2012)

M 34 Unterschichtung durch Migration in Deutschland 2009

	Ohne Migrationshintergrund %	Mit Migrationshintergrund %
Keinen Schulabschluss	8	14
Keinen beruflichen Abschluss	19	43
Arbeiter/in	23	40
Geringfügig beschäftigt (25–65-Jährige)	7	12
Erwerbslos (25–65-Jährige)	6	13
Arm (Einkommen <60 % des Medians)	11	22

Nach: Reiner Geißler, Die Sozialstruktur Deutschlands, Bonn (Friedrich-Ebert-Stiftung) o. J., S. 32; Quelle: Statistisches Bundesamt 2010

M 35 Milieus der Menschen mit Migrationshintergrund

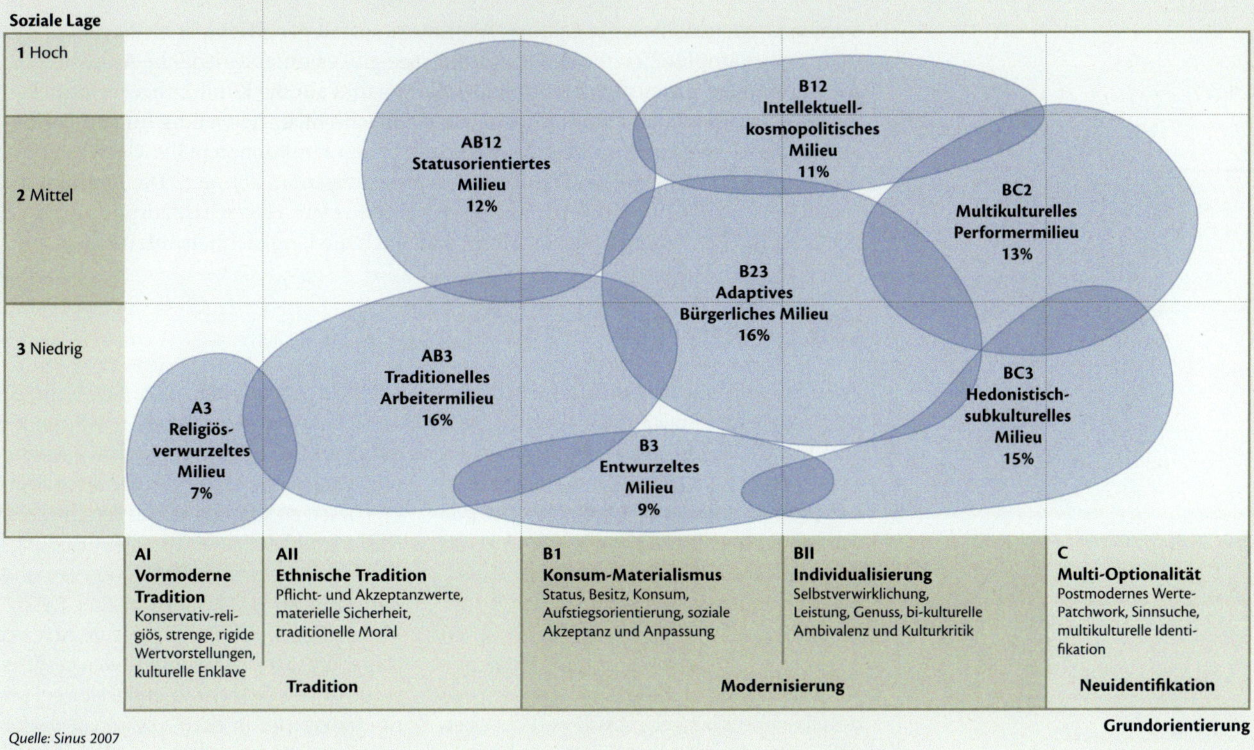

Quelle: Sinus 2007

Sinus A3	Religiös-verwurzeltes Milieu	Vormodernes, sozial und kulturell isoliertes Milieu, verhaftet in den patriarchalischen und religiösen Traditionen der Herkunftsregion
Sinus B23	Traditionelles Arbeitermilieu	Traditionelles Blue-Collar-Milieu der Arbeitsmigranten und Spätaussiedler, das nach materieller Sicherheit für sich und seine Kinder strebt
Sinus B2	Statusorientiertes Milieu	Klassisches Aufsteiger-Milieu, das durch Leistung und Zielstrebigkeit materiellen Wohlstand und soziale Anerkennung erreichen will
Sinus B3	Entwurzeltes Milieu	Sozial und kulturell entwurzeltes Milieu, das Problemfreiheit und Heimat/Identität sucht und nach Geld, Ansehen und Konsum strebt
Sinus B12	Intellektuell-kosmopolitisches Milieu	Aufgeklärtes, global denkendes Bildungsmilieu mit einer weltoffenen, multikulturellen Grundhaltung und vielfältigen intellektuellen Interessen
Sinus B23	Adaptives Bürgerliches Milieu	Die pragmatische moderne Mitte der Migrantenpopulation, die nach sozialer Integration und einem harmonischen Leben in gesicherten Verhältnissen strebt
Sinus BC2	Multikulturelles Performermilieu	Junges, leistungsorientiertes Milieu mit bi-kulturellem Selbstverständnis, das sich mit dem westlichen Lebensstil identifiziert und nach beruflichem Erfolg und intensivem Leben strebt
Sinus BC3	Hedonistisch-subkulturelles Milieu	Unangepasstes Jugendmilieu mit defizitärer Identität und Perspektive, das Spaß haben will und sich den Erwartungen der Mehrheitsgesellschaft verweigert

1 Analysieren Sie die Verortung der Zuwanderungsbevölkerung in der Sozialstruktur der Bundesrepublik.

2 Vergleichen Sie die sozialstrukturellen Merkmale im „Haus“ Geißlers und im Milieumodell (s. M 22, M 25, M 26).

3 Nehmen Sie Stellung zu der Frage, inwieweit besondere Aufgaben gegenüber der Bevölkerung mit Migrationshintergrund bestehen.

Funktion oder Konflikt? – Ist soziale Ungleichheit notwendig?

Soziale Ungleichheit ist ein Faktum. Aber muss soziale Ungleichheit bleiben, oder muss man sie bekämpfen? Zu dieser Grundsatzfrage gibt es unterschiedliche Antworten, die in ihren Extremen auf den Funktionalismus und auf die Konflikttheorie zurückgehen. Der Funktionalismus sieht soziale Ungleichheit als notwendig für das Fortbestehen der Gesellschaft an, da die unterschiedlichen Funktionen in der Gesellschaft nur durch unterschiedliche Gratifikationen besetzt werden könnten. Die konflikttheoretische Antwort führt Ungleichheit auf die Existenz von Herrschaft zurück und ist bestrebt, mit der Beseitigung von Herrschaft auch die Ungleichheit aufzuheben.

M 36 Funktionalismus

In der frühen Phase des Struktur-Funktionalismus zogen die Arbeiten von Kingsley Davis (1949) und Wilbert E. Moore (1946) großes Interesse auf sich. Ihr gemeinsam verfasster Aufsatz „Some Principles of Stratification" wurde viel gelesen und kritisiert. In diesem Artikel argumentieren die Autoren, dass jede Gesellschaft eine ungleiche Verteilung von Belohnungen, wie etwa Geld, Macht oder Ansehen entwickeln wird, da sie Menschen in Positionen zur Befriedigung grundlegender Erfordernisse des Überlebens bringen muss. Diese Positionen sind unterschiedlich attraktiv. Sie unterscheiden sich ebenfalls in ihrer Wichtigkeit für die gesellschaftlichen Überlebensbedürfnisse.
Der Grund der unterschiedlichen Wichtigkeit verschiedener Positionen ist das vorherrschende Wertesystem, das die Wichtigkeit von Überlebensbedürfnissen und Positionen, die diese befriedigen, bestimmt. Talentierte und qualifizierte Menschen, die diese Positionen besetzen könnten, sind in verschiedenem Maß verfügbar. Daher wird die Ausübung einer mit einer bestimmten Position verbundenen Tätigkeit, wie Straßenarbeiter, Beamter, Verkaufsleiter, Krankenschwester, Arzt oder Lehrer umso höher belohnt, je weniger attraktiv sie ist bzw. je mehr Wichtigkeit der Position gemäß des in der Gesellschaft vorherrschenden Wertesystems zugestanden wird und je geringer der Vorrat talentierter und qualifizierter Menschen für diese Position ist.

Richard Münch: Soziologische Theorie, Band 3, Frankfurt/New York 2004, S. 128

M 37 Konflikttheorie

Die funktionalistische Schichtungstheorie hat einige grundlegende Kritik erfahren. Insbesondere aus konflikttheoretischer Perspektive wurde heftige Kritik geübt. Nach dieser Kritik ist soziale Schichtung bei weitem kein Ergebnis der funktionalen Zuweisung von Personen zu Positionen, sondern in erheblichem Umfang ein Ergebnis von Konfliktaustragung und Machtanwendung. Wesentliche Beiträge zu dieser Kritik haben Melvin M. Turnin und George Huaco geleistet. Es wurde argumentiert, dass das Schichtungssystem mehr dysfunktionale als funktionale Effekte für das Überleben der Gesellschaft hat, da es einen gesellschaftsspaltenden Konflikt zwischen den weniger und den besser belohnten Klassen verursacht. Außerdem können die höheren Klassen ihre Definitionsmacht nutzen, um die Wichtigkeit ihrer Positionen zu ihrem Vorteil zu bestimmen, was erneut den spalterischen Klassenkonflikt verstärkt. Weiterhin beeinflusst das existierende Klassensystem selbst die Chancen, sich für eine bestimmte Position zu qualifizieren, was ebenfalls Konflikt erzeugt. Die Wichtigkeit, die den Positionen beigemessen wird, und die unterschiedliche Verfügbarkeit von Personal für die Positionen sind mehr das Ergebnis der Klassenstruktur an sich als das Ergebnis unabhängig wirkender Gründe dieser Klassenstruktur. Das letztere Argument repräsentiert eine Alternative, die von der Konflikttheorie zur Erklärung von Klassenstrukturen einer Gesellschaft angeboten wird. In dieser Sichtweise verfestigt die herrschende Klasse die Klassenstruktur der Gesellschaft durch ihre Macht, darüber zu bestimmen, welche Positionen für die Gesellschaft benötigt werden und welche wichtiger oder unwichtiger sind, sowie durch ihre Macht, die Wege zu diesen Positionen zu öffnen oder zu schließen.

Richard Münch: Soziologische Theorie, Band 3, Frankfurt/New York 2004, S. 128

M 38 „Wir brauchen mehr Ungleichheit!"

Ungleichheit gilt vielfach als Missstand, dem es abzuhelfen gilt. Einer jüngsten Umfrage zufolge halten über 80 Prozent der Deutschen die Einkommens- und Vermögensverteilung für sozial ungerecht. (...)
Friedrich August von Hayek hat sich im März 1981 in einem Interview in der „Wirtschaftswoche" (WiWo) zur Ungleichheit und zur „sozialen Gerechtigkeit" geäußert:

Hayek: Was wir heute erleben, ist das Ergebnis einer grundsätzlichen Konfusion, die von dem angeblich liberalen britischen Denker John Stuart Mill ausging. In seinen „Prinzipien der politischen Ökonomie" schrieb Mill einen Satz, der die Grundlage für alle sozialistischen Ideen bildet: „Ist das Sozialprodukt erst einmal da, kann man damit machen, was man will." Dabei wurde völlig übersehen, dass der Produktionsprozess nicht unabhängig ist vom Verteilungsprozess, das heißt, man kann mit dem Sozialprodukt eben nicht machen, was man will.

WiWo: Wollen Sie damit sagen, eine ungleiche Verteilung des Sozialprodukts sei Voraussetzung dafür, dass es überhaupt erst entsteht?

Hayek: Genau das. Ungleichheit ist nicht bedauerlich, sondern höchst erfreulich. Sie ist einfach nötig. Leider Gottes ist das Sozialprodukt nur da, weil Menschen nach ihrer Produktivität entlohnt und dorthin gelockt werden, wo sie am meisten leisten. Gerade die Unterschiede in der Entlohnung sind es, die den Einzelnen dazu bringen, das zu tun, was das Sozialprodukt entstehen lässt. Durch Umverteilung lähmen wir diesen Signalapparat. Und nicht nur das: Wir unterbinden auch die ständige Anpassung an sich laufend verändernde Umstände, durch die allein die Wirksamkeit unseres Produktionsapparates erhalten werden kann, Umstände, von denen der einzelne nichts weiß, über die er nur durch den Marktmechanismus informiert werden kann.

Friedrich August von Hayek hat vor mehr als einem Vierteljahrhundert zwei zentrale Probleme des demokratischen Wohlfahrtsstaates angesprochen, die heute für die deutsche Malaise verantwortlich sind: mangelnde Ungleichheit und mangelnde Anpassungsfähigkeit als Folge staatlicher Zerstörung des Preismechanismus. Diese staatliche Anmaßung hindert uns daran, das zu tun, was wir tun sollten, weil eben die Preise vielfach als Signalgeber nicht mehr funktionieren. Die Folgen sind Massenarbeitslosigkeit, ein im Raum stehender Staatsbankrott und ein relativ zurückbleibender Wohlstand. Die ideologische Grundlage dieser schweren Störung liefert Hayek in einem späteren Teil des Interviews:

WiWo: Umverteilung, national wie international, ist Ausfluss der heute nahezu allgemein akzeptierten Idee sozialer Gerechtigkeit. Halten Sie davon denn gar nichts?

Hayek: Nein, nicht das geringste. Was heißt denn hier Gerechtigkeit? Wer ist denn da gerecht oder ungerecht? Die Natur? Oder Gott? Jedenfalls nicht die Menschen, da die Verteilung, die aus dem Marktprozess hervorgeht, nicht das beabsichtigte Ergebnis menschlichen Handelns ist. Daher ist der Begriff soziale Gerechtigkeit in einer marktwirtschaftlichen Ordnung mit freier Berufswahl völlig sinnlos. Soziale Gerechtigkeit kann es nur in Befehlswirtschaften geben, wo der Staat über die relativen Einkommen der einzelnen Bürger bestimmt.

„Wir brauchen mehr Ungleichheit", Interview mit Friedrich August von Hayek, Forum Ordnungspolitik, 16.9.2007, in: www.forum-ordnungspolitik.de (Zugriff: 27.3.2012)

Friedrich August von Hayek (1899–1992), österreichischer Ökonom

1 Analysieren Sie die Texte im Hinblick auf die Argumentation zur Notwendigkeit sozialer Ungleichheit.

2 Nehmen Sie begründet Stellung zu der Kontroverse für bzw. gegen mehr soziale Ungleichheit.

3 Beurteilen Sie den bestehenden Grad sozialer Ungleichheit in Deutschland (s. S. 8 ff.) und beziehen Sie dabei die ermittelte Meinung der Bevölkerung ein.

Dritter Weg: Versuch der Verbindung zwischen neoliberaler und sozialer Wirtschaftspolitik. Diese Politik war u. a. Grundsatz des britischen Premiers Tony Blair (1997–2007) und des deutschen Bundeskanzlers Gerhard Schröder (1998–2005)

M 39 „Die soziale Ungleichheit eindämmen!"

Peter Mandelson, einer der Begründer des Dritten Wegs, hat in einer frühen Phase der Labourregierung (in Großbritannien) das Motto ausgegeben, dass die neue britische Sozialdemokratie „extrem entspannt sei, wenn die Menschen unanständig reich würden, solange sie ihre Steuern zahlten". Heute erweist sich diese Politik aus mehreren Gründen als zunehmend problematisch.

Nicht nur, dass die unanständig reich Gewordenen maßgeblich dazu beigetragen haben, dass die Weltwirtschaft in die tiefste Rezession seit der Weltwirtschaftskrise geraten ist. Vielmehr ist der Reichtum auch zu einem nicht unbeträchtlichen Teil darauf zurückzuführen, dass sie erheblich geringere Steuern zahlen als die Generationen der Reichen vor ihnen.

Spitzensteuersätze der Einkommensteuer erlebten einen globalen Steuerwettbewerb nach unten, und internationale Steueroasen wurden gerade mithilfe der britischen Labourregierung aktiv geschaffen und unterstützt. Gleichzeitig stagnierten die Einkommen der unteren Einkommensbezieher, deren Arbeitsplätze zunehmend mit denen der Schwellenländer konkurrieren mussten. Der Anteil der Lohneinkommen am Bruttosozialprodukt ist weltweit auf einem historischen Tiefstand.

Als Folge erlebten gerade die wirtschaftsliberalen und postsozialistischen Transformationsländer in den letzten zwei Jahrzehnten einen drastischen Anstieg in sozialer Ungleichheit. In den USA wurde die Spitze dieser sozialen Entwicklung nur durch die Politik des billigen Kredits und das Versprechen ewig ansteigender Immobilienpreise genommen. Die Finanzkrise stellt diese Politik zumindest infrage, wobei offen bleibt, ob und wieweit die anstehenden Konjunkturpakete verteilungspolitisch wirksam sind und in welche Richtung diese wirken werden. Die Verteilungswirkung ist im Gegensatz zu Peter Mandelsons Einschätzung bedeutsam.

In der Debatte wurde und wird oftmals Verteilungsgerechtigkeit gegen Chancengerechtigkeit aufgewogen. Wenn jeder die Möglichkeit eines sozialen Aufstiegs hat, birgt eine ungleiche Verteilung weniger Gefahr und Demütigung als vielmehr den Antrieb zum Aufstieg. Tatsächlich sind jedoch Verteilungs- und Chancengerechtigkeit eng miteinander gekoppelt.

Gerade egalitäre Gesellschaften sind auch die sozial durchlässigeren Gesellschaften; die liberalen ungleichen Gesellschaften haben eine geringere soziale Mobilität als die skandinavischen. Chancengerechtigkeit durch Verteilungsgerechtigkeit ist das Motto, für das es sich anzustrengen lohnt.

Wir wissen zudem, dass soziale Ungleichheit mit einer ganzen Reihe anderer sozialer Phänomene korreliert: Länder mit hoher sozialer Ungleichheit sind Länder mit einem hohen Anteil der Bevölkerung in Gefängnissen, mit niedrigerer Lebenserwartung und mit schlechterer Schulbildung. Es war wahrscheinlich einer der wichtigsten Denkfehler des Dritten Weges, die Frage sozialer Ungleichheit mit der klassischen Armutsbekämpfung zu verwechseln. In einer sozial homogenen Gesellschaft ist jedoch die Abkoppelung der Managergehälter von den Durchschnittsgehältern, wie wir sie in den letzten zwei Jahren erlebt haben, nicht möglich. Der Traum des Dritten Weges, dass extremer Reichtum mit einer Bekämpfung der Armut in Einklang zu bringen ist, konnte in der Realität nicht umgesetzt werden. Großbritannien hat sich aufgrund der Liberalisierungspolitik von Margaret Thatcher und Tony Blair in den letzten drei Jahrzehnten zu einem der ungleichsten Länder in der OECD entwickelt. Deutschland steht in der EU in der Höhe der Vorstandsvergütung auf Platz zwei. Die Hartz-Reformen und die Abwesenheit eines Mindestlohns haben zugleich das Lohnniveau in einzelnen Sektoren massiv reduziert.

Es ist erforderlich, systematisch über gleichheitsorientierte Maßnahmen nachzudenken, um soziale Ungleichheit einzudämmen. Dazu gehört eine ganze Reihe möglicher Maßnahmen, angefangen von Bildungspolitik, Familienpolitik bis zu Gleichstellungspolitik. Insbesondere könnte die Reichweite der Tarifverträge, die in den vergangenen zwanzig Jahren deutlich geschrumpft ist, durch eine Rückbesinnung der Unternehmen auf die deutsche Tarifpolitik gestärkt werden. Betriebsräte und Gewerkschaften sollten die Gelegenheit nutzen, um neue Felder der Weiterbildung und des lebenslangen Lernens stärker zu besetzen. Damit würden schon einige Signale zu der Reduzierung von Einkommenssicherung und der Bewahrung von Qualifikationen gegeben.

Anke Hassel: Der Krise Perspektive geben. Markt und Staat in der europäischen Sozialdemokratie, Berlin (Friedrich-Ebert-Stiftung) 2009, S. 10 f.

M 40 Die wirtschaftlichen Verhältnisse – sind sie gerecht?

Frage: „Wie sehen Sie das: Sind die wirtschaftlichen Verhältnisse bei uns in der Bundesrepublik – ich meine, was die Menschen besitzen und was sie verdienen – im Großen und Ganzen gerecht oder nicht gerecht?"

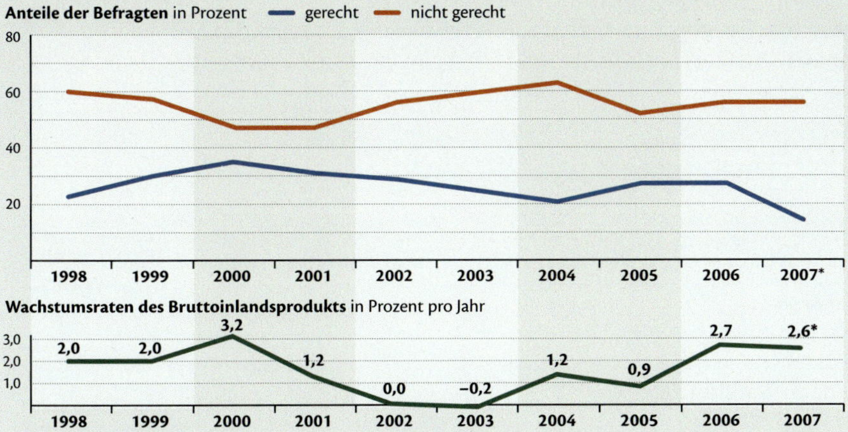

**Schätzwert des Sachverständigenrats zur Begutachtung der gesamtwirtschaftlichen Entwicklung*
Nach: Robert B. Vehrkamp/Andreas Kleinsteuber: Soziale Gerechtigkeit 2007 – Ergebnisse einer repräsentativen Bürgerumfrage, Gütersloh (Bertelsmann-Stiftung) 2007, S. 6; Quelle Wachstumsraten: Statistisches Bundesamt

M 41 Die Verwirklichung von „Gerechtigkeiten"

Grad der Verwirklichung von Teilgerechtigkeiten in Deutschland aus Sicht der Bevölkerung, 2007

Frage: „Hier auf diesen Karten stehen verschiedene Bereiche von sozialer Gerechtigkeit. Bitte verteilen Sie die Karten auf das Blatt hier, je nachdem, ob Sie meinen, dass dieser Bereich in Deutschland voll und ganz, überwiegend, nur wenig oder gar nicht verwirklicht ist. Karten, bei denen Sie sich nicht entscheiden können, legen Sie bitte beiseite."

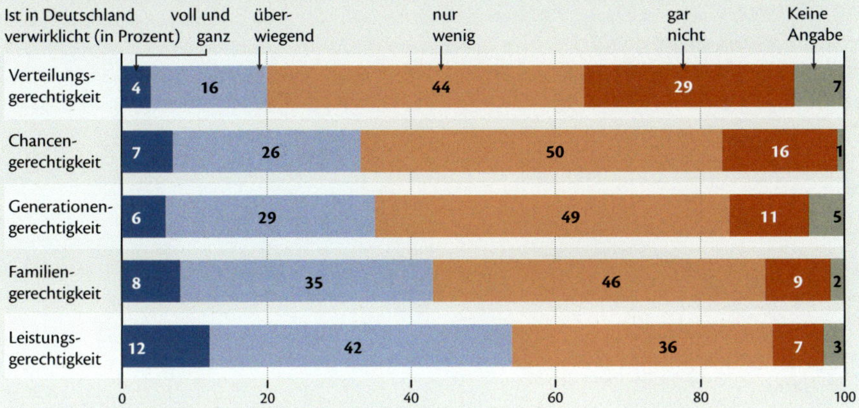

Nach: Robert B. Vehrkamp/Andreas Kleinsteuber: Soziale Gerechtigkeit 2007 – Ergebnisse einer repräsentativen Bürgerumfrage, Gütersloh (Bertelsmann-Stiftung) 2007, S. 11

Kompetenzcheck

Anforderungsbereich I:

- Zeigen Sie an Beispielen, dass die Sozialstruktur bzw. die Lebenslage Einfluss auf die Lebensweise der Menschen hat.
- Nennen Sie Vorzüge und Mängel des Verfahrens
  - zur sozialen Selbsteinstufung,
  - zur Ermittlung sozialer Lagen,
  - zur Ermittlung sozialer Klassen,
  - zur Ermittlung sozialer Milieus.

Anforderungsbereich II:

- Erläutern Sie den Begriff der Sozialstruktur.
- Erläutern Sie das Verfahren
  - der sozialen Selbsteinstufung zur Ermittlung der Sozialstruktur.
  - zur Ermittlung sozialer Lagen.
  - zur Ermittlung sozialer Klassen.
  - zur Ermittlung sozialer Milieus.
- Skizzieren Sie die Unterschiede zwischen Schicht, Klasse und Milieu.
- Erörtern Sie verschiedene Merkmale zur Feststellung der Sozialstruktur.
- Erklären Sie
  - die „Bolte-Zwiebel" als Modell der Sozialstruktur Deutschlands,
  - Dahrendorfs „Haus" als Modell der Sozialstruktur Deutschlands,
  - die Kartoffel-Grafik (Sinus-Modell) als Modell der Sozialstruktur Deutschlands.
- Zeigen Sie, inwiefern sich die Sozialstruktur der Bevölkerung mit Migrationshintergrund von der der Gesamtbevölkerung unterscheidet. Erläutern Sie die geschichtliche Entwicklung.
- Erläutern Sie die funktionalistische Sichtweise auf soziale Ungleichheit.
- Erläutern Sie die konflikttheoretische Sichtweise auf soziale Ungleichheit.
- Vergleichen Sie anhand der nachstehenden Grafik die sozialen Milieus Jugendlicher in Deutschland mit denen der Gesamtbevölkerung.

Sinus-Lebensweltenmodell U18
Lebenswelten der 14- bis 17-Jährigen in Deutschland

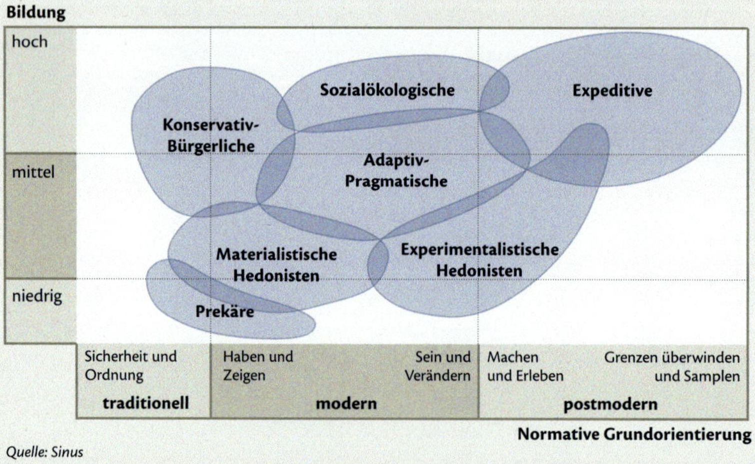

Quelle: Sinus

Anforderungsbereich III:

- Beurteilen Sie, welche Charakterisierungen der Sozialstruktur nach Klasse, Schicht, Milieu heute angemessen sind.
- Beurteilen Sie, welche Modelle sozialer Ungleichheit den heutigen Verhältnissen am besten entsprechen.
- Nehmen Sie Stellung zu der These, Ungleichheit in einer Gesellschaft sei nicht nur unvermeidlich, sondern auch notwendig.

3 Was ist sozial? – Sozialpolitik

Sozialpolitik soll die wirtschaftliche und soziale Situation benachteiligter gesellschaftlicher Gruppen verbessern. Erreicht werden soll dies durch eine Angleichung der Lebenschancen und Existenzbedingungen. Ziel ist letztlich die Integration der sozial schwächeren Bevölkerungsgruppen in die Gesellschaft und damit eine Stabilisierung der Gesellschaftsordnung. Sozialpolitik wird getragen vor allem vom Staat, von Unternehmen, Gewerkschaften, unabhängigen Organisationen und Kirchen.

Die Sozialpolitik gehört zu den ältesten staatlichen Politikfeldern. Sie ist eine Reaktion auf gesellschaftlich unverträgliche bzw. nicht gewollte soziale Ungleichheit. Die Inhalte von Sozialpolitik sind nicht festgelegt, sondern stets das Ergebnis von politischen Auseinandersetzungen zwischen verschiedenen Interessengruppen. Das Ergebnis dieser Kämpfe ist in verschiedenen Ländern durchaus unterschiedlich, auch wenn – nicht zuletzt durch die Globalisierung – Angleichungsprozesse stattfinden.

Wie ist Sozialpolitik entstanden?

Betrachtet man die Geschichte der Sozialpolitik, so ist eines ganz deutlich: Sozialpolitik entsteht nicht zufällig und nicht von selbst. In den modernen Wohlfahrtsstaaten ist sie ganz unterschiedlich entstanden und jeweils in bestimmter Weise ausgeprägt. Um die heutige Sozialpolitik in Deutschland zu verstehen, muss man deshalb ihre Entstehung und – wenigstens in groben Zügen – ihre Geschichte kennen.

M1 Entstehung der Sozialpolitik in Europa

Nach langjähriger Vorherrschaft konservativer und links- oder rechtsliberaler Kräfte gewannen gegen Ende des 19. Jahrhunderts neue Parteien an Einfluss. (...)
Der Deutsche Karl Marx hatte in London Zuflucht gefunden und untersuchte dort die wirtschaftlichen Gegebenheiten des englischen Kapitalismus. Davon ausgehend entwickelte er seine Vorstellungen von einem wissenschaftlichen Sozialismus. Er verfasste zusammen mit Friedrich Engels *Das Manifest der Kommunistischen Partei* (1848) und veröffentlichte 1867 den ersten Band seines Hauptwerks *Das Kapital*. Die Internationale Arbeiter-Assoziation (die sogenannte Erste Internationale, 1864–1872) stand deutlich unter dem Einfluss von Karl Marx.
Auf dem Festland kam es unterdessen zur Gründung sozialistischer Parteien. In Deutschland gründeten Wilhelm Liebknecht und August Bebel im Jahr 1869 die Sozialdemokratische Arbeiterpartei, die sich 1875 mit dem (*1863 gegründeten*) *Allgemeinen Deutschen Arbeiterverein Ferdinand Lassalles zur Sozialistischen Arbeiterpartei Deutschlands* (ab 1892, nach Aufhebung des Sozialistengesetzes: SPD, Sozialdemokratische Partei Deutschlands) zusammenschloss. (...)
Trotz erheblicher Widerstände vonseiten der Unternehmerschaft gelang es den Gewerkschaften, sich nach und nach als die legitimen Vertreter der Arbeiter durchzusetzen. In den meisten europäischen Industriestaaten wurden sie zwischen 1870 und 1900 – im zaristischen Russland erst 1906 – rechtlich anerkannt. Große Streiks, zum Beispiel der Dockarbeiter in London oder der Bergarbeiter im Ruhrgebiet, beide 1889, stärkten den Kampf der Gewerkschaften. In Großbritannien und im Deutschen Reich setzten sie sich mit politischen Mitteln für den Aufbau einer sozialistischen Gesellschaft ein. (...) In den letzten Jahrzehnten des 19. Jahrhunderts wurden Sozialreformen zur Beseitigung der schlimmen Folgen der Industrialisierung eingeleitet. Skandalös war die Kinderarbeit in Fabriken und Werkstätten. In allen europäischen Ländern mit Ausnahme Russlands und der Balkanstaaten wurden Gesetze über die Dauer der täglichen Arbeitszeit, über die Arbeitsbedingungen und Sicherheitsvorkehrungen zum Schutz der Arbeiter verabschiedet. (...)
In den meisten europäischen Ländern nahmen staatliche Organe den Kampf gegen die Armut auf, sie sahen es als ihre Aufgabe an, für das soziale Wohlergehen ihrer Bürger zu sorgen. Das Deutsche Reich verabschiedete nach 1880 eine weitreichende Sozialgesetzgebung mit Einzelgesetzen wie der Pflichtversicherung für den Krankheitsfall sowie der Alters- und Invaliditätsversicherung. Großbritannien führte erst 1909 die finanzielle Absicherung älterer Arbeitnehmer ein; Versicherungen gegen Krankheiten und Arbeitslosigkeit wurden in England zwei Jahre später Pflicht. Allerdings boten die Höhe der Rentenzahlungen und die Leistungen im Krankheitsfall nur eine mäßige Absicherung.

Frédéric Délouche (Hg.): Das europäische Geschichtsbuch. Von den Anfängen bis ins 21. Jahrhundert, Stuttgart (Cotta Nachfolger) 2011, S. 332 ff.

Bergarbeiterstreik im Ruhrgebiet, 1912

M2 Sozialpolitik in Deutschland

Die spezifischen Ausprägungen, institutionellen Formen und Prinzipien des deutschen Sozialsystems lassen sich nur im historischen Kontext verstehen. Der Beginn staatlicher Sozialpolitik ist untrennbar mit dem Übergang zur kapitalistischen Produktionsweise verbunden. Bis dahin prägten familiäre Unterstützung, kommunale Armenfürsorge und ständische Sicherungseinrichtungen der Zünfte das Bild der mittelalterlichen und spätfeudalen Gesellschaft bis ins 19. Jahrhundert. Die gesellschaftliche Umwälzung infolge der Durchsetzung der kapitalistischen Produktionsweise bewirkte einen tiefgreifenden Strukturwandel der sozialen Risiken selbst und entzog zugleich den traditionellen Sicherungsformen rasch und nachhaltig die soziale und ökonomische Grundlage. (...)

Es waren vor allem die Arbeiter und ihre politischen und gewerkschaftlichen Organisationen, die sich seit Mitte des 19. Jahrhunderts mit sozialpolitischen Forderungen an den Staat wandten. Diese richteten sich zunächst vornehmlich auf direkte staatliche Eingriffe in den Produktionsprozess etwa durch zeitliche Beschränkung des Arbeitstages, Verbot der Kinderarbeit und sonstige Arbeitsschutzvorschriften. Der Staat reagierte auf diesen sozialen Druck mit einer im Grundsatz kompensatorischen Befriedungsstrategie, die in den 80er-Jahren des 19. Jahrhunderts in der Sozialversicherungspolitik unter Bismarck zum Ausdruck kam. (...)

Neben diesem zentralstaatlich initiierten und regulierten Versicherungssystem, das an den Risiken der Lohnarbeit ansetzte (Arbeiterpolitik), kam der auf kommunaler Ebene angesiedelten Armenfürsorge erhebliche Bedeutung zu. Während sie in der Industrialisierungsphase den Prozess der Proletarisierung aktiv abstützte, entwickelte sie sich im Zuge des Ausbaus der Sozialversicherung immer mehr zur letzten Sicherung für diejenigen, denen die (dauerhafte) Eingliederung in das System der lohnabhängigen Erwerbsarbeit nicht gelang und ein Rückgriff auf die Familie nicht möglich war. Die Arbeiterversicherungspolitik und die Armenpolitik bildeten so zwei gegensätzlich konstruierte, aber sachlich eng miteinander verknüpfte Systeme staatlicher Sozialpolitik.

Die staatliche Sozialpolitik in Deutschland hat bis zum Ende des Zweiten Weltkriegs – beginnend im Kaiserreich über die Weimarer Republik bis zum Nationalsozialismus – einen wechselvollen Verlauf genommen. Insgesamt lässt sich in dieser Zeitspanne ein eher zögerlicher Ausbau feststellen, der sich primär auf die Arbeitnehmerrisiken, d. h. die soziale Sicherung der abhängig Beschäftigten und ihre Familienangehörigen, erstreckte. Die Entwicklung wurde zudem von teilweise dramatischen Rückschlägen unterbrochen: Inflation, Weltwirtschaftskrise, nationalsozialistische Machtübernahme. Insgesamt blieb – aus heutiger Sicht betrachtet – das Leistungsniveau notdürftig und das Leistungsspektrum auf wenige Risiken und Bevölkerungsgruppen beschränkt. (...)

Erst in der Nachkriegszeit, mit der Gründung der Bundesrepublik Deutschland kam es zur eigentlichen Expansion der Sozialpolitik. Zwar wurde an bestehende Vorkriegsstrukturen und -institutionen angeknüpft, durch ihren umfassenden quantitativen Ausbau erreichte die Sozialpolitik jedoch eine neue Qualität. Besonders zu erwähnen sind der Ausbau der Versorgungsstandards im Gesundheitswesen und die Betonung von Prophylaxe und Rehabilitation, die Bereitstellung eines breiten Spektrums professioneller sozialer Dienste und Einrichtungen, die Einleitung einer aktiven Arbeitsmarkt- und Qualifizierungspolitik, die Forcierung einer auf Chancengleichheit orientierten Bildungspolitik, die Ansätze zur Humanisierung der Arbeitswelt sowie die Einführung des Familienlastenausgleichs.

Gerhard Bäcker u. a. (Hg.): Sozialpolitik und soziale Lage in Deutschland, Band 1, 5. Aufl. Wiesbaden (VS) 2010, S. 57 ff.

1 Erstellen Sie nach der Bearbeitung der Materialien dieses Kapitels ein Lernplakat mit den Stationen und Grundzügen der Sozialpolitik in Deutschland.

2 Erkunden Sie Einrichtungen von Trägern der Sozialpolitik in Ihrer Umgebung. Fertigen Sie eine Karte mit „Anlaufstellen" für Hilfesuchende.

3 Beurteilen Sie die Netzdichte sozialpolitischer Einrichtungen in Ihrer Umgebung.

4 Ordnen Sie den Sozialstaat Deutschland begründet in die Reihe der Wohlfahrtsstaaten ein.

5 Vergleichen Sie das Sozialsystem Deutschlands mit dem europäischen Sozialmodell (**M 10**).

M3 Träger der Sozialpolitik

Mit Sozialpolitik im weitesten Sinne sind u. a. befasst:

- Bundesministerium (BM) für Arbeit und Sozialordnung,
- BM für Familie, Senioren, Frauen und Jugend (u. a. Familie, ältere Menschen, Wohlfahrtspflege, Kinder und Jugend, Gleichstellung),
- BM für Gesundheit,
- BM des Innern (Aussiedler-, Ausländer- und Asylangelegenheiten),
- BM für Ernährung, Landwirtschaft und Forsten (Gesellschafts- und Sozialpolitik im ländlichen Raum),
- BM für Verkehr, Bau- und Wohnungswesen (Wohnungsbauförderung, Mieten- und Eigentumspolitik),
- Bundesministerium für Verteidigung (Sozialangelegenheiten der Bundeswehr). (...)

Unter den verschiedenen Akteursgruppen gelten die Verbände als wichtige Handlungsakteure in allen Feldern der Sozialpolitik, und zwar sowohl im Gesetzgebungsprozess als auch bei der Konkretisierung und Durchführung gesetzlicher Maßnahmen.

Otfried Jarren/Patrick Donges: Die Rolle von Politik und Medienvertretern in der Sozialpolitik, Bonn (Friedrich-Ebert-Stiftung) 2000, S. 32 ff.

M4 Sozialpolitische Akteure und ihre Mechanismen der Interessentransformation

Akteure	Dominanter Mechanismus der Interessentransformation	Anbindung an das politisch-administrative System
Parteien	Wahlpolitisch	Sehr hoch
Gewerkschaften	Erwerbswirtschaftlich, auch advokatorisch, auch direkt, auch professionspolitisch	Sehr hoch
Arbeitgeberverbände	Erwerbswirtschaftlich	Sehr hoch
Traditionelle Sozialverbände	Direkt	Eher hoch
Wohlfahrtsverbände	Advokatorisch, auch professionspolitisch	Eher hoch
Soziale Berufsverbände	Professionspolitisch	Unterschiedlich (je nach Status des Berufs)
Selbsthilfeorganisationen	Direkt	Eher niedrig
Sonstige politische Akteure (politische Unternehmer)	Advokatorisch	Eher niedrig

Nach: Otfried Jarren/Patrick Donges: Die Rolle von Politik und Medienvertretern in der Sozialpolitik, Bonn (Friedrich-Ebert-Stiftung) 2000, S. 32 ff.

M5 Almosen – Alternative zur Sozialpolitik?

Auch in Zeiten, in denen von Sozialstaat noch lange nicht die Rede sein konnte, gab es soziales Verhalten und soziale Einrichtungen. In anderen Formen, als wir sie heute kennen und von denen nur noch Überbleibsel existieren, sorgten und sorgen Menschen füreinander, wenn sie bedürftig sind. Vielfach bildete die Religion die Grundlage für diese soziale Einstellung. Hilfeleistungen hatten dabei häufig die Form von Almosen.

Bereits im Mittelalter hat sich der Kirchenlehrer Thomas von Aquin (ca. 1225–1274) Gedanken über die Unterstützung der Armen gemacht. Die nach ihm benannte thomistische Almosenlehre hat folgende Inhalte:
Vor dem Wohl des Individuums ist für das Gemeinwohl zu sorgen, der Einzelne hat sich also der Gemeinschaft unterzuordnen. Dies beruht auf der Vorstellung, dass dies der göttlichen Ordnung entspricht. Nach Thomas von Aquin spiegelt sich diese auch in der Ständeordnung des Mittelalters wider:

- geistlicher Stand (oberster Stand),
- weltlicher Stand (Herrschaft),

- bürgerlicher Stand,
- armer Stand (Besitzlose),
- bedürftiger Stand (Witwen, Waisen, Kranke).

Außerhalb dieser Ordnung stehen die sogenannten Ehrlosen – etwa öffentliche Sünder, Diebe, Ehebrecher und Mörder. Thomas von Aquin war der Meinung, dass diese natürliche und soziale Ordnung ursprünglich von Gott gewollt sei. Deshalb war Armut Ausdruck einer ewigen Ordnung und somit notwendig. Armut und Betteln waren für die Anhänger Aquins im Evangelium begründet und hatten deshalb auch einen unentbehrlichen Platz in der Gesellschaftsordnung des Mittelalters. Armut war auch für die Reichen wichtig, weil sie den reichen Sündern Gelegenheit zum Almosengeben gab. Das Spenden war für damalige Christen neben Beten und Fasten eine Möglichkeit der „satisfactio", der Wiedergutmachung begangener Sünden. Das Almosengeben war eine grundlegende religiöse Pflicht, weil es im Bußsakrament verankert ist. Aber nicht der Arme oder die Beseitigung der Armut steht hier im Vordergrund, sondern der Spender. Die Sicht auf die Armut erfolgte aufgrund von religiös-ethischen Positionen und nicht aus ökonomisch-gesellschaftlichen. Daher sollte auch die Armut nicht abgeschafft werden, sondern musste erhalten bleiben, damit sich die Reichen durch das Almosengeben den „Himmel verdienen" konnten.

Im Mittelalter wurden auch Hospitäler bzw. Spitäler errichtet. Dies waren jedoch keine Krankenhäuser, wie wir sie heute kennen, sondern Einrichtungen, in denen die Armen und Kranken lediglich verpflegt wurden. Allerdings waren sie die erste Sondereinrichtungen der Fürsorge und damit erste Ansatzpunkte für weitere verbesserte Einrichtungen.

Autorentext

Thomistische Almosenlehre: Benannt nach **Thomas von Aquin** (ca. 1225 bis 1274), katholischer Kirchenlehrer, Angehöriger des Ordens der Dominikaner, heute als Heiliger verehrt (Gemälde von Justus van Gent, 1476)

M6 Zakat – Alternative zur Sozialpolitik?

Auch muslimische Staaten betreiben Sozialpolitik, und zwar mithilfe des Zakat. Der Zakat ist im Islam eine Verpflichtung, die auf den Koran zurückgeht. Er ist eine der fünf Säulen des Islams.

Das arabische Wort „Zakat" bedeutet „Reinigung". Die Abgabe von Almosensteuer – Zakat – soll von Habgier, Hass und Ungerechtigkeit reinigen. Es gibt unterschiedliche Auffassungen über die Höhe der Abgaben und auf welche Güter sie entfallen sollen.

Der Zakat (oder Zakah) (...) ist eine im Islam von den Gläubigen nach den Vorschriften des Koran zu zahlende Armenabgabe. Er ist eine der Fünf Säulen des Islams, d. h., er zählt zu den Glaubenspflichten jedes Muslims. In islamischen Staaten wird die Armenabgabe häufig in Form einer Steuer durch den Staat erhoben, verwaltet und verteilt.

Zur Zahlung des Zakat ist derjenige verpflichtet, der frei, volljährig, geistig gesund und ein Muslim ist.

Der Zakat sollte von demjenigen, der ihn entrichtet, persönlich an einen Bedürftigen gegeben werden. Für die Auswahl des Begünstigten sollte zuerst die eigene Familie berücksichtigt werden, ist dort kein Bedürftiger zu finden, dann weitet sich der Kreis auf die engsten Bekannten und Nachbarn aus. Auf diese Weise soll gewährleistet werden, dass der Zakat gleichmäßig in der Bevölkerung verteilt wird.

Was bedeutet Zakat?, Religion 24, 2013, in: http://www.religion24.net (Zugriff: 4.6.2013)

Dekommodifizierung: Abkoppelung sozialer Sicherheit vom Arbeitsmarkt, Schutz gegen Marktkräfte und Einkommensausfälle

Variablen: hier unterschiedliche Merkmale des Wohlfahrtsstaats

Indikatoren: hier Anzeiger/Maßeinheiten für diese Merkmale

Residualismus: Anteil von Fürsorgeleistungen an gesamten Sozialausgaben

Korporatismus: Beteiligung verschiedener sozialer Gruppen

Etatismus: hier Beteiligung des Staates

M7 Wohlfahrtsregime als Möglichkeiten der Sozialpolitik

Variablen – Indikatoren	Typen des Wohlfahrtsregimes			
	liberal	sozialdemokratisch	konservativ	garantistisch
Dekommodifizierung – Einkommensersatzquoten – Anteil individueller Finanzierungsbeiträge	schwach	stark	mittel (für „Familienernährer")	stark
Residualismus – Anteil von Fürsorgeleistungen an gesamten Sozialausgaben	stark	schwach	stark	schwach
Privatisierung – Anteil privater Ausgaben für Alter bzw. Gesundheit an jeweiligen Gesamtausgaben	hoch	niedrig–mittel	niedrig–mittel	mittel
Korporatismus/Etatismus – Anzahl von nach Berufsgruppen differenzierten Sicherungssystemen – Anteil der Ausgaben für Beamtenversorgung	schwach	mittel	stark	schwach
Umverteilung – Progressionsgrad des Steuersystems – Gleichheit der Leistungen	schwach	stark	schwach	mittel
Vollbeschäftigungsgarantie – Ausgaben für aktive Arbeitsmarktpolitik – Arbeitslosenquote, gewichtet nach Erwerbsbeteiligung	schwach	stark	mittel	mittel
Bedeutung von – Markt – Staat – Familie/Gemeinschaft – Grundrechte	 zentral marginal marginal mittel-hoch	 marginal zentral marginal mittel	 marginal subsidiär zentral marginal	 mittel subsidiär mittel zentral
Unterhaltsverpflichtung	Haushalt	individualisiert	Ehe/Familie	subsidiär-individualisiert
Dominante Form sozialstaatlicher Solidarität	individualistisch	lohn–arbeitszentriert	kommunitaristisch–etatistisch	Bürgerstatus, universalistisch

Nach: Michael Opielka: Sozialpolitik, Grundlagen und vergleichende Perspektiven, 2. Aufl. Reinbek (Rowohlt) 2008, S. 35

Gøsta Esping-Andersen (geb. 1947), dänischer Politologe und Soziologe

M8 Typologie von Wohlfahrtsregimen

Der dänische Politologe und Soziologe Gøsta Esping-Andersen befasste sich in seinen Forschungen und Veröffentlichungen vor allem mit dem Wohlfahrtsstaat. Er präsentierte u. a. einen Vorschlag zur Typologie von Wohlfahrtsregimen:

Die Zuordnung einzelner Länder zu einem Sozialstaatstypus basiert bei Esping-Andersen auf der Verknüpfung von drei zentralen Analysekriterien, die er aus einer historisch-analytischen Aufbereitung ideologischer Ordnungsvorstellungen gewann:

1. durch das Ausmaß der *Dekommodifizierung*, d. h., inwieweit soziale Sicherung unabhängig vom (Arbeits-)Markt erreicht wird;
2. das Ausmaß der *Stratifizierung*, d. h., inwieweit soziale Sicherungssysteme die gesellschaftlichen Verhältnisse und Beziehungen strukturieren und schichten; und
3. das Mischungsverhältnis und Akzentuierungen der *Wohlfahrtsproduktion zwischen Staat, Markt und Familie.*

Esping-Andersen verstand seine Typologie – ohne dies explizit zu bezeichnen – als „Idealtypen". Die empirische Wirklichkeit repräsentiert Mischformen, die verschiedene Elemente der Idealtypen der Wohlfahrtsregime enthalten können.

Michael Opielka: Sozialpolitik. Grundlagen und vergleichende Perspektiven, 2. Aufl. Reinbek (Rowohlt) 2008, S. 34

M 9 Typen und Dimensionen des Wohlfahrtsstaates nach Esping-Andersen

Variablen/Indikatoren	Typus des Wohlfahrtsstaats liberal
Dekommodifizierung	**schwach**
Residualismus	**stark**
Privatisierung	**hoch**
Korporatismus/Etatismus	**schwach**
Umverteilungskapazität	**schwach**
Vollbeschäftigungsgarantie	**schwach**

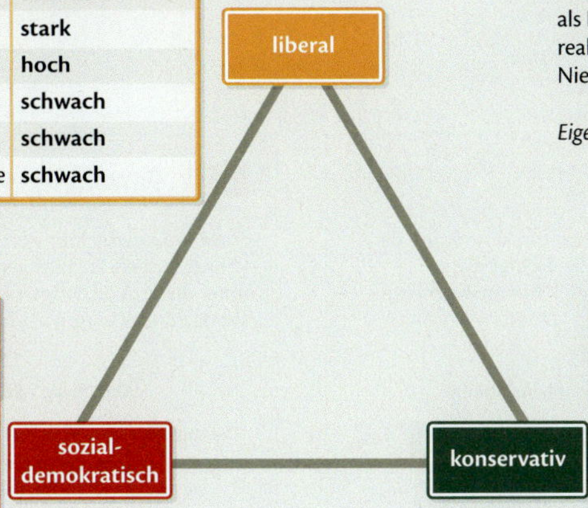

Variablen/Indikatoren	Typus des Wohlfahrtsstaats sozialdemokr.
Dekommodifizierung	**stark**
Residualismus	**schwach**
Privatisierung	**niedrig**
Korporatismus/Etatismus	**schwach**
Umverteilungskapazität	**stark**
Vollbeschäftigungsgarantie	**stark**

Variablen/Indikatoren	Typus des Wohlfahrtsstaats konservativ
Dekommodifizierung	**mittel (?)**
Residualismus	**stark**
Privatisierung	**niedrig**
Korporatismus/Etatismus	**stark**
Umverteilungskapazität	**schwach**
Vollbeschäftigungsgarantie	**schwach (?)**

Die hier gewählte Darstellung in Form eines Dreiecks hat zwei Implikationen: Zum einen wird der Eindruck vermieden, dass das konservative Modell eine hybride Form zwischen dem sozialdemokratischen und dem liberalen wäre; zum anderen lassen sich die Ecken als Idealtypen und der Raum dazwischen als Lage der realen Fälle sehen. Komplexe Mischformen wie die Niederlande liegen dann etwa in der Mitte.

Eigene Darstellung nach Esping-Andersen

M 10 Das Europäische Sozialmodell

Nach den Vorstellungen der Europäischen Kommission umfasst dieses Sozialmodell folgende Politikbereiche: allgemeine und berufliche Bildung; Beschäftigung; Gesundheit; Wohlfahrt und Sozialschutz; sozialer Dialog; Gesundheitsschutz und Sicherheit am Arbeitsplatz; Kampf gegen Rassismus und Diskriminierung. Es findet seinen Niederschlag in den Wohlfahrtssystemen, den Kollektivvereinbarungen und in den Sozialdiensten, hat sich jedoch in den verschiedenen Mitgliedstaaten der Europäischen Union in unterschiedlicher Weise entwickelt und wird dementsprechend auch unterschiedlich in die Praxis umgesetzt – unter Einbeziehung wiederum unterschiedlicher öffentlicher, privater, tariflicher oder sozialwirtschaftlicher Partner.

Das Europäische Sozialmodell ist damit zugleich Ergebnis und Ausdruck der reichen Vielfalt von Kulturen, Traditionen und politischen Entwicklungen in Europa. Mit seiner Fundierung auf „Wettbewerb" und „Solidarität" ruht es sowohl auf einer wirtschaftlichen als auch auf einer sozialen Säule: Der Wettbewerb zwischen den Unternehmen ist der Motor des wirtschaftlichen Fortschritts, während die Solidarität zwischen den Bürgern Grundvoraussetzung ist für Entstehung und Verfestigung des sozialen Zusammenhalts, der zu den Rahmenbedingungen von Wirtschaft und Gesellschaft gehört.

Der EG-Vertrag kennt – und für den Europäischen Verfassungsvertrag gilt dasselbe – allerdings kein gemeinsames Sozialmodell, sondern er hat ein „Europäisches Sozialmodell" vorgefunden, das immer konkretere Züge aufweist: „Demokratiegebot", „soziale Marktwirtschaft", „Grundrechtlichkeit" und – für die Sozialstaatlichkeit besonders wichtig – „Solidarität" sind nicht zufällig Titel des Kapitels IV der Charta der Grundrechte der Union. Dieses enthält einen Katalog sozialer Grundrechte, der weit über das hinausgeht, was darüber in den Verfassungen der Mitgliedstaaten – insbesondere auch des deutschen Grundgesetzes – steht.

Sabine Kropp/Ricardo Gomèz (Hg.): Sozialraum Europa, Münster 2006, S. 63 f.

Was soll Sozialpolitik leisten?

Sozialpolitik ist für uns offenbar eine Selbstverständlichkeit. In Deutschland lebt kein Mensch mehr, der Zeiten ohne jede Sozialpolitik erlebt hätte. Wie aber die Alternativen und die Geschichte zeigen, ist Sozialpolitik in der deutschen Ausprägung keineswegs selbstverständlich. Was erwarten wir von der Sozialpolitik, und was gibt sie?

M11 Erwartungen an die Sozialpolitik

a) Verteilungsgerechtigkeit

Frage: „Hier finden Sie nun einige Vorschläge, was der Staat tun könnte, um die Verteilungsgerechtigkeit in Deutschland zu verbessern. Sind unter diesen Vorschlägen welche, die Sie für besonders wichtig halten?" (Vorlage einer Liste, Mehrfachnennungen möglich)

Das finde ich besonders wichtig	Bevölkerung insgesamt
Dafür sorgen, dass es in Deutschland weniger Armut unter Kindern gibt	74%
Geringverdiener steuerlich stärker entlasten	72%
Ein Mindesteinkommen für Arbeitnehmer sicherstellen, z. B. durch gesetzliche Mindestlöhne oder durch staatliche Lohnzuschüsse (z. B. Kombilohn)	69%
Steuerschlupflöcher abschaffen	67%
Die Unternehmensgewinne stärker besteuern	37%
Eine Vermögensteuer einführen	35%
Die Unterstützung für Sozialhilfe- und Arbeitslosengeld-II-Empfänger erhöhen	28%
Den Spitzensteuersatz erhöhen	26%

b) Familiengerechtigkeit

Frage: „Auf dieser Liste hier finden Sie einige Vorschläge, was der Staat tun könnte, um die Familiengerechtigkeit in Deutschland zu verbessern. Sind unter diesen Vorschlägen welche, die Sie für besonders wichtig halten?" (Vorlage einer Liste, Mehrfachnennungen möglich)

Das finde ich besonders wichtig	Bevölkerung insgesamt
Die Vereinbarkeit von Familie und Beruf verbessern	66%
Die Angebote für die ganztägige Kinderbetreuung ausbauen, z. B. durch mehr Kindertagesstätten, Kinderkrippen und Ganztagsschulen	66%
Die Erziehungszeiten bei der Rente stärker berücksichtigen	60%
Städte und Gemeinden kinderfreundlicher gestalten, z. B. durch mehr Spielplätze und Grünflächen	57%
Stärkere finanzielle Förderung von Familien mit Kindern, z. B. durch ein höheres Kindergeld	56%
Die Kindergartengebühren abschaffen	51%
Die Bedeutung, die Kinder und Familie für die Gesellschaft haben, stärker herausstellen	48%
Die steuerlichen Vorteile (Ehegattensplitting) für kinderlose Ehepaare abschaffen und dafür für Paare mit Kindern ein Familiensplitting einführen	35%
Kinderlosen die Rente kürzen	15%

c) Generationengerechtigkeit

Frage: „Hier finden Sie nun einige Vorschläge, was der Staat tun könnte, um die Generationengerechtigkeit in Deutschland zu verbessern. Sind unter diesen Vorschlägen welche, die Sie für besonders wichtig halten?" (Vorlage einer Liste, Mehrfachnennungen möglich)

Das finde ich besonders wichtig	Bevölkerung insgesamt
Die sozialen Sicherungssysteme, also Gesundheitswesen, Rentenversicherung usw., so reformieren, dass sie langfristig sicher sind	82%
Die Bürger beim Aufbau einer privaten Altersvorsorge finanziell unterstützen	68%
Mehr Geld für Bildung und Ausbildung ausgeben	68%
Familien mit Kindern stärker unterstützen	64%
Die Staatsverschuldung abbauen	53%
Darauf achten, dass die Umwelt geschützt wird und natürliche Rohstoffe wie Öl, Kohle und Gas geschont werden	49%
Mehr Geld für die Pflege alter Menschen ausgeben	44%
Die jüngere Generation finanziell stärker entlasten, z. B. durch Steuererleichterungen und Beitragssenkungen	39%
Den jetzigen Rentnern weniger Rente zahlen	4%

d) Leistungsgerechtigkeit

Frage: „Auf dieser Liste hier finden Sie einige Vorschläge, was der Staat tun könnte, um die Leistungsgerechtigkeit in Deutschland zu verbessern. Sind unter diesen Vorschlägen welche, die Sie für besonders wichtig halten?" (Vorlage einer Liste, Mehrfachnennungen möglich)

Das finde ich besonders wichtig	Bevölkerung insgesamt
Wer arbeitet, sollte spürbar mehr verdienen als derjenige, der von staatlicher Unterstützung lebt	75%
Gleiche Bezahlung für die gleiche Leistung durchsetzen	68%
Ein Mindesteinkommen für Arbeitnehmer sicherstellen, z. B. durch gesetzliche Mindestlöhne oder durch staatliche Lohnzuschüsse (z. B. Kombilohn)	66%
Die Bezahlung auch im öffentlichen Dienst stärker an der Leistung orientieren	58%
Empfänger von Sozialhilfe und Arbeitslosengeld II verpflichten, eine Gegenleistung zu bringen, z. B. gemeinnützige Arbeiten in den Kommunen	57%
Zuschläge für Überstunden geringer besteuern	49%
Die Beteiligung der Arbeitnehmer am Unternehmen stärker fördern (Gewinn- und Kapitalbeteiligung, Investivlohn usw.)	48%
Die Steuern für Besserverdienende senken	8%

Nach: Robert B. Vehrkamp/Andreas Kleinsteuber: Soziale Gerechtigkeit 2007, Gütersloh (Bertelsmann-Stiftung) 2007, S. 12 ff.

M 12 Gerechtes Glück?

Durch Sozialpolitik werden Kapitalismus und Demokratie versöhnt. Das war die Hoffnung des Reichskanzlers Fürst Otto von Bismarck, als er in den 80er-Jahren des 19. Jahrhunderts die Grundsteine des deutschen Sozialstaats setzte. Dass der (*konservative*) Bismarck der Demokratie nicht traute, belegt das „Sozialistengesetz", mit dem er zuvor (1878) die Sozialdemokratie in den Untergrund verbannte. Von Anfang an galt so die Sozialpolitik als ambivalent. Für die einen kam sie den Arbeitern und Armen zu sehr entgegen, indem sie Existenzchancen neben dem kapitalistischen (Arbeits-)Markt sicherte. Die anderen sahen in ihr nur ein Instrument der Herrschenden, das vom eigentlichen Ziel einer sozialistischen oder kommunistischen Revolution ablenkt.

Am Anfang des 21. Jahrhunderts scheint diese Kontroverse überwunden. Sozialismus und Kommunismus gelten nur wenigen als Alternative zum Kapitalismus. Der Sozialstaat wiederum hat den Kapitalismus zumindest gezähmt: Mehr als 40 Prozent der Bürger in Deutschland leben wohl überwiegend von sozialstaatlich verteilten Einkommen. Annähernd ein Drittel des deutschen Bruttoinlandsprodukts wird durch den Sozialstaat verwaltet, in anderen entwickelten Industriegesellschaften teils mehr. Kein moderner Staat kann auf Sozialpolitik verzichten.

Das hat mehrere Gründe. Auf den ersten Blick erzwingt der durch die kapitalistische Marktvergesellschaftung herbeigeführte soziale Wandel die Sozialpolitik. Wo jene Erfolg hat, werden traditionelle Familienverbände und damit gemeinschaftliche Formen des Risikoschutzes bei Armut, Krankheit und Alter aufgelöst. Der Sozialhistoriker Karl Polanyi (1886–1964) bezeichnete diesen Prozess als „Great Transformation". Der Soziologe Ferdinand Tönnies (1855–1936) beobachtete die Entwicklung von „Gemeinschaft" zur „Gesellschaft". Eine modernisierungstheoretische Deutung unterschätzt jedoch leicht einen weiteren, im Kern kulturellen Wandel. Modernisierung bedeutet mehr als neue funktionale Zwänge. Mit der Auflösung traditioneller Gemeinschaften wurde die feudalistische Ordnung auch deshalb gestürzt, weil eine „bürgerliche Gesellschaft" (Hegel) entstand, die die Selbstbestimmung der Bürger einforderte, die Demokratie. Der Kapitalismus drohte zu einer neuen Form des Feudalismus zu werden, zu einer Oligarchie der Reichen. Der Arbeitsmarkt ließ den von ihren Subsistenzmitteln enteigneten Bauern und Handwerkern kaum Freiheit. Dagegen kämpften soziale Bewegungen, Gewerkschaften, Sozialisten, Feministinnen und bürgerliche Demokraten. Die Sozialpolitik wurde zu einem ihrer zentralen Kampfplätze. Das ist sie bis heute geblieben.

Neben den sozialen Wandel und die Demokratie trat eine dritte Kraft, die für die Sozialpolitik wichtig wurde: die Wissenschaft und die durch sie entwickelte Technologie. Am deutlichsten wird dies im Gesundheits- und im Bildungswesen. Beide Bereiche sind im modernen Sozialstaat zentral und teuer. Ihre dramatische Expansion lässt sich mit sozialem Wandel allein nicht erklären, eher noch mit der Demokratie, die für alle Bürger Zugang zu Gesundheit und Bildung einklagt. (...)

Sozialpolitik dient der Vermehrung des Glücks aller. Für Thomas Jefferson, den Autor der amerikanischen Unabhängigkeitserklärung vom 4. Juli 1776, stellte das Glücksstreben („pursuit of happiness") neben Leben und Freiheit eines der drei unveräußerbaren, von Gott gegebenen Rechte dar.

Michael Opielka: Sozialpolitik. Grundlagen und vergleichende Perspektiven, 2. Aufl. Reinbek (Rowohlt) 2008, S. 7 ff.

1 Führen Sie eine Umfrage zur Sozialpolitik durch, in der Sie die Einstellung von Bevölkerungsteilen zu folgenden Fragen untersuchen:
- Wer soll dafür sorgen, dass es eine ausreichende gesundheitliche Versorgung gibt?
- Wer soll für eine ausreichende Absicherung bei Arbeitsunfähigkeit sorgen?
- Wer soll dafür sorgen, dass Pflegebedürftige ihre Versorgung erhalten?
- Wer soll für Bildung und Ausbildung der Kinder und Jugendlichen sorgen?
- Wer soll Freizeiteinrichtungen für Jugendliche vorhalten? usw.

Die Antwortmöglichkeiten müssen umfassen: den Staat (Bund, Länder, Kommunen), Sozialversicherungsträger, die Einzelnen, die Familienangehörigen.

2 Stellen Sie die Erwartungen an die Sozialpolitik anschaulich zusammen.

3 Beurteilen Sie die Möglichkeit für Sozialpolitik, den Erwartungen an sie zu entsprechen, indem Sie die Handlungsfelder der Sozialpolitik entsprechend zuordnen.

M 13 Die Entstehung von Sozialstaatlichkeit

Zentraler Ausgangspunkt bei der Ausweitung der staatlichen Verantwortung und Regulierung war aber nicht das Streben nach Gerechtigkeit, sondern die Suche nach einer Antwort auf die „soziale Frage" des Industrialisierungsprozesses, also die neu entstandenen Risikolagen und der damit verbundene soziale Sprengstoff. Bismarcks Sozialreformen im ausgehenden 19. Jahrhundert lassen sich beispielsweise als „defensive Modernisierung" begreifen, bei der es darum ging, die soziale Frage zu entschärfen und die Bindungen der Arbeiterschaft an den Staat zu vergrößern. Zunächst ging es weniger um einen „Wohlfahrtsstaat für alle", sondern um soziale Sicherung für Arbeitnehmer in den produktiven Kernsektoren. Die Gruppe der Industriearbeiter war in ihrer wirtschaftlichen und sozialen Existenz der neuzeitlichen industriellen Entwicklung besonders schutzlos ausgeliefert. Zugleich zeigte sich, dass viele Risiken im Umgang mit Maschinen nicht auf individuelles Versagen zurückzuführen waren, sondern dass es sich um kollektive Risiken handelte, deren Bearbeitung letztlich auch nur kollektiv gelingen konnte. So überrascht es nicht, dass in vielen Ländern die Unfallversicherung als Erstes eingeführt wurde, da es darum ging, den Gefährdungen von Leben und Gesundheit, die durch die maschinelle Produktion entstanden, wirksam zu begegnen. Dies geschah parallel zu anderen regulativen Maßnahmen des Staates wie Arbeitsschutz und Gewerbeaufsicht. Erst später kamen weitere Sozialversicherungszweige hinzu, so Kranken-, Invaliditäts- und Rentenversicherung.

Waren die ersten beiden noch unmittelbar mit den Risiken des Produktionsprozesses verbunden, ging die Rentenversicherung darüber hinaus und half den Arbeitnehmern, Vorsorge zu treffen. Erst relativ spät (1927) wurde die Arbeitslosenversicherung eingeführt. Damit wurde bezweckt, die Risiken wirtschaftlicher Wechsellagen wie Konjunkturschwankungen, welche für den Arbeitnehmer die Gefahr des Verlustes der Arbeitsstelle und damit die Arbeitslosigkeit bedeuteten, durch eine Sozialversicherung aufzufangen.

Diese Abfolge der Einführung der Sozialversicherungen ist in fast allen (west-)europäischen Ländern zu finden, allerdings zu unterschiedlichen Zeitpunkten. Waren zunächst nur bestimmte Berufe und Arbeitnehmergruppen in die Sozialversicherungen eingeschlossen, kam es später zu einer sukzessiven Erweiterung und Einbeziehung weiterer, zum Teil sogar aller Teile der Bevölkerung. In einigen Systemen, so dem deutschen, blieb die Trennung zwischen Arbeiterpolitik und Armenpolitik allerdings über lange Zeit konstitutiv. Andere Systeme mit einer starken Tradition der Armenfürsorge hingegen zogen keine so starke Trennungslinie zwischen der Sozialversicherung und der staatlichen Sicherung eines Existenzminimums. (...)

Die Entstehung des Wohlfahrtsstaates wird oft als Teilaspekt eines umfassenden Modernisierungsprozesses angesehen: Der Funktionalismus (s. S. 58) begreift den Wohlfahrtsstaat als Antwort auf den wachsenden sozioökonomischen Druck, dem sich alle modernisierenden Gesellschaften aufgrund von Urbanisierung, Bevölkerungswachstum und sozioökonomischer Entwicklung ausgesetzt sahen. Die politisierte Variante dieser These hebt hervor, dass Modernisierung ein multidimensionaler gesellschaftlicher Prozess ist, mit einer Gleichzeitigkeit von ökonomischem Wachstum, sozialer und politischer Mobilisierung, Demokratisierung und staatlicher Bürokratisierung. Folge dieser Transformation sozialer Ordnung ist auch die zunehmende sozialpolitische Intervention und Regulierung. Vertreter des Machtressourcen-Ansatzes üben an den genannten Theorien Kritik und unterstreichen die Rolle von Konflikt und Klassenauseinandersetzungen als Motor für die Entwicklung des Wohlfahrtsstaates. Sie sehen den wachsenden politischen Einfluss von linken Parteien und Gewerkschaften als treibende Kraft der Expansion von Wohlfahrtsstaaten. Die beträchtlichen Unterschiede hinsichtlich des Umfangs wohlfahrtsstaatlicher Leistungen werden mit der unterschiedlichen Stärke der Organisationen der Arbeiterklasse (sozialdemokratische Parteien, Gewerkschaften) begründet. Interessant, dass es zwar eine „Wahlverwandtschaft" zwischen Massendemokratien und Wohlfahrtsstaatlichkeit gab, aber auch autoritäre und faschistische Systeme auf sozialpolitische Maßnahmen zurückgriffen. Auch die staatssozialistischen Länder nutzten Sozialpolitik, um ihre Bevölkerung zu binden. Hier übernimmt der Staat in paternalistischer Absicht umfassende sozialpolitische Aufgaben weit über den Bereich der sozialen Absicherung hinaus, so in der Familienpolitik oder im Wohnungsbau.

Steffen Mau/Roland Verwiebe: Die Sozialstruktur Europas, Konstanz (UVK) 2009, S. 45 ff.

M14 Eigenarten des „europäischen Sozialmodells"

Wenn wir heute von einem europäischen Sozialmodell sprechen, dann ist nicht nur gemeint, dass der Sozialstaat eine europäische Erfindung ist, sondern auch, dass er in Europa eine spezifische Form angenommen hat (s. M 15). Trotz größerer Unterschiede in der öffentlichen Sicherung gibt es grundsätzliche Ähnlichkeiten zwischen den einzelnen europäischen Sozialstaaten. Die spezifische Form zeichnet sich durch die umfassende Daseinsvorsorge, die Institution der Pflichtversicherung für eine Reihe von zentralen Lebensrisiken, die Einbeziehung aller Bürger, die kollektive Finanzierung, die Institutionalisierung der Beziehungen zwischen den Sozialpartnern und Ideen ausgleichender Gerechtigkeit und Solidarität aus. Diese Eigenheiten zeigen sich im Unterschied beispielsweise zu den USA und vielen Ländern der außereuropäischen Welt, in denen bis heute keine allgemeine staatliche Krankenversicherung besteht und die Mittelschichten weit weniger in die wohlfahrtsstaatlichen Leistungssysteme einbezogen sind. Auch liegen die Sozialausgaben in den europäischen Ländern auf vergleichsweise hohem Niveau, sieht man einmal von einigen kleineren und ärmeren europäischen Ländern ab.

Steffen Mau/Roland Verwiebe: Die Sozialstruktur Europas, Konstanz (UVK) 2009, S S. 48 f.

Soziales Elend – Motor für Sozialreformen. Spielende Kinder in Berlin, um 1900

M15 Merkmale des europäischen Sozialmodells

Verantwortung des Staates	Bereitstellung öffentlicher Güter, umfassende Risikovorsorge
Umverteilung	Steuerpolitische und wohlfahrtsstaatliche Maßnahmen zur Verringerung von Einkommensungleichheiten; Korrektur von Marktergebnissen
Abgesicherte Risiken	Wichtigste Bereiche der Risikoabsicherung: Alter, Krankheit, Invalidität, Arbeitslosigkeit, deutlich später in einigen Ländern; Pflege, Pflichtversicherungen
Arbeitsbeziehungen	Umfangreicher Bestand an kodifiziertem Arbeitsrecht, starke Interessenverbände; geregelte Verhandlungsprozesse zur Beilegung sozialer Konflikte
Reichweite/Inklusion	Einbeziehung aller Bürger, breites Konzept der Mindestversorgung für jeden Bürger mit einklagbarem Anspruch auf staatliche Leistungen
Finanzierung	Kollektive Finanzierung durch Steuermittel oder Beiträge zu den Sozialversicherungen
Rolle verschiedener Wohlfahrtsproduzenten	Staatliche Institutionen zentral, nichtstaatliche Formen der sozialen Sicherung (Nachbarschaft, Region, Familie, religiöse Gemeinschaften) nachgeordnet oder ergänzend
Wertebasis/normativer Maßstab	Ausgleichende Gerechtigkeit, gesellschaftliche Teilhabe, Solidarität

Nach: Steffen Mau/Roland Verwiebe: Die Sozialstruktur Europas, Konstanz (UVK) 2009, S. 48 f.

Wie soll Sozialpolitik umgesetzt werden? – Struktur der Sozialpolitik

Mittlerweile gibt es in der Bevölkerung gegenüber der Sozialpolitik eine gewisse Anspruchshaltung, die die Sozialsysteme zu überfordern droht. Deshalb ist es notwendig, Anspruch und Leistungsfähigkeit der Sozialpolitik im Gleichgewicht zu halten. Dabei erscheint es problematisch, noch mehr Sozialleistungen bei gleichzeitiger Steuerminderung zu bekommen. Weil sich in diesem Zusammenhang auch ständig die Frage der Gerechtigkeit stellt, ist es notwendig, Grundsätze aufzustellen, die für alle transparent einsichtig sind.

M 16 Staatliches Eingreifen – eine Umfrage

Frage: „Was meinen Sie, wie erreicht man am ehesten soziale Gerechtigkeit in Deutschland: Indem der Staat stärker als bisher eingreift, also z. B. durch mehr Umverteilung, oder indem der Staat weniger eingreift, oder indem man nichts ändert?"

Um soziale Gerechtigkeit in Deutschland zu erreichen, müsste der Staat ... (Anteile in Prozent)

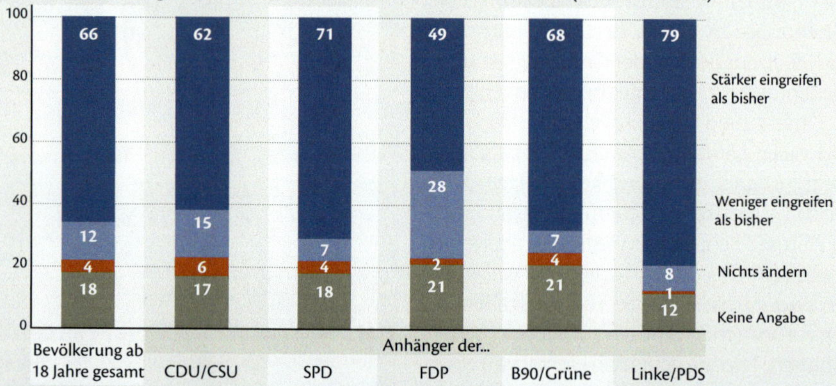

Nach: Steffen Mau/Roland Verwiebe: Die Sozialstruktur Europas, Konstanz (UVK) 2009, S. 21, 23

M 17 Sind die Steuern zu hoch? Eine Umfrage

Frage: „Wenn Sie einmal an die Höhe aller Steuern und Abgaben in Deutschland denken: Halten Sie die Steuern und Abgaben ganz allgemein für zu hoch, zu niedrig oder für angemessen?"

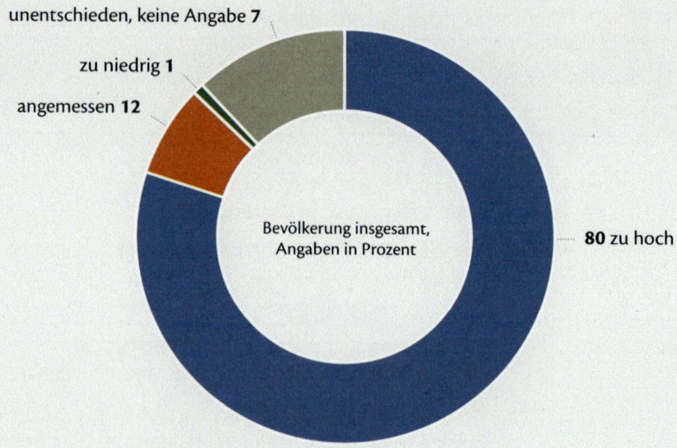

Nach: Steffen Mau/Roland Verwiebe: Die Sozialstruktur Europas, Konstanz (UVK) 2009, S. 21, 23

M 18 Strukturprinzipien der Sozialpolitik in Deutschland

Der Blick auf das breite Spektrum der Sozialpolitik lässt erkennen, dass keineswegs von einem sorgfältig geplanten, in seinen einzelnen Elementen und Wirkungen aufeinander abgestimmten System sozialpolitischer Institutionen, Maßnahmen und Leistungen die Rede sein kann. Das unübersichtliche, teilweise in sich widersprüchliche Gebäude der Sozialpolitik ist – um im Bild zu bleiben – im Laufe der historischen Entwicklung vielfach erweitert und nach Teileinstürzen wiederaufgebaut worden.

Diese Unübersichtlichkeit ist nicht zuletzt eine Konsequenz der bereits erwähnten Tatsache, dass sich dieser Auf- und Ausbau-, aber auch Umbau- und Abbauprozess nicht planmäßig entwickelt hat, sondern aus einer langen Kette sozialer Auseinandersetzungen und Konflikte resultiert mit der Folge einer Vielfalt von Trägern, Rechtsgrundlagen, Finanzierungsverfahren, Leistungsarten und -voraussetzungen.

Allerdings lassen sich einige grundlegende Strukturen und Prinzipien erkennen:

- Es dominiert die beitragsfinanzierte Sozialversicherung, die keine universelle Volks- oder Bürgerversicherung ist, sondern sich auf die abhängig Beschäftigten („Lohnarbeitszentrierung") konzentriert. Sie lässt sich als eine spezifische Verbindung von Versicherungsprinzip und Solidarprinzip charakterisieren. Das *Solidarprinzip* mit entsprechenden interpersonellen Umverteilungswirkungen kommt insbesondere in der Gesetzlichen Krankenversicherung zum Ausdruck. Jedoch begrenzt sich die Solidarität, also das Füreinandereinstehen im Falle von sozialen Problemen, auf die jeweilige Versichertengemeinschaft. Für die Besserverdienenden besteht die Option, sich dem Solidarverbund durch Wechsel in eine private Krankenversicherung zu entziehen.
- Die Lohnarbeitszentrierung wird ergänzt durch die *Ehezentrierung* der Sozialversicherung: Nicht oder nur geringfügig erwerbstätige Ehepartner werden abgeleitet über ihren erwerbstätigen Ehepartner abgesichert, durch die Hinterbliebenenrente oder durch die kostenfreie Mitversicherung in der Krankenversicherung. Dadurch setzt die Sozialpolitik in Deutschland – verstärkt durch das Steuerrecht und die unzureichenden Angebote im Bereich der öffentlichen Kinderbetreuung – Anreize für Frauen, ihre Erwerbstätigkeit einzuschränken oder für eine längere Zeit ganz aufzugeben.
- Die Träger der Sozialversicherung sind keine staatlichen Einrichtungen, sondern rechtlich selbstständige Körperschaften des öffentlichen Rechts mit eigenen Haushalten. Verwaltet werden sie durch die *Selbstverwaltung* von Versicherten und Arbeitgebern, die hälftig auch die Beiträge entrichten. *Selbstverwaltungs- und Paritätsprinzip* legen die Grundlage für den *korporatistischen* Charakter zentraler Bereiche der deutschen Sozialpolitik.
- Das *Sicherungsziel* der Geldleistungen der Sozialversicherung bezieht sich seit der Rentenreform von 1957 auf die auf den Erwerbsstatus bezogene *Lebensstandardsicherung*. Die Armutsvermeidung der Bevölkerung ist kein explizites Ziel der Sozialversicherung, sondern Aufgabe der fürsorgerechtlichen Sozialhilfe bzw. der Grundsicherung. Hier gilt das *Subsidiaritätsprinzip*. Geleistet wird erst bei Bedürftigkeit und im Nachrang zu familiären Unterhaltsleistungen.
- Das Subsidiaritätsprinzip prägt im Sinne einer institutionellen Rangordnung auch die Angebote an sozialen Diensten und Einrichtungen auf der kommunalen Ebene. Es kommt zu einem *Vorrang* der Wohlfahrtsverbände, Kirchen und anderer privater Träger gegenüber den Kommunen, die erst nachrangig tätig werden, denen aber der Gewährleistungs- und Finanzierungsauftrag zukommt.

Gerhard Bäcker u. a.: Sozialpolitik und soziale Lage in Deutschland, Band 1, 5. Aufl. Wiesbaden (VS) 2010, S. 65 ff.

Die **Rentenreform von 1957** war eine der wichtigsten Systemveränderungen in der Geschichte der Rente. Der Bundestag stimmte dem Reformwerk mit großer Mehrheit zu. Die wichtigsten Inhalte waren:
- Gleichstellung von Arbeitern und Angestellten in der Rentenversicherung.
- Einführung des Umlageverfahrens: Die gegenwärtig Beschäftigten zahlen für die jetzigen Rentner in der Erwartung, dass die nachfolgende Generation das Gleiche tut („Generationenvertrag").
- „Dynamisierung" der Rente: Anpassung der Rente an die allgemeine Einkommensentwicklung, Orientierung an der Bruttolohnentwicklung. Die Rente wurde damit erstmals tatsächlicher Lohnersatz

1 Vergleichen Sie die Bereitschaft der Bürgerinnen und Bürger, den Staat zu unterstützen, mit der Anspruchshaltung gegenüber dem Staat in sozialpolitischen Fragen.

2 Beurteilen Sie den festgestellten Zusammenhang.

3 Erstellen Sie ein Lernplakat mit den Strukturprinzipien der Sozialpolitik.

4 Nehmen Sie erste Zuordnungen der Regelung von sozialstaatlichen Handlungsfeldern vor.

Wer profitiert von der Sozialpolitik?

Ist Sozialpolitik (nur) für die Armen da? Offensichtlich reicht sie in allen großen Industriestaaten viel weiter. Wer genau aber profitiert von sozialpolitischen Maßnahmen? Wie weit reicht Sozialpolitik in die Gesellschaft hinein?

M19 Einkommen, Einnahmen und Ausgaben privater Haushalte nach dem monatlichen Haushaltsnettoeinkommen 2009

Einkommen/Einnahmen/ Ausgaben	Haushalte insgesamt[1]	Davon nach dem monatlichen Haushaltsnettoeinkommen von ... bis unter ... EUR				
		unter 1300	1300–2600	2600–3600	3600–5000	5000–18 000
Hochgerechnete Haushalte (1000)	36 701	6902	12 053	6873	5733	5139
Durchschnitt je Haushalt und Monat in EUR						
Haushaltsbruttoeinkommen	3871	1021	2382	3903	5559	9269
Bruttoeinkommen aus unselbstständiger Arbeit	2381	276	1181	2315	3728	6611
Bruttoeinkommen aus selbstständiger Arbeit	19	/	/	−11	−25	80
Einnahmen aus Vermögen	385	-44	183	424	671	1062
Einkommen aus öffentlichen Transferzahlungen	884	719	885	965	898	983
Einkommen aus nichtöffentlichen Transferzahlungen und Einnahmen aus Untervermietung	202	68	128	189	237	533
abzüglich:						
Einkommen-, Kirchensteuer und Solidaritätszuschlag	398	16	147	317	586	1397
Pflichtbeiträge zur Sozialversicherung[2]	519	105	312	540	791	1226
Haushaltsnettoeinkommen	2988	901	1926	3063	4224	6804
zuzüglich:						
Einnahmen aus dem Verkauf von Waren und sonstige Einnahmen	63	14	38	60	101	153
Ausgabefähige Einkommen und Einnahmen	3052	915	1964	3122	4326	6956
Private Konsumausgaben	2252	967	1678	2386	3090	4209
Andere Ausgaben	1563	297	773	1575	2211	4378

1 Ohne Haushalte von Selbstständigen und Landwirten/Landwirtinnen und ohne Haushalte mit einem monatlichen Haushaltsnettoeinkommen von 18 000 EUR und mehr.
2 Seit dem 1.1.2009 einschließlich Beiträgen zur privaten Krankenversicherung und freiwilligen Beiträgen zur gesetzlichen Krankenversicherung.
/ = Keine Angaben, da Zahlenwert nicht sicher genug.
Statistisches Bundesamt: Laufende Wirtschaftsrechnung, https://www.destatis.de (Zugriff: 19.5.2013)

M20 Sozialpolitik als Risikoabwehr

Sozialpolitik reagiert auf soziale Risiken und Probleme. Diese betreffen im Verlauf des Lebens jeden Menschen. In modernen, hoch differenzierten und arbeitsteiligen Gesellschaften sind jedoch die Möglichkeiten begrenzt, die Probleme aus eigener Kraft zu lösen. Weder die Unterstützung durch Familie und soziale Netzwerke noch die private Vorsorge durch Sparen oder Abschluss von Versicherungsverträgen reichen zur Problemlösung aus. Je nach Art, Schwere, Dringlichkeit und Dauer der Probleme sind deshalb Maßnahmen der Sozialpolitik erforderlich. Nur mit ihnen lässt sich vermeiden, dass beispielsweise Krankheit, Pflegebedürftigkeit, Arbeitslosigkeit, Invalidität oder familiäre Krisen bis hin zur Armut und zur gesellschaftlichen Ausgrenzung führen.

Sozialpolitik lässt sich dabei wie folgt definieren: Es handelt sich um all jene Maßnahmen, Leistungen und Dienste, die darauf abzielen,

- dem Entstehen sozialer Risiken und Probleme vorzubeugen,
- die Voraussetzungen dafür zu schaffen, dass die Bürgerinnen und Bürger befähigt werden, soziale Probleme zu bewältigen,
- die Wirkungen sozialer Probleme auszugleichen und
- die Lebenslage einzelner Personen oder Personengruppen zu sichern und zu verbessern.

In Deutschland, wie auch in allen anderen Ländern mit einer ausgebauten Sozialpolitik, nimmt nahezu die gesamte Bevölkerung Leistungen der Sozialpolitik in Anspruch: So ist der weit überwiegende Teil der Bürgerinnen und Bürger durch die Gesetzliche Krankenversicherung und die Gesetzliche Rentenversicherung abgesichert. Viele Menschen sind auf Leistungen der Grundsicherung angewiesen oder beziehen Sozialtransfers wie Wohngeld oder Kindergeld. Hinzu kommen soziale Dienste und Einrichtungen als unverzichtbarer Teil der Daseinsvorsorge. Die Maßnahmen, Leistungen und Einrichtungen der Sozialpolitik beeinflussen damit sehr nachhaltig die Lebenslage der Bürgerinnen und Bürger. Zugleich haben sie eine große volkswirtschaftliche Bedeutung: Zusammen genommen machen sie in ihren finanziellen Dimensionen etwa ein Drittel des Sozialproduktes aus. (...)

Die Bandbreite sozialer Risiken und Probleme, die Anlass für sozialpolitisches Handeln geben, ist groß: Arbeitslosigkeit, Krankheit und Pflegebedürftigkeit, Einkommensverlust, Armut, soziale Ausgrenzung, Behinderung – damit sind nur einige Beispiele benannt. Eine Vielzahl dieser Risiken und Probleme lässt sich auf die Grundstruktur der Marktökonomie zurückführen. Dies gilt insbesondere in Bezug auf den Arbeitsmarkt, die Arbeitsbedingungen und die so genannten Standardrisiken des Erwerbslebens wie Arbeitslosigkeit, Arbeitsunfall, Invalidität, die sich für abhängig Beschäftigte existenzgefährdend auswirken und als Arbeitnehmerrisiken bezeichnen werden können.

Diese mit dem Übergang von der Agrar- zur Industriegesellschaft und den sozialen Folgewirkungen der kapitalistischen Ökonomie verknüpften Arbeitnehmerrisiken haben historisch den Ausgangspunkt für die Herausbildung und Entwicklung der Sozialpolitik gesetzt. Zugleich ist die Notwendigkeit staatlicher Sozialpolitik aus dem mit dem Umbruch von Wirtschaft und Gesellschaft verbundenen Bedeutungsverlust traditioneller Unterstützungssysteme erwachsen, so insbesondere der Familie und kirchlich-karitativer Hilfen. Entstehungszusammenhang und Verlauf der Sozialpolitik zeigen auf, dass die veränderten Arbeits- und Lebensformen und der fortlaufende demografische Umbruch einen Ausgleich der Sicherungslücken durch den Staat erfordern. Der Markt ist hierzu allein nicht in der Lage, denn er löst aus sich heraus keine sozialen Probleme, sondern schafft und verschärft diese vielmehr. Staatliche Interventionen werden nötig, aber infolge der hohen wirtschaftlichen Leistungskraft der Marktökonomie auch finanziell erst möglich.

Neben die Arbeitnehmerrisiken treten solche Risiken und Probleme, die sich unabhängig von den Arbeits- und Beschäftigungsbedingungen ergeben, jeden Menschen betreffen können und als allgemeine Lebensrisiken zu bezeichnen sind. Dies gilt, um ein Beispiel zu nennen, für das Risiko Krankheit. Auch wenn gesundheitliche Beeinträchtigungen und Erkrankungen in vielen Fällen eine Folge belastender Arbeitsbedingungen sind, ist damit über die Ursachen der Erkrankungen insgesamt, insbesondere bei dem großen Teil der nicht erwerbstätigen Bevölkerung, wenig ausgesagt.

Gerhard Bäcker u. a.: Sozialpolitik und soziale Lage in Deutschland, Band1, 5. Aufl. Wiesbaden (VS) 2010, S. 43 f.

1 Analysieren Sie die Materialien im Hinblick auf die Frage, welche Bevölkerungsteile von Sozialpolitik profitieren.

2 Erstellen Sie Thesen über das Maß an Gewinn, den die einzelnen Bevölkerungsteile aus der Sozialpolitik beziehen.

Wie tief geht das? – Sozialpolitik als staatlicher Eingriff

Die Bevölkerung in Westeuropa wünscht eine starke Sozialpolitik, was wichtige Eingriffe des Staates in Gesellschaft und Wirtschaft zur Folge hat. Dies ist nicht unumstritten, wie unter anderem die Kontroverse in den USA über die staatliche Krankenversicherung zeigt.

Die **Sozialleistungsquote** gibt an, welcher Anteil am Bruttoinlandsprodukt für soziale Zwecke verwendet wird

M 21 Sozialleistungsquote in Deutschland 1991–2010

Sozialleistungen in Prozent des nominalen BIP

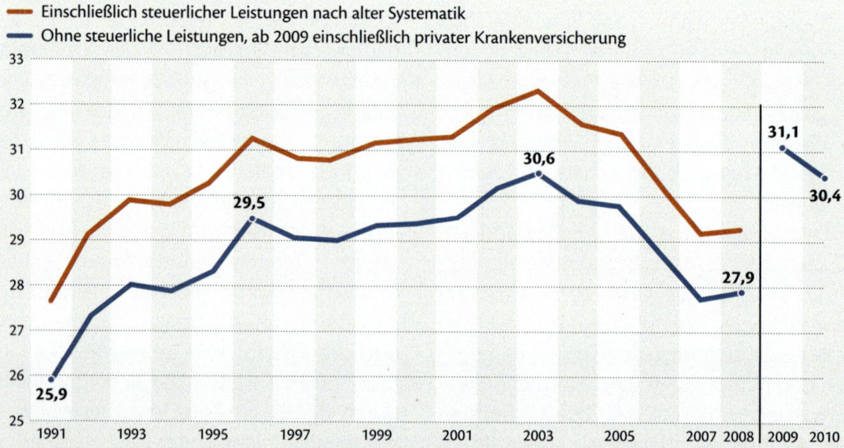

Nach: Bundesministerium für Arbeit und Soziales: Sozialbudget 2010, Bonn 2011, S. 6

M 22 Gesamtausgaben für den Sozialschutz

2008 (in Klammern: 2003) in Prozent vom BIP (zu jeweiligen Preisen)

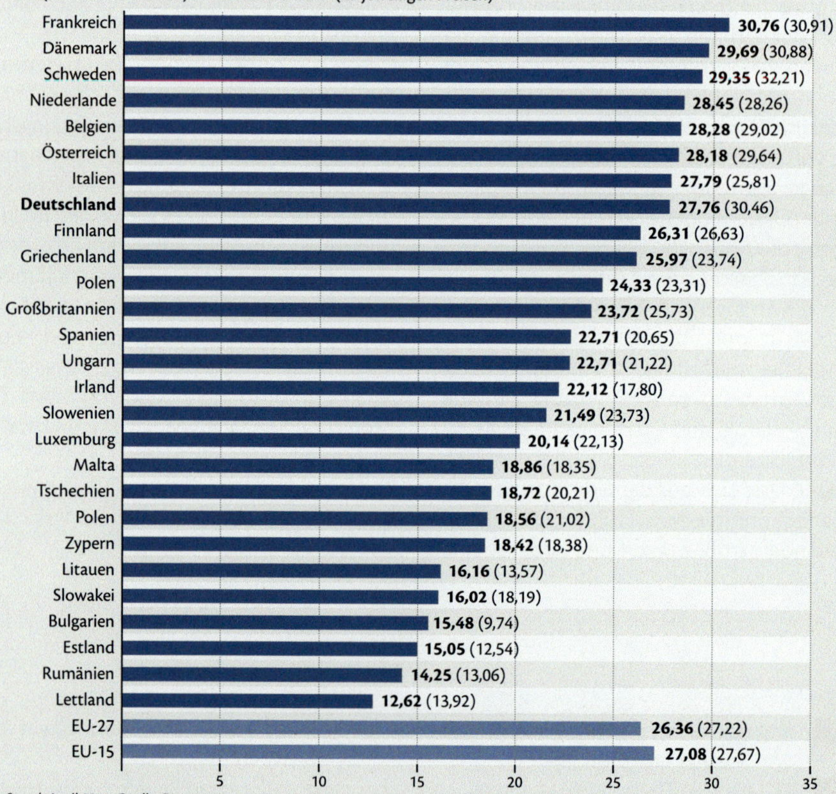

Stand: April 2011, Quelle: Eurostat

M23 Eingriffsformen und Auswirkungen sozialpolitischer Interventionen auf Wirtschaft und Gesellschaft

Um das Entstehen sozialer Risiken zu verhindern, ihre Folgen auszugleichen und um Lebenslagen zu verbessern, greift Sozialpolitik in vielfältiger Weise in Wirtschaft und Gesellschaft ein und bewirkt eine politisch-staatliche Korrektur und Überformung der Marktprozesse. Drei Eingriffsformen lassen sich unterscheiden:

- *Regulative Politik:* Durch rechtliche Ge- und Verbote wird das Verhalten von Menschen, Institutionen und Unternehmen normiert und gesteuert. Die Vertragsfreiheit wird insofern sozialpolitisch beschränkt. Diese Regulierung bezieht sich insbesondere auf den Arbeitsmarkt.

Ziel ist es, soziale Risiken und Probleme, die durch den Produktionsprozess entstehen oder durch ihn verschärft werden, zu mindern und auszugleichen. (...)

- *Distributive Politik:* Die marktliche Einkommensverteilung wird durch sozialpolitische Leistungen korrigiert. Durch die Zahlung von Sozialtransfers erhalten auch jene Menschen ein Einkommen, die wegen des Eintretens sozialer Risiken, also bei Arbeitslosigkeit, Krankheit, Invalidität, Behinderung oder im Alter nicht (mehr) erwerbstätig sein können und deswegen im Prozess der Einkommensentstehung und -verteilung auf dem Arbeitsmarkt leer ausgehen. Oder aber Sozialtransfers dienen dazu, ein zu geringes Markt- oder Lohnersatzeinkommen aufzustocken. Die erforderlichen Mittel für diese nicht marktförmige Existenzsicherung müssen durch Steuer- und Beitragsabzüge von den Markteinkommen oder durch die Besteuerung des Konsums finanziert werden.

Ziel ist es, die strenge Verbindung zwischen Arbeitsmarktbeteiligung und Einkommenserzielung zu lockern und in den Wechselfällen des (Arbeits-)Lebens Einkommenssicherheit zu gewährleisten, um Einbrüche im erreichten Lebensstandard und/oder Armutslagen zu vermeiden.

- *Infrastruktur- und Dienstleistungspolitik:* In bestimmten Bedarfsfeldern werden durch Sozialpolitik Einrichtungen und Dienste bereitgestellt, die (weitgehend) kostenlos in Anspruch genommen werden können. Dies betrifft u. a. das Gesundheits- und Sozialwesen, die Bildung und Weiterbildung sowie die kommunale Daseinsvorsorge. Angebot und Nachfrage stehen hier außerhalb des marktwirtschaftlichen Prinzips ihrer Steuerung über Kosten und Profile bzw. Einkommen und Preise. Maßgebliches Kriterium für die Inanspruchnahme der Einrichtungen und Dienste ist der Bedarf. Die Finanzierung erfolgt durch den Staat. (...)

Ziel ist es, eine ausreichende, bedarfsbezogene Versorgung in jenen Bereichen sicherzustellen, die der Markt überhaupt nicht oder nicht in der gesellschaftlich erwünschten Weise abdeckt (...). Sozialpolitik hebt die Grundlagen einer marktwirtschaftlich-kapitalistischen Wirtschaftsordnung jedoch keinesfalls auf. (...)

Sozialpolitik

- schützt die Arbeitskraft gegen vorzeitigen Verschleiß (*Schutzfunktion*),
- verbessert die Beschäftigungsfähigkeit und die qualifikatorische Leistungsfähigkeit (*Beschäftigungsfunktion*),
- fördert die Leistungsbereitschaft und erhöht die Arbeitsproduktivität (*Produktivitätsfunktion*),
- federt den wirtschaftlichen Strukturwandel ab und vergrößert damit die Bereitschaft der Beschäftigten, diesen Wandel aktiv mit zu tragen, statt aus Angst vor den sozialen Folgen diesen zu blockieren, (*Innovationsfunktion*), und
- ist schließlich ein entscheidender Faktor zur Begrenzung sozialer und politischer Konflikte in der Wirtschaft, sie sichert den „sozialen Frieden" (*Legitimationsfunktion*).

Gerhard Bäcker u. a.: Sozialpolitik und soziale Lage in Deutschland, Band 1, 5. Aufl. Wiesbaden 2010 (VS), S. 47 ff.

1 Vergleichen Sie die Sozialleistungsquote Deutschlands mit der anderer Länder. Analysieren Sie die Entwicklung in Deutschland.

2 Erstellen Sie eine Übersicht über Eingriffe der Sozialpolitik in Wirtschaft und Gesellschaft.

3 Erläutern Sie das Konzept des sozialen Ausgleichs.

4 Diskutieren Sie, ob Sozialleistungen ein Hindernis für die Marktwirtschaft darstellen (**M 23**).

5 Beurteilen Sie, inwieweit das Konzept des sozialen Ausgleichs in Deutschland funktioniert und wahrscheinlich weiterhin funktionieren wird.

Wer bezahlt das? – Finanzierung der Sozialpolitik

Wie die Geschichte der Sozialpolitik in Deutschland eine eigene Geschichte hat, so hat auch die Finanzierung der sozialen Leistungen in Deutschland eine eigene Form. Die speziellen Probleme und Lösungsmöglichkeiten kann man nur verstehen, wenn man sich diese Besonderheiten verdeutlicht. Nur so wird auch verständlich, weshalb in Deutschland die Sozialpolitik zum Generationenstreit führen kann.

M24 Finanzierung der sozialen Sicherung nach Quellen und Institutionen

Sozialbudget 2011 (in Mio. Euro)	Insgesamt	Unternehmen (Kapitalgesellschaften)	Bund	Länder	Gemeinden	Sozialversicherung	Private Organisationen	Private Haushalte	Übrige Welt
Sozialbudget insgesamt	824 863	218 324	191 533	71 760	78 732	3187	12 171	249 134	23
1. Sozialversicherungssysteme	486 513	154 455	104 605	7134	6679	2039	8553	203 027	23
2. Sondersysteme	52 030	5390	5927	126	847	29	127	39 584	–
3. Systeme des öffentlichen Dienstes	59 907	2639	20 452	30 938	4970	–	656	251	
4. Arbeitgebersysteme	81 329	55426	2153	6427	7100	1119	2835	6269	
5. Entschädigungssysteme	3167	–	2499	623	45	–	–	0	
6. Förder- und Fürsorgesysteme	141 917	414	55 897	26 513	59 091	–	–	3	–

Summenbildung ohne Zahlungen der Institutionen untereinander (Beiträge des Staates).
Datenstand: Mai 2012

Sozialversicherungssysteme: Rentenversicherung, Krankenversicherung, Pflegeversicherung, Unfallversicherung, Arbeitslosenversicherung
Sondersysteme: Alterssicherung der Landwirte, Versorgungswerke, private Altersvorsorge, private Krankenversicherung, private Pflegeversicherung
Systeme des öffentlichen Dienstes: Pensionen, Familienzuschläge, Beihilfen
Arbeitgebersysteme: Entgeltfortzahlung, betriebliche Altersversorgung, Zusatzversorgung, sonstige Arbeitgeberleistungen
Entschädigungssysteme: Soziale Entschädigung, Lastenausgleich, Wiedergutmachung, sonstige Entschädigungen
Förder- und Fürsorgesysteme: Kindergeld und Familienleistungsausgleich, Erziehungsgeld/Elterngeld, Grundsicherung für Arbeitsuchende, Arbeitslosenhilfe/sonstige Arbeitsförderung, Ausbildungs- und Aufstiegsförderung, Sozialhilfe, Kinder- und Jugendhilfe, Wohngeld
Bundesministerium für Arbeit und Soziales: Sozialbudget 2011, Bonn 2012, S. 26

M25 Höhe des Sozialprodukts – einzige Quelle für die Einkommensverwendung

Die im Sozialbudget festgehaltenen Sozialausgaben beziffern sich auf nahezu 700 Mrd. Euro im Jahr. Der Sozialstaat produziert die erforderlichen Finanzmittel nicht aus sich selbst heraus, sondern greift durch Steuern und Beiträge auf die im Wirtschaftsprozess erzielten Einkommen zurück. Sozialpolitik ist immer *Einkommensumverteilungspolitik*, die eine reine Marktverteilung korrigiert:

– Diejenigen Personen und Haushalte, die in der *Primärverteilung* (Aufteilung des Volkseinkommens im Marktprozess) keine oder keine ausreichenden Einkommen beziehen, erhalten durch sozialstaatliche Umverteilung (*Sekundärverteilung*) Anteile von den Einkommen der anderen. Empfänger sind all die, die nicht (mehr) am Erwerbsprozess teilnehmen können (wie z. B. ältere Menschen, Kranke, Arbeitslose) oder deren Einkommen aufgestockt wird, weil z. B. Kinder zu unterhalten oder die Mietbelastungen zu hoch sind.
– Durch die öffentliche Bereitstellung von Einrichtungen und Diensten im Gesundheits- und Sozialwesen und der Daseins-

vorsorge können Leistungen (weitgehend) ohne direkte Bezahlung in Anspruch genommen werden. Dadurch verbessert sich die Versorgungslage der Nutzer.

- Belastet werden im Gegenzug jene, deren Einkommen durch Steuern und Beiträge vermindert werden. Belastet werden können Arbeitnehmereinkommen (Einkommen aus abhängiger Arbeit) sowie Einkommen aus Unternehmertätigkeit und Vermögen. Auch Lohnersatzleistungen sind steuerpflichtig (z. B. Renten) oder beitragspflichtig (z. B. Krankengeld).
- Durch indirekte Steuern (Mehrwertsteuer, spezielle Verbrauchsteuern wie Tabak-, Alkohol-, Mineralölsteuer usw.) werden bei der *Einkommensverwendung* aus der Wertschöpfung Ressourcen abgeleitet. Verbrauchsteuern, die in die Preise der Güter und Dienstleistungen eingehen, reduzieren die Kaufkraft der Einkommen, nicht nur die der Markteinkommen, sondern auch die der Sozialeinkommen.
- Durch die Besteuerung einzelner Lohnersatzleistungen sowie des privaten Konsums finanzieren die Sozialleistungsempfänger ihre Einkommen teilweise selbst mit. Das betrifft z. B. Familien, die über die gezahlten Verbrauchsteuern auch zur Finanzierung des Kindergelds beitragen.
- Neben den direkten müssen auch die indirekten, über Steuervergünstigungen geregelten Sozialleistungen finanziert werden. Direkte Leistungen, wie z. B. das Wohngeld, führen zu Staatsausgaben und erfordern deshalb Steuereinnahmen; indirekte Leistungen, wie z. B. steuerliche Erleichterungen für Familien, vermindern das Steueraufkommen und erfordern deshalb Steuermehreinnahmen an anderer Stelle.

Hinter der Umleitung von Geldströmen steht zugleich ein realwirtschaftlicher Prozess: Den monetären Größen entspricht immer ein realer Gegenwert, denn die Geldzahlungen nutzen den Empfängern ja nur insofern, als mit dem übertragenen Geld auf dem Markt Güter und Dienstleistungen gekauft werden können. Umverteilt werden also nicht nur Einkommen, sondern damit auch Ansprüche auf Güter und Dienstleistungen. Das Gesamtvolumen der in einer Volkswirtschaft erstellten Güter und Dienstleistungen, das in der Höhe des Sozialprodukts zum Ausdruck kommt, ist die einzige Quelle, die zur Einkommensverwendung genutzt werden kann. Es gilt die nach dem Sozialökonomen Mackenroth benannte „Mackenroth-These", dass das, was eine Gesellschaft für die Versorgung der Erwerbstätigen wie der Nichterwerbstätigen aufwendet, immer vom Sozialprodukt der laufenden Periode abgezweigt werden muss. Den Konsumansprüchen der Bevölkerung steht nichts anderes zur Verfügung als die Ergebnisse der jeweils aktuellen Produktion, die von der erwerbstätigen Bevölkerung erwirtschaftet (oder aus dem Ausland bezogen) wird. Es ist im Wesentlichen die mittlere Generation, die die Güter und Dienstleistungen produziert. Die Generation der Kinder und Jugendlichen ist in der Regel noch nicht, die ältere Generation dagegen nicht mehr in der Lage bzw. verpflichtet, sich durch Erwerbstätigkeit an der Erstellung des Sozialprodukts zu beteiligen.

Gerhard Bäcker u. a.: Sozialpolitik und soziale Lage in Deutschland, Band 1, 5. Aufl. Wiesbaden (VS) 2010, S. 114 f.

Gerhard Mackenroth (1903–1955), deutscher Soziologe und Ökonom

1 Wer finanziert die Sozialpolitik in Deutschland? Geben Sie eine differenzierte Antwort auf diese Frage, nachdem Sie die entsprechenden Materialien analysiert haben.

2 Stellen Sie die Besonderheiten der Finanzierung in Deutschland durch einen Vergleich mit den europäischen Nachbarländern heraus.

3 Analysieren Sie die Probleme, die sich der Finanzierung der Sozialpolitik insgesamt stellen.

M 26 Die Finanzierung der Sozialpolitik im Wirtschaftskreislauf

Vereinfachte Darstellung des Modells einer geschlossenen Volkswirtschaft

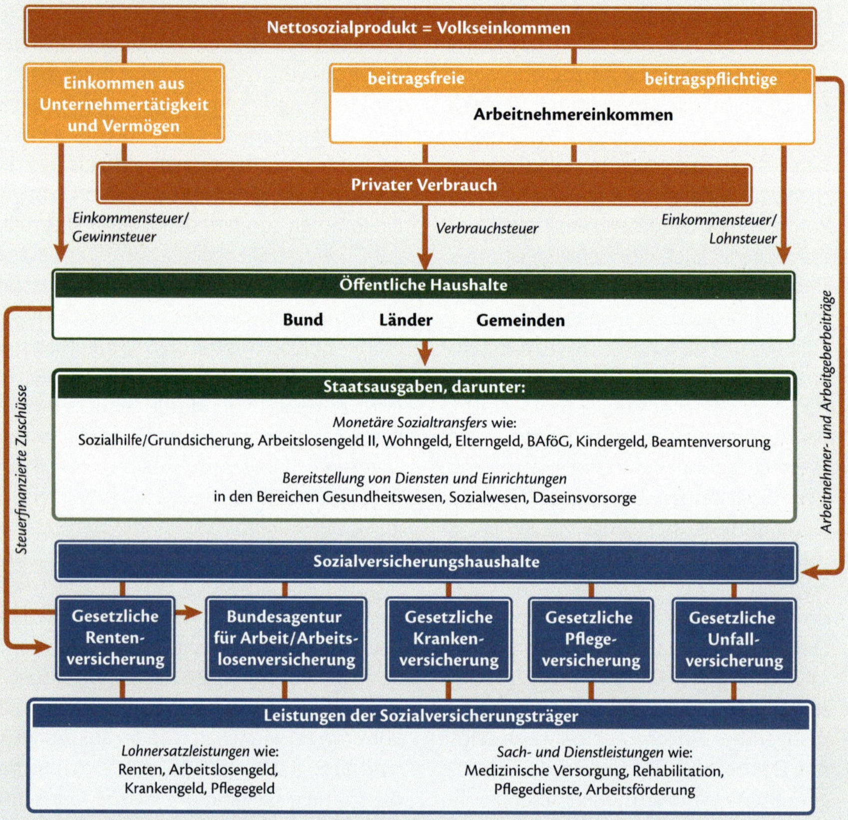

Nach: Gerhard Bäcker u. a.: Sozialpolitik und soziale Lage in Deutschland, Band 1, 5. Aufl. Wiesbaden 2010, S. 116

M 27 Sozialschutzeinnahmen nach Einnahmeart in der EU-15

in Prozent der Gesamteinnahmen 2007

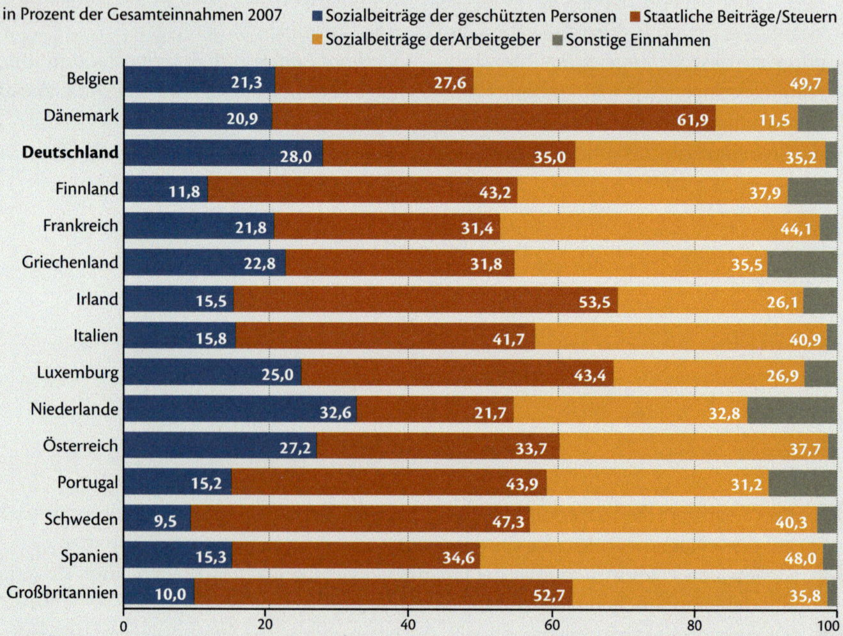

Quelle: Eurostat 2010

M 28 Auswirkungen der Weltwirtschaftskrise auf die Wohlfahrtsstaaten in der EU-27

Die Weltwirtschaftskrise wirkt sich auf die Finanzen der sozialen Sicherungssysteme im Wesentlichen über zwei Einflusskanäle aus: Einerseits steigen aufgrund der höheren Arbeitslosigkeit die Ausgaben der Sozialkassen und des Staates, andererseits sinken die Steuer- und Beitragseinnahmen des Staates und der Sozialkassen wegen eines geringeren Wirtschaftswachstums bzw. geringerer Lohnzuwachsraten. Auf diese Weise entstehen in der Regel in den öffentlichen Systemen der sozialen Sicherung Finanzierungslücken. Da die meisten europäischen Staaten zur Bekämpfung der Konjunkturkrise und zur Rettung des Finanzsektors zusätzlich größere kreditfinanzierte Rettungspakete aufgelegt haben, entstehen kumulativ größere Defizite in den öffentlichen Haushalten und in den Haushalten der Sozialkassen. Wird die Krise rasch überwunden und kehrt die Wirtschaft auf einen hohen Wachstumspfad zurück, lässt sich die krisenbedingte Verschuldung des Gesamtstaates ohne größere Schwierigkeiten beheben. Eine andere Situation ergibt sich allerdings, wenn der Wachstumspfad der Nachkrisenzeit schwächer ist als der Wachstumspfad vor der Krise. (*Es*) wurde argumentiert, dass genau dies nach dieser großen doppelten Krise der Weltwirtschaft zu erwarten ist. Bleiben die Wachstumsraten unterhalb der früheren Raten des Potenzialwachstums, und verharrt deshalb die Arbeitslosigkeit für einige Zeit auf einem höheren Sockel, geraten die öffentlichen Kassen dauerhaft in eine Schieflage. Ausgaben- und Leistungskürzungen sowie Steuer- und Beitragserhöhungen können dann rasch auf die Tagesordnung kommen.

In welcher Lage sich die öffentlichen Haushalte der EU-Staaten aufgrund der Krise befinden, hat die Kommission in einer jüngsten Mitteilung an das Europäische Parlament und den Rat dargestellt. (...) Im Ergebnis ordnet die Kommission die Staaten der EU-25 in Hinblick auf die Nachhaltigkeit der öffentlichen Finanzen in drei Risikoklassen ein: lowrisk countries (DK, EE, LV, LT, NL, AT, PL, FI und SE), medium-risk countries (BE, D, ES, FR, IE, IT, LU, MT, SK und UK) und highrisk-countries (CZ, EL, CY, HU, PT und SI). (...) Interessant ist für die hiesige Analyse der Auswirkungen der Krise auf die Wohlfahrtsstaaten in der EU (...), wie sich die Lage der Staaten 2009 im Vergleich zu 2006 darstellt. Das öffentliche Defizit der EU-Staaten ist von durchschnittlich 0,8 Prozent in Relation zum BIP im Jahre 2007 – dem besten Resultat seit dreißig Jahren – auf 6 Prozent in 2009 und voraussichtlich 7 Prozent in 2010 deutlich angestiegen. Der Schuldenquotient hat sich in den drei Jahren von 2007 bis 2010 für die EU insgesamt um mehr als 20 Prozentpunkte erhöht (...). (...)

Befanden sich 2006 neun Staaten in der low-risk-Gruppe, sind es jetzt nur noch vier (DK, EE, FI und SE), hinzugekommen ist als neuer EU-Staat Bulgarien. In der mittleren Gruppe befinden sich 2009 BE, D, FR, IT, HU, LU, AT, PL und PT. Doppelt so viele Staaten wie 2006 liegen jetzt in der high-risk-Gruppe, und zwar CZ, CY, IE, EL, ES. LV, LT, MT, NL, SL, SK, UK und als neuer Staat RO. (...)

Aus ihrer Analyse der Verschärfung der Verschuldungslage der öffentlichen Haushalte leitet die Kommission drei Forderungen ab: 1) Reduktion der Defizit- und Schuldenquoten, 2) Erhöhung der Beschäftigungsraten und 3) Reformen der sozialen Sicherungssysteme, vor allem der Pensions- und Gesundheitssysteme. (...) Es zeichnet sich damit deutlich ab, dass die EU-Staaten aufgrund der Folgen der Weltwirtschaftskrise für den Arbeitsmarkt, die Sozialkassen und die Staatshaushalte die Reformen des Wohlfahrtsstaates, die sie bereits seit mehreren Jahren in Angriff genommen haben, intensivieren werden. Leistungskürzungen und/oder Steuer- bzw. Beitragserhöhungen stehen unter Status-quo-Bedingungen vor allem in der Gruppe der highrisk-countries an, die immerhin die Hälfte der EU-Staaten umfasst. Im System der Wettbewerbsstaaten kann dieser Prozess des Abbaus des Wohlfahrtsstaates Verstärkereffekte erzeugen, denen sich dann letztlich auch die medium- und lowrisk-countries nicht entziehen können.

Klaus Busch: Weltwirtschaftskrise und Wohlfahrtsstaat, Berlin (Friedrich-Ebert-Stiftung) 2009, S. 14 f.

Kompetenzcheck

Anforderungsbereich I:

- Zeigen Sie, wie die Entstehung der Sozialpolitik mit der Arbeiterbewegung zusammenhing.
- Stellen Sie den Inhalt der Sozialpolitik dar.
- Umreißen Sie, wie stark Sozialpolitik staatliches Handeln in den westlichen Industrieländern bestimmt.
- Skizzieren Sie die Finanzierung der Sozialpolitik in Deutschland.

Anforderungsbereich II:

- Erläutern Sie den Begriff der Sozialpolitik.
- Stellen Sie die Entstehung von Sozialpolitik in Europa dar.
- Erläutern Sie, von welchen Trägern die Sozialpolitik betrieben wird. Gehen Sie dabei besonders auf die Rolle des Staates ein.
- Charakterisieren Sie unterschiedliche Arten des Wohlfahrtsstaates in Europa und ordnen Sie Deutschland ein.
- Erklären Sie, welche alternativen Lösungen zur Sozialpolitik denkbar sind.
- Erläutern Sie die Handlungsfelder der Sozialpolitik.
- Untersuchen Sie die Strukturprinzipien der Sozialpolitik.
- Zeigen Sie auf, wer Empfänger von Sozialpolitik sein kann.
- Erklären Sie die Funktionen der Sozialpolitik.
- Erläutern Sie die Finanzierungsprobleme der Sozialpolitik.

Anforderungsbereich III:

- Diskutieren Sie, inwiefern auch Bildung als Teil der Sozialpolitik verstanden werden muss.
- Nehmen Sie Stellung zur These, dass Sozialpolitik bis weit in die Mitte der Gesellschaft hinein reiche.
- Beurteilen Sie die Reichweite von Sozialpolitik in der Gesellschaft.

4 Sozial ohne Ende? – Der Sozialstaat

Die Sozialstaatsverpflichtung ist eine zentrale Zielsetzung der Bundesrepublik Deutschland. Sie ist im Grundgesetz verankert – so in Art. 20 Abs. 1, der den sozialen Bundesstaat fordert, und in Art. 28, in dem die Bundesrepublik Deutschland als „sozialer Rechtsstaat“ bezeichnet wird. Das Grundgesetz verpflichtet also die politisch Handelnden zu sozialer Gerechtigkeit. Diese lässt sich aber nicht verbindlich definieren. Ihre Ausgestaltung hängt vielmehr ab von der jeweiligen wirtschaftlichen und gesellschaftlichen Situation sowie vom jeweils herrschenden gesellschaftlichen Bewusstsein. Der Staat muss jedoch allen Bürgern das Existenzminimum sichern.

Das Sozialstaatsprinzip ist somit ein dynamisches Prinzip, das den Gesetzgeber stets aufs Neue verpflichtet, die sozialen Verhältnisse zu regeln. Die Sozialstaatsverpflichtung des Grundgesetzes bestimmt in Deutschland einen großen Bereich der Politik. Wie die soziale Sicherung und auch das öffentliche Leben insgesamt von der Sozialstaatlichkeit beeinflusst und durchdrungen ist, das müssen wir uns oft erst bewusst machen.

Sozialpolitik in Deutschland

Die Bundesrepublik Deutschland versteht sich als Sozialstaat. Wie die meisten anderen Industriestaaten hat sich Deutschland die Sozialpolitik zur besonderen Aufgabe gemacht. Welche Verpflichtungen erwachsen daraus für den Staat? Wie müssen die staatlichen Ebenen agieren, um der gesamtstaatlichen Verpflichtung gerecht zu werden?

M1 Sozialstaat im Grundgesetz

Artikel 1

(1) Die Würde des Menschen ist unantastbar. Sie zu achten und zu schützen ist Verpflichtung aller staatlichen Gewalt.

Artikel 3

(2) Männer und Frauen sind gleichberechtigt. Der Staat fördert die tatsächliche Durchsetzung der Gleichberechtigung von Frauen und Männern und wirkt auf die Beseitigung bestehender Nachteile hin.

(3) Niemand darf wegen seines Geschlechtes, seiner Abstammung, seiner Rasse, seiner Sprache, seiner Heimat und Herkunft, seines Glaubens, seiner religiösen oder politischen Anschauungen benachteiligt oder bevorzugt werden. Niemand darf wegen seiner Behinderung benachteiligt werden.

Artikel 6

(1) Ehe und Familie stehen unter dem besonderen Schutze der staatlichen Ordnung.

(2) Pflege und Erziehung der Kinder sind das natürliche Recht der Eltern und die zuvörderst ihnen obliegende Pflicht. Über ihre Betätigung wacht die staatliche Gemeinschaft.

(3) Gegen den Willen der Erziehungsberechtigten dürfen Kinder nur auf Grund eines Gesetzes von der Familie getrennt werden, wenn die Erziehungsberechtigten versagen oder wenn die Kinder aus anderen Gründen zu verwahrlosen drohen.

(4) Jede Mutter hat Anspruch auf den Schutz und die Fürsorge der Gemeinschaft.

(5) Den unehelichen Kindern sind durch die Gesetzgebung die gleichen Bedingungen für ihre leibliche und seelische Entwicklung und ihre Stellung in der Gesellschaft zu schaffen wie den ehelichen Kindern.

Artikel 9

(1) Alle Deutschen haben das Recht, Vereine und Gesellschaften zu bilden.

(3) Das Recht, zur Wahrung und Förderung der Arbeits- und Wirtschaftsbedingungen Vereinigungen zu bilden, ist für jedermann und für alle Berufe gewährleistet.

Artikel 14

(1) Das Eigentum und das Erbrecht werden gewährleistet. Inhalt und Schranken werden durch die Gesetze bestimmt.

(2) Eigentum verpflichtet.

Artikel 20

(1) Die Bundesrepublik Deutschland ist ein demokratischer und sozialer Bundesstaat.

Artikel 28

(1) Die verfassungsmäßige Ordnung in den Ländern muss den Grundsätzen des republikanischen, demokratischen und sozialen Rechtsstaates im Sinne dieses Grundgesetzes entsprechen.

Artikel 74

(1) Die konkurrierende Gesetzgebung erstreckt sich auf folgende Gebiete:

1. das bürgerliche Recht, das Strafrecht, die Gerichtsverfassung, das gerichtliche Verfahren (ohne das Recht des Untersuchungshaftvollzugs), die Rechtsanwaltschaft, das Notariat und die Rechtsberatung; (...)

7. die öffentliche Fürsorge (ohne das Heimrecht); (...)

9. die Kriegsschäden und die Wiedergutmachung; (...)

12. das Arbeitsrecht einschließlich der Betriebsverfassung, des Arbeitsschutzes und der Arbeitsvermittlung sowie die Sozialversicherung einschließlich der Arbeitslosenversicherung;

13. die Regelung der Ausbildungsbeihilfen und die Förderung der wissenschaftlichen Forschung; (...)

19a. die wirtschaftliche Sicherung der Krankenhäuser und die Regelung der Krankenhauspflegesätze. (...)

Artikel 87

(2) Als bundesunmittelbare Körperschaften des öffentlichen Rechtes werden diejenigen sozialen Versicherungsträger geführt, deren Zuständigkeitsbereich sich über das Gebiet eines Landes hinaus erstreckt. Soziale Versiche-

rungsträger, deren Zuständigkeitsbereich sich über das Gebiet eines Landes, aber nicht über mehr als drei Länder hinaus erstreckt, werden abweichend von Satz 1 als landesunmittelbare Körperschaften des öffentlichen Rechtes geführt, wenn das aufsichtsführende Land durch die beteiligten Länder bestimmt ist.

Nach: http://www.bundestag.de (Zugriff: 22.7.2013)

M2 Das Sozialstaatsprinzip

Während die Grundrechte – wenn auch nicht ausschließlich, so doch in erster Linie klassische abwehrrechtliche Funktionen haben, enthält das Sozialstaatsprinzip einen Gestaltungsauftrag. Das Sozialstaatsprinzip ist verfassungsrechtlich weniger konturiert als andere Prinzipien, wie etwa das Rechtsstaatsprinzip. Es ist in Art. 20 und 28 GG niedergelegt und kommt in der adjektivischen Formulierung des „sozialen Bundesstaates" bzw. des „sozialen Rechtsstaates" zum Ausdruck. Das Sozialstaatsprinzip ist nach ganz überwiegender Meinung nicht lediglich unverbindlicher Programmsatz, sondern gilt unmittelbar und ist verbindlich. Die textliche Unbestimmtheit der Sozialstaatsklausel wird auch nicht wie bei den übrigen Grundprinzipien dadurch aufgefangen, dass sie durch weitere Bestimmungen im Rahmen der Gesamtverfassung näher konkretisiert und ausgefüllt wird. Einen unmittelbar sozialen Bezug haben etwa die Gemeinwohlklausel des Art. 14 GG, die verschiedenen Regelungen des Art. 6 GG oder die verschiedenen Kompetenzen im Rahmen des Art. 74 GG, die dem Bund die Gesetzgebungszuständigkeit für bestimmte sozial relevante Materien – etwa Sozialversicherung (Art. 74 Abs. 1 Nr. 12, vgl. auch Art. 87 Abs. 2 GG), Sozialhilfe (Art. 74 Abs. 1 Nr. 7 GG), Arbeitsrecht und Arbeitsschutz (Art. 74 Abs. 1 Nr. 12 GG) oder Ausbildungsförderung (Art. 74 Abs. 1 Nr. 13 GG) – zuweisen. Gleichwohl lassen sich aus dem sozialen Staatsziel – seinem Charakter als Prinzip entsprechend – nicht ohne weiteres konkrete Inhalte erschließen. Auch wenn das Sozialstaatsprinzip keine subjektiven öffentliche Rechte vermittelt, sondern allenfalls im Zusammenspiel mit grundrechtlichen Gewährleistungen, so zählt es als Verfassungsnorm zur objektiven Rechtsordnung. Der Staat – das ist die Aussage des Art. 20 GG – hat sozial zu sein, ohne dass die Art und Weise der sozialen Ausgestaltung von vornherein vorgegeben wäre. In der Verpflichtung auf den Sozialstaat kommt die soziale Verantwortung zum Ausdruck, die dem Staat von der Verfassung auferlegt ist.

Wenn das Grundgesetz von einem sozialen Staat ausgeht, so ist hierin ein beständiger Auftrag enthalten, soziale Verhältnisse herzustellen, zu erhalten oder zu sichern. Das Sozialstaatsprinzip „begründet die Pflicht des Staates, für eine gerechte Sozialordnung zu sorgen" (BVerfGE 97, 169, 185). Als Ermächtigungsnorm ist das Sozialstaatsprinzip damit Gestaltungsauftrag an diejenigen Verfassungsorgane, die für die Umsetzung gesellschaftspolitischer Zielvorstellungen zuständig sind. Allerdings muss sich dieser Auftrag immer auch an dem messen lassen, was tatsächlich und finanziell möglich ist.

Christoph Gramm/Stefan Ulrich Pieper: Grundgesetz. Bürgerkommentar, Baden-Baden (Nomos) 2008, S. 83 f.

Studentenprotest gegen Studiengebühren in Hannover, 2008. Verletzt der Staat mit Studiengebühren das Sozialstaatsgebot?

M3 Die Ausgestaltung des Sozialstaatsprinzips

Das Grundgesetz verwendet an keiner Stelle die ansonsten ja allgemein gebräuchliche Wortverbindung „Sozialstaat". Das Adjektiv „sozial" tritt vielmehr nur in Verbindung mit anderen Staatsstrukturprinzipien auf. So definiert Art. 20 Abs. 1 GG die Bundesrepublik Deutschland als einen „demokratischen und sozialen Bundesstaat". (...)

Das Grundgesetz verzichtet auf eine ausdrückliche nähere Präzisierung des Begriffs „sozial". Das Grundgesetz enthält – anders als noch die Weimarer Reichsverfassung von 1919 – kein ausdrückliches soziales Programm, keine materielle Sozialverfassung. Das Sozialstaatsprinzip des Grundgesetzes zeichnet sich vielmehr durch eine relative inhaltliche Unbestimmtheit und Offenheit aus. Es ist gerichtet – wie es in verschiedenen Entscheidungen des Bundesverfassungsgerichts heißt – auf eine gerechte Sozialordnung, auf soziale Sicherheit, auf die Herstellung menschenwürdiger und erträglicher Lebensbedingungen für alle, auf einen Ausgleich der sozialen Gegensätze, auf eine gerechte Verteilung der Lasten. Das alles sind Ziele und Handlungsaufträge, denen ein hoher Konkretisierungsbedarf eigen ist. Ihm nachzukommen ist in erster Linie Sache des parlamentarischen Gesetzgebers. Der Gesetzgeber verfügt dabei, wie das Bundesverfassungsgericht stets betont hat, über einen weiten Spielraum der Gestaltung und Abwägung.

Der Sozialstaat, so wie wir ihn kennen, ist also nicht die Verwirklichung eines in der Verfassung vorgegebenen oder vorgeschriebenen Modells, sondern er ist das Resultat politischer Gestaltung und Rechtsetzung. Auf demselben Wege, auf dem er entstanden und gewachsen ist, kann der Sozialstaat fortentwickelt, geändert, angepasst und grundsätzlich auch wieder zurückgebaut werden. Dies gilt auch für Veränderungen bei den sozialen Sicherungssystemen. Das Sozialstaatsprinzip als solches garantiert zum Beispiel weder eine bestimmte Rentenformel noch eine bestimmte Rentenhöhe; es legt auch nicht die Zeitpunkte und Modalitäten von Rentenanpassungen fest. Das Verfassungsprinzip des Sozialstaats als solches ist also grundsätzlich kein Hemmschuh für notwendige Reformen.

Hans-Jürgen Papier: Die Zukunft des Sozialstaats, in: http://www.bzaek.de (Zugriff: 9.4.2012)

M4 Ausgaben für Soziale Sicherung im Bundeshaushalt, 1999, 2005, 2009

	1999		2005		2009	
	Mrd. Euro	in %	Mrd. Euro	in %	Mrd. Euro	in %
Ausgaben insgesamt	246,9	100	259,8	100	292,3	100
darunter						
Soziale Sicherung	100,3	40,6	133,0	51,2	147,7	50,5
darunter						
Leistungen an die Rentenversicherung (RV)	60,5	24,5	77,5	29,8	79,0	27,0
darunter						
– Bundeszuschuss an die allgemeine RV	34,6	14,0	37,5	14,4	38,6	13,2
– Zusätzlicher Bundeszuschuss	8,0	3,2	17,3	6,7	18,7	6,4
– Beiträge für Kindererziehungszeiten	7,0	2,8	11,7	4,5	11,5	3,9
– Bundeszuschuss an die knappschaftliche RV	7,3	3,0	6,8	2,6	6,0	2,1
Landwirtschaftliche Sozialpolitik	3,9	1,6	3,7	1,4	3,9	1,3
Bundeszuschuss an die BA (Bundesagentur für Arbeit)/Beteiligung des Bundes an den Kosten für Arbeitsförderung	3,7	1,5	0,4	0,2	7,8	2,7
Arbeitslosenhilfe	15,9	6,4	1,5	0,6	–	–
Grundsicherung für Arbeitsuchende/Sozialgesetzbuch (SGB) II	–	–	35,2	13,5	36,0	12,3
Kinderzuschlag	–	–	–	–	0,4	0,1
Wohngeld	1,9	0,8	1,1	0,4	0,8	0,3
Erziehungsgeld/Elterngeld	3,5	1,4	2,9	1,1	4,5	1,5
Kriegsopferversorgung/-fürsorge	5,0	2,0	3,1	1,2	2,1	0,7
Leistungen an die Krankenversicherung/Abgeltung für versicherungsfremde Leistungen	–	–	2,5	1,0	7,2	2,5

Quelle: Bundesfinanzministerium

M5 Ausgaben des Landes Nordrhein-Westfalen, 1999, 2005, 2009

	1999	2005		2009	
	in %	Mrd. Euro	in %	Mrd. Euro	in %
Ausgaben insgesamt	100	50,60	100	52,7	100
darunter					
– Bildung, Wissenschaft und Forschung	29,5	17,54	34,6	19,18	36,3
– Allgemeine Dienste	14,5	10,19	20,1	10,20	19,3
– Soziale Sicherung, Gesundheit, Umwelt, Sport	8,0	4,75	9,3	4,64	8,8
– Verkehrs- und Nachrichtenwesen	4,4	2,08	4,1	2,10	3,9
– Energie- und Wasserwirtschaft, Gewerbe, Dienstleistungen	3,3	1,13	2,2	1,24	2,3
– Wohnungswesen, Städtebau, Raumordnung	2,0	0,47	0,9	0,34	0,6
– Ernährung, Landwirtschaft und Forsten	0,7	0,34	0,6	0,35	0,6
Allgemeine Finanzwirtschaft	36,9	12,13	23,9	14,54	27,5
darunter					
– Steuern und allgemeine Finanzzuweisungen	17,2	6,90	13,6	8,24	15,6
– Schulden	9,9	4,52	8,9	5,11	9,6

Quelle: Information und Technik NRW, Statistisches Jahrbuch NRW 2009

M6 Soziale Leistungen der Kommunen

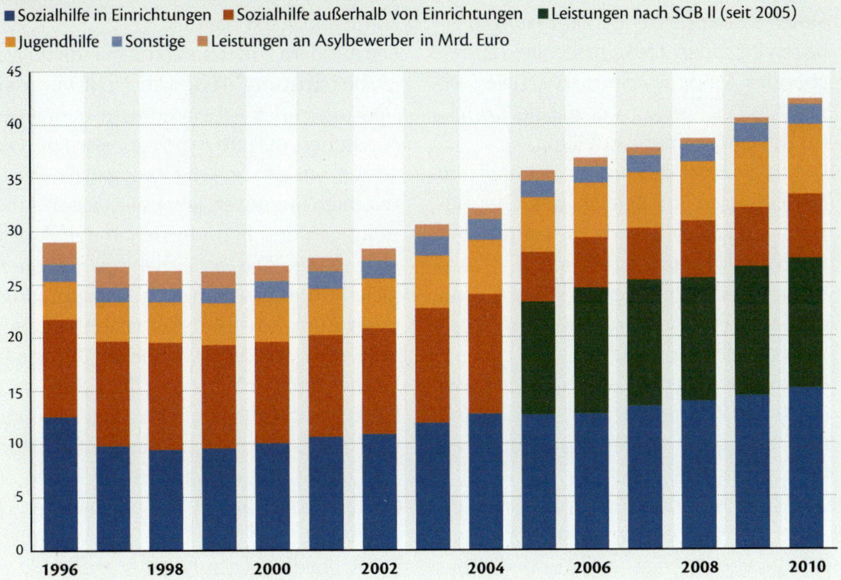

Nach: Deutscher Städtetag: Der Städtetag 5/2011

Sozialhilfe (Hilfe zum Lebensunterhalt): Bedürftige Nichterwerbsfähige sowie bedürftige Personen über 65 Jahre können Sozialhilfe erhalten, also vor allem Hilfe zum Lebensunterhalt oder Grundsicherung im Alter und bei Erwerbsminderung

Sozialhilfe in Einrichtungen: Die/der Bedürftige ist stationär in einem Heim untergebracht

Sozialhilfe außerhalb von Einrichtungen: Die/der Bedürftige lebt selbstständig

Das **Sozialgesetzbuch (SGB) II** vom 1. Januar 2005 regelt die Grundsicherung für Arbeitsuchende in der Bundesrepublik Deutschland

1 Das Bundesverfassungsgericht leitet die Verpflichtung des Staates zur Unterstützung vorrangig aus Artikel 1 Grundgesetz ab. Welche Verpflichtung für den Staat ergibt sich Ihrer Ansicht nach aus Art. 1? Nehmen Sie Stellung.

2 Der Schutz von Ehe und Familie ist ein weiterer Bestandteil der sozialen Grundrechte. Inwieweit soll und muss der Staat in Familienstrukturen eingreifen, um die Rechte von Familienmitgliedern, z. B. Kindern, zu schützen? Nehmen Sie dazu den gesamten Grundrechtsteil des Grundgesetzes (Art. 1–20) zuhilfe und nehmen Sie Stellung.

3 Wie kann der Staat Verstöße gegen den Benachteiligungsgrundsatz verhindern? Sammeln Sie Beispiele und beurteilen Sie die Reichweite staatlicher Maßnahmen.

4 Stellen Sie die Aufteilung der staatlichen Ebenen zur Sozialpolitik in Deutschland in einem Schaubild dar.

5 Inwiefern können sich durch diese Aufteilung Kompetenzschwierigkeiten und Konflikte ergeben?

Markt oder Staat? – Sozialstaat und Marktwirtschaft

Sozialstaatlichkeit, also Erhaltung des Systems der sozialen Sicherung und Umverteilungspolitik ist in Deutschland ein Verfassungsprinzip. Das Grundgesetz verpflichtet den Staat, für sozialen Ausgleich zu sorgen. Die deutsche Wirtschaft ist jedoch auch eine Marktwirtschaft. Daraus ergibt sich die Frage, wie der Sozialstaat in das Marktgeschehen eingreifen kann und soll. Wie ist das Verhältnis von Markt und Staat konkret zu bestimmen?

M7 Der Arbeitsmarkt – ein besonderer Markt

Die Eingriffe der Sozialpolitik in den Steuerungs- und Verteilungsmechanismus des Marktes lassen sich nach *Interventionsebenen und -formen* unterscheiden:

- Durch die rechtliche *Regulierung* von Märkten, vor allem des Arbeitsmarktes, wird der Verhaltensspielraum der Marktteilnehmer in zentralen Bereichen normiert.
- Durch sozialpolitische *Geldzahlungen* erhalten Personen, die kein oder kein ausreichendes Markteinkommen erzielen, einen Ausgleich; es kommt zu einer Korrektur der Einkommensverteilung.
- Durch die *Bereitstellung von Diensten und Einrichtungen* im Bereich des Gesundheits- und Sozialwesens, die weitgehend unentgeltlich und nach Bedarf in Anspruch genommen werden können, wirkt der Staat als Produzent und/oder Finanzier von Dienstleistungen.
- Um die Zahlung der Geldleistungen sowie die Bereitstellung sozialer Dienste und Einrichtungen finanzieren zu können, erhebt der Staat *Abgaben*.

Die wirtschaftsliberalen Prinzipien eines ungehinderten Wirkens von Angebot und Nachfrage, von Vertragsfreiheit und Wettbewerb kommen insbesondere auf dem Arbeitsmarkt nur eingeschränkt zur Wirkung. Der Arbeitsmarkt ist ein sozialstaatlich regulierter Markt, auf dem das Handeln der Akteure durch gesetzliche Ge- und Verbote geordnet wird. Beispiele für diesen Ordnungsrahmen sind u. a.

- der Kündigungsschutz,
- die Entgeltfortzahlung im Krankheitsfall,
- die Schutzbestimmungen für besondere Personengruppen (so für Jugendliche und Behinderte),
- die Arbeitszeitvorschriften,
- der Arbeits- und Gesundheitsschutz.

Der Arbeitsmarkt ist zugleich dadurch charakterisiert, dass zentrale Regelungsbereiche von Arbeitsverhältnissen durch Kollektivvereinbarungen zwischen Gewerkschaften und Arbeitgeberverbänden bestimmt werden. Die im Rahmen von Koalitionsfreiheit und Tarifautonomie geschlossenen Tarifverträge legen die Mindestnormen für Entlohnung, Arbeitszeit und Arbeitsbedingungen fest. Diese gesetzlichen und kollektivvertraglichen Regulierungen reagieren auf den Tatbestand, dass es sich beim Arbeitsmarkt um einen besonderen Markt handelt:

Die auf dem Arbeitsmarkt gehandelte Ware „Arbeitsleistung" lässt sich nicht von ihren Verkäufern, den Arbeitnehmern, trennen. Die Menschen, die ihre Arbeit anbieten und einsetzen, bringen sich mit ihrer ganzen Person, mit ihren Interessen, lebensweltlichen Anforderungen und Bedürfnissen in den Arbeitsprozess ein. Die Arbeitnehmer stehen zugleich unter einem hohen Angebotsdruck, denn Aufnahme und Aufrechterhaltung eines Arbeitsverhältnisses und der Bezug eines Lohnes sind zur Sicherung des Lebensunterhalts zwingend erforderlich. Die Bedingungen und Ergebnisse auf dem Arbeitsmarkt sind damit von entscheidender Bedeutung für die Lebenslagen und -perspektiven der überwiegenden Mehrheit der Bevölkerung.

Die Regulierungen auf dem Arbeitsmarkt zielen darauf ab, das Markt- und Machtungleichgewicht zwischen Arbeitsangebot und Arbeitsnachfrage, zwischen Arbeitnehmern und Arbeitgebern auszugleichen, im Arbeitsleben soziale Maßstäbe zur Geltung zu bringen und die Beschäftigten vor Gesundheitsgefährdungen, unzumutbaren Arbeitsbedingungen, überlangen Arbeitszeiten und unzureichender Entlohnung zu schützen. (…)

Eine Gesellschaft, die den sozialen Zusammenhalt gewährleisten und soziale Verwerfungen vermeiden will, ist aber auch ganz grundsätzlich auf einen sozialen Ausgleich am Arbeitsmarkt angewiesen.

Gerhard Bäcker u. a.: Sozialpolitik und soziale Lage in Deutschland, Band 1, 5. Aufl. Wiesbaden (VS) 2010, S. 93 ff.

M 8 Sozialpolitik in der Marktwirtschaft

	Regulierung von Märkten	Einkommensumverteilung	Bereitstellung sozialer Dienste
Interventionsform	Setzung eines Ordnungsrahmens durch gesetzliche Gebote und Verbote, Einschränkung der Vertragsfreiheit	Zahlung von Sozialeinkommen an Personen, die kein oder kein ausreichendes Markteinkommen erhalten	Unentgeltliche Inanspruchnahme von Sach- und Dienstleistungen, Steuerung von Angebot und Nachfrage nach Bedarfsmaßstäben
Medium	Recht	Geld	Staatliche Eigenproduktion oder Finanzierung privater Anbieter
Wirkung	Verhaltenssteuerung der Marktakteure	Korrektur der Markteinkommen	Ausschaltung des Markt-Preis-Mechanismus
Beispiele	Arbeitsmarkt, Versicherungsmarkt, Arzneimittelmarkt, Pflegemarkt	Geldleistungen der Sozialversicherung, Sozialhilfe/ Grundsicherung, Kindergeld	Gesundheitswesen, Sozialwesen, Bildungswesen

Nach: Bäcker, 2010

M 9 Der Sozialstaat als Problemlöser und Problemverursacher in wirtschaftlichen Fragen

„Problemlöser“	„Problemverursacher“
Beträchtlicher „wirtschaftlicher Wert“ des Wohlfahrtsstaates (Protektion, Reproduktion und Gesundheitsversorgung der Arbeitskraft, Konflikteindämmung, Anreiz für produktivitätssteigernde Investition)	Zielkonflikt zwischen ehrgeizigem Sozialschutz einerseits und ökonomischer Effizienz sowie ehrgeiziger Beschäftigungspolitik andererseits
Die Wirtschaft der heutigen Wohlfahrtsstaaten ist so schnell wie oder schneller gewachsen als die anderer Ökonomien	Der reife Wohlfahrtsstaat engt den Handlungsspielraum anderer ausgabenintensiver Politikfelder stark ein
Sozialpolitik verstetigt die Nachfrage für Konsumgüter	Ausbeutung von Versicherungen und Anreiz zur Abwanderung in die Schattenwirtschaft
Länder mit starkem Wohlfahrtsstaat haben Krisen gleich gut oder besser bewältigt als Länder mit schwacher Sozialpolitik	Kann die Anpassungskapazität der Ökonomie beträchtlich verzerren

Nach: Manfred G. Schmidt: Ursachen und Folgen wohlfahrtsstaatlicher Politik, in: http://www.wip-online.org (Zugriff: 8.6.2013)

1 Erläutern Sie, inwiefern der Arbeitsmarkt ein besonderer Markt ist.

2 Sozialstaatliche Maßnahmen sind unweigerlich Eingriffe in den Markt. Diskutieren Sie,
- ob diese Maßnahmen den Marktmechanismus gefährden oder
- ob die soziale Marktwirtschaft solche Eingriffe regelt, ohne den Marktmechanismus außer Kraft zu setzen.

Aktivierende Sozialpolitik?

Sozialausgaben sind nicht beliebig vermehrbar. Der Sozialstaat soll die Marktmechanismen nicht erdrücken, sondern sie nutzen. Solche Überlegungen führten zum Konzept des „aktivierenden Staates". Damit ist ein Konzept einer neuen Verantwortungsteilung zwischen Staat und Gesellschaft gemeint, das der Selbstregulierung Vorrang vor staatlicher oder hierarchischer Steuerung oder Aufgabenübernahme gibt.

M 10 „Fördern und Fordern"

Das diesem Konzept zugrunde liegende Leitbild ist das des aktiven Bürgers, der befähigt werden soll, soziale Aufgaben eigenverantwortlich zu erfüllen. Der aktive Bürger soll also an der Leistungserbringung mitwirken, sodass er zum „Koproduzenten" öffentlicher Leistungen wird. In der herkömmlichen Sozialpolitik werden die Individuen eher als „passive Leistungsempfänger" betrachtet und weniger als handelnde Subjekte mit eigenen Kompetenzen und Ressourcen. In der modernen (Risiko-)Gesellschaft mit ihren Brüchen und unstetigen Erwerbsverläufen wird der Umgang mit sozialen Risikolagen zu einer „normalen Handlungsanforderung". Der mit Brüchen und Risiken konfrontierte durchschnittliche Arbeitnehmer wird zum „Unternehmer in eigener Sache" und muss sein Leben aktiv gestalten. Für die Verfechter des aktivierenden Sozialstaats geht es unter veränderten gesellschaftlichen Bedingungen darum, das soziale Schutzprinzip der Absicherung gegen die Wechselfälle des Lebens und das Prinzip der Daseinsvorsorge durch Bereitstellung sozialer Dienste und öffentlicher Infrastruktur um die Prinzipien der Förderung und Aktivierung zu ergänzen.

Der Sozialstaat wird im ständigen Diskurs mit nicht staatlichen Akteuren wie Unternehmen, Vereinen, Stiftungen und Einzelpersonen zu prüfen haben, welche Aufgaben, in welchem Ausmaß, von welchen Akteuren effizient und effektiv erfüllt werden können. Der aktivierende Sozialstaat soll sich also nicht über eine schleichende Privatisierung und Deregulierung zu einem neoliberalen „Minimalstaat" entwickeln, sondern als „verhandelnder Staat" die Verantwortlichkeiten zwischen Staat, Markt, Drittem Sektor sowie Bürgern neu aufteilen. (...) Der Sozialstaat soll weder expandieren noch „abgebaut", sondern den signifikant gewandelten gesellschaftlichen Bedingungen angepasst werden. Der aktivierende Sozialstaat gibt nur so weit Aufgaben ab, wie sie auch von selbstorganisierten und gemeinschaftlichen Einrichtungen kompetent erfüllt werden können. Herkömmliche sozialstaatliche Leistungen und Dienste werden durch nicht staatliche Aktivitäten ergänzt, aber nicht ersetzt. Nach diesem Konzept entwickelt sich der Sozialstaat vom überkommenen Interventionsstaat zu einem befähigenden und ermöglichenden Staat (enabling state), der durch die Bereitstellung rechtlicher, finanzieller und infrastruktureller Rahmenbedingungen nichtstaatliche Aktivitäten mobilisieren und unterstützen will.

Das Konzept des aktivierenden Sozialstaats setzt nicht bei den Defiziten, sondern bei den Ressourcen der Menschen an, will also die Bereitschaft des Einzelnen, sich zu engagieren, stärken und Eigenbeiträge der Leistungsempfänger einfordern. Die Politik des aktivierenden Sozialstaats ist auf die Nutzung des „Sozialkapitals" (social capital) der Bürger vor allem in (lokalen) Gemeinschaften ausgerichtet, will also Qualitäten des Sozialen wie die Kompetenz, gemeinsam zu handeln, solidarisches Verhalten, wechselseitiges Vertrauen usw. stärker fordern. Dieses Sozialstaatsmodell ist somit auf eine Politik des gezielten Befähigens (empowerment) angelegt, d. h., dass Menschen, die beispielsweise Kindertagesstätten, Jugendzentren, Pflegeheime, Schulen nutzen, dazu befähigt werden sollen, sich aktiv an der Ausgestaltung dieser sozialstaatlichen Institutionen zu beteiligen. Die Strategie des Förderns und Forderns ist aber nur dann sinnvoll, wenn die Adressaten willens und fähig sind, sich Fertigkeiten und Kompetenzen anzueignen. Beträchtliche, noch zu erschließende Potenziale werden vor allem in den Bereichen der sozialen Dienstleistungen, der Kultur, der Altenpflege und der Schulen gesehen.

Frank Pilz: Der Sozialstaat. Ausbau – Kontroversen – Umbau, Bonn (Bundeszentrale für politische Bildung) 2009, S. 80 ff.

Dritter Sektor: Nicht gewinnorientierter Bereich, der weder marktorientierte noch staatliche Teil einer Volkswirtschaft (Nonprofit-Sektor)

Zeichnung: Zeller

M 11 „Transformation des Wohlfahrtsstaats"?

Ziel von Aktivierungsmaßnahmen soll es sein, die Menschen zu mehr Eigeninitiative, aber auch mehr Eigenvorsorge in der Gesellschaft zu motivieren. Dahinter steht ein Politikkonzept, das Umfang und Reichweite öffentlicher Güter zurückschrauben und vor allem staatliche, aber auch verbandlichgemeinschaftliche, korporative Verteilungsmechanismen zugunsten einer als überlegen betrachteten Marktsteuerung einschränken will. Diese „Transformation des Wohlfahrtsstaats" beinhaltet zwar durchaus Sozialabbau als Reduzierung von Wohlfahrtsausgaben und Umverteilung. Bedeutender erscheint ein spezifischer „Sozialumbau", in dessen Mittelpunkt die Selbstverpflichtung des Bürgers auf eine marktkonforme Lebensorientierung steht. Mit der Idee der „Aktivierung" sollen Ansprüche auf soziale Grundrechte delegitimiert, zumindest aber deutlich beschränkt werden. (...)

Die Idee des „aktivierenden" Staats kommt den konservativen und wirtschaftsliberalen Strömungen entgegen: Sie verspricht einen Staat, auch und gerade in der Sozialpolitik, der zum Zweck der marktkonformen Gestaltung individueller Wohlfahrt unmittelbar auf den einzelnen Staatsbürger einwirkt. Je nach Autor wird ein Staatsverständnis beobachtet oder vorausgesetzt, das einen befähigenden Staat, einen „enabling state", einschließt und damit mehr „Empowerment" von Bürgern und ihren Organisationen. Dabei erwartet man einen Staat, der die Bürger- bzw. Zivilgesellschaft in Ruhe sich entwickeln lässt und einen „Wohlfahrtspluralismus" oder „welfaremix" zwischen Staat, Markt und Gemeinschaft fördert (...). Zu beobachten sind freilich zunehmend paternalistische oder rigide Positionen, die Sozialleistungen nur noch auf „wirklich Bedürftige" orientieren wollen.

Je „dichter" die Vorstellungen einer politischen Gemeinschaft in Bezug auf Reziprozitätsanforderungen werden, je mehr also das gemeinschaftlich-moralische Denken über wirtschaftlich liberales und politisch gleichheitsorientiertes Denken dominiert, desto näher liegt die sozialpolitische Frage, ob eine Ausweitung sozialer Rechte aus Gründen der Systemintegration eine Ausweitung sozialer Pflichten erfordert. (...) Es ist also sorgfältig zu prüfen, ob und unter welchen Bedingungen die stärkere Betonung von Pflichten gerade die schwächsten Gruppen erneut benachteiligt.

Michael Opielka: Sozialpolitik. Grundlagen und vergleichende Perspektiven, Hamburg (Rowohlt) 2004, S. 86 f.

Reziprozität: Wechselseitigkeit

1. Erstellen Sie ein Lernplakat zum Konzept des „aktivierenden Staates".
2. Interpretieren Sie die Karikatur oben und nehmen Sie zu ihrer Aussage Stellung.
3. Nehmen Sie zur Kontroverse um den aktivierenden Staat begründet Stellung.
4. Diskutieren Sie, ob eine „Transformation des Wohlfahrtsstaats" erforderlich bzw. sinnvoll ist.

Zu hart(z)? – Die Hartz-Gesetze

Der Bundestag verabschiedete von 2003 bis 2005 mit seiner rot-grünen Mehrheit schrittweise die Gesetze zur „Agenda 2010“, ein Konzept zur Reform des deutschen Sozialsystems und Arbeitsmarkts. Wesentlicher Bestandteil davon waren die sog. Hartz-Gesetze. Dies ist eine Bezeichnung für Vorschläge einer Kommission, die unter der Leitung des Vorstandsmitglieds der Volkswagen AG, Peter Hartz, tagte und im August 2002 ihren Bericht vorlegte. Um sie im Gesetzgebungsverfahren besser umsetzen zu können, wurden die Maßnahmen aufgeteilt in einzelne Gesetze zur Reform des Arbeitsmarktes mit den Kurzbezeichnungen Hartz I, Hartz II, Hartz III und Hartz IV.

M 12 Kosten der Arbeitslosigkeit

Gesamtausgaben in Milliarden Euro, darunter Arbeitslosengeld, Arbeitslosenhilfe, Maßnahmen der aktiven Arbeitsmarktpolitik

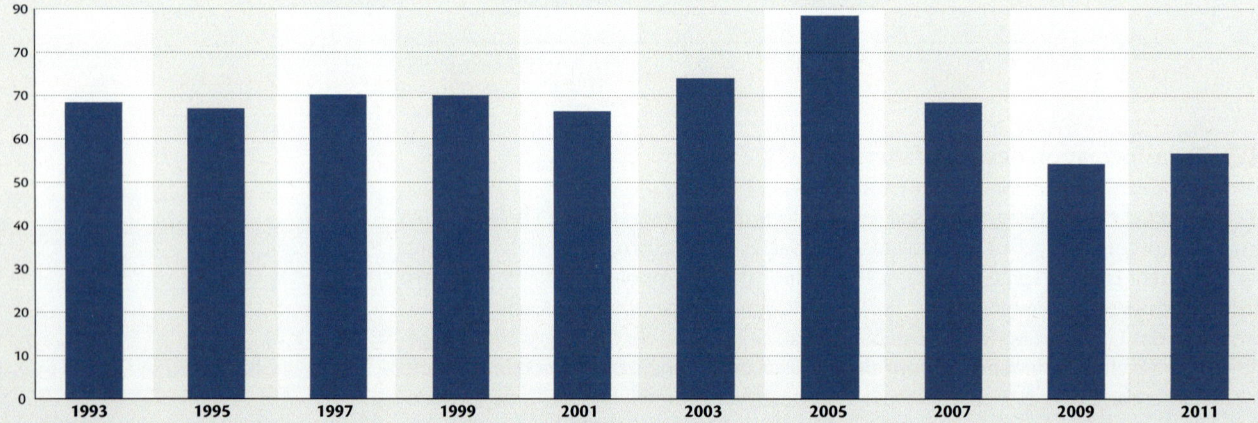

Ab dem 1. Januar 1998 wurde das Arbeitsförderungsrecht durch das Sozialgesetzbuch neu geregelt. Ein Vergleich der Ausgaben ab 1998 mit den Vorjahren ist nur eingeschränkt möglich.
Quelle: Bundesagentur für Arbeit, IAB

M 13 Agenda 2010 – Versuch einer Problemlösung

Das Problem: Jeder, der arbeitslos ist oder war, weiß: Arbeitslosigkeit ist eine bedrückende Erfahrung. Je länger sie dauert, umso schwieriger ist die Rückkehr in eine feste Beschäftigung. Anhaltend hohe Arbeitslosigkeit belastet aber auch die öffentlichen Kassen und die Sozialsysteme. Denn wer nicht arbeitet, kann keine Steuern und Abgaben zahlen. Für die Bundesregierung ist es daher die vordringlichste Aufgabe, die Arbeitslosigkeit zu bekämpfen, insbesondere bei Jugendlichen und Langzeitarbeitslosen.

Die Lösung: Die Politik kann keine Arbeitsplätze schaffen. Sie kann aber für den Kraftstoff sorgen, der den Wirtschaftsmotor in Deutschland wieder auf Touren bringt. Jobs entstehen dort, wo faire Wettbewerbsbedingungen herrschen, Jobs entstehen auf neuen Märkten und durch neue Produkte. Die agenda 2010 sorgt für Entlastungen bei den Lohnnebenkosten, für Investitionsanreize und für den Abbau unnötiger Bürokratie. (…)

Das Problem: Arbeitslose sind in Deutschland durchschnittlich länger ohne Job als in anderen Ländern. Das hat vor allem zwei Gründe: Der deutsche Arbeitsmarkt war bisher nicht dynamisch genug, und die Vermittlung Arbeitsuchender auf freie Stellen war zu umständlich und langwierig. Das Nebeneinander von Arbeitslosenhilfe und Sozialhilfe hat viel Geld gekostet. Auf die finanzielle Situation von Familien und Alleinerziehenden wurde zu wenig Rücksicht genommen.

Die Lösung: Die sogenannten Hartz-Gesetze öffnen das Tor zu neuen Beschäftigungsmöglichkeiten. Personal-Service-Agenturen und Job-Center beschleunigen und verbessern die Vermittlung Arbeitsuchender. Mithilfe einer Ich-AG haben sich inzwischen tausende Arbeitsloser selbstständig gemacht.

Auch die Minijobs sind ein voller Erfolg. Das Programm „Kapital für Arbeit“ ermöglicht es kleinen und mittelständischen Unternehmen mithilfe eines Finanzierungspakets von bis zu

100 000 Euro, Arbeitslose dauerhaft einzustellen. Die Nürnberger Bundesanstalt für Arbeit wird zu einer modernen Dienstleistungsagentur umgebaut. Arbeitslosenhilfe und Sozialhilfe für Erwerbsfähige werden zusammengelegt. Dieses neue Arbeitslosengeld II berücksichtigt wirksamer als bisher die Familiensituation des Hilfeempfängers. Möglichkeiten hinzuzuverdienen werden verbessert. Das fördert den Anreiz, Arbeit aufzunehmen. (...)
Das Problem: Die Menschen werden älter. Das ist die erfreuliche Folge einer humaner gewordenen Arbeitswelt und einer immer besseren Gesundheitsversorgung. Dadurch hat sich die Bezugsdauer von Renten im Vergleich zum Jahre 1960 um zwei Drittel verlängert. Bezogen 1960 die Rentnerinnen und Rentner im Durchschnitt 9,9 Jahre lang Rente, so sind es heute 16,6 Jahre. Während heute noch vier Personen im arbeitsfähigen Alter einem Rentner gegenüberstehen, werden es im Jahre 2030 nur noch zwei Personen sein. (...)
Die Lösung: In einem ersten wichtigen Reformschritt hat die Bundesregierung bereits 2002 eine (*private*) staatlich geförderte kapitalgedeckte Ergänzung der gesetzlichen Rente eingeführt – die so genannte Riester-Rente. Um sie noch attraktiver zu machen, wird das Antragsverfahren deutlich vereinfacht. Um das Milliardendefizit in der Rentenkasse auszugleichen, sind weitere Maßnahmen erforderlich. Im Jahr 2004 wird es keine Rentenanpassung geben. Den Beitrag zur Pflegeversicherung in Höhe von 1,7 Prozent werden die Rentnerinnen und Rentner ab dem 1. April 2004 ganz übernehmen müssen. Bisher hat diesen die Rentenversicherung zur Hälfte getragen.
Diese Entscheidungen erlauben es, den Beitragssatz in der Rentenversicherung bei 19,5 Prozent zu belassen. Das stabilisiert die Lohnnebenkosten und unterstützt die Politik für Wachstum und Beschäftigung.
Die Bundesregierung: agenda 2010. Deutschland bewegt sich, Berlin 2003

Die **Riester-Rente** ist benannt nach dem SPD-Politiker Walter Riester (geb. 1943), 1998 bis 2002 Bundesminister für Arbeit und Sozialordnung

M 14 Die Hartz-Gesetze

Inhaltlich umfassen die bisherigen Reformschritte eine breite Palette heterogener Maßnahmen, deren wichtigste Elemente sich wie folgt gruppieren lassen.

- *Umbau der Bundesanstalt zu einem modernen Dienstleistungsunternehmen Bundesagentur für Arbeit (BA):* Hierunter fallen eine neue Steuerungsphilosophie der BA (Wirtschaftlichkeit und prognostizierte Wirkungen); Jobcenter als einheitliche Anlaufstellen für alle Arbeitslosen; die Einführung von Bildungsgutscheinen und die Zulassung von Weiterbildungsträgern durch „Zertifizierungsagenturen".
- *Leistungsrecht:* Fordern und Fördern: Hierzu gehört die Kürzung der Bezugsdauer des Arbeitslosengeldes von maximal 32 auf maximal 12 beziehungsweise 18 Monate für Arbeitslose ab 55 Jahren; die Verschärfung der Zumutbarkeit; die Umkehrung der Beweispflicht; die Abschaffung des Anschlussunterhaltsgeldes bei Weiterbildungsmaßnahmen; die Zusammenführung von Arbeitslosen- und Sozialhilfe zum Arbeitslosengeld II; die Einbeziehung ersatzfähiger Sozialhilfeempfänger und die frühzeitige Meldepflicht unmittelbar nach Kündigung.
- *Förderung atypischer unselbstständiger Beschäftigung/Flexibilisierung:* Hierunter fallen die Ich-AG; die Mini- und Midi-Jobs; die Leiharbeit im Rahmen der Personalserviceagenturen (PSA) und die Arbeitsgelegenheiten gegen Mehraufwandsentschädigung (Ein-Euro-Jobs).
- *Reform der Instrumente aktiver Arbeitsmarktpolitik:* Hierzu zählen die Zusammenlegung von Arbeitsbeschaffung und Strukturanpassungsmaßnahmen und die Ablösung der Zuschüsse für Sozialplanmaßnahmen und Strukturkurzarbeitergeld durch Transfermaßnahmen und Transferkurzarbeitergeld.

Hartmut Seifert: Was bringen die Hartz-Gesetze? In: Aus Politik und Zeitgeschichte 18/2005, S. 17 f.

1 Erläutern Sie, warum sich die damalige Bundesregierung zu einer Reform genötigt sah, und analysieren Sie deren Vorstellungen (**M 13**).

2 Ermitteln Sie, für welche der in der Diskussion befindlichen Probleme die Agenda 2010 eine Lösung vorsah (**M 13** und **M 14**). Welche wurden angegangen, mit welchen Lösungen?

3 Stellen Sie den aktuellen Stand der Hartz-IV-Diskussion mithilfe einer Internetrecherche dar. Beurteilen Sie, ob bzw. inwiefern die Diskussion durch Neuregelungen entschärft ist.

Was brachten die Hartz-Gesetze?

Die Hartz-Reformen brachten keineswegs eine Entschärfung der sozialpolitischen Diskussion in Deutschland. Hartz IV, eigentlich Arbeitslosengeld II nach Sozialgesetzbuch (SGB), wurde im Gegenteil zum Synonym für den sozialen Abstieg in „Prekariat" und Unterschicht, für soziale Ausgrenzung und Exklusion. Die sozialpolitische Debatte nahm an Schärfe zu.

Protest gegen Hartz IV in Berlin, 2007

M 15 „Menschenwürdige Existenz nicht gewährleistet"

Aus dem Urteil des Bundesverfassungsgerichts vom 9.2.2010:

Der Erste Senat des Bundesverfassungsgerichts hat entschieden, dass die Vorschriften des SGB II, die die Regelleistung für Erwachsene und Kinder betreffen, nicht den verfassungsrechtlichen Anspruch auf Gewährleistung eines menschenwürdigen Existenzminimums aus Art. 1 Abs. 1 GG in Verbindung mit Art. 20 Abs. 1 GG erfüllen. (...)

Das Grundrecht auf Gewährleistung eines menschenwürdigen Existenzminimums aus Art. 1 Abs. 1 GG in Verbindung mit dem Sozialstaatsprinzip des Art. 20 Abs. 1 GG sichert jedem Hilfebedürftigen diejenigen materiellen Voraussetzungen zu, die für seine physische Existenz und für ein Mindestmaß an Teilhabe am gesellschaftlichen, kulturellen und politischen Leben unerlässlich sind. Dieses Grundrecht aus Art. 1 Abs. 1 GG hat als Gewährleistungsrecht in seiner Verbindung mit Art. 20 Abs. 1 GG neben dem absolut wirkenden Anspruch aus Art. 1 Abs. 1 GG auf Achtung der Würde jedes Einzelnen eigenständige Bedeutung. Es ist dem Grunde nach unverfügbar und muss eingelöst werden, bedarf aber der Konkretisierung und stetigen Aktualisierung durch den Gesetzgeber, der die zu erbringenden Leistungen an dem jeweiligen Entwicklungsstand des Gemeinwesens und den bestehenden Lebensbedingungen auszurichten hat. Der Umfang des verfassungsrechtlichen Leistungsanspruchs kann im Hinblick auf die Arten des Bedarfs und die dafür erforderlichen Mittel nicht unmittelbar aus der Verfassung abgeleitet werden. Die Konkretisierung obliegt dem Gesetzgeber, dem hierbei ein Gestaltungsspielraum zukommt.

Zur Konkretisierung des Anspruchs hat der Gesetzgeber alle existenznotwendigen Aufwendungen folgerichtig in einem transparenten und sachgerechten Verfahren nach dem tatsächlichen Bedarf, also realitätsgerecht, zu bemessen.

Pressemitteilung des Bundesverfassungsgerichts v. 9.2.2010, in: www.bundesverfassungsgericht.de (Zugriff: 3.11.2010)

M 16 Niedrigere Regelsätze?

Die Verfassungsrichter haben die Regierung zur Neuberechnung der Hartz-IV-Sätze verdonnert. Während die Opposition dies als Aufforderung für höhere Zahlungen auslegt, rechnet die Arbeitnehmergruppe in der Unionsfraktion umgekehrt: Ihr Vorsitzender will die Sätze kürzen. Doch in seiner Partei herrscht darüber Dissens.

Die Regelsätze für Hartz-IV-Empfänger müssen neu berechnet werden, doch ob sie steigen oder sinken, ist noch nicht klar.

In der Union wird nach dem Urteil des Bundesverfassungsgerichtes der Ruf nach einer Kürzung des „Hartz IV"-Regelsatzes von 359 Euro laut. „Das Bundesverfassungsgericht hat nicht gesagt, dass die Hartz-IV-Sätze zu niedrig sind", sagte der Vorsitzende der Arbeitnehmergruppe in der Unions-Bundestagsfraktion, Peter Weiß (CDU), der „Frankfurter Rundschau". „Eine Reform sollte aus meiner Sicht zu niedrigeren Regelsätzen führen."

Weiß sagte, mit dem Urteil verlange das Verfassungsgericht, den konkreten Einzelfallbedarf etwa für Kühlschränke oder Wintermäntel wieder stärker zu berücksichtigen. Dieser werde derzeit durch einen pauschalierten Aufschlag im „Hartz IV"-Regelsatz berücksichtigt. Das müsse nun korrigiert werden. Unterm Strich dürften die Ausgaben für den Staat in etwa gleich bleiben.

Unions-Arbeitnehmer fordern niedrigere Regelsätze, Weltonline, 10.2.2010, in: http://www.welt.de (Zugriff: 14.2.2010)

M 17 Sozialpolitik neu ausrichten

Der Deutsche Gewerkschaftsbund (DGB) hat nach dem Hartz-IV-Urteil der Karlsruher Bundesrichter die Forderung gestellt, die Sozialpolitik in Deutschland neu auszurichten. So erklärte DGB-Chef Michael Sommer gegenüber dem Bonner „General Anzeiger", dass es in den letzten Jahren „eine massive Fehlentwicklung" gegeben habe. Der DGB-Vorsitzende warnte eindringlich davor, die „Kluft" in Deutschland „größer werden zu lassen", und forderte die Bundesregierung auf zu handeln.

Sch/dpa: DGB: Sozialpolitik soll neu ausgerichtet werden, 10.2.2010, in: http://www.noows.de (Zugriff: 3.11.2010)

M 18 Hartz-IV-Regelsätze für Kinder

Regelsätze 2009 pro Monat in Euro

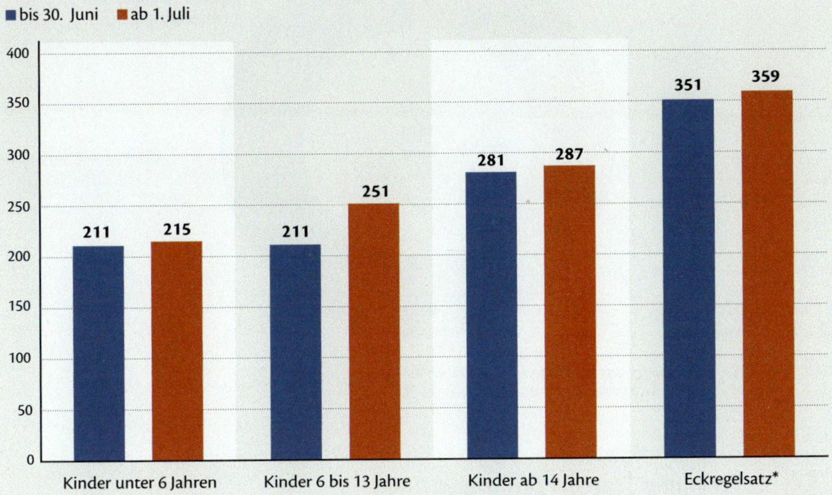

Quelle: BMAS

** für Alleinstehende, Alleinerziehende*

M 19 Nur 5 Euro mehr – Mineralwasser statt Bier

Der Regelsatz für erwachsene Hartz-IV-Empfänger steigt ab dem nächsten Jahr von derzeit 359 auf 364 Euro im Monat. Das erklärte Bundesarbeitsministerin Ursula von der Leyen (CDU) am Sonntag. Die Erhöhung erfolge aufgrund von Berechnungen des Statistischen Bundesamtes, sagte die Ministerin. Die Ausgaben für Tabak und Alkohol seien nicht mehr im Regelsatz enthalten, weil diese Genussmittel nicht „existenzsichernd" seien, so von der Leyen nach Beratungen in der schwarz-gelben Koalition. Basis für die neuen Regelsätze des Arbeitslosengeld II ist die neue Einkommens- und Verbrauchsstichprobe (EVS), die alle fünf Jahre erhoben wird. (...)

Die Kinder sollen künftig zusätzlich als „Sachleistung" ein so genanntes Bildungspaket bekommen. Darin enthalten sind unter anderem Zuschüsse zu Mittagessen in Schulen und Kitas, wenn diese kostenpflichtig sind.

Barbara Dribbusch: Mineralwasser statt Bier; in: Tageszeitung v. 27.9.2010

1 Analysieren Sie die unterschiedlichen Positionen in der Reaktion auf das Verfassungsgerichtsurteil. Klären Sie, inwieweit das Urteil des BVG diese unterschiedlichen Reaktionen zulässt.

2 Beurteilen Sie, inwiefern die Hartz-IV-Diskussion durch die Neuregelung entschärft ist. Stellen Sie den aktuellen Stand der Diskussion um die Hartz-IV-Regelsätze dar.

Fröhliches Wechselspiel? – Der Sozialstaat als Umverteiler

Sozialpolitik reicht bis weit in die Mitte der Gesellschaft. Diese Feststellung bedeutet für den Sozialstaat, dass er in den Markt nicht nur regulierend, sondern auch umverteilend eingreift. In welcher Weise sorgt der Sozialstaat durch Umverteilung für die Erreichung sozialstaatlicher Ziele? Was bewirkt diese Umverteilungspolitik? Kann sie auch schädliche Konsequenzen haben?

Nichtöffentliche Transferzahlungen: Werks- und Betriebsrenten, Leistungen aus privaten Versicherungen sowie Unterstützung von privaten Haushalten

M 20 Struktur des Haushaltseinkommens privater Haushalte 2011

Anteile in Prozent

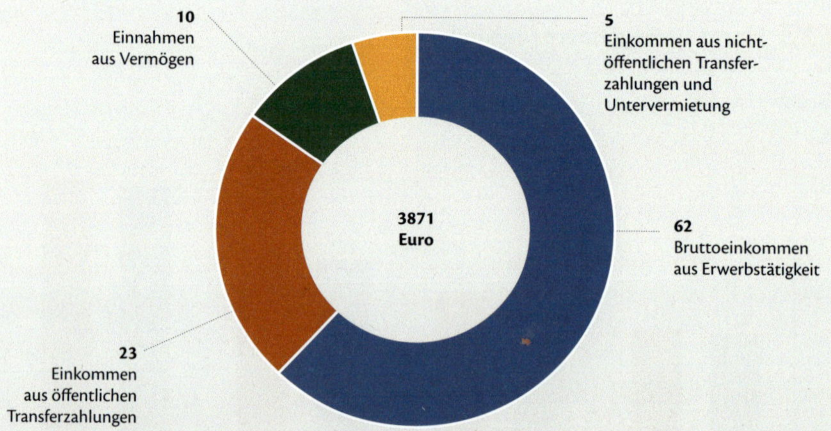

Nach: Statistisches Bundesamt: Wirtschaftsrechnungen. Laufende Wirtschaftsrechnungen Einnahmen und Ausgaben privater Haushalte, Wiesbaden 2013, S. 25

M 21 Öffentliche Transferzahlungen 2008

Angaben in Euro

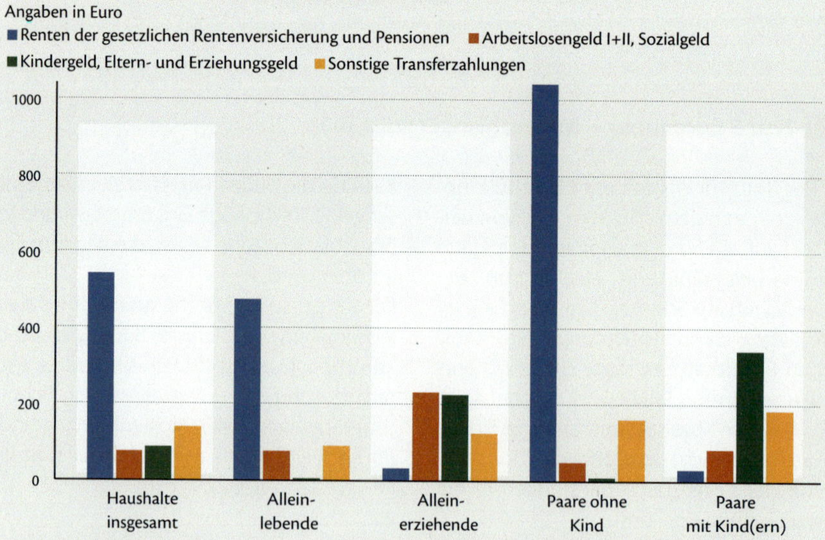

Nach: Datenreport 2011, S. 134

1 Analysieren Sie die Materialien im Hinblick auf die Wirkung staatlicher Umverteilungspolitik in Deutschland. Ziehen Sie auch die Grafik in Kapitel 1, S. 13 (**M 11** Gesamteinkommen nach Einkommensarten) hinzu.

2 Beurteilen Sie die Wirkung der Umverteilung.

M22 Sozialstaat regelt die Ungleichheit – Gini-Koeffizient im Vergleich

Der Gini-Koeffizient (s. S. 18f.) der Einkommen vor Steuern und Transfers liegt in Deutschland mit 0,51 über dem Durchschnitt aller OECD-Länder. Dies würde auf eine ungleiche Verteilung der Einkommen hinweisen. Allerdings zeigt sich, dass die Einkommensungleichheit in Deutschland nach Berücksichtigung der Umverteilungswirkungen des Steuer- und Transfersystems unauffällig ist: Der Gini-Koeffizient entspricht hier in etwa dem OECD-Durchschnitt von 0,31. Niedrigere Werte nehmen die Gini-Koeffizienten der Einkommen nach Steuern und Transfers unter anderem in Ländern wie Dänemark und Schweden an, höhere in Portugal und den Vereinigten Staaten.

Gini-Koeffizient der Einkommensverteilung für ausgewählte Länder der OECD[1]

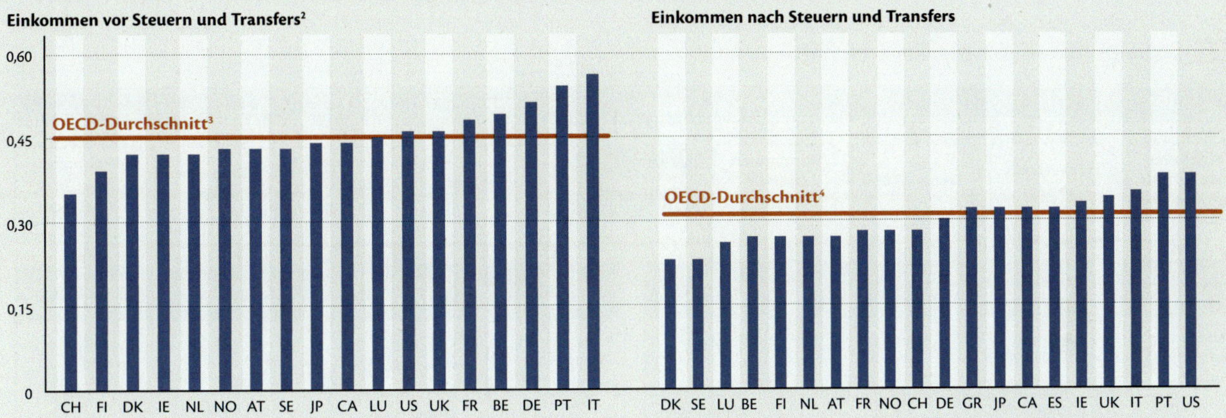

1 BE = Belgien, DK = Dänemark, DE = Deutschland, FI = Finnland, FR = Frankreich, GR = Griechenland, IE = Irland, IT = Italien, JP = Japan, CA = Kanada, LU = Luxemburg, NL = Niederlande, NO = Norwegen, AT = Österreich, PT = Portugal, SE = Schweden, CH = Schweiz, ES = Spanien, US = Vereinigte Staaten, UK = Vereinigtes Königreich, 2 Für Griechenland und Spanien kein Nachweis, 3 Einschließlich der Länder Australien, Island, Korea, Neuseeland, Polen, Slowakei und Tschechien, 4 Länder wie in Fußnote 3 sowie Mexiko, Türkei und Ungarn

Nach: Sachverständigenrat zur Begutachtung der gesamtwirtschaftlichen Entwicklung 2009/10, S. 320 f.

M23 Umverteilung im Vergleich

Im internationalen Vergleich hat Deutschland sowohl einen hohen Steueranteil als auch einen umfangreichen Sozialstaat. Doch viele Steuern, wie etwa die Mehrwertsteuer oder die Ökosteuer, vermindern die Einkommensunterschiede nicht. Auch im Sozialsystem gebe es nur eine vergleichsweise geringe Umverteilung, sagte (die OECD-Ökonomin Isabell) Koske. Dies gelte besonders für den größten Posten: die Rente.

Denn in der Alterssicherung hierzulande richtet sich die Höhe der Leistung weitgehend nach den eingezahlten Beiträgen. Geringverdiener erhalten deshalb auch nur kleine Renten. Im Vergleich zu Deutschland leisten sich Großbritannien und Australien nur bescheidene soziale Geldleistungen wie Kindergeld, Sozialhilfe oder Rente. Doch würden die Leistungen in beiden Ländern gezielt auf diejenigen konzentriert, die sie benötigen, heißt es in der Studie. Dadurch sei der Umverteilungseffekt viel größer als im deutschen System, wo mehr zwischen Jung und Alt umverteilt werde.

In Krisenzeiten kommt es besonders darauf an, die sozial Schwachen effektiv zu schützen. Dass viele Maßnahmen, die eigentlich dem sozialen Schutz dienen sollen, mitunter gerade dann ungewollte Nebeneffekte auslösen, zeigt die Studie am Beispiel des Mindestlohns. So ist die Jugendarbeitslosigkeit nach dem Ausbruch der Finanzkrise im Herbst 2008 in den Ländern besonders deutlich in die Höhe geschnellt, in denen ein hoher Mindestlohn gilt. (...)

Die OECD plädiert außerdem für eine generell wettbewerbsfreundliche Wirtschaftspolitik. In Deutschland gebe es hier vor allem im Dienstleistungssektor „noch Nachholbedarf". So gebe es hierzulande etwa für Rechtsanwälte oder Handwerker sehr restriktive Bestimmungen. „Warum muss man Meister sein, um in Deutschland einen Friseursalon eröffnen zu dürfen?", monierte OECD-Ökonom Rüdiger Ahrend.

Dorothea Siems: „Deutsches Modell" ist nur bedingt erfolgreich, Die Welt, 23.1.2012, in: http://www.welt.de (Zugriff: 9.6.2013)

Rundumversorgung? – Sozialstaatliche Leistungen

Der demokratische Sozialstaat gesteht allen Bürgerinnen und Bürgern das Recht auf sozialstaatliche Unterstützung zu. Entsprechend hoch sind die Ansprüche an das Sozialsystem. Sozialpolitiker sehen sich häufig mit massiver Kritik konfrontiert: Die Leistungen seien zu hoch, sie böten zu wenig Anreize, eine Erwerbstätigkeit anzunehmen und damit die Sozialetats zu entlasten. Der Sozialstaat sei zu einer „Rundumversorgung“ ausgeufert und verleite die Menschen zu einer Haltung, die eine Absicherung aller Lebensrisiken verlange.
Trifft dies zu, oder leistet der Sozialstaat eigentlich nicht das, was man von ihm erwarten könnte? Ist er, gemessen an dem, was er leistet, zu teuer?

M 24 Sozialpolitik in der Marktwirtschaft

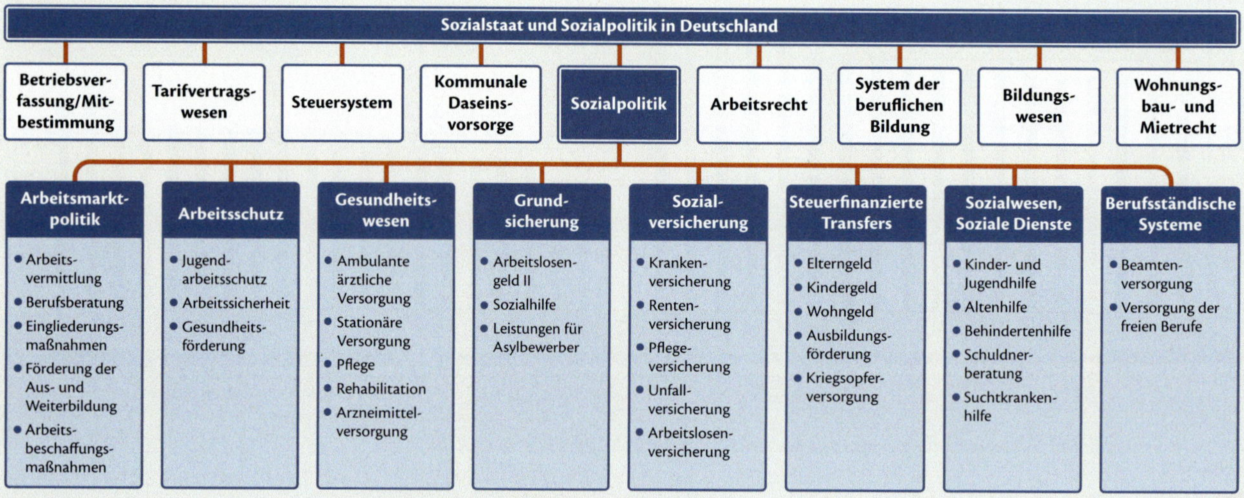

Nach: Gerhard Bäcker u. a.: Sozialpolitik und soziale Lage in Deutschland, Band 1, 5. Aufl. Wiesbaden (VS) 2010, S. 66

M 25 Felder der Sozialpolitik

Sozialpolitik in Deutschland setzt sich aus einem breiten Spektrum unterschiedlicher Politikfelder zusammen. Allerdings lässt sich nicht eindeutig bestimmen, welche Politikfelder dazu zählen. Wir grenzen ein und fassen unter *Sozialpolitik* die folgenden Bereiche zusammen (s. *M 24*):

- Sozialversicherung,
- Grundsicherung,
- steuerfinanzierte Transfers,
- berufsständische Sicherungssysteme,
- Gesundheitswesen,
- Sozialwesen,
- Familienpolitik,
- Arbeitsschutz und
- Arbeitsmarktpolitik.

Noch nicht berücksichtigt sind hierbei die sozialpolitischen Aktivitäten von nicht-staatlichen Trägern, so die betriebliche Sozialpolitik und die privaten Vorsorge- und Versicherungseinrichtungen. Da der Staat diese Bereiche in zunehmendem Maße gesetzlich reguliert und zugleich über monetäre Anreize (Steuererleichterungen) fördert, nehmen sie eine Stellung zwischen der staatlich-öffentlichen Sozialpolitik und einer rein marktförmigen Absicherung ein.

Wenn wir vom *Sozialstaat* oder *Wohlfahrtsstaat* reden, so greift dieser noch über die Sozialpolitik hinaus. Er umfasst auch weitere Bereiche, so

- Tarifvertragswesen, Betriebsverfassung und Unternehmensmitbestimmung,
- Steuersystem,
- kommunale Daseinsvorsorge,
- berufliches und schulisches Bildungssystem,
- Arbeitsrecht sowie
- Wohnungsbau- und Mietrecht.

Gerhard Bäcker u. a.: Sozialpolitik und soziale Lage in Deutschland, Band 1, 5. Aufl. Wiesbaden (VS) 2010, S. 64 f.

M26 Die Rundumversorgung ist zu teuer!

An allen Ecken und Enden sind die staatlichen Sicherungssysteme in den vergangenen vier Jahren ausgebaut worden. Inzwischen gibt es für vier Millionen Arbeitnehmer Mindestlöhne, 1,4 Millionen befinden sich in Kurzarbeit, und 20 Millionen Ruheständlern gibt die vor kurzem beschlossene Rentengarantie Sicherheit vor zuvor befürchteten Verlusten. (...) Dieses gewaltige Sozial-Ausgaben-Volumen von satten 750 Milliarden Euro macht die Bundesrepublik Deutschland zu einem der leistungsfreudigsten und -fähigsten Sozialstaaten der Welt! Die Sozialleistungen stiegen von 32,3 Mrd. Euro in 1960 über 84,2 Milliarden in 1970 auf über 640 Milliarden in 2000 auf jetzt die genannten 750 Milliarden Euro – Tendenz wohl eher kaum fallend. Der Sozialstaat wurde richtig teuer! (...) Und angesichts solcher Zahlen und der Tatsache, dass rund 40 Prozent unserer Bevölkerung Transferempfänger sind, die die Folgen der schweren Rezession nicht spüren, da ihre Einkommen nicht von Marktentwicklungen abhängen, sollte man wenigstens anerkennen, dass der Sozialstaat funktioniert. Und man sollte auch anerkennen, dass nicht einseitig verschiedenen vermeintlich Privilegierten geholfen wird, sondern dass bis an die Grenzen der staatlichen Leistungsfähigkeit und – wie ich meine: darüber hinaus – weder Kosten noch Mühen gescheut werden, um blanke Not – und noch weit mehr als das – zu verhindern.

Gleichzeitig muss man angesichts solch hoher Zahlen auch Verständnis für diejenigen aufbringen, die (...) vor der bald drohenden „Nichtmehr-Finanzierbarkeit“ und den enormen Belastungen für die künftigen Beitragszahler warnen.

Walter Döring: Den Sozialstaat finanzierbar erhalten!, September 2009, in: http://www.walterdoering.de/kolumne-döring-s-blog/2009/sozialstaat (Zugriff: 18.9.2013)

M27 Gegen Leistungsabbau!

AfA: Arbeitsgemeinschaft für Arbeitnehmerfragen in der SPD

Auszug aus dem Leitantrag des AfA-Bundesvorstandes „Menschenwürdig leben und arbeiten“, beschlossen auf der Bundeskonferenz im April 2006:

Heute sieht sich der Sozialstaat mit massiver Kritik konfrontiert. Die Leistungen seien zu hoch und böten zu wenig Anreize, eine Erwerbstätigkeit anzunehmen. Der Sozialstaat sei ausgeufert, und die „Rundumversorgung“ verleite die Menschen zu einer Vollkaskomentalität. (...)

Viele der gängigen Thesen der radikalen Sozialstaatskritik über ausufernde Kosten stehen empirisch auf schwachen Beinen: Die Sozialleistungsquoten (der Anteil der Sozialleistungen am BIP) sind in den letzten 25 Jahren weitgehend stabil geblieben. 1981 lag die Sozialleistungsquote bei 31 Prozent, 2002 lag sie bei 32,5 Prozent. Von einer Explosion der Kosten kann keine Rede sein. Der Anteil der Rentenausgaben für Alter und Hinterbliebene lag 1981 bei 12 Prozent des BIP, 2002 bei 12,3 Prozent. Der Anteil der Gesundheitsausgaben lag 1981 bei 10,2 Prozent, 2002 bei 11,1 Prozent. Der Anteil der Sozialleistungsquote für Beschäftigung lag 1993 bei 3,5 Prozent, 2002 bei 3,2 Prozent, ist also sogar gesunken, obwohl die Arbeitslosigkeit in den 90er-Jahren massiv angestiegen ist. (...)

Es ist richtig, dass erwirtschaftet werden muss, was zur Verteilung ansteht. Richtig ist aber auch, dass die Arbeitnehmerinnen und Arbeitnehmer den Wohlstand unserer Gesellschaft erwirtschaften. Es ist daher geradezu widersinnig, dass fast täglich neue Vorschläge auftauchen, die alle eines gemeinsam haben: die Rechte der Arbeitnehmerinnen und Arbeitnehmer zu beschneiden und soziale Leistungen abzubauen.

Nach: http://www.afa-nrw.de/html/26444/welcome/Sozialstaat.html (Zugriff: 18.9.2013)

1 Fertigen Sie in Gruppen Schaubilder zum „sozialen Netz“ in Deutschland.

2 Beurteilen Sie, inwiefern es möglich ist, durch die Maschen dieses Netzes zu fallen.

3 Analysieren Sie in Gruppen die Schicksale in den Materialien (**M 28** bis **M 31**). Nehmen Sie dabei Stellung zu der Frage, inwiefern das soziale Netz versagt hat.

4 Diskutieren Sie die Frage, ob das Sozialsystem in Deutschland die Menschen zu einer „Vollkaskomentalität“ verleitet (**M 26**, **M 27**).

M28 Überleben in der Eiseskälte

Karl hat kein Zuhause. Er wohnt vor dem Rollgitter einer Tiefgarage in der Hamburger Neustadt oder vor dem Seiteneingang eines Kaufhauses. Im Sommer liegt er an einem der beiden Plätze, zusammengerollt in einem zerschlissenen Anorak und aufgeplatzten Schuhen. Jetzt ist der Asphalt zu kalt. Karl lehnt an der Hauswand, die langen, strähnigen Haare kleben an seinem Kopf. Das zerfurchte, verlebte Gesicht über dem Vollbart sieht älter aus als seine 46 Jahre.

In seinen ledernen, schmutzigen Händen hält Karl ein Fläschchen Wodka. Er spüre die Kälte nicht, behauptet er. Dabei hat er nur das am Leib, was er auch im Sommer immer trägt: Eine cognacfarbene Cordhose, ein blaues Sweatshirt, der abgewetzte Parka steht offen, nur neue Schuhe hat er an. „Es ist so kalt wie immer", sagt Karl. Sein Blick ist glasig. Ein Stück Schnur ersetzt den Gürtel.

Seit Jahren lebt Karl auf Platte. Manchmal lallt er wirres Zeug oder weint. Für Menschen wie ihn ist dieser Winter besonders hart. Mindestens zehn Obdachlose sind in Deutschland bereits erfroren. Nach Angaben der Bundesarbeitsgemeinschaft Wohnungslosenhilfe (BAG) wurden die zehn Männer im Alter von 42 und mehr Jahren zumeist in kleinen und mittleren Städten aufgefunden. „Das liegt daran, dass in vielen Großstädten inzwischen Notunterkünfte oder Kältebusse zur Verfügung stehen, und die Unterstützung auf dem Land und in kleineren Städten immer noch unzureichend ist", sagt BAG-Geschäftsführer Thomas Specht.

Die Obdachlosen starben unter Brücken, in leer stehenden Häusern oder Eingängen. Ein 46-Jähriger erfror im brandenburgischen Lauchhammer. Eine Frau entdeckte den bereits Reglosen morgens in der Nähe einer Obdachlosenunterkunft im Schnee liegend. Auf der Fahrt ins Krankenhaus starb der Mann an Unterkühlung. In der Nacht zuvor hatte es in der Region Tiefsttemperaturen bis zu minus 19 Grad gegeben. (...)

Bundesweit gibt es laut BAG 227 000 Obdachlose. Rund 20 000 leben demnach ganz und gar auf der Straße, meist in den Großstädten. In Ostdeutschland sind etwa 27 000 Menschen und damit im Verhältnis zur Einwohnerzahl deutlich weniger ohne Wohnung als im Westen. Der Grund dafür sei der höhere Leerstand im Osten. Von den zehn Obdachlosen, die in diesem Winter bislang erfroren sind, hatten drei in den neuen Bundesländern gelebt, in Thüringen und Brandenburg.

Den Landstreicher, der nur auf der Straße lebt und von Stadt zu Stadt zieht, weil er dieses Leben frei gewählt hat, gibt es der BAG zufolge kaum mehr. Das sei eine „sehr kleine Minderheit". Die meisten Menschen auf der Straße „passen nirgendwo mehr rein". (...)

„Immer mehr Wohnungslose sind nicht mehr bereit, gängelnde und bevormundende Hausordnungen zu akzeptieren", erklärt Specht. Anstatt sich um 20 Uhr in einem Nachtasyl wegschließen zu lassen – weil später niemand mehr aufgenommen wird oder weil die Habe aus Sicherheitsgründen bewacht werden muss –, versuchten viele Wohnungslose ihr Leben auch unter widrigsten Bedingungen noch so selbstbestimmt wie möglich zu organisieren.

Seit Jahren appelliert die BAG deshalb an die Kommunen, von menschenunwürdig ausgestatteten Asylen Abstand zu nehmen. Stattdessen sollten dezentrale Unterbringungsmöglichkeiten für jeweils nur eine kleinere Zahl von Wohnungslosen geschaffen werden. „Wichtig ist, dass die Betroffenen auch als Gruppe untergebracht werden können, dass sie ihre Hunde mitbringen können und dass sie keine Angst vor Diebstahl und Gewalt zu haben brauchen. Benötigt werden Unterkünfte mit Einzelzimmern, die ein Mindestmaß an Privatheit garantieren, in denen sich die Betroffenen auch tagsüber aufhalten können und die notfalls auch noch nachts aufgesucht werden können." (...)

Karl aus Hamburg hat die vergangenen Nächte trotz klirrender Kälte an seinen Stammplätzen verbracht. Ohne Schlafsack, ohne Decke. Mehrfach sei er angesprochen worden, auch schon vom Team eines Rettungswagens. „Ich beweg' mich aber oder geh' mal in den U-Bahn-Schacht", sagt er. Karl gehört zu denen, die ohne eine einzige Plastiktüte durch die Straßen schleichen. Sein ganzes Hab und Gut trägt er am Körper. „Mir geht es gut", beteuert er leise.

Julia Jüttner: Schicksal Obdachlosigkeit: Überleben in der Eiseskälte, in: Spiegel Online, 8.1.2010, in: http://www.spiegel.de (Zugriff: 9.4.2012)

Obdachloser in Berlin, 2013

M29 Altersarmut

Einsame Rentnerin im Park

Ob ihre Kinder ihr nicht helfen, frage ich, die BILD-Reporterin, die alte Frau in der Zwei-Zimmer-Wohnung. „Ach", antwortet sie leise. „Eine Mutter kann drei Kinder ernähren. Aber drei Kinder können nicht eine Mutter ernähren. Die haben doch ihre eigenen Sorgen. Bei denen reicht das Geld doch auch hinten und vorne nicht ..." (...)

Karla Cholewa, 72 Jahre alt, Berlinerin, drei erwachsene Kinder, hat 50 Jahre hart gearbeitet. Erst als Köchin (600 Mark Einkommen), später selbstständig mit einem Farben- und Lackgroßhandel (4000 Mark Einkommen), dann angestellt als Steuerberater-Gehilfin.

Karla Cholewa sagt: „Heute gibt es bei mir Hühnerbeine mit Reis und morgen Reis mit Hühnerbeinen. Am 1. Januar 1999 habe ich meinen ersten Rentenbescheid bekommen. Seitdem esse ich das fast jeden Tag. Das ist billig und macht satt. Abends dann noch zwei Scheiben Brot mit Butter und Geflügelwurst. Dazu trinke ich Wasser."

Ihr Rentenbescheid ist das Armutszeugnis des Sozialstaats, an den Karla Cholewa geglaubt hat. „Ich bekomme im Monat 571,11 Euro Rente und dazu 147 Euro Grundsicherung. Wenn ich all meine Ausgaben abziehe, bleiben mir am Tag fünf Euro und neun Cent zum Leben." Das waren mal zehn Mark. Das ist heute fast gar nichts mehr.

„Vor 14 Tagen habe ich mir ein Paket Butter gegönnt. 79 Cent habe ich dafür bezahlt. Als ich Freitag im Supermarkt war, hat es auf einmal 1,19 Euro gekostet. Mit welchem Recht ist das so gestiegen? Wie soll ich das bezahlen?"

398,82 Euro Miete zahlt Frau Cholewa jeden Monat für ihre 59-Quadratmeter-Wohnung. 15 Euro für die Unfallversicherung, 20 Euro für Medikamente, 15 Euro für die Sterbekasse. „Ich will nicht, dass meine Kinder alles bezahlen müssen, wenn ich mal nicht mehr bin", sagt sie.

1948 hat Karla Cholewa ihre Ausbildung zur Köchin begonnen. Am 1. Januar 1999 erhielt sie zum ersten Mal Rente. 50 Jahre Arbeit. Das sind rund 17 000-mal morgens aufstehen, fleißig sein, geschafft nach Hause kommen.

„Pause habe ich nur gehabt, als ich meine Kinder bekommen habe", sagt Karla Cholewa. „Oft habe ich 16 Stunden am Tag gearbeitet. Nie habe ich damit gerechnet, dass im Alter mal kein Geld mehr da sein könnte. Ich habe immer gedacht: Wenn ich viel arbeite, dann werde ich später auch was davon haben." Hat sie auch – Schmerzen in den Knien. Ein künstliches Gelenk, mehrere Operationen.

„Wenn ich zum Arzt muss, kostet die Bahnkarte 2,10 Euro. Hin und zurück 4,20 Euro. Ich muss mir dann also überlegen, ob ich fahre oder laufe und was zu essen kaufen kann. Meistens laufe ich. Dass ich im Alter mal so leben muss, haben mir die Politiker nie gesagt!"

Auf dem Küchentisch von Frau Cholewa liegen bunte Werbeprospekte. Manchmal blättert sie darin und sieht sich die Elektrogeräte an. „Wir alten Leute haben doch so viele alte Geräte. Die gehen mit der Zeit auch kaputt. Was Neues kann ich mir nicht leisten. Zu meinem letzten Geburtstag haben meine drei Kinder zusammengelegt und mir eine neue Waschmaschine geschenkt."

Dafür, dass Karla Cholewa lebt, wie sie lebt, leben muss, ist sie milde und nicht allzu wütend auf Politik und Sozial-Abzocker: „Ich kenne junge Leute, die von Hartz IV leben und mehr haben als ich – obwohl die nie gearbeitet haben. Die kennen einfach alle Tricks. Aber so ist das wohl heute. Da ist Deutschland selbst schuld dran."

Die Arbeitslosigkeit fällt, die deutsche Wirtschaft brummt. Und in der Hauptstadt des Landes, das sie mit aufgebaut hat, sagt Karla Cholewa diese Sätze: „Ich mach mir um die Zukunft keine Gedanken. Ich muss einfach nur sehen, dass ich jeden Tag irgendwie rumkriege."

Francesca Moulinari: Altersarmut – ich habe nur 5 Euro am Tag zu leben, Bild v. 21.8.2007, in: http://www.bild.de (Zugriff: 9.4.2012)

M 30 „Die Würde des Menschen steht unter Finanzierungsvorbehalt"

Ich bin langzeiterwerbslos. Tag für Tag, Nacht für Nacht, Woche für Woche, Monat für Monat, Jahr für Jahr. Die Stiftung, mit der ich viele Jahre zusammen gearbeitet habe, ist pleitegegangen. Ich bin „zu alt" für den Arbeitsmarkt und habe viel zu viel subversive politische Arbeit gemacht, um eine bezahlte Arbeit zu finden. Ich bin erwerbslos, nicht arbeitslos, darauf bestehe ich.

„Die wollen doch gar nicht arbeiten!" „Arbeit. Ich arbeite immer, nie arbeite ich nicht. Ein anderes Wort für Leben" (Anja Meulenbelt in: Die Scham ist vorbei). Arbeiten tue ich mehr als genug. Lese, schreibe an gegen die Vernichtung des Sozialen, rede bei Veranstaltungen und Kundgebungen, organisiere Aktionen gegen Krieg, Globalisierung und Gewalt, die Frauen angetan wird. Ich entwickle Programme für Kinder, die arm sind, die Schwierigkeiten mit der Schule haben. Flüchtlingskinder, ihre Eltern geflohen aus unerträglichen Lebensverhältnissen, vor großer Armut und Gewalt, vor Krieg, vor Bombardements und Vergewaltigung in ihren Heimatländern. (...)

Ich arbeite. Fotografiere den Verfall und den Tanz um das goldene Kalb in der Stadt, in der ich lebe. Hier, in Oberhausen, ist die Erwerbslosigkeit wie überall im Ruhrgebiet sehr hoch. Die Folgen der Globalisierung sind deutlich zu spüren. Die Armut ist sichtbar. Die alte Stadt stirbt. Gleichzeitig haben wir das größte Einkaufszentrum Europas hier, in das Tag für Tag viele Tausend Menschen strömen. Der Konsumtempel scheint nicht glücklich zu machen, die Gesichter jedenfalls sehen nicht besonders froh aus. Das „Centro" wird als großer Fortschritt gepriesen.

Ich bin Sammlerin. Sammle Zeugnisse über die Anpassung der Medien und der Werbung an die Verarmung. „Essen Sie sich reich! Hier sind die Brötchen einen Cent billiger", wirbt eine Bäckerkette. „Wenn die Menschen kein Brot haben, sollen sie doch Burger essen – Deutschland braucht einen König!" wirbt Burger King in Anlehnung an den berühmten Satz von Marie Antoinette, als sie den Hungermarsch auf Versailles ankommen sieht. In 15 Jahren habe ich ein Friedensarchiv aufgebaut, sammle Zeugnisse über subversiven Widerstand, Widerständigkeit, von Verbrechen gegen die Menschlichkeit, vor allem auch von Hoffnungsmomenten. Ich sitze bis spät in die Nacht und lese, schneide aus, klebe ein. In 600 Ordnern werden Dokumente gesammelt, unendlich viele Reden, Flugblätter, Artikel sind im Computer gespeichert, Fotos, Filme und Kunst zusammengetragen. Seit 48 Jahren bin ich Friedensarbeiterin, bin in viele Teile der Erde, in Atomtestgebiete und in Länder gegangen, in denen Krieg ist. Um Solidarität zu zeigen, um auf Folterpraktiken aufmerksam zu machen, um Widerstand zu unterstützen.

Für mich sind die unerträglich, die meinen, sie tun etwas Gutes, wenn sie für die „Vertafelung der Gesellschaft" arbeiten. Alleine in meiner Stadt mit etwas über 200 000 EinwohnerInnen gibt es elf Ausgabestellen der Tafel. Ich weiß, dass sie überlebensnotwendig für viele Menschen geworden sind. Aber sie sind keine Lösung. Wir tappen in die Wohltätigkeitsfalle. Haben die Kinder keine Bücher zum Schulanfang? Dann beginnen wir eben zu sammeln, Ver.di, die Kirchen und andere. Und meinen es gut. „Ich bekomme mehr zurück, als ich gebe", sagt Frau Christiansen, wenn sie von ihren Unicef-Touren zurückkommt. Wohl wahr. Ach, diese großen traurigen Kinderaugen, die so dankbar sind für die Krumen. Unicef ist zum Ablass der Gesellschaft mutiert. Die Perversion der Spendengalaveranstaltungen, wo die Reichen zu ihrer Erbauung zusammenkommen, um „Gutes" zu tun, ist kaum zu toppen. (...)

Arbeitslos? Nein, ich bin erwerbslos, nicht arbeitslos. Arbeitslos sind die „Anderen". Die sich langweilen, die die Gerichts- oder Talkshows in den Privatsendern schauen. Die keine Zeitung mehr lesen, das Saufen anfangen. In diesen Talk- und Gerichtsshows, in sogenannten „ExpertInnendebatten", auch in den öffentlich rechtlichen Medien, wird Stimmung gegen die Erwerbslosen, kaum gegen die Erwerbslosigkeit gemacht. Mit Unterstützung von PolitikerInnen und devoten Medien wird ein widerlicher Generalverdacht gegen Erwerbslose lanciert. Die Menschen hören so viel über die betrügerischen Absichten, die Abzockerei der Arbeitslosen, dass sie nach und nach ihre eigene Misere als selbst verschuldet empfinden. Die „Anderen", das sind die mit den grauen Gesichtern, die in der Schlange im Arbeitsamt vor und hinter mir stehen.

Ellen Diederich: „Die Würde des Menschen steht unter Finanzierungsvorbehalt", Dezember 2007, in: http://www.armutszeugnisse.de (Zugriff: 9.4.2012)

Marie Antoinette (1755–1793), Erzherzogin von Österreich, wurde durch ihre Heirat mit Ludwig XVI. Königin von Frankreich. Als hungernde Bauern demonstrierten, weil sie kein Brot hatten, soll sie gesagt haben: „Dann sollen sie Brioche (Kuchen) essen!" Marie Antoinette starb während der Französischen Revolution am 16.10.1793 in Paris auf dem Schafott

M31 Nicht wirklich Arbeit

Behinderte an einem Büro-Arbeitsplatz, 2009

Erster Arbeitsmarkt: der reguläre Arbeitsmarkt, auf dem die bestehenden Arbeits- und Beschäftigungsverhältnisse ohne Zuschüsse bzw. staatliche Leistungen zustande kommen

Nehmen wir mich persönlich: über 40, studierte Anglistin, kaum nachweisbare Arbeitserfahrung („gemeinnützige zusätzliche Arbeit" – gzA – heißt zwar so, gilt aber nicht als Arbeit – wenn ich von diesen gzA-Jobs insgesamt auch schon viel in meinem bisherigen Lebenslauf zu stehen habe, nützt mir das nichts), psychisch und sichtbar körperlich behindert.

So, wie die ArbeitgeberInnen jemanden in unserer Gesellschaft abwimmeln, wenn sie „schwer behindert" nur hören – damit will sich keiner auseinandersetzen –, kann ich mich lange bewerben, und es ist alles Zeit- und Papier- und Müheverschwendung. Da nützt einer alle Beamtenherkunft und gute Ausbildung nichts. Man hat einfach keine Chance auf dem Ersten Arbeitsmarkt. Meine Sachbearbeiterin auf dem Arbeitsamt sagte mir, dass sie es schön finde, dass ich nicht wie so viele Langzeitarbeitslose „alkoholisiert in der Ecke liege". Also lebe ich – wie schon seit Jahren – als arme Sozialhilfeempfängerin weiter und habe (fast) keine Chance, jemals einen Cent für mein Alter in die Rentenkasse einzahlen zu können – bei allem guten Willen nicht (und schon gar nicht, Zusatzaltersversicherungen abzuschließen). Also liegen noch ca. 50 Jahre Sozialhilfe-Dasein vor mir. Mit bisher knappen 148 Euro Rentenanspruch, die vorne und hinten nicht reichen werden.

Nun bin ich ja ein vielseitig interessiertes Wesen und weiß mich durchaus zu beschäftigen. Zum Beispiel arbeite ich als gzA an einer gesamtgesellschaftlich sinnvollen Stelle und erhalte als Akademikerin 1,50 Euro pro Arbeitsstunde (60 Std./Monat). Ich bin bei einem Bezirksbehindertenbeauftragten in Berlin beschäftigt. Wir sind für die Belange der behinderten BürgerInnen des Bezirkes da. Diesen gzA-Arbeitsplatz fülle ich mindestens im Umfang einer Halbtagsstelle aus. Das mache ich nun schon ein Jahr, aber wir erinnern uns: Das gilt nicht als Arbeit.

Darüber hinaus arbeite ich, wenn ich nicht in behinderungsbedingten Zusammenhängen unterwegs bin, an meinen Referaten, mit denen ich manchmal sogar Peanuts verdiene – gelegentlich mal 100 Euro für einen 3 Stunden-Vortrag (zuzüglich xx Stunden Vorbereitung, Recherchen o. ä.). Die ganze Forschungs- und Vorbereitungszeit ist natürlich wieder meine Privatangelegenheit und gilt nicht als bezahlte Arbeitszeit.

Meiner Ansicht nach ist es gesamtgesellschaftlich relevant, über die Lebensbedingungen behinderter Frauen (auch international) zu forschen und ein Bewusstsein darüber zu schaffen, wie auch über historische Frauenpersönlichkeiten Wissen zu erarbeiten und zu verbreiten (ich bin schon lange frauenbewegt). Also: Das mache ich alles, weil es mir sehr großen Spaß macht und mich interessiert – aber das Wort Arbeit bedeutet ja „Mühsal, Anstrengung", für Spaß wird man in unserer Gesellschaft nicht bezahlt.

Und es gibt viele Arbeiten, die mir keinen Spaß machen (würden). Zum Beispiel zeitlich total festgelegt in einer Zuverdienst-Arbeitsstelle oder Behindertenwerkstatt Briefe kleben oder Wäsche für andere Leute machen. Das ist zwar wichtig, aber nicht das, was ich als gesamtgesellschaftlich sinnvolle Arbeit zu leisten in der Lage bin, denn es würde mich nicht wirklich ausfüllen, und Monotonie und Rigidität machen mich kaputt. Zwar handelt es sich bei ca. 50 Cent Stundenlohn um akute Ausbeutung, aber immerhin erwirbt man hierbei – und nicht zu knapp – Rentenansprüche. Aber rententechnisch habe ich jedenfalls von meinen gegenwärtigen interessanteren Tätigkeiten nichts, gzA und die selbstständige Tätigkeit des Forschens sind ja nicht als Arbeit anerkannt, siehe oben. (...)

Mir bleibt also nur der klassische Weg für ein materiell gesichertes Alter: Die Ehe, und dass ich nun doch wieder alle meine Lebenskraft in „ihn", in Beziehungsarbeit stecke.

Patricia Odenthal (Name geändert): Behinderte Frauen und ihre „Lebensqualität" im Alter – ein persönlicher Bericht, o. J., in: http://www.armutszeugnisse.de (Zugriff: 9.4.2012)

„Sozialschmarotzer"? – Leben Menschen unnötig auf Kosten aller?

Immer wieder lebt im Sozialstaat die Diskussion über „Sozialschmarotzer" auf. Damit sind Menschen gemeint, die angeblich das Sozialsystem ausnutzen, um sich ein schönes Leben zu machen, ohne dafür zu arbeiten. Die Bezeichnung wird häufig auch polemisch in Medien und allgemein in politischen Debatten gebraucht. Ziel dabei ist es, Arbeitslose, Sozialhilfeempfänger, Langzeitstudenten, Asylanten, Kinderlose oder auch Kinderreiche generell als Gruppen zu diskreditieren. Solche Ressentiments werden politisch häufig genutzt, um Einschnitte ins Sozialsystem vorzubereiten.
Kritiker werfen einigen Medien vor, durch Berichte zu Einzelfällen Stimmungen zu schüren und so in der Öffentlichkeit Sozialneid zu erzeugen und den Sozialstaat in Misskredit zu bringen.

M 32 „Bild"-Schlagzeilen

„Bild", 24.12.05

Berlins schlimmster Sozial-Schmarotzer aufgeflogen!

„Bild", 28.12.05

Karibik-Klaus: So habe ich alle abgezockt

„Bild", 27.12.05

Berliner Sozial-Schmarotzer ist dreister als Florida-Rolf
Karibik-Klaus lacht alle aus!

„Bild", 29.12.05

Das Prunk-Haus von Karibik-Klaus

M 33 „Bild"-Zeitung: Auf's falsche Pferd gesetzt?

Bei der letzten Bundestagswahl (2002) konnte „Bild" kaum etwas ausrichten. Das Blatt unterstützte recht offen den Kandidaten der Unionsparteien, Edmund Stoiber. Die Ausgangsvoraussetzungen waren gut. Der Wahltermin fiel in den einsetzenden wirtschaftlichen Abschwung. Und die Bilanz von Rot-Grün war nach vier Jahren Regierung, freundlich ausgedrückt, eher durchwachsen:
Doch was machte „Bild"? Das Blatt attackierte die Fernsehmoderatorin Sabine Christiansen, weil sie Stoiber angeblich unfair behandelt hatte. Als das nichts fruchtete, rief es kurzerhand den Bayern zum Sieger des letzten Fernsehduells der beiden Kandidaten aus. Das war insofern erstaunlich, als die sonst so volksnahe „Bild"-Zeitung damit im Widerspruch zu sämtlichen Umfrageergebnissen stand, die mit großem Abstand den Kandidaten Gerhard Schröder vorne sahen.
Wenn es der mit täglich zwölf Millionen Lesern größten deutschen Zeitung trotz bester Rahmenbedingungen nicht gelingt, dem von ihr unterstützten Kandidaten in einem Kopf-an-Kopf-Rennen einen entscheidenden Vorteil zu verschaffen, kann es mit dem Einfluss des Blattes auf die politische Meinungsbildung seiner Leser nicht allzu weit her sein. Diese Erkenntnis ist nicht sonderlich überraschend. Welcher Normalbürger kauft sich schon die „Bild"-Zeitung wegen ihrer politischen Berichterstattung?
Vielleicht tröstet man sich bei „Bild" damit, dass einige – zugegeben nicht ganz unwichtige – Leser der politischen Berichterstattung des Blattes unverdrossen allergrößte Bedeutung beimessen: So dürfte Gerhard Schröder nicht der einzige Politiker sein, der davon überzeugt ist, dass man zum Regieren eigentlich nur „Bild", „BamS" und die Glotze braucht.

Kai-Hinrich Renner: „Florida-Rolf" und Bohlens Lebensbeichte – zum Agenda-Setting der „Bild-Zeitung", 2.12.2003, in: www.bpb.de (Zugriff: 20.8.2013)

M34 Florida-Rolf, Viagra-Kalle und Yacht-Hans

Das sind Kosenamen, die das Bild der Sozialhilfeempfänger als Missbraucher öffentlicher Leistungen in den Unterhaltungsmedien im letzten Sommerloch gezeichnet haben. (...) Den größten Wirbel hat Florida-Rolf ausgelöst. Bei ihm handelt es sich um einen 1939 geborenen Deutschen, der sich seit 1979/80 mit einem zeitlich unbegrenzten Touristenvisum in den Vereinigten Staaten von Amerika aufhält, und zwar seit 1985 im Miami/Florida. Zur Behandlung eines schweren Gallenleidens reiste er regelmäßig in die Bundesrepublik Deutschland ein, wo er den Versuch, in Köln 1990 einen Versandhandel zu begründen, noch im selben Jahr wegen ausbleibenden geschäftlichen Erfolgs wieder abbrach. Ende März 1993 beantragte er erstmals Hilfe zum Lebensunterhalt für Deutsche im Ausland mit der Begründung, er sei mittellos sowie erwerbsunfähig und könne Unterstützung von Angehörigen oder Fürsorgeleistungen in den USA nicht erhalten. (...) Bis zu seiner Änderung durch das Gesetz zur Umsetzung des Föderalen Konsolidierungsprogramms mit Wirkung zum 27.6.1993 hat diese Vorschrift in Abs. 1 S. 1 bestimmt, dass Deutschen, die ihren gewöhnlichen Aufenthalt im Ausland haben und dort der Hilfe bedürfen, Hilfe zum Lebensunterhalt, Krankenhilfe sowie Hilfe für werdende Mütter und Wöchnerinnen gewährt werden soll. (...) Festzuhalten bleibt, dass der in der Öffentlichkeit so attackierte „Florida-Rolf" nichts anderes gemacht hat, als auf ganz legalem Weg sein Recht zu suchen und zu bekommen. (...).

Dennoch hat die Bundesregierung (...) sich veranlasst gesehen, in einer beispiellosen Blitzaktion innerhalb Wochenfrist im Bundestag einen Gesetzentwurf zur Änderung des § 119 BSGH einzubringen. Nach ihrem Vorschlag erhalten Deutsche mit gewöhnlichem Aufenthalt im Ausland keine Leistungen, wovon im Einzelfall nur abgesehen werden kann, soweit dies wegen einer außergewöhnlichen Notlage unabweisbar ist. (...)

Wer seinen Sozialhilfeanspruch vor den Gerichten geltend macht, ist noch lange kein Missbraucher öffentlicher Leistungen, sondern übt ein vom Grundgesetz eingeräumtes Recht aus, das zu den großen Errungenschaften des sozialen Rechtsstaats gehört.

Albrecht Brühl: Florida-Rolf, Viagra-Kalle und Yacht-Hans, in: info also 1/2

Das **Bundessozialhilfegesetz (BSHG)** regelte von 1962 bis 2004 Art und Umfang der Sozialhilfe für bedürftige Einwohner der Bundesrepublik Deutschland. Die bisherigen Bestimmungen des BSHG sind ab 1. Januar 2005 von den Bestimmungen im Zwölften Buch Sozialgesetzbuch (SGB XII) abgelöst worden

M35 Schröder und die „Drückeberger"

Mit seinem auf vermeintliche „Drückeberger" unter den Arbeitslosen gemünzten Spruch, dass es kein Recht auf Faulheit gebe, hat Gerhard Schröder eine heftige Debatte losgetreten. Schon in seiner Zeit als niedersächsischer Regierungschef gefiel sich Schröder darin, Lehrer als „faule Säcke" zu bezeichnen. (...)

Was treibt den Kanzler dazu, das Uralt-Thema angeblicher Drückeberger wieder hervorzukramen? Und vor allem: Welchen Anteil haben diese Arbeitsunwilligen überhaupt an der Gesamtzahl der Arbeitslosen?

Bis heute hat noch niemand den Beweis erbracht, dass die „Arbeitsunwilligen" einen nennenswerten Anteil an der Gesamtzahl der Arbeitslosen ausmachen. Aber der Kanzler steht unter Zugzwang. Bis zum Herbst des kommenden Jahres will er die Arbeitslosenzahl auf 3,5 Millionen drücken. Keine leichte Aufgabe, denn im März 2001 waren noch fast vier Millionen Menschen in Deutschland ohne Job. Schröder muss also damit rechnen, dass er sein arbeitsmarktpolitisches Ziel verfehlt. (...) Der Verdacht liegt also nahe, dass der Kanzler schon jetzt nach Sündenböcken sucht, die er im Falle eines Fehlschlags öffentlichkeitswirksam präsentieren kann.

http://www.wdr.de/online/news/schroeder_faul/chronik.phtml

1 Erläutern Sie, wie der Fall des „Florida-Rolf" zum Medienthema wurde.

2 Erläutern Sie, wie Schröder das Thema der Medien aufnahm und es nutzte. Nehmen Sie selbst Stellung dazu.

Abriss oder Umbau? – Der Sozialstaat in der Diskussion

Ziele des Sozialstaats sind soziale Sicherheit, soziale Gerechtigkeit und Teilhabe aller Menschen an den gesellschaftlichen und politischen Entwicklungen. Der Sozialstaat ist damit ein wichtiger Teil der sozialen Marktwirtschaft. Vor allem infolge wirtschaftlicher Probleme ist es in Deutschland immer schwieriger, die ursprünglichen Leitbilder der sozialen Marktwirtschaft aufrechtzuerhalten. Die Probleme des Sozialstaats verlangen deshalb nach Lösungen, die den wirtschaftlichen und sozialen Verhältnissen angemessen sind. Viele Lösungsvorschläge werden diskutiert. Sie sind abhängig von wirtschaftlichen Interessenlagen, politischen Programmen und ideologischen Standpunkten. Soll der Sozialstaat reformiert, umgebaut oder abgerissen werden?

M36 Leitbild der sozialen Marktwirtschaft

Das Leitbild der sozialen Marktwirtschaft entstand am Ende des Zweiten Weltkriegs. Seine geistigen Väter sind Walter Eucken und Alfred Müller-Armack.

„Sozial" steht für soziale Gerechtigkeit und Sicherheit, „Marktwirtschaft" für wirtschaftliche Freiheit. Die soziale Marktwirtschaft hält grundsätzlich an der Souveränität des Individuums fest. Diese sollte allerdings dort ihre Grenze finden, wo fundamentale Rechte und Interessen anderer beeinträchtigt werden. Das Grundziel der sozialen Marktwirtschaft heißt entsprechend: „So viel Freiheit wie möglich, so viel staatlicher Zwang wie nötig." Ihre Aufgabe ist es, auf der Grundlage von Markt und Wettbewerb das Prinzip der Freiheit mit dem des sozialen Ausgleichs und der sozialen Gerechtigkeit zu verknüpfen.

Der Mensch ist also sowohl Individual- als auch Kollektivwesen. Damit liegt die soziale Marktwirtschaft auf einer Linie zwischen der auf dem Individualprinzip beruhenden Marktwirtschaft und der dem Kollektivprinzip folgenden Planwirtschaft.

Wirtschaftliche Freiheit bedeutet, dass die Verbraucher frei entscheiden können, wie sie ihr Einkommen verwenden. Die Eigentümer der Produktionsmittel können frei wählen, ob sie ihre Arbeitskraft, Sachgüter oder unternehmerischen Fähigkeiten zur Verfügung stellen (Gewerbefreiheit, Berufsfreiheit, Freiheit der Eigentumsnutzung). Unternehmer haben die Freiheit, Güter nach ihrer Wahl herzustellen und abzusetzen. Käufern und Verkäufern von Gütern steht es frei, sich neben anderen um das gleiche Ziel zu bemühen (Wettbewerbsfreiheit).

Ist die Funktionsfähigkeit des freien Wettbewerbs gesichert, werden über Angebot und Nachfrage die Wirtschaftspläne so aufeinander abgestimmt, dass die Wirtschaft quasi selbstläufig optimale Ergebnisse erzielt.

Die wirtschaftliche Freiheit soll durch den Staat dort beschränkt werden, wo sie die soziale Gerechtigkeit und die soziale Sicherheit gefährdet. So ist es etwa Aufgabe der Wirtschaftspolitik, die negativen Folgen von Konjunkturschwankungen – Arbeitslosigkeit, Inflation – zu dämpfen. Die Einkommens- und Vermögensverteilung soll zugunsten der leistungsschwächeren Bevölkerungsgruppen staatlich korrigiert werden; es findet eine Umverteilung statt. Instrumente der Wirtschaftspolitik in einer sozialen Marktwirtschaft sind z. B. Einkommens- und Vermögensteuern, die die Steuerpflichtigen gemäß ihrer Leistungsfähigkeit belasten, Sparprämien für Einkommensschwächere und Lohnpolitik. In der Lohnpolitik üben Gewerkschaften und Arbeitgeberverbände als Sozialpartner bzw. Tarifpartner einen bedeutenden Einfluss aus. Sozial Schwächere werden durch ein soziales Netz (z. B. durch Arbeitslosenversicherung, Kinder- und Erziehungsgeld, Wohngeld, Sozialhilfe) abgesichert. Der Staat übernimmt Aufgaben, die der Markt nicht oder nur sehr eingeschränkt erfüllen kann, wie etwa struktur- und bildungspolitische Aufgaben.

Bundeszentrale für politische Bildung (Hg.): Wirtschaft heute, Bonn 2006, S. 30

M37 Modellfall soziale Marktwirtschaft

Der Politikwissenschaftler Christoph Butterwegge über den Umgang mit dem Sozialstaat: Der Sozialstaat in Deutschland, denke ich, ist ein Vorbild gewesen, ein Modellfall, der prägend war für die ganze Welt. Er besteht letztlich seit ungefähr 120 Jahren. In den 80er-Jahren des 19. Jahrhunderts hat Bismarck die ersten Sozialversicherungen geschaffen: 1883 die Krankenversicherung, 1884 die Unfallversicherung und 1889 die Invaliditäts- bzw. Altersversicherung. Dieses Sozialversicherungsmodell, das eigentlich für die ganze Welt von Bedeutung war, steht gegenwärtig, denke ich, zur Disposition. Der französische Soziologe Pierre Bourdieu hat gesagt: Was im kulturellen Bereich für Europa Beethoven, Mozart und Goethe sind, das stellt im Grunde im Sozialen der Wohlfahrtsstaat in Europa dar. Ich glaube deshalb, dass man um seine Erhaltung kämpfen muss, dass man dafür eintreten muss, dass er nicht demontiert wird, dass er nicht in einer Art und Weise umgebaut wird, die letztlich einen Abbau darstellt.

Ich will im Folgenden vier Argumentationsmuster darstellen und kritisieren, die benutzt werden, um zu vermitteln, warum ein Um- bzw. Abbau des Sozialstaates unvermeidlich sei:

Erstens wird gesagt, der Sozialstaat sei in der Bundesrepublik Deutschland so hoch entwickelt, dass er im Grunde nicht länger finanzierbar sei auf die Art und Weise, wie das gegenwärtig geschieht. Das *zweite* Argument, welches vorgebracht wird, um zu begründen, warum ein Sachzwang bestehe, den Sozialstaat grundlegend zu verändern, ist sein angeblich massenhafter Missbrauch. Das *dritte* – wie ich finde – schon ernster zu nehmende Argument besteht in dem demografischen Wandel und in der mangelnden Generationengerechtigkeit. Und das *vierte* Argumentationsmuster, mit dem ich mich beschäftigen möchte, besteht in dem Schlagwort Globalisierung. Wenn die verschiedenen Länder als Wirtschaftsstandorte mit- bzw. gegeneinander konkurrieren, so wird gesagt, dann könne ein Sozialstaat wie die Bundesrepublik Deutschland auf dem Weltmarkt nicht wettbewerbsfähig sein, wenn andere Länder einen weniger hoch entwickelten Sozialstaat hätten. Daraus wird ebenfalls der Zwang abgeleitet, Sozialstaatlichkeit zu beschneiden. (…)

Das *erste Argument*, der Sozialstaat der Bundesrepublik Deutschland sei sehr hoch entwickelt, beruht auf der Vorstellung, dass kein anderer Sozialstaat eigentlich so großzügig mit seinen Mitteln verfahre wie der deutsche. Wenn man Menschen in der Bundesrepublik Deutschland – Passanten auf einem Marktplatz beispielsweise – fragen würde, welches der entwickeltste Sozialstaat auf der Welt oder zumindest in Europa sei, würden fast alle Befragten antworten: der deutsche. Und dasselbe würde auch passieren, wenn man Norwegerinnen und Norweger befragen würde oder Italienerinnen und Italiener oder Kanadierinnen und Kanadier. Da aber natürlich nicht alle Recht haben können, wenn sie annehmen, dass der eigene Sozialstaat der entwickeltste, der großzügigste sei, muss man fragen: Wie verhält es sich tatsächlich mit den unterschiedlichen Sozialstaaten? (…)

Wenn man diese Frage historisch untersucht, dann braucht man ein Kriterium, das angelegt wird an den Sozialstaat, und dieses Kriterium ist normalerweise die Sozialleistungsquote, das heißt der Anteil dessen am Bruttoinlandsprodukt, also an dem, was gesamtwirtschaftlich an Produkten und an Dienstleistungen erwirtschaftet wird pro Jahr, jener Anteil, der davon für Soziales ausgegeben wird – und dieser Anteil, die Sozialleistungsquote, betrug im Jahr 2003 (*in Deutschland*) über den Daumen gepeilt 33 Prozent. Also ein knappes Drittel all dessen, was erwirtschaftet worden ist, wurde für Soziales ausgegeben: für Medizin, für Krankengeld, für Renten, für Bafög, für all die sozialen Leistungen, die im Wohlfahrtsstaat Bundesrepublik Deutschland gesetzlich festgeschrieben und vorgesehen sind.

Guckt man nun zurück auf das Jahr 1975 und fragt, wie das vor 28/29 Jahren aussah, stellt man fest: Damals lag die Sozialleistungsquote ebenfalls bei ungefähr 33 Prozent, d. h., auch damals wurde ein knappes Drittel all dessen, was erwirtschaftet wurde, ausgegeben für soziale Leistungen. (…) Das heißt, der Sozialstaat Bundesrepublik Deutschland ist heute nicht entwickelter, als er dies 1975 war. Daraus ziehe ich den Schluss, dass die Behauptungen, der Sozialstaat sei in letzter Zeit zu großzügig, zu weit entwickelt worden, falsch sind.

Das *zweite Argument*, das vorgetragen wird, um den Umbau des Sozialstaates zu rechtfertigen, geht in die Richtung zu sagen, es finde ein massenhafter Missbrauch von Sozialleistungen statt, und weil dies so sei, müssten

Christoph Butterwegge (geb. 1951), Professor für Politikwissenschaft

Zeichnung: Mester

strengere Kontrollen angelegt werden, es müsse auch die Struktur des Sozialstaates in die Richtung verändert werden, dass ein solcher Missbrauch in dem Maße nicht mehr möglich sei.

Ein solcher Missbrauch besteht ganz sicherlich, wie alle Rechte und alle Leistungen, die es gibt, auch missbraucht werden. Aber niemand würde ein Grundrecht, wie z. B. das Post- und Fernmeldegeheimnis deshalb infrage stellen, weil über Telefone auch Verbrechen verabredet werden. Genauso, denke ich, ist bei Sozialleistungen zu fragen: In welchem Maße werden sie missbraucht? Wenn dies in einem minimalen Ausmaß der Fall ist, dann – denke ich – muss man einen solchen Missbrauch hinnehmen. Missbrauch von Sozialleistungen, den es gibt, wird aber in der Öffentlichkeit und in den Medien häufig dramatisiert. Es wurde im Jahre 2003 über viele Wochen hinweg in großen Boulevardzeitungen berichtet über den sog. Florida-Rolf, einen Sozialleistungsempfänger in Miami/Florida, der angeblich auf Kosten der deutschen Steuerzahler mit Sozialhilfeleistungen eine Luxuswohnung unter Palmen unterhielt (s. S. 106). Ich bin allerdings der festen Überzeugung, dass dies nicht nur ein hochgespielter Einzelfall war, sondern dass es auch eine absolute Ausnahme war, ja dass es sich eigentlich auch nicht um Missbrauch handelte. Denn es gibt das Urteil eines niedersächsischen Gerichtes, das feststellte, diesem Sozialhilfebezieher könne wegen Selbstmordgefahr nicht zugemutet werden, zumindest in den nächsten Monaten in die Bundesrepublik Deutschland umzuziehen. Die meisten derjenigen unter Tausend von fast drei Millionen Sozialhilfeempfängerinnen und Sozialhilfeempfängern, die im Ausland leben – knapp Tausend unter ungefähr drei Millionen sind es überhaupt nur – die meisten sind Jüdinnen und Juden, denen man nach 1945 die Rückkehr nach Deutschland nicht zumuten mochte.

Die *nächste Argumentation*, die ich thematisieren möchte, ist schon sehr viel ernster zu nehmen. Es wird behauptet, der demografische Wandel unterhöhle die Grundlagen des Sozialstaates. Dadurch, dass die Gesellschaft kollektiv altere und dann auch ein Bevölkerungsschwund längerfristig feststellbar sei, dadurch sei es nicht mehr möglich, wie bisher die Renten zu finanzieren, sondern es müssten immer weniger Erwerbstätige immer mehr Rentnerinnen und Rentner aushalten und dies – so wird gesagt – sei im Grunde auf Dauer in den nächsten Jahrzehnten so nicht mehr möglich.

Diese Argumentation bauscht ebenfalls eine Entwicklung, die ich nicht leugnen will, auf. Ich bezweifle, dass dies so entscheidend ist für den Sozialstaat. Denn so plausibel es auf den ersten Blick erscheint, dass, wenn es mehr Rentnerinnen und Rentner gibt und Menschen, auch weil sie eine höhere Lebenserwartung haben, über einen längeren Zeitraum hinweg Rentenzahlungen bekommen, so plausibel es erscheint, dass dann entweder die Renten gekürzt werden müssen oder aber die Beiträge erhöht, so unvollständig ist eigentlich diese Alternative. Denn es gäbe natürlich dritte Möglichkeiten: Man könnte weitere Bevölkerungsgruppen in die gesetzliche Rentenversicherung aufnehmen, z. B. Beamte, Selbstständige, Abgeordnete, Minister. Man könnte auch den Bundeszuschuss erhöhen, also mehr Steuergelder in das System hineinnehmen. Man könnte aber auch die Beitragsbemessungsgrenze (s. S. 124) erhöhen, das heißt die Solidarität derjenigen, die einzahlen in die Gesetzliche Rentenversicherung, nicht enden lassen bei einem monatlichen Einkommen von 5150 Euro, sondern sie auch für das Rentenversicherungsbeiträge zahlen lassen, was sie darüber hinaus verdienen. Denn ich glaube, gerade über das, was jemand über 5150 Euro im Monat verdient, kann er solidarisch mit anderen sein und in die Gesetzliche Rentenversicherung, zusammen mit seinem Arbeitgeber, einzahlen. Also Rente ist keine Frage der Biologie, sondern eine Frage der Politik.

Christoph Butterwegge, Abschaffen oder umbauen? – Die Zukunft des Sozialstaats, Südwestrundfunk, 7.3.2004, in: http://www.kulturpunkt.ch (Zugriff: 10.4.2012)

M38 Umbau des Sozialstaats – Die Mechanismen

Christoph Butterwegge über die Ursachen von Sozialabbau:

Ich sehe im Wesentlichen vier Tendenzen, wie der Sozialstaat ab- und umgebaut wird. *Erstens* wird der Sozialstaat zum Minimalstaat. Dort, wo früher, besonders im sozialen Bereich, ein ausgebauter Staat war, wird jetzt ein schlanker Staat erwartet. Dieser schlanke Staat ist aber sehr häufig eher ein magersüchtiger Staat, der soziale Leistungen nicht mehr bereithält, die lange Zeit eigentlich eine Selbstverständlichkeit waren.

Zweitens wird der Wohlfahrtsstaat zu einem „nationalen Wettbewerbsstaat" gemacht. Das Soziale wird nicht mehr als Eigenwert betrachtet, so wie das Grundgesetz der Bundesrepublik Deutschland in Artikel 20 und in Artikel 28 es fordert, sondern das Soziale wird dem Wirtschaftlichen untergeordnet. Der Sozialstaat soll dafür sorgen, dass der Wirtschaftsstandort Deutschland konkurrenzfähiger wird. Dies soll beispielsweise erreicht werden dadurch, dass der Kündigungsschutz gelockert wird.

Drittens wird aus dem Sozialstaat zumindest der Tendenz nach ein Kriminalstaat. Während der Bereich des Sozialen dereguliert und verschlankt wird, werden andere Bereiche des Staates, der Teil, den man als Sicherheitsstaat, auch als Repressionsapparat des Staates bezeichnen kann, eher weiter verstärkt. Denn ein Staat, der Sozialleistungen abbaut, muss sich gerade gegen Proteste wappnen und womöglich gar in anderen Bereichen ein sehr starker Staat sein. Die Videoüberwachung öffentlicher Plätze, die Einschränkung demokratischer Rechte, der Platzverweis für Gruppen, die wie Bettler, wie Obdachlose, wie Punks nicht in das Bild von luxuriösen Innenstädten hineinpassen – all diese Maßnahmen bedeuten eher, dass der Sicherheitsstaat ausgebaut wird, während der Sozialstaat verschlankt wird. Ein Staat, der am Sozialen spart, der wird wahrscheinlich auf der anderen Seite die Sicherheitsapparate ausbauen, und er wird auch ein Mehr an Kriminalität, ein Mehr an Drogensucht, ein Mehr von Verelendung und Verwahrlosung der Jugend beobachten und natürlich dann auch mit entsprechenden polizeilichen Mitteln bekämpfen müssen.

Viertens schließlich wird aus dem aktiven Sozialstaat, so wie wir ihn in den letzten Jahrzehnten in der Bundesrepublik Deutschland gekannt haben, ein „aktivierender Sozialstaat". Es wird mit dieser Formel an sich etwas Positives beschworen, nämlich dass Sozialleistungsempfänger nicht nur Geld erhalten, sondern auch motiviert werden sollen, sich selber z. B. als Arbeitslose um eine Stelle zu bemühen. Aber gerade dann, wenn Menschen privat vorgesorgt und sich so verhalten haben, wie das in diesem neoliberalen Diskurs des Umbaus des Sozialstaates von ihnen gefordert wird, wenn sie z. B. in jungen Jahren eine Kapitallebensversicherung für ihr Alter abgeschlossen haben, wenn sie dann mit 50 oder noch mehr Jahren arbeitslos, langzeitarbeitslos werden, dann wird ihnen gerade dieses sogenannte Schonvermögen verringert, das bisher dafür gesorgt hat, dass Kapitallebensversicherung und anderes, womit sie für das Alter vorgesorgt haben, nicht angetastet wurde. Also gerade in der Reform des Sozialstaates, gerade bei der Agenda 2010, wird die Möglichkeit, sich selber zu beteiligen, Eigenvorsorge zu betreiben, letztlich vom Staat auch wieder bestraft.

Christoph Butterwegge: Abschaffen oder umbauen? – Die Zukunft des Sozialstaats, Südwestrundfunk, 7.3.2004, in: http://www.kulturpunkt.ch (Zugriff: 10.4.2012)

Neoliberalismus: Denkrichtung des Liberalismus. Sie strebt eine freiheitliche, marktwirtschaftliche Wirtschaftsordnung mit privatem Eigentum an den Produktionsmitteln, freier Preisbildung, Wettbewerbs- und Gewerbefreiheit an und will staatliche Eingriffe in die Wirtschaft auf ein Minimum beschränken

1 Analysieren Sie die Texte von Christoph Butterwegge im Hinblick auf die Sozialstaatskritik.

2 Analysieren Sie in Gruppen arbeitsteilig die grundlegenden politischen Positionen zum Sozialstaat und fertigen Sie Lernplakate dazu an (**M 37** bis **M 43**).

3 Stellen Sie im Plenum die jeweiligen Positionen vor und diskutieren Sie sie.

4 Ordnen Sie Maßnahmen zum Sozialstaat den einzelnen Positionen zu, u. a.
- Erhöhung des Rentenalters auf 67 (oder mehr) Jahre,
- Begrenzung der Zahlung des Arbeitslosengeldes auf ein Jahr,
- Angleichung der Zahlung von Sozialhilfe bzw. ALG II für die Kinder nach dem Bedarfsprinzip.

Äquivalenzprinzip: Prinzip, das die Höhe des Finanzierungsbeitrags der Bürger für Leistungen ihres Staates regelt. Danach wird derjenige, der von einer Leistung einen Vorteil hat, entsprechend diesem Vorteil zu einer entsprechenden Abgabe zur Finanzierung dieser Leistung herangezogen

M39 Das konservative Sozialstaatsverständnis

Das konservative Verständnis des Sozialstaats wird maßgeblich von Prinzipien wie dem Subsidiaritäts-, dem Äquivalenz- und sozialen Ausgleichsprinzip und von der Rolle der Familie geprägt. Von zentraler Bedeutung sind aber auch das Spannungsverhältnis zwischen Rechts- und Sozialstaat, die Auswirkungen demokratischer Institutionen und Verfahren sowie die Einflüsse des Sozialstaats auf das menschliche Denken und Handeln. Was charakterisiert nun diese Prinzipien, und welchen Stellenwert haben die Familie sowie der Rechts- und Sozialstaat in konservativen Auslegungen des Sozialstaats? Wie werden schließlich die negativen Einflüsse demokratischer Strukturelemente und die Auswirkungen des Sozialstaats auf das menschliche Verhalten erklärt?

Das in Deutschland von standesstaatlichen Ordnungsvorstellungen geprägte konservative Sozialstaatsverständnis hatte die Entwicklung der sozialen Organisationsstrukturen stark beeinflusst. Das deutsche soziale Sicherungssystem als „Kernstück" des Sozialstaats ist nach Status- und Berufsgruppen gegliedert, in dem die Arbeiter zwar grundsätzlich auch gegen die Risiken des Lebens abgesichert sind, gegenüber den Angestellten und insbesondere den Beamten aber einen nachgeordneten Status hatten und zum Teil noch haben. In konservativer Sicht sind sozialstaatliche Organisationsstrukturen wie die Renten-, Kranken- oder Arbeitslosenversicherung „gewachsene" Institutionen, die trotz mancher Schwächen prinzipiell als erhaltenswert gelten.

Große Bedeutung hat das von der katholischen Soziallehre geprägte Subsidiaritätsprinzip. Es bedeutet, dass Aufgaben zuerst von der untersten sozialen oder politischen Einheit (z. B. in der Gesellschaft die Familie und im Bundesstaat die Gemeinden) zu erledigen sind. Diesem Prinzip zufolge haben also vornehmlich Familien, örtliche Wohlfahrtsverbände, Kirchen usw. soziale Dienste wie Pflege-, Betreuungs- und Kindererziehungsarbeit zu übernehmen.

Im konservativen Sozialstaatsdenken hat überdies das Äquivalenz- oder Versicherungsprinzip, also die annähernde Entsprechung von Beitragszahlungen und Versicherungsleistungen, einen hohen Stellenwert. Die Gewährung sozialer Leistungen finde in dem Maße große Akzeptanz und Legitimation in der Bevölkerung, wie sich die Empfänger ihre Leistungen durch vorherige Beitragsentrichtung „verdient" hätten. Das aus der konservativen Sichtweise besonders beachtenswerte Äquivalenzprinzip drohe allerdings in dem Maße ausgehöhlt zu werden, in dem neben der fortschreitenden Alterung der Bevölkerung und der auf hohem Niveau verharrenden Arbeitslosigkeit vor allem das „Normalarbeitsverhältnis" (Vollzeitarbeit und Sozialversicherungspflicht) an Bedeutung verliere.

Die Vertreter konservativer Sozialstaatspositionen befürchten also, dass einer am Äquivalenzprinzip orientierten, ausgeprägt familienzentrierten Sozialpolitik, der grundsätzlich das Familienbild des arbeitenden Ehemanns zugrunde liegt, durch die veränderten Arbeitsmarktbedingungen zunehmend der Boden entzogen wird. Um trotzdem eine „moderne" konservative Familienpolitik formulieren und durchsetzen zu können, müsse deshalb künftig der wachsenden Erwerbsneigung wie dem steigenden Qualifikationsniveau der Frauen Rechnung getragen werden. Darüber hinaus sei dem beklagten Rückzug aus familiärer Verantwortung durch verbesserte finanzielle und infrastrukturelle Rahmenbedingungen zu begegnen. Auch wenn es erste Ansätze einer Umorientierung konservativer Familien- und Sozialpolitik gibt, wird bislang die Bedeutung des Äquivalenzprinzips und die Konzentration auf die Familie im Kern nicht infrage gestellt.

Sozialstaatliche Aufgaben und Leistungsgewährungen werden eng definiert: Neben der für selbstverständlich gehaltenen Aufgabe der Daseinsvorsorge wie der Wasser- und Stromversorgung soll der Sozialstaat zuerst konkrete Notstände (Naturkatastrophen, Ernte- und Witterungsschäden) beseitigen und aus dem öffentlichen Haushalt finanzierte Leistungen auf die „wirklich Bedürftigen" konzentrieren. Befürworter dieses begrenzten sozialstaatlichen Handelns verweisen auf jene Entscheidungen des Bundesverfassungsgerichts, in denen bei der Lastenverteilung die Beachtung des Prinzips des sozialen Ausgleichs angemahnt wird (BVerfGE 35, 302, 314). Dieses Prinzip verpflichte den Staat, Leistungen nach dem Kriterium der Schutzbedürftigkeit zu gewähren und auch Hilfen zur Selbsthilfe nicht zu vernachlässigen.

Frank Pilz: Der Sozialstaat. Ausbau – Kontroversen – Umbau, Bonn (Bundeszentrale für politische Bildung) 2009, S. 64 ff.

M 40 Das neoliberal-angebotsorientierte Sozialstaatskonzept

Die neoliberal-angebotsorientierten Konzepte und Strategien sind darauf angelegt, staatliche Aufgaben zu begrenzen, sozialstaatliche Leistungen zu reduzieren, gesetzliche Vorschriften insbesondere im Arbeits-, Sozial-, Tarif- und Umweltrecht abzubauen (zu deregulieren) und öffentliche Vermögen zu privatisieren. Die neoliberale Politik der Entstaatlichung propagiert als Alternative zum – aus ihrer Sicht – ineffizienten (Sozial-)Staat den Steuerungsmechanismus des Marktes. Nur über die Stärkung der Marktkräfte sowie die gleichzeitige Zurückdrängung des interventionistischen Wohlfahrtsstaates mit seinen verkrusteten Strukturen und dem „überzogenen" Anspruchsdenken seiner Bürger könne die nationale Wettbewerbsfähigkeit der Wirtschaft gestärkt und damit die investitionsanregende Kapitalrentabilität verbessert werden.

Nach neoliberalem Verständnis hat der Staat zur Herstellung rentablerer Angebotsbedingungen für die Privatwirtschaft seine Politik neu auszurichten: Die Finanzpolitik habe die staatlichen Ausgaben nicht nur zu reduzieren, sondern auch umzustrukturieren, d. h., die sozialen, als rein konsumtiv bewerteten Ausgaben zu senken und dafür die investiven Ausgaben (z. B. für Straßen- und Schienennetze, Schulen und Hochschulen, Kanalisationen) zu erhöhen. Die Steuerpolitik habe nicht nur die allgemeine Steuerquote (Anteil des Steueraufkommens am Bruttoinlandsprodukt) zu vermindern, sondern letztlich im Interesse der Wettbewerbsstärkung auf niedrigere Unternehmenssteuern (z. B. die Körperschaftsteuer) hinzuwirken.

Die Sozialpolitik wiederum soll keine eigenständigen Ziele verfolgen, sondern sich ökonomischen und fiskalischen Interessen unterordnen. Sie soll künftig verstärkt ihren Beitrag zur Konsolidierung öffentlicher Haushalte, zur Reduzierung der Lohnnebenkosten und zur Liberalisierung des Arbeitsrechts- und Tarifvertragssystems leisten. Der Politik fällt nach diesem Verständnis also die zentrale Rolle zu, über die Senkung von Lohnnebenkosten und damit geringere unternehmerische Arbeitskosten Investitionsanreize sowie durch Deregulierung „angebotsfreundliche" Rahmenbedingungen zu schaffen. Dem Staat wird schließlich eine Mitverantwortung für die Lohnpolitik zugewiesen; er habe im Rahmen der grundgesetzlich geschützten Tarifautonomie zumindest indirekt auf maßvolle Lohnabschlüsse Einfluss zu nehmen. (...)

Neoliberale Konzepte und Strategien sind wesentlich darauf ausgerichtet, durch Stärkung des Wettbewerbs die sozialen Sicherungssysteme effizienter zu machen. Für Befürworter marktorientierter Reformen des Sozialstaats wie beispielsweise den Ökonomen Norbert Berthold von der Universität Würzburg, müsste die Arbeitslosenversicherung so umgebaut werden, dass das Fehlverhalten von Arbeitnehmern, Unternehmen und Gewerkschaften verringert werde. Überdies trage eine Stärkung des Äquivalenzprinzips (*s. S. 112*) dazu bei, die Beiträge stärker als bisher zu differenzieren. Außerdem wird in einer Reform der Sozialhilfe ein wichtiger Ansatzpunkt gesehen, Anreize zur Arbeitsaufnahme zu schaffen und den Sozialstaat auch finanziell zu entlasten.

Aus neoliberaler Sicht tragen vor allem institutionelle Regelungen (Arrangements) wie die Höhe des Leistungssatzes, die Dauer des Leistungsbezugs und Zumutbarkeitskriterien zum Fehlverhalten von Arbeitnehmern, Unternehmen und Gewerkschaften bei. Die Arbeitnehmer verlängerten die Suche nach einem neuen Arbeitsplatz, die Unternehmen griffen schneller und häufiger zum Mittel der Entlassung, und die Gewerkschaften verfolgten eine offensive Lohnpolitik, weil sie einen Teil der beschäftigungspolitischen Folgen ihrer zu hohen Lohnabschlüsse z. B. auf die Verbraucher, die langfristig höhere Preise zu zahlen hätten, übertragen könnten. Um die Arbeitslosenversicherung reformieren zu können, müssten die gegenwärtigen institutionellen Bedingungen korrigiert werden.

Frank Pilz: Der Sozialstaat. Ausbau – Kontroversen – Umbau, Bonn (Bundeszentrale für politische Bildung) 2009, S. 68 ff.

Zeichnung: Koufogiorgos

M41 Das Konzept des aktivierenden Sozialstaats

Das Konzept des aktivierenden Sozialstaats, das im rot-grünen Koalitionsvertrag von 1998 und im Schröder-Blair-Papier von 1999 vorgestellt wird, fordert, mit einer Politik zwischen dem neoliberalen Laisser-faire und staatlicher Intervention bzw. Überregulierung eine „neue soziale Gerechtigkeit" herzustellen. Dieser Aktivierungsansatz betont die Pflichten des Einzelnen genauso wie die Werte Leistung, Unternehmergeist, Eigenverantwortung und Gemeinsinn.

Das diesem Konzept zugrunde liegende Leitbild ist das des aktiven Bürgers, der befähigt werden soll, soziale Aufgaben eigenverantwortlich zu erfüllen. Der aktive Bürger soll also an der Leistungserbringung mitwirken, sodass er zum „Koproduzenten" öffentlicher Leistungen wird. In der herkömmlichen Sozialpolitik werden die Individuen eher als „passive Leistungsempfänger" betrachtet und weniger als handelnde Subjekte mit eigenen Kompetenzen und Ressourcen. In der modernen (Risiko-)Gesellschaft mit ihren Brüchen und unstetigen Erwerbsverläufen wird der Umgang mit sozialen Risikolagen zu einer „normalen Handlungsanforderung". Der mit Brüchen und Risiken konfrontierte durchschnittliche Arbeitnehmer wird zum „Unternehmer in eigener Sache" und muss sein Leben aktiv gestalten. Für die Verfechter des aktivierenden Sozialstaats geht es unter veränderten gesellschaftlichen Bedingungen darum, das soziale Schutzprinzip der Absicherung gegen die Wechselfälle des Lebens und das Prinzip der Daseinsvorsorge durch Bereitstellung sozialer Dienste und öffentlicher Infrastruktur um die Prinzipien der Förderung und Aktivierung zu ergänzen.

Der Sozialstaat wird im ständigen Diskurs mit nicht staatlichen Akteuren wie Unternehmen, Vereinen, Stiftungen und Einzelpersonen zu prüfen haben, welche Aufgaben, in welchem Ausmaß, von welchen Akteuren effizient und effektiv erfüllt werden können. Der aktivierende Sozialstaat soll sich also nicht über eine schleichende Privatisierung und Deregulierung zu einem neoliberalen „Minimalstaat" entwickeln, sondern als „verhandelnder Staat" die Verantwortlichkeiten zwischen Staat, Markt, Drittem Sektor sowie Bürgern neu aufteilen.

Frank Pilz: Der Sozialstaat. Ausbau – Kontroversen – Umbau, Bonn (Bundeszentrale für politische Bildung) 2009, S. 68 ff.

M42 Gerechtigkeitsorientierte Interpretationen

Mit dem Begriff der Gerechtigkeit werden die unterschiedlichsten Vorstellungen verbunden. Während das Verlangen nach Gerechtigkeit verschiedene Kulturen und Entwicklungsphasen eint, ist der Gehalt des Begriffes so umstritten, weil jede Gerechtigkeitsforderung unter dem Verdacht steht, lediglich Eigeninteressen verfolgen zu wollen. Die heute gängige Verknüpfung von Gerechtigkeit mit dem Attribut „sozial" erfolgte etwa in der Mitte des 19. Jahrhunderts. In den von der christlichen Sozialethik entwickelten Begriff der „sozialen" Gerechtigkeit fließen „moralische, jedoch gerechtigkeitsstiftende Gesichtspunkte wie Mitleid, Wohltätigkeit und Nächstenliebe" ein. (...)

Zwar zeigt eine vergleichende Studie über Gerechtigkeitsauffassungen beispielsweise in Deutschland und den Niederlanden, dass es keine Unterschiede im Grundsätzlichen, sondern nur in der Gewichtung und Akzentuierung gibt, gleichwohl tendieren (...) gleichheitsmehrende („egalitaristische") Gerechtigkeitskonzeptionen zur Vergrößerung des Umverteilungsvolumens, liberale Gerechtigkeitskonzeptionen dagegen zu einem verschlankten („minimalistischen") Sozialstaat, der sich auf die Hilfe zur Selbsthilfe beschränkt und die Eigenverantwortung fördert.

Gerade weil der Begriff der Gerechtigkeit vielschichtig und unscharf sei, gebe er den Forderungen der Politik, der Parteien und der Interessenverbände nach mehr Gerechtigkeit den Anschein moralischer Berechtigung. Im alltäglichen Verteilungskampf um Rechte und Pflichten, Macht, Sicherheit, Freiheit, Bildung, Berufschancen, Einkommen und Unterstützung sei den Interessen der Akteure nichts dienlicher, als Gerechtigkeit mit Moral zu verbinden und legitimationsfordernde Gerechtigkeitskompetenz zu beanspruchen. Da Verteilungen stets das Verhältnis von Kosten und Nutzen, von Belastungen und Vorteilen veränderten, seien Verteilungsprobleme per se Gerechtigkeitsprobleme.

Frank Pilz: Der Sozialstaat. Ausbau – Kontroversen – Umbau, Bonn (Bundeszentrale für politische Bildung) 2009, S. 85 f.

M 43 Kritische und alternative Positionen

Die Befürworter alternativer Positionen sehen einen Ansatzpunkt für die Herausführung des Sozialstaats aus seiner „Sinnkrise" darin, die Standortlogik zu widerlegen. Diese Logik erscheine vielen Beobachtern zunächst schlüssig und durchaus überzeugend. Bei näherer Betrachtung könne sich die Standortkonkurrenz allerdings als Nullsummenspiel erweisen, bei dem der Zugewinn der einen der Verlust der anderen sei. Kritiker dieser Standortpolitik befürchten einen Abwertungswettlauf der Nationalstaaten, bei dem Reallöhne, Unternehmenssteuern, Umwelt- und Sozialstandards immer weiter nach unten getrieben werden.
Anhänger kritischer Positionen fragen, ob eine immer strengere Unterwerfung politischer Prozesse unter Konkurrenzmechanismen noch sinnvoll sei. Gerade für eine humane und solidarische Gesellschaft könne „Wettbewerbswahn" kein sinnvolles zukunftsorientiertes Projekt sein. Verstärkt müsse sich die – dem Solidaritätsprinzip und Gerechtigkeitsnormen verpflichtete – Politik im Sozialstaat mit der Frage auseinandersetzen, ob alle Bereiche des öffentlichen Lebens, insbesondere sozialstaatlich sensible Aufgabenfelder, von der Spendenfreude privater Unternehmen, Mäzene und Sponsoren abhängig werden sollen, oder ob sie nicht weiterhin sozialverträglicher durch demokratisch legitimierte Institutionen ausgestaltet werden sollten.
Da für die Vertreter kritischer Positionen die soziale Sicherung im Wesentlichen eine Frage der (Um-)Verteilung von Macht, Einkommen und Vermögen ist, geht es nach ihrer Ansicht heute entscheidend darum, wie der moderne „Turbokapitalismus" – so der amerikanische Autor Edward N. Luttwak – mithilfe sozialpolitischer Maßnahmen „domestiziert" werden kann. Damit die überdurchschnittlich steigenden Kapitaleinkommen wie Unternehmensgewinne, Zinserträge, Spekulationsgewinne usw. nicht nur wenigen Spezialisten, Spekulanten, Konzernen, Brokern und Bankern zugutekommen, müsse das Marktgeschehen stärker als bisher reguliert, also zum Teil reguliert werden. Um den Primat der Sozialpolitik gegenüber einer ungezügelten Ökonomie wieder herzustellen, müsse in – wegen der divergierenden Interessen – schwierigen Verhandlungen zwischen den Staaten zumindest ein Konsens über sozial- und umweltverträgliche Mindeststandards erreicht werden.
Als Alternative zur – mit Leistungskürzungen verbundenen – Reformpolitik fordern die Anhänger kritischer Positionen eine Neuausrichtung der sozialen Sicherungssysteme auf die beiden Hauptziele, den bisherigen Lebensstandard aufrechtzuerhalten und materielle Armut durch eine Mindestsicherung zu vermeiden.

Frank Pilz: Der Sozialstaat. Ausbau – Kontroversen – Umbau, Bonn (Bundeszentrale für politische Bildung) 2009, S. 98 f.

M 44 Fairness gefordert

Frage: Wie soll der Sozialstaat umgebaut werden, damit der Standort Deutschland eine Zukunft hat? Angaben in Prozent

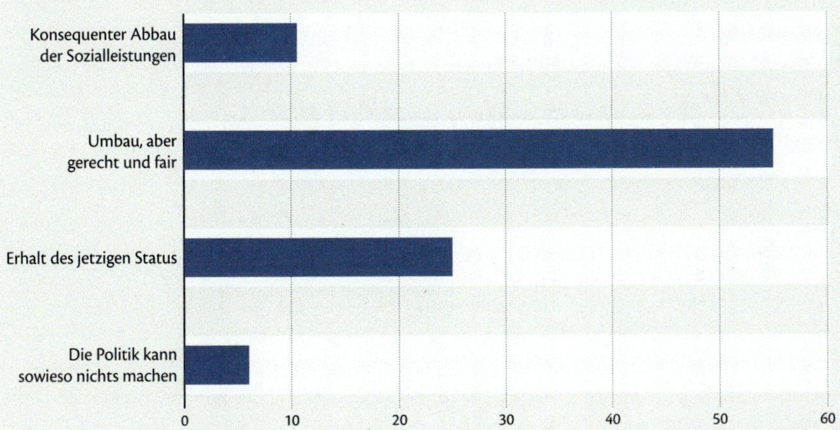

Quelle: polis, DGB-Trendbarometer 2004

Kompetenzcheck

Anforderungsbereich I:

- Zeigen Sie die Schwierigkeiten auf, die auf kommunaler Ebene durch sozialstaatliche Verpflichtungen entstehen können.
- Stellen Sie dar, inwiefern trotz eines sozialen Netzes Menschen ohne die ihnen garantierte Würde leben.

Anforderungsbereich II:

- Erläutern Sie die verfassungsrechtlichen Grundlagen des Sozialstaats.
- Erklären Sie die Auswirkungen der Verpflichtung des Staates in Deutschland, die Würde aller Menschen zu achten und zu schützen.
- Erläutern Sie die Arbeitsteilung zwischen den staatlichen Ebenen in der Sozialpolitik.
- Interpretieren Sie die nachstehende Karikatur.

Zeichnung: Koufogiorgos

- Führen Sie aus, inwiefern die Tätigkeit des Sozialstaats Eingriffe in das marktwirtschaftliche Geschehen darstellt.
- Erläutern Sie das Konzept vom „aktivierenden Staat".
- Skizzieren Sie die Zielsetzung der Hartz-Gesetze und vergleichen Sie sie mit dem Konzept des „aktivierenden Staates".
- Erläutern Sie, in welcher Weise der Sozialstaat Einkommen umverteilt.
- Umreißen Sie den Umfang sozialstaatlicher Leistungen.
- Erklären Sie, inwiefern sozialstaatliche Leistungen ausgenutzt werden können.
- Erläutern Sie Beispiele von Kritik am Sozialstaat Deutschland.
- Erklären Sie, vor welchen Entwicklungsnotwendigkeiten der Sozialstaat Deutschland steht.

Anforderungsbereich III:

- Nehmen Sie Stellung zu der Frage, inwiefern der Sozialstaat Deutschland das Marktgeschehen zu stark beeinflusst.
- Nehmen Sie Stellung zu der Frage, inwiefern das Konzept vom „aktivierenden Staat" erfolgreich war bzw. sein kann.
- Beurteilen Sie die Konsequenzen bzw. den Erfolg staatlicher Umverteilungspolitik.
- Beurteilen Sie den Erfolg der Hartz-Gesetze in Deutschland.
- Schätzen Sie ein, inwiefern der Sozialstaat gegenüber jedem/jeder Einzelnen den grundgesetzlichen Verpflichtungen nachkommen kann.
- Diskutieren und beurteilen Sie die Kritik am Sozialstaat Deutschland.

5 Rundum abgesichert? – Die soziale Sicherung

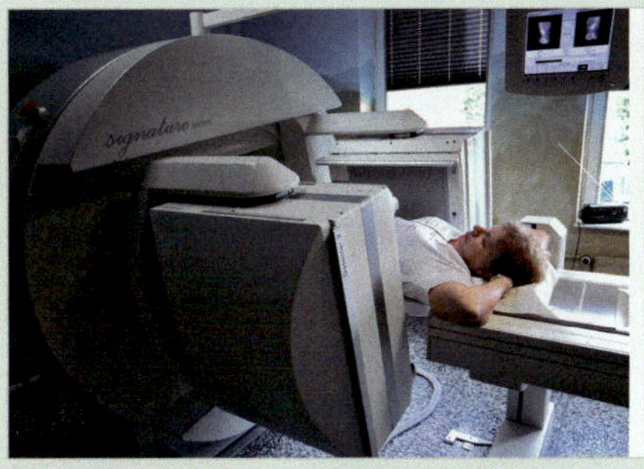

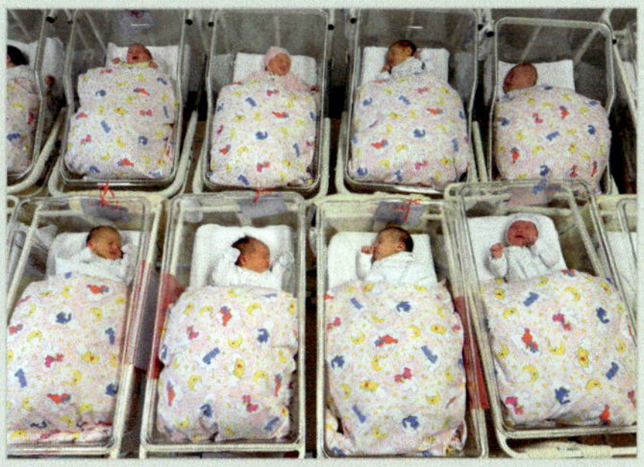

Der Sozialstaat ist für alle spürbar in der sozialen Sicherung. Dies ist ein Sammelbegriff für die drei Säulen des sozialen Sicherungssystems in Deutschland: die gesetzliche Sozialversicherung, die soziale Versorgung und die Sozialfürsorge. Dabei geht es immer darum, die Folgen verschiedener Arten von Ereignissen auszugleichen, die als „soziale Risiken" charakterisiert werden.

Im Falle von sozialer Bedürftigkeit, z. B. im Krankheitsfall, werden wir von einem System aufgefangen, das dieses jeweilige Lebensrisiko absichert. So darf im Falle von Krankheit ein Arbeitnehmer nicht entlassen werden, sondern erhält sogar für eine gewisse Zeit vom Arbeitgeber seinen Lohn weiter und bekommt auch die Krankheitskosten bezahlt. In Deutschland wird dieses Modell inzwischen als Selbstverständlichkeit angesehen. Erst im Vergleich mit anderen Ländern und deren Sozialversicherungssystemen wird deutlich, dass viel getan werden muss, um diese weit entwickelte soziale Sicherung aufrechtzuerhalten.

Soziale Sicherheit? – Soziale Sicherung

Kernstück des Sozialstaats ist die soziale Sicherung. Sie soll soziale Risiken so absichern, dass soziale Sicherheit entsteht. Dazu haben sich in Wohlfahrtsstaaten staatliche oder halbstaatliche soziale Sicherungssysteme herausgebildet. Die wichtigsten Bereiche in Deutschland sind die Sicherung bei Arbeitslosigkeit, im Krankheitsfall, im Pflegefall und im Alter.

M1 Soziale Sicherung

Die Sozialgesetzgebung in Deutschland soll dazu beitragen, allen Bürgerinnen und Bürgern ein menschenwürdiges Dasein zu sichern. Hierzu gehören das Schaffen von gleichen Voraussetzungen für die freie Entfaltung der Persönlichkeit, insbesondere auch für junge Menschen, sowie der Schutz und die Förderung der Familie.

Zudem soll sie den Erwerb des Lebensunterhalts durch eine frei gewählte Tätigkeit ermöglichen und besondere Belastungen des Lebens, auch durch Hilfe zur Selbsthilfe, abwenden oder ausgleichen.

Ein hoher Anteil der Ausgaben der öffentlichen Haushalte (einschließlich der Sozialversicherungsträger und der Bundesagentur für Arbeit) fließt daher heute in die soziale Sicherung. Seit einigen Jahren wird jedoch – auch angesichts von Finanzierungsfragen – eine rege Debatte über Reformen der Sozialsysteme geführt. Beispiele hierfür sind die vorgesehene Erhöhung des Rentenzugangsalters, die vom Bundesverfassungsgericht auferlegte Neuberechnung der Hartz-IV-Regelsätze durch die Bundesregierung oder die Diskussion über die weitere Ausgestaltung der Pflegeversicherung. Auch die Familienpolitik steht im Mittelpunkt der gesellschaftlichen Diskussion: So wurde zum 1. Januar 2007 das Bundeserziehungsgeld durch das Bundeselterngeld abgelöst.

Einen Überblick über das System der sozialen Sicherung bietet das Sozialbudget der Bundesregierung (s. M 2). Hier werden die verschiedenen Leistungen des Sicherungssystems jährlich zusammengestellt.

Außerdem ist die Höhe der jeweiligen Finanzierung durch öffentliche Zuweisungen sowie durch die Beiträge der Versicherten und der Arbeitgeber ablesbar.

Statistisches Bundesamt: Datenreport 2011, Band I, Bonn (Bundeszentrale für politische Bildung) 2011, S. 259

M2 Das Sozialbudget nach Sicherungszweigen im Jahr 2011

Anteile an den Gesamtausgaben einschließlich der Beiträge des Staates, in Prozent

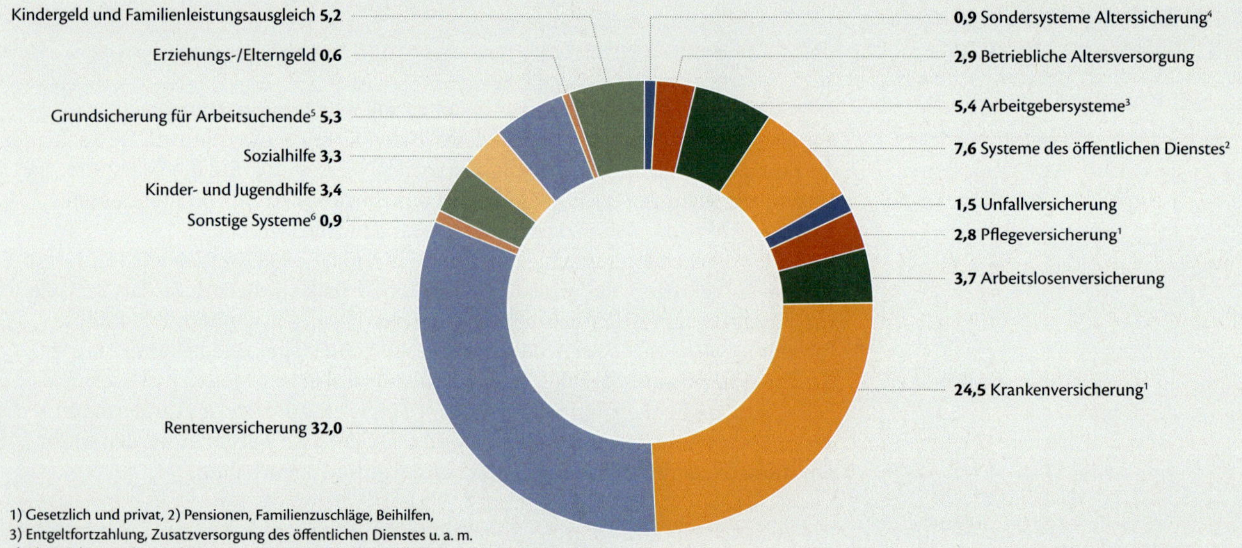

1) Gesetzlich und privat, 2) Pensionen, Familienzuschläge, Beihilfen,
3) Entgeltfortzahlung, Zusatzversorgung des öffentlichen Dienstes u. a. m.
4) Alterssicherung der Landwirte, Versorgungswerke, 5) Einschließlich sonstige Arbeitsförderung,
6) Ausbildungs- und Aufstiegsförderung, Wohngeld und Entschädigungssysteme

Nach: Bundesministerium für Arbeit und Soziales, Sozialbudget 2011, Bonn 2012, S. 6

M3 Die wichtigsten Geldleistungen der sozialen Sicherung

Sozialrechtsbereich	Träger	Geldleistungen
Gesetzliche Rentenversicherung	Deutsche Rentenversicherung Bund; Deutsche Rentenversicherung: 11 regionale Träger; Deutsche Rentenversicherung Knappschaft, Bahn, See	Rente wegen Alters Rente wegen verminderter Erwerbsfähigkeit Rente wegen Todes
Gesetzliche Krankenversicherung	Gesetzliche Krankenkassen (Orts-, Betriebs-, Innungs- und Ersatzkassen, Bundesknappschaft)	Krankengeld Mutterschaftsgeld
Gesetzliche Pflegeversicherung	Gesetzliche Pflegekassen in organisatorischer Angliederung an die Gesetzlichen Krankenkassen	Pflegegeld
Gesetzliche Unfallversicherung	Berufsgenossenschaften	Verletztengeld Übergangsgeld Unfallrente Hinterbliebenenrente
Arbeitslosenversicherung/ Arbeitsförderung	Bundesagentur für Arbeit/ Arbeitsagenturen	Arbeitslosengeld Kurzarbeitergeld Konkursausfallgeld Unterhaltsgeld Berufsausbildungsbeihilfe
Sozialhilfe	Sozialämter	Hilfe zum Lebensunterhalt Grundsicherung im Alter und bei Erwerbsminderung
Grundsicherung für Arbeitsuchende	Arbeitsgemeinschaften von Arbeitsagenturen und Kommunen	Arbeitslosengeld II Sozialgeld
Wohngeld	Wohngeldämter	Wohngeld
Kindergeld	Familienkassen bei den Arbeitsämtern	Kindergeld Kinderzuschlag
Elterngeld	Je nach Landesrecht verschiedene Stellen	Elterngeld
Ausbildungsförderung	Ämter für Ausbildungsförderung	Ausbildungsförderung
Kriegsopferversorgung/Soziale Entschädigung	Versorgungsämter/ Integrationsämter	Beschädigtenrente Hinterbliebenenrente

Gerhard Bäcker u. a., Sozialpolitik und soziale Lage in Deutschland. Band 1, 5. Aufl. Wiesbaden (VS) 2010, S. 286

M4 Sozialversicherungsleistungen

Wie die Übersicht (*M 3*) erkennen lässt, weisen die Geldleistungen im System der Sozialen Sicherung eine große Spannweite auf. Unterschiede zeigen sich u. a. bei Leistungstatbeständen und Leistungsvoraussetzungen, Adressaten, Höhe und Dauer der Leistungen, Finanzierungsregelungen sowie den institutionellen und administrativen Strukturen. Es lassen sich jedoch *idealtypische Gestaltungsmodelle* der Sozialen Sicherung benennen, die sich durch jeweils spezifische Prinzipien charakterisieren und denen die Einzelleistungen zugeordnet werden können. Zu unterscheiden ist zwischen dem

– Fürsorgemodell,
– Versorgungsmodell und
– Sozialversicherungsmodell.

Fürsorge

Personen, die in ihrer Lebenslage unter das Existenzminimum zu sinken drohen, über kein Einkommen oder Vermögen verfügen und auch nicht auf Unterhaltsleistungen von Angehörigen zurückgreifen können, werden durch die öffentliche Fürsorge unterstützt. Die Leistungen orientieren sich in Art und Höhe am jeweiligen Einzelfall. Ausschlaggebend ist die Besonderheit der individuellen

Notlage. Ein fest umrissener Rechtsanspruch existiert nicht. Die Leistung ist streng nachrangig (subsidiär), sie erfolgt nur dann, wenn alle anderen Einkommensquellen und Unterhaltsmöglichkeiten ausgeschöpft sind und Bedürftigkeit festgestellt wird. Abgesichert wird das Existenzminimum. (…)

Versorgung

Nach dem Prinzip der Versorgung erhalten alle BürgerInnen in bestimmten Lebensphasen oder Bedarfssituationen eine öffentliche Grundversorgung, z. B. eine Grundrente im Alter oder ein allgemeines „Bürgergeld“. Die Grundversorgung wird über den Staatshaushalt abgewickelt, ist steuerfinanziert und steht allen unabhängig von einer Vorleistung (durch Beiträge oder Steuern) zu. Die Leistung wird als ein für alle gleicher Pauschalbetrag gezahlt, kann aber auch einkommensabhängig gestaffelt sein. Anders als beim Fürsorgemodell wird jedoch keine strenge Bedürftigkeitsprüfung vorgenommen. Auf den Bezug der Grundversorgung besteht beim Vorliegen der Anspruchstatbestände (z. B. Erreichen der Altersgrenze) ein individuell einklagbarer Rechtsanspruch. Die Grundversorgung liegt in ihrer Höhe oberhalb des Existenzminimums und soll eine Teilhabe am sozialen und gesellschaftlichen Leben ermöglichen. (…)

Sozialversicherung

Die Sozialversicherung orientiert sich an den Prinzipien der Privatversicherung, modifiziert diese aber in entscheidenden Punkten. Sie ist charakterisiert durch eine auf Personengruppen oder die Gesamtbevölkerung bezogene Versicherungspflicht und durch einen nach Art, Umfang und Höhe weitgehend gesetzlich vorgeschriebenen Leistungskatalog. Es gibt keinen Risiko- oder Leistungsausschluss. Der versicherungstypische Risikoausgleich wird mehrfach durch Elemente des Solidarausgleichs ergänzt. So berechnen sich die Beiträge nicht nach dem individuellen Risiko, sondern als Prozentsatz vom Einkommen. Leistungen wiederum werden bei bestimmten Situationen auch dann gezahlt, wenn keine Beiträge entrichtet worden sind, z. B. Rentenansprüche bei Arbeitslosigkeit oder Mitversicherung von Ehepartnern und Kindern in der Krankenversicherung. Auf die Versicherungsleistungen besteht ein individuell einklagbarer Rechtsanspruch. Eine Überprüfung der Bedürftigkeit findet nicht statt.

Da es sich bei diesen drei Modellen um Idealtypen handelt, kommen sie in der Wirklichkeit nicht in reiner Form vor. Sie überlagern und vermischen sich, denn Sozialpolitik ist historisch gewachsen und spiegelt in ihren Strukturen die jeweiligen sozialen Probleme, Interessen und politischen Kräfteverhältnisse wider.

Gleichwohl lässt sich für das Sozialleistungssystem in Deutschland feststellen, dass seit der Bismarck'schen Sozialpolitik (*s. S. 64 f.*) das Sozialversicherungsmodell dominiert. Das Fürsorgemodell ist – in eingeschränkter Form – für die Sozialhilfe und die Grundsicherung für Arbeitsuchende charakteristisch. Als Leistungen nach dem Versorgungsmodell können u. a. die Kriegsopferversorgung und auch das Kindergeld bezeichnet werden. Zwischen Versorgungs- und Fürsorgemodell stehen die steuerfinanzierten und einkommensabhängigen Sozialleistungen wie Wohngeld, Elterngeld, Unterhaltsvorschuss, Ausbildungsförderung.

Gerhard Bäcker u. a.: Sozialpolitik und soziale Lage in Deutschland, Band 1, 5. Aufl. Wiesbaden (Verlag für Sozialwissenschaften) 2010, S. 287 f.)

M 5 Spannweite der Geldleistungen im System der Sozialen Sicherung

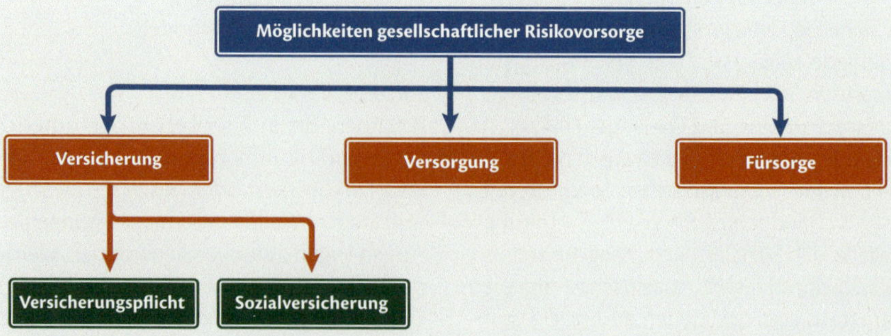

Nach: Lothar Neumann/Klaus Schaper: Die Sozialordnung der Bundesrepublik Deutschland, Frankfurt/M. (Campus) 2008, S. 157

M6 Sozialversicherungssystem als Kern der sozialen Sicherung

Mehr als 60 Prozent aller Sozialleistungen werden in Deutschland über das System der Sozialversicherung abgewickelt. Die Bedeutung der Sozialversicherung wird aber vor allem durch den breiten Kreis der Versicherten unterstrichen:

- Nahezu 90 Prozent der Bevölkerung gehören der Gesetzlichen Krankenversicherung und der Gesetzlichen Pflegeversicherung an.
- In der Gesetzlichen Rentenversicherung sind rund 80 Prozent der Bevölkerung im Alter von 20 bis unter 65 Jahren versichert.
- Alle Arbeitnehmer sind in der Gesetzlichen Unfallversicherung versichert.
- In der Arbeitslosenversicherung ist der weit überwiegende Teil der Arbeitnehmer versichert.

Wie die Auflistung zeigt, handelt es sich nicht um die Sozialversicherung, sondern um ein gegliedertes System mit mehreren Versicherungszweigen, die jeweils unterschiedliche Risiken und Tatbestände abdecken. Versicherungstechnisch gesehen stellen die einzelnen Versicherungszweige spezielle Risikokollektive dar; ein generelles Risikokollektiv würde im Gegensatz dazu eine Einheitsversicherung begründen. Innerhalb der Versicherungszweige wiederum sind unterschiedliche Versicherungsträger für die Leistungsdurchführung zuständig. Die Versicherungsträger gliedern sich entsprechend ihrer Entstehungsgeschichte nach Berufsstand, Wirtschaftszweig und Region.

Gerhard Bäcker u. a.: Sozialpolitik und soziale Lage in Deutschland, Band 1, 5. Aufl. Wiesbaden (VS) 2010, S. 291 f.

M7 Versicherungsschutz und Versicherungspflicht

Die Mitgliedschaft in allen Zweigen der Sozialversicherung knüpft im Wesentlichen an ein Arbeitsverhältnis an. Bis heute steht damit die Absicherung der abhängig Beschäftigten im Mittelpunkt des sozialen Schutzes. Mittelbar gesichert sind die Familienangehörigen der abhängig Beschäftigten. So haben in der Kranken- und Pflegeversicherung nicht oder nur geringfügig erwerbstätige Ehepartner und Kinder den vollen Versicherungsschutz durch die beitragsfreie Familienversicherung, und in der Renten- sowie Unfallversicherung werden Ehepartner und Kinder beim Tod der unterhaltspflichtigen Versicherten durch die Hinterbliebenenversorgung abgesichert. (...)

Die für die Sozialversicherung typische Versicherungspflicht begründet sich aus vier Gesichtspunkten:

- Eine Versicherungspflicht ist notwendig, um einen umfassenden Schutz zu erreichen. Bei einer Regelung auf freiwilliger Basis, wie sie für die Privatversicherung typisch ist, ist dies nicht gewährleistet.
- Fehlt ein Versicherungsschutz im Alter oder bei Krankheiten und soll im Notfall dennoch die Existenzsicherung der Betroffenen gewährleistet werden, muss letztlich die Allgemeinheit über die Zahlung der steuerfinanzierten Sozialhilfe für die Folgen der unzureichenden Vorsorge aufkommen. (...)
- Eine Pflichtmitgliedschaft ist erforderlich, um den Solidarausgleich zugunsten insbesondere von Familien mit Kindern, Niedrigverdienern, Behinderten oder Arbeitslosen finanzieren zu können. (...)
- Langfristig angelegte, nach dem Umlageverfahren finanzierte Versicherungszweige, und hier insbesondere die Rentenversicherung, sind auf eine Versicherungspflicht zwingend angewiesen, um die Einnahmen und Ausgabenentwicklung überhaupt kalkulieren zu können. (...)

Das Prinzip der Versicherungspflicht bei abhängiger Beschäftigung ist allerdings nicht lückenlos geregelt. Ausnahmen bestätigen die Regel.

Gerhard Bäcker u. a.: Sozialpolitik und soziale Lage in Deutschland, Band 1, 5. Aufl. Wiesbaden (VS) 2010, S. 292 f.

1. Stellen Sie die Grundprinzipien der sozialen Sicherung in Deutschland dar.
2. Erläutern Sie den Umfang der sozialen Sicherung.
3. Ermitteln Sie, nach welchen Prinzipien die wichtigsten Elemente der sozialen Sicherung hauptsächlich funktionieren.

Alles abgesichert? – Die Sozialversicherung

Der enorme Umfang des Sozialbudgets ermöglicht die soziale Sicherung in vielen Bereichen. Die Anteile der sozialen Sicherung, die mit einem Arbeitseinkommen verbunden sind, verdienen besondere Aufmerksamkeit allein wegen ihres Umfangs. Als hinsichtlich des Umfangs wichtigste Komponenten der sozialen Sicherung werden zunächst die Sicherung im Alter, bei Krankheit, bei Arbeitslosigkeit, Unfall und im Pflegefall herausgegriffen. Bis auf die Unfallversicherung erscheinen diese auch auf jeder Gehaltsabrechnung, weil der Arbeitnehmeranteil vom Betrieb abgezogen und in die entsprechenden Kassen eingezahlt wird.
Zudem werden entsprechende Sicherungssysteme in anderen europäischen Wohlfahrtsstaaten mit dem System in Deutschland verglichen.

Absicherung im Alter

M8 Formen der Alterssicherung

Die älteste, ursprüngliche Form der Unterhaltssicherung für die nicht (mehr) erwerbstätigen und erwerbsfähigen Älteren ist die Unterstützung durch Familienangehörige, vor allem durch Kinder und Enkelkinder. Diese in der vorindustriellen Zeit übliche und in Deutschland noch bis in die Zeit nach dem Zweiten Weltkrieg hinein praktizierte Form der familiären Unterstützung lässt sich aber unter den Bedingungen moderner Gesellschaften nur noch begrenzt realisieren. (...)
In einer modernen, ausdifferenzierten Gesellschaft haben sich traditionelle Wohn- und Lebensformen (Mehrgenerationenhaushalte) weitgehend aufgelöst und sozialfamiliäre Bindungen und Verpflichtungen gelockert. Traditionelle Produktionsformen in der Landwirtschaft und im Handwerk sind selten geworden. Zudem bedeutet der Rückgang der Geburtenhäufigkeit, dass ein wachsender Teil der älteren Menschen überhaupt keine Kinder bzw. weniger Kinder hat, von denen sie im Bedarfsfall unterstützt werden könnten. Darüber hinaus ist von großer Bedeutung, dass die jeweiligen Generationen eigenständig und ökonomisch unabhängig voneinander leben wollen. Aber selbst wenn dies nicht gewollt wäre: Familien wären finanziell auch gar nicht in der Lage, ihren älteren Mitgliedern angesichts der hohen und steigenden Lebenserwartung über Jahrzehnte hinweg ein ausreichendes Einkommen und Lebensniveau zu garantieren. (...)
Der internationale Vergleich zeigt, dass es jedoch nicht nur *ein* Alterssicherungssystem gibt, sondern eine breite Vielfalt unterschiedlicher Ausgestaltungsformen, Leistungsziele und Finanzierungsregelungen. Auch in Deutschland existieren mehrere Systeme nebeneinander. Will man hier zu einem besseren Verständnis der *staatlichen* Systeme kommen, ist es hilfreich, zwischen drei Grundformen zu unterscheiden (...):

Modell Fürsorge

Das aus der traditionellen Armenfürsorge abgeleitete Fürsorgemodell stellt die unterste Schwelle der sozialen Absicherung im Alter dar. Bei Bedürftigkeit werden Einkommensleistungen und/oder Sachleistungen gewährt. Die Finanzierung erfolgt aus dem allgemeinen Steueraufkommen. Die Anspruchsberechtigung bezieht sich (in der Regel) auf die gesamte Bevölkerung, nicht nur auf ältere Menschen. Es gilt das Nachrangprinzip, d. h. dass die Zahlungen nur dann erfolgen, wenn der Lebensunterhalt nicht durch eigenes Einkommen, Vermögen oder durch Leistungen von unterhaltsverpflichteten Angehörigen sichergestellt werden kann. Das Niveau der Leistungen bemisst sich am sozialkulturellen Existenzminimum, bezogen auf den Bedarf des Haushaltes, in dem der Bedürftige bzw. die Bedürftigen leben. (...)

Modell Grundrente

Bei einer Grundrente zahlt der Staat allen Bürgern mit Erreichen der Altersgrenze eine Einkommensleistung. Vorleistungen müssen nicht erbracht werden; allerdings kann eine bestimmte Aufenthaltsdauer im Land zur Voraussetzung gemacht werden. Einkommen und Vermögen des Leistungsempfängers oder von Angehörigen werden nicht angerechnet. Die Grundrente ist in ihrer Höhe durch einen pauschalen Betrag gekennzeichnet, der zur Bestreitung eines angemessenen Lebensniveaus ausreichen soll. Leistungsabstufungen bei mehreren Haushaltsmitgliedern sind möglich. Finanziert werden die Leistungen aus allgemeinen Steuermitteln im Umlageverfahren.

Bezug und Höhe der Grundrente sind unabhängig vom Erwerbsstatus (Dauer der Erwerbstätigkeit, Höhe des Erwerbseinkommens), Phasen der Nicht-Erwerbstätigkeit, etwa wegen Ausbildung, Kindererziehung, Angehörigenpflege, Arbeitslosigkeit, Krankheit) oder von Teilzeitbeschäftigung wirken sich auf den Grundrentenanspruch nicht aus. Damit werden Männer und Frauen trotz ihrer unterschiedlichen Lebensverläufe und Erwerbsbiografien im Alter gleich behandelt. (...)

Modell Sozialversicherungsrente

Beim Sozialversicherungsmodell wird die Alterssicherung versicherungsförmig gestaltet. Im Unterschied zur Privatversicherung gibt es jedoch eine Pflichtmitgliedschaft und gesetzlich festgelegte Leistungen. Die Finanzierung erfolgt über Beiträge und im Umlageverfahren, die Beiträge richten sich nach dem Arbeitseinkommen, Risikounterschiede werden nicht berücksichtigt. Die Rentenhöhe hängt maßgeblich von der Dauer der Beschäftigung und der Höhe des Arbeitseinkommens ab. Zwischen Beitrag und späterer Leistung besteht ein Entsprechungs- bzw. Äquivalenzverhältnis. Phasen der Nicht-Erwerbstätigkeit oder Phasen eines niedrigen Erwerbseinkommens spiegeln sich in nur niedrigen Renten wider. Dadurch werden Frauen mit ihrer spezifischen, durch Kindererziehung und Erwerbsreduzierungen charakterisierten Biografie im Alter schlechter als die Männer abgesichert sein. Durch einen sozialen Ausgleich kann dieses Äquivalenzverhältnis eingeschränkt werden, indem bestimmte Leistungsansprüche auch ohne entsprechende Beitragszahlungen entstehen oder bestimmte Beitragszahlungen und -zeiten aufgewertet werden. Leistungsziel der Sozialversicherungsrente ist der Lohnersatz bzw. die Orientierung am Lebensstandard.

Wie ein Blick auf die europäischen Rentenversicherungssysteme zeigt, lässt sich das Sozialversicherungsmodell in vielen Varianten ausgestalten. Unterschiede gibt es u. a. hinsichtlich
- des versicherten Personenkreises,
- der erfassten Risiken,
- der Berechnung der individuellen Renten,
- des Rentenniveaus und der Rentenanpassung und
- der Finanzierung.

Knüpft die Sozialversicherung ausschließlich oder vornehmlich an abhängiger Erwerbstätigkeit an, lässt sich von einem kategorialen, lohnarbeitsbezogenen System sprechen. Nicht-Erwerbstätige (wie Hausfrauen) oder selbstständig Erwerbstätige zahlen keine Beiträge und erwerben auch keine Ansprüche. Erfasst hingegen die Sozialversicherung alle Erwerbstätigen oder gar die gesamte Bevölkerung, handelt es sich um eine Volks- oder Bürgerversicherung. In aller Regel werden neben den Altersrenten auch Renten wegen Erwerbsminderung und Hinterbliebenenrenten gezahlt.

Gerhard Bäcker u. a.: Sozialpolitik und soziale Lage in Deutschland, Band 2, 5. Aufl. Wiesbaden (VS) 2010, S. 377 ff.

Zeichnung: Mester

1 Stellen Sie in Gruppen jeweils die einzelnen Modelle zusammen, nach denen die wichtigsten sozialen Sicherungsleistungen in Deutschland funktionieren:
- Absicherung im Krankheitsfall,
- Absicherung im Pflegefall,
- Absicherung bei Arbeitslosigkeit,
- Absicherung bei Unfall,
- Absicherung im Alter.

Untersuchen Sie dabei die Rolle der Versicherungspflicht im jeweiligen Bereich.

2 Vergleichen Sie in der Gruppe das Modell in Deutschland mit dem in Nachbarländern (**M 14**).

3 Stellen Sie im Plenum die einzelnen Bereiche vor.

4 Diskutieren Sie, ob bzw. inwiefern die Systeme anderer Länder Alternativen zum etablierten deutschen System darstellen könnten.

M 9 Die vier Ebenen der Alterssicherung in Deutschland

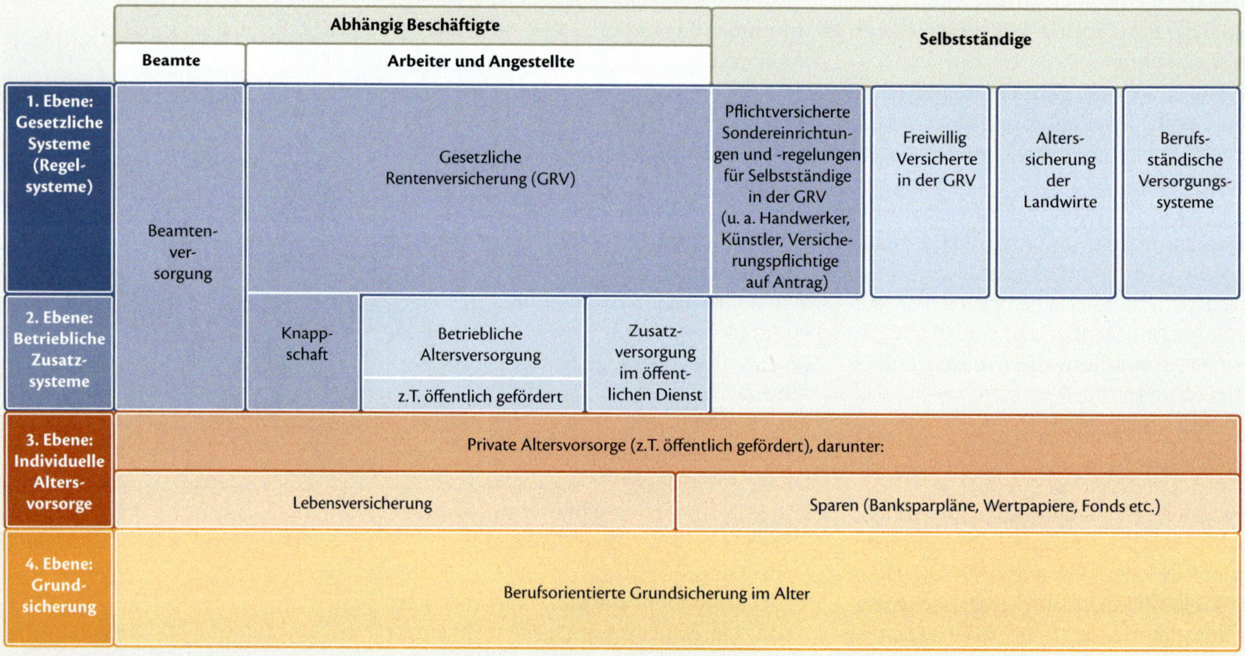

Nach: Gerhard Bäcker u. a.: Sozialpolitik und soziale Lage in Deutschland, Band 2, 5. Aufl. Wiesbaden (VS) 2010, S. 391

Beitragsbemessungsgrenze: Sie bezeichnet den Bruttolohnbetrag, von dem in Deutschland Beiträge zur gesetzlichen Sozialversicherung höchstens erhoben werden

M 10 Die Gesetzliche Rentenversicherung

Arbeitnehmer sind (bis auf wenige Ausnahmen) in der gesetzlichen Rentenversicherung pflichtversichert. Das gilt auch für Auszubildende, behinderte Menschen in anerkannten Werkstätten, Wehr- und Zivildienstleistende sowie Helferinnen und Helfer im freiwilligen sozialen oder ökologischen Jahr.

Die Beitragsbemessungsgrenze liegt im Jahr 2012 bei monatlich 5600 EUR in den alten und 4800 EUR in den neuen Bundesländern. Sie ist nicht gleichzeitig Versicherungspflichtgrenze. Das bedeutet: Auch wer mehr verdient, bleibt versicherungspflichtig. Beitragsbemessungsgrenze heißt: Ihr Beitrag zur gesetzlichen Rentenversicherung bemisst sich höchstens an diesen Beträgen, auch wenn Sie mehr verdienen.

Für Arbeitnehmer mit geringen Verdiensten (zwischen 400,01 und 800,00 Euro) gelten seit dem 1. April 2003 Besonderheiten bei der Beitragsberechnung. Automatisch finden die besonderen beitragsrechtlichen Regelungen der sogenannten Gleitzone (Progressionszone) Anwendung, durch die der Arbeitnehmer entsprechend seinem Verdienst anteilig von Sozialversicherungsbeiträgen entlastet wird. Dies bedeutet, dass für Arbeitsentgelte innerhalb der Gleitzone der Arbeitnehmeranteil am Gesamtsozialversicherungsbeitrag (Kranken-, Renten-, Pflege- und Arbeitslosenversicherung von z. Z. durchschnittlich 20 Prozent) abhängig vom Verdienst im Ergebnis linear von rund 9 Prozent am Anfang der Gleitzone (400,01 Euro) bis zum vollen Arbeitnehmeranteil bei 800 Euro ansteigt. Der Arbeitgeber trägt dagegen für das gesamte Arbeitsentgelt grundsätzlich seinen vollen Anteil am Gesamtsozialversicherungsbeitrag. Diese Regelungen gelten jedoch nicht bei Auszubildenden.

Von den Selbstständigen sind nur bestimmte Personenkreise pflichtversichert, darunter selbstständige Lehrer, Dozenten und Erzieher, selbstständige Pflegepersonen sowie Hebammen. Pflichtversichert sind auch selbstständige Handwerker. (...)

Rentenansprüche sind davon abhängig, dass bestimmte persönliche und versicherungsrechtliche Voraussetzungen erfüllt sind. Aus der gesetzlichen Rentenversicherung werden folgende Renten gezahlt:

- Renten wegen Alters,
- Renten wegen verminderter Erwerbsfähigkeit, Hinterbliebenenrenten (Renten wegen Todes).

Grundvoraussetzung: Erfüllung von Wartezeiten
Leistungen aus der Rentenversicherung können nur beansprucht werden, wenn die Versicherten mindestens eine Zeit lang der Versicherung angehört haben. Diese Mindestversicherungszeit ist die Wartezeit. Die allgemeine Wartezeit von fünf Jahren mit Beitragszeiten und Ersatzzeiten ist Voraussetzung für den Anspruch auf die Regelaltersrente, die Renten wegen Erwerbsminderung und die Renten wegen Todes. Auf die Wartezeit von 15 Jahren für den Bezug der Altersrente wegen Arbeitslosigkeit oder nach Altersteilzeitarbeit und der Altersrente für Frauen werden ebenfalls Beitragszeiten und Ersatzzeiten angerechnet. Auf die Wartezeit von 35 Jahren für die Altersrente für langjährig Versicherte und die Altersrente für schwerbehinderte Menschen werden auch beitragsfreie Zeiten sowie Berücksichtigungszeiten wegen Kindererziehung angerechnet. Für die Altersrente für besonders langjährig Versicherte ist die Wartezeit von 45 Jahren zu erfüllen. Pflichtbeiträge für eine versicherte Beschäftigung, ausgenommen der Bezug von Arbeitslosengeld, sowie die Berücksichtigungszeiten sind anrechenbar. Zu den beitragsfreien Zeiten gehören beispielsweise bestimmte Ausbildungszeiten, Zeiten der Krankheit und Arbeitslosigkeit.
Bundesministerium für Arbeit und Soziales: Soziale Sicherung im Überblick 2012, Bonn 2012, S. 113 f.

M 11 Rentenberechnung

Aus einer Informationsbroschüre des Bundesministeriums für Arbeit und Soziales (BMAS), 2012:

Beitragszeiten
Wie hoch die Rente ist, richtet sich in erster Linie nach Ihren Arbeitsentgelten und Arbeitseinkommen, die durch Beiträge versichert sind. Als Beitragszeit gelten auch Zeiten, in denen Sie Kinder erzogen oder jemanden nicht erwerbsmäßig gepflegt haben.
Welchen Wert eine Beitragszeit hat, hängt davon ab, in welchem Verhältnis Ihr jährliches Bruttoarbeitsentgelt zum Durchschnittsentgelt aller Versicherten steht. (...)

Ersatzzeiten
Durch Ersatzzeiten sollen im Rahmen des sozialen Ausgleichs der Rentenversicherung Nachteile vermieden werden, die wegen der infolge der Kriegsereignisse unterbliebenen Beitragszahlung sonst eingetreten wären. Zu den Ersatzzeiten zählen auch Zeiten des politischen Gewahrsams in der ehemaligen DDR.

Pflegezeiten
Nach dem Pflegeversicherungsgesetz sind Zeiten der nicht erwerbsmäßigen häuslichen Pflege seit 1.4.1995 (mindestens 14 Stunden wöchentlich) Pflichtbeitragszeiten in der gesetzlichen Rentenversicherung mit allen Konsequenzen.

Kindererziehungszeiten
Kindererziehungszeiten betragen für Geburten bis 1991 ein Jahr und sind für Geburten ab 1992 auf die ersten drei Lebensjahre ausgedehnt worden. Kindererziehungszeiten wirken rentenbegründend und rentensteigernd. Das bedeutet u. a., dass sie auch auf die Wartezeit für die Rente wegen Minderung der Erwerbsfähigkeit oder wegen Alters angerechnet werden. (...)
Die Kindererziehungszeit wird rentenrechtlich wie eine Pflichtbeitragszeit aufgrund einer Erwerbstätigkeit bewertet, und zwar vom 1. Juli 2000 an mit 100 Prozent des Durchschnittseinkommens. (...) Darüber hinaus werden Berücksichtigungszeiten angerechnet.

Die Rentenformel
Drei Faktoren bestimmen die Höhe einer Rente:
PEP: Persönliche Entgeltpunkte; Versichertes Arbeitsentgelt (bis zur Beitragsbemessungsgrenze) für jedes Kalenderjahr geteilt durch das Durchschnittsentgelt aller Versicherten für dasselbe Kalenderjahr, aufsummiert für das gesamte Versicherungsleben und multipliziert mit dem Zugangsfaktor (ZF).
RF: Rentenartfaktor; ein nach dem Sicherungsziel der zu berechnenden Rente festgelegter Faktor.
AR: Aktueller Rentenwert; Betrag, der einer monatlichen Rente wegen Alters entspricht, die sich aus Beiträgen aufgrund eines Durchschnittentgelts für ein Kalenderjahr ergibt (z. Zt. 27,47 Euro West, 24,37 Euro Ost).
PEP x RF x AR = Monatsrente
Bundesministerium für Arbeit und Soziales: Soziale Sicherung im Überblick 2012, Bonn 2012, S. 126 ff.

M 12 Staatliche Unterstützung und Anteil der Sozialversicherungsart an den Gesamtausgaben in Prozent, 2007

	Anteil der Sozialausgaben am BIP	davon Alterssicherung
Bulgarien	14,6	46,8
Dänemark	26,1	38,1
Deutschland	26,7	35,4
Finnland	24,6	35,0
Frankreich	29,0	38,7
Griechenland	23,8	43,6
Großbritannien	24,8	41,8
Italien	25,5	51,4
Niederlande	26,8	35,0
Polen	17,8	49,1
Rumänien	12,6	43,2
Schweden	29,0	39,0
EU-15	25,9	39,4
EU-27	25,2	39,6

Nach: Helmut Drüke: Italien, 3. Aufl. Wiesbaden (VS) 2012, S. 177

M 13 Typologie der Alterssicherungssysteme

Erwerbs- und verdienstunabhängige Systeme
Alle Länder weisen eine Form der Einkommenssicherung für ältere Menschen auf, deren Primärziel darin besteht, Armut zu verhindern. Erfasst wird in der Regel die gesamte (Wohn-)Bevölkerung; Leistungsanspruch und Leistungsniveau hängen nicht vom Erwerbsstatus und der Höhe des vormaligen Einkommens ab. Die Finanzierung erfolgt über Steuern und im Umlageverfahren.
Erhebliche Unterschiede gibt es in der Ausgestaltung und Bedeutung dieser verdienstunabhängigen Systeme, je nachdem ob es sich um Grundrentensysteme, Mindestrentensysteme oder Sozialhilfesysteme handelt:

- Bei Grundrentensystemen haben alle älteren Menschen Anspruch auf eine pauschale Leistung – unabhängig vom Einkommen in der Erwerbsphase. Die Grundrente ist nicht einkommens- oder bedürftigkeitsgeprüft. Das Leistungsniveau kann auf der Höhe des jeweiligen nationalen Existenzminimums liegen, jedoch auch unterhalb oder oberhalb des Minimums.
- Mindestrentenregelungen begrenzen sich auf die berechtigten RentnerInnen in verdienstabhängigen Systemen und garantieren diesen eine weitgehend pauschalisierte Mindestrente unabhängig von der Erwerbsbiografie und vom vormaligen Einkommen.
- Bedürftigkeitsgeprüfte Sozialhilfesysteme dienen als das „letzte soziale Netz"; sie greifen, wenn andere Einkommensleistungen im Alter nicht zur Existenzsicherung ausreichen. Dabei kann es sich um allgemeine Sozialhilfesysteme handeln oder um spezielle, nur für ältere Menschen geltende Systeme mit jeweils abweichenden Graden der Einkommens- und Vermögensanrechnung. Ist keine strenge Bedürftigkeitsprüfung vorgesehen, lässt sich bei den speziellen Systemen auch von Sozialrenten reden.

Erwerbs- und verdienstabhängige Systeme
Alle Länder sehen zugleich Systeme vor, die älteren Menschen eine als angemessen angesehene Ersatzquote ihres vor der Rente bezogenen Einkommens sichern sollen. Erfasst sind hier nur Erwerbstätige bzw. bestimmte Gruppen von ArbeitnehmerInnen und Selbstständigen. In der Regel handelt es sich um Versicherungssysteme. Zu unterscheiden ist zwischen Regelsystemen, Zusatzsystemen und ergänzenden Systemen.

- Erwerbs- und verdienstabhängige Regelsysteme sind als obligatorische Sozialversicherungen ausgestaltet, sie erfassen die gesamte Erwerbsbevölkerung (Volksversicherung) oder auch nur die abhängig Beschäftigten bzw. einzelne Gruppen der abhängig Beschäftigten. Die Höhe der Rente hängt nicht nur von der Dauer der Beschäftigung und Beitragszahlung ab, sondern auch von der Höhe des letzten oder des durchschnittlichen Erwerbseinkommens und von der Höhe der Beitragszahlungen. Diese Äquivalenzbeziehung zwischen Rente und Vorleistungen kann

Angemessen hohe Ersatzquote: Viele Rentensysteme haben als Ziel, dass im Alter der Lebensstandard, den man während des Berufslebens innehatte, durch entsprechend hohe Renten ungefähr beibehalten werden kann streng ausfallen oder durch Elemente des sozialen Ausgleichs, etwa durch die Gewährleistung von Mindestrenten (siehe oben), stark abgemildert werden. Die Höhe der Einkommensersatzquote hängt vom Leistungsniveau ab. Die Finanzierung erfolgt in der Regel über Beiträge und ergänzende Steuerzuschüsse.

- Zusatzsysteme zielen auf die Aufstockung der Renten entweder aus erwerbsbezogenen Regelsystemen, deren Niveau aber alleine nicht ausreicht, um einen angemessenen Einkommensersatz sicherzustellen, oder aus verdienstunabhängigen Systemen (Grundrenten). Sie finanzieren sich über Beiträge und basieren auf dem Kapitaldeckungsverfahren. Die Rentenberechnung erfolgt nach dem Äquivalenzprinzip (s. S. 112).

Gerhard Bäcker u.a.: Sozialpolitik und soziale Lage in Deutschland, Band 2, 5. Aufl. Wiesbaden (VS Verlag) 2010, S. 391

Kapiteldeckungsverfahren: Kalkulations- und Finanzierungsverfahren von privaten Individualversicherungen sowie von Sozialversicherungen, die auf Pflichtmitgliedschaft beruhen

M 14 Alterssicherung in ausgewählten europäischen Ländern

Niederlande

Das Alterssicherungssystem in den Niederlanden ist durch die Kombination von Grundrente als erster Säule und Erwerbstätigenversicherung auf betrieblicher Basis als zweiter Säule charakterisiert. Hinzu kommt die private Vorsorge.

Die Grundrente greift für alle Einwohner der Niederlande ab dem 15. Lebensjahr. Die Finanzierung erfolgt im Umlageverfahren durch Abgaben der Versicherten, die auf alle Einkommen (bis zu einer Beitragsbemessungsgrenze) erhoben werden und (2005) bei 17,9 Prozent liegen; für die Hinterbliebenengrundsicherung kommen noch 1,6 Prozent hinzu. Ergänzt wird die Finanzierung durch Zuschüsse aus dem Staatshaushalt. (...)

Die Zusatzversorgung bezieht sich nur auf die Erwerbsbevölkerung. Die Systeme sind freiwillig und werden überwiegend durch tarifvertragliche Vereinbarungen geregelt. Durch Allgemeinverbindlichkeitserklärungen wird jedoch für die meisten Beschäftigten ein Quasi-Obligatorium erreicht, sodass die Erwerbsbevölkerung zu gut 95 Prozent erfasst wird. Die Beiträge werden gemeinsam von Arbeitgeber und Arbeitnehmer aufgebracht. Die Leistungen aus der „zweiten Säule" sind so ausgerichtet, dass zusammen mit der Grundrente ein bestimmter Prozentsatz des zuletzt verdienten Lohnes oder des lebensdurchschnittlichen mittleren Lohnes erreicht werden kann. Ziel ist die Größe von 70 Prozent. (...)

Schweiz

Die Alterssicherung in der Schweiz beruht auf drei Säulen: Die Existenzsicherung wird durch die Alters- und Hinterlassenenversicherung (AHV) und die Invalidenversicherung (IV) gewährleistet (1. Säule). Der sozialen und ökonomischen Statussicherung im Alter dient die berufliche Vorsorge (2. Säule). Die Sicherung der darüber hinausgehenden persönlichen Bedürfnisse fällt der steuerlich geförderten privaten Vorsorge zu (3. Säule).

Bei der AHV und IV handelt es sich um eine umfassende Volksversicherung: Versichert sind alle Personen, die in der Schweiz wohnen oder eine Erwerbstätigkeit ausüben. Unerheblich ist die Art der Erwerbstätigkeit (selbstständig/unselbstständig); auch nicht erwerbstätige Einwohner sind versichert. Ehefrauen und Witwen sind aber von der Beitragspflicht befreit, ebenso erwerbstätige Jugendliche bis zum 17. und nicht erwerbstätige Jugendliche bis zum 20. Lebensjahr.

Großbritannien

Das britische Alterssicherungssystem ist durch sehr niedrige staatliche Renten, sowohl aus dem verdienstunabhängigen Grundrentensystem als auch aus dem verdienstabhängigen Zusatzsystem gekennzeichnet. Die Absicherung über betriebliche Systeme und die private Altersvorsorge hat hingegen ein hohes Gewicht. Dementsprechend bedeutsam sind das Kapitaldeckungsverfahren und die Abhängigkeit der Renten von der Entwicklung auf den Kapitalmärkten.

Ergebnisse

Die Ergebnisse der vergleichenden Armutsforschung zeigen, dass in Großbritannien die Armutsquoten in der Gruppe der über 65-Jährigen sehr hoch liegen (24 Prozent im Jahr 2003), hingegen in den Niederlanden nur bei 7 Prozent. Deutschland und die Schweiz nehmen eine mittlere Position im europäischen Vergleich ein.

Gerhard Bäcker u. a.: Sozialpolitik und soziale Lage in Deutschland, Band 2, 5. Aufl. Wiesbaden (VS Verlag) 2010, S. 399 ff.

Absicherung im Krankheitsfall

M 15 Gesundheitssystem in Deutschland

Seit es Menschen gibt, haben sich (…) professionelle Strukturen um das Thema Gesundheit herum ausgebildet: Die Personen und Einrichtungen, die im Rahmen ihrer beruflichen Tätigkeiten mit der Erhaltung der Gesundheit der Bevölkerung sowie der Behandlung von Krankheiten befasst sind, bilden den Kern des Gesundheitswesens.

Mit dem Entstehen der modernen Industriegesellschaften in der zweiten Hälfte des 19. Jahrhunderts sind Gesundheit und medizinische Versorgung der Bevölkerung zunehmend auch zu einer wichtigen politischen Frage geworden. Der Staat hat seither viele die Gesundheit berührende Bereiche durch Gesetze geregelt, Institutionen gegründet und Zuständigkeiten festgelegt. Für die Entwicklung des Gesundheitssystems in Deutschland war die Einführung der gesetzlichen Krankenversicherung durch die Bismarck'sche Sozialgesetzgebung im Jahr 1883 besonders prägend.

Neben den Aktivitäten des Staates und seiner Institutionen haben natürlich die Dynamik des medizinischen Fortschritts, die zunehmende Vielfalt von gesundheitsbezogenen Produkten, Dienstleistungen und Anbietern sowie die stetig wachsende Nachfrage der Bevölkerung nach Gesundheitsleistungen wesentlich dazu beitragen, dass das Gesundheitswesen inzwischen zu einem der bedeutsamsten gesellschaftlichen Teilsysteme und Wirtschaftssektoren geworden ist.

Bundeszentrale für politische Bildung: Das Gesundheitswesen in Deutschland – Ein Überblick, 1.3.2012, in: http://www.bpb.de (Zugriff: 23.12.2012)

M 16 Das duale Versicherungssystem aus privater und sozialer Krankenversicherung

Die gesetzliche Krankenversicherung (GKV) ist eine Pflichtversicherung. Die Versicherungspflicht umfasst alle Arbeitnehmer mit einem Lohneinkommen unterhalb einer dynamisierten Pflichtgrenze (2007: 3975 Euro im Monat), die auf 75 Prozent der Beitragsbemessungsgrenze (*s. S. 125*) in der Rentenversicherung (GRV) festgelegt ist. Ebenfalls pflichtversichert in der GKV sind u. a. Arbeitslose, Behinderte, Studenten, Landwirte und die meisten Rentner. Beamte, Richter und die meisten Selbstständigen unterliegen nicht der Versicherungspflicht in der GKV. Über 70 Mio. Menschen sind in der GKV versichert und über 8 Mio. Vollversicherte gibt es in den privaten Krankenversicherungen (pKV), die außerdem das Restrisiko der Beamten, die vom Staat Beihilfe im Krankheitsfall erhalten, abdecken. (…)

Das Verteilungsleitbild in der sozialen Krankenversicherung ist das Bedarfsprinzip! Jedem Versicherten wird eine dem aktuellen medizinischen Wissensstand entsprechende und dem Wirtschaftlichkeitsgebot verpflichtete optimale Versorgung mit Gesundheitsleistungen garantiert. Die Solidargemeinschaft der GKV hat die Aufgabe, die Gesundheit der Versicherten zu erhalten (präventiver Auftrag). Die Versicherten ihrerseits sind angemahnt, ein gesundes Leben zu führen. (…) Das Solidarprinzip ist in seiner starken Version als interpersonelle Umverteilung von den gut zu den weniger gut verdienenden Arbeitnehmern in der GKV im Vergleich zu den anderen Zweigen der Sozialversicherung am stärksten ausgeprägt. Ein wesentliches Element des Solidarausgleichs ist zudem die beitragsfreie Mitversicherung des erwerbslosen Ehepartners und der Kinder eines Beitragszahlers. Damit sind über 90 Prozent der Bevölkerung in der GKV versichert.

Lothar F. Neumann/Klaus Schaper: Die Sozialordnung der Bundesrepublik Deutschland, Frankfurt a. M. (Campus) 2008, S. 211 f.

Dynamisierte Pflichtgrenze: Die Pflichtgrenze kann an neue Verhältnisse angepasst, z. B. nach oben verschoben werden

Krankenhäuser – nicht nur Orte der Krankenversorgung, sondern auch wichtige Wirtschaftsfaktoren. Charité in Berlin

M 17 Krankenversicherte in Deutschland (in Prozent der Gesamtbevölkerung)

GKV pflichtversichert	GKV freiwillig versichert	GKV als Rentner versichert	GKV als Familienangehöriger mitversichert	PKV privatversichert	Sicherung über Sozialhilfe
38 Prozent	5 Prozent	21 Prozent	24 Prozent	ca. 10 Prozent	ca. 2 Prozent

Nach: Lothar F. Neumann/Klaus Schaper: Die Sozialordnung der Bundesrepublik Deutschland, Frankfurt a. M. (Campus) 2008, S. 211 f.

M 18 Zentrale Unterschiede zwischen GKV und PKV (Krankheitsvollversicherung)

Art der Versicherung	GKV Gesetzliche Versicherung	PKV Privatrechtlicher Versicherungsvertrag
Personenkreis	Pflichtversicherte und freiwillig Versicherte	Personen, die nicht der Versicherungspflicht in der GKV unterliegen
Familienversicherung	beitragsfrei	Versicherung jedes einzelnen Familienangehörigen
Kontrahierungszwang	ja	nein
Leistungskatalog	gesetzlich vorgegeben	per Vertrag zu vereinbaren
Leistungsverfahren	Sachleistungsprinzip	Kostenerstattungsprinzip
Risikoausgleich	ja	ja, nach Risikogruppen
Solidarausgleich	ja	nein, nur risikobezogener Versicherungsausgleich
Wahltarife	möglich	ja
Freie Arztwahl	unter den niedergelassenen Vertragsärzten	unter allen Ärzten
Finanzierung	einkommensabhängige Beiträge	risikoabhängige Prämien nach Alter, Geschlecht, Gesundheitszustand
Finanzierungsverfahren	Umlagefinanzierung	Anwartschaftsdeckungsverfahren
Abschluss von Versorgungsverträgen	Verträge mit Leistungserstellern gemäß Sachleistungsprinzip	nein, PKV ist kein Vertragspartner der Leistungserbringer
Honorierung der niedergelassenen Ärzte	Gesamtvergütung und Anwendung des EBM	nach GOÄ
Verwaltungs- und Abschlusskosten	Verwaltungskosten	neben Verwaltungskosten hohe Abschlusskosten

Gerhard Bäcker u. a., a. a. O., S. 286

Kontrahierungszwang: Gesetzliche Krankenkassen sind verpflichtet, alle diejenigen, die die gesetzlichen Voraussetzungen erfüllen, aufzunehmen, unabhängig von deren Alter, Gesundheitszustand oder ihrer finanziellen Leistungskraft

Risikoausgleich: Verteilung des Risikos auf die Versicherten vs. Versicherung des Einzelnen bei Messung des Beitrags am Risiko

Umlagefinanzierung: Eingezahlte Beiträge der Versicherten werden in der gleichen Zeit- bzw. Rechnungsperiode zur Finanzierung der Leistungen genutzt

Anwartschaftsdeckungsverfahren: Jeder Versicherte spart die später fälligen Leistungen selber an und sorgt so für sich selbst vor

EBM: Einheitlicher Bewertungsmaßstab

GOÄ: Gebührenordnung Ärzte

M 19 Der Gesundheitsfonds

Der Gesundheitsfonds ist seit dem 1. Januar 2009 in Kraft. Er bündelt die Finanzströme der gesetzlichen Krankenkassen (GKV). Dies bedeutet, dass

- die Finanzmittel der gesetzlichen Krankenversicherung (Beitragseinnahmen der Krankenkassen und steuerfinanzierter Bundeszuschuss) in diesen Topf fließen und
- die Krankenkassen nach bestimmten Regeln aus diesem Topf die Finanzmittel für die Krankenversorgung ihrer Versicherten erhalten (s. M 20).

Der Gesundheitsfonds deckt zum Startzeitpunkt 100 Prozent der GKV-Ausgaben. Falls die Krankenkassen mit den Fondsmitteln die Kosten der Krankenversorgung nicht decken können, kann die Finanzierungsquote durch den Fonds auf 95 Prozent sinken. Bis zu fünf Prozent der GKV-Ausgaben müssten dann durch den Zusatzbeitrag (siehe unten) gedeckt werden.

Die Finanzierung der privaten Krankenversicherung (PKV) bleibt von der Einrichtung des Gesundheitsfonds unberührt. Auch bleiben GKV und PKV weiterhin zwei (…) Systeme.

Bundeszentrale für politische Bildung: Die Funktionsweise des Gesundheitsfonds, 1.3.2012, in: http://www.bpb.de (Zugriff: 23.12.2012)

M 20 So finanziert sich der Gesundheitsfonds

ab 2009

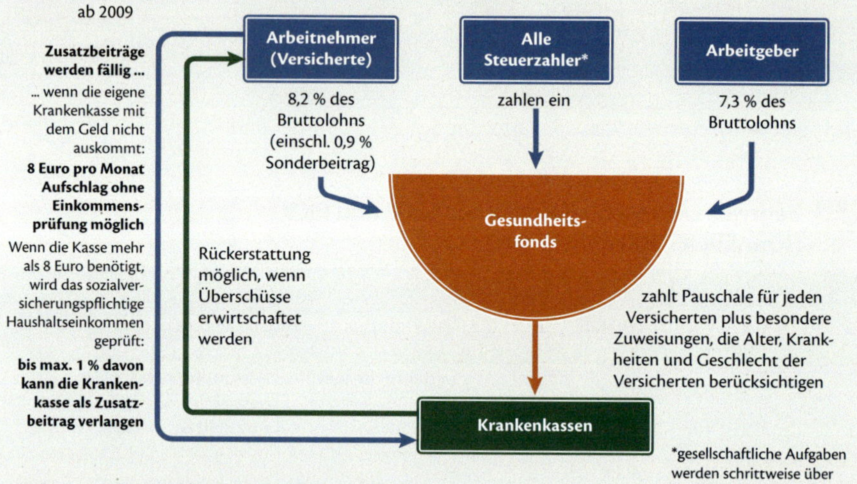

Quelle: Stat. Bundesamt (2013), rundungsbedingte Differenzen

*gesellschaftliche Aufgaben werden schrittweise über Steuern finanziert

M 21 Pro-Kopf-Gesundheitsausgaben

Öffentlicher und privater Sektor, OECD-Länder, 2010 in US-Dollar ■ Öffentliche Gesundheitsausgaben ■ Private Gesundheitsausgaben

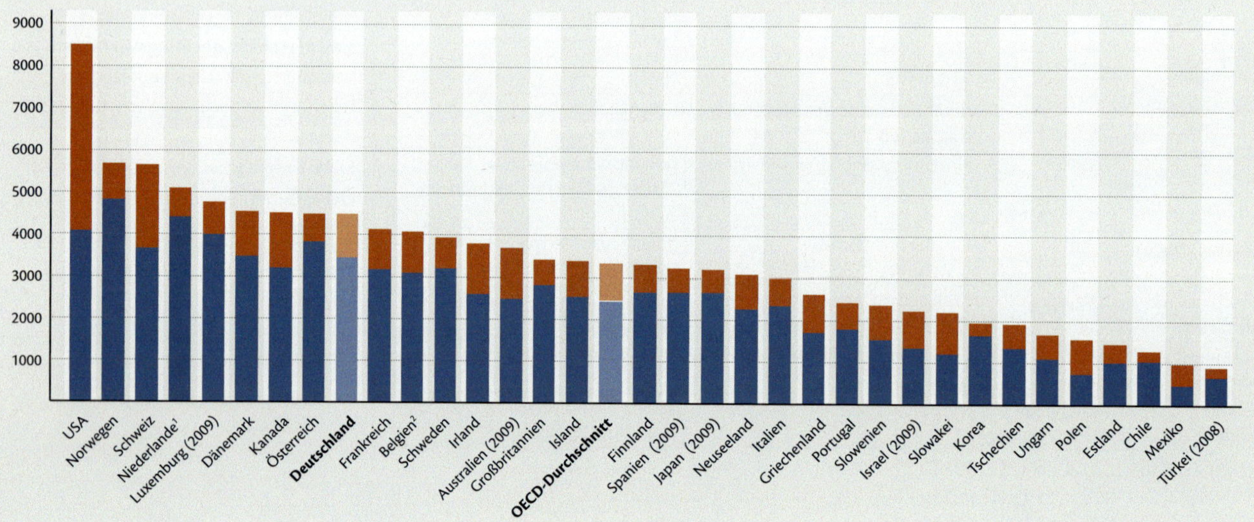

Quelle: OECD-Gesundheitsdaten 2012, Juni 2012 1) Der öffentliche und der private Anteil der Gesundheitsausgaben können nicht unterschieden werden, 2) Gesamtausgaben außer Investitionen

M 22 Das Gesundheitssystem Italiens

Italien gehört wie Australien, Kanada, Dänemark, Finnland, Island, Irland, Neuseeland, Norwegen, Portugal, Spanien, Schweden und Großbritannien zu den Ländern mit einer Finanzierung des öffentlichen Gesundheitswesens über den Staatshaushalt. In Ländern hingegen wie Deutschland oder Frankreich werden Gesundheitsleistungen durch Versicherungsträger finanziert. 37,5 Prozent der Mittel des Gesundheitsfonds in Italien kommen aus Steuermitteln, 40,8 Prozent stammen aus Beiträgen der Krankenversicherung, die der Arbeitgeber entrichtet (2,88 Prozent des Bruttoverdienstes). (...)

Die Ärzte werden, anders als beispielsweise in Deutschland, wo der Arzt pro Leistung abrechnet, als Angestellte des Nationalen Gesundheitsdienstes (SSN) monatlich entlohnt. Die akute Krankenhausversorgung wird über eine Fallpauschale verrechnet.

Helmut Drüke: Italien, 3. Aufl. Wiesbaden (VS) 2012, S. 197

M23 Wie funktioniert das britische Gesundheitssystem?

Herzstück des Systems ist der bereits seit 1948 existierende Nationale Gesundheitsdienst (National Health Service, NHS). Er verantwortet sowohl die ambulante als auch die stationäre Versorgung im Fall von Krankheit, Unfall und Pflegebedürftigkeit. Alle Einwohner des United Kingdom sind im NHS versichert. Konkret heißt das: Jeder hat das Recht auf einen freien Zugang zur medizinischen Versorgung des Dienstes, und zwar unabhängig von seinen finanziellen Möglichkeiten. Wie auch in Deutschland werden die medizinischen Leistungen grundsätzlich nach dem Sachleistungsprinzip erbracht.

Die NHS-Leistungen werden jedoch an keiner Stelle explizit formuliert. So heißt es im entsprechenden Gesetz lediglich allgemein, dass Leistungen in dem Ausmaß zur Verfügung gestellt werden sollen, wie es erforderlich ist, um alle begründeten Anforderungen zu befriedigen. In Deutschland legt vergleichsweise das Sozialgesetzbuch (SGB) V fest, dass gesetzlich Versicherte Anspruch auf medizinisch notwendige Leistungen und Teilhabe am medizinischen Fortschritt haben – unter Berücksichtigung des Wirtschaftlichkeitsgebots. (…)

Während hierzulande die „doppelte Facharztschiene“, das heißt Fachärzte in der niedergelassenen Praxis und im Krankenhaus, existiert, findet in England die fachärztliche Versorgung fast ausschließlich in Kliniken statt. Hierbei ist zwischen den zahlreichen staatlichen und kommunalen Krankenhäusern sowie den privaten Kliniken zu unterscheiden. Letztere können allerdings nur Patienten behandeln, die über eine private Versicherung verfügen oder Selbstzahler sind. Alle anderen müssen mit den öffentlichen Häusern vorlieb nehmen und dabei auch Wartezeiten in Kauf nehmen. Allerdings hat sich bei diesem Thema in den letzten Jahren viel getan. Die Wartezeiten konnten mittlerweile auf unter sechs Monate gesenkt werden. Unter Regie von Tony Blair war festgeschrieben worden, dass alle Eingriffe innerhalb eines halben Jahres nach Diagnosestellung erfolgen müssen. Andernfalls haben Patienten die Möglichkeit, sich auf Kosten des NHS in einer Privatklinik oder im Ausland versorgen zu lassen.

Wie funktioniert das britische Gesundheitssystem?, 2009, in: http://www.patientenpolitik.de (Zugriff: 23.12.2012)

M24 Säulen der Krankenversicherung in den Niederlanden

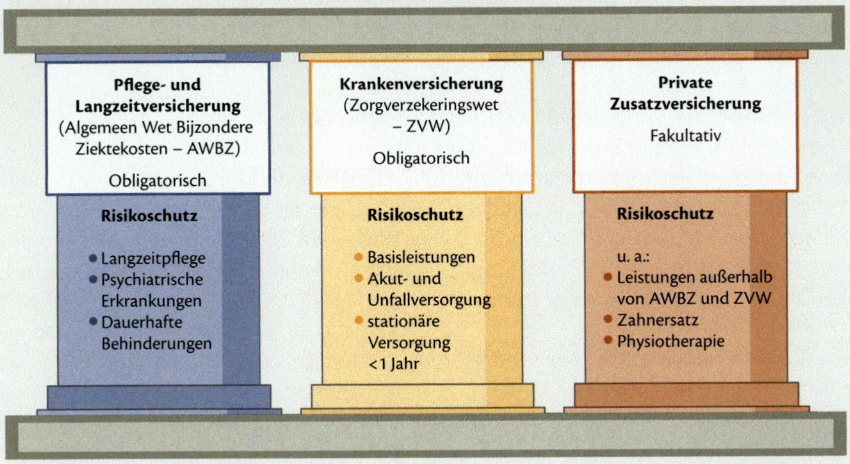

Nach: Frank Schulze Ehring/Anne-Dorothee Köster: Gesundheitssysteme im Vergleich, PKV Dokumentation Nr. 29, Köln 2010, S. 10

Absicherung bei Unfällen

M25 Die gesetzliche Unfallversicherung

Die gesetzliche Unfallversicherung ist ein Zweig der Sozialversicherung. (...)
Als Pflichtversicherung gleicht sie Gesundheitsschäden aus, die Versicherte infolge einer versicherten Tätigkeit erleiden.

Aufgabe
Die gesetzliche Unfallversicherung hat die Aufgabe, mit allen geeigneten Mitteln
1. Versicherungsfälle (Arbeitsunfälle und Berufskrankheiten) sowie arbeitsbedingte Gesundheitsgefahren zu verhüten,
2. nach Eintritt von Versicherungsfällen die Gesundheit und Leistungsfähigkeit der Versicherten wiederherzustellen und
3. die Versicherten oder ihre Hinterbliebenen durch Geldleistungen zu entschädigen.

Versicherte Personen
Versichert sind insbesondere Arbeitnehmer und Auszubildende. Darüber hinaus sind unter anderem folgende Personengruppen in die Versicherung einbezogen:
1. Personen, die im Interesse der Allgemeinheit tätig sind, wie z. B. Mitarbeiter in Hilfsorganisationen, Lebensretter, Blutspender, Zeugen, Schöffen;
2. Kinder, die in Kindertageseinrichtungen oder durch geeignete Tagespflegepersonen betreut werden, Schüler und Studierende in Schulen und Hochschulen sowie Personen in der beruflichen Aus- und Fortbildung;
3. Personen, die selbstständig, als mitarbeitende Familienangehörige oder als abhängig Beschäftigte in der Landwirtschaft arbeiten;
4. Pflegepersonen;
5. Arbeitslose, wenn sie auf Aufforderung der Arbeitsagentur die Agentur oder eine andere Stelle aufsuchen;
6. bestimmte ehrenamtlich tätige Personen (z. B. Unglückshelfer);
7. Personen in der Rehabilitation (z. B. Krankenhausaufenthalt).

Unternehmer können sich freiwillig versichern, wenn sie nicht schon – wie in einigen Branchen – durch Gesetz oder Satzung pflichtversichert sind.
Der Versicherungsschutz besteht ohne Rücksicht auf Alter, Religion, Staatsangehörigkeit oder Einkommen.

Versicherungsfälle
Der Eintritt eines Versicherungsfalls ist die Grundvoraussetzung für Leistungen der Unfallversicherung. Versicherungsfälle sind Arbeitsunfälle und Berufskrankheiten. Zu den Arbeitsunfällen zählen nicht nur die im Betrieb bei der eigentlichen Arbeitstätigkeit erlittenen Unfälle, sondern auch Wegeunfälle. Wegeunfälle sind Unfälle, die Beschäftigte auf dem Weg zur oder von der Arbeit erleiden. Berufskrankheiten sind Krankheiten, die sich Versicherte durch die Arbeit zuziehen. (...)

Leistungen
Die Leistungen umfassen insbesondere Heilbehandlungsmaßnahmen, medizinische Rehabilitation, Leistungen zur Teilhabe am Arbeitsleben (z. B. Umschulung), Geldleistungen an Versicherte (z. B. Lohnersatzleistungen und Rentenleistungen) und – im Todesfalle – Hinterbliebenenleistungen (z. B. Witwen-/ Witwer- und Waisenrenten).

Träger
Träger der Unfallversicherung sind die gewerblichen und landwirtschaftlichen Berufsgenossenschaften sowie die Versicherungsträger der öffentlichen Hand (z. B. Unfallkassen, Landesunfallkassen, Gemeindeunfallversicherungsverbände).

Finanzierung
In der gewerblichen Wirtschaft erfolgt die Finanzierung der Unfallversicherung durch Beiträge, die allein von den Unternehmern getragen werden, sodass der Versicherungsschutz für die Versicherten beitragsfrei ist. Die Beiträge richten sich nach den Entgelten der Versicherten eines Unternehmens und nach dem Grad der Unfallgefahr. In der landwirtschaftlichen Unfallversicherung gelten besondere Beitragsmaßstäbe, die sich überwiegend nach den Flächen- und Ertragswerten der landwirtschaftlichen Unternehmen richten. Die öffentlichen Unfallversicherungsträger finanzieren ihre Ausgaben regelmäßig aus Haushaltsmitteln (Steuern).

Bundesministerium für Arbeit und Soziales: Unfallversicherung, 1.1.2013, in: http://www.bmas.de (Zugriff: 23.12.2012)

M26 Unfallversicherung im internationalen Vergleich

Für die grundsätzlichen Organisationsmodelle der Unfallversicherung kann im Sinne eines sehr groben Rasters auf die klassische Einteilung nach steuerfinanzierten „Beveridge"-Systemen (z. B. Großbritannien), den Systemen mit gewinnorientierten Versicherern (z. B. Finnland) und den beitragsfinanzierten „Bismarck-Systemen" (z. B. Deutschland) unterschieden werden.

In der Europäischen Union entspricht die Unfallversicherung in Frankreich, Luxemburg und Italien mit geringen Abweichungen dem deutschen Modell.

- In der Schweiz sind die größere Risiken einbringenden Industrieunternehmen bei der öffentlichen, selbstverwalteten Schweizerischen Unfallversicherungsanstalt versichert. Sie deckt dasselbe Aufgabenspektrum wie die deutsche Unfallversicherung ab und versichert zudem Freizeitunfälle. Andere Unternehmen haben Wahlfreiheit zwischen Privatversicherern und anderen öffentlichen Versicherungen.
- In Spanien wird die Unfallversicherung bei Wahlfreiheit des Unternehmers hinsichtlich des Unfallversicherungsträgers hauptsächlich von den arbeitgeberfinanzierten und -verwalteten Versicherungsvereinen auf Gegenseitigkeit einschließlich der Prävention und ohne Gewinnorientierung betrieben.
- In den EU-Staaten Belgien, Dänemark, Portugal und im OECD-Staat Norwegen wird die Unfallversicherung von gewinnorientierten Versicherern verwaltet, zwischen denen der Unternehmer auswählen kann. Dies gilt jedoch nur für Arbeitsunfälle. Berufskrankheiten werden dagegen im öffentlichen System verwaltet, dessen Aufgabenspektrum dem der deutschen Unfallversicherung entspricht.
- In Dänemark und Norwegen sichern die gewinnorientierten Unfallversicherer lediglich ergänzende Leistungen ab, während der Großteil der Leistungen über eine steuerfinanzierte Grundsicherung erbracht wird. (...)
- In Großbritannien ist die staatliche, rein steuerfinanzierte Unfallversicherung auf die Erbringung von (im internationalen Vergleich relativ geringen) Geldleistungen eingegrenzt.
- Im OECD-Staat USA ist die Organisation der Unfallversicherung Sache der Einzelstaaten. Etwa die Hälfte lässt den Unternehmern Wahlfreiheit zwischen einem gewinnorientierten Versicherer oder – bei Großfirmen – so genannten Eigenversicherungen. In den anderen US-Staaten besteht Versicherungspflicht in öffentlichen Einrichtungen.
- Eine Sondersituation besteht in den Niederlanden, wo 1967 die Versicherungsfälle Arbeitsunfall und Berufskrankheit abgeschafft wurden. Gegenwärtig wird die Wiedereinführung unfallversicherungsrechtlicher Strukturen geprüft.
- Neuseeland ist nach einer kurzen Zeit des Experimentierens mit Privatversicherungen wieder zum öffentlichen System zurückgekehrt.
- In Frankreich wurde die gewinnorientierte Unfallversicherung in der Landwirtschaft vor wenigen Jahren abgeschafft und die landwirtschaftliche Unfallversicherung wieder in das allgemeine öffentliche System der sozialen Sicherung eingegliedert.

Antwort der Bundesregierung auf die Kleine Anfrage der CDU/CSU, BT-Drucksache 15/1462 (2005)

Zeichnung: Guhl

Absicherung im Fall von Arbeitslosigkeit

M 27 Die deutsche Arbeitslosenversicherung

Versicherte
Versicherungspflicht, Versicherungsfreiheit und die freiwillige Weiterversicherung in der Arbeitslosenversicherung sind im Dritten Buch des Sozialgesetzbuches geregelt. Danach sind grundsätzlich alle Personen, die eine mehr als geringfügige Beschäftigung gegen Arbeitsentgelt ausüben, versicherungspflichtig in der gesetzlichen Arbeitslosenversicherung. Versicherungspflichtig sind auch die Auszubildenden. Die Versicherungspflicht tritt kraft Gesetzes ein, wenn die gesetzlichen Voraussetzungen dafür vorliegen.

Versicherungsfreiheit für bestimmte Personengruppen
Bestimmte Personengruppen sind von der Versicherungspflicht ausdrücklich ausgenommen, weil sie dem Schutz der Versicherung nicht unterliegen sollen (zum Beispiel Beamte, Soldaten oder Personen, die das reguläre Rentenalter erreicht haben).

Leistungen
Im Rahmen der Arbeitslosenversicherung wird eine Vielzahl von Leistungen erbracht. Dazu gehören Leistungen, die die Integration der Menschen in Arbeits- und Ausbildungsverhältnisse unterstützen, aber auch den Lebensunterhalt im Falle der Arbeitslosigkeit sichern.
Die Leistungen richten sich in erster Linie an die Personengruppen – Arbeitnehmer/innen und Arbeitgeber/innen –, die sich an der Finanzierung der Arbeitslosenversicherung beteiligen. Für die Gewährung der Leistungen müssen die jeweiligen Anspruchsvoraussetzungen erfüllt sein.

Das Leistungsspektrum in Beispielen
Leistungen an Arbeitnehmerinnen und Arbeitnehmer:
- Unterstützung der Beratung und Vermittlung (Bewerbungskosten, Reisekosten; Vermittlungsgutschein),
- Maßnahmen zur Verbesserung der Eingliederungsaussichten,
- Förderung der Aufnahme einer Beschäftigung, Mobilitätshilfen (Übergangsbeihilfe, Ausrüstungsbeihilfe; Reisekostenbeihilfe; Fahrkostenbeihilfe, Trennungskostenbeihilfe, Umzugskostenbeihilfe),
- Förderung der Aufnahme einer selbstständigen Tätigkeit,
- Förderung der Berufsausbildung,
- Förderung der beruflichen Weiterbildung,
- Förderung der Teilhabe behinderter Menschen am Arbeitsleben (berufliche Rehabilitation), (Übergangsgeld, Ausbildungsgeld, weitere Leistungen),
- Entgeltersatzleistungen (Leistungen zum Lebensunterhalt: Arbeitslosengeld, Arbeitslosengeld bei Weiterbildung, Teilarbeitslosengeld, Übergangsgeld, Insolvenzgeld),
- Förderung der ganzjährigen Beschäftigung (Saison-Kurzarbeitergeld, Zuschuss-Wintergeld und Mehraufwands-Wintergeld),
- Entgeltsicherung für ältere Arbeitnehmer,
- Kurzarbeitergeld,
- Transferleistungen.

Leistungen an Arbeitgeberinnen und Arbeitgeber
- Einstellung von Arbeitnehmerinnen und Arbeitnehmern (Eingliederungszuschüsse, Einstellungszuschuss bei Neugründungen, Einstellungszuschuss bei Vertretung),
- Förderung der beruflichen Weiterbildung (Zuschuss zum Arbeitsentgelt für Ungelernte),
- Förderung der Teilhabe behinderter Menschen am Arbeitsleben (berufliche Rehabilitation: Zuschüsse zur Ausbildungsvergütung, Arbeitshilfen für behinderte Menschen, Probebeschäftigung behinderter Menschen),
- Leistungen zur beruflichen Eingliederung schwerbehinderter und ihnen gleichgestellter Menschen (Zuschüsse zur Ausbildungsvergütung schwerbehinderter Menschen, Eingliederungszuschüsse für besonders betroffene schwerbehinderte Menschen, Probebeschäftigung),
- Leistungen nach dem Altersteilzeitgesetz.

Leistungen an Träger
- Förderung der Berufsausbildung (Ausbildungsbegleitende Hilfen, Berufsausbildung in einer außerbetrieblichen Einrichtung, Übergangshilfen),
- Förderung von Einrichtungen zur beruflichen Aus- oder Weiterbildung oder zur beruflichen Rehabilitation,

- Förderung von Jugendwohnheimen,
- Zuschüsse zu Sozialplanmaßnahmen,
- Förderung von Arbeitsbeschaffungsmaßnahmen,
- Förderung von Beschäftigung schaffenden Infrastrukturmaßnahmen,
- Beauftragung von Trägern mit Eingliederungsmaßnahmen.

Finanzierung

Die Leistungen der Arbeitsförderung (zum Beispiel Arbeitsvermittlung und Arbeitslosengeld) und die sonstigen Ausgaben der Bundesagentur für Arbeit werden durch Beiträge der Arbeitnehmer, der Arbeitgeber und Dritter (Beitrag zur Arbeitsförderung) sowie durch Umlagen, Mittel des Bundes, Beiträge im Rahmen der freiwilligen Weiterversicherung und sonstige Einnahmen finanziert. Arbeitnehmer und Arbeitgeber zahlen den Beitrag zur Arbeitsförderung in der Regel je zur Hälfte.

Beiträge von Arbeitnehmern und Arbeitgebern

Der Beitragssatz beträgt seit dem 1.1.2011 3,0 Prozent der Beitragsbemessungsgrundlage. Beitragsbemessungsgrundlage ist in der Regel das Arbeitsentgelt der Beschäftigten (beitragspflichtige Einnahme), das bis zur Beitragsbemessungsgrenze (Stand 2012: alte Bundesländer 67 200 Euro im Jahr/neue Bundesländer 57 600 Euro im Jahr) berücksichtigt wird. Die Beiträge sind zusammen mit den Beiträgen zur Kranken-, Pflege- und Rentenversicherung als Gesamtsozialversicherungsbeitrag von den Arbeitgebern an die Krankenkassen (Einzugsstelle) zu zahlen. Die Einzugsstellen leiten die für die Arbeitslosenversicherung bestimmten Beiträge an die Bundesagentur für Arbeit weiter.

Deutsche Sozialversicherung, o. J., in: http://www.deutsche-sozialversicherung.de (Zugriff: 23.12.2012)

Umlagen: Aufwendungen der Arbeitgeber für Versicherungsleistungen, beispielsweise beim Mutterschutz, werden auf alle Arbeitnehmer verteilt

M28 Grundsicherung

Arbeitslosengeld (*ALG*) II können alle erwerbsfähigen leistungsberechtigten Personen im Alter von 15 Jahren bis zur gesetzlich festgelegten Altersgrenze zwischen 65 und 67 Jahren erhalten. Personen die nicht erwerbsfähig sind, können Sozialgeld erhalten. Arbeitslosengeld II und Sozialgeld sind Leistungen, die eine Grundsicherung des Lebensunterhaltes gewährleisten sollen. Was dem Einzelnen dabei zusteht, hat der Gesetzgeber in sogenannten „Regelbedarfen" festgelegt.

Regelbedarf

Der Regelbedarf deckt pauschal die Kosten für Ernährung, Kleidung, Haushaltsenergie (ohne Heizung und Warmwassererzeugung), Körperpflege, Hausrat, Bedürfnisse des täglichen Lebens sowie in vertretbarem Umfang auch Beziehungen zur Umwelt und die Teilnahme am kulturellen Leben ab.

Einen Anspruch auf den vollen Regelbedarf haben Alleinstehende, Alleinerziehende sowie Volljährige, deren Partner minderjährig ist. Er beträgt seit dem 1. Januar 2012 bundeseinheitlich 374 Euro Der Regelbedarf für volljährige Partner beträgt jeweils 337 Euro. Kinder, die jünger als 6 Jahre sind, erhalten 219 Euro und von 6 bis einschließlich 13 Jahren sind es dann 251 Euro. Kinder bzw. Jugendliche in einem Alter von 14 Jahren bis 17 Jahren erhalten 287 Euro. Junge Erwachsene ab 18 Jahren, die noch keine 25 Jahre alt sind und bei ihren Eltern wohnen, oder Personen zwischen 15 und unter 25 Jahren, die ohne Zusicherung des kommunalen Trägers umgezogen sind, erhalten 299 Euro.

Junge Erwachsene, die 25 Jahre und älter sind, müssen einen eigenen Antrag auf Arbeitslosengeld II (Alg II) stellen, unabhängig davon, ob sie in einer eigenen Wohnung oder bei den Eltern wohnen. Personen, die in einem eigenen Haushalt leben, bilden eine eigene Bedarfsgemeinschaft, wenn sie mindestens 15 Jahre alt sind.

Sozialgeld

Nicht erwerbsfähige Leistungsbedürftige erhalten Sozialgeld, wenn in ihrer Bedarfsgemeinschaft mindestens ein erwerbsfähiger Hilfebedürftiger lebt.

Bundesagentur für Arbeit: Arbeitslosengeld II/Sozialgeld, 7.1.2012, in: http://www.arbeitsagentur.de (Zugriff: 23.12.2012)

Zeichnung: Harm Bengen, cartoon-journal.de

Arbeitslosengeld (ALG I): sozialversicherungsrechtlicher Anspruch für Arbeitslose, die vorher eine Zeit sozialversicherungspflichtig beschäftigt waren

ALG II: Grundsicherungsleistung für arbeitslose Erwerbsfähige, die nicht die Voraussetzungen für das ALG I erfüllen

M29 Arbeitslosenversicherung im internationalen Vergleich

Betrachtet man die Arbeitslosenversicherungssysteme im internationalen Vergleich, so zeigen sich bei einigen Aspekten kaum Unterschiede, bei anderen dafür erhebliche. Im Folgenden werden Gemeinsamkeiten und Unterschiede der Arbeitslosenversicherungssysteme von Deutschland, Dänemark, Frankreich, Italien, den Niederlanden, Großbritannien, Schweden, Finnland, Österreich und der Schweiz aufgezeigt.

Grundprinzipien von Arbeitslosenversicherungssystemen

Öffentliche Arbeitsmarktpolitik wird in der Regel entweder aus Steuern oder aus Abgaben (Sozialversicherungsbeiträgen) oder einer Mischform von beiden finanziert. Eine spezielle Variante existiert in den skandinavischen Ländern Schweden, Dänemark und Finnland. Hier ist die Arbeitslosenversicherung zum einen freiwillig und zum anderen von gewerkschaftlich organisierten Kassen verwaltet, die staatlich subventioniert werden („Genter System").

Ähnlich wie in Deutschland konzipierte beitragsfinanzierte Arbeitslosenversicherungssysteme haben beispielsweise Frankreich, die Niederlande und Österreich. Allerdings ist der Anteil der Arbeitgeber in Frankreich deutlich höher als der Arbeitnehmeranteil. In Italien finanzieren nur die Arbeitgeber die Arbeitslosenversicherung. Die Höhe des Beitrages ist dabei branchenabhängig. In der Schweiz und in Dänemark werden Beiträge ergänzt durch Steuern.

Finnland besitzt ein aus zwei Teilen bestehendes Sozialversicherungssystem: Ein Basis-Arbeitslosengeld, das aus Steuern und Beiträgen derjenigen Arbeitnehmer finanziert wird, die keinem freiwilligen Sicherungssystem angehören, und ein optionales einkommensbezogenes Arbeitslosengeld für Arbeitnehmer und Selbständige, das aus freiwilligen Beiträgen und Steuern finanziert wird. Auch das schwedische Sozialversicherungssystem besteht aus zwei Teilen. Einer aus Arbeitgeberbeiträgen und Mitgliedsbeiträgen finanzierten freiwilligen Versicherung gegen den Einkommensausfall für die aktive Bevölkerung mit einkommensbezogenen Leistungen, und einer aus Arbeitgeberbeiträgen finanzierten Grundversicherung mit einer pauschalen Leistung für diejenigen, die keiner freiwilligen Versicherung angehören.

Ein der ehemaligen deutschen Arbeitslosenhilfe ähnliches nachrangiges System mit einer Leistung, die sich am ehemaligen Einkommen orientiert, haben noch Frankreich, Belgien, Finnland und Österreich.

Anwartschaftszeit

Relativ geringe Unterschiede gibt es bei der notwendigen Anwartschaftszeit. In Deutschland müssen Arbeitslose während der letzten 2 Jahre mindestens 12 Monate in einem Versicherungspflichtverhältnis gestanden haben. Eine vergleichbare Regelung besitzen die Schweiz, Italien und Österreich. In Frankreich reichen 6 Monate Versicherungsmitgliedschaft in den 22 letzten Monaten, in Dänemark 52 Wochen in den letzten drei Jahren.

In den Niederlanden gibt es zwei Leistungsarten: entweder eine pauschale kurzfristige Leistung oder eine entgeltbezogene Leistung. Im Falle der kurzfristigen Leistung muss der Arbeitnehmer während der letzten 36 Wochen mindestens 26 Wochen in einem Beschäftigungsverhältnis gegen Entgelt gestanden haben. Bei der entgeltbezogenen Leistung gilt als zusätzliche Bedingung Beschäftigung in mindestens vier der letzten fünf Jahre.

In Finnland müssen Arbeitnehmer bei erstem Bezug in den letzten 28 Monaten mindestens 43 Wochen mit jeweils mindestens 18 Stunden beschäftigt gewesen sein. Für wiederholten Bezug ist eine Beschäftigung von mindestens 34 Wochen in den letzten 24 Monaten mit jeweils mindestens 18 Wochenstunden erforderlich.

In Schweden müssen mindestens 6 Monate abhängige oder selbstständige Erwerbstätigkeit mit mindestens 80 Arbeitsstunden pro Monat während der letzten 12 Monate oder im Zeitraum von 6 aufeinander folgenden Monaten mindestens 480 Stunden abhängige oder selbstständige Tätigkeit, davon mindestens 50 Stunden je Monat während der letzten 12 Monate vorliegen. Für den Bezug der entgeltbezogenen Sicherung ist ferner die Mitgliedschaft bei einer Arbeitslosenversicherungskasse von mindestens 12 Monaten erforderlich.

In Großbritannien gibt es zwar keine Wartezeit, doch müssen Beiträge entrichtet worden sein. In einem der beiden Steuerjahre, auf denen der Anspruch beruht, müssen mindestens 25 Wochenbeiträge mindestens in Höhe des für das betreffende Jahr geltenden Mindestsatzes entrichtet worden sein, und die für beide Steuerjahre entrichteten oder angerechneten Beiträge müssen sich insgesamt auf das 50-fache des jeweiligen wöchentlichen Mindestbeitrags belaufen.

Jobcenter in Paris, 2013

Karenztage

In einigen Ländern wird Arbeitslosengeld nicht vom ersten Tag der Arbeitslosigkeit gezahlt, es gibt hier so genannte Karenztage oder Karenzfristen. In der Schweiz und in Schweden beträgt die Karenzfrist in der Regel fünf Tage, in Frankreich und Finnland 7 Tage, in Italien 8 Tage und in Großbritannien 3 Tage. In Deutschland, den Niederlanden, Österreich und Dänemark (außer bei Selbstständigen) gibt es keine Karenzfristen.

Leistungshöhe

In den meisten Ländern bestimmt sich die Höhe des Arbeitslosengeldes als Prozentsatz vom vorherigen Einkommen bis zu einer gewissen Grenze. So erhält in Deutschland ein Arbeitsloser 60 Prozent seines letzten Nettolohnes bzw. 67 Prozent bei Arbeitslosen mit Kindern.

In der Schweiz sind es 70 Prozent bei Kinderlosen und 80 Prozent mit Kindern. In Österreich beträgt die Höhe 55 Prozent des täglichen Nettolohns, zusätzlich werden Kinderzuschläge gezahlt. In Dänemark beträgt die Leistung 90 Prozent des Bezugslohns, in Schweden 80 Prozent. In Frankreich wird ein Arbeitslosengeld in Höhe von 57,4 Prozent (für die höchsten Arbeitsentgelte) bis maximal 75 Prozent (für die niedrigsten Arbeitsentgelte) des Bezugsentgelts gezahlt. In Italien werden in den ersten 6 Monaten 50 Prozent, im 7. Monat 40 Prozent der durchschnittlichen Vergütung innerhalb der letzten 3 Monate gezahlt. Großzügigere Sonderregelungen gibt es für die Bauwirtschaft.

In den Niederlanden beträgt die kurzfristige Leistung 70 Prozent des gesetzlichen Mindestlohns und die entgeltbezogene Leistung 70 Prozent des vorherigen Einkommens.

In Finnland ist die Berechnungsgrundlage etwas anders. So bekommen Niedrigverdiener einen festen Tagessatz von Euro 24,51 zuzüglich 45 Prozent des durchschnittlichen Tageslohns.

In Großbritannien dagegen wird das frühere Arbeitseinkommen gar nicht berücksichtigt. Hier ist die Leistung nach Alter gestaffelt. Personen im Alter von 16 bis 17 Jahren erhalten 35,65 Pfund pro Woche, Personen im Alter von 18 bis 24 Jahren 46,85 Pfund pro Woche und ältere 59,15 Pfund pro Woche.

In allen Ländern ist die aktive Arbeitsuche eine Voraussetzung für den Bezug von Arbeitslosengeld. Die Arbeitsuchenden haben bestimmte Verpflichtungen (z.B. müssen sie regelmäßig Gespräche mit einem Berater für Eingliederungsmaßnahmen führen) und müssen verfügbar und bereit sein, jede „zumutbare Arbeit“ anzunehmen. In allen Ländern gibt es bei Fehlverhalten Sanktionen in Form von Kürzungen oder Streichungen der Leistung.

Leistungsdauer

Nicht nur bei der Leistungshöhe, auch bei der Leistungsdauer haben die Dänen das großzügigste System. Die Leistung wird 4 Jahre lang gewährt.

In Österreich ist die Zahlungsdauer abhängig von Versicherungszeit und Lebensalter. Gezahlt wird zwischen 20 und 52 Wochen. Diese Kriterien gelten auch in Frankreich. Hier variiert die Dauer zwischen 7 und 36 Monaten. In Schweden wird Arbeitslosengeld 300 Tage bzw. 450 Tage für Berechtigte mit Kind unter 18 Jahren gewährt.

In Italien gibt es in der Regel 210 Tage lang Unterstützung. Über 50-Jährige erhalten die Leistung 300 Tage. In der Schweiz gilt eine maximale Bezugsdauer von 400 Werktagen, bei über 55-Jährigen bis zu 520 Werktagen. In Finnland wird die Leistung 500 Tage lang gewährt, bei älteren auch länger.

In Großbritannien ist die Leistung begrenzt auf maximal 182 Tage. In den Niederlanden wird die kurzfristige Leistung 6 Monate gewährt.

Arbeitslosenversicherung im internationalen Vergleich, 1.6.2010, in: http://www.bpb.de (Zugriff: 23.12.2012)

Absicherung im Pflegefall

M 30 Pflegeversicherung

In Deutschland sind rund 2 Millionen Menschen auf Betreuung oder Unterstützung angewiesen, weil sie wegen einer körperlichen, geistigen oder seelischen Krankheit oder Behinderung die regelmäßigen Aufgaben des täglichen Lebens nicht mehr selbstständig meistern können. Für sie ist die Pflegeversicherung da.

Wer ist pflegebedürftig?

Als pflegebedürftig gelten Versicherte, die wegen einer körperlichen, geistigen oder seelischen Krankheit oder Behinderung dauerhaft, das heißt voraussichtlich mindestens für sechs Monate, in erheblichem Maße Hilfe bei den Verrichtungen des täglichen Lebens brauchen. Pflegeleistungen erhalten Versicherte, die

- pflegebedürftig sind,
- eine bestimmte Vorversicherungszeit nachweisen und
- einen Antrag auf Leistungen gestellt haben.

Wer ist versichert?

Die Pflegeversicherung ist eine Pflichtversicherung. Im Grundsatz gilt: „Pflegeversicherung folgt der Krankenversicherung". Das bedeutet: Wer bei einer

- AOK (Allgemeinen Ortskrankenkasse),
- Ersatzkasse,
- Betriebskrankenkasse,
- Innungskrankenkasse,
- landwirtschaftlichen Sozialversicherung oder
- der Bundesknappschaft

gesetzlich krankenversichert ist, der gehört dort auch der sozialen Pflegeversicherung an. Dies gilt auch für mitversicherte Familienangehörige. Wer privat krankenversichert ist, muss auch eine private Pflegeversicherung abschließen.

Die Pflegeversicherung sichert das finanzielle Risiko der Pflegebedürftigkeit ab. Sie soll es dem Pflegebedürftigen ermöglichen, ein selbstbestimmtes Leben zu führen. (...)

Rehabilitation vor Pflege

Die Krankenkasse prüft, welche Leistungen zur medizinischen Rehabilitation für den Versicherten in Betracht kommen, um Pflegebedürftigkeit zu überwinden, zu mindern oder ihre Verschlimmerung zu verhüten.

Maßgebend dafür, welche Leistungen Pflegebedürftige erhalten, ist der Grad der Hilfebedürftigkeit. (...) Um den unterschiedlichen Anforderungen Rechnung zu tragen, hat der Gesetzgeber drei Pflegestufen festgelegt. Damit sind auch die Höchstbeträge für die Leistungen durch die Pflegeversicherung festgelegt, die sich in drei Stufen gliedern:

- Pflegestufe I = erheblich pflegebedürftig;
- Pflegestufe II = schwer pflegebedürftig;
- Pflegestufe III = schwerst pflegebedürftig.

Das leistet die Pflegeversicherung

Die Pflegeversicherung erbringt Leistungen als Geld- oder Sachleistungen, mit denen die Grundpflege und hauswirtschaftliche Versorgung finanziert wird. Eine Kombination von Pflegegeld- und Pflegesachleistung ist möglich. Außerdem werden insbesondere folgende Leistungen zur Verfügung gestellt:

- Pflegekurse für Angehörige und ehrenamtliche Pflegepersonen,
- Pflegegeld für selbst beschaffte Pflegehilfen,
- Tages- und Nachtpflege,
- Pflegehilfsmittel und technische Hilfen,
- Zuschüsse zur pflegegerechten Gestaltung des Wohnumfeldes des Pflegebedürftigen.

Häusliche und stationäre Pflege

Nehmen die Pflegebedürftigen die Pflegeleistungen im ambulanten Bereich – also zu Hause – in Anspruch, erhalten sie Pflegegeld in Höhe von 235 EUR in der Pflegestufe I, 440 EUR in der Pflegestufe II oder 700 EUR in der Pflegestufe III.

Die Hilfeleistungen können auch von professionellen Pflegediensten (z. B. Sozialstationen) ausgeführt werden. (...)

Wenn die häusliche Pflege nicht ausreicht, kann die Pflege auch in teil- oder vollstationären Einrichtungen erfolgen. (...)

Leistungen für Pflegende

Wenn Angehörige oder Bekannte die Pflege übernehmen, wird ein monatliches Pflegegeld gezahlt. Die „ehrenamtlichen" Pflegenden sind während ihrer pflegerischen Tätigkeit automatisch renten- und unfallversichert, wenn sie eine Mindestzahl von Pflegestunden erreichen.

Pflegeversicherung, o. J., in: http://www.deutsche-sozialversicherung.de (Zugriff: 23.12.2012)

M31 Vergleich der Pflegeversicherungssysteme

Typische steuerfinanzierte Pflegesysteme („Beveridge-Modell“) besitzen Schweden, Norwegen, Dänemark, Australien und Großbritannien. In Spanien, Japan und Luxemburg wurde die deutsche Pflegeversicherung als Vorbild gesehen und mit einigen Modifikationen als Finanzierungssystem übernommen („Bismarck-Modell“). In Spanien erfolgt die Finanzierung der Pflegeversicherung aus Steuermitteln, statt aus einkommensabhängigen Sozialversicherungsbeiträgen wie hierzulande. In Japan sind die Kommunen (statt die Pflegekassen) Träger der Pflegeversicherung. Auch Frankreich verfolgte ursprünglich die Idee, eine Pflegeversicherung ähnlich der deutschen einzuführen. Es wurde jedoch eine steuerfinanzierte Pflegeversicherung geschaffen, die in einigen Elementen eher dem Beveridge-Modell ähnelt. Eine enge Einbindung in die Sozialversicherung zur Absicherung des Krankheitsrisikos findet sich vor allem in den Niederlanden und der Schweiz. In den Niederlanden wird die Pflege sozialrechtlich nicht von der Krankheit getrennt, sondern als langfristige Krankheit gesehen. In der Schweiz ist ein Großteil der Pflegeleistungen ein Bestandteil der obligatorischen Krankenversicherung. In Großbritannien erfolgt die Absicherung innerhalb des steuerfinanzierten Nationalen Gesundheitsdienstes (NHS). Die USA sind ein Beispiel für ein heterogenes System aus privater Absicherung und verschiedenen staatlichen Institutionen zur Versorgung Bedürftiger. Schließlich sei noch die Pflegeabsicherung in Österreich vorgestellt, die in vielen Bereichen an die Situation in Deutschland vor der Einführung der Pflegeversicherung erinnert. Die Pflegekosten müssen hier in erster Linie vom Bedürftigen und seinen Angehörigen getragen werden. Nach Aufzehrung des privaten Vermögens erfolgt die Unterstützung durch Sozialhilfeträger.

Frank Wild: Die Pflegefinanzierung und die Pflegeausgaben im internationalen Vergleich, WIP-Diskussionspapier 2/2010, Köln: Wissenschaftliches Institut der PKV, S. 13

M 32 Auf Pflege angewiesen

Von den 2,5 Millionen Pflegebedürftigen Ende 2011 in Deutschland wurden versorgt:

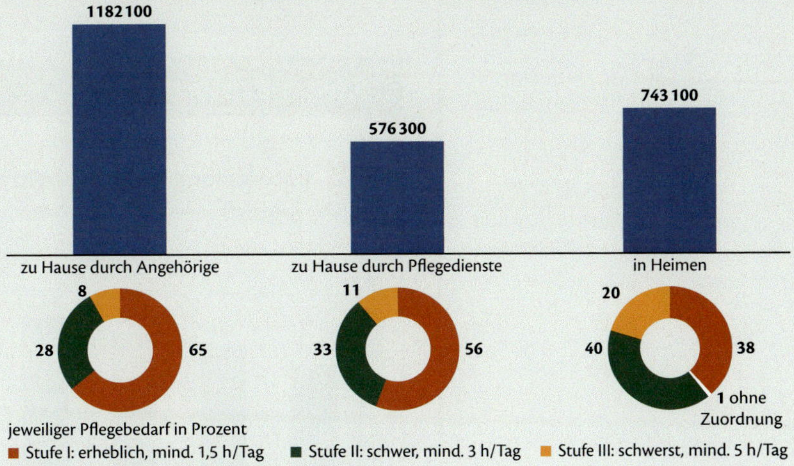

Quelle: Stat. Bundesamt (2013), rundungsbedingte Differenzen

M33 Finanzierungssystem und Zuständigkeit der vorgestellten Länder

Land	Finanzierungssystem der Pflege	Träger
Australien	Steuerfinanziert	Zentralstaat, Territorien
Schweden	Steuerfinanziert	Kommunen
Norwegen	Steuerfinanziert	Kommunen
Dänemark	Steuerfinanziert	Kommunen
Großbritannien	Steuerfinanziert	Nationaler Gesundheitsdienst
Österreich	Steuerfinanziert	Bund, Länder
Frankreich	Steuerfinanzierte Pflegeversicherung	Départements
Spanien	Steuerfinanzierte Pflegeversicherung	Regionen, Kommunen
Schweiz	Teil der Krankenversicherung	Krankenversicherung, Kantone
Niederlande	Teil der Krankenversicherung	Krankenversicherung
Japan	Pflegeversicherung	Kommunen
Luxemburg	Pflegeversicherung	Verband der Krankenkassen
Deutschland	**Pflegeversicherung**	**Pflegekassen**
USA	Soziale Hilfsprogramme, privat	Bundesstaaten

Frank Wild: Die Pflegefinanzierung und die Pflegeausgaben im internationalen Vergleich, WIP-Diskussionspapier 2/2010, Köln: Wissenschaftliches Institut der PKV, S. 14

Geht das so weiter? – Neue Herausforderungen

Oft schon totgesagt hat das System der sozialen Sicherung mit neuen Herausforderungen zu kämpfen. Von manchen sind alle Bereiche gleichmäßig betroffen, von anderen nur bestimmte.

Kostenexplosion

M 34 Entwicklung der Sozialbeiträge

Anteil des beitragspflichtigen Verdiensts in Prozent, der an die Sozialversicherung[1] abgeführt werden muss:

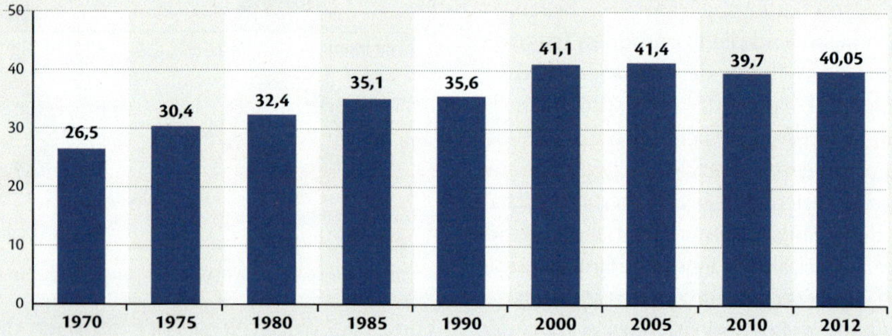

1) Renten-, Kranken-, Arbeitslosen- und Pflegeversicherung

Nach: http://www.safety1st.de/webcom/show_article.php/_c-416/_nr-1/_lkm-929/i.html (Zugriff: 25.12.2012)

M 35 Ausgaben der GKV in Mrd. Euro

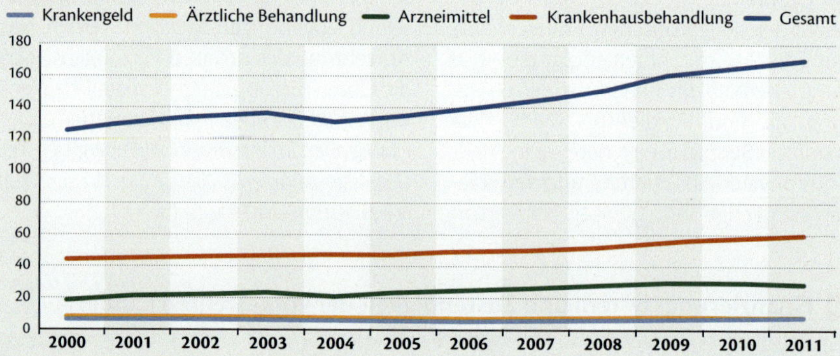

Nach: Bundesgesundheitsministerium, Daten des Gesundheitswesens 2012, Berlin 2012, S. 135

M 36 BIP, Ausgaben und beitragspflichtige Einkommen

Index: 1995 = 100

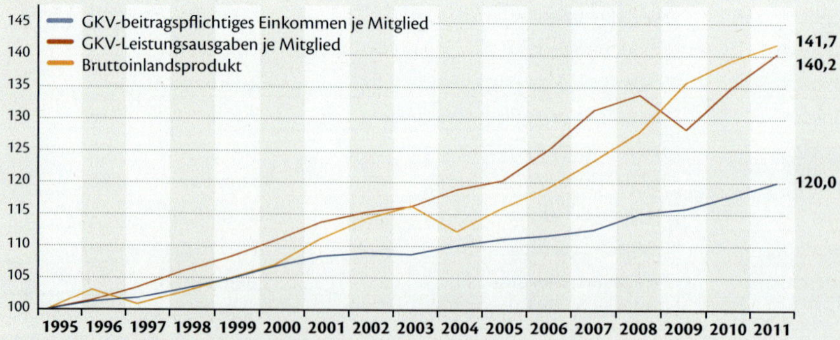

Quellen: Bundesministerium für Gesundheit, GKV, Statistisches Bundesamt

Wachstumsschwäche

M37 Erhöhung der Sozialleistungsquote

Nach dem Sozialbericht der Bundesregierung sind die Sozialausgaben im vergangenen Jahr auf den neuen Höchststand von 721 Milliarden Euro gestiegen. Für 2009 wird mit einer weiteren Steigerung auf 754 Milliarden Euro gerechnet. Noch aussagekräftiger als dieser absolute Wert ist allerdings die Höhe der Sozialleistungsquote. Diese errechnet sich, wenn man den Gesamtumfang der Sozialleistungen auf das Bruttoinlandsprodukt (BIP) bezieht. In diesem Jahr erwartet die Regierung einen Anstieg der Sozialleistungsquote von 29 auf 31,9 Prozent.

Die Sozialleistungsquote ist ein Verhältnismaß, aus dem sich allerdings keine absoluten Schlüsse ziehen lassen. Die gegenüber den Vorjahren geringen Sozialleistungsquoten der Jahre 1990/91 etwa waren keiner kurzfristig wirkenden Kostensenkung zu verdanken, sondern einer starken Zunahme des BIP infolge des Einigungsbooms. Umgekehrt war es dann in den Jahren 2000 bis 2003, als sich das Wachstum des BIP verlangsamte bzw. zum Erliegen kam. Da sich die Sozialleistungen aus Posten zusammensetzen, die kaum auf die konjunkturelle Entwicklung reagieren (wie z. B. Gesundheitsschutz, Renten) oder sich gar antizyklisch verhalten (z. B. Absicherung bei Arbeitslosigkeit), ist die Quote in diesem Zeitraum angestiegen.

Folglich ist auch der gegenwärtige Anstieg der Rezession geschuldet. Schuld an den Mehrausgaben sind, wie dem Sozialbericht zu entnehmen ist, vor allem höhere Ausgaben in der Arbeitslosenversicherung und im System der Grundsicherung (Hartz IV). Leistungsverbesserungen in der Renten-, Kranken- und Pflegeversicherung tragen ebenfalls dazu bei. Der bisherige Höchstwert der Sozialleistungsquote aus dem Jahr 2003 (32,3 Prozent) könnte im neuen Jahr überboten werden. 2010 wird die Quote nach Einschätzung der Regierung 32,4 Prozent betragen.

Bundesverband deutscher Banken: Steigende Sozialausgaben, in: Schulbank, bankenverband.de (Zugriff: 22.5.2013)

M 38 Entwicklung der Sozialleistungen

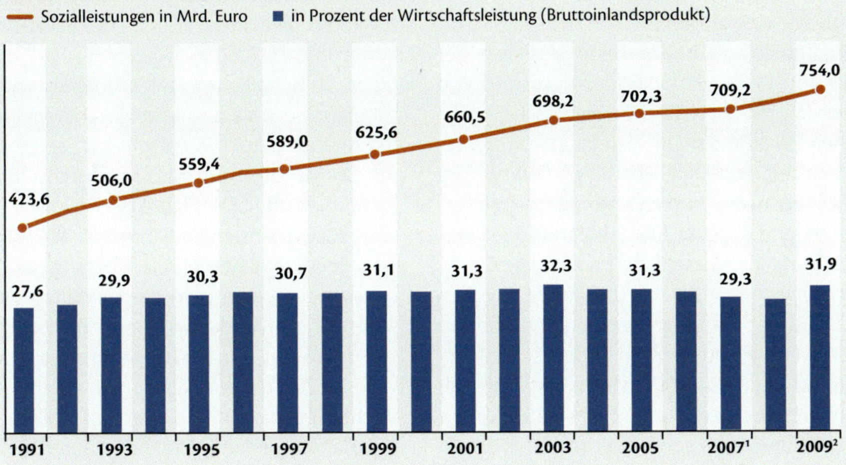

Quelle: Sozialbericht 2009 1) Vorläufig, 2) Geschätzt

1. Finden Sie sich in den Expertengruppen zusammen und erarbeiten Sie die Herausforderungen an das System der sozialen Sicherung.
2. Analysieren Sie anschließend in Ihrer Gruppe die Wirkungen auf Ihren Bereich der sozialen Sicherung.
3. Tragen Sie im Plenum Ihre Ergebnisse vor und diskutieren Sie sie.
4. Diskutieren Sie mögliche Gegenmaßnahmen.

Demografische Entwicklungen

M 39 Demografischer Wandel

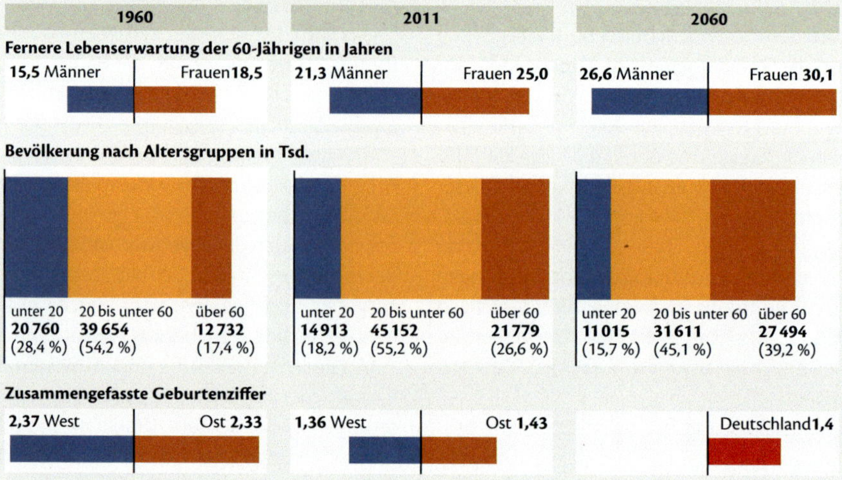

Quelle: Statistisches Bundesamt

M 40 Deutschland droht Bevölkerungsrückgang von 25 Prozent

Bis zum Jahr 2060 könnte die Einwohnerzahl in Deutschland um 25 Prozent abnehmen. Während heute noch etwa 82 Millionen Menschen hier leben, werden es dann voraussichtlich nur noch rund 61 Millionen sein, zumindest, wenn etwa gleich viele Menschen aus- wie einwandern.

Die Zahlen entstammen einer aktuellen Studie von Professor Dr. Eckart Bomsdorf von der Wirtschafts- und Sozialwissenschaftlichen Fakultät der Universität zu Köln. Unter Mitarbeit von Dipl.-Kfm. Dipl.-Volksw. Jörg Winkelhausen untersuchte Bomsdorf verschiedene Aspekte der demografischen Entwicklung in Deutschland bis zum Jahr 2060.

Die Ursache für die schrumpfende Bevölkerung ist das immer größer werdende Geburtendefizit. Heute sterben in Deutschland jedes Jahr etwa 200 000 Menschen mehr, als geboren werden. Bis zum Jahr 2060 könnte die Differenz zwischen Geburten und Sterbefällen auf über 500 000 steigen. Das entspricht etwa der Hälfte der Einwohnerzahl Kölns.

Anhaltspunkte für steigende Geburtenzahlen gibt es laut Bomsdorf gegenwärtig nicht. Die einzige Möglichkeit, dem Bevölkerungsrückgang entgegenzuwirken, sind aktuell demnach steigende Einwandererzahlen. „Allerdings stellt sich auch immer wieder die Frage, wieweit es ethisch vertretbar ist, anderen Ländern gerade die Hochqualifizierten abzuwerben", gibt Bomsdorf zu bedenken. Geht man aber von einem positiven Wanderungsüberschuss von 150 000 jährlich aus – das bedeutet, dass 150 000 mehr Menschen einwandern als auswandern –, wird die Bevölkerung statt bis auf 61 Millionen nur auf 70 Millionen im Jahr 2060 zurückgehen.

Über die Bevölkerungszahlen hinaus untersuchte die Studie u. a. auch die Entwicklung der Altersstruktur in Deutschland. Das Ergebnis: Die Bevölkerung wird im Durchschnitt wesentlich älter. Die Hälfte der Bevölkerung wird 2060 älter sein als 51 Jahre sein. Besonders deutlich wird die Verschiebung der Altersstruktur, wenn man das Verhältnis zwischen Kindern und alten Menschen betrachtet. Heute gibt es in Deutschland etwa gleich viele Kinder unter 6 Jahren wie Menschen über 80, bei beiden sind es etwa 4 Millionen. In 40 Jahren sieht es ganz anders aus: Auf nur noch 3 Millionen Kinder unter 6 kommen dann 10,5 Millionen Menschen über 80 Jahre. Gegenwärtig ist jeder zwanzigste Einwohner älter als 80 Jahre, im Jahr 2060 wird es jeder siebente sein.

Die Bevölkerung nimmt also insgesamt ab und wird gleichzeitig älter. „In der Kombination ist das eine doppelte Herausforderung nicht nur für die Sozialsysteme, weil immer mehr Alte immer weniger Erwerbstätigen gegenüberstehen", so Bomsdorf dazu. Wolle man den Anteil der Bevölkerung im Erwerbsalter an der Gesamtbevölkerung bis 2060 annähernd konstant halten, müsse vereinfacht gesagt die Altersgrenze der Erwerbsbevölkerung zur Rentnergeneration von heute 65 auf 71 Jahre 2060 steigen. Bomsdorf zufolge bedeutet das nicht, dass das gesetzliche Rentenalter auf diese Höhe gesetzt werden muss, vielmehr müsse es zu einer grundsätzlichen Flexibilisierung der Altersgrenze in der Rentenversicherung kommen.

Patrick Honecker: Deutschland droht Bevölkerungsrückgang von 25 Prozent, 25.9.2012, in: http://www.portal.uni-koeln.de (Zugriff: 25.2.2012)

M41 Herausforderungen für den Sozialstaat in Deutschland

Durch den Fortschritt in der medizinischen Versorgung und die verbesserten Lebensbedingungen steigt die Lebenserwartung an. Gleichzeitig geht die Zahl der Geburten zurück. Für die Rentenversicherung bedeutet dies, dass der Anteil der Rentner an der Gesamtbevölkerung zunimmt, während die Zahl der Beitragszahler zurückgeht.

Die beschriebenen demografischen Entwicklungen haben auch Auswirkungen auf das Gesundheitssystem. Ältere Menschen werden häufiger krank, auch steigt die Zahl derer, die Pflege benötigen. Außerdem sind neue Geräte und Behandlungsmethoden in der Regel teurer als etablierte Heilverfahren, auch dies führt zu einem Anstieg der Kosten. Die Pflegeversicherung, welche 1995 als jüngster Zweig der Sozialversicherung eingeführt wird, ergänzt die Krankenversicherung, sie ist aber ebenfalls von steigenden Kosten betroffen.

Durch einen Wandel in Wirtschaft und Gesellschaft ist seit Ende der 1970er-Jahre außerdem die Zahl der Arbeitslosen in Deutschland jährlich angestiegen. Zwar hat sich diese Entwicklung in den Jahren nach 2005 verlangsamt, eine Umkehr dieser Entwicklung ist allerdings nicht zu erkennen. Die strukturelle Arbeitslosigkeit zu senken, ist eine der größten sozialpolitischen Herausforderungen.

Lebenserwartung (in Jahren)

	Frauen	Männer
1871	38	35
1910	48	45
1926	59	56
1950	68	65
1985	78	71
2003	81	75
2009	82	77

Um den Sozialstaat auch für die Zukunft zu erhalten und die Finanzierbarkeit der Sozialversicherungssysteme zu gewährleisten, sind in allen Bereichen Reformen erforderlich. Die Bundesregierungen der letzten Jahre haben diese in Angriff genommen.

Die rot-grüne Bundesregierung unter Gerhard Schröder beschließt von 2002 bis 2005 weitreichende Reformen des Arbeitsmarkts. Die Vermittlung von Arbeitsuchenden wird nach dem Grundsatz „Fördern und Fordern" umgestaltet und flexibilisiert. Auf dem Gebiet der Krankenversicherungen werden zum Beispiel Leistungen eingeschränkt und Versicherte müssen Kosten in größerem Maße selbst tragen. Diese und andere Reformen des Programms „Agenda 2010" sind gesellschaftlich nicht unumstritten, vor allem die Gewerkschaften wehren sich gegen den Abbau von Sozialleistungen.

Die Regierung Schröder beschließt als Ergänzung zur gesetzlichen Rente 2001 die staatliche Förderung der privaten Altersvorsorge als Ergänzung zur gesetzlichen Rente. Ein weiterer Schritt zur Entlastung der Rentenkasse ist die gestaffelte Anhebung des Renteneintrittsalters auf 67 Jahre (von 2012 bis 2029) durch die Große Koalition aus CDU/CSU und SPD.

Die Große Koalition unter Angela Merkel führt im Bereich der Familienpolitik das Elterngeld ein, um Deutschland kinderfreundlicher zu machen. Damit erhalten Familien in den ersten zwölf bzw. 14 Lebensmonaten eines Kindes seit 2007 eine Unterstützung, die sich am Nettoeinkommen des betreuenden Elternteils orientiert. Nichterwerbstätige erhalten generell den Mindestbetrag. Die Betreuungsangebote für Kinder in Form von Kindertagesstätten oder Ganztagsschulen werden ausgebaut.

Mit der 2010 angestoßenen Jobcenter-Reform zielt die Koalition von CDU/CSU und FDP darauf ab, die Kompetenzen und Potenziale von Langzeitarbeitslosen stärker zu aktivieren.

Bundesministerium für Arbeit und Soziales: Herausforderungen des Sozialstaats, o. J., in: http://www.in-die-zukunft-gedacht.de (Zugriff: 25.12.2012)

Arbeitslosigkeit

M 42 Arbeitslose und Arbeitslosenquoten

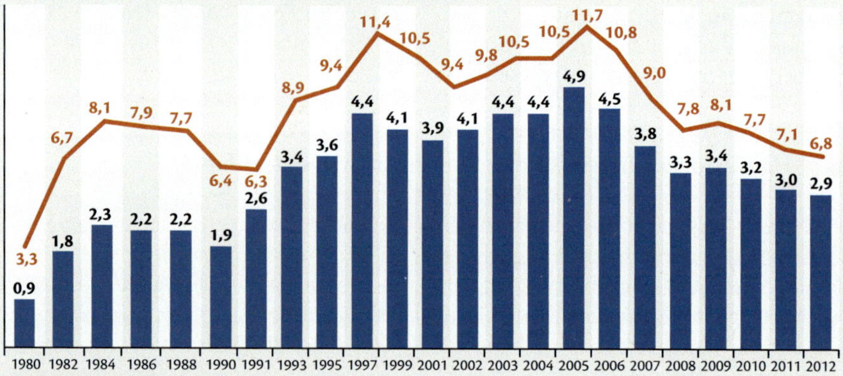

Quelle: Bundesagentur für Arbeit

M 43 Arbeitslosenquote EU-27

Im Februar 2012 in Prozent

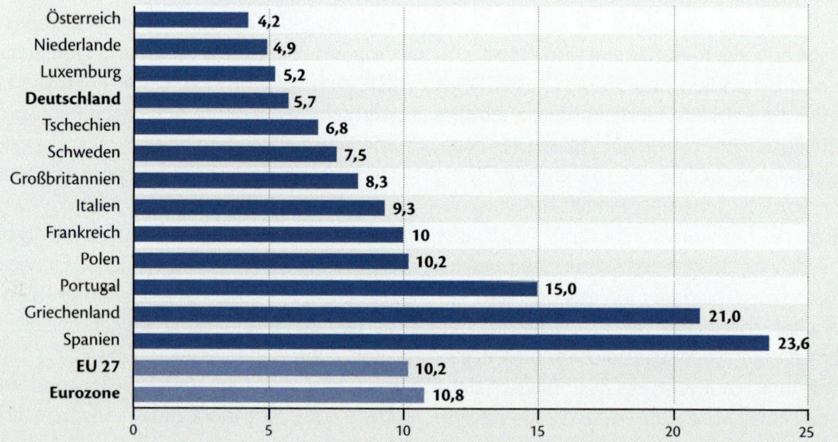

Quellen: Eurostat

Wandel der Arbeitsverhältnisse

M 44 Struktureller Wandel der Erwerbsbiografie

Mit dem weltwirtschaftlichen Wandel waren Umbrüche in der Wirtschaftsstruktur und auf dem Arbeitsmarkt verbunden, die am Beispiel der Bundesrepublik etwas näher erläutert seien. Seit den Siebzigerjahren nahm das Gewicht des industriellen Sektors in der westdeutschen Wirtschaft kontinuierlich ab. Wichtige Branchen der alten Industrie wie z. B. Stahl, Textil und Schiffbau waren international nicht mehr wettbewerbsfähig, sodass ein „quälender Schrumpfungsprozess" einsetzte. Die Zahl der industriellen Arbeitsplätze sank in den Krisenbranchen dramatisch; aufgrund von Rationalisierungseffekten nahm sie jedoch auch in den Wachstumsbranchen der industriellen Produktion langfristig nicht zu, sondern ab. Optimistische Annahmen vertrauten umso mehr auf die Ausdehnung des Dienstleistungssektors, der im Zuge der „Tertiarisierung" der Erwerbsstruktur seit dem Ende derSiebzigerjahre tatsächlich die Mehrzahl der Arbeitnehmer beschäftigte. Der tertiäre Sektor, der – u. a. mittels Computertechnologie – selbst ein großes Rationalisierungspotenzial besaß, war jedoch auf mittlere und lange Sicht nicht imstande, die industriellen Arbeitsplatzverluste zu kompensieren. Damit war der Weg in die strukturelle Arbeitslosigkeit gewissermaßen vorgezeichnet.

Das Schlagwort des „Postfordismus", das in den 1980er-Jahren aufkam, verweist auf einen weiteren, für die Entwicklung des Arbeitsmarkts sehr bedeutsamen Zusammenhang. Als „fordistisch" galt eine auf standardisierter Massenanfertigung beruhende Produktionsweise, die in den 1950er- und 1960er-Jahren großindustriell verbreitet war und die Basis sowohl für den Aufschwung des Massenkonsums als auch für stabile Arbeitsverhältnisse mit kontinuierlicher Erwerbsbiografie bildete. In den 1970er-Jahren begann in den hoch entwickelten Industriestaaten wie der Bundesrepublik der Rückzug dieses Produktionsmusters, was vielfache Gründe hatte, aber nicht zuletzt mit den neuen Weltmarktbedingungen zusammenhing. Standardisierte Massengüter konnten nun andernorts billiger hergestellt und weltweit abgesetzt werden. Hingegen lag die Chance der traditionell führenden Industrienationen im Übergang zu einem Produktionsregime, das auf technologieintensive Güter ausgerichtet ist, auf ständiger technologischer Innovation beruht und jederzeit neu konfigurierbare Organisationsformen bevorzugt. In den folgenden zwei, drei Jahrzehnten veränderten sich somit die Verhältnisse auf dem westdeutschen Arbeitsmarkt gravierend: Qualifikationsanforderungen und Flexibilitätserwartungen stiegen, die Beschäftigungschancen gering Qualifizierter verschlechterten sich rapide, „atypische" Beschäftigungsverhältnisse (Zeitarbeit, befristete Arbeitsverträge, Kurzzeitverträge) nahmen zu, Teilzeitarbeit expandierte, neue Formen der (Schein-)Selbstständigkeit entstanden. Wie in der Güterproduktion drang die Tendenz zur Flexibilisierung von Erwerbsformen und Arbeitszeiten auch im Bereich der marktvermittelten Dienstleistungen vor. Um hervorzuheben, dass eine solche Differenzierung der Erwerbsbiografien einen „Grundpfeiler des standardisierten Normallebenslaufs" und somit eine Säule des deutschen Sozialstaats unterspülte, bürgerte sich seit den 1980er-Jahren der Begriff „Erosion des Normalarbeitsverhältnisses" ein. Dieser Trend schlug mit folgenden Messwerten zu Buche: Um 1970 hatten 83 Prozent aller abhängig Beschäftigten eine unbefristete Vollzeitstelle inne, in der Mitte der 1980er-Jahre waren es noch 77 Prozent, um die Mitte der 1990er-Jahre nur noch 67 Prozent – mit weiter fallender Tendenz.

Hans-Günter Hockerts: Der deutsche Sozialstaat, Göttingen (Vandenhoeck & Ruprecht) 2011, S. 344 f.

M 45 Anteil der Vollzeitbeschäftigten an allen Erwerbstätigen

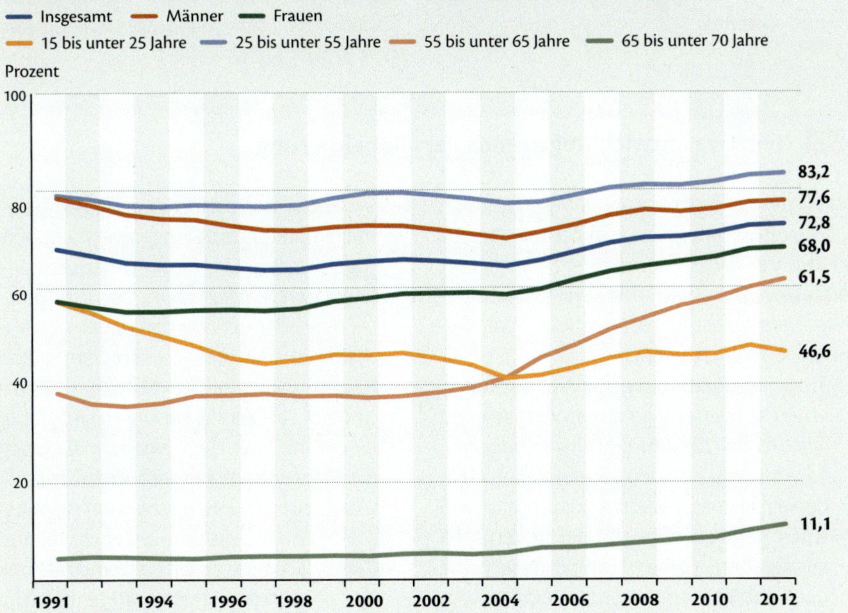

Quelle: Bundesagentur für Arbeit

Globalisierung

M46 Die Globalisierungsfolgen

Die im Zuge der Globalisierung zunehmende Bedeutung transnationaler Beziehungen bringen auch für den traditionell national geregelten Sozialstaat ganz neue ökonomische, politische und rechtliche Herausforderungen mit sich.

Unter den Begriff der Globalisierung wird eine Vielzahl von Phänomenen gefasst:

- das enorme Wachstum des Welthandels;
- die Internationalisierung der Geldmärkte und eine gewachsene Bedeutung von Aktienkapital und Börsenfinanzierung;
- die schnellere und dichtere Kommunikation über neue elektronische Medien, die Intensivierung transnationaler Verkehrsströme und die Vernetzung im Produktions- und Unternehmensbereich;
- der Funktionswandel der Direktinvestitionen im Ausland von einer Absicherung des Exports hin zur direkten Erschließung ausländischer Märkte;
- das schnelle Wachstum internationaler Konzerne ohne nationale Zuordnung;
- die grenzüberschreitende Ausweitung politischer Wahrnehmungshorizonte, die Verbreitung von Ideen, Leitbildern und die Suche nach international bewährten Praktiken der Problemlösung sowie
- die Entwicklung transnationaler Regulierungsregimes, Organisationen, Netzwerke und Akteure.

Zu den unmittelbar sozialstaatlich relevanten Folgen dieser Entwicklungen gehört der Druck auf die Sozialausgaben, von deren Reduzierung man sich eine Erhöhung der Wettbewerbsfähigkeit verspricht. Dieser Druck muss nicht nur zum Abbau von Leistungen führen, er kann auch einen Umbau zum aktivierenden und vorsorgenden Sozialstaat mit positiven Effekten für die Wirtschaft befördern. Das Verhältnis von Sozialpolitik und Wirtschaft ist zweischneidig; es gibt hemmende wie fördernde Tendenzen. So verbraucht der Sozialstaat Ressourcen, die er über Steuern und Beiträge dem Wirtschaftssystem entzieht; zugleich stellt er aber via Bildungs- und Gesundheitswesen „gute" Arbeitskräfte zur Verfügung. Auch reduziert er soziale Spannungen und Konflikte zwischen Kapital und Arbeit. Weil es zum konservativen Typus des Sozialstaats in Deutschland gehört, dass er hauptsächlich über Beiträge finanziert wird, beeinflussen Veränderungen in den Beschäftigungs- und Entlohnungssystemen seine Leistungsfähigkeit ganz unmittelbar. So erzeugt die Tatsache, dass mittlerweile ein Niedriglohnsektor und neue Formen der Selbstständigkeit mit geringen Einkommen existieren, neue Armutsrisiken für viele Erwerbstätige und künftige Rentenbezieher.

Stefan Hradil (Hg.): Deutsche Verhältnisse. Eine Sozialkunde, Bonn (Bundeszentrale für politische Bildung) 2012, S. 449 f.

M47 Negative Entwicklungstrends der Globalisierung

Allerdings ist davon auszugehen, dass sich auch zahlreiche negative Entwicklungstrends, die mit der Globalisierung verbunden sind, fortsetzen. Die Weltbank nennt neben der *steigenden Belastung der Umwelt* zwei wesentliche Problembereiche:

- Trotz der erwähnten generellen ökonomischen Konvergenz geht die Weltbank von *wachsenden Einkommensungleichheiten* – sowohl zwischen den Ländern als auch in den einzelnen Ländern – aus. Zwar ist von einem generellen Anstieg der Einkommen auszugehen, diese Wohlfahrtsgewinne der Globalisierung werden jedoch sehr unterschiedlich verteilt werden. Profitieren werden vor allem hoch qualifizierte Arbeitskräfte, die im Zuge steigender Arbeitsmarktanforderungen verstärkt benötigt werden. Die Einkommensabstände zwischen *qualifizierten* und *nicht qualifizierten* Personen werden daher weiter zunehmen. Mit den wachsenden Einkommensungleichheiten dürfte eine Zunahme *der sozialen Spannungen auf globaler Ebene* inklusive der steigenden Gefahr *gewaltsamer Konflikte* verbunden sein.
- Auch auf den *Arbeitsmärkten* ist mit zunehmenden Anspannungen zu rechnen. Die Entstehung eines mehr und mehr global integrierten Arbeitsmarktes hat schon in der Vergangenheit eine Reihe von Entwicklungen in Gang gesetzt, die vor allem

Expansion der Finanzmärkte – Kernstück der Globalisierung. Aktion von „attac" in der Frankfurter Börse, 2008

wenig oder gar nicht qualifizierte Arbeitskräfte betrifft. Hierzu zählen der zunehmende *Lohndruck*, die *abnehmende Arbeitsplatzsicherheit* und die *steigenden Flexibilitätsanforderungen*. In den kommenden Jahren wird dieser Druck schon durch die bloße Masse an zusätzlichen Arbeitskräften zunehmen, die China und Indien dem internationalen Arbeitsmarkt zur Verfügung stellen. Vor allem im Segment der gering qualifizierten Personen wird dies in den Industrienationen zu einem Anstieg der Arbeitslosigkeit führen.

Eine weitere – von der Weltbank zwar nicht genannte, aber dennoch wahrscheinliche – Entwicklung dürfte die zunehmende *Globalisierung der Finanzmärkte* sein, mit der eine wachsende Gefahr von *Spekulationsblasen* und *Währungsinstabilitäten* verbunden ist.

Als exportorientierte Volkswirtschaft ist Deutschland ein integraler Bestandteil der globalen Ökonomie und daher direkt von allen Globalisierungseffekten betroffen.

Die Fortführung der gegenwärtigen sozioökonomischen Politik lässt folgende Konsequenzen erwarten:

- Der zunehmende internationale Wettbewerbsdruck trifft auch Deutschland. Sofern dieser Druck nicht durch Produktivitätszuwächse abgemildert werden kann, erhöht sich der *Kostendruck*. Notwendige Kosteneinsparungen zur Wahrung der internationalen Konkurrenzfähigkeit bewirken häufig *Entlassungen*, *Lohnreduktionen* und die *Absenkung sozialer Mindeststandards*. (...)
- Das weltweit steigende Angebot an Arbeitskräften führt bei den Beschäftigten unter anderem zu steigenden *Flexibilitätsanforderungen* und einer zunehmenden Erosion des *Normalarbeitsverhältnisses*. Solange die Altersversorgung an die geleisteten Sozialbeiträge der Erwerbstätigen gekoppelt ist, steigt damit die Gefahr der Altersarmut für zukünftige Rentnergenerationen.
- Das weltweit festzustellende *Auseinanderdriften der Arbeitseinkommen* zwischen *hoch qualifizierten* und *gering qualifizierten* Erwerbstätigen hat zwei Konsequenzen für die zukünftige Einkommensverteilung in Deutschland:
  - Die Einkommensunterschiede zwischen der *gut ausgebildeten gesellschaftlichen* Mitte und der Einkommensoberschicht werden abnehmen, weil gut qualifizierte Fachkräfte wegen des demografisch bedingten Fachkräftemangels zunehmend knapp werden, sodass deren Lohn steigt. Die Einkommensunterschiede zwischen der gut ausgebildeten gesellschaftlichen Mitte und den kaum oder gar nicht qualifizierten Personengruppen werden hingegen zunehmen, denn die Nachfrage nach gering qualifizierten Arbeitskräften wird perspektivisch sinken. (...)
  - (...) *Bisher* wurden derartige Einkommensunterschiede durch *staatliche Transferleistungen* ausgeglichen. Da die staatlichen Möglichkeiten zum Ausgleich von Einkommens- und Vermögensunterschieden jedoch – wie weiter oben beschrieben – zukünftig abnehmen, wächst die Gefahr *sozialer Spannungen*.
- Schließlich stellen auch die *globalen Leistungsbilanzungleichgewichte* eine Herausforderung für Deutschland dar, denn selbst für ein Überschussland, in dem die Exporte größer sind als die Importe, sind globale Leistungsbilanzungleichgewichte nur auf den ersten Blick unproblematisch. Zwar baut ein Exportüberschuss die Arbeitslosigkeit inklusive der mit ihr verknüpften sozialen Folgekosten ab und erhöht das Vermögen gegenüber dem Rest der Welt. Die starke Exportabhängigkeit des Arbeitsmarktes führt jedoch zu einem raschen und kaum gedämpften Rückgang der Beschäftigung, sobald sich die Weltkonjunktur abschwächt.

Soziale Marktwirtschaft 2030 – Herausforderungen und Gestaltungsoptionen für ein Zukunftsmodell, Gütersloh (Bertelsmann-Stiftung) 2011, S. 14 ff.

Was tun? – Reform der sozialen Sicherung

Das System der sozialen Sicherung muss dem gesellschaftlichen Wandel angepasst werden. Die Diskussion darüber war allerdings in den letzten Jahren sehr stark geprägt von der Frage, wie Reformen im Sozialsystem Lohnnebenkosten stabilisieren und Ausgabenzuwächse vermeiden können. Die Aufrechterhaltung des Systems der sozialen Sicherung an sich, also die weitere Gewährung eines attraktiven Leistungsniveaus, stand nicht im Vordergrund. Dennoch haben gerade in dieser Hinsicht Politiker und Politikerinnen in Europa Fortschritte erzielt. Immer mehr Länder geben die soziale Sicherung nicht auf, sondern sind sogar dabei, den Sprung zu Wohlfahrtsstaaten zu machen. Eine Möglichkeit ist etwa, mithilfe einer stärkeren Steuerfinanzierung der Sozialsysteme die Finanzierungslasten gerechter zu verteilen und gleichzeitig Wachstum und Beschäftigung zu fördern. Dies ist jedoch nur ein Ansatz – neue Konzepte, neue Ideen und das Lernen von Anderen sind gefragt.

M48 Finanzierung, Leistungen und Reformen in der Sozialversicherung

	Rentenversicherung	Krankenversicherung	Pflegeversicherung	Arbeitslosenversicherung
Beitragssatz in % des Bruttoverdienstes	19,6, zur Hälfte von Arbeitgeber (AG) und Arbeitnehmer (AN)	14,6, zur Hälfte von AG und AN + 0,9 allein vom AN	1,95, zur Hälfte von AG und AN + 0,25 für Kinderlose ab 23 Jahren; Rentner zahlen den vollen Betrag allein	3, zur Hälfte von AG und AN
Leistungen	Renten bei verminderter Erwerbsfähigkeit und im Alter, Finanzierung von Rehabilitationsmaßnahmen, Hinterbliebenenrenten	Medizinische Hilfe, Maßnahmen zur Vermeidung und Früherkennung von Krankheiten, Krankengeld	Geld- und Sachleistungen je nach Grad der Pflegebedürftigkeit	Arbeitslosengeld, berufliche Aus- und Fortbildung, Umschulung, Arbeitsvermittlung
Gründe für Reformbedarf	Mehr Ausgaben und weniger Einnahmen durch den demografischen Wandel	Die Ausgaben steigen durch die Alterung der Bevölkerung und den medizinischen Fortschritt	Die Ausgaben steigen durch die Alterung der Bevölkerung und den medizinischen Fortschritt	Je höher die Arbeitslosigkeit ist, desto höher sind die Kosten
Reformansätze (zum großen Teil schon verwirklicht)	Rentenniveau senken, Rentenalter anheben, Beiträge erhöhen, Eigenvorsorge steuerlich fördern	Höhere Beiträge, Leistungskürzungen, Zuschuss aus Steuermitteln	Beitragserhöhung, zusätzlich kapitalgedeckte Versicherung	Verstärkte Vermittlungsanstrengungen, neue Anreizsysteme, kürzere Anspruchsdauer für Leistungen

Nach: http://www.safety1st.de/webcom/show_article.php/_c-416/_nr-1/_lkm-929/i.html (Zugriff: 25.12.2012)

M49 Kritik am Sozialstaat und ihre Wirkungen

Gemessen an der Wirkungsmacht verschob sich der Schwerpunkt der Sozialstaatskritik in den 1980er- und 1990er-Jahren eindeutig „vom konservativen und linken zum liberalen Pol". Dabei gewannen vor allem wirtschaftsliberale Stichworte an Stoßkraft: Der Sozialstaat sei eine Wachstumsbremse, er lähme die Investitions- und Konkurrenzfähigkeit, setze falsche Anreize, mache die Arbeit zu teuer und behindere mit dichten Regulierungen die Mobilität auf dem Arbeitsmarkt. In dieser Lesart erschien der Sozialstaat primär als Kostenfaktor und Standortrisiko, außerdem als Mitverursacher der hohen Arbeitslosigkeit.

Aber auch die Gegenstimmen formierten sich, welche die Errungenschaften des Sozialstaats verteidigten, seine politischen und sozialen Integrations- und Stabilisierungsfunktionen hervorhoben und nicht zuletzt den gesamtwirtschaftlichen Wert der Sozialpolitik – vom Schutz der Gesundheit bis zur Verstetigung der Inlandsnachfrage – betonten. Am Beispiel der massiv ausgedehnten Frühverrentung ließ sich zudem zeigen, dass gerade auch die Wirtschaft den Sozialstaat als eine Art Packesel benutzte, um Rationalisierungskosten – wie den Abbau älterer Arbeitskräfte – auf die Sozialkassen abzuwälzen. Doch bestritten auch diejenigen, die um die Zukunftsfähigkeit des solidarischen Sozialstaats besorgt waren, keineswegs einen dringenden Reformbedarf: Es gab mancherlei „hausgemachte" Fehlentwicklungen wie z. B. die Festlegung von Leistungszusagen, die sich nur unter den günstigsten Umständen einhalten ließen, also höchst leichtfertig verabschiedet worden waren. Es machten sich gravierende Steuerungsdefizite bemerkbar wie z. B. im Gesundheitswesen, und unter den gewandelten Verhältnissen richteten sich auch die Verteidiger des Sozialstaats auf neue Anpassungserfordernisse ein. Zwischen dramatisierenden Prognosen und realistischen Szenarien zu unterscheiden und angemessene Lösungsvorschläge zu entwickeln, das führte freilich auf ein konfliktreiches Feld. Die Ära des Um- oder Rückbaus war von härteren Auseinandersetzungen geprägt als die Ära des Ausbaus in den Jahren des Booms, in denen aufgrund eines „Fahrstuhl-Effekts“ auch die relativen Verlierer noch absolut gewinnen konnten. Nun verschärften sich die Spannungen. Mehr als zuvor geriet die Sozialpolitik in Streitfelder, die von strategischen Konflikten, Wertungskonflikten, Interessenkonflikten und „Verteilungskonflikten“ durchzogen waren.

Wie reagierte die Politik auf die veränderten Verhältnisse? Nimmt man zunächst im internationalen Vergleich die Messlatte der Sozialleistungsquote zur Hand, so stößt man auf einen unerwarteten Befund: Einer OECD-Studie zufolge ist die Sozialleistungsquote in den wirtschaftlich entwickelten Demokratien von 1980 bis 1995 nicht gesunken, sondern – mit Ausnahme der Niederlande – überall gestiegen. (...)

Blickt man auf die Länder der Europäischen Union und eine bis 1998/99 reichende Datenbasis, dann zeigt sich ein deutlich verändertes Bild: Im Verlauf der 1990er-Jahre ist das Wachstum des Sozialstaats in allen 15 Mitgliedsländern zum Ende gekommen. Der Umschlagspunkt lag zumeist in den Jahren 1992 bis 1994. Im Durchschnitt schrumpfte die Quote der Sozialausgaben um vier Prozent, in fünf Ländern belief sich der Rückgang auf mehr als zehn Prozent (Irland, Finnland, Niederlande, Schweden, Spanien). Die Quote aller Staatsausgaben sank durchschnittlich um fast neun Prozent, in drei Ländern sogar um rund zwanzig Prozent (Finnland, Irland, Niederlande). Jens Alber hat auf der Basis dieser Daten einige Trends ermittelt, die sich in aller Kürze so zusammenfassen lassen: Auf der Finanzierungsseite zeichnet sich ein allmählicher Übergang von Sozialbeiträgen, die den Faktor Arbeit verteuern, zu Steuern ab, wobei jedoch die Durchschnittssteuerbelastung der Unternehmen eine sinkende Tendenz aufweist und zum Teil auch der Arbeitgeberanteil an den Beitragssätzen reduziert wird. Gegenüber den Transferzahlungen haben die Sach- und Dienstleistungen an Gewicht gewonnen, wenngleich die Geldleistungen – im Schnitt 69 Prozent – nach wie vor von überragender Bedeutung sind. Der Anteil der Leistungen, die an eine Bedürftigkeitsprüfung geknüpft sind, stieg im Schnitt nur moderat um einen Prozentpunkt auf zehn Prozent, weist aber eine enorme nationale Variationsbreite auf: von nur 3 Prozent in Dänemark bis 32 Prozent in Irland. Im Gesundheits- und im Rentenbereich lässt sich ein Zurückschrauben der finanziellen Verantwortung des Staats erkennen, während die Organisationsform des nationalen Gesundheitsdienstes an Boden gewann: Nach Großbritannien und Irland sowie den skandinavischen Staaten sind auch alle südeuropäischen Länder zu dieser Organisationsform übergegangen, von der man sich anscheinend verspricht, die Kosten des Gesundheitswesens besser in den Griff zu bekommen.

Hans Günter Hockerts: Der deutsche Sozialstaat, Göttingen (Vandenhoeck & Ruprecht) 2011, S. 351 ff.

Zeichnung: Koufogiorgos

Nationaler Gesundheitsdienst (National Health Service, NHS): Gesundheitssystem in Großbritannien und Nordirland. 1948 wurde der NHS auf der Basis des sogenannten Beveridge-Reports gegründet. Er bietet kostenlose medizinische Versorgung, die durch Steuergelder finanziert wird

1 Finden Sie sich in den Expertengruppen zusammen und erarbeiten Sie die Materialien zu den Reformen des Systems der sozialen Sicherung.

2 Analysieren Sie anschließend die Wirkungen auf Ihren Bereich der sozialen Sicherung.

3 Tragen Sie im Plenum Ihre Ergebnisse vor und diskutieren Sie sie.

M 50 Auf dem Weg zum Ab- und Umbau des deutschen Sozialstaats

Die Grundsatzkritik am deutschen Sozialstaatsmodell hat seit Mitte der 1990er-Jahre in der Öffentlichkeit, in den Parteien, in den Medien und nicht zuletzt in der Wissenschaft eine bislang nicht bekannte Breitenwirkung entfaltet. Eine kaum noch überschaubare Vielzahl von Eingriffen in Sozialleistungsgesetze, Gesetzesnovellen und auch grundsätzlich neuen Regelungen hat diese Phase begleitet. Die Frage ist, ob all diese in wenigen Jahren in der Sozialpolitik vollzogenen Veränderungen (…) eine gemeinsame Linie erkennen lassen. Es ist zwar nicht möglich, ein dominantes oder gar einziges Strukturmuster aufzuzeigen, dafür handelt es sich bei der Sozialpolitik um ein zu vielschichtiges Politikfeld mit je unterschiedlichen Zielsetzungen, Adressaten, Instrumenten, Funktionen, Wirkungen und Institutionen. Gleichwohl lassen sich zentrale Trends identifizieren, die an den Ab- und Umbauforderungen, die die Sozialstaatskritik formuliert, anknüpfen. Unübersehbar ist, dass sich die Grundprinzipien des deutschen Sozialstaatsmodells verschoben bzw. verändert haben und sich neue Strukturen herausbilden.

Vermarktlichung der Sozialpolitik durch Abbau der öffentlichen und Ausbau der privaten Sicherung

Im System der sozialen Sicherung, insbesondere im Bereich der Rentenversicherung, kommt es zu einer deutlichen Reduktion des Leistungsniveaus. Das lange Jahre vorherrschende Leistungsziel der Lebensstandardsicherung gilt nur noch sehr eingeschränkt, das Ziel einer Minimal- oder Mindestsicherung gewinnt an Bedeutung. Eine ergänzende private, kapitalgedeckte Vorsorge durch Produkte des Versicherungs- und Finanzmarktes wird notwendig, um im Risikofall einen tiefen Einschnitt im Einkommensniveau zu vermeiden. Die soziale Sicherung wird damit zunehmend privatisiert und vermarktlicht. Der Staat reguliert die expandierenden Wohlfahrtsmärkte, um ein Mindestmaß an Sicherheit zu gewährleisten, und fördert zugleich die freiwillige private Vorsorge über Zuwendungen und Steuererleichterungen. Im Ergebnis verlieren Solidarprinzip und Einkommensumverteilung an Gewicht, da die private Vorsorge sozial stark selektiv und ausgrenzend wirkt.

Vermischung der Prinzipien von gesetzlicher und privater Versicherung

Unverändert bleibt die Sozialversicherung ein kategoriales, auf die abhängig Beschäftigten konzentriertes System. Der Übergang zu einer universellen Versicherung, die sich allein am Bürgerstatus orientiert, ist nicht in Sicht. Aber durch die zunehmende staatliche Regulierung der privaten Sicherung, so in der privaten Krankenversicherung durch Basistarife und Einführung einer Versicherungspflicht, finden sich klassische Prinzipien der Sozialversicherung zunehmend auch im privaten System. Auf der anderen Seite prägen typische Elemente der Privatversicherung, so Wahltarife, Selbstbehalte, Kostenerstattung, die Sozialversicherung, während Elemente des Solidarausgleichs zurückgenommen werden mit der Folge einer zunehmenden Belastung und Benachteiligung der Versicherten mit sog. schlechten Risiken.

Verschärfung des Wettbewerbs zwischen den Leistungsanbietern

Kommunen und Sozialversicherungsträger ziehen sich mehr und mehr aus der direkten Erbringung sozialer Dienstleistungen zurück und übertragen die Aufgaben privaten Anbietern. Durch neue Vergabe- und Finanzierungsverfahren entwickelt sich zwischen den Anbietern ein scharfer Preiswettbewerb, der vor allem die Wohlfahrtsverbände und andere gemeinnützige Träger unter Druck setzt. Offen bleibt, ob es zu der erhofften Steigerung von Effektivität und Effizienz der Leistungen kommt oder ob sich der Wettbewerb zulasten der Qualität auswirkt. Und in der Gesetzlichen Krankenversicherung selber verschärft sich der Wettbewerb zwischen den einzelnen gesetzlichen Krankenkassen.

Schrittweiser Rückzug der Arbeitgeber aus der Finanzierung der sozialen Sicherung

Durch die Gewichtsverschiebung zwischen öffentlicher und privater Sicherung, erhöhte Eigenbeteiligungen (Zuzahlungen), die Finanzierung einzelner Leistungszweige der Krankenversicherung allein durch die Versicherten (Krankengeld, Zahnersatz) und die Zusatzbeiträge im Gesundheitsfonds kommt es zu einer finanziellen Entlastung der Arbeitgeber. Der reguläre Beitragssatz wird festgeschrieben und das paritätische Finanzierungsprinzip eingeschränkt. Ausgabenzuwächse werden im Sinne einer einnahmeorientierten Ausgabenpolitik durch Leistungskürzungen oder aber durch Belastungen von Versicherten sowie privaten Haushalten aufgefangen. (…)

Aktivierung und Förderung der Beschäftigungsfähigkeit

Die Ziele von Sozialpolitik, soziale Sicherheit vor den Risiken des Marktes zu gewährleisten, Einkommensungleichheiten zu begrenzen und Schutz zu bieten vor Ausgrenzung und Armut, werden zurückgedrängt. In den Vordergrund schiebt sich das Ziel, allen Arbeitsfähigen eine Beteiligung am Arbeitsmarkt und Erzielung von Erwerbseinkommen – und dies auch zu schlechten Konditionen – zu ermöglichen.

In der Arbeitsmarktpolitik soll dies durch Fördermaßnahmen und Lohnsubventionen, durch die Verkürzung und Absenkung von Transferleistungen an Arbeitslose sowie durch eine Verschärfung von Sanktionen und die Verschlechterung der Rechtsposition der Betroffenen erreicht werden. Es kommt zu einer „Rekommodifizierung" der Arbeitskraft.

Ausbau der fürsorgerechtlichen Leistungen

Durch die Zusammenführung von Arbeitslosenhilfe und Sozialhilfe und die gleichzeitige Erschwerung und Verkürzung des Anspruchs auf die Versicherungs- und Lohnersatzleistung Arbeitslosengeld wird die Existenzsicherung des größten Teils der Arbeitslosen auf die neue fürsorgerechtlich konstruierte und steuerfinanzierte Leistung Grundsicherung für Arbeitsuchende/Arbeitslosengeld II verlagert. Der Leistungsbezug wird an die strenge Kondition geknüpft, eine Erwerbstätigkeit oder Arbeitsgelegenheiten unter allen Bedingungen aufzunehmen. Da das Leistungsniveau lediglich das sozialkulturelle Existenzminimum sichert und Anspruch nur bei Bedürftigkeit besteht, erleiden Arbeitslose, die nicht binnen eines Jahres eine neue Beschäftigung finden, einen tiefen Absturz in ihrer Einkommens- und Sozialposition. Dies ist für die Betroffenen ein tatsächliches, für alle (noch) Beschäftigten ein potenzielles Risiko. Die soziale Unsicherheit bei Arbeitslosigkeit wächst, Arbeitslosigkeit wird auch für die Mittelschichten zur existenziellen Bedrohung.

Ausweitung des Niedriglohnsektors und prekärer Beschäftigungsverhältnisse

Der Sektor der Niedriglohnbeschäftigung weitet sich aus. Dies ist zum einen Folge der hohen Arbeitslosigkeit, der Schwäche der Gewerkschaften und des ungebrochenen Trends der Dienstleistungsbeschäftigung. Zum anderen wirkt die Ausformung der Sozial- und Beschäftigungspolitik auch gezielt in diese Richtung: Infolge des niedrigen Niveaus der Grundsicherung und ihres fehlenden Bezugs zum vormaligen Einkommen, der strengen Bedürftigkeitsprüfungen und Sanktionsmechanismen sowie der Regelung, dass Arbeitslose auch Arbeitsverhältnisse mit einer Entlohnung unterhalb des tariflichen oder ortsüblichen Mindestniveaus annehmen müssen, werden Arbeitslose in unterwertige Beschäftigung gedrängt. Zugleich werden Anreize gesetzt, nicht sozialversicherungspflichtige Beschäftigungsverhältnisse auszuweiten, das betrifft vor allem die Mini-Jobs und neue Formen selbstständiger Arbeit.

Gerhard Bäcker u. a.: Sozialpolitik und soziale Lage in Deutschland, Band 1, 5. Aufl. Wiesbaden (VS Verlag) 2010, S. 77 ff.

Zeichnung: Plaßmann

Rekommodifizierung: Verstärkung der Marktabhängigkeit der Arbeitskraft

Kompetenzcheck

Anforderungsbereich I:

- Benennen Sie wichtige Elemente der sozialen Sicherung in Deutschland.
- Stellen Sie dar, in welcher Weise die soziale Sicherung in Deutschland finanziert wird.
- Skizzieren Sie die Prinzipien, nach denen Sozialversicherungsleistungen in Deutschland erbracht werden.
- Erläutern Sie, wie in Deutschland aufgebaut ist die
  - Alterssicherung,
  - soziale Sicherung im Krankheitsfall,
  - soziale Sicherung im Pflegefall,
  - soziale Sicherung bei Unfall,
  - soziale Sicherung bei Arbeitslosigkeit.
- Umreißen Sie, vor welchen grundsätzlichen Herausforderungen das System der sozialen Sicherung steht.

Anforderungsbereich II:

- Erläutern Sie das Konzept des Sozialbudgets.
- Analysieren Sie die Rolle der Versicherungspflicht bei der sozialen Sicherung in Deutschland.
- Vergleichen Sie das System der sozialen Sicherung in seinen Grundzügen und seiner Struktur mit dem anderer europäischer Länder (z. B. Italiens, der Niederlande, Großbritanniens).
- Analysieren Sie, inwiefern bisherige Reformen den Herausforderungen an das System der sozialen Sicherung gerecht werden konnten.

Anforderungsbereich III:

- Beurteilen Sie, inwiefern es sinnvoll ist, die Versicherungsleistungen für die Absicherung bei Unfall ausschließlich durch die Arbeitgeber finanzieren zu lassen.
- Nehmen Sie Stellung zur These vom Abbau des Sozialstaats in den europäischen Ländern in Bezug auf die soziale Sicherung.

6 Gut versorgt? – Weitere Leistungen des Sozialstaats

Wenn es um soziale Gerechtigkeit geht, stellt sich immer die Frage nach dem Maßstab. Dieser ist jedoch variabel, bewegt sich in Europa aber prinzipiell zwischen zwei Polen: Zum einen gelten Verhältnisse, bei denen für den Einzelnen ein zu hohes Lebensrisiko besteht, als inakzeptabel und müssen abgesichert werden. Zum anderen soll diese Absicherung nicht so sein, dass sie vollständig ist und jedes Risiko vermieden wird. Die Motivation, mit seiner Situation selbst fertig zu werden, soll erhalten bleiben. Es soll sich nach Möglichkeit nicht der Gedanke ausbreiten, vom Sozialsystem eine vollständige Versorgung zu erwarten.

Die politischen Diskussionen und Maßnahmen drehen sich deshalb bei sozialpolitischen Problemen vor allem um die Fragen, woran sich das bemisst, was der Einzelne an Leistungen zu erwarten hat und wie dies ausgehandelt wird. Dies wiederum ist jeweils eine Frage der politischen Kräfteverhältnisse und Mehrheiten.

Menschenwürdig? – Wozu der Sozialstaat verpflichtet ist

Neben dem System der sozialen Sicherung erbringt der Sozialstaat vielfältige weitere Leistungen. Welche und in welchem Umfang er sie erbringen sollte, das ist immer wieder umstritten. Neben dem Maßstab eines menschenwürdigen Lebens, wie er sich aus dem Grundgesetz ergibt, wird immer wieder der der Effektivität von Sozialleistungen für die Gesellschaft angelegt.

Artikel 1 GG:

(1) Die Würde des Menschen ist unantastbar. Sie zu achten und zu schützen ist Verpflichtung aller staatlichen Gewalt.

Artikel 20 GG:

(1) Die Bundesrepublik Deutschland ist ein demokratischer und sozialer Bundesstaat.

M1 Grundrecht auf Gewährleistung eines menschenwürdigen Existenzminimums

Das Grundrecht auf Gewährleistung eines menschenwürdigen Existenzminimums aus Art. 1 Abs. 1 GG in Verbindung mit dem Sozialstaatsprinzip des Art. 20 Abs. 1 GG sichert jedem Hilfebedürftigen diejenigen materiellen Voraussetzungen zu, die für seine physische Existenz und für ein Mindestmaß an Teilhabe am gesellschaftlichen, kulturellen und politischen Leben unerlässlich sind. Dieses Grundrecht aus Art. 1 Abs. 1 GG hat als Gewährleistungsrecht in seiner Verbindung mit Art. 20 Abs. 1 GG neben dem absolut wirkenden Anspruch aus Art. 1 Abs. 1 GG auf Achtung der Würde jedes Einzelnen eigenständige Bedeutung. Es ist dem Grunde nach unverfügbar und muss eingelöst werden, bedarf aber der Konkretisierung und stetigen Aktualisierung durch den Gesetzgeber, der die zu erbringenden Leistungen an dem jeweiligen Entwicklungsstand des Gemeinwesens und den bestehenden Lebensbedingungen auszurichten hat.

Bundesverfassungsgericht: Pressemitteilung Nr. 5/2010 v. 9.2.2010

Urteilsverkündung des Bundesverfassungsgerichts

M2 Existenzniveau in Deutschland ist entscheidend

Art. 1 Abs. 1 GG begründet den Anspruch auf Gewährleistung eines menschenwürdigen Existenzminimums als Menschenrecht. Dieses Grundrecht steht deutschen und ausländischen Staatsangehörigen, die sich in der Bundesrepublik Deutschland aufhalten, gleichermaßen zu. Maßgeblich für die Bestimmung entsprechender Leistungen sind die Gegebenheiten in Deutschland, dem Land, in dem dieses Existenzminimum gewährleistet sein muss. Das Grundgesetz erlaubt es nicht, das in Deutschland zu einem menschenwürdigen Leben Notwendige unter Hinweis auf das Existenzniveau des Herkunftslandes von Hilfebedürftigen oder auf das Existenzniveau in anderen Ländern niedriger als nach den hiesigen Lebensverhältnissen geboten zu bemessen. Desgleichen erlaubt es die Verfassung nicht, bei der konkreten Ausgestaltung existenzsichernder Leistungen pauschal nach dem Aufenthaltsstatus zu differenzieren; der Gesetzgeber muss sich immer konkret an dem Bedarf an existenznotwendigen Leistungen orientieren.

Das Grundrecht auf Gewährleistung eines menschenwürdigen Existenzminimums umfasst sowohl die physische Existenz des Menschen als auch die Sicherung der Möglichkeit zur Pflege zwischenmenschlicher Beziehungen und ein Mindestmaß an Teilhabe am gesellschaftlichen, kulturellen und politischen Leben; dies sind einheitlich zu sichernde Bedarfe. Art. 1 Abs. 1 GG gibt einen solchen Leistungsanspruch dem Grunde nach vor. Das Sozialstaatsgebot des Art. 20 Abs. 1 GG hält den Gesetzgeber an, seine konkrete Höhe entsprechend den tatsächlichen existenzsichernden Bedarfen zeit- und realitätsgerecht zu bestimmen.

Bundesverfassungsgericht: Pressemitteilung Nr. 56/2012 vom 18.7.2012

M 3 Akteure der sozialen Sicherung

Frage: „Wer sollte Ihrer Meinung nach bei der sozialen Sicherung in Deutschland welche Rolle spielen?"

■ Sehr wichtige Rolle ■ Eher wichtige Rolle Angaben in Prozent

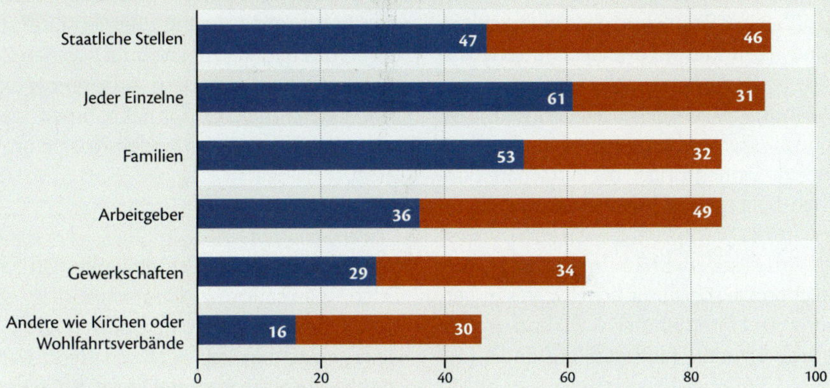

Antwortmöglichkeiten auf einer vierstufigen Skala: „sehr wichtige Rolle" – „eher wichtige Rolle" – „eher unwichtige Rolle" – „vollkommen unwichtige Rolle", Anteil der ersten beiden Antwortmöglichkeiten

Nach: infas-Umfrage Zukunft der sozialen Marktwirtschaft, Gütersloh (Bertelsmann-Stiftung) 2011, S. 4

1 Führen Sie eine Umfrage zunächst im Kurs und dann auch in ausgewählten anderen Bereichen (Stadtteil, Einkaufsstraße usw.) durch. Die Umfrage sollte folgende Aspekte beinhalten: Wer sollte Ihrer Meinung nach dafür sorgen, dass
- Kinder einen Kindertagesstättenplatz bekommen,
- Menschen menschenwürdig leben können,
- jede und jeder Arbeitende einen Lohn erhält, mit dem sie/er leben kann,
- alle die gleichen Bildungschancen haben,
- die Wirtschaft wächst,
- die Umwelt geschützt wird,
- Menschen im Alter eine angemessene Versorgung (Rente, Pension) erhalten,
- Menschen gesundheitlich gleich versorgt werden,
- usw.

Antwortmöglichkeiten: a) jede/jeder selbst
b) die Familien
c) der Staat (Bund, Länder, Gemeinden)
d) die Unternehmen und die Gewerkschaften (Tarifpartner)
e) die Öffentlichkeit (Kirchen, Wohlfahrtsverbände usw.)

2 Vergleichen Sie Ihre Ergebnisse mit denen in **M 3** und anderen Materialien, die dazu eine Aussage machen.

3 Diskutieren Sie, inwiefern der Sozialstaat den Anspruchshaltungen gerecht wird bzw. werden kann.

Welche Rolle haben die Tarifparteien?

Nicht nur der Staat ist Träger der Sozialpolitik. Auch andere gesellschaftliche Institutionen haben Einfluss auf die soziale Sicherheit und die Sozialordnung. In Deutschland spielen hier die Tarifparteien – Arbeitgeber und Arbeitnehmer – eine besondere Rolle. Immer wieder stellen sich Abgrenzungsprobleme zwischen Maßnahmen, die tarifvertraglich geregelt werden können, und solchen, die gesetzlich bzw. staatlich geregelt werden müssen.

Dieter Hundt (geb. 1938) Vorsitzender der Bundesvereinigung der deutschen Arbeitgeberverbände (BDA)

Michael Sommer (geb. 1952), Bundesvorsitzender des Deutschen Gewerkschaftsbundes (DGB)

M4 Die am Tarifgeschehen Beteiligten

Arbeitgeberverbände
Die privaten Unternehmen verfügen in Deutschland über drei unterschiedliche Systeme der Interessenorganisation:
1. Die Unternehmerverbände vertreten vorrangig die wirtschaftspolitischen Interessen gegenüber der Politik und der Öffentlichkeit. Sie sind im Bundesverband der deutschen Industrie (BDI) zusammengeschlossen.
2. Die Industrie- und Handelskammern bzw. Handwerkskammern nehmen als öffentlich-rechtliche Einrichtungen die wirtschaftspolitischen Belange auf lokal-regionaler Ebene wahr.
3. Die Arbeitgeberverbände nehmen im Wesentlichen die sozialpolitische Interessenvertretung der Unternehmen wahr und sind insofern auch für die Tarifpolitik zuständig. (...)

Betrieb
Das deutsche System der Arbeitsbeziehungen weist eine spezifische duale Struktur auf: Während auf überbetrieblicher, branchenbezogener Ebene die Gewerkschaften als Interessenvertretungsorganisationen fungieren, sind es auf betrieblicher Ebene die Betriebsräte (im öffentlichen Dienst die Personalräte). Es handelt sich nicht um gewerkschaftliche Gremien, sondern um Vertreter der gesamten Belegschaft. Derzeit bestehen in der Bundesrepublik insgesamt in rund 11 Prozent der Betriebe mit rund 48 Prozent der Beschäftigten Betriebsräte; bezogen auf Betriebe mit 21 und mehr Beschäftigten besteht in rund 37 Prozent der Betriebe mit rd. 66 Prozent der Beschäftigten ein Betriebsrat. Rund drei Viertel von ihnen sind Mitglieder der DGB-Gewerkschaften. Dieser hohe gewerkschaftliche Organisationsgrad lässt bereits deutlich werden, dass die große Mehrheit der Betriebsräte ihre Tätigkeit vor dem Hintergrund gewerkschaflicher Zielvorstellungen ausübt. Andererseits gibt ihnen die breitere Legitimation durch die Belegschaftswahl nicht nur formal ein erhebliches Maß an Unabhängigkeit. Die Betriebsräte haben entsprechend den Bestimmungen im Betriebsverfassungsgesetz (BetrVG) neben Informations- und Mitwirkungsrechten auch handfeste Mitbestimmungsrechte in sog. sozialen Angelegenheiten (insbesondere Arbeitsordnung, Arbeitszeit, Lohn und Leistung). Betriebsräte sind durch das BetrVG zur „vertrauensvollen Zusammenarbeit" mit dem Arbeitgeber verpflichtet; Arbeitskampfmaßnahmen zwischen Arbeitgeber und Betriebsrat sind unzulässig. (...)

Gewerkschaften
Die bei weitem größte gewerkschaftliche Dachorganisation in Deutschland ist der Deutsche Gewerkschaftsbund (DGB), in dem sich acht Einzelgewerkschaften zusammengeschlossen haben. Die DGB-Gewerkschaften sind Einheitsgewerkschaften, die sich nach dem Industrieverbandsprinzip strukturieren. Dies bedeutet: Einheitsgewerkschaften organisieren gleichermaßen ArbeiterInnen und Angestellte und vereinigen mehrere weltanschaulich-politische Richtungen. Die Strukturierung nach dem Industrieverbandsprinzip (im Gegensatz zum Berufsverbandsprinzip) bedeutet, dass in einem Betrieb und in einer Branche nur eine Gewerkschaft für alle Beschäftigten zuständig ist. (...)
Die Tarifpolitik liegt in der Zuständigkeit der Einzelgewerkschaften, dem DGB kommt in diesem Bereich eine koordinierende Funktion zu. In der Realität beschränkt sich die Funktion des DGB in tarifpolitischer Hinsicht weitgehend auf die Gewährleistung eines regelmäßigen Informationsaustausches zwischen den Gewerkschaften und ggfs. die unterstützende Begleitung einzelner Tarifrunden durch entsprechende Öffentlichkeitsarbeit, Informationskampagnen usw.

Koalitionsfreiheit und Tarifautonomie
Im deutschen System der industriellen Bezie-

hungen hat das Institut der Tarifautonomie einen hohen Rang. Es lässt sich aus der im Artikel 9 Absatz 3 des Grundgesetzes verankerten Koalitionsfreiheit ableiten. Dort heißt es: „Das Recht, zur Wahrung und Förderung der Arbeits- und Wirtschaftsbedingungen Vereinigungen zu bilden, ist für jedermann und für alle Berufe gewährleistet." Die Koalitionsfreiheit soll die abhängig Beschäftigten in die Lage versetzen, sich gleichberechtigt an der Gestaltung der Arbeits- und Wirtschaftsbedingungen zu beteiligen. Das Grundrecht auf Koalitionsfreiheit gilt nicht nur für den Einzelnen, es schützt auch den Zusammenschluss selbst, d. h. die Koalition und deren Betätigung. Der autonomen Regelung der Arbeits- und Wirtschaftsbedingungen durch die Tarifvertragsparteien wird absolute Priorität eingeräumt. Die Tarifautonomie ist Ausdruck der besonders hervorgehobenen Stellung der Tarifparteien im Grundgesetz. (...)

Staat

Dem Staat, sei es in Form der Regierung, einzelner Ministerien oder sonstiger Institutionen und Gremien, kommt in der allgemeinen Tarifpolitik keine offizielle Funktion zu.

Hans-Böckler-Stiftung: Tarifpolitik im System industrieller Beziehungen, o. J., in: http://www.boeckler.de (Zugriff: 30.12.2012)

M5 Tarifvertrag als zentrales Regulierungsinstrument

Die Tarifpolitik ist integrierter Bestandteil eines ausdifferenzierten Systems sozial- und gesellschaftspolitischer Regulierung. Die beiden zentralen sozialpolitischen Regulierungsformen bzw. -instrumente – Gesetz und Tarifvertrag – sind in ihrem Anwendungs- bzw. Zuständigkeitsbereich nicht scharf voneinander getrennt. In vielen Fällen sind tarifliche Regelungen die historischen Vorreiter für verallgemeinernde gesetzliche Regelungen gewesen. Umgekehrt wurden zahlreiche gesetzliche Regelungen tarifpolitisch aufgestockt. Heute lässt sich im Großen und Ganzen folgende Dreiteilung beobachten:

1. Die Bereiche der sozialen Sicherung (Krankheit, Rente, Invalidität, Arbeitslosigkeit) sind überwiegend gesetzlich geregelt. Hier gibt es nur in wenigen Fällen eine tarifliche Verbesserung der gesetzlichen Leistungen.
2. Im Bereich des Arbeitsverhältnisses und der Arbeitsbedingungen werden durch Gesetz zahlreiche Mindeststandards festgelegt (z. B. für Kündigungsfristen, Arbeitszeiten, Urlaub sowie den Arbeits- und Gesundheitsschutz). In nahezu allen Bereichen dieser Vorschriften bestehen jedoch tarifliche Regelungen, die die gesetzlichen Mindestregelungen z. T. erheblich verbessern.
3. Die unmittelbaren Arbeits- und Einkommensbedingungen werden überwiegend tarifvertraglich festgelegt. Es bestehen aber auch gesetzliche Regelungen, wie z. B. die branchenspezifischen Mindestlöhne auf Basis des Arbeitnehmerentsendegesetzes.

Gewerkschaften und Arbeitgeberverbänden kommt nicht nur bei der Aushandlung der Arbeits- und Einkommensbedingungen im engeren Sinne, sondern auch bei der Ausgestaltung und Weiterentwicklung des Sozialstaats insgesamt eine wichtige Funktion zu. Beide Sozialparteien bringen ihre Interessen und Auffassungen vielfältig in den Politikprozess auf den unterschiedlichen Handlungs- und Entscheidungsebenen ein. Dies reicht von der Erarbeitung neuer Gesetze und Vorschriften über deren Implementation bis zur kontinuierlichen Umsetzung.

Hans-Böckler-Stiftung: Tarifpolitik im System industrieller Beziehungen, o. J., in: http://www.boeckler.de (Zugriff: 30.12.2012)

1 Analysieren Sie das Tarifvertragssystem in Deutschland als Element der Sozialpolitik.

2 Erläutern Sie das Free-riding-Problem (**M 6**) und analysieren Sie die Konsequenzen für das Tarifvertragssystem.

3 Analysieren Sie die Auswirkungen der Tarifverhandlungen in den letzten Jahren (**M 8**, **M 9**).

4 Nehmen Sie aus Sicht der Arbeitgeberverbände und aus Sicht der Gewerkschaften Stellung zur Vorstellung, über den Flächentarifvertrag sozialpolitische Maßnahmen zu ergreifen.

M6 Krise des Flächentarifvertrags

Streik von Hafenarbeitern in Wismar, 2013

In der aktuellen Krise des Flächentarifsystems geht es dagegen vor allem um Möglichkeiten, dass gefährdete Unternehmen zeitweise untertariflich bezahlen können, um dadurch Arbeitsplätze zu erhalten.

Der ausgehandelte Tariflohn kommt als Mindestlohn nicht nur den organisierten Gewerkschaftern, sondern auch den übrigen Arbeitnehmern zugute. Daraus erwächst das in den Sozialwissenschaften breit diskutierte Schwarzfahrer- oder Free-riding-Problem, dass auch nicht organisierte Arbeitnehmer, die keine Mitgliedsbeiträge zahlen, an den gewerkschaftlich erkämpften Verteilungsergebnissen, also Lohnerhöhungen und Verbesserungen der Arbeitsbedingungen teilhaben. Unterstellt man ein zweckrationales, den Eigeninteressen dienendes Verhalten der Arbeitnehmer, so ist (...) ein Beitritt zu einer Gewerkschaft aus individueller Rationalität unvorteilhaft. Diese Kurzsichtigkeit ist für die Arbeitnehmerschaft, die eine starke Gegenmacht gegenüber den Arbeitgebern benötigt (kollektive Rationalität der Gruppe) äußerst verhängnisvoll, weil sie ihre Organisationsfähigkeit schwächt. (...)

Problematisch bleibt, dass nur ein Teil aller Arbeitnehmer mit ihren Beiträgen die Arbeit der Gewerkschaften finanziert, die von den Gewerkschaften erstrittenen Leistungen aber grundsätzlich der gesamten Arbeitnehmerschaft zugute kommen.

Die Ebene, auf der die Tarifverhandlungen stattfinden, ist von großer Bedeutung für das Verhandlungsergebnis und hat damit bedeutenden Einfluss auf die Betriebe. Grob lassen sich drei Ebenen unterscheiden. Verhandlungen auf zentraler staatlicher Ebene wie in Österreich und bis vor kurzem noch in Schweden, auf regionaler und Branchenebene wie in Deutschland und auf betrieblicher Ebene wie in den USA und in England.

Die in Deutschland üblichen Flächentarifverträge sind sehr differenziert und beachten Regions- und Branchenunterschiede in der Wirtschaftlichkeit der Betriebe. Schon die Zahl von über 40 000 gültigen Verträgen zeigt dies an. Jeder Tarifvertrag enthält für Arbeiter bis zu zehn und für Angestellte im Durchschnitt sechs Gehaltsgruppen (Lohnspreizung).

Im Flächentarifvertrag legen die Arbeitsmarktparteien verbindliche Mindestbedingungen für die Arbeitnehmer bezüglich Lohnhöhe, Arbeitszeiten und Arbeitsbedingungen fest. Ergänzt und ausgefüllt werden die Tarifvereinbarungen auf der Betriebsebene durch Betriebsvereinbarungen zwischen Betriebsräten und Unternehmensleitung. In der Feinjustierung auf die jeweiligen betrieblichen Belange werden flexible tarifliche Rahmenvorgaben über die Regelung der Arbeitszeit konkretisiert oder die tariflichen Mindestlöhne durch übertarifliche Zuschläge aufgebessert. Nach dem bisher gültigen Günstigkeitsprinzip dürfen Abweichungen vom Verbandstarif nur getroffen werden, wenn sie sich zugunsten der Arbeitnehmer auswirken. In Unternehmen, die nicht Mitglied im Arbeitgeberverband sind, gelten die Flächentarife nicht, sodass hier auch eine untertarifliche Bezahlung an der Tagesordnung ist. Dies kann durch eine sog. Allgemeinverbindlichkeitserklärung verhindert werden, in der der abgeschlossene Flächentarifvertrag für alle Unternehmen der Branche verbindlich erklärt wird.

Die Tarifbindung geht seit einigen Jahren langsam zurück. Die nachlassende Bindungskraft vieler Flächentarifverträge, die Ausbreitung tariffreier Zonen und das „Lohndumping", mit denen ausländische Arbeitskräfte deutsche verdrängen, stellt die große Koalition (die Regierung) vor die Frage, ob in den „tariffreien" Branchen staatliche Mindestlöhne notwendig sind, um einen Lohnunterbietungswettlauf zu verhindern und das Lohnniveau zu sichern.

Lothar F. Neumann/Klaus Schaper: Die Sozialordnung der Bundesrepublik Deutschland, Frankfurt/M. (Campus) 2008, S. 104 f.

M 7 Spielregeln für Tarifverhandlungen und Arbeitskämpfe

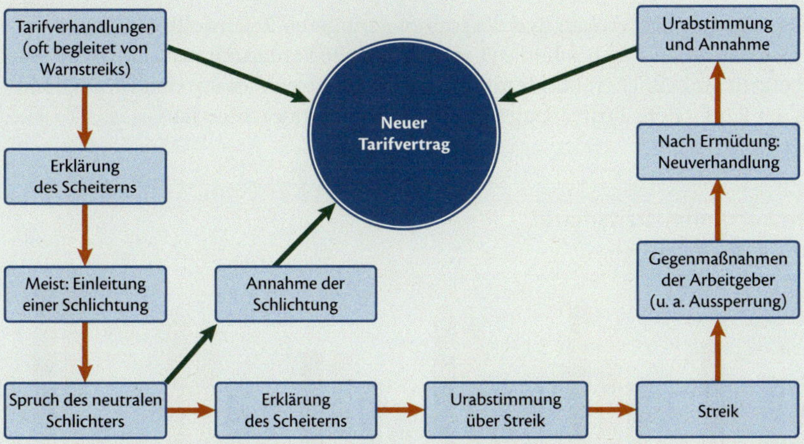

Nach: Lothar F. Neumann/Klaus Schaper: Die Sozialordnung der Bundesrepublik Deutschland, Frankfurt/M. (Campus) 2008, S. 121

M 8 Einkommen in den Volkswirtschaftlichen Gesamtrechnungen

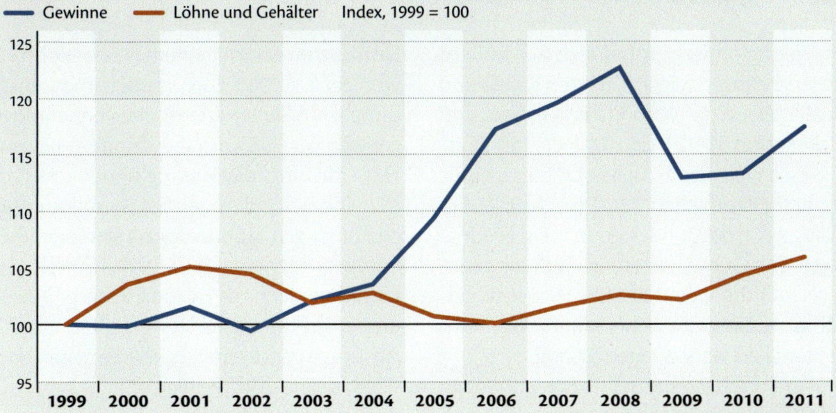

Quellen: Statistisches Bundesamt, Berechnungen des DIW

Die Gesamtrechnungen sind preisbereinigt.

M 9 Anteil der unteren 95 Prozent der Einkommensbezieher an den Gesamteinkommen

Angaben in Prozent

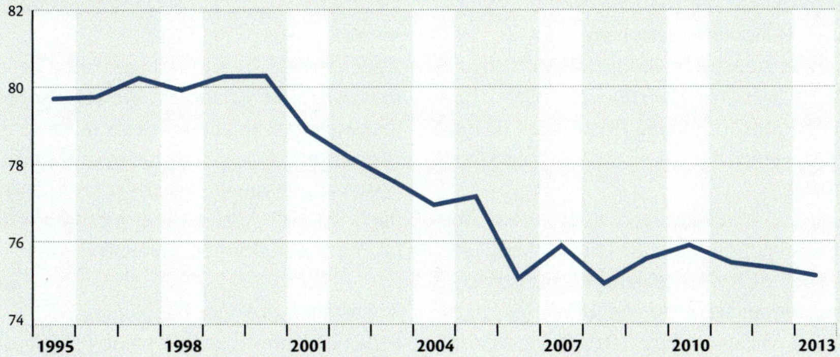

Quellen: Statistisches Bundesamt, SOEP, Berechnungen des DIW

Muss Mindestlohn sein? – Eine sozialpolitische Herausforderung

Vor allem aus den Schwächen und der immer geringeren Reichweite des Tarifvertragssystems ergibt sich schon seit einiger Zeit die Forderung nach einem staatlich festgesetzten einheitlichen Mindestlohn. Insbesondere geht es um den Niedriglohnsektor, der häufig dem Tarifvertragssystem gar nicht unterworfen ist.

M 10 **Europa: Unterschiedliche Tendenzen auf dem Arbeitsmarkt**

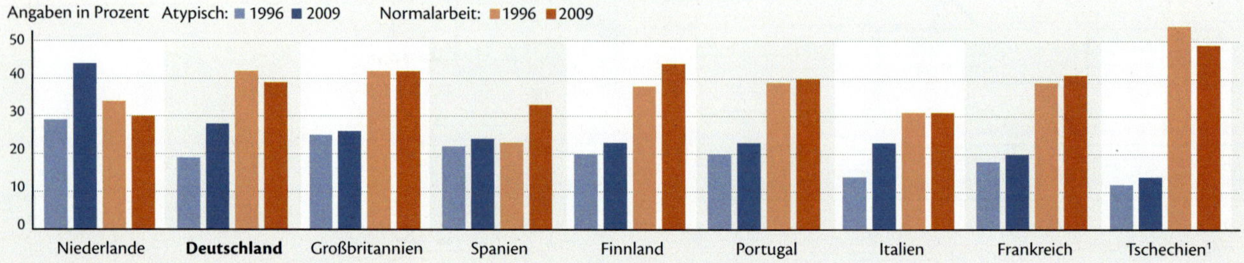

Nach: Boeckler impuls 15/2012. Quelle: WZB 2012

ohne Selbstständige mit Angestellten, 1) 1997/2009

M 11 Acht Millionen mit Niedriglohn

Der Niedriglohnsektor hat sich auf hohem Niveau verfestigt, zeigen Thorsten Kalina und Claudia Weinkopf vom Institut Arbeit und Qualifikation (IAQ) der Universität Duisburg-Essen in einer aktuellen Untersuchung. Im Jahr 2010 erhielten 23,1 Prozent aller Beschäftigten in der Bundesrepublik ein Niedrigentgelt. Die Quote war nur geringfügig geringer als im Krisenjahr 2009. Die Wissenschaftler folgern: Ein gesetzlicher Mindestlohn für alle Branchen wäre dringend nötig.

Die IAQ-Forscher stützen ihre Berechnungen auf Daten des Sozio-oekonomischen Panels (*s. S. 10*). Sie setzen die Niedriglohnschwelle bei zwei Dritteln des mittleren Brutto-Stundenlohns an – im Jahr 2010 waren das 9,15 Euro. Bezieht man Schüler, Studierende und Rentner ein, gab es fast 8 Millionen Niedriglohnbeschäftigte in Deutschland. Seit 1995, so die Analyse, hat die Zahl der Betroffenen um 2,3 Millionen zugenommen.

Besonders drastisch war die Entwicklung im Westen: Zwischen 1995 und 2010 war in den alten Bundesländern ein Anstieg um 68 Prozent zu verzeichnen, in Ostdeutschland um 3 Prozent.

Durchschnittlich betrugen die Stundenlöhne im Niedriglohnsektor 6,68 Euro in West- und 6,52 Euro in Ostdeutschland, lagen also deutlich unter der Schwelle von 9,15 Euro.

Gut 2,5 Millionen Beschäftigte verdienten 2010 weniger als 6 Euro pro Stunde. Darunter waren fast 800 000 Vollzeitbeschäftigte. Sie mussten also mit einem Monatslohn von weniger als 1000 Euro auskommen. Insgesamt 1,4 Millionen Menschen verdienten sogar weniger als 5 Euro die Stunde.

Fast ein Drittel der Niedriglöhner erhielt damit eine besonders geringe Bezahlung. „Solche niedrigen Stundenlöhne sind auch häufig die Ursache dafür, dass das Erwerbseinkommen nicht zur Existenzsicherung reicht und aufstockende Leistungen des Staates in Anspruch genommen werden müssen", kritisieren Kalina und Weinkopf.

Minijobber und junge Beschäftigte mit höchstem Niedriglohn-Risiko

Differenziert man verschiedene Gruppen am Arbeitsmarkt, dann haben Beschäftigte mit Minijobs das höchste Niedriglohnrisiko. Die Gehälter von 71 Prozent der geringfügig Beschäftigten lagen 2010 unterhalb der Niedriglohnschwelle.

Zudem sind extrem niedrige Löhne besonders verbreitet: Knapp ein Viertel aller Minijobber verdiente 2010 unter 5 Euro, 36 Prozent unter 6 Euro. Auch junge und befristet Beschäftigte sowie Ausländer müssen sich nach der IAQ-Analyse überdurchschnittlich oft mit Niedriglöhnen zufrieden geben.

80 Prozent haben eine Ausbildung

Personen ohne abgeschlossene Berufsausbildung sind ebenfalls besonders gefährdet – 38 Prozent von ihnen waren 2010 Niedrigverdie-

ner. Das heißt allerdings nicht, dass schlechte Bezahlung ein Problem nur für Geringqualifizierte wäre: Die große Mehrheit der Niedriglohnbeschäftigten – rund 80 Prozent – hat laut IAQ eine abgeschlossene Berufsausbildung oder sogar einen akademischen Abschluss.
Ein probates Gegenmittel wäre eine verbindliche Lohnuntergrenze: „Bei Einführung eines gesetzlichen Mindestlohnes von 8,50 Euro hätte jeder fünfte Beschäftigte Anspruch auf eine Lohnerhöhung", so die Duisburger Wissenschaftler. Ein Viertel der Frauen und knapp 15 Prozent der Männer würden von einer entsprechenden Regelung profitieren. In Westdeutschland wären das 17 Prozent der Beschäftigten, in den neuen Bundesländern könnte sogar jeder dritte Arbeitnehmer durch einen Mindestlohn besser gestellt werden. Allerdings, mahnen die Forscher, „müsste eine solche Untergrenze für alle Branchen und Beschäftigtengruppen gelten und nicht nur für die wenigen Bereiche, in denen es keinerlei tarifliche Regelung gibt".
Boeckler impuls 6/2012

M 12 Niedriglöhne weit verbreitet

Zahl der Beschäftigten* mit Niedriglöhnen in Millionen

Von allen Beschäftigten arbeiteten 2010 für einen Stundenlohn von unter ... Angaben in Prozent und Veränderung

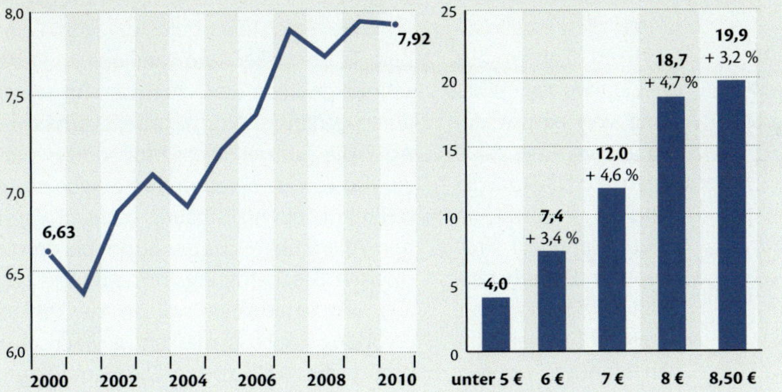

Nach: Hans-Böckler-Stiftung 2012. Quelle: IAQ 2012

* inklusive Schüler, Studierende und Rentner

M 13 Wenig Geld trotz Ausbildung

Von allen Beschäftigten* mit Niedriglohn hatten 2010 ... Angaben in Prozent

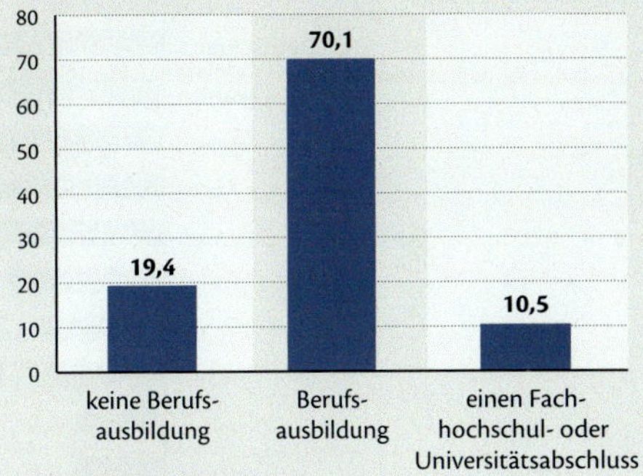

** inklusive Schüler, Studierende und Rentner*

Nach: Hans-Böckler-Stiftung 2012. Quelle: IAQ 2012

M 14 Junge Menschen verdienen wenig

Einen Niedriglohn bekamen ... Prozent — der jungen Beschäftigten* — aller Beschäftigten

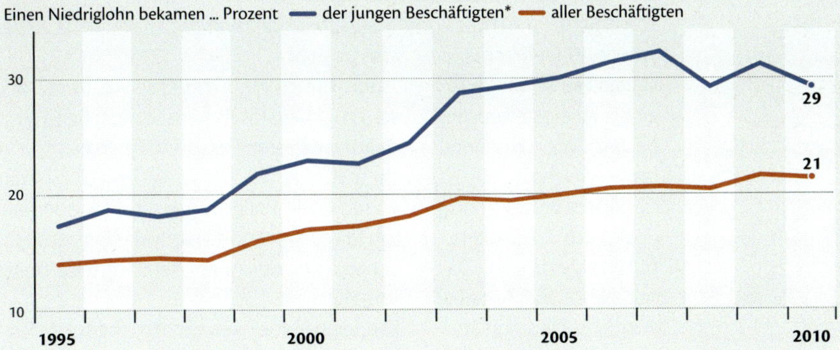

Nach: Hans-Böckler-Stiftung 2012. Quelle: Deutsches Institut für Wirtschaftsforschung 2012

* unter 35 Jahren

1 Analysieren Sie die Konsequenzen der mangelnden tarifvertraglichen Regelung in verschiedenen Bereichen.

2 Analysieren Sie die aus den Materialien hervorgehenden Argumente für einen staatlichen Mindestlohn.

3 Analysieren Sie die Texte pro und kontra Mindestlohn. Untersuchen Sie sie insbesondere im Hinblick auf ihre sozialpolitische Argumentation.

4 Diskutieren Sie das Für und Wider eines staatlichen Mindestlohns und nehmen Sie selbst Stellung.

WSI: Wirtschafts- und Sozialwissenschaftliches Institut der Hans-Böckler-Stiftung

M15 Mehr Working Poor in Deutschland

Seit 2004 sind die Beschäftigtenzahlen in Deutschland kräftig gewachsen, die Arbeitslosigkeit hat deutlich abgenommen. Das „Beschäftigungswunder" überstand auch die schwerste Wirtschaftskrise der Nachkriegszeit. Doch die positive Entwicklung hat eine Schattenseite, sagt WSI-Forscher Eric Seils: „Analysiert man die soziale Lage der Erwerbsbevölkerung, dann zeigt sich, dass die deutschen Beschäftigungserfolge mit einem hohen sozialen Preis verbunden waren."

Bei der Arbeitsarmut im europäischen Mittelfeld

Der Sozialwissenschaftler hat die aktuell verfügbaren Zahlen aus der EU-weiten Erhebung von Armutsdaten ausgewertet. 2009 waren laut EU-Statistikbehörde Eurostat in Deutschland 7,1 Prozent der Erwerbstätigen von Arbeitsarmut betroffen. Das heißt, ihnen standen weniger als 60 Prozent des mittleren bedarfsgewichteten Nettoeinkommens zur Verfügung – das ist die gängige wissenschaftliche Armutsgrenze. In Deutschland liegt diese Schwelle für einen Alleinstehenden bei 940 Euro im Monat. Im Vergleich zu 2004 ist der Anteil der „Working Poor" um 2,2 Prozentpunkte gestiegen. Damit nahm die Arbeitsarmut in Deutschland, ebenso wie in Spanien, deutlich stärker zu als in allen anderen EU-Staaten. Im Durchschnitt der Gemeinschaft wuchs die Armutsquote unter Erwerbstätigen nach Eurostat nur um 0,2 Prozentpunkte. Der überdurchschnittliche Anstieg führte dazu, dass Deutschland mittlerweile bei der Arbeitsarmut im europäischen Mittelfeld liegt. Zuvor war das Problem in der Bundesrepublik vergleichsweise selten.

70 Prozent der Arbeitslosen unter der Armutsgrenze

Noch weitaus drastischer stieg seit 2004 die Armutsquote unter Arbeitslosen – um 29 Prozentpunkte. Das war fast sechsmal so viel wie im EU-Mittel, macht Seils' Analyse deutlich. 2009 hatten 70 Prozent der Arbeitslosen in Deutschland nur ein Einkommen unterhalb der Armutsgrenze – 25 Prozentpunkte mehr als im Durchschnitt der 27 EU-Staaten.

Nicht nur atypisch Beschäftigte betroffen

Parallel zur Ausbreitung der Arbeitsarmut in Deutschland nahm auch die atypische Beschäftigung kräftig zu, so Seils. Verschiedene Studien zeigen, dass befristete Jobs, Leiharbeit, Teilzeitstellen und Minijobs im Durchschnitt deutlich schlechter bezahlt werden als so genannte Normalarbeitsverhältnisse. Auch die Zahl der Soloselbstständigen nahm zu, also von Freiberuflern ohne eigene Angestellte, die ebenfalls häufig schlecht verdienen. Allerdings reiche der Boom bei den atypischen Beschäftigungsformen allein nicht aus, um zu erklären, warum die Zahl der „Working Poor" so markant gewachsen ist, betont der WSI-Experte: Die Daten zeigten, dass „die Entwicklung der Arbeitsarmut nicht durch wenige, isolierte Beschäftigungsformen getrieben wird, sondern gleichsam die Breite des Arbeitsmarktes erfasst hat".

Mehr arme Beschäftigte, mehr arme Arbeitslose

Auch die hohe Armutsquote unter deutschen Arbeitslosen beruht nach Seils' Analyse auf mehreren Faktoren. Einerseits spiegele sie teilweise die Erholung am Arbeitsmarkt wider: Da vor allem Menschen wieder einen Job fanden, die noch nicht so lange arbeitslos waren, stieg der Anteil der Langzeitarbeitslosen.

Die seien jedoch seit der Abschaffung der Arbeitslosenhilfe im Zuge der Hartz-Reformen in Deutschland schlecht gegen Armut abgesichert, erklärt der Forscher. Nach einem Jahr – einer im Vergleich zu etlichen europäischen Nachbarländern relativ kurzen Frist – erhalten Arbeitslose kein einkommensabhängiges Arbeitslosengeld I (ALG I) mehr, sondern nur noch das niedrigere ALG II als Grundsicherung (s. S. 166). Und das reiche oft nicht mehr, um das Haushaltseinkommen über der Armutsgrenze zu halten.

Boeckler impuls 9/2012

M16 Arbeitsarmut gewachsen

Zwischen 2004 und 2009 stieg der Anteil armer Beschäftigter um ...
Angaben in Prozent

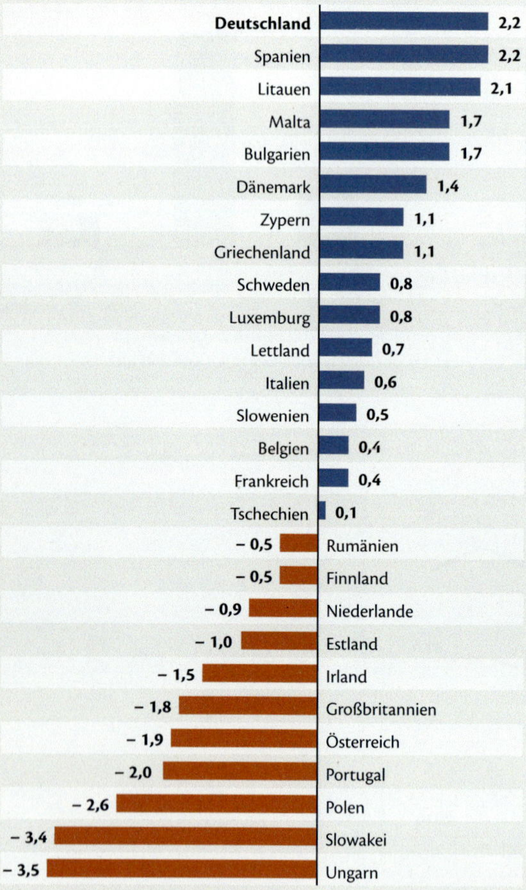

Nach: Hans-Böckler-Stiftung 2012. Quelle: Seils 2012

M 17 Entwicklung der Beschäftigung im Minijobbereich

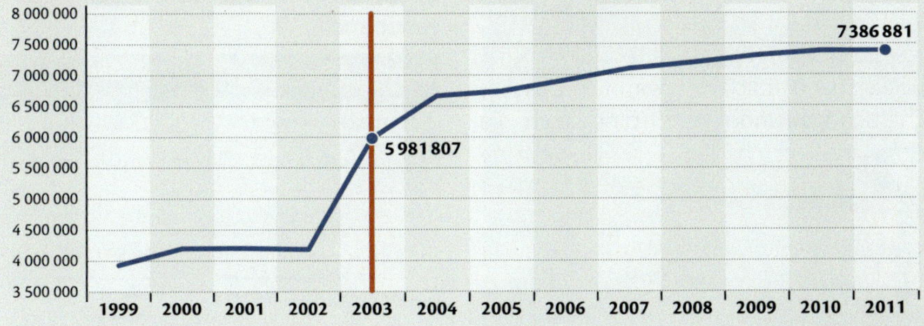

Nach: Geringfügige Beschäftigung: Situation und Gestaltungsoptionen, IZA Research Report Nr. 47, 2012, S. 15. Quelle: Statistik der Bundesagentur für Arbeit

Einschließlich kurzfristig geringfügiger Beschäftigung

M 18 Anteil der befristeten Neueinstellungen an allen Neueinstellungen

2001 bis 2011, jeweils 1. Halbjahr in Prozent

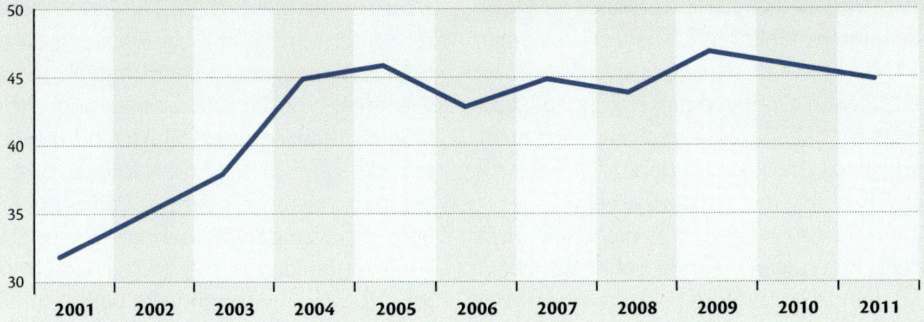

Nach: iab-aktuell, 23.2.2012. Quelle: IAB Betriebspanel

M 19 DGB für den Mindestlohn

Eins ist für den DGB unabdingbar: Von der Arbeit muss man leben können. Und das trifft in Deutschland auf immer weniger Menschen zu. Mehr als 5 Millionen Menschen arbeiten für einen Stundenlohn von unter 8,00 Euro, davon allein 1,21 Millionen für einen Stundenlohn von unter 5,00 Euro. Immer mehr Menschen sind auf Hilfe vom Staat angewiesen – und oft ein Leben lang. Seit dem Start von Hartz IV haben die Steuerzahler mehr als 50 Milliarden Euro ausgegeben, um Niedriglöhne aufzustocken. Die Ausgaben für die Aufstocker stiegen von 8 Milliarden EUR in 2005 auf 11 Milliarden EUR in 2009 nach Zahlen aus dem Bundesarbeitsministerium.

Der Niedriglohnsektor in Deutschland breitete sich in den letzten Jahren aus wie ein Krebsgeschwür. Durch die anhaltend hohe Arbeitslosigkeit und die Einführung der Hartz-IV-Gesetze geriet das Lohnniveau zunehmend unter Druck. So müssen Arbeitslose jeden Job bis zur Grenze der Sittenwidrigkeit annehmen, also eine Entlohnung akzeptieren, die bis zu 30 Prozent unter dem Tarifniveau liegen kann.

Würden sich viele deutsche Arbeitgeber nicht durch Austritte aus den Arbeitgeberverbänden der Tarifbindung entziehen, sondern – wie in nordischen Ländern mit rund 80 Prozent Verbandsmitgliedschaft selbstverständlich – als Sozialpartner mit Gewerkschaften faire Tarifverträge aushandeln, könnte man sich diese Diskussion ersparen. Solange das aber nicht der Fall ist, darf die Politik nicht tatenlos zusehen, wie Menschen trotz Arbeit zunehmend in die Armut gedrängt werden.

Warum Mindestlöhne?

Viele Gründe sprechen für die Einführung von Mindestlöhnen: Existenzsichernde Löhne bewahren die sozialen Sicherungssysteme vor dem Ausbluten. Deshalb müssen der Niedriglohnsektor und die prekäre Beschäftigung zurückgedrängt werden. „Billigjobs" schwächen die Binnennachfrage, die maßgeblich von der Massenkaufkraft gerade

Aktion der Gewerkschaft ver.di für Mindestlohn

auch unterer Einkommensbereiche abhängig ist. Die Wirtschaft schneidet sich sonst ins eigene Fleisch. Geringverdiener können kaum etwas zur Seite legen – und sind auch nicht in der Lage, eine kapitalgedeckte Säule der Altersvorsorge selbst zu finanzieren.

Aus Sicht des DGB darf es nicht sein, dass Menschen wegen niedriger Löhne weiter auf ergänzende Sozialtransferleistungen angewiesen sind. Denn damit werden Gewinne privatisiert und geringe Entgelte durch die Allgemeinheit aufgestockt. Niemand sollte vergessen: Armut und Arbeitslosigkeit destabilisieren eine Demokratie. Deshalb sind alle Beteiligten jetzt zum entschlossenen Handeln aufgefordert.

In Europa haben 20 von 27 (*EU-*)Mitgliedsländern einen gesetzlichen Mindestlohn. Ein Blick über die deutschen Grenzen in vergleichbare europäische Nachbarländer zeigt, dass Mindestlöhne dort nicht nur gängige Praxis sind, sondern sogar oberhalb des vom DGB geforderten Niveaus von 8,50 EUR liegen – und der Wirtschaft der jeweiligen Länder ist offenbar nicht „die Luft zum Atmen" genommen:

Land	Mindestlohn
Luxemburg	10,16 EUR
Frankreich	9,00 EUR
Niederlande	8,74 EUR
Belgien	8,58 EUR

(jeweils Stand 1.1.2011)

Forderungen des DGB

Der DGB setzt sich daher bereits seit längerer Zeit für ein Umsteuern ein: Um Armutslöhne zu bekämpfen, sind tarifvertragliche Lösungen vorzuziehen und durch gesetzliche Maßnahmen abzusichern. Die Gewerkschaften fordern eine gesetzliche Regelung, die ein branchenbezogenes Mindestentgelt auf der Grundlage von Tarifverträgen ermöglicht.

In jeder Branche sollte flankierend mindestens der gesetzliche Mindestlohn als unterste Grenze gelten. Als Einstieg dafür sind 8,50 Euro pro Stunde vorzuschreiben. Zur Stärkung der Tarifautonomie und der Einführung gesetzlicher Mindestentgelte gehören mindestens:

- erleichterte Voraussetzung zur Erteilung der Allgemeinverbindlichkeitserklärung;
- Ausweitung des Arbeitnehmer-Entsendegesetzes auf alle Wirtschaftsbereiche;
- eine gesetzliche Regelung, die das unterste Tarifentgelt in der jeweiligen Branche als Mindestentgelt sichert;
- Einführung eines einheitlichen gesetzlichen Mindestlohns von 8,50 Euro pro Stunde.

Deutscher Gewerkschaftsbund: Mindestlöhne jetzt! – Von der Arbeit muss man leben können!, o. J., in: http://www.dgfp.de (Zugriff: 3.1.2013)

M20 BDA gegen den Mindestlohn

Die Arbeitgeber wenden sich grundsätzlich gegen gesetzliche Mindestlöhne. Die Festlegung von Mindestarbeitsbedingungen einschließlich der Löhne muss entsprechend der verfassungsrechtlich geschützten Tarifautonomie den Tarifvertragsparteien überlassen bleiben. Gesetzliche Mindestlöhne sind zudem unsozial, da sie insbesondere Geringqualifizierte und Langzeitarbeitslose von Arbeit ausschließen. Von einem Mindestlohn, den man nicht bekommt, weil es den Job nicht gibt, kann niemand leben. Deutschland braucht Chancen auf Einstieg in Arbeit. Jeder berufliche Aufstieg setzt einen gelungenen Einstieg voraus. Wer gesetzliche Mindestlöhne verlangt, vertritt nicht die Interessen der Arbeitslosen in Deutschland.

Staatlich diktierte gesetzliche Mindestlöhne setzen das System der tarifautonomen Lohnfindung aufs Spiel. In Deutschland gibt es ein historisch gewachsenes, funktionierendes Tarifsystem fern von staatlicher Bevormundung. Dieses betriebsnahe und praxistaugliche System hat maßgeblich zu sozialem Frieden und allgemeinem Wohlstand beigetragen. Ein staatliches Lohndiktat würde dieses bewährte System gefährden. Den Tarifpartnern würde die Verantwortung genommen, sich zu einigen und die Arbeitsbedingungen gemeinsam zu regeln. Jeder Versuch staatlicher Lohnfestsetzung bringt das Tarifsystem aus dem Gleichgewicht und produziert Ergebnisse, die sich nicht an den Gesetzen des Marktes und der wirtschaftlichen Realität vor Ort orientieren. Und warum sollten Arbeitnehmer Mitglied einer Gewerkschaft sein, wenn der Staat die Löhne regelt? Ein Blick ins Ausland zeigt: In Ländern mit gesetzlichen Mindestlöhnen hat die Tarifautonomie eine deutlich geringere Bedeutung als in Deutschland.

Einmal eingeführt, würde ein Mindestlohn fortan zum Spielball der Politik. Die Mindestlohn-Diskussion wird schon heute überwiegend aus parteitaktischen Gründen geführt. Es ist eine Illusion zu glauben, dass entsprechende Debatten durch die Einführung eines allgemeinen gesetzlichen Mindestlohns beendet wären. Wenn ein gesetzlicher Mindestlohn erst einmal eingeführt ist, dann wird er auch weiter steigen, wie die Erfahrungen in anderen Ländern zeigen. Jeder Wahlkampf bietet den Parteien aufs Neue die Möglichkeit, sich mit der Forderung nach höheren Mindestlöhnen zu profilieren. Und im föderalen Deutschland finden faktisch laufend Wahlkämpfe statt.

Gesetzliche Mindestlöhne vernichten Arbeitsplätze und verhindern, dass neue Arbeitsplätze entstehen. Sie erwecken den falschen Anschein, als sei es allein vom guten Willen des Arbeitgebers abhängig, wie hoch die Löhne sind. Gesetzliche Mindestlöhne ignorieren Gesetzmäßigkeiten, Preise und Bedingungen des Marktes und lassen die Arbeitskosten steigen. Das erzwingt Rationalisierung in den Betrieben. Bei einem von den Gewerkschaften geforderten Mindestlohn in Höhe von 8,50 Euro wären nach Berechnungen des ifo-Instituts in Deutschland etwa 1,2 Millionen Arbeitsplätze gefährdet. Ein solcher Mindestlohn würde damit die öffentlichen Kassen wegen Zahlungen an Arbeitslose sowie Ausfälle an Steuern und Sozialversicherungsbeiträgen mit 5,8 Milliarden Euro zusätzlich belasten. Internationale Studien belegen die destruktive Wirkung von gesetzlichen Mindestlöhnen gerade für Geringqualifizierte, Langzeitarbeitslose und andere Menschen mit Vermittlungshemmnissen. Denn gerade für diese Menschen ist ein funktionierender Arbeitsmarkt für einfache Tätigkeiten von großer Bedeutung. Für sie bietet sich nur durch einen Einstieg über einfache Tätigkeiten die Chance, auf dem Arbeitsmarkt Fuß zu fassen. Die Bezahlung kann sich aber auch bei einfachen Tätigkeiten nur nach der Produktivität des jeweiligen Arbeitsplatzes richten. Dies ist die Voraussetzung für die Entstehung wettbewerbsfähiger Arbeitsplätze und eines Arbeitsmarktes, auf dem alle eine Chance haben.

Mindestlohnbeispiele aus dem Ausland können wegen der unterschiedlichen gesamtwirtschaftlichen Rahmenbedingungen keine Handlungsempfehlung für Deutschland sein. Oftmals sind die Arbeitslosenquoten niedriger, das Arbeitsrecht flexibler und die Arbeitskosten geringer. Zum Teil belegen sie sogar die negative Wirkung von Mindestlöhnen. (...)

In einzelnen Branchen, in denen zum Beispiel durch zeitweise nach Deutschland entsandte Arbeitnehmer Verwerfungen auf dem deutschen Arbeitsmarkt drohen, bietet das Entsendegesetz die Möglichkeit, tarifliche Mindestlöhne auch auf diese Arbeitnehmer zu erstrecken. Betroffene Branchen sind bereits in dieses Gesetz aufgenommen und verfügen über allgemeinverbindliche tarifliche Mindestlöhne. Mit der beschlossenen Lohnuntergrenze in der Zeitarbeit wird verhindert, dass es nach Herstellung der vollen Freizügigkeit für die neuen EU-Mitgliedsländer ab dem 1. Mai 2011 zum Einsatz von Zeitarbeitnehmern aus diesen Ländern zu Tarifen von 5 Euro und weniger kommt. Um eine damit verbundene Diskreditierung der Branche zu verhindern, hatte auch die BDA die Zeitarbeitsbranche in der entsprechenden Forderung unterstützt.

Bundesvereinigung Deutscher Arbeitgeberverbände: Gesetzliche Mindestlöhne widersprechen dem System der tarifautonomen Lohnfindung und vernichten Arbeitsplätze, o. J., in: http://www.dgfp.de (Zugriff: 3.1.2013)

Ist das ausreichend? – Grundsicherung und Sozialhilfe

Durch die Hartz-Reformen, insbesondere durch Hartz IV, wurde die Arbeitslosenunterstützung grundsätzlich reformiert. Auf große Proteste stieß dabei die Neuregelung, die ehemalige Arbeitslosenhilfe mit der Sozialhilfe zum Arbeitslosengeld II zusammenzulegen. Seitdem fallen Arbeitslose schon nach relativ kurzer Zeit aus der Arbeitslosenunterstützung (Arbeitslosengeld I) heraus und beziehen nicht mehr ein Arbeitslosengeld, das auf den vorherigen Verdienst bezogen ist, sondern eine bedarfsbezogene Unterstützung.

SGB: Sozialgesetzbuch, systematische Zusammenfassung aller Bestimmungen des Sozialrechts

M21 Grundsicherung

Die Leistungen der Grundsicherung für Arbeitsuchende nach dem SGB II setzen sich zusammen aus dem Arbeitslosengeld II (ALG II) und dem Sozialgeld. ALG II erhalten erwerbsfähige Personen, die das 15. Lebensjahr vollendet und die Altersgrenze nach § 7a SGB II noch nicht erreicht haben, die ihren Lebensunterhalt nicht aus eigenen Mitteln bestreiten können. Ihre im Haushalt lebenden nicht erwerbsfähigen Familienangehörigen (vor allem Kinder) erhalten entsprechende Leistungen als Sozialgeld. Bei der Grundsicherung für Arbeitsuchende handelt es sich um eine steuerfinanzierte Fürsorgeleistung, die sich ausschließlich am Bedarf der Empfängerinnen und Empfänger orientiert. Ziel der umgangssprachlich „Hartz IV" genannten Arbeitsmarktreform „Viertes Gesetz für moderne Dienstleistungen am Arbeitsmarkt" aus dem Jahr 2003 ist insbesondere, die strukturelle Langzeitarbeitslosigkeit durch intensive Betreuung und stärkere Anreize zur Arbeitsaufnahme zu bekämpfen (Hilfe zur Selbsthilfe). Unter dem Leitbild „Fördern und Fordern" wurden dabei einerseits neue Programme zur Wiedereingliederung in den Arbeitsmarkt aufgelegt sowie Anreize zur Stärkung der Eigeninitiative der ALG-II-Empfängerinnen und -Empfänger angesetzt. Auf der anderen Seite sieht das Gesetz scharfe Sanktionsmöglichkeiten und Zumutbarkeitsregelungen vor. (...)

Wie oben bereits angesprochen, haben erwerbsfähige Leistungsberechtigte und die mit ihnen in einer Bedarfsgemeinschaft lebenden Personen Anspruch auf Leistungen nach dem SGB II, sofern sie ihren Lebensunterhalt nicht aus eigenen Mitteln bestreiten können. Erwerbsfähige Leistungsberechtigte erhalten die Leistungen als ALG II, nicht erwerbsfähige als Sozialgeld. Als erwerbsfähig gilt, wer unter den üblichen Bedingungen des allgemeinen Arbeitsmarkts mindestens drei Stunden pro Tag arbeiten kann.

Die Grundlage für die Berechnung der Leistungen nach dem SGB II ist wie bei der Sozialhilfe die sogenannte Bedarfsgemeinschaft. Zu einer Bedarfsgemeinschaft im Sinne des SGB II gehören:

- die erwerbsfähigen Leistungsberechtigten,
- die im Haushalt lebenden Eltern oder der im Haushalt lebende Elternteil eines unverheirateten erwerbsfähigen Kindes, welches das 25. Lebensjahr noch nicht vollendet hat, und der/die im Haushalt lebende Partner/-in dieses Elternteils,
- der/die nicht dauernd vom/von der erwerbsfähigen Leistungsberechtigten getrennt lebende Ehegatte/-in oder Lebenspartner/-in,
- die dem Haushalt angehörenden unverheirateten Kinder der oben aufgezählten Personen bis zur Vollendung des 25. Lebensjahres, soweit sie die Leistungen zur Sicherung ihres Lebensunterhalts nicht aus eigenem Einkommen oder Vermögen beschaffen können.

Der Begriff der Bedarfsgemeinschaft ist enger gefasst als derjenige der Haushaltsgemeinschaft bzw. der Wohngemeinschaft, zu der alle Personen zählen, die auf Dauer in einem Haushalt leben und wirtschaften. Großeltern, Enkelkinder und sonstige Verwandte oder Verschwägerte zählen somit zwar zur Haushaltsgemeinschaft, nicht aber zur Bedarfsgemeinschaft.

Die Höhe der Leistungen orientiert sich am Bedarf der Empfängerinnen und Empfänger. Dabei wird unter Berücksichtigung der Freibetragsregelungen das vorhandene Einkommen und Vermögen der gesamten Bedarfsgemeinschaft angerechnet. Die Grundsicherung für Arbeitsuchende umfasste zum Stand Dezember 2010 die Regelleistung, Leistungen für Unterkunft und Heizung sowie Sonderleistungen. Außerdem wurden Beiträge zur gesetzlichen Kranken-, Pflege- und Rentenversicherung abgeführt.

Die Regelleistung beinhaltet Leistungen zur Deckung der Bedarfe des täglichen Lebens, darunter fielen bis zum 31.12.2010 gemäß § 20 Abs. 1 SGB II Leistungen für Ernährung, Kleidung, Körperpflege, Hausrat und Haushaltsenergie, sowie in vertretbarem Umfang auch für Beziehungen zur Umwelt und eine Teilnahme am kulturellen Leben.

Statistische Ämter des Bundes und der Länder (Hg.): Soziale Mindestsicherung in Deutschland 2010, Wiesbaden 2012, S. 13 ff.

M22 Höhe der Regelsätze

Die Höhe der monatlichen Regelleistung für Personen, die alleinstehend oder alleinerziehend sind oder deren Partnerin oder Partner minderjährig ist, war bis zum 31.12.2010 bundeseinheitlich auf 359 Euro festgelegt. Die übrigen Mitglieder der Bedarfsgemeinschaft erhielten nach dem SGB II ab dem 1.1.2011 jeweils einen Regelsatz gemäß der nachstehenden Tabelle:

Personenkreis	Regelbedarfsstufe	Regelsatz in Euro
Erwachsene leistungsberechtigte Personen, die als Alleinstehende oder Alleinerziehende einen eigenen Haushalt führen	1	374
Erwachsene Leistungsberechtigte, die als Ehegatten, Lebenspartner oder in eheähnlicher oder lebenspartnerschaftlicher Gemeinschaft einen gemeinsamen Haushalt führen	2	337
Erwachsene Personen bis unter 25 Jahre, die weder einen eigenen Haushalt führen noch als Ehegatte, Lebenspartner oder in eheähnlicher oder lebenspartnerschaftlicher Gemeinschaft einen gemeinsamen Haushalt führen	3	299
Leistungsberechtigte Jugendliche vom Beginn des 15. bis zur Vollendung des 18. Lebensjahres	4	287
Leistungsberechtigte Kinder vom Beginn des 7. bis zur Vollendung des 14. Lebensjahres	5	251
Leistungsberechtigte Kinder bis zur Vollendung des 6. Lebensjahres	6	219

Vereinfacht nach: Statistische Ämter des Bundes und der Länder (Hg.): Soziale Mindestsicherung in Deutschland 2010, Wiesbaden 2012, S. 13 ff.

M23 Empfängergruppen der Grundsicherung für Arbeitsuchende nach dem SGB II am Jahresende 2010

Angaben in Prozent

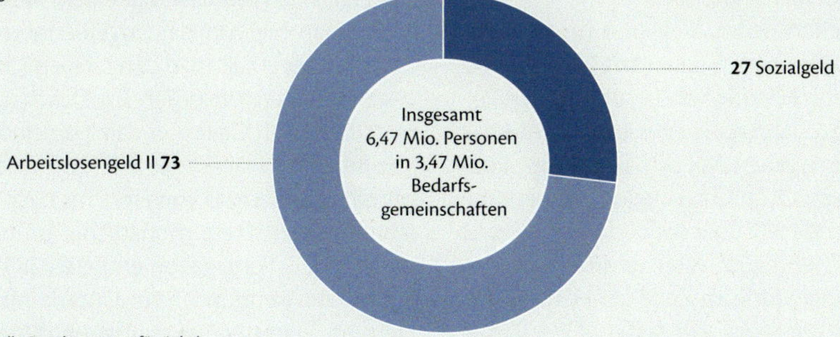

Quelle: Bundesagentur für Arbeit

1 Berechnen Sie die Grundsicherung für eine Bedarfsgemeinschaft mit Anspruchsberechtigung, die aus folgenden Personen besteht: 2 Erwachsene, 1 Kind von 17 Jahren, 1 Kind von 13 Jahren (**M22**, **M23**).

2 Beurteilen Sie die Höhe des verfügbaren Einkommens dieses Haushalts.

M24 Sozialhilfe

Aus einem Bericht der Statistischen Ämter des Bundes und der Länder, 2010:

Die Sozialhilfe bildet das unterste soziale Auffangnetz für bedürftige ältere Menschen und für Personen, die aufgrund einer schweren Erkrankung oder einer dauerhaft vollen Erwerbsminderung nicht mehr ins reguläre Erwerbsleben integriert werden können, sowie deren im Haushalt lebende Kinder unter 15 Jahren. Bei den laufenden Leistungen der Sozialhilfe wird zwischen der Hilfe zum Lebensunterhalt und der Grundsicherung im Alter und bei Erwerbsminderung unterschieden. Die Leistungen sollen (...) das sozioökonomische Existenzminium sichern.

Die „originäre" Sozialhilfe, also Hilfe zum Lebensunterhalt außerhalb von Einrichtungen, erhalten seit Inkrafttreten des Vierten Gesetzes für moderne Dienstleistungen am Arbeitsmarkt („Hartz IV") ab dem 1.1.2005 nur noch nicht erwerbsfähige Leistungsberechtigte, die ihren Lebensunterhalt nicht aus eigenen Mitteln oder durch Leistungen anderer Sozialleistungsträger decken können. Dazu gehören z. B. vorübergehend Erwerbsunfähige, längerfristig Erkrankte oder Vorruhestandsrentner mit niedriger Rente, sofern sie nicht mit Erwerbsfähigen in einer Bedarfsgemeinschaft leben. Meist handelt es sich dabei um 1-Personen-Bedarfsgemeinschaften. Kinder, die mit einer erwerbsfähigen Person in einer Bedarfsgemeinschaft zusammen leben, erhalten seit Jahresbeginn 2005 bei Bedürftigkeit Leistungen nach dem SGB II. Ist dies jedoch nicht der Fall, dann erhalten sie Leistungen der Sozialhilfe.

Grundsicherung im Alter und bei Erwerbsminderung erhalten dauerhaft voll erwerbsgeminderte Personen ab 18 Jahren sowie Personen ab 65 Jahren, die ihren Lebensunterhalt nicht aus eigenen Mitteln aufbringen können. Das erst zum Jahresbeginn 2003 in Kraft getretene Gesetz über die bedarfsorientierte Grundsicherung im Alter und bei Erwerbsminderung wurde im Zuge der Hartz-IV-Reform wie die Sozialhilfe in das SGB XII integriert. Die Leistungen der Grundsicherung sollen dazu beitragen, die sogenannte „verschämte Armut" einzugrenzen. Hintergrund ist der Befund, dass vor allem ältere Menschen bestehende Sozialhilfeansprüche oftmals nicht geltend machten, weil sie den Rückgriff auf ihre unterhaltsverpflichteten Kinder fürchteten.

Die Leistungen der Grundsicherung im Alter und bei Erwerbsminderung sind der Hilfe zum Lebensunterhalt vorgelagert, sodass hilfebedürftige Personen zunächst Leistungen der Grundsicherung als vorrangige Sozialleistung erhalten und nur der weitere notwendige Lebensunterhalt (vorrangig ein Barbetrag zur persönlichen Verfügung) als Hilfe zum Lebensunterhalt geleistet wird.

Die Empfängerinnen und Empfänger von Hilfe zum Lebensunterhalt in Einrichtungen werden in diesem Bericht aus statistischen Gründen nicht in die Gesamtzahl der Bezieherinnen und Bezieher von Mindestsicherungsleistungen einbezogen. Damit werden Überschneidungen und Doppelzählungen mit den bereits darin enthaltenen Empfängerinnen und Empfängern von Grundsicherung im Alter und bei Erwerbsminderung in Einrichtungen (nahezu deckungsgleicher Personenkreis) vermieden. (...)

Die Hilfe zum Lebensunterhalt außerhalb von Einrichtungen wird im Wesentlichen in Form von Regelsätzen, ggf. Mehrbedarfszuschlägen und durch die Übernahme der Unterkunftskosten einschließlich der Heizkosten gewährt; darüber hinaus können auch Beiträge zur Krankenversicherung, Pflegeversicherung und Alterssicherung übernommen werden. Die Leistungen zur Sicherung des Lebensunterhalts sind bei dieser Art der Sozialhilfe identisch mit den entsprechenden Leistungen nach dem SGB II (...). Die Summe der genannten Bedarfspositionen für den Haushaltsvorstand und dessen Haushaltsangehörige ergibt den Bruttobedarf eines Haushalts. Zieht man hiervon das angerechnete Einkommen ab, erhält man den tatsächlich ausbezahlten Nettoanspruch. Im Durchschnitt errechnete sich für eine Bedarfsgemeinschaft mit Bezug von laufender Hilfe zum Lebensunterhalt außerhalb von Einrichtungen zum Jahresende 2010 ein monatlicher Bruttobedarf von 699 Euro, davon entfielen 283 Euro auf die Aufwendungen für Unterkunft und Heizung. Unter Berücksichtigung des angerechneten Einkommens in Höhe von durchschnittlich 225 Euro wurden je Bedarfsgemeinschaft durchschnittlich 474 Euro – also rund zwei Drittel des Bruttobedarfs – monatlich ausgezahlt.

Statistische Ämter des Bundes und der Länder (Hg.): Soziale Mindestsicherung in Deutschland 2010, Wiesbaden 2012, S. 23, 25

M25 Wohngeld

Wohngeld ist ein von Bund und Ländern getragener Zuschuss zu den Wohnkosten. Es wird – gemäß den Vorschriften des Wohngeldgesetzes – einkommensschwächeren Haushalten gewährt, damit diese die Wohnkosten für angemessenen und familiengerechten Wohnraum tragen können. Wohngeld wird entweder als Mietzuschuss für Mieterinnen und Mieter oder als Lastenzuschuss für Haus- und Wohnungseigentümerinnen und -eigentümer geleistet. Die Höhe des Zuschusses richtet sich dabei nach der Anzahl der Haushaltsmitglieder, dem Familieneinkommen und der zuschussfähigen Miete bzw. Belastung.

Seit seiner Einführung im Jahr 1965 hat das Wohngeld mittlerweile zahlreiche mehr oder weniger umfassende Änderungen erfahren.

Auswirkungen durch Hartz IV

Infolge des zum 1.1.2005 in Kraft getretenen „Vierten Gesetzes für moderne Dienstleistungen am Arbeitsmarkt" (Hartz IV) haben sich im Wohngeldrecht erneut erhebliche Veränderungen ergeben. Seit diesem Zeitpunkt entfällt für Empfängerinnen und Empfänger staatlicher Transferleistungen (z. B. Arbeitslosengeld II bzw. Sozialgeld nach dem SGB II, Hilfe zum Lebensunterhalt sowie Grundsicherung im Alter und bei Ewerbsminderung nach dem SGB XII, Asylbewerberleistungen nach dem AsylbLG) sowie Mitglieder ihrer Bedarfsgemeinschaft das Wohngeld. Die angemessenen Unterkunftskosten der Empfängerinnen und Empfänger dieser Transferleistungen werden seitdem im Rahmen der jeweiligen Sozialleistungen berücksichtigt, sodass sich für die einzelnen Leistungsberechtigten keine Nachteile ergeben.

Zum Jahresende 2010 ist die Zahl der reinen Wohngeldhaushalte – also der Haushalte mit Wohngeldbezug, in denen alle Personen wohngeldberechtigt sind – im Vergleich zum Jahresende 2009 um 0,3 Prozent leicht zurückgegangen. Damit erhielten noch etwa 857 012 Haushalte Wohngeld. Das entspricht 2,1 Prozent aller privaten Haushalte in Deutschland.

Deren durchschnittlicher monatlicher Wohngeldanspruch lag 2010 bei 126 Euro. Die monatliche Bruttokaltmiete der Empfängerinnen und Empfänger von Mietzuschuss betrug Ende 2010 durchschnittlich 6,49 Euro je Quadratmeter Wohnfläche, die monatliche Belastung (Bruttokaltmiete) der Empfängerinnen und Empfänger von Lastenzuschuss lag mit durchschnittlich 4,52 Euro je Quadratmeter Wohnfläche niedriger.

In mehr als der Hälfte aller reinen Wohngeldhaushalte (56 Prozent) lebte nur eine Person, weitere 13 Prozent lebten in Zwei-Personen-Haushalten und 8 Prozent in Drei-Personen-Haushalten. In den übrigen 23 Prozent der Empfängerhaushalte wohnten vier oder mehr Personen.

Statistische Ämter des Bundes und der Länder (Hg.): Soziale Mindestsicherung in Deutschland 2010, Wiesbaden 2012, S. 38

Im **Asylbewerberleistungsgesetz** (AsylbLG) sind Leistungen für materiell hilfsbedürftige Asylbewerber und in Deutschland Geduldete geregelt

M 26 Haushalte mit Wohngeld

Anteil an den privaten Haushalten Ende 2010, in Prozent

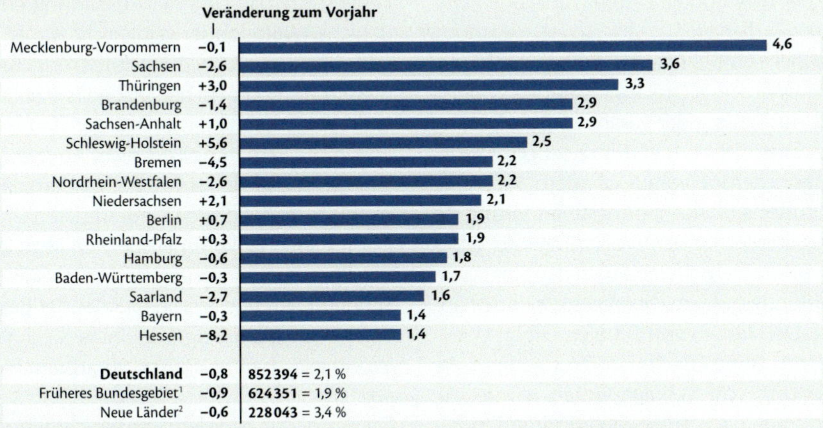

Reine Wohngeldhaushalte, d. h. ohne Bezug anderer Sozialleistungen, 1) Einschl. Berlin, 2) Ohne Berlin

Quelle: Statistisches Bundesamt

Führt Ausbildungsförderung zur Chancengleichheit?

Ein Teil der sozialstaatlichen Aktivitäten richtet sich auf die Bildung und besteht hier vor allem in der Ausbildungsförderung. Diese beschränkt sich allerdings weder auf Schüler und Studenten noch auf die im BAföG festgelegten Unterstützungsleistungen. Vielmehr soll die Ausbildungsförderung generell Chancengleichheit schaffen und einkommensschwächeren Bevölkerungsgruppen den Weg zu mehr Bildung ebnen. Insbesondere soll für alle Kinder und Jugendlichen, die sich in der Ausbildung befinden, Chancengleichheit hergestellt werden. Dieses Ziel wird derzeit allerdings, wie alle Untersuchungen zeigen, in Deutschland nicht erreicht.

Das **Bundesausbildungsförderungsgesetz (BAföG)** regelt die staatliche Unterstützung für die Ausbildung von Schülern und Studenten in Deutschland

M27 Warum BAföG?

Eine gute Ausbildung ist heute wichtiger als je zuvor. Das gilt für den Einzelnen wie für unsere Gesellschaft insgesamt. Wissen und die Anwendung von Wissen sind das größte Potenzial, das wir in Deutschland haben. Das Bundesausbildungsförderungsgesetz (BAföG) ist ein Garant dafür, dass Jugendliche und junge Erwachsene eine ihrer Eignung und Neigung entsprechende Ausbildung absolvieren können – auch unabhängig davon, ob die finanzielle Situation ihrer Familie diese Ausbildung zulässt oder nicht.

Bundesministerium für Bildung und Forschung: Das neue BAföG, o. J., in: http://www.bafoeg.bmbf.de (Zugriff: 13.1.2013)

M28 Ausbildungsfinanzierung und Ausbildungsförderung

Für Eltern bzw. für SchülerInnen und Studierende treten gesteigerte finanzielle Belastungen auf, wenn weiterführende Bildungseinrichtungen besucht werden. Wenn es aber gesellschaftspolitisches Ziel ist, es jedem Kind zu ermöglichen, unabhängig von der eigenen und der finanziellen Lage des Elternhauses und entsprechend seiner Neigung, Eignung und Leistung eine qualifizierte Ausbildung aufzunehmen und erfolgreich zu beenden, bedarf es spezifischer Transfers, die über den allgemeinen Familienleistungsausgleich hinausreichen und zur Abdeckung des Lebensunterhalts (u. a. Verpflegung, Unterkunft) sowie der Ausbildungskosten (Lehr- und Lernmaterial) dienen.

Das Ziel von Chancengleichheit und Förderung einer möglichst umfassenden Bildung und Ausbildung der gesamten Bevölkerung setzt aber nicht nur eine individuelle Ausbildungsförderung voraus, sondern auch eine institutionelle Ausbildungsfinanzierung. In Deutschland werden weiterführende Schulen sowie Hochschulen durch den Staat (von den Bundesländern) bereitgestellt und finanziert. Der Besuch von Schulen erfolgt (weitgehend) ohne Eigenfinanzierung, denn die Erhebung von Schulgebühren würde die Nachfrage nach einer weiterführenden Bildung beschränken und zugleich einen sozialen Selektionseffekt auslösen. Dieses Argument für eine kostenfreie weiterführende Bildung gilt jedoch für die Hochschulausbildung nicht mehr. Im Verlauf der letzten Jahre sind in mehreren Bundesländern Studienbeiträge eingeführt worden (so in NRW in Höhe von maximal 500 Euro je Semester), wobei es die Möglichkeit gibt, verzinsliche Darlehen aufzunehmen, um die Finanzierung bestreiten zu können.

Mit dem Bundesausbildungsförderungsgesetz (BAföG) von 1971 sollte das Ziel verfolgt werden, allen SchülerInnen und Studierenden einen Anspruch auf individuelle Ausbildungsförderung zu geben, wenn die für den Lebensunterhalt und die Ausbildung erforderlichen Mittel anderweitig nicht zur Verfügung stehen. Ausbildungsförderung nach diesem Gesetz ist ein bedarfsorientierter und einkommensabhängiger Transfer (familienabhängige Förderung), der nicht nur den Bezug von Sozialhilfe vermeiden, sondern darüber hinausgehend auch Kindern, deren Eltern im mittleren Einkommensbereich liegen, einen Förderungsanspruch einräumen soll. Für SchülerInnen und Studierende ist der Bezug von Grundsicherung/Sozialhilfe und von Wohngeld sogar ausdrücklich ausgeschlossen.

Die Ausbildungsförderung nach dem BAföG bezieht sich nicht auf die Förderung der beruflichen Ausbildung (mit Ausnahme der

Ausbildung von Fachkräften zu Meistern (= Meister-BAföG), denn die Förderung der betrieblichen und überbetrieblichen Berufsausbildung sowie die Teilnahme an berufsvorbereitenden Maßnahmen richtet sich nach dem Recht der Arbeitsförderung.

Die Leistungsvergabe nach dem BAföG erfolgt im Grundsatz beim Besuch aller beruflichen Vollzeitschulen, Schulen des zweiten Bildungsweges sowie von Hochschulen. Der Besuch weiterführender allgemeinbildender Schulen ist nur dann förderungsfähig, wenn die SchülerInnen nicht bei ihren Eltern wohnen und die Ausbildungsstätte nicht zumutbar täglich vom Elternhaus erreichbar ist. Gefördert wird bis zur Förderungshöchstdauer. Die Auszubildenden dürfen bei Beginn der Ausbildung grundsätzlich nicht älter als 30 Jahre sein.

Gerhard Bäcker u. a.: Sozialpolitik und soziale Lage in Deutschland, Band 2, 5. Aufl. Wiesbaden (VS) 2010, S. 307 f.

Studentendemonstration gegen Studiengebühren in Leipzig, 2005

M29 Entwicklung der Studierquoten

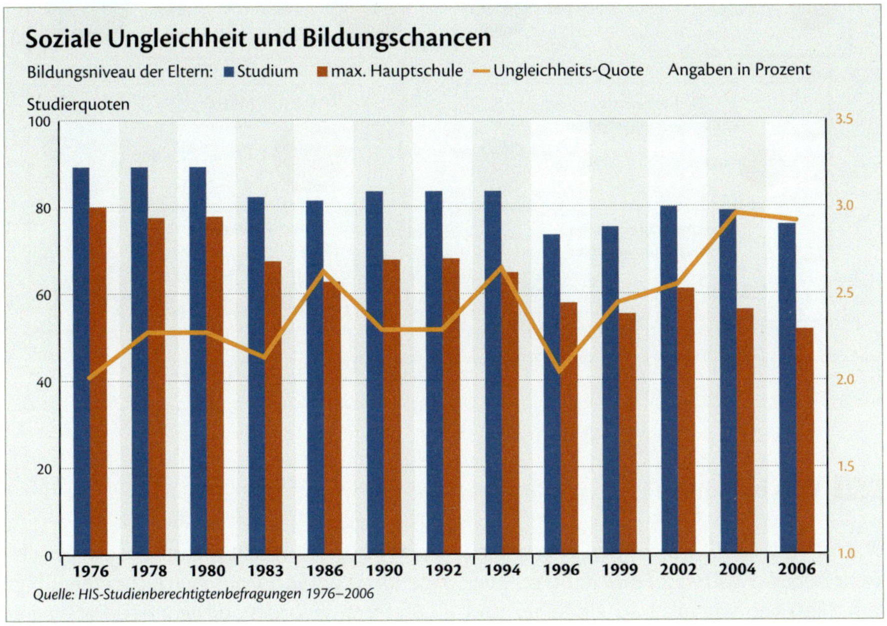

1 Erstellen Sie ein Lernplakat zu den Zielen und zur Konstruktion des BAföG (M 27, M 28).

2 Beurteilen Sie anhand einer Internetrecherche die Erfolge des BAföG in Bezug auf die Ziele.

Ist Kinderkriegen Luxus? – Familienpolitik als Sozialpolitik

Unter Familienpolitik versteht man alle Maßnahmen, mit denen der Staat die Rahmenbedingungen für Familien beeinflusst. Da es sich vor allem um Verbesserungen dieser Bedingungen und um Unterstützung für Familien handelt, wird auch häufig von Familienförderung gesprochen.

In letzter Zeit steht in der Familienpolitik immer wieder besonders die Problematik der Demografie im Vordergrund. Familienpolitik als Sozialpolitik ist allerdings nicht oder nicht allein eine Förderung der Geburtenzahlen. In Deutschland hat Familienpolitik viele Facetten. Ein Vergleich mit anderen Ländern zeigt aber auch, was über diese Bereiche hinaus möglich wäre.

M 30 Familienformen

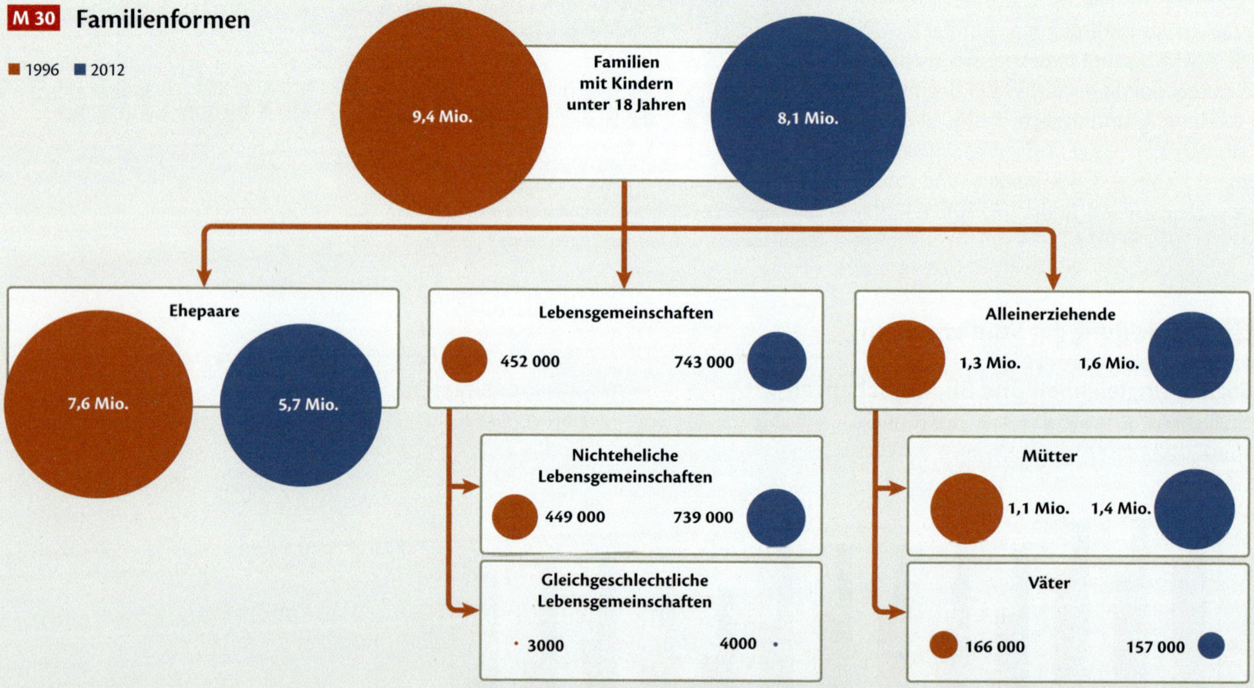

Nach: BMFSFJ, Familienreport 2012, Berlin 2012, S. 14; Quelle: Statistisches Bundesamt, 2012: Haushalte und Familien 2011, Ergebnisse des Mikrozensus

M 31 Was ist Familie?

Was ist Familie? Diese auf den ersten Blick leicht zu beantwortende Frage ist bei genauerem Hinsehen gar nicht so eindeutig und auch nicht abschließend zu klären. Im traditionellen Verständnis ist Familie ein Ehepaar, das zusammen mit seinen Kindern in einem Haushalt wohnt. Familie ist demnach durch fünf Merkmale bestimmt: das Vorhandensein von zwei Generationen und von zwei Geschlechtern, die Ehe des Elternpaars, verwandtschaftliche Beziehungen zwischen den Familienmitgliedern und eine Haushalts- und Wirtschaftsgemeinschaft. Dieses Familienverständnis ist immer noch weit verbreitet, stimmt aber mit der Lebenspraxis einer wachsenden Zahl von Menschen nicht mehr überein. Herausgebildet und verbreitet haben sich zahlreiche Lebensformen, die von diesem Modell abweichen. Beispiele dafür sind nichteheliche Lebensgemeinschaften mit ihren Kindern, gleichgeschlechtliche Paare, die mit den Kindern eines Partners oder einer Partnerin zusammenleben, Alleinerziehende und Paare ohne Kinder, die nicht zusammenwohnen, aber solidarisch verbunden sind und füreinander sorgen. Sind das Familien? Welche Merkmale sind zur Bestimmung geeignet? Gibt es überhaupt geeignete Merkmale?

Unterschiedliche Wesensbestimmungen von Familie

In der aktuellen gesellschaftspolitischen Diskussion, was Familie ist oder sein soll, sind drei unterschiedliche Positionen erkennbar:

- Die erste Position ist sehr stark auf die Ehe zentriert: Familie ist nur dort, wo ein Ehepaar in einem Haushalt zusammenlebt. Ehe konstituiert Familie, Kinder sind aus dieser Perspektive für das Vorhandensein einer Familie nicht unbedingt erforderlich. So gilt eine kinderlose Ehe als Familie, eine nichteheliche Lebensgemeinschaft mit Kindern dagegen nicht.
- Die zweite Position rückt Elternschaft in den Mittelpunkt. Familie ist eine Verantwortungsgemeinschaft zwischen Eltern und Kindern bzw. zwischen Kindern und Eltern. Oder, prägnanter ausgedrückt: Familie ist überall dort, wo Kinder sind. Ehe und Haushaltsgemeinschaft sind für eine Familie demnach nicht länger konstitutiv. Damit konturiert sich ein neuer, weiter gefasster Familienbegriff, der einzig auf die Eltern-Kind-Beziehung abstellt.
- Die dritte Position ist noch offener gefasst und hebt auf gelebte Solidarbeziehungen ab. Familie ist demnach jede exklusive Solidargemeinschaft zwischen zwei oder mehr Personen, die auf relative Dauer ausgerichtet ist. Auf das Vorhandensein von Ehe und Kindern kommt es dabei nicht an. Diese Position ist in Deutschland noch wenig bedeutsam. In Schweden, Dänemark und Frankreich gibt es bereits entsprechend angelegte Rechtsinstitute.

Die Antwort auf die Frage, was Familie ist, ist gesellschaftspolitisch sehr relevant, weil damit bestimmt wird, welche Lebensformen gesellschaftlich legitimiert sind und als besonders schutz- und förderwürdig gelten sollen. Solidarität, Exklusivität, relative Dauerhaftigkeit und Wechselseitigkeit, diese Merkmale können ein gutes Fundament für moderne Vorstellungen von Familie abgeben und die auf dem Kirchenrecht sowie dem bürgerlichen Recht basierende starre Normierung von Ehe und Familie ablösen.

Norbert F. Schneider: Was ist Familie? Eine Frage von hoher gesellschaftspolitischer Relevanz, in: http://www.bpb.de (Zugriff: 20.1.2013)

M 32 Minderjährige Kinder nach Familienformen

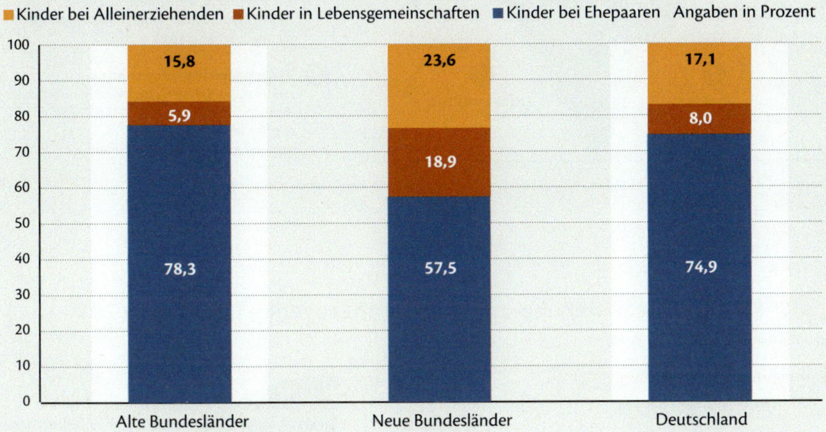

Nach: bmfsfj, Familienreport 2012, Berlin 2012, S. 16

1 Analysieren Sie die Schwierigkeit der Adressatenfindung von Familienpolitik durch neue Familienformen.

2 Vergleichen Sie die Erwartungen an eine Familienpolitik mit der Familienpolitik der Bundesregierung (**M 33**, **M 34**). Beurteilen Sie, ob die Maßnahmen der Bundesregierung erfolgreich waren. Ergänzen Sie **M 35** ggf. durch eine Internetrecherche.

3 Analysieren Sie die Struktur der familienpolitischen Leistungen.

4 Analysieren Sie **M 36** im Hinblick auf die Ausführungen zur Prioritätensetzung in Deutschland und nehmen Sie Stellung zu der Forderung am Ende des Textes.

M 33 Erwartungen an die Familienpolitik 2011

Quelle: Institut für Demoskopie Allensbach, Monitor Familienleben 2011, Basis: Bundesrepublik Deutschland, Bevölkerung ab 16 Jahre

M 34 Ziele der Familienpolitik der Bundesregierung 2011

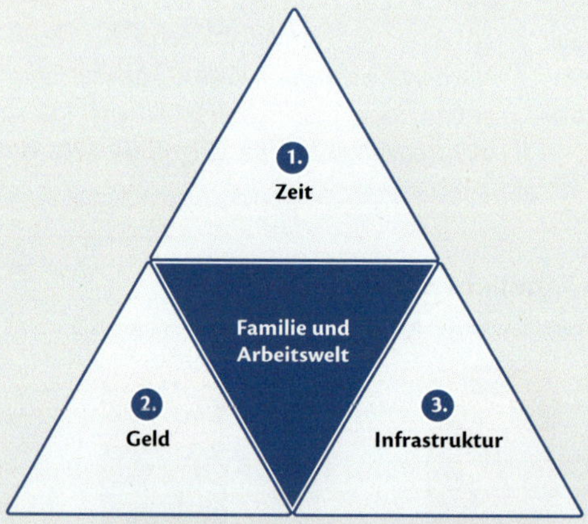

1. Verlässliche Qualitätszeit
a) Initiativen mit der Wirtschaft:
z. B. Förderung familienbewusster Arbeitszeiten, lokale Bündnisse für Familie, Unternehmensprogramm
b) ... aber auch neue Regelungen:
z. B. Familienpflegezeitgesetz, haushaltsnahe Dienstleistungen.
8. Familienbericht gibt Empfehlungen (Herbst 2011)

2. Wirksame finanzielle Leistungen
z. B. Elterngeld, Kinderzuschlag, Absetzbarkeit von Kinderbetreuungskosten setzen Erwerbsanreize

3. Bedarfsgerechte Infrastruktur
z. B. Ausbau der Kinderbetreuung mit dem Ziel von Betreuungsplätzen für 35 Prozent der Kinder unter drei Jahren bis 2013. Voraussetzung für Vereinbarkeit

Nach: BMFSFJ: Wo steht die Familienpolitik des Bundes? Tagungsdokumentation, Berlin 2011, S. 4

M 35 Finanztableau der ehe- und familienbezogenen Leistungen 2010

Angaben in Mrd. Euro

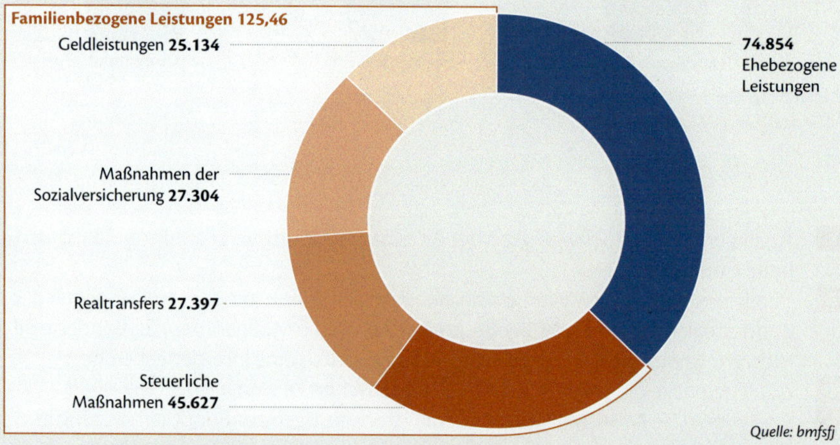

Quelle: bmfsfj

M36 Kritik an der Familienpolitik

Die heutige Familienpolitik ist durch eine verwirrende Vielfalt finanzieller Förderinstrumente geprägt, die an unterschiedlichen Bedarfsindikatoren ansetzen, differenzierte Einkommensgrenzen enthalten und oft Vorleistungen der Familien bedingen, wie etwa den Kauf eines Eigenheims. Die Gesamtheit der Fördermaßnahmen bildet kein ziel- und wirkungsorientiertes System, sondern ein historisch gewachsenes Konglomerat, durchsetzt mit widersprüchlichen Wertungen, deren hartnäckiger Fortbestand erstaunt.

Eklatante Wertungswidersprüche werden bereits bei der finanziell bedeutsamsten Komponente der Familienförderung deutlich, die entweder als Kinderfreibetrag (für höhere Einkommen), Kindergeld (für mittlere Einkommen) oder Sozialgeld (für Langzeitarbeitslose und ähnlich für Sozialhilfeempfänger) gewährt wird. Das Kindergeld variiert mit der Ordnungszahl des Kindes: Es beträgt für das erste bis dritte Kind 154 Euro im Monat und für jedes weitere Kind 179 Euro. Das Sozialgeld hängt nicht von der Ordnungszahl des Kindes ab, sondern von dessen Lebensalter sowie vom Bundesland, in dem das Kind lebt. Der Kinderfreibetrag schließlich ist von Ordnungszahl, Lebensalter und geographischer Lage unabhängig; der Gesetzgeber gesteht hier jedem Steuerpflichtigen einen einheitlichen Betrag zu. Es ist aber nicht einsichtig, warum Normalverdiener für das erste bis dritte Kind weniger erhalten sollten als für die weiteren Kinder, während gut Verdienende für jedes Kind denselben, und zwar einen höheren, Betrag erhalten. Ebenso wenig leuchtet ein, warum das Kindergeld (bis zur Altersgrenze von 27 Jahren) unabhängig vom Kindesalter gezahlt wird, während das Sozialgeld mit steigendem Alter zunimmt.

Ein weiterer Wertungswiderspruch tritt bei näherer Betrachtung der Kinderkomponente der Arbeitslosenversicherung zutage. Angenommen, das kinderlose Ehepaar A verdiene 3000 Euro brutto und Familie B, die ein Kind hat, verdiene genau so viel. Dann liegt das verfügbare Einkommen der Familie B im Vergleich zum Ehepaar A monatlich um 154 Euro höher, weil die Familie Kindergeld erhält. Im Fall kurzzeitiger Arbeitslosigkeit steigt der Einkommensunterschied, weil Ehepaar A nach § 129 SGB III ein Arbeitslosengeld in Höhe von 60 Prozent erhält, Familie B ein Arbeitslosengeld in Höhe von 67 Prozent. Die Zunahme des Arbeitslosengeldes um 7 Punkte ist unabhängig von Anzahl, Ordnungszahl oder Lebensalter der Kinder – es kommt einzig und allein darauf an, ob dem Haushalt überhaupt ein Kind angehört. Grundidee und nähere Ausgestaltung dieser Differenzierung entbehren jeder Rationalität, denn es ist nicht einzusehen, warum Familien im Vergleich zu Kinderlosen im Fall der Arbeitslosigkeit stärker gefördert werden sollten als im Fall der Erwerbstätigkeit. Das mögliche Gegenargument, Arbeitslose mit Kindern seien wegen ihres geringen Einkommens besonders förderungswürdig, greift zu kurz: Schließlich hat die gut verdienende Familie B im obigen Beispiel selbst bei vorübergehender Arbeitslosigkeit ein höheres verfügbares Einkommen als manch andere Familie, die sich selbst versorgt. Die Serie derartiger Einwände könnte fast endlos fortgesetzt werden: Warum fördert der Staat Familien mit Kindern, die ein Eigenheim erwerben, stärker als Familien, die zur Miete wohnen? Warum knüpft neuerdings sogar die staatliche Förderung kapitalgedeckter Altersvorsorge, deren Ziel ein sicheres Auskommen im Alter ist, an die Kinderzahl an? In Wirklichkeit sind alle Versuche, den Status quo zu rationalisieren, vergebens. Es kommt vielmehr darauf an, ihn zu verändern.

Stefan Homburg/Reinhold Schnabel: Reform der Familienpolitik, Gütersloh (Bertelsmann Stiftung) 2005, S. 13 f.

Seit 2012 beträgt das **Kindergeld** für das 1. und 2. Kind 184 Euro, für das 3. Kind 190 Euro

Ist der Sozialstaat Deutschland sozial gerecht?

Auch wenn der Sozialstaat große Leistungen vollbringt, wird immer wieder die Frage der sozialen Gerechtigkeit diskutiert. Der Anspruch, Sozialstaat zu sein, beinhaltet auch den Anspruch, die sozialpolitischen Angelegenheiten sozial gerecht zu regeln. Bei näherer Betrachtung dieses Problems zeigt sich jedoch, dass im Sozialstaat viele grundsätzliche politische Entscheidungen notwendig sind.

M37 Was heißt soziale Gerechtigkeit?

Forderungen nach sozialer Gerechtigkeit zielen immer auf die Frage, wie Rechte, Positionen, materielle und immaterielle Güter in einer Gesellschaft verteilt werden sollen. Ausgangspunkt sind Konflikte darüber, wer was und wie viel erhalten soll. Da in einer Gesellschaft nicht nur Güter, sondern auch Lasten verteilt werden müssen, gibt es immer auch Konflikte darum, wer in welchem Ausmaß Einschränkungen in Kauf nehmen muss. Die formale Forderung der Gerechtigkeit zielt darauf ab, diese Konflikte durch eine unparteiische Anwendung allgemeiner Regeln zu lösen, sodass niemand benachteiligt wird. Dies gilt insbesondere in einem demokratisch verfassten Gemeinwesen, das allen Bürgerinnen und Bürgern die gleichen Rechte zubilligt. Der Staat trifft über die Gesetzgebung und über die Gestaltung gesellschaftlicher Institutionen Verteilungsentscheidungen und übt so Herrschaft aus. Diese Herrschaftsausübung muss in ihren einzelnen Entscheidungen begründet und in Einklang mit den individuellen Freiheitsrechten sein. Empirisch zeigt sich, dass Ungleichheiten erst dann als ungerecht wahrgenommen und benannt werden, wenn die Verteilung durch ein absichtsvolles Handeln oder Unterlassen herbeigeführt wurde und die verantwortlichen Akteure keine ausreichende Rechtfertigung für die Verletzung legitim angesehener Anrechte vorlegen können.

Wenn mit der sozialen Gerechtigkeit normative Erwartungen an die gesellschaftliche Verteilung von Gütern und Lasten formuliert werden, so ist dies historisch gesehen ein vergleichsweise junges Phänomen. Denn erst in der zweiten Hälfte des 20. Jahrhunderts wird soziale Gerechtigkeit zu einer in den politischen Auseinandersetzungen gebrauchten programmatischen Forderung. Dies ist unmittelbar verknüpft mit dem Ausbau der europäischen Wohlfahrtsstaaten nach dem Zweiten Weltkrieg. Der Wohlfahrtsstaat übernimmt fürsorgende Aufgaben, die vorher der Familie zufielen (z. B. Versorgung im Krankheitsfall oder im Alter), und es wird von ihm erwartet, bei einem Versagen der Märkte – insbesondere des Arbeitsmarktes – kompensierend einzugreifen. Er übernimmt für seine Mitglieder eine „Ausfallbürgschaft", das heißt, er gewährt bei unverschuldeten Notlagen wie Krankheit oder Erwerbsunfähigkeit eine Absicherung. Zugleich wird die Gesellschaft als ein Kooperationszusammenhang verstanden und ihren Mitgliedern ein Anrecht auf die Früchte dieser Zusammenarbeit zugestanden, was zugleich an die Erwartung gekoppelt ist, entsprechende Beiträge zur allgemeinen Wohlfahrt zu leisten.

Eine zentrale Funktion kommt dabei der Idee der sozialen Gerechtigkeit zu. Sie besagt, dass es bei der Verteilung von Gütern und Lasten zu keiner systematischen Bevorzugung oder Benachteiligung einzelner Gruppen kommen soll (Unparteilichkeit), die bestehenden Verteilungsregeln für alle gleich angewandt werden sollen (Gleichheitsgrundsatz) und der Einzelne als legitim angesehene Anrechte geltend machen kann. Während in den 1960er- und 1970er-Jahren soziale Gerechtigkeit primär mit der (Um-)Verteilung von Einkommen und Vermögen gleichgesetzt wurde, wird das ihr zugrunde liegende Verteilungsproblem mittlerweile breiter verortet. Es geht nun um eine gerechte Verteilung von Chancen, also den Möglichkeiten, seine eigenen Lebenspläne zu verwirklichen. Dies umfasst nicht nur die materielle Absicherung oder einen Anteil am gesellschaftlichen Wohlstand, sondern vor allem auch den Zugang zu Bildung, Kultur und die Ermöglichung politischer Teilnahme.

Stefan Liebig/Meike May: Dimensionen sozialer Gerechtigkeit, in: Aus Politik und Zeitgeschichte 47/2009, S. 4

M 38 Gerechtigkeitskonzeptionen in den gesellschaftlichen Institutionen

In modernen Gesellschaften werden individuelle Lebenschancen, Güter und Lasten zu einem großen Teil in und über gesellschaftliche Institutionen verteilt. Maßgeblich sind dabei die sozialen Sicherungssysteme, die Rechtsprechung und das Erwerbssystem, und vor allem das Bildungssystem und das Gesundheitswesen. Sowohl die bloße Existenz einzelner Institutionen und der Grad ihrer Regulierung (z. B. die Rentenversicherung, das dreigliedrige Bildungssystem oder der Arbeitsmarkt) als auch die in ihnen wirksamen Verteilungsmodi (z. B. wer kann welche wohlfahrtsstaatlichen Leistungen beanspruchen, und wer muss welche Beiträge zahlen) sind Ausdruck bestimmter Gerechtigkeitsvorstellungen. Die inhaltlichen Auffassungen darüber, was als „sozial gerecht" gilt, lassen sich in der Rechtsprechung und den Grundstrukturen der gesellschaftlichen Institutionen ablesen. Mindestens vier Prinzipien können benannt werden:

- Gleichheitsprinzip: Es fordert, jedem gleiche Rechte oder den gleichen Anteil an Gütern und Lasten zuzuweisen. Abgeleitet davon ist das Prinzip der Chancengerechtigkeit, das fordert, jedem – unabhängig von Herkunft und nicht selbst verantworteten Einschränkungen – möglichst gleiche Chancen beim Zugang zu Gütern oder Positionen zu gewähren.
- Leistungsprinzip: Es verlangt die Belohnung individueller Anstrengungen und Leistungen, durchaus mit dem „Nebengedanken", Leistungsanreize zu schaffen.
- Anrechtsprinzip: Insbesondere die bundesdeutschen sozialen Sicherungssysteme folgen dem Prinzip der zugeschriebenen oder erworbenen Anrechte. Hier sind es nicht aktuell erbrachte Leistungen, sondern an Status- und Positionsmerkmale gekoppelte Anrechte, die in der Vergangenheit erworben wurden oder aufgrund der Tradition und den darin wirksamen Normen zugeschrieben werden.
- Bedarfsprinzip: Das Ziel ist die Sicherung einer minimalen oder „angemessenen" Deckung von Grundbedürfnissen.

Die Institutionen einer Gesellschaft sind historisch gewachsene Ordnungen und die in ihnen eingelassenen Gerechtigkeitskonzeptionen beeinflussen die in der Bevölkerung bestehenden Vorstellungen von Gerechtigkeit. Zugleich sind die institutionellen Ordnungen Ergebnis politischer Entscheidungsprozesse – die zu den jeweiligen Zeitpunkten von den Akteuren als geboten oder mehrheitsfähig angesehenen Gerechtigkeitskonzeptionen fließen in die Gestaltung der Institutionen ein. Es kann somit im Zeitverlauf zu „Ungleichzeitigkeiten" kommen, nämlich dann, wenn die in den Institutionen verankerten Gerechtigkeitskonzeptionen ihre Mehrheitsfähigkeit verloren haben. Dementsprechend ist es notwendig, bei der Frage, was als sozial gerecht gilt, auch die in einer Gesellschaft aktuell vertretenen Gerechtigkeitsvorstellungen zu berücksichtigen.

Stefan Liebig/Meike May: Dimensionen sozialer Gerechtigkeit, in: Aus Politik und Zeitgeschichte 47/2009, S. 4 f.

M 39 Soziale Gerechtigkeit in Deutschland

Finden Sie, dass es in Deutschland alles in allem eher gerecht oder ungerecht zugeht?

■ Eher gerecht ■ Eher ungerecht Angaben in Prozent, in Klammern: Veränderung

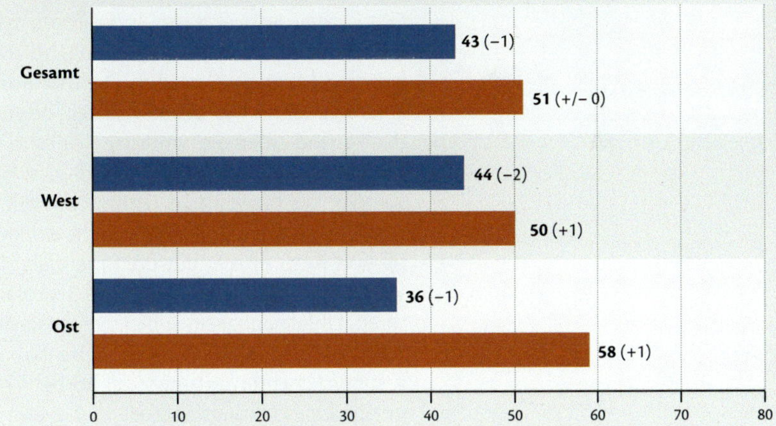

Angaben in Klammern: Vergleich zu Januar 2012

Quelle: ARD-Deutschlandtrend Januar 2013

1 Analysieren Sie die verschiedenen Gerechtigkeitsvorstellungen in **M 37** und **M 38** bezüglich der Frage, ob sie in der Lage sind, soziale Gerechtigkeit zu erklären.

2 Analysieren Sie in Gruppen die verschiedenen Bereiche der Sozialpolitik im Hinblick auf das Erreichen sozialer Gerechtigkeit.

3 Beurteilen Sie dabei, welche Prinzipien sozialer Gerechtigkeit verfolgt bzw. erreicht werden.

4 Diskutieren und beurteilen Sie im Plenum, ob es in Deutschland soziale Gerechtigkeit gibt.

M40 Gesundheit: Lebenserwartung nach Einkommen und Geschlecht

	Lebenserwartung		Gesunde Lebenserwartung		Anteil der gesunden Lebenserwartung (an der Gesamtlebenszeit in %)	
Einkommen (im Verhältnis zum Nettoäquivalenzeinkommen)	Bei Geburt	Ab 65	Bei Geburt	Ab 65	Bei Geburt	Ab 65
Männer						
0–60	70,1	12,3	56,8	10,5	81	85
60–80	73,4	14,4	61,2	12,5	83	87
80–100	75,2	15,6	64,5	13,7	86	88
100–150	77,2	17,0	66,8	14,8	87	87
> 150	80,9	19,7	71,1	16,4	88	83
Gesamt	75,3	15,7	64,8	13,6	86	87
Frauen						
0–60	76,9	16,2	60,8	14,1	79	87
60–80	81,9	19,8	66,2	16,4	81	83
80–100	82,0	19,9	67,1	16,6	82	83
100–150	84,4	21,8	69,1	17,8	82	82
> 150	85,3	22,5	71,0	18,0	83	80
Gesamt	81,3	19,3	66,6	16,2	82	84

Beispiel: Die Lebenserwartung von jemand, der in einer Familie mit mehr als 150 Prozent des Nettoäquivalenzeinkommens lebt und männlich ist, beträgt 80,9 Jahre, davon hat er die Aussicht 71,1 Jahre, d. h. 88 Prozent seiner Jahre gesund zu verbringen.

Nach: Thomas Lampert/Lars Erik Kroll/Annalena Dunkelberg: Soziale Ungleichheit der Lebenserwartung in Deutschland, in: Aus Politik und Zeitgeschichte 42/2007, S. 17

M41 Gesundheit und soziale Lage – empirische Ergebnisse

Gesundheit lässt sich mit Indikatoren wie durchschnittliche Lebenserwartung, Mortalität und Morbidität erfassen. Der „härteste" Parameter ist die Mortalität, weil der Tod eindeutig und über die amtliche Todesursachenstatistik voll erfasst ist. Morbidität ist ein weiterer aussagekräftiger Parameter, auch wenn er weniger „hart", häufig nicht eindeutig und nicht immer gut dokumentiert ist. Weitere gebräuchliche Maße sind Risikofaktoren, Unfallhäufigkeit, subjektive Einschätzung der Gesundheit, verlorene Lebensjahre, gesunde Lebenserwartung sowie körperliche und geistige Leistungsfähigkeit. (…)

Schulbildung und Lebenserwartung

Männer ohne Abitur haben eine um 3,3 Jahre niedrigere Lebenserwartung als Männer mit Abitur. Bei Frauen beträgt die Differenz 3,9 Jahre. Dies geht aus den Daten des Sozio-oekonomischen Panels (s. S. *10*)hervor, für den Beobachtungszeitraum von 1984 bis 1993.

Beruflicher Status und Mortalität

Männliche Versicherte der AOK Mettmann aus der beruflich niedrigsten Kategorie („Un- und Angelernte") hatten ein 4,3-fach höheres Sterberisiko (*Risiko, frühzeitig zu sterben*) als Mitglieder aus der höchsten Kategorie („höhere Positionen"). Bei Frauen fiel die Mortalitätserhöhung mit 3,8 etwas niedriger aus. Der Studie liegen Daten aus den Jahren 1987 bis 1996 zugrunde.

Einkommen und Lebenserwartung.

Nach den Daten des Sozio-oekonomischen Panels der Jahre 1995 bis 2005 beträgt die Lebenserwartung für Männer mit einem Einkommen von weniger als 60 Prozent des Durchschnittseinkommens 70,1 Jahre. 80,9 Jahre hingegen leben Männer mit einem Einkommen von mehr als 150 Prozent des Durchschnittseinkommens. Die Differenz der Lebenserwartung von Gering- und Vielverdienern betragt somit 10,8 Jahre. Für Frauen lautet die Differenz 8,4 Jahre bei einer Lebenserwartung von 76,9 Jahren für die gering Verdienenden und 85,3 Jahren für die viel Verdienenden. (…)

Soziale Schicht und Mortalität

In der Deutschen Herz-Kreislauf-Präventionsstudie ergab die Auswertung der Sterbefälle im Zeitraum 1984/1986 bis 1998 eine vom sozialen Status abhängige Mortalität – je niedriger der sozioökonomische Status, desto hoher die Sterblichkeit. Die Schichtenbildung erfolgte über einen Index aus Schulbildung, beruflichem Status und Einkommen. Im Vergleich zur Oberschicht war die (frühere) Sterblichkeit der oberen Mittelschicht um 30 Prozent, der mittleren Mittelschicht um 39 Prozent, der unteren Mittelschicht um 48 Prozent und der unteren Schicht um 56 Prozent erhöht. Die Einflussfaktoren Alter und Familienstand, Risikofaktoren und Gesundheitszustand wurden entsprechend den Angaben 1984/1986 kontrolliert.

Herzinfarktinzidenz und SES

Die Deutsche Herz-Kreislauf-Präventionsstudie zeigte für den Herzinfarkt über alle Altersgruppen eine erhöhte Inzidenz der unteren Schicht im Vergleich zur oberen Schicht. Die bereits erwähnte Studie über die Versicherten der AOK Mettmann ergab für die Gruppe mit niedriger Bildung eine um 3,96 erhöhte Inzidenz für den Herzinfarkt im Vergleich zur Gruppe der gut Gebildeten.

Gesundheitsverhalten

In der Studie zur Gesundheit von Kindern und Jugendlichen in Deutschland (KIGGS) gaben in der Gruppe der 14- bis 17-Jährigen 42 Prozent der Hauptschüler, 31 Prozent der Realschüler und 18 Prozent der Gymnasiasten an zu rauchen. Bei den Mädchen lauten die Zahlen 46 Prozent für Hauptschülerinnen, 34 Prozent für Realschülerinnen und 23 Prozent für Gymnasiastinnen. Sowohl bei Männern als auch bei den Frauen besteht ein dem Sozialstatus folgender Gradient (*Steigungsmaß*) für die Prävalenz des Rauchens. In der Altersgruppe der 18- bis 39-Jährigen rauchen 51 Prozent der Männer mit niedrigen, 44 Prozent mit mittlerem und 30 Prozent mit hohem SES. Bei den Frauen lauten die Zahlen 44 Prozent, 36 Prozent und 21 Prozent. Eine Ausnahme bildet die Gruppe der 60-Jährigen und Älteren. Hier rauchen mit 21 Prozent der Männer mit hohem SES, 13 Prozent mit mittlerem und 18 Prozent mit niedrigem SES. Bei den Frauen sind keine nennenswerten Unterschiede festzustellen Auch im Vergleich von Berufsgruppen finden sich stark unterschiedliche Rauchprävalenzen, die bei Männern von 59 Prozent bei Gebäudereinigern bis zu 15 Prozent bei Elektroingenieuren und bei Frauen von 47 Prozent bei Restaurantfachfrauen und Stewardessen bis 14 Prozent bei Gymnasiallehrerinnen reichen.

David Klemperer: Sozialmedizin – Public Health. Lehrbuch für Gesundheits- und Sozialberufe, Bern (Huber) 2010, S. 197 f.

SES: socio-economic status (sozioökonomischer Status)

M 42 Bruttosozialprodukt pro Kopf und Lebenserwartung in 155 Ländern

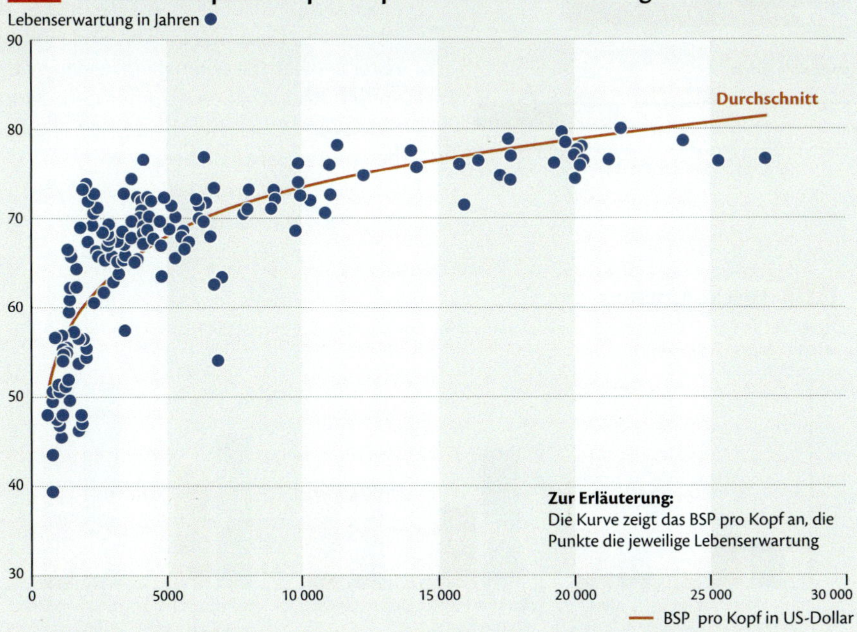

Nach: David Klemperer: Sozialmedizin – Public Health. Lehrbuch für Gesundheits- und Sozialberufe, Bern 2010, S. 200

M43 Bildungschancen sind Lebenschancen

Für Kinder und Jugendliche sind Bildungschancen Lebenschancen. Aber gute Bildung ist nicht nur der Schlüssel zu individuellem Erfolg, sondern auch für gesellschaftliche Integration. Gute Bildungschancen sind somit gleichermaßen ein Gebot der Fairness und Gerechtigkeit sowie eine entscheidende Grundvoraussetzung für Demokratie, Wohlstand und Zusammenhalt der ganzen Gesellschaft.

Wir können es nicht hinnehmen, wenn der Bildungserfolg in erheblichem Maße von der Herkunft abhängt. In Deutschland ist das aber der Fall – dafür haben uns vor allem die PISA-Studien die Augen geöffnet. Seit dem ersten „PISA-Schock" hat sich viel getan in Deutschland: Bildungsstandards, Vergleichsarbeiten und Schulinspektionen wurden eingeführt und damit wurde sukzessive ein neues Paradigma outputorientierter Steuerung im Schulwesen etabliert. Manches ist unumstritten, wie der Ausbau der Ganztagsschulen, manches wird kontrovers diskutiert, wie die Verkürzung der Schulzeit. Nach zehn Jahren können wir konstatieren, dass es erfreulicherweise Fortschritte gibt: Die Leistungen der deutschen Schüler sind im internationalen Vergleich besser geworden und auch die Abhängigkeit des Bildungserfolgs von der Herkunft hat sich etwas abgemildert. Für eine Entwarnung ist es aber zu früh. Denn der Einfluss der Herkunft ist in Deutschland nach wie vor entscheidend.

Und die Vielfalt in den Schulen wird weiter steigen – nicht nur wegen des demografischen Wandels, sondern auch wegen der Herausforderung durch die UN-Konvention, ein inklusives Bildungssystem zu entwickeln.

In der Bevölkerung gibt es die ausgeprägte Erwartung, dass das Bildungssystem für sozialen Aufstieg sorgt – und für gute Leistungen. 72 Prozent der Befragten meinten 2011 in einer repräsentativen Umfrage von TNS Emnid im Auftrag der Bertelsmann Stiftung, es sei eine außerordentliche oder sehr wichtige Aufgabe des Bildungssystems, dass auch Benachteiligte in unserer Gesellschaft sozial aufsteigen können. Genauso viele Menschen sahen es als Aufgabe des Bildungssystems, dass besonders begabte Schülerinnen und Schüler ihr Potenzial ausschöpfen. Tatsächlich muss unserem Bildungssystem beides gelingen: für faire Chancen zu sorgen und für herausragende Leistungen. In der deutschen Bildungsdebatte der letzten Jahrzehnte schien das oft ein unüberbrückbarer Gegensatz: Die einen kämpften für Bildungsgerechtigkeit, die anderen für Leistungsfähigkeit. PISA-Spitzenreiter wie Kanada sehen darin keinen Widerspruch und schaffen es unter dem Motto „Equity and Excellence" beide Ziele anzustreben und zu verwirklichen.

IFS (Hg.): Chancenspiegel, Gütersloh (Bertelsmann Stiftung) 2010, S. 7 f.

PISA: Programme for International Student Assessment (Programm zur internationalen Schülerbewertung). Die PISA-Studien sind internationale Schulleistungsuntersuchungen der OECD, die seit dem Jahr 2000 alle drei Jahre in den meisten Mitgliedstaaten der OECD und einer zunehmenden Anzahl von Partnerstaaten durchgeführt werden. Sie haben zum Ziel, alltags- und berufsrelevante Kenntnisse und Fähigkeiten 15-Jähriger zu messen

M44 Unterschiedliche Chancen auf den Gymnasialbesuch

Relative Chancen von Kindern aus unteren Dienstklassen im Vergleich zu Kindern aus oberen Dienstklassen (Nettoquotient)

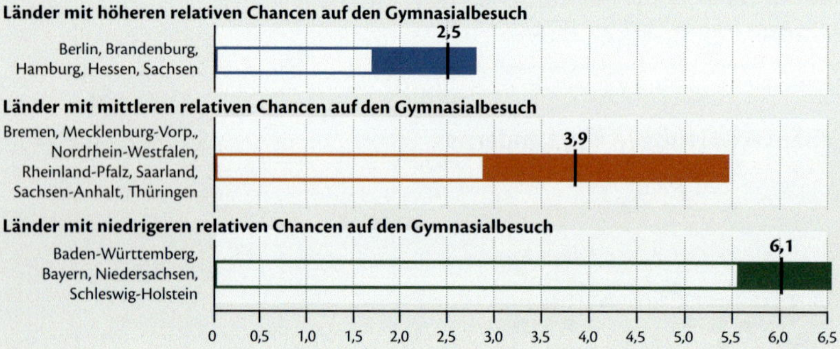

Nach: IFS (Hg.): Chancenspiegel, Gütersloh (Bertelsmann Stiftung) 2010, S. 18

M45 Lesekompetenz

Anteil der 15-Jährigen mit Lesekompetenz unterhalb von Kompetenzstufe II nach sozioökonomischem Status

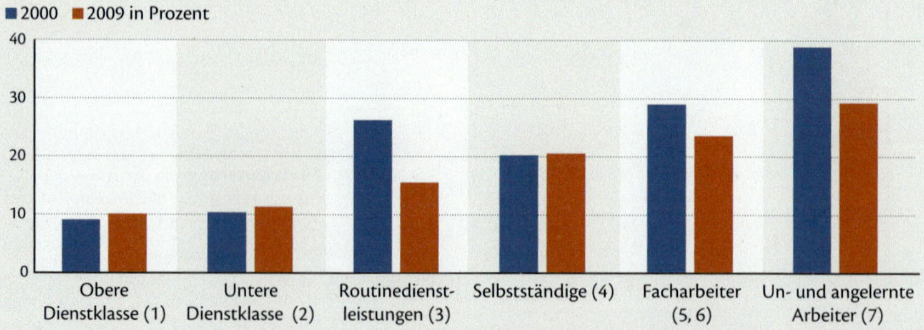

Quelle: PISA-Konsortium Deutschland (2010)

M 46 Ungerechte Einkommensunterschiede?

Die Zahlen sind eindeutig: Im Jahr 1992 erzielten die zehn Prozent der Haushalte mit den höchsten Einkommen in Westdeutschland noch das 5,1-fache der Einkommen des untersten Zehntels. 2010 erhielten sie das 6,8-fache. In Ostdeutschland erhöhte sich die Relation von 3,8 auf 5,1. Gehörte die Bundesrepublik laut OECD in den 1980ern und 1990ern noch zu den Ländern mit eher geringer Ungleichheit, liegt sie heute im europäischen Mittel.

Andere Industrienationen, allen voran die USA, sind zwar weitaus ungleicher. Dennoch sieht „eine überwältigende Mehrheit der Deutschen die Einkommensunterschiede hierzulande kritisch", haben Heinz-Herbert Noll und Stefan Weick vom Leibniz-Institut für Sozialwissenschaften ermittelt. Daten aus der Allgemeinen Bevölkerungsumfrage der Sozialwissenschaften in Deutschland zeigen, dass im Westen 2010 rund 87 Prozent der Befragten die Unterschiede für „zu groß" hielten. Im Osten war es mit 96 Prozent nahezu die gesamte Bevölkerung.

Gerade in Westdeutschland stellen die Forscher einen markanten Sinneswandel fest: 2004 pflichteten lediglich 40 Prozent der Aussage bei, jeder solle ein Einkommen haben, das „er mit seiner Familie für ein anständiges Leben braucht". Im Jahr 2010 wollten 58 Prozent Einkommen nicht ausschließlich an der Leistung des Einzelnen bemessen sehen. Auch 56 Prozent der ostdeutschen Befragten stimmten dem zu, nach 49 Prozent sechs Jahre zuvor. Die Wissenschaftler vermuten, dass „die anhaltende Mindestlohndebatte und die beachtliche Ausweitung von Niedriglohnbeschäftigungen" zu dem Sinneswandel der Deutschen beigetragen haben.

Dabei stellt die Mehrheit der Bürger nicht Leistungsanreize per se infrage: Der Aussage „nur wenn die Unterschiede im Einkommen und sozialen Ansehen groß genug sind, gibt es auch einen Anreiz für persönliche Leistung" stimmten 2010 immerhin 60 Prozent der Befragten zu. Die realen „sozialen Unterschiede in unserem Land" finden jedoch nur noch 28 Prozent gerecht. Auch hier machen Weick und Noll im Westen einen klaren Trend zu einer kritischeren Beurteilung aus: Im Jahr 2000 meinten noch 48 Prozent, es gehe gerecht zu. Zehn Jahre später sind es nur noch 30 Prozent. Nach Einschätzung der Forscher könnte eine zunehmende Sensibilisierung der Öffentlichkeit infolge der Finanzkrise dazu geführt haben, dass soziale Unterschiede anders wahrgenommen werden. Managergehälter und Bonuszahlungen würden nun als ungerechtfertigte Privilegien von Eliten angesehen.

Heinz-Herbert Noll/Stefan Weick: Nicht einmal jeder Dritte empfindet soziale Unterschiede in Deutschland als gerecht, in: Informationsdienst Soziale Indikatoren (ISI)

M 47 Frauenanteile im Wissenschaftssystem

An der Gesamtzahl des jeweiligen Personals in Prozent

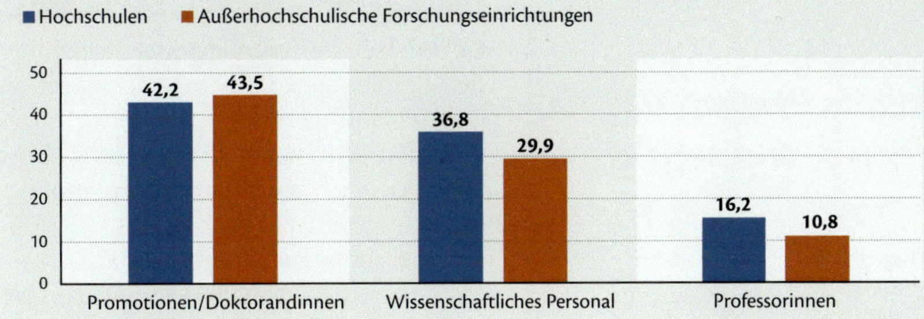

Quelle: GWK 2008, Statistisches Bundesamt 2008

M 48 Zustimmung zu sozialen Unterschieden sinkt

Als gerecht beurteilen die bestehenden sozialen Unterschiede in der deutschen Gesellschaft in … Prozent

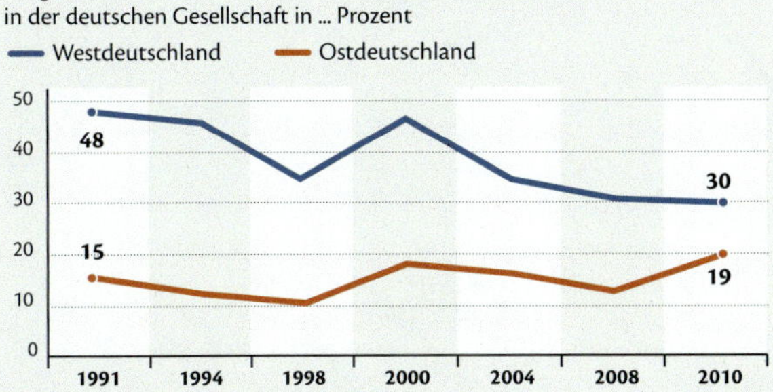

Nach: Hans-Böckler-Stiftung 2012. Quelle: Noll, Weick 2012

In Gesamt-Deutschland sagen das 2010 von allen … Prozent

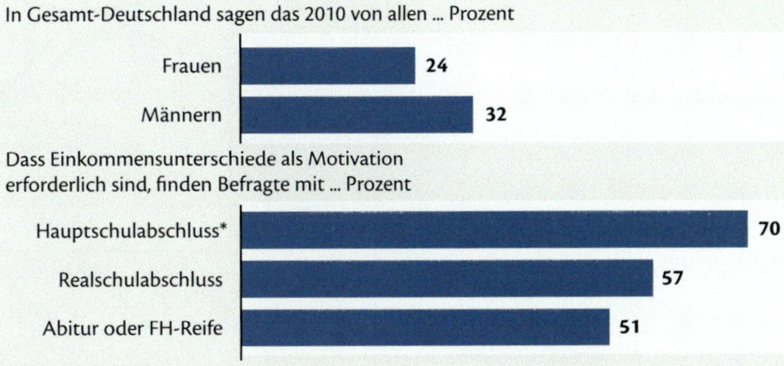

2827 befragte Personen 2010, Antworten „stimme voll zu" / „stimme zu", *sowie Personen ohne Schulabschluss

M 49 Was ist ein gerechtes Einkommen?

In Deutschland nimmt die Lohnungleichheit (...) im Zeitverlauf zu. Im Mittel verdienen Ärzte 6000 Euro brutto im Monat, Hilfsarbeiter dagegen etwas über 1800 Euro. Sind diese Einkommen in den Augen der Teilnehmer der Studie „Einkommensgerechtigkeit in Deutschland" gerecht, oder sind sie ungerechterweise zu hoch oder zu niedrig? Es ist bereits deutlich geworden, dass insbesondere der ausgeübte Beruf für das Urteil der Einkommenshöhe ausschlaggebend ist.
Mit statistischen Verfahren kann auf Basis der Urteile der Befragten errechnet werden, wie hoch das gerechte Markteinkommen (Bruttoeinkommen) nach Meinung der Befragten für bestimmte Berufe sein sollte.
Stellt man die Lohnstruktur „gerechter Bruttoeinkommen" den tatsächlichen Bruttoeinkommen für die genannten Berufe in Deutschland gegenüber, so ergibt sich folgendes Bild (s. M 50): Die rote Linie kennzeichnet die tatsächlich in Deutschland bestehenden durchschnittlichen Einkommen und die blaue Linie die Höhe eines gerechten Lohnes für die einzelnen Berufe auf Basis der Bewertungen der Befragten. Im Ergebnis liegen die tatsächlichen Einkommen (schwarze Linie) und die gerechten Einkommen (rote Linie) recht nahe beieinander.
Allerdings ist die Kurve der gerechten Einkommen weniger steil als die Lohnstruktur in der Wirklichkeit. Dies bedeutet, dass die Menschen in Deutschland zwar eine ungleiche Verteilung der Markteinkommen als gerecht ansehen, dass sie aber gleichzeitig Eingriffe in diese Marktverteilung als geboten betrachten. Beschäftigte in Berufen mit tatsächlichen mittleren und niedrigeren Bruttoeinkommen sollten aus Sicht der Befragten mehr, Beschäftigte in Berufen mit hohen Einkommen dagegen weniger verdienen. Wiederum wird deutlich, dass Gerechtigkeit nicht Gleichheit – im Sinne gleicher Einkommen –, sondern Ungleichheit mit weniger extremen Einkommen bedeutet.

Thomas Hinz u. a.: Bericht zur Studie Einkommensgerechtigkeit in Deutschland, Konstanz und Bielefeld 2010, S. 12

M 50 „Gerechte" und tatsächliche Einkommensungleichheit

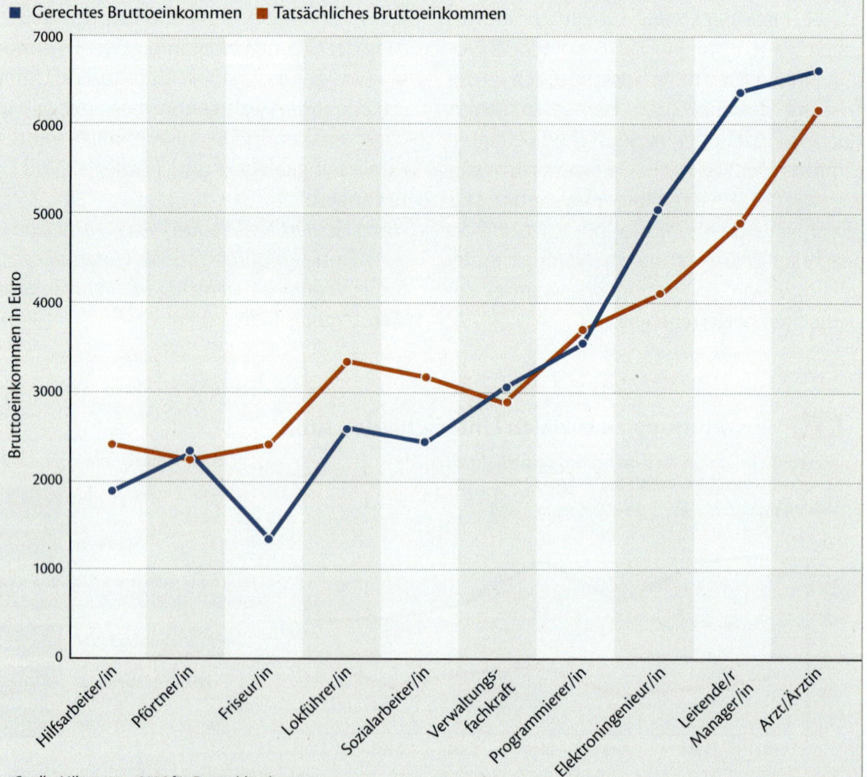

Quelle: Mikrozensus 2006 für Deutschland

M51 Viel für wenige

Die Reichen in Deutschland werden immer reicher, heißt es. Doch stimmt das? Im Prinzip schon – mit einer Einschränkung.

Rein statistisch betrachtet sind Reiche in Deutschland ein Phantom. Der Staat zählt zwar, wie viele seiner Bürger arm sind. Wie viele Reiche es gibt und ob sie immer reicher werden, weiß aber niemand so ganz genau. Wie will man auch Reichtum definieren? Ist reich, wer zehn Mal so viel verdient wie andere? Oder zwanzig Mal so viel? Oder ist reich, wer eine Million oder mehr besitzt?

Manche Forscher sagen: Reich ist, wer relativ zu den anderen besonders viel verdient – das Zweifache des mittleren Nettoeinkommens zum Beispiel. Das Problem: Reich wäre man nach dieser Definition schon als Alleinstehender mit etwas mehr als 3000 Euro netto im Monat. Ein gutes Gehalt, aber ist man damit schon reich?

Ökonomen wie Markus Grabka vom Deutschen Institut für Wirtschaftsforschung (DIW) wählen deshalb einen anderen Weg. Sie teilen die Einkommensbezieher in zehn Klassen, so genannte Dezile. Grabka greift dabei auf Daten des sozio-oekonomischen Panels (SOEP) zurück, einer Langzeitbeobachtung der Lebensverhältnisse in Deutschland (*s. S. 10*). Wer im oberen Zehntel landet, darf sich somit rein statistisch zu den reichsten Menschen im Land zählen. Hierfür reicht es allerdings, als Alleinstehender netto mehr als 34 000 Euro im Jahr zur Verfügung zu haben.

Werden die Reichen nun reicher? Tatsächlich sind die obersten Einkommen in den vergangenen Jahren deutlich schneller gewachsen als alle anderen. Während die mittleren und unteren Einkommen in den Jahren 1999 bis 2009 stagnierten oder nur langsam anstiegen, wuchsen sie am oberen Rand um rund 17 Prozent (*s. M 52*). „Am oberen Rand spielt die Musik", sagt Grabka. Glaubt man verschiedenen internationalen Studien, vollzieht sich diese Entwicklung in ähnlicher Weise in vielen Industriestaaten – nicht nur in Deutschland. (...)

Allerdings greift der Blick auf die Einkommen allein zu kurz. Die entscheidende Frage ist, woher die Reichen im Land ihre Einkünfte beziehen. Die Antwort lautet: zu einem wachsenden Teil aus Zinsen und Kapitaleinkünften, die sie mit ihren Vermögen erwirtschaften. Genau diese Vermögen aber sind in Deutschland ungleich verteilt.

Philip Faigle: Viel für wenige, Die Zeit v. 20.4.2011

M52 Entwicklung der Einkommen

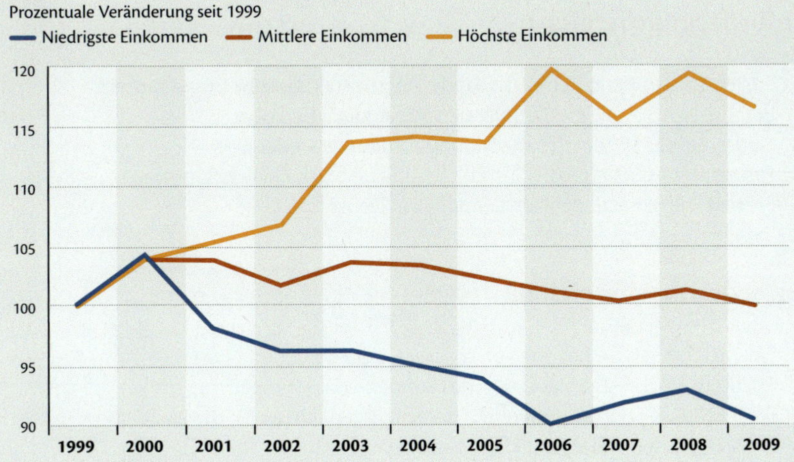

Quelle: Markus Grabka, DIW

M53 Privater Reichtum – öffentliche Armut

So viel lässt sich aus den Geld- und Vermögensverteilungsstatistiken entnehmen: Nicht die Vermögenden sind verarmt, sondern der Staat ist verarmt worden.

In der öffentlichen Debatte oft übersehen wird ein wichtiger Zusammenhang zwischen der steigenden öffentlichen Verschuldung und dem steigenden privaten Geldvermögen ausgeblendet. Die Steuersenkungen zugunsten der Vermögenden in den vergangenen zwei Jahrzehnten zeigen ihre Wirkung. Der Staat verzichtet einerseits auf die Einnahme von Steuern aus sprudelnden Quellen und ist andererseits gezwungen, seine Unterfinanzierung über die Verschuldung wieder auszugleichen. Gleichzeitig profitieren die Vermögenden in zweifacher Hinsicht: Zum einen zahlen Spitzenverdiener und Vermögende aufgrund der mehrfachen Senkung des Spitzensteuersatzes oder der Nichterhebung der Vermögensteuer weniger Steuern. Zum Zweiten sind sie die Gläubiger der öffentlichen Verschuldung und erhalten vom Staat dafür gute Zinsen. (...)

Deutschland hat im europäischen Vergleich eine der niedrigsten Steuerquoten. Die reale Steuerbelastung der Einkommen aus Unternehmertätigkeit und Vermögen ist mit 21 Prozent die niedrigste im EU-Vergleich.

Wolfgang Lieb, in: Der Freitag v. 23.6.2010

Kompetenzcheck

Anforderungsbereich I:

- Stellen Sie dar, worin in Deutschland die Sozialstaatsverpflichtung besteht.
- Beschreiben Sie, wie die Tarifparteien Sozialpolitik betreiben.
- Geben Sie das System der Ausbildungsförderung wieder.
- Fassen Sie das System von Grundsicherung und Sozialhilfe zusammen.
- Nennen Sie Ansätze der Familienpolitik in Deutschland.

Anforderungsbereich II:

- Charakterisieren Sie Begriffe von sozialer Gerechtigkeit.
- Erläutern Sie die Argumentation des Bundesverfassungsgerichts zum Existenzminimum.
- Erschließen Sie die Konsequenzen der Sozialstaatlichkeit für das staatliche Handeln in Bezug auf das Existenzminimum.
- Erklären Sie den Ansatz der Hartz-Gesetze.
- Interpretieren Sie die nachstehende Karikatur.

Zeichnung: Erl

Anforderungsbereich III:

- Entwerfen Sie Ihre Stellung zur Diskussion um Sozialschmarotzertum.
- Nehmen Sie Stellung zu der Frage, inwiefern die Familienpolitik in Deutschland ihren Zielen gerecht wird.
- Beurteilen Sie, inwiefern der Sozialstaat sozial gerecht ist.

7 Wie entwickelt sich die Gesellschaft? – Sozialer Wandel

Die Gesellschaft verändert sich fortlaufend. Der soziale Wandel ist eine Grundkonstante der Moderne. Der Begriff bezeichnet qualitative und quantitative Veränderungen der gesamten Sozialstruktur, innerhalb einer bestehenden Struktur oder in deren Teilbereichen. Diese Prozesse betreffen Lebensumstände, Individualität und Werte der Menschen als Individuen und als Gruppen. Die Soziologie versucht, diese Entwicklungen zu beschreiben, sie in Regeln zu fassen und damit auch teilweise vorhersagbar zu machen. So soll u. a. ermöglicht werden, dass sich die politisch Verantwortlichen, aber auch die einzelnen Bürgerinnen und Bürger auf Veränderungen einstellen können.

Alles fließt? – Sozialer Wandel

Sozialer Wandel scheint allgegenwärtig. Doch was genau wandelt sich eigentlich, wenn von sozialem Wandel die Rede ist? Änderungsprozesse in der Gesellschaft haben auf der Erscheinungsebene gemeinsame Richtungen und Strömungen, auch wenn es häufig unterschiedliche Theorien über grundsätzliche Trends gibt.

mikro (griech.): klein, fein, gering

meso (griech.): mittel

makro (griech.): lang, groß

M1 Was versteht man unter sozialem Wandel?

In der heutigen Soziologie wird sozialer Wandel (...) als Veränderung in der Struktur eines sozialen Systems definiert. Sozialer Wandel ist auf verschiedenen gesellschaftlichen Ebenen zu beobachten, auf der *Makroebene* der Sozialstruktur und Kultur, auf der *Mesoebene* der Institutionen, korporativen Akteure und Gemeinschaften, auf der *Mikroebene* der Personen und ihrer Lebensläufe. (...) Ein exemplarischer Fall sozialen Wandels ist der Zusammenbruch der DDR, ihr Beitritt zur Bundesrepublik und die noch laufende Transformation der neuen Bundesländer als Folge des Beitritts. Hier finden wir das Verschwinden einer ganzen Gesellschaftsordnung mit durchgreifenden Folgen für den Wandel vieler Institutionen und sozialer Gemeinschaften und für Millionen von Lebensläufen.

Mit dem Begriff des sozialen Wandels ist der Begriff der Sozialstruktur eng verbunden. Beides sind elementare Grundbegriffe der Soziologie. Als *Sozialstruktur* werden z. B. Strukturen sozialer Ungleichheit vergleichend beschrieben: Haushaltseinkommen, Wohnverhältnisse, Schichten und Milieus, Bildung und Ausbildung, Beruf und Arbeit, Gesundheit, Familien und Lebensgemeinschaften usw., aber auch die Institutionen der Wirtschaft, der sozialen Sicherung, der Politik und der Kommunikation.

Untersuchungen *sozialen Wandels* zielen auf eine zeitabhängige oder auch auf eine historische Betrachtungsweise und Erklärung der Veränderung der Sozialstruktur. Der moderne soziologische Begriff des sozialen Wandels enthält nicht mehr die älteren mythischen, religiösen oder geschichtsphilosophischen Vorstellungen einer sinnhaften Menschheitsgeschichte, die aus einer grauen Vorzeit in eine lichte Zukunft führt. Der Gedanke der Evolution oder des Fortschritts auf ein bekanntes Endziel hin ist schwächer geworden, aber nicht ganz aufgegeben. Geblieben ist der theoretische Anspruch, dynamische Kräfte kausalen, funktionalen oder kontingenten Typs beobachten und beschreiben zu können, die den sozialen Wandel in modernen Gesellschaften vorantreiben. Ein Sonderfall in der Theorie sozialen Wandels ist der (...) auch in der Umgangssprache häufig gebrauchte Begriff der *Moderne*, der in der Definition sozialen Wandels oft explizit oder implizit enthalten ist. Die als modern definierte westliche Gesellschaft zeichnet sich durch Konkurrenzdemokratie, Marktwirtschaft, Wohlfahrtsstaat und Massenkonsum aus. Ihre Vorbilder sind die erfolgreichen Nationalstaaten Frankreich, England und USA, aber auch die Niederlande oder Schweden. Heute treten andere Staaten mit einer anderen Geschichte erfolgreich in den Wettbewerb der modernen Gesellschaften ein und erheben den Anspruch auf die Vorreiterrolle in der erfolgreichen Verbindung von Tradition und Moderne: Japan, die ostasiatischen Tiger, demnächst wahrscheinlich China und Indien. Der europäisch-okzidentale, sich als modern verstehende Gesellschaftstypus steht mit seinesgleichen und mit anderen Gesellschaftsformen in einem Wettbewerb mit offenem Ausgang.

Im Begriff der Moderne und der Modernisierung ist der Anspruch erkennbar, den Typus der gegenwärtigen Gesellschaft systematisch von älteren, als vormodern definierten Gesellschaftstypen unterscheiden zu können. Und es ist die Vorstellung von einem auch weiterhin natürlichen, sinnhaften und erfolgreich zielführenden Prozess in diesem Wettbewerb enthalten. Denselben Anspruch einer Unterscheidung in den Abfolgen von Gesellschaftstypen stellt auch die populäre Debatte der letzten Jahre um die *Postmoderne* auf, die vorgeblich oder tatsächlich die Moderne abzulösen beginnt.

Ansgar Weymann: Sozialer Wandel. Theorien zur Dynamik der modernen Gesellschaft, Weinheim/München (Juventa)1998, S. 14 f.

1950er-Jahre: Kind mit Schiefertafel
Heute: Kind mit iPad

M2 Sozialer Wandel in unserem Leben

Wer nach dem Ende des Zweiten Weltkriegs in Westdeutschland aufwuchs, erlebte eine Phase vielfältigen sozialen Wandels:

- den rasanten Wiederaufbau der westdeutschen Gesellschaft und das „Wirtschaftswunder" der 1950er-Jahre;
- die in den 1960er-Jahren einsetzende Bildungsexpansion;
- die Studentenbewegung und das Aufkommen der Bürgerinitiativen und der „Grünen"
- die „Ölkrise" und das Ende der Vollbeschäftigung seit Mitte der 1970er-Jahre;
- den Zusammenbruch der DDR 1989 und die deutsche Wiedervereinigung;
- die rapide Verdichtung der weltweiten kommunikativen Vernetzung in allen Lebensbereichen durch das Internet;
- die Einführung des Euro als gemeinsame Währung von immer mehr europäischen Ländern im Jahr 2002 nach einem jahrzehntelangen Prozess des europäischen Zusammenwachsens seit Gründung der Montanunion von Frankreich, Italien, den Beneluxstaaten und Westdeutschland im Jahr 1951;
- die von Menschen gemachte drohende „Klimakatastrophe";
- „9/11" und den islamistischen Terrorismus;
- die demografische Entwicklung hin zu einer stetig alternden Gesellschaft;
- die im Herbst 2008 explosiv ausbrechende Weltfinanzkrise, die die Weltwirtschaft und die Staatsfinanzen noch auf Jahre tiefgreifend prägen wird.

Diese sehr unvollständige Auflistung von Problemen und Chancen macht deutlich, in welchem Maße zahlreiche sich gleichzeitig vollziehende und in oftmals komplexen Wechselwirkungen miteinander verknüpfte Veränderungsdynamiken den sozialen Wandel kennzeichnen.

Uwe Schimank: Die Vielfalt des sozialen Wandels, Bundeszentrale für politische Bildung, 31.5.2012, in: www.bpb.de (Zugriff: 24.1.2013)

1 Erarbeiten Sie sich eine erste Definition sozialen Wandels aus **M 1**.

2 Führen Sie eine Blitzumfrage durch, in der Sie die Wahrnehmung sozialen Wandels überprüfen. Sie können dabei Fakten aus **M 2** erfragen bzw. sich vom folgenden Fragenkatalog anregen lassen:
Seit wann gibt es
- Computer
- Internet für alle
- Email
- Smartphones
- CDs
- den Euro
- die Bundesrepublik Deutschland
- gleichgeschlechtliche Ehen
- die Grünen
- die Piraten
- die Europäische Union bzw. ihre Vorläufer
- die USA
- China als einheitlichen Staat
- Deutschland als einheitlichen Staat
- Gewerkschaften
- …

3 Analysieren Sie die Grundtrends des sozialen Wandels in Deutschland (**M 3**).

M3 Grundtrends des sozialen Wandels in Deutschland

Die Haupttrends der sozialstrukturellen Modernisierung bzw. ihre Ergebnisse (...) lassen sich zu zwölf Punkten verdichten:

1. *Leistungs- und Wohlstandsgesellschaft:* Die ökonomischen Triebkräfte der kapitalistisch-liberalen Marktwirtschaft lösen in Kombination mit einer pluralistischen Demokratie einen historisch einzigartigen, sich später abschwächenden und auch vorübergehend auf sehr hohem Niveau stagnierenden Anstieg von Lebensstandard und Massenkonsum aus, der mit hoher sozialer Sicherheit für eine große Bevölkerungsmehrheit verbunden ist. Er kommt – unter anderem wegen sozialstaatlicher Umverteilungen – fast allen Schichten zugute und hat unter anderem die weitgehende Entproletarisierung der Arbeiterschaft zur Folge.

2. *Wissens- und Bildungsgesellschaft:* Verwissenschaftlichung, Technisierung und wachsende Komplexität der Gesellschaft sind die strukturellen Ursachen einer kontinuierlichen Höherqualifizierung der Bevölkerung mit nachhaltigen Auswirkungen auf viele Bereiche des gesellschaftlichen Lebens.

3. *Industrielle Dienstleistungsgesellschaft:* Steigende Produktivität und Wirtschaftswachstum sowie andere Faktoren des soziokulturellen Wandels verlagern das Schwergewicht von Beschäftigung und Wertschöpfung zunehmend vom primären und sekundären auf den tertiären Produktionssektor, wobei ein großer Teil der Dienstleistungen direkt oder indirekt auf die Güterproduktion bezogen ist. (...)

4. *Umschichtung nach oben und höhere Aufwärtsmobilität, aber fortbestehende Mobilitätsbarrieren:* Bildungsexpansion und Tertiärisierung gehen einher mit einer Umschichtung nach oben: Die Zahl der mittleren und höheren Positionen nimmt zu, die der unteren Positionen nimmt ab. Die Expansion in den mittleren und oberen Bereichen des Positionsgefüges übt eine Sogwirkung auf Teile der mittleren und unteren Schichten aus und erhöht deren Aufstiegschancen sowie die Aufwärtsmobilität und vergrößert die dabei zurückgelegten Mobilitätsdistanzen, ohne dass dabei die Abstiegsgefahren für höhere Schichten in gleichem Umfang zunehmen. Schichtspezifische Mobilitätsbarrieren bestehen jedoch in erheblichem Umfang fort.

5. *Lockerung und Pluralisierung, aber keine Auflösung des Schichtgefüges:* Vielfältige soziokulturelle Veränderungen (insbesondere Pluralisierung, Individualisierung, steigende Mobilität) lockern die Zusammenhänge von Soziallagen und Subkulturen/Lebenschancen, lösen jedoch die Schichten nicht auf.

6. *Pluralistische Funktionseliten mit eingeschränkter Macht:* Der „strukturierte Pluralismus" von Teileliten mit pluralistisch und teilweise auch demokratisch beschränkter Macht in verschiedenen gesellschaftlichen Funktionsbereichen ist Ausdruck der funktionalen Differenzierung und relativen Autonomie der verschiedenen gesellschaftlichen Teilbereiche.

7. *Vertikale soziale Ungleichheiten:* Schichtspezifisch ungleiche Lebenschancen, unter anderem im Hinblick auf Einkommen, Vermögen und Bildung, bleiben erhalten – teils verkleinert, teils unverändert, teils aber auch vergrößert. Da gleichzeitig das durchschnittliche Niveau des Lebensstandards der Qualifikation erheblich ansteigt, verlieren sie an gesellschaftspolitischer Brisanz. Ein gewisses, nicht präzise bestimmbares Ausmaß sozialer Ungleichheit ist eine Voraussetzung für die sozioökonomische Leistungskraft und Wohlstandsdynamik der Gesellschaft.

8. *Dynamische, sozial zersplitterte Randschichten bzw. 85-Prozent-Gesellschaft:* Der steigende Wohlstand konnte die Randschicht derjenigen, die an oder unter der relativen Armutsgrenze leben müssen und nicht angemessen am Leben der Kerngesellschaft teilnehmen können, nicht beseitigen. Seit zwei Jahrzehnten breitet sich Armut wieder zunehmend aus. Als Risikofaktor für das Abgleiten in die Armut gewinnt insbesondere die strukturelle Arbeitsmarktkrise an Bedeutung, die den marktwirtschaftlichen Weg in die Moderne begleitet. „Moderne Armut" wird durch eine wachsende Armutskluft erschwert und eine bescheidene Teilhabe am Wohlstandsanstieg sowie durch hohe Fluktuation über die Armutsgrenze hinweg (Randschichtendasein auf Zeit) erleichtert. Eine zweite, stark fragmentierte Randschicht von ethnischen Minderheiten, die sich immer mehr von „Gastarbeitern" in „Einwanderer" verwandeln und vor erheblichen Integrationsproblemen stehen, entstand seit den 60er-Jahren. Durch starke Zersplitterung, hohe Fluktuation sowie Tendenzen zur Isolation und Apathie entwickeln die Randschichten keine eigenständige politische Kraft.

9. *Verringerung der sozialen Ungleichheiten zwischen den Geschlechtern:* Während verti-

kale Ungleichheiten Bestand haben, verringern sich geschlechtsspezifische Ungleichheiten zunehmend – insbesondere im Bildungswesen, aber auch in Arbeitswelt und Politik, am wenigsten in der Familie. Die reduzierten Ungleichheiten zwischen Frauen und Männern rücken allerdings stärker ins Bewusstsein einer sensibilisierten Öffentlichkeit.

10. Durchsetzung und Verlust des Monopols der bürgerlichen Familie sowie Lockerung und Differenzierung der Formen des privaten Zusammenlebens: Die Wohlstandsgesellschaft schuf die materiellen Voraussetzungen zur endgültigen Ausbreitung der bürgerlichen Familie in allen Schichten. Diese erhält seit den 60er-Jahren zunehmend Konkurrenz durch andere Varianten des privaten Zusammenlebens, bleibt jedoch weiterhin Leitbild für die Mehrheit der Bevölkerung – allerdings in einer „verkleinerten" und „gelockerten" Form: Die Zahl der Kinder nimmt ab, Kinder erlangen eine größere Selbstständigkeit gegenüber den Eltern, die Fixierung der Frau auf die Familie lockert sich, starre Formen des familialen Zusammenhalts verwandeln sich in „ein bewegliches Gehäuse mit kündigungsbereiten Mitgliedern".

11. Geburtenrückgang – steigende Lebenserwartungen – Alterung: Niedrige Geburtenziffern und steigende Lebenserwartungen sind die charakteristischen Kennzeichen der natürlichen Bevölkerungsentwicklung im Zuge der Modernisierung. Sie lassen die Bevölkerung demografisch altern, machen einen Umbau der sozialen Sicherungssysteme notwendig und erzeugen einen langfristigen Bedarf an Arbeitsmigranten.

12. Multiethnische Gesellschaft: Das hohe Wohlstands- und Gratifikationsniveau übt eine Sogwirkung auf die Menschen in Gesellschaften mit schlechteren Lebensbedingungen aus. Dadurch eröffnet sich die Möglichkeit, die negativen Folgen der natürlichen Bevölkerungsbewegung durch Einwanderungen zu mildern. Eine mono-ethnische Gesellschaft verwandelt sich nach und nach in eine multiethnische Gesellschaft – in eine Einwanderungsgesellschaft modernen Typs.

Rainer Geißler: Die Sozialstruktur Deutschlands. Gesellschaftliche Entwicklungstrends vor und nach der Vereinigung, 3. Aufl. Wiesbaden (Westdeutscher Verlag) 2002, S. 436 ff.

M 4 Herkunft von Migranten

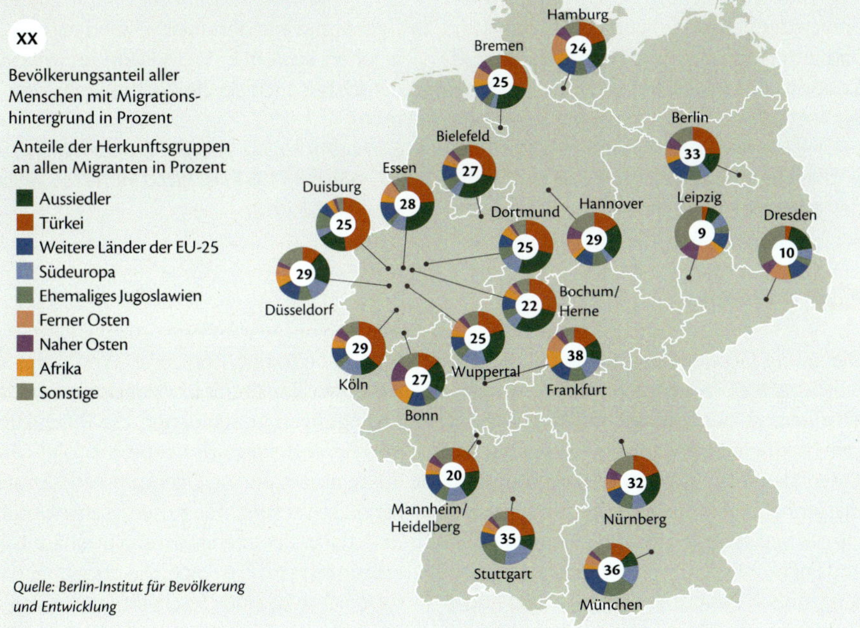

Quelle: Berlin-Institut für Bevölkerung und Entwicklung

Wie ist das zu erklären? – Theorien des sozialen Wandels

Sozialer Wandel ist kein neues Phänomen. Die menschliche Gesellschaft hat sich ständig verändert und entwickelt. Zumeist ging diese Entwicklung sehr langsam, in bestimmten Phasen aber auch sehr rasch und sprunghaft vonstatten. In der bürgerlich-kapitalistischen Gesellschaft scheint die Dynamik des Wandels stärker zu sein als vorher in der mittelalterlich-feudalen. Die Gesellschaft ist nunmehr sozusagen auf den Wandel ausgerichtet, er ist eines ihrer wichtigsten Merkmale.
Diese Wandlungsprozesse werden immer wieder aufs Neue beurteilt und eingeschätzt. Es werden ständig Theorien zu ihrer Erklärung ausgearbeitet, die helfen sollen, diese Wandlungsprozesse steuern zu können.

Auguste Comte (1798–1857), französischer Mathematiker, Philosoph und Religionskritiker, Mitbegründer der Soziologe

M5 Klassische Theorien

Die erste rein soziologische Theorie ist die vom gesellschaftlichen Fortschritt. Mit der frühbürgerlichen Emanzipation des Individuums von den Zwängen der Feudalherrschaft und der klerikalen Unterdrückung, der Autonomie der Städte, der Verselbstständigung des Handelskapitals ging die Entstehung der modernen Naturwissenschaft einher, der klassischen Mechanik, der Astronomie, der Chemie und Biologie. Die Aufklärung schuf die Idee des modernen bürgerlichen Individuums, die Französische Revolution versuchte, diese Idee in politische Praxis umzusetzen. Die Entwicklung der Menschheit schien zu einem Idealzustand des menschlichen Zusammenlebens fortzuschreiten. Aufklärung hieß Gebrauch des Verstandes und der Vernunft und damit zugleich Bildung. Schon (*Nicolas de*) Condorcet (1743–1794) hatte den Aufstieg der Menschheit von Aberglauben und Vorurteil zur Herrschaft der Tatsachen postuliert und keine Grenzen der Vervollkommnung des Menschen gesehen (1794). (*Auguste*) Comte entwarf sein Dreistadiengesetz, das die Entwicklung der Menschheit vom theologischen zum metaphysischen und zum positiven Stadium behauptete (1830–42). Im theologischen Stadium bestimmen religiöse Erklärungen das Weltbild (Fetischismus, Poly- und Monotheismus), in der Übergangsform des metaphysischen Stadiums herrscht die spekulative Philosophie. Das positive oder reale Stadium ist erreicht, wenn nur noch Beobachtung der Tatsachen, Experiment und Verstand gelten, „rationale Positivität". Fortschritt also durch Wissenschaft, die sowohl die Naturgesetze als auch die der Gesellschaft immer vollständiger erforscht, ohne sie jedoch jemals ganz erkennen zu können. Damit tritt der Geist von seiner „Kindheit" über in sein „Mannesalter", sowohl beim Individuum (ontogenetisch) als auch bei der Gattung (phylogenetisch).

Gerhard Kleining: Sozialer Wandel, München (Ehrenwirth) 1991, in: http://nbn-resolving.de (Zugriff: 3.2.2013)

Karl Marx (1818–1883), einflussreichster Theoretiker des Sozialismus und Kommunismus

M6 Marxismus

Die zweite Gesellschaftstheorie des 19. Jahrhunderts, die Grundlage wurde für moderne Theorien, ist der historische Materialismus. Die Theorie reagiert auf die ökonomischen Krisen, die Konzentration des Reichtums bei massenhafter Armut und die sozialen Probleme der beginnenden Industrialisierung. Marx und Engels erklären gesellschaftliche Veränderungen als in Zusammenhang stehend und in letzter Instanz als bestimmt durch die Verhältnisse, die Menschen eingehen, um ihren Lebensunterhalt zu produzieren, also durch die Veränderungen der gesellschaftlichen Arbeit (Basis-Überbau-Theorie, Materialismus). Die Entwicklung von Produktivkräften (menschliche Arbeitskraft, Rohstoffe, Werkzeuge im weitesten Sinn) gerät in Widerspruch zu den Bedingungen, unter denen die Produktion und Reproduktion des Lebens erfolgt (Produktionsverhältnisse, Eigentumsverhältnisse). Periodisch auftretende Krisen, soziale Unruhe und, daraus entstehend, revolutionäre Umwälzungen sind die Folge. Die überschaubare Geschichte ist eine Geschichte von Klassenkämpfen, sie gliedert sich nach der Art, in der sich die jeweils herrschende Klasse die Arbeitsprodukte der Unterdrückten aneignet. Die Ausbeutungsverhältnisse im Kapitalismus beruhen auf dem Grundwiderspruch der privaten Aneignung bei Vergesellschaftung der

Produktion; da die private Aneignung mit zunehmender Arbeitsteilung fortschreitet, spitzen sich ihre Widersprüche zu. Die Marx'sche Werttheorie zeigt, dass die gesellschaftlichen Widersprüche, für den naiven Betrachter unerkennbar, in dem Produkt der kapitalistischen Produktionsweise, der Ware, ausgemacht werden können. Gesellschaftliche Wandlungen sind der Gesellschaft immanent, die Einheit und der Kampf der Widersprüche treiben die gesellschaftliche Entwicklung voran (Dialektik). Die Marx'sche Kritik des Kapitalismus in der Phase der Entstehung der großindustriellen Produktion wurde von Lenin (1917) für den liberalistischen (Hoch-)Kapitalismus weiterentwickelt, das Bankkapital und der Kapitalexport erklären Verhältnisse und Dynamik in den Entwicklungsländern (Imperialismustheorie).
In kapitalistischen Gesellschaften sind der Staat und seine Institutionen (z. B. Bildungsinstitutionen) Instrumente der herrschenden Klasse zur Repression; neuere marxistische Theorien unterscheiden aber zwischen Dienstleistungs- und Repressionsfunktionen.
Gerhard Kleining: Sozialer Wandel, München (Ehrenwirth) 1991, in: http://nbn-resolving.de (Zugriff: 3.2.2013)

M7 Evolutionismus und Differenzierungstheorie

Die dritte wichtige klassische Theorie über die Entwicklung von Gesellschaften ist die Auffassung, Sozialorganisationen seien ähnlich wie Organismen, sie folgten biologischen Gesetzen. (*Charles*) Darwin (*1809–1882*) hatte die Entwicklung der Arten auf drei Faktoren zurückgeführt: Vererbung, Mutation und Selektion. Die starke Bevölkerungsvermehrung in Europa, die Bevölkerungsverdichtung in den Städten in der Folge der Industrialisierung und die zunehmende Arbeitsteilung brachten gravierende Veränderungen in der Gesellschaftsstruktur. (*Herbert*) Spencer (*1820–1903*) interpretierte die Entwicklung organisch: Durch Wachstum von Gesellschaften trete zunehmende *Differenzierung* auf. Wie bei der Entwicklung eines Samenkorns zum Baum oder eines Eis zu einem Tier verändere sich auch bei Gesellschaften die Struktur vom Homogenen zum Heterogenen, vom Einfachen zum Komplexen. Differenzierung sei funktional: Differenzierung der Funktionen.
Gesellschaften teilen sich zunächst in Herrschende und Beherrschte, die Herrschenden gliedern sich auf in Religiöse und Weltliche, in Kirche und Staat, die sich weiter differenzieren und zunehmend unterschiedliche Herrschafts- und Kontrollformen hervorbringen. Gleichzeitig differenzieren sich die Beherrschten in Kasten, Klassen und Zünfte mit zunehmender Unterteilung der Funktionen. Wie die Schwerkraft ein Naturgesetz der physischen Welt, ist die zunehmende Differenzierung ein Gesetz der gesellschaftlichen.
Der französische Soziologe (*Emile*) Durkheim stellte sich die Frage, wie derart heterogene, komplexe Gesellschaften zusammenhalten. Seine Antwort: Die Teile einer Gesellschaft sind verbunden durch *Solidarität*, die sich verändert von einer „mechanischen" bei einfachen Gesellschaften zu einer „organischen" bei komplexen.
Damit verändere sich auch die Funktionalität. Einfache Gesellschaften mit geringer Bevölkerungszahl (Jäger, Ackerbauer, Viehzüchter) haben gleiche Tätigkeiten, die nebeneinanderstehen, komplexe Gesellschaften mit hoher Bevölkerungszahl erfüllen viele verschiedene Aufgaben, die sich aber aufeinander beziehen müssen. Zusammengehörigkeit oder Vergesellschaftung ist dann, in Ansehung der Zusammengehörigkeit des Verschiedenen, „organisch".
Gerhard Kleining: Sozialer Wandel, München (Ehrenwirth) 1991, in: http://nbn-resolving.de (Zugriff: 3.2.2013)

Emile Durkheim (1858–1917), französischer Soziologe

1 Analysieren Sie in Gruppen die Materialien zu den Theorien des sozialen Wandels im Hinblick auf ihre Erklärungsangebote für die festgestellten Grundtrends (**M 5** bis **M 12**).

2 Stellen Sie die Erklärungsangebote im Plenum vor und diskutieren Sie sie.

M8 Modernisierungstheorie

a) Sozialer Wandel als Modernisierung?

Von großer Bedeutung für die Erklärung des sozialen Wandels war und ist in diesem Zusammenhang die so genannte Modernisierungstheorie, die die Ausdifferenzierung unserer Gesellschaft als deren wesentliches Kennzeichen ansieht – ohne eine allumfassende Erklärung des Geschehens aus einer letztgültigen Ursache liefern zu wollen; sie macht vielmehr verschiedene Antriebskräfte mit unterschiedlichen Bewegungsgesetzen als Urheber aus. Die Konzepte „Moderne" und „Modernisierung" sind jedoch weder eindeutig noch unumstritten. Auch bei neueren Versuchen, den sozialstrukturellen Wandel in unserer Gesellschaft, insbesondere auch die Entwicklungsprozesse im wiedervereinigten Deutschland und in den ehemaligen sozialistischen Ländern als Modernisierung zu beschreiben, bleibt die Richtung des sozialen Wandels ebenso wie die Rolle, die die Beteiligten als Ganzes bei diesem Prozess spielen, umstritten: Führt der soziale Wandel zu immer besseren Formen des Arbeitens und Lebens? Können wir über die Ausrichtung des Wandels mitentscheiden?

Autorentext

b) Aspekte der Modernisierungstheorie

Das *Differenzierungstheorem* besagt, dass sich verschiedene gesellschaftliche Bereiche wie Recht, Politik, Wirtschaft oder Religion voneinander lösen und einer je eigenen Logik folgen. Dadurch können Probleme und Spannungen in den einzelnen Teilbereiche effektiver behandelt und leichter friedlich gelöst werden.

Nach dem *Mobilisierungstheorem* wird gesellschaftliche Entwicklung dadurch dynamisiert, dass etwa sozialen Gruppen (soziale Aufstiegsmöglichkeit) oder Ressourcen (Kapital, Kaufkraft, Naturschätze, Technik) mobilisiert werden. Dies führt zur Industrialisierung und damit zu einem allgemeinen Wohlstandsanstieg, der sich in Bildung, Hygiene, Gesundheitsfürsorge u. ä. ausdrückt. Auch entfallen durch soziale Mobilisierung Standesgrenzen.

Der Differenzierungsgrad einer Gesellschaft – so das *Partizipationstheorem* – macht intensive Vermittlungsmechanismen zwischen den einzelnen Teilen der Gesellschaft erforderlich. Die Bürger werden an zentralen Entscheidungen immer mehr beteiligt – vor allem wegen ihrer höheren Bildung.

Durch die Differenzierung gewinnen gegenüber der Religion andere Bereiche an Bedeutung, was zu einem Bedeutungsverlust der Religion führt (*Säkularisierungstheorem*).

Schließlich werden nach dem *Theorem der Konfliktinstitutionalisierung* strukturell bedingte Interessenkonflikte in ihrem gesamtgesellschaftlichen Gefahrenpotenzial reduziert.

Autorentext

c) Das Konzept der subjektiven Modernisierung

Wie Fortschritt und Modernisierung zu realisieren seien, welche Ziel- und Programmplanungen maßgebend sein sollten, war in der Nachkriegszeit primär Sache des Marktes, wurde in den Siebzigerjahren auch dem Wohlfahrtsstaat überantwortet und dann seit den Achtzigerjahren immer mehr den einzelnen und öffentlichen Diskursen überlassen. Parallel lief der Wandel gesellschaftlicher und politischer Zielsetzungen vom Wohlstandsparadigma zum Lebensweiseparadigma. Dieser Wandel beruhte weniger auf überlegener Einsicht als auf schlechten Erfahrungen. Die schlechten Erfahrungen bezogen sich zum einen paradoxerweise auf die Erfolge der Modernisierung: Die Steigerung des Wohlstands und der individuellen Ressourcen machte erst recht sichtbar, dass Modernisierung zwar erfolgreich diese Mittel mehrte, aber die damit erreichbaren Ziele schwinden und fragwürdig werden ließ. Die „Subjektivierung" der Modernisierung beruhte zum andern auf schlechten Erfahrungen im Hinblick auf Modernisierungsmisserfolge: Vom Verkehrswahnsinn bis hin zur alltäglichen Funktionalisierung des Menschen brachte die Modernisierung so viele negativ bewertete Erscheinungen mit sich, dass weder Markt noch Staat, sondern nur „subjektive" Kontrolle darüber übrig blieb, welche individuellen Optionen am Platz seien, welche rationalen Mittel zum Erreichen welcher Zwecke einzusetzen seien etc. Diese Subjektivität ersetzt keine Perspektive: Sie kalkulierte Scheitern und Irrtum ein; sie erschien aber im Privaten und im Öffentlichen geeignet, vor Schlimmerem zu bewahren; sie setzte dabei viel Kreativität und Initiative frei.

Stefan Hradil: Die „objektive" und die „subjektive" Modernisierung, in: Aus Politik und Zeitgeschichte Nr. B 29-30, 1992, S. 13 f.

M9 Strukturfunktionalismus

Die zwischen 1950 und 1970 in der Bundesrepublik einflussreichste soziologische Theorie war die von Parsons. Soziale Systeme sind Handlungssysteme mit selbstregulativer Verhaltenskontrolle, äquilibristisch (*das Gleichgewicht haltend*). Sie grenzen sich ab gegen ihre „Umwelten": andere soziale Systeme, Persönlichkeitssysteme, Organismus-Systeme und kulturelle Systeme. Soziale Systeme sind „offen", sie tauschen sich aus mit den sie umgebenden Systemen (...). Jedes soziale System muss vier grundlegende Funktionen erfüllen, ohne die es nicht überleben kann: Erhaltung seines Identitätsmusters, Integration seiner Teile, Verfolgung seiner Ziele und Anpassung an die Umwelten, in dieser Abfolge der Wichtigkeit (AGIL-Schema). Sozialer Wandel wird erzeugt durch exogene oder endogene Quellen. Exogene Wirkungen gehen von den „Umwelten" aus, den kulturellen, Persönlichkeits- und Organismussystemen. Besonders wichtig sind Veränderungen in anderen sozialen Systemen. Endogene Quellen für Strukturwandel sind „Spannungen", also Ungleichgewichte zwischen Subsystemen. Sie werden, wie eine Krankheit, durch Wiederherstellung („Heilung") gelöst oder durch Arrangement mit der Entwicklungsstörung.

Es gibt eine Rangordnung der Einflüsse auf Sozialsysteme, ökonomische Wirkungen sind nicht prinzipiell wichtiger als z. B. Veränderungen in kulturellen Systemen (Werte, technisches Wissen). Da aber die Funktion der Selbsterhaltung des Identitätsmusters der wichtigste Kontrollmechanismus für den Fortbestand eines Systems ist, ergibt sich Stabilität des Wertsystems als wichtigster Bezugspunkt für seine Stabilität.

Langfristiger Wandel von Gesellschaften wird bestimmt durch die „evolutionären Universalien". Dies sind komplexe Strukturen, welche die Anpassungskapazität von lebenden Organismen derart steigern, dass nur diese Organismen eine größere Anpassung erreichen. (...) Soziale Systeme verbessern ihre Überlebenschance durch folgende Universalien (...): In einfachen Gesellschaften müssen die Funktionen einer grundlegenden Orientierung in der Welt, der Kommunikation, der einfachen gesellschaftlichen Organisation und der Auseinandersetzung mit der physischen Umwelt erfüllt werden. Dies leisten Religion, Sprache, einfache Verwandtschaftsorganisation und einfache Technologie. Entwickeltere Gesellschaften müssen zunächst diese Bindungen aufbrechen. Dies geschieht durch die Universalien der sozialen Schichtung und der kulturellen statt religiösen Legitimierung. Sie müssen dann die auf Verwandtschaftsbeziehungen begründete Macht beschränken zur Verwirklichung kollektiver Ziele und die Nutzung von Gütern und Dienstleistungen verallgemeinern. (...) Moderne Gesellschaften schließlich müssen sich des Konsenses ihrer Mitglieder versichern: Sie entwickeln ein universalistisches Rechtssystem und demokratische Führung. Diese Höherentwicklung gibt den Systemeinheiten die Möglichkeit zu größerer Autonomie und Pluralität.

Gerhard Kleining: Sozialer Wandel, München (Ehrenwirth) 1991, in: http://nbn-resolving.de (Zugriff: 3.2.2013)

Talcott Parsons (1902–1979), US-amerikanischer Soziologe

M10 Theorie der Strukturierung

Anthony Giddens entwickelt seine „Theorie der Strukturierung" vor allem in der Auseinandersetzung mit dem Funktionalismus und dem Evolutionismus. Er lehnt mit dem Strukturdeterminismus auch alle Formen universaler Gesetze des sozialen Wandels ab und plädiert für eine Dekonstruktion der evolutionären Modelle der Menschheitsgeschichte. Mit der Strukturierungstheorie eröffnet Giddens einen Freiraum für produktives Nachdenken über *epochenspezifische* Mechanismen des sozialen Wandels. Giddens konzeptionalisiert sozialen Wandel als diskontinuierliche, kontingent bestimmte und sich überlappende Transformationen, die keiner übergreifenden Entwicklungslogik folgen. (...) Das gesamte Sozialleben trägt nach Giddens' Auffassung episodische Züge. Reihen von Handlungen und Ereignissen mit einem angebbaren Anfang und Ende, also einer ihnen eigenen Sequenz, sind ebenso als Episode zu erfassen wie identifizierbare Sequenzen des Wandels oder wie Sequenzen des Übergangs von gesamtgesellschaftlichen Formen. In Episoden sieht Giddens also durchaus Prozesse des sozialen Wandels, die Richtung und Form haben und in denen strukturelle Transformationen auszumachen sind. Jedoch sind Richtung und Form des sozialen Wandels in einer solchen Episode nur spezifisch für eben die-

Anthony Giddens (geb. 1938), britischer Soziologe

se eine Episode. Jede historische Episode hat ihren eigenen transformativen Charakter.

Eine generelle Richtung für sozialen Wandel lässt sich nicht feststellen, ebenso wenig „Episoden von Episoden". Im Studium von Episoden sieht Giddens daher die zentrale Aufgabe der historischen Strukturanalyse von Institutionen.

Giddens ist primär an der Konzeptualisierung systemisch-struktureller Reproduktionsprozesse interessiert. Gemäß der „Theorie der Strukturierung" ist es nun zum einen möglich, immer wieder die gleichen, routinierten Handlungen durchzuführen, welche den sozialen Systemen einen stabilen Charakter geben. Zum anderen ist es aber auch möglich, radikal neue Praktiken zu generieren, die einen fundamentalen sozialen Wandel zur Folge haben. Allerdings spezifiziert Giddens nicht, wo und wann welche Bedingungen vorliegen.

Diese Bedingungen bestehen vermutlich darin, dass entweder die Regeln eng definiert und die Ressourcen nur schwer umzuwidmen oder die Regeln weit interpretierbar und die Ressourcen problemlos konvertierbar sind. Das Feld zwischen diesen beiden Extrempositionen wird jedoch von Giddens nicht gefüllt. Er sieht seinen Beitrag vielmehr in der Entwicklung eines grundlegenden Konzepts, in dem die Entwicklung von Theorien mittlerer Reichweite auf der Basis des Strukturierungsansatzes vorangetrieben werden kann. Die Verknüpfungspunkte zwischen der „Theorie der Strukturierung" und der empirischen Forschung liegen dann in der inhaltlichen Füllung der Kernbegriffe „Handeln" und „Struktur" bzw. in der inhaltlichen Konkretisierung der abstrakten Konzepte wie „Regeln" und „Ressourcen".

Zusammenfassend gilt: Sozialer Wandel stellt sich nach Giddens als vergleichend offen zu analysierende, intendierte bzw. nichtintendierte Veränderung von Strukturprinzipien, Strukturen und Strukturmomenten dar.

Wieland Jäger: Was leisten gegenwärtige soziologische Theorien aus der Perspektive des sozialen Wandels?, in: Sozialwissenschaften und Berufspraxis 2/2005, S. 161 f.

M11 Rational Choice

James Coleman (1926–1995), US-amerikanischer Soziologe

Der Rational-Choice-Ansatz von *James Coleman* konstruiert den Objektbereich aufgrund einer Theorie, in dem er den Phänomenen bereits a priori bestimmte „Ursachen" (nutzenmaximierende Motive) zuweist, die für ihr Bestehen oder ihr Auftreten notwendig sind. Coleman modelliert mit einer lerntheoretisch erweiterten „Theorie wechselwirksamen Entscheidens" die Dynamik sozialer Beziehungsformen mit ihren emergenten (*hervortretenden*) Struktureffekten als Folge strukturvermittelten Handelns. Seine Modelllogik stellt so die lokalen oder situativen Parameter des interdependenten Handelns der Akteure ebenso in Rechnung wie dessen struktur- und regelvermittelte Dynamik.

Coleman konzipiert seine Akteure als rationale Inhaber von Rechten und Ressourcen, die zur Maximierung ihrer Interessen in Tauschbeziehungen zueinander treten. Dabei wirken die undurchsichtigen Struktureffekte dieser Tauschbeziehungen auf die weiteren Handlungschancen der Akteure zurück. Mit der Konstruktion kompatibler Kalküle für die jeweiligen situativen Bedingungen, Situationsdefinitionen und Abwägungen vermag Coleman zu zeigen, wie die emergente Strukturdynamik von beispielsweise vertragsgesteuerten Autoritätsbeziehungen und netzwerkvermittelter Vertrauensbildung durch die Regelorientierung der Akteure und den Austausch bzw. Transfer von Rechten und Zustimmung erklärt werden kann.

Mit diesem Vorgehen sieht sich Coleman in der Lage, im Gegensatz zu Parsons' Strukturfunktionalismus strukturellen Wandel aus der veränderten Zielsetzung eigensinniger und entscheidungsfähiger Akteure abzuleiten. Und im Gegensatz zu globalen Entwicklungstheorien oder Modellen „genereller Evolution" und auch im Gegensatz zu Funktionsanalysen gesellschaftlicher Systeme ist es mit Colemans Konzeption beispielsweise möglich, theoretische Analysen in praktisch-technologische Anweisungen zur Gesellschaftsgestaltung umzuformulieren. Zu bedenken ist allerdings, dass dieses Modell alle Sozialbeziehungen auf Tauschbeziehungen verengt und die lebensbestimmende Bedeutung von Makro-Strukturen nicht hinreichend berücksichtigt; diese nämlich fungieren hier lediglich als Randbedingungen der rationalen Nutzenkalkulation.

Wieland Jäger: Was leisten gegenwärtige soziologische Theorien aus der Perspektive des sozialen Wandels?, in: Sozialwissenschaften und Berufspraxis 2/2005, S. 164

M 12 System und Lebenswelt

Jürgen Habermas deutet die Moderne anhand von gesellschaftlichen Tendenzen der Verrechtlichung, Bürokratisierung und Monetarisierung, kurzum: Tendenzen der Säkularisierung.

Im Rahmen dieses verweltlichenden Modernisierungsprozesses kommt es in kapitalistischen Gesellschaften zu einer zunehmenden funktionalen Ausdifferenzierung, einer Systemdifferenzierung bei gleichzeitiger Dominanz des ökonomischen Subsystems. Habermas begreift sozialen Wandel im Sinne sozialer Evolution, die wiederum einen Differenzierungsprozess „zweiter Ordnung" darstellt: System und Lebenswelt (neben Arbeit und Interaktion die Hauptkategorien im Habermas'schen Entwurf) differenzieren sich, indem nämlich die Komplexität des Systems und die Rationalität der Lebenswelt wachsen, nicht nur jeweils als System und Lebenswelt – beide differenzieren sich gleichzeitig voneinander.

Diese Formulierung ist zunächst einmal eine wertneutrale Deskription des sozialen Wandels. „Modernisierung" meint folglich Wandel, und zwar in Form von funktionaler Ausdifferenzierung der Gesellschaft. Die Affinität zu Luhmann ist unverkennbar, der ebenso Evolution an Differenzierungsprozesse bindet. Sind damit auch, sozusagen im Umkehrschluss, gesellschaftliche Differenzierungsvorgänge gleichzusetzen mit sozialen Evolutionsprozessen?

Im Falle „sozialer Evolution" könnten ja immerhin positive Assoziationen, z. B. „gesellschaftlicher Fortschritt", mitschwingen. Habermas jedoch warnt vor einer solchen Betrachtungsweise. Differenzierungsprozesse, allgemeiner: Dynamiken und Strukturen können Anzeichen für Evolutionsprozesse sein, sie müssen es aber nicht. Vielmehr können Veränderungen dieser Art auch Ursachen für ein „Festrennen" in evolutionäre Sackgassen darstellen. Jeder Wandlungsschub ist nach Habermas mit Kontingenz verbunden: *Innovation* oder *Sackgasse*. Soziale Evolution, besonders in Richtung „Innovation", wird durch zwei Prozesse bestimmt: a) aufgrund des stetigen Zuwachses an technisch verwertbarem, für die Produktivkraftentfaltung relevantem Wissen; b) durch den stetigen Zuwachs an für sozialintegrative Interaktionsstrukturen relevantem moralisch-praktischen Bewusstsein.

Wie lässt sich „soziale Evolution" messen, wie sehen die Indikatoren aus? „Soziale Evolution" bemisst sich nach Habermas a) am Niveau der gesellschaftlichen Lernmechanismen (Welche Steuerungsprobleme sind innovativ gelöst worden?); b) an der Verfügbarkeit der gesellschaftlichen Lernkompetenzen (Durch welche Lernkompetenzen sind solche Innovationen möglich geworden?) und c) am Grad der Ausschöpfung von Lernmechanismen und Lernkompetenzen (Entsprechen die Innovationen dem zur Verfügung stehenden Innovations- und Veränderungspotenzial?).

Der gesellschaftliche Entwicklungsstand ergibt sich mithin in technologischer Hinsicht aus dem Entwicklungsstand der Produktionsmittel und in sozialer Hinsicht aus der Komplexitäts- und Problembewältigungskapazität der Gesellschaft sowie aus der Konstellation ihrer Produktionsverhältnisse. Das bedeutet, letztlich ist die Beziehung von System (d. h. Wirtschaft und Staat) und Lebenswelt (d. h. Privatsphäre und Öffentlichkeit) sowie diejenige von Arbeit und Interaktion ausschlaggebend. An den Formen der Austauschbeziehungen von System und Lebenswelt zeigen sich Modernisierungsprozesse; ein Wandel dieser Relationen setzt sich schließlich sukzessive im Wandel der Gesellschaftsstruktur fort. In der konkreten Gestaltung dieser Sozialstruktur liegt nun die große Herausforderung der Modernisierung, die nach Habermas nur mittels einer „pluralisierten Vernunft" erfolgreich bewältigt werden kann.

Wer oder was ist evolutionsfähig? Nach Habermas macht die Verbindung von Gesellschafts- und Persönlichkeitssystem ein evolutionsfähiges Gesamtsystem aus. Und von welchen Faktoren hängt es ab, ob ein evolutionärer Schritt vollzogen wird, d. h., wie kommt es, dass neue gesellschaftliche Entwicklungsniveaus erreicht werden? Habermas zufolge lernt die Gattung „Mensch" nicht nur mit Blick auf das technisch verwertbare Wissen, sondern auch in den für die Interaktionsstrukturen ausschlaggebenden Dimensionen des moralischpraktischen Bewusstseins. Die Dialektik des Fortschritts liegt darin, dass mit dem Erwerb von innovativen gesellschaftlichen Problemlösungskompetenzen neue, ungeahnte Problemlagen zu Bewusstsein kommen. Die Produktion von Wissen geht also mit der Produktion von Nichtwissen einher.

Wieland Jäger: Was leisten gegenwärtige soziologische Theorien aus der Perspektive des sozialen Wandels?, in: Sozialwissenschaften und Berufspraxis 2/2005, S. 164

Jürgen Habermas (geb. 1929), deutscher Sozialphilosoph

Niklas Luhmann (1927–1998), deutscher Soziologe

Immer älter? – Demografischer Wandel

Die Veränderung in der Bevölkerungsstruktur ist einer der meistdiskutierten Wandlungsprozesse der modernen Gesellschaft. Diese Veränderungen werden die Wirtschaft, das menschliche Zusammenleben, die Bildung und das Wohnen deutlich verändern. Vielfach sind die demografischen Veränderungen angstbesetzt: „Wir sterben aus."

M 13 Die Entwicklung der Bevölkerung

Die *Bevölkerung* ist das Grundelement der Sozialstruktur. Unter ihr versteht man die Gesamtzahl der Einwohner innerhalb eines abgrenzbaren Gebietes.

Auf die Größe einer Bevölkerung haben genau drei Prozesse einen Einfluss: Geburten und Sterbefälle sowie Außenwanderungen. Obwohl die Geburtenrate in Deutschland seit Jahrzehnten sehr niedrig ist, kam es bisher nicht zu einem deutlichen Bevölkerungsrückgang, weil erstens die Lebenserwartung der Einwohner gestiegen ist und zweitens regelmäßig mehr Menschen nach Deutschland ein- als auswandern. Für die Zukunft ist in Deutschland allerdings eine deutliche quantitative Abnahme der Bevölkerung zu erwarten. Dies betrifft die neuen Bundesländer besonders stark, da die Geburtenrate dort besonders niedrig und ein Ende der Binnenwanderungen von Ost nach West nicht abzusehen ist. Gleichzeitig ist eine massive Verschiebung der Altersstruktur zu erwarten – der Anteil alter Menschen an der Gesamtbevölkerung steigt, während immer weniger Junge nachrücken.

Eine alternde Gesellschaft, Schader-Stiftung 2003, in: http://www.schader-stiftung.de (Zugriff: 27.1.2013)

M 14 Altersaufbau der Bevölkerung in Deutschland

Bevölkerung nach Altersgruppen in Tausend, in Prozent der Gesamtbevölkerung

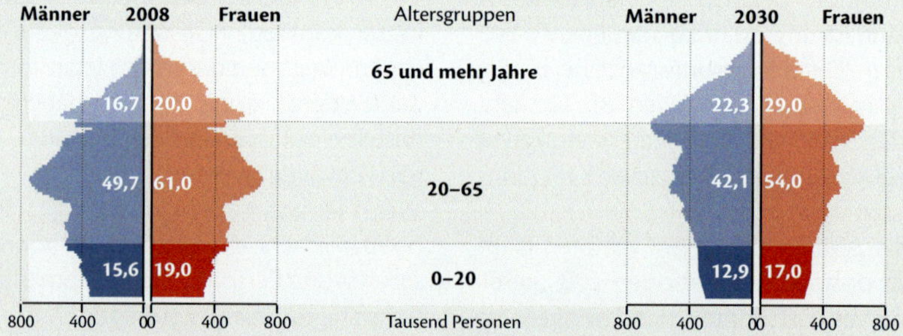

2030 Ergebnisse der 12. koordinierten Bevölkerungsvorausberechnung (Variante Untergrenze der „mittleren" Bevölkerung).

Nach: Statistische Ämter des Bundes und der Länder, demografischer Wandel in Deutschland, Heft 1, Wiesbaden 2011, S. 24

M 15 Alterung – nichts Neues

Auf eine Person ab 65 Jahren kommen ... 15–65-Jährige

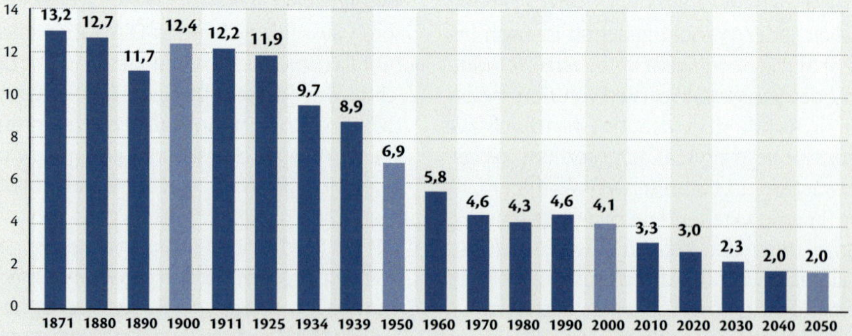

Nach: ver.di: Mythos Demographie, Wiesbaden 2003, S. 8

M 16 Demografie als Chance

Wir leben länger. Was machen wir aus den gewonnenen Jahren?

Mit jedem Jahr steigt die Lebenserwartung der Menschen in Deutschland im Durchschnitt um drei Monate. Gegenüber der Generation unserer Großeltern hat sich unsere Lebenszeit bereits um mehr als ein Drittel erhöht. Aber wie gestalten wir diese Zeit? Wie bleiben wir gesund und kreativ? Welche Antworten können Wissenschaft und Forschung auf diese und weitere Fragen bieten, die ein längeres Leben aufwerfen?

Vor ein paar Jahren noch exotische Ausnahmen, werden Hundertjährige allmählich Teil der gesellschaftlichen Normalität: Schon heute überschreiten fünfmal mehr Menschen das hundertste Lebensjahr als noch vor 30 Jahren. Von den derzeit 82 Millionen Einwohnern in Deutschland werden voraussichtlich 8 Millionen älter als 100 Jahre. Unsere Lebenserwartung steigt und mit ihr wandelt sich auch unser Verhältnis zum Alter. Denn wir werden nicht nur älter, der Alterungsprozess setzt auch später ein. Wer heute 65 Jahre alt ist, wird im Schnitt noch mindestens weitere 15 Jahre selbstbestimmt leben können. Der Renteneintritt wird somit nicht mehr als Beginn des Lebensabends wahrgenommen, sondern als Chance, sich in einem neuen Lebensabschnitt weiterzuentwickeln. (…)

Mehr Lebensqualität im hohen Alter

Wichtigste Treibkraft der steigenden Lebenserwartung ist unbestritten der medizinische Fortschritt. Aber auch eine gesündere Ernährung und viel Bewegung ermöglichen ein längeres gesundes Leben. Wie wir uns möglichst lange fit halten, ist zu einem zentralen Forschungsfeld geworden. So belegte ein deutsches Wissenschaftlerteam unlängst, dass Training im Fitness-Studio auch sehr alten Menschen schon nach wenigen Wochen helfen kann, ihr Knochengerüst zu stabilisieren und damit der Gefahr von Stürzen vorzubeugen. Forscher haben zudem herausgefunden, dass unser Gehirn bis ins hohe Alter noch lernfähig ist. Dazu muss es jedoch regelmäßig trainiert werden. Die Bildungspolitik setzt deshalb verstärkt auf lebenslanges Lernen. (…)

Wettbewerb um die klügsten Köpfe

Ob Unternehmen, Institute oder Universitäten: Im weltweiten Wettbewerb um die klügsten Köpfe steht Deutschland gut da. Wir sind sehr erfolgreich darin, mit innovativen Technologien, Produkten und Dienstleistungen neue Lösungen zum Wohle des Menschen zu finden sowie mit einer starken industriellen Basis im internationalen Wettstreit zu bestehen. Staat und Wirtschaft investieren einen steigenden Anteil des Bruttoinlandsprodukts in Forschung und Entwicklung – und tragen so dazu bei, dass neue attraktive Arbeitsplätze für hoch qualifizierte Fachkräfte entstehen. (…)

Schaufensterpuppen des Textilunternehmens Beysun, 2011. Die Besitzer sind türkischer Herkunft. Allein 40 000 Selbstständige nichtdeutscher Herkunft sind in Berlin gemeldet, davon 6500 aus der Türkei

Der Rat der Weisen

Um auch bei abnehmender Bevölkerung in Zukunft genügend leistungsfähige und qualifizierte Mitarbeiter beschäftigen zu können, müssen die Unternehmen umdenken. Neben der stärkeren Einbindung von Frauen und ausländischen Fachkräften liegt die größte Herausforderung darin, die Arbeitnehmer möglichst lange im Betrieb zu halten und deren Wissen zu sichern. (…)

Wir werden vielfältiger. Wie können wir dieses Potenzial nutzen?

Unsere Gesellschaft wird immer facettenreicher. Fachkräfte aus dem Ausland bereichern Deutschland kulturell und stärken unsere Wirtschaftskraft. In nur fünf Jahren hat sich der Anteil der Einwanderer unter den Unternehmensgründern in Deutschland verdoppelt. Jährlich schaffen Migranten tausende neue Jobs.

Bundesministerium für Bildung und Forschung: Wir werden vielfältiger, Die demografische Chance, o. J., in: http://www.demografische-chance.de (Zugriff: 27.1.2013)

1 Erarbeiten Sie arbeitsteilig die verschiedenen Felder des sozialen Wandels (**M 13–M 16**).
2 Stellen Sie anschließend die Ergebnisse im Plenum vor.
3 Erstellen Sie anschließend ein Szenario „Gesellschaft 2030" nach der Szenario-Anleitung im Methodenteil.

Immer bunter? – Migration und sozialer Wandel

Offene Gesellschaften müssen in Zeiten weltweiter Wanderungsbewegungen ihre Grenzen ständig neu definieren. Hinzu kommt, dass Migration diese Gesellschaften permanent und nachhaltig verändert. Migrationsbedingter sozialer Wandel ist nicht nur Normalität in westdeutschen Großstädten, sondern einer der zentralen Motoren gesellschaftlicher Veränderungen.

M 17 Migration als globales Phänomen

Die International Organization for Migration (IOM) schätzt, dass derzeit nahezu 200 Millionen Menschen befristet oder dauerhaft außerhalb ihrer Herkunftsländer leben. Die IOM geht davon aus, dass diese Zahl künftig im Rahmen der voranschreitenden Globalisierung weiter steigen wird. Migration ist historisch betrachtet jedoch kein neues Phänomen. Individuen, Gruppen und ganze Stämme verließen zu allen Zeiten ihre Herkunftsregionen, um sich aus den unterschiedlichsten Motiven heraus in anderen Gebieten niederzulassen. Migration ist ein fester Bestandteil der Kulturgeschichte der Menschheit. Migration ist heute ein globales Phänomen geworden, doch die weltweiten Migrationsbewegungen folgen keinem einheitlichen Muster. Sie werden beeinflusst durch unterschiedliche nationale Regelungen der Zuwanderung, mit denen sich einzelne Länder selektiv öffnen oder schließen. Neben den politischen Rahmenbedingungen spielen ökonomische, z. B. die Struktur und Aufnahmefähigkeit des Arbeitsmarktes, eine wichtige Rolle. Auch die Netzwerke von Migrantinnen und Migranten sind bedeutsam: Wenn schon eine größere Gruppe von Zuwanderern in einem Zielland lebt, folgen ihnen oft Landsleute, weil sie sich Unterstützung bei der Arbeits- und Wohnungssuche erhoffen und die Verständigung leichter fällt.

Migration – vom Gastarbeiter zum Menschen mit Migrationshintergrund, Bundeszentrale für politische Bildung, o. J., in: http://www.bpb.de (Zugriff: 3.2.2013)

M 18 Wanderungen über die Grenzen Deutschlands

Personen in Tausend ■ Zuzüge ■ Fortzüge ■ Saldo

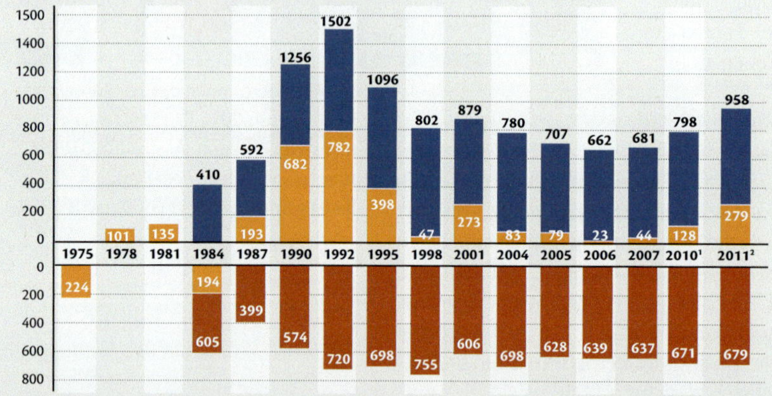

1) Fortzüge enthalten Melderegisterbereinigungen, die Ergebnisse sind nur eingeschränkt vergleichbar, 2) vorläufige Ergebnisse

Quelle: Statistisches Bundesamt bis 1990 Westdeutschland, ab 1991 Gesamtdeutschland

M 19 Eingebürgerte Personen

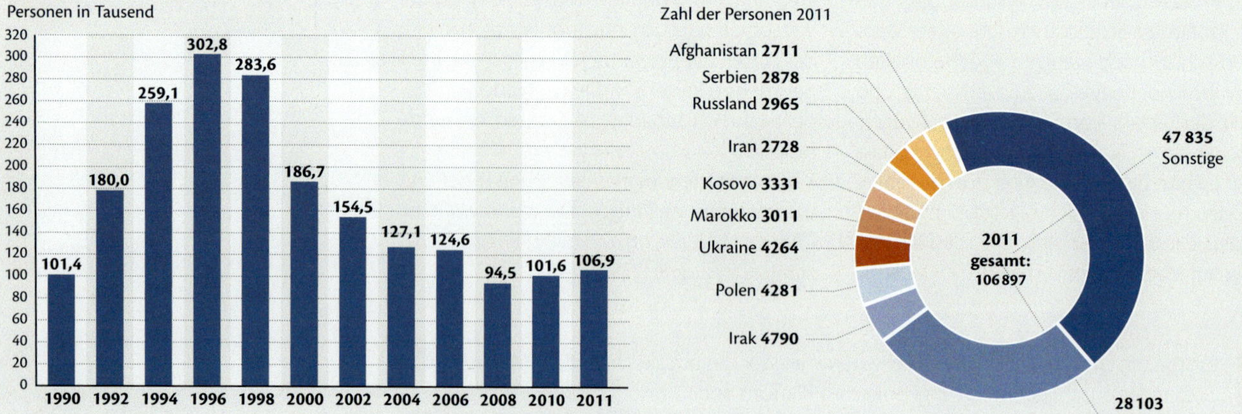

Quelle: Statistisches Bundesamt

M 20 Migrationshintergrund der deutschen Bevölkerung

Angaben in Prozent

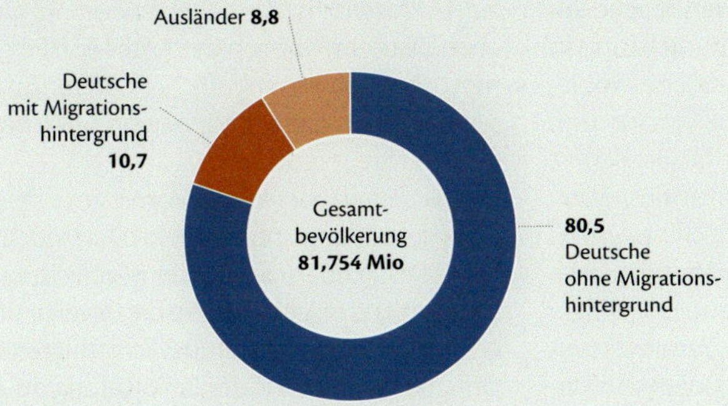

Quelle: Statistisches Bundesamt, Mikrozensus

M 21 Unterschiedliche Migrationserfahrungen

Angaben in Prozent

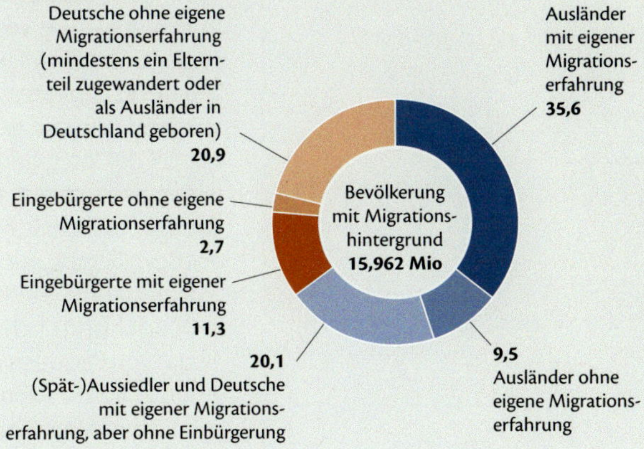

Quelle: Statistisches Bundesamt, Mikrozensus

M 22 Personen mit Migrationshintergrund nach Altersgruppen

In absoluten Zahlen und Anteil an der Altersgruppe in Prozent, 2011

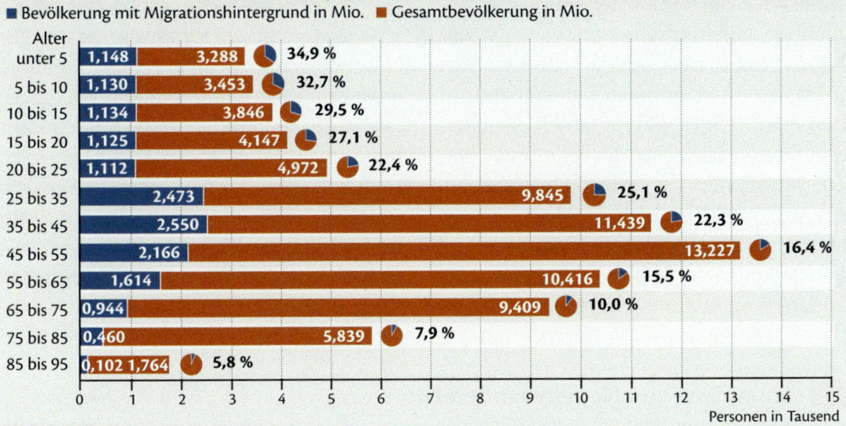

Quelle: Statistisches Bundesamt, Mikrozensus

M 23 Anteile der Personen mit Migrationshintergrund in den Bundesländern

Als Personen mit Migrationshintergrund zählen im Zensus 2011 alle Ausländerinnen und Ausländer sowie alle Deutschen, die nach 1955 auf das Gebiet der heutigen Bundesrepublik Deutschland zugewandert sind oder mindestens einen nach 1955 zugewanderten Elternteil haben

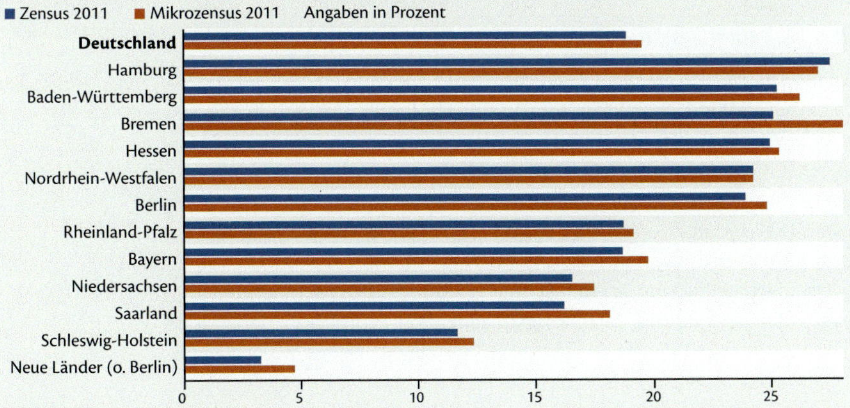

Quelle: Statistisches Bundesamt, Mikrozensus

M24 Qualifikation der Einwanderer

Das Bild von der Zuwanderung nach Deutschland ist nach wie vor durch die Vorstellung geprägt, dass die Migranten überwiegend aus gering qualifizierten Bevölkerungsgruppen stammen, die sich durch erhebliche Probleme bei der Integration in Arbeitsmarkt und Bildungssystem auszeichnen. Tatsächlich ist das durchschnittliche Qualifikationsniveau der Bevölkerung mit Migrationshintergrund – gemessen an ihren Bildungsabschlüssen – in Deutschland noch heute deutlich geringer als das von Personen ohne Migrationshintergrund. Auch die Arbeitslosenquoten von Personen mit Migrationshintergrund sind im Durchschnitt rund doppelt so hoch wie die von Personen ohne Migrationshintergrund.
Für die Neuzuwanderer nach Deutschland ist dieses Bild jedoch nicht mehr zutreffend: Wenn wir die international vergleichbare Klassifikation der beruflichen und allgemeinbildenden Bildungsabschlüsse (...) der UNESCO zugrunde legen, dann ist der Anteil der Personen mit höheren beruflichen und allgemeinbildenden Bildungsabschlüssen seit Beginn der vergangenen Dekade unter den Neuzuwanderern kontinuierlich gestiegen. Wie (M 25) zeigt, ist nach den Angaben des Mikrozensus der Anteil der Personen mit tertiären Bildungsabschlüssen unter den Neuzuwanderern im erwerbsfähigen Alter (15–65 Jahre), die sich nicht in Bildung und Ausbildung befinden, von 23 Prozent im Jahr 2000 auf 43 Prozent im Jahr 2009 gestiegen. Im gleichen Zeitraum hat sich der Anteil von Personen ohne einen beruflichen Bildungsabschluss (...) in dieser Gruppe von 41 Prozent auf 25 Prozent reduziert.
Die Neueinwanderer sind damit am oberen Ende des Bildungsspektrums im Durchschnitt heute besser qualifiziert als die Bevölkerung in Deutschland insgesamt und die Bevölkerung ohne Migrationshintergrund: So verfügten im Jahr 2009 26 Prozent der Bevölkerung im erwerbsfähigen Alter ohne Migrationshintergrund und 25 Prozent der erwerbsfähigen Bevölkerung insgesamt über einen tertiären Bildungsabschluss, aber 43 Prozent der Neueinwanderer. Allerdings ist der Anteil von Personen ohne abgeschlossene Berufsausbildung und ohne höhere allgemeinbildende Schulabschlüsse (...) mit 25 Prozent unter den Neuzuwanderern höher als in der Bevölkerung im erwerbsfähigen Alter insgesamt (16 Prozent) und in der Bevölkerung ohne Migrationshintergrund (12 Prozent).

Herbert Brücker: Auswirkungen der Einwanderung auf Arbeitsmarkt und Sozialstaat. Neue Erkenntnisse und Schlussfolgerungen für die Einwanderungspolitik, o. O. (Bertelsmann Stiftung) 2013, S. 12 ff.

M25 Abschlüsse von Neueinwanderern

Höchster beruflicher und allgemeinbildender Abschluss von Neueinwanderern, nicht in Bildung und Ausbildung, 15–65 Jahre, 2000–2009 (Anteile in %):

	2000	2001	2002	2003	2004	2005	2006	2007	2008	2009
Hoch (ISCED 5 a, 5 b, 6)	22,9	25,8	18,9	23,3	26,2	30,4	40,6	33,3	37,1	42,7
Mittel (ISCED 3,4)	24,1	28,7	28,7	25,8	24,6	27,6	32,7	35,2	36,4	32,2
Niedrig (ISCED 1,2)	41,0	32,1	39,6	39,3	39,4	40,0	26,8	30,1	26,2	24,6
Keine Angabe	12,0	13,4	12,7	11,6	9,9	2,1	0,0	1,5	0,4	0,5

Nach: Herbert Brücker, a. a. O.

Der International Standard Classification of Education (ISCED) wurde von der UNESCO zur Klassifizierung und Charakterisierung von Schultypen und Schulsystemen entwickelt:
Level 0 (Vorschulische Erziehung)
Level 1 (Grundbildung, z. B. Grundschule)
Level 2 (Sekundarbildung I/Unterstufe, Mittelstufe)
Level 3 (Sekundarbildung II/Oberstufe)
Level 4 (Postsekundäre Bildung, z. B. Abendgymnasien, Kollegs, Fachoberschulen)
Level 5 (Tertiäre Bildung, a: Hochschulausbildung, b: Fachschulen, Berufsakademien)
Level 6 (Tertiäre Bildung, Forschungsqualifikation: Promotion, Habilitation)

M26 „Schluss mit der Integrationspolitik"

Interview mit dem deutschen Historiker und Migrationsforscher Klaus J. Bade:

SPIEGEL ONLINE: Wie sieht eine zeitgemäße Integrationspolitik aus?

Bade: Neuzuwanderern sollten wir helfen beim Erlernen der Sprache, bei der Suche nach Arbeit, Wohnung und Kita-Plätzen für ihre Kinder. Für Einwanderer der zweiten oder schon dritten Generation gilt: Schluss mit „Integrationspolitik". Ich erinnere mich an eine Diskussionsrunde in der BBC: Eine eloquente, junge Muslima fragte Thilo Sarrazin, was er denn eigentlich von ihr wolle: Und Sarrazin stammelte: „I want you to integrate." Das war eine Beleidigung.

SPIEGEL ONLINE: Der FDP-Politiker und hessische Integrationsminister Uwe Hahn hat kürzlich die Frage aufgeworfen, ob die Gesellschaft schon weit genug sei für einen vietnamesisch aussehenden Vizekanzler.

Bade: Wir leben in einem gespaltenen Land. Die Trennlinie verläuft nicht zwischen Mehrheitsbevölkerung und Einwanderern. Sie verläuft zwischen meist jüngeren Menschen, für die kulturelle Vielfalt eine mit Selbstverständlichkeit gelebte Alltagswirklichkeit ist, und jenen, die sich durch den kulturellen Wandel bedroht fühlen.

SPIEGEL ONLINE: Der bayerische Ministerpräsident Horst Seehofer warnt vor „Migranten aus fremden Kulturkreisen" und versprach 2011, „bis zur letzten Patrone" gegen die „Zuwanderung in den deutschen Sozialstaat" zu kämpfen.

Bade: Populistische Politiker fördern leider nur zu oft Kulturrassismus. Konservative Wähler haben in den vergangenen Jahren eine Reihe von Glaubensbastionen verloren: Ende der Legende vom „Nicht-Einwanderungsland", Ende der Wehrpflicht, Ausstieg aus der Atomenergie. Der Feldzug gegen unerwünschte Einwanderer ist eine der letzten politischen Konstanten konservativer Selbstfindung. Aber die Zahl der Menschen, die solche Ersatzpolitik gutheißen, nimmt ab.

SPIEGEL ONLINE: Sie glauben, dass die Vorbehalte gegen Zuwanderung schwinden?

Bade: Die Homogenitäts- und Desintegrations-Demagogen werden schwächer. Zugleich radikalisieren sie sich. Ich rechne damit, dass sich jenseits der NPD in den nächsten Jahren eine modernere, rechts-konservative Strömung festigen wird, eine Art deutsche Tea Party. Sie wird die Feinde der Einwanderungsgesellschaft sammeln und in ihren Vorurteilen bestärken: „Der Islam" ist nicht integrierbar und deshalb politisch gefährlich, „Zigeuner" und „Asylanten" sind nur „Sozialschmarotzer".

Debatte über Migration: „Schluss mit Integrationspolitik", in: Spiegel online, 1.3.2013, Interviewer: Maximilian Popp, in: http://www.spiegel.del (Zugriff: 26.5.2013)

Zeichnung: Mester

1 Erarbeiten Sie arbeitsteilig in Gruppen die Materialien **M 18** bis **M 23**. Formulieren Sie Ihre jeweiligen Arbeitsergebnisse in Thesen und stellen Sie diese in der Klasse zur Diskussion.

2 Analysieren **M 24** und **M 25** im Hinblick auf die Entwicklungstrends der Zuwanderung nach Deutschland.

3 Analysieren Sie den Text **M 26** und nehmen Sie Stellung zu den vom Interviewten geäußerten Thesen.

Wer wird gebraucht? – Wandel der Arbeit

Mit der gesellschaftlichen Entwicklung wandelt sich die Arbeit. Traditionelle Anforderungen an die Beschäftigten wurden von Dynamik und Innovation abgelöst. Die Wandlung des Arbeitsprozesses ist vor allem von technischen Neuerungen, neuen Managementkonzepten und neuen beruflichen Strukturen gekennzeichnet. Für Unternehmen und Beschäftigte steigt die Herausforderung, diesen Prozessen gerecht zu werden. Wandel kann Weiterentwicklung im Arbeitsprozess ermöglichen, aber auch zu neuen sozialen Problemen führen.

M 27 Arbeit – ein strukturprägender Faktor

Arbeit ist eine der wichtigsten Instanzen der Vergesellschaftung in der Industriemoderne, ein strukturprägender Faktor von enormer Durchschlagskraft. Sie ist Determinante sozialer Integration und Fixpunkt der sozialen Sicherung. Vieles hängt von ihr ab, nicht nur das Einkommen. Marktbezogene Erwerbsarbeit ist Zwang und Befreiung zugleich, Entfremdung ebenso wie Sinngebung. Arbeit – und ihr Fehlen – stiftet Identität, prägt soziale Beziehungen, entscheidet über die Zuerkennung von Ansehen. Arbeit strukturiert Lebensläufe und produziert soziale Ungleichheit. Die „arbeitsbezogene Existenzweise" ist das Standardmodell, an dem sich unser Leben orientiert.

Winfried Süß/Dietmar Süß: Zeitgeschichte der Arbeit: Beobachtungen und Perspektiven, in: Knud Andresen u. a.: Nach dem Strukturbruch? Kontinuität und Wandel von Arbeitswelten, Bonn (Dietz) 2011, S. 345

M 28 Bevölkerung und Erwerbspersonen nach Altersjahren

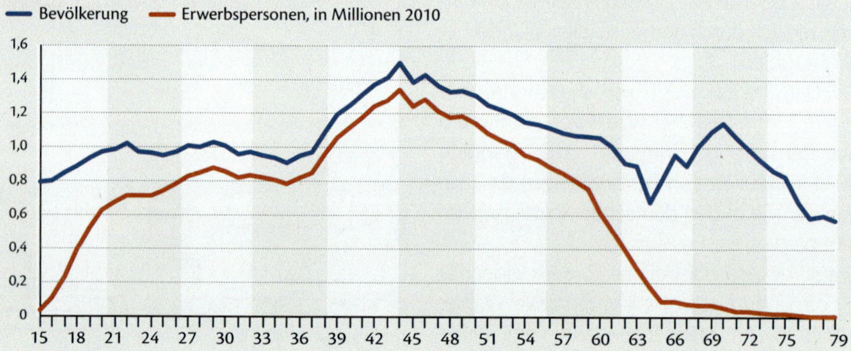

Nach: Erwerbsbeteiligung in Deutschland 2010. Anstieg in höherem Alter setzt sich fort, gws Themenreport 2011/9, Osnabrück 2011, S. 10

M 29 Erwerbsquoten nach Altersgruppen im zeitlichen Vergleich

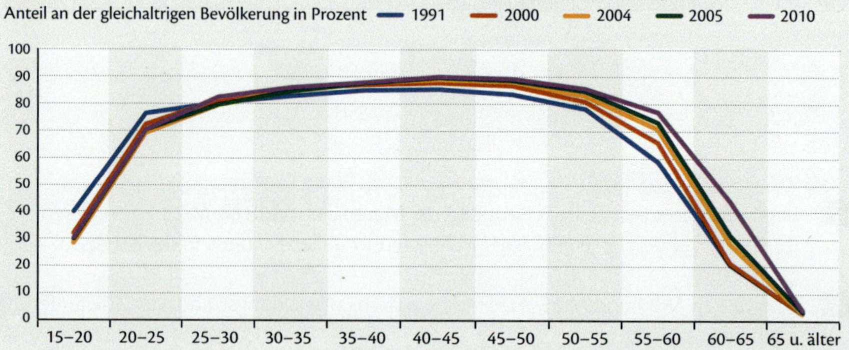

Nach: Erwerbsbeteiligung in Deutschland 2010. Anstieg in höherem Alter setzt sich fort, gws Themenreport 2011/9, Osnabrück 2011, S. 12

M 30 Frauenerwerbsquoten in den alten Bundesländern

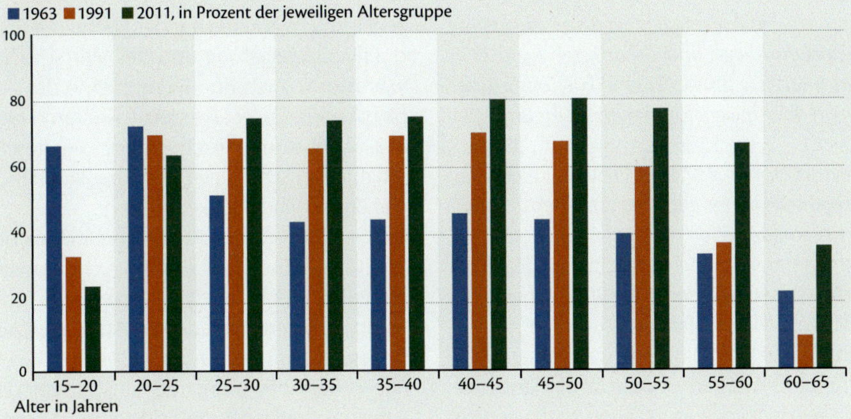

Quelle: Statistisches Bundesamt, Mikrozensus

M 31 Arbeit – ein strukturprägender Faktor

These 1: Uns geht die Arbeit aus!
In unserem neuen Jahrhundert, so die These, würden 20 Prozent der arbeitsfähigen Bevölkerung ausreichen, um die Wirtschaft auf dem heutigen Stand in Schwung zu halten. 80 Prozent der so genannten erwerbsfähigen Bevölkerung blieben demzufolge ohne Job. Rationalisierung, Automatisierung und Flexibilisierung von Arbeitsabläufen führen also dazu, dass uns die Arbeit ausgeht.

These 2: Arbeitsplatzabbau wird durch wachsenden Dienstleistungssektor wettgemacht
Die gegenläufige Annahme lautet: Die Beschäftigung wächst aufgrund der massiven Ausweitung des Dienstleistungssektors in der Informationsgesellschaft an, was den Verlust von Arbeitsplätzen weitgehend ausgleichen kann.
Allerdings lassen sich die Muster der Schaffung von Arbeitsplätzen in der Informationsgesellschaft nur schwer abbilden und quantifizieren. Arbeitsplätze, die mit den neuen Informationstechnologien geschaffen werden, sind durch diese immer auch gefährdet. Sind die Mitarbeiter der Call-Center von heute die Arbeitslosen von morgen?

Qualifikations- und Kompetenzlücken im Umgestaltungsprozess
Jedes Jahr verschwinden durchschnittlich über 10 Prozent aller Arbeitsplätze. Sie werden durch andere Arbeitsplätze in Verbindung mit neuen Arbeitsprozessen in neuen Unternehmen ersetzt, die neue, bessere oder umfassendere Qualifikationen voraussetzen. Ein wesentlich geringeres Tempo wird auf der Angebotsseite, bei der Vermittlung neuer Kompetenzen eingeschlagen. Dies führt zu einem „Arbeitsmarkt mit zwei Geschwindigkeiten", mit einem Überangebot an überholten Fertigkeiten einerseits und Engpässen bei den neuen Kompetenzen andererseits. Die Herausforderung liegt in der Schließung dieser Qualifikationslücke.

Globalisierung führt zu Lohnspreizung und Arbeitsmarktdifferenzierung
Globalisierung ist die Umschreibung für eine neue, höhere Form der internationalen Arbeitsteiligkeit und für eine international grenzenlos mobile Wirtschaft. Damit setzt sie Einfacharbeitsplätze einem starken Anpassungsdruck aus und erfordert Investitionen in Innovationsbereichen.
Wenn auch künftig alle Arbeitsfähigen beschäftigt sein wollen, führt diese Entwicklung der Erwerbsarbeit also zu einer weiteren Spreizung zwischen qualitativ höheren und besser bezahlten sowie qualitativ niedrigeren und schlechter bezahlten Arbeitsplätzen. Für das Wohnen bedeutet das: Zulasten des mittleren Marktsegments steigt sowohl die Nachfrage nach hochpreisigem Wohnraum in guten bis sehr guten Lagen mit hervorragender Ausstattung wie auch der Bedarf an preisgünstigem Wohnraum für Bezieher kleiner Einkommen.
Wandel der Arbeit – eine Einführung, Schader-Stiftung 2004, in: http://www.schader-stiftung.de (Zugriff: 3.2.2013)

Oskar Negt (geb. 1934), deutscher Sozialphilosoph und Soziologe

Meinhard Miegel (geb. 1939), deutscher Soziologe und Ökonom

M32 Zukunft der Arbeitsgesellschaft

Interview im Auftrag des Goethe-Instituts mit Meinhard Miegel und Oskar Negt, April 2013. Das Interview führte Tatjana Freytag, Soziologin an den Universitäten Hildesheim und Hannover:

Freytag: Professor Miegel, Professor Negt, Anfang dieses Jahres gab die ILO (*Internationale Arbeitsorganisation*) in Genf ihren letzten Bericht heraus. Danach erreichte die Zahl der Arbeitslosen auf der Welt 2005 trotz eines kräftigen Wirtschaftswachstums von 4,3 Prozent mit 191,8 Millionen erwerbslosen Menschen einen neuen Höchststand. Handelt es sich bei dem angenommenen positiven Wirkungszusammenhang von wirtschaftlicher Produktivität und Arbeitsmarkt Ihrer Ansicht nach um einen Trugschluss?

Miegel: Ja und nein. In der Lebenswirklichkeit finden sich alle Verbindungen: hohes Wirtschaftswachstum mit großen Beschäftigungswirkungen wie in den USA, hohes Wirtschaftswachstum mit geringen Beschäftigungswirkungen wie in China, niedriges Wirtschaftswachstum mit großen Beschäftigungswirkungen wie der Schweiz oder niedriges Wirtschaftswachstum mit geringen Beschäftigungswirkungen wie in Deutschland. Der Grund für diese Unterschiede: Das Wachstum der Wirtschaft ist nur einer von mehreren Beschäftigungsfaktoren. Zu fragen ist beispielsweise auch: Wächst die Wirtschaft, weil immer mehr Kapital oder weil immer mehr Arbeit eingesetzt wird? Wächst sie, weil sie immer wissensintensiver und effizienter wird?

Negt: Die These, die Gewinne von heute seien die Investitionen von morgen und die Arbeitsplätze von übermorgen, stimmt überhaupt nicht mehr. Die Gewinne von heute sind zum Teil eben die Arbeitslosen von morgen. Insofern können auf der Ebene der Produktivitätssteigerung und des Wirtschaftswachstums auch nur Teilprobleme des Arbeitsmarktes gelöst werden. (...) Durch bloßes Wachstum verschwinden die gesellschaftlichen Schieflagen und die sozialen Brüche und Ungerechtigkeiten nicht.

Freytag: Wenn einer Arbeitsgesellschaft die Lohnarbeit ausgeht, ist es dann nicht sinnvoll, die vorhandene Arbeit umzuverteilen, und wieso wird immer wieder auf Arbeitszeitverlängerung zurückgegriffen?

Miegel: Beginnen wir mit dem Instrument der Arbeitszeitverlängerung. Es dient im Wesentlichen dazu, die Arbeitskosten zu senken, denn für die Verlängerung der Arbeitszeit soll es ja keinen Lohnausgleich geben. Das heißt, die Stundenlöhne oder auch die Lohnstückkosten sinken. Was die Lohnarbeit als solche angeht, ist die Lage komplizierter. Unerledigte Aufgaben, deren Erfüllung den individuellen und kollektiven Wohlstand heben würde, gibt es im Überfluss. Stichwort: Spargel stechen, Kirschen pflücken, sich um Alte und Pflegebedürftige kümmern usw. Nur sagen viele, bei diesen Arbeiten stehen Leistung und Gegenleistung in keinem akzeptablen Verhältnis zueinander. Volkstümlich gesprochen: Für 4,50 Euro mache ich keinen Finger krumm. Wenn also Arbeit umverteilt wird, dann müsste es die ganze Arbeit sein – attraktive wie unattraktive. Dann aber gibt es Qualifikationsprobleme.

Negt: Was der Gesellschaft nicht ausgeht, ist das, was man Gemeinwesenarbeit nennen kann: Pflege der Umwelt, Pflege der Städte, also Tätigkeiten, die im Grunde den Zusammenhalt des Gemeinwesens sichern. Dieser Bedarf nimmt zu, wird aber dadurch nicht erfüllt, dass man glaubt, man könnte das nur über den Warenmarkt finanzieren, und infolgedessen entstehen auf der Ebene des Gemeinwesens riesige Kosten. Im Grunde ist ja diese verengte betriebswirtschaftliche Denkweise eine grandiose Kostenverschiebung. Wenn ich heute an Bildung und Gesundheit spare, dann zahle ich in zehn Jahren doppelt und dreifach drauf, was Kriminalität und die Folgen der Bindungslosigkeit der Menschen betrifft. Eine ausgleichende Gerechtigkeit in der Verteilung der für den Markt produzierenden Arbeitsplätze ist notwendig und das geht nur durch Arbeitszeitverkürzung.

Goethe-Institut: Wohin geht eine Arbeitsgesellschaft, der die Lohnarbeit ausgeht?, 2006, in: http://www.goethe.de (Zugriff: 14.7.2013)

M33 Qualifikationsanforderungen nach Qualifikationsniveau

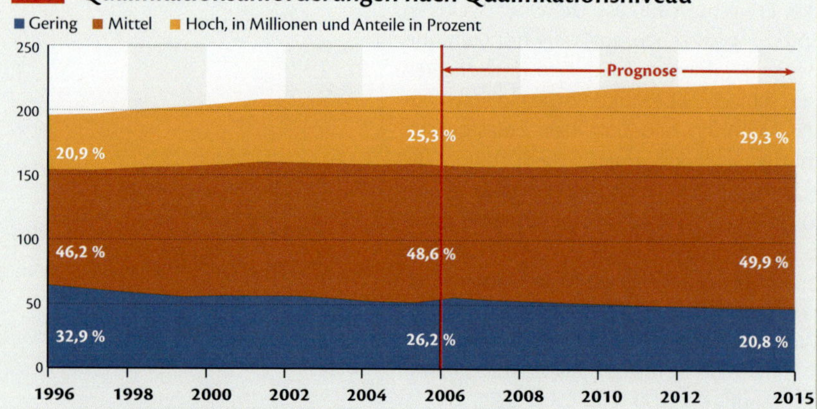

Nach: cedefop, Zukünftiger Qualifikationsbedarf in Europa, Thessaloniki 2008

M 34 Schulabgänger und Altbewerber

Entwicklung der Zahl der Schulabgänger/-innen und Schulabsolventen/-innen sowie der Altbewerber/-innen 2005 bis 2025

	Aus allgemeinbildenden Schulen		Aus beruflichen Schulen		Altbewerber/-innen	
	Nicht studienberechtigt	Studienberechtigt	BVJ, BGJ und BFS	FOS und FGYM	Szenario 1[1]	Szenario 2[2]
Jahr	Spalte 1	Spalte 2	Spalte 3	Spalte 4	Spalte 5	Spalte 6
2005	703 436	235 843	303 793	105 569	342 060	342 060
2007	677 587	264 542	302 587	119 422	384 878	384 878
2009	597 018	273 727	277 713	117 409	256 174	256 174
2011	549 088	316 689	257 039	120 715	234 747	234 747
2013	556 943	335 717	241 735	118 436	187 660	184 284
2015	531 033	292 830	235 844	118 966	207 719	190 838
2017	502 601	289 790	226 764	116 653	193 069	162 628
2019	478 375	282 261	215 129	112 449	174 847	130 954
2021	469 879	269 162	206 386	106 983	168 525	111 127
2023	460 379	263 795	200 715	103 614	173 367	102 464
2025	447 124	258 055	197 343	101 869	179 676	95 268

Nach: BIBB, Datenreport zum Berufsbildungsbericht 2012, Bonn: BIBB 2012, S. 74.
Quellen: Statistisches Bundesamt, Bundesamt für Berufsbildung

BVJ = schulisches Berufsvorbereitungsjahr; BGJ = schulisches Berufsgrundbildungsjahr; BFS = Berufsfachschule (ohne vorqualifizierende Abschlüsse); FOS = Fachoberschule; FGYM = berufliches Fachgymnasium.

Schulabgänger/-innen und Schulabsolventen/-innen: Ist-Werte bis 2010, Prognosewerte ab 2011; Altbewerber/-innen: Ist-Werte bis 2011, Prognosewerte ab 2012.

Szenario 1: im Jahr 2011 rd. 600 000 Ausbildungsplatzangebote (Ist-Wert) und ab 2012 jährlich um 10 000 Plätze sinkendes Ausbildungsangebot.

Szenario 2: im Jahr 2011 rd. 600 000 Ausbildungsplatzangebote (Ist-Wert) und ab 2012 konstante Werte von jeweils 600 000 Angeboten.

Als Altbewerber bezeichnet man (meist junge) Personen, die auf der Suche nach einem Ausbildungsplatz sind und nicht unmittelbar von der Schule stammen. Sie hatten sich in den Jahren zuvor bereits auf eine Lehrstelle beworben und keine erhalten oder die Zeit zwischen Schule und Ausbildung anderweitig genutzt (z. B. für Wehr- oder Zivildienst, ein freiwilliges soziales Jahr, einen Auslandsaufenthalt oder ein Praktikum).

M 35 Arbeitskräftenachfrage in Prozent

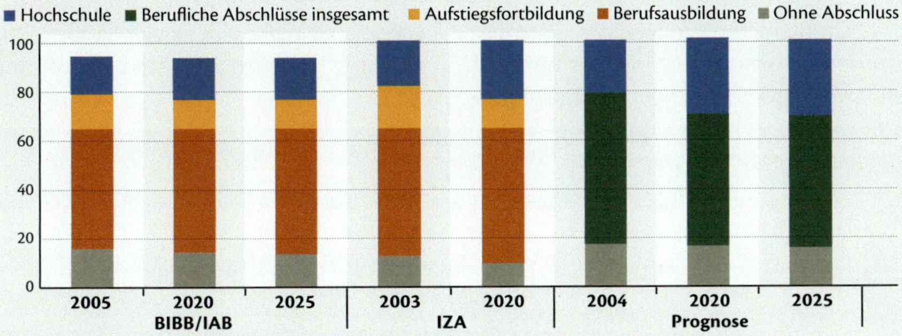

Zusammengestellt aus den Prognosen von drei Instituten: BIBB/IAB: Bundesinstitut für Berufsbildung/Institut für Arbeitsmarkt- und Berufsforschung; Wirtschaftsforschungsinstitut Institut zur Zukunft der Arbeit IZA; Unternehmens- und Politikberatungsinstitut PROGNOS
Nach: Winfried Heidemann, Zukünftiger Qualifikations- und Fachkräftebedarf. Handlungsfelder und Handlungsmöglichkeiten, o.O.: Hans Boeckler-Stiftung 2012, S. 16

1 Beschreiben Sie die Entwicklung der Erwerbsquote (**M 28** bis **M 30**).

2 Arbeiten Sie die Thesen aus **M 31** und **M 32** heraus, stellen Sie sie gegenüber und diskutieren Sie sie.

3 Erörtern Sie mögliche gesellschaftliche und wirtschaftliche Konsequenzen einer höheren Frauenerwerbsbeteiligung.

4 Diskutieren Sie mögliche Konsequenzen aus der Entwicklung der Qualifikationsanforderungen.

Immer vielfältiger? – Wandel der Familie

Für die Lebensumstände der Kinder und Jugendlichen entscheidend ist das Umfeld ihres Aufwachsens – insbesondere die Familie. Doch auch diese verändert sich massiv. Ihr Wandel ist Ausdruck gesellschaftlicher Veränderungen, die vor allem als „Individualisierung der Lebensführung" und „Pluralisierung der Familienformen" bezeichnet werden. Die Wandlungen der Familie sind aber nicht nur Folgen gesellschaftlichen Wandels, sondern haben selbst Auswirkungen auf die Gesellschaft. Allerdings ist umstritten, ob sich das „klassische" Familienbild grundlegend verändert hat oder in Auflösung begriffen ist.

M36 Familie heute

Die Familie hat sich in den vergangenen Jahrhunderten grundlegend verändert. Im Rahmen der industriellen Revolution und der Entstehung der Städte sind mehr und mehr Familien vom Land in die Stadt gezogen. Dies hatte weitreichende Konsequenzen für die Struktur der Familie, die sich aus verschiedenen Formen der Großfamilie zur heute als Norm angesehenen Vater-Mutter-Kind-Familie gewandelt hat. Diese uns vertraute Norm ist aber inzwischen selbst schon ein Stück Geschichte geworden, denn die klassische vollständige Kernfamilie ist heute nicht mehr die dominierende Familienform.

Aus psychologischer Sicht ist es unzureichend, diese Trends nur in Zahlen auszudrücken. Es ist interessanter, die Qualität des Familienlebens in den sich entwickelnden neuen Familienformen zu erkennen, z. B. Adoptivfamilie, Ein-Eltern-Familie, Fortsetzungsfamilie, Großfamilie, Kernfamilie, Kleinfamilie, Kommune, Lebensabschnittspartnerschaften, Living-apart-together, Mehrgenerationenfamilie, nichteheliche Lebensgemeinschaften, Patchwork-Familie, Pflegefamilie, SOS-Kinderdorf-Familie, Stieffamilie, Wohngemeinschaft, Zweitfamilie, Zwei-Kern-Familien u. a. (...)

(*Auch in Deutschland kann*) die klassische Form der Vater-Mutter-Kind-Familie nicht als häufigste Lebensform bezeichnet werden. Dies ist heute vielmehr der Single-Haushalt (in manchen Fällen auch mit Kindern), der insbesondere in den Metropolen (in Deutschland genauso wie in anderen westlichen Ländern) zur häufigsten Haushaltsform geworden ist. Damit einher geht auch die Tendenz, dass in den städtischen Kerngebieten das Leben mit Kindern zur Ausnahme wird. So leben z. B. in den Innenstadtbezirken Münchens nur in jedem siebten Haushalt Kinder. Bei dieser Entwicklung ist noch kein Trend zu einer anderen Alternative zur Familie zu erkennen, vielmehr gibt es eine große Vielfalt von verschiedenen primären Lebensformen. (...)

Sieben primäre Lebensformen

	Familienform	Beispiel
A	Normale Kernfamilie	Traditionelle Vater-Mutter-Kind-Beziehung
B	Familie als normatives Ideal	Alleinstehende mit Orientierung an einem normativen Familienideal
C	Kinderlose Paarbeziehung	Unfreiwillig oder aufgrund eigener Entscheidung kinderlose Paare
D	Nichteheliche Beziehung mit Kindern (aber mit normativem Familienideal)	Moderne Doppelverdiener-Familie mit Kind(ern)
E	Postmoderne Ehebeziehung	Ohne Kinder (aber mit Normorientierung) auf Berufskarriere und intime Partnerschaft bezogene Ehe
F	Nichteheliche Elternschaft ohne Orientierung an einer Idealnorm	Wohngemeinschaften mit Kindern, Ein-Eltern-Familien
G	Verheiratete Paare mit Kindern (aber ohne normatives Ideal)	Alternativ orientierte Eltern, die dennoch verheiratet sind

Text und Tabelle aus: Matthias Petzold: Familie heute, in: Familienhandbuch des Staatsinstituts für Frühpädagogik, 2001, http://www.familienhandbuch.de/cmain/f_Fachbeitrag/a_Familienforschung/s_379.html (Zugriff: 21.10.2010)

M37 Familie in Deutschland – Stabilität und Wandel

Die Entwicklung der Familie in Deutschland seit den 1960er-Jahren ist durch die Gleichzeitigkeit von ausgeprägtem Wandel und bemerkenswerter Beständigkeit gekennzeichnet. Zahlreiche Analysen, die auf die stattfindenden Veränderungen gerichtet sind, vermitteln den Eindruck, die Familie löse sich auf oder verändere ihren Charakter grundlegend. Dieser Eindruck vergeht nach einem Blick auf einige der vom Wandel bislang wenig tangierten Merkmale der Familie.

Die Beständigkeit der Mutter- und Vaterrolle

Ein Merkmal, das sich als besonders stabil und wandlungsresistent erwiesen hat, sind die Elternrollen. Diese sind, in den alten Bundesländern, trotz vordergründigen Wandels im Kern bislang weitgehend unverändert geblieben. Dominierend ist nach wie vor die Überzeugung, dass es für die gedeihliche Entwicklung des Kindes am besten sei, wenn es von seiner Mutter betreut wird. Daher obliegt die Hauptzuständigkeit für die Pflege und Erziehung der Kinder normativ – und meist auch faktisch – nach wie vor der Frau. Der Mann hingegen trägt als Ernährer weiterhin die Hauptverantwortung für die materielle Versorgung der Familie. Zwar wird von den Vätern mittlerweile erwartet, dass sie sich stärker an der Hausarbeit und Kindererziehung beteiligen, doch in der Realität sind es in der Regel immer noch die Frauen, die nach der Geburt eines Kindes ihre Erwerbstätigkeit einschränken oder vorübergehend ganz aufgeben, während die jungen Väter oft noch mehr Erwerbsarbeit leisten als vor der Geburt. Die gestiegene Nachfrage nach den Vätermonaten im Rahmen der Elternzeit mag ein Indikator für einen hier langsam einsetzenden Wandel sein, ein Beleg für eine grundlegende Veränderung des Verhaltens ist sie noch nicht, verzichten doch derzeit drei von vier Vätern auf Elternzeit und jene, die sie in Anspruch nehmen, entscheiden sich meist nur für die Mindestdauer von zwei Monaten.

Der Vorrang der Paarbeziehung und die fortbestehende hohe Wertschätzung von Familie

Neben den Elternrollen ist ein weiteres zentrales Merkmal der Familie in Deutschland und in ganz Europa vom Wandel so gut wie nicht erfasst. Es handelt sich um das ausgeprägte Bestreben der Menschen, in einer Partnerschaft zu leben und nicht etwa allein oder polygam – eine in Zeiten des beschleunigten Wandels durchaus bemerkenswerte Tatsache. Außerhalb der Ehe wären Konstellationen mit mehreren Partnern prinzipiell möglich. Dass sie nicht praktiziert und für erstrebenswert erachtet werden, zeigt die Stabilität und Bedeutung der Paarorientierung auch in der gegenwärtigen Gesellschaft.

Ein drittes kaum verändertes Merkmal ist die hohe Bedeutung, die das Familienleben für das allgemein empfundene Lebensglück der Menschen hat. Nicht etwa Erfolg im Beruf, Spaß in der Freizeit oder intensive Konsummöglichkeiten werden für das subjektive Wohlbefinden am höchsten bewertet, sondern eine gute Partnerschaft und ein glückliches Familienleben. Dieser Befund ist ein wichtiger Beleg für die fortbestehende hohe Wertschätzung der Familie in unserer Gesellschaft.

De-Institutionalisierung der Ehe

Seit Jahrzehnten finden tiefgreifende Veränderungen statt, die Wesen und Gestalt von Familie und das Verhältnis von Familie und Gesellschaft betreffen. An erster Stelle sind hier Prozesse der De-Institutionalisierung der Ehe zu nennen und ein damit verbundener Bedeutungsrückgang sozialer Normierung und sozialer Kontrolle des Familienlebens. Im Zuge der gesellschaftlichen Modernisierung wandelte sich die Institution Ehe von einer auf Schutz und Unterdrückung basierenden Sozialform (…), die sozial intensiv kontrolliert war und auf gesellschaftlich gesetzten starren Regeln beruhte, zu einer individuell gestaltbaren Partnerschaft, die mit bestimmten Verpflichtungen und Privilegien verbunden ist. Ehe war und ist ein Ordnungsrahmen. Seine Grenzen waren früher enger und sie sind heute weiter gefasst. Im Verlauf dieser Entwicklung hat sich die ehemals enge Verknüpfung von Ehe mit Familie, Elternschaft, Sexualität und Zusammenleben in einem gemeinsamen Haushalt gelockert.

Norbert F. Schneider: Familie in Deutschland – Stabilität und Wandel, Bundeszentrale für politische Bildung, 31.5.2012, in: http://www.bpb.de (Zugriff: 4.2.2013)

M 38 Eltern und Kinder

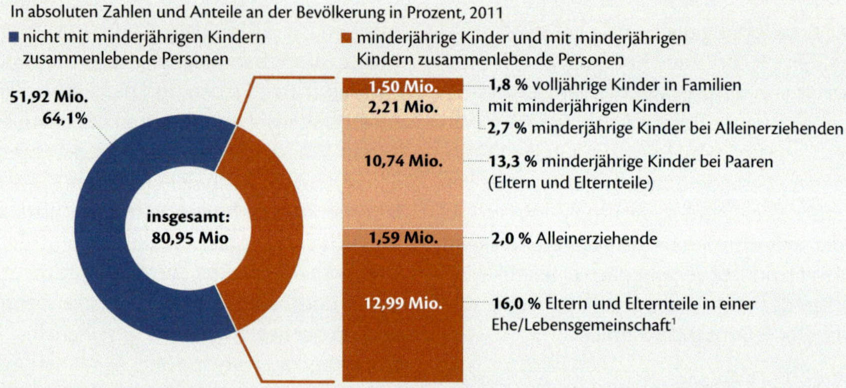

Quelle: Statistisches Bundesamt: Mikrozensus 2011

1) mit mindestens einem Kind unter 18 Jahren

M 39 Familie in Deutschland – Stabilität und Wandel

Unser Verständnis des Wandels der Familie wird bis heute von zahlreichen Mythen, Fehleinschätzungen und Klischees begleitet.

Drei Mythen über den historischen Wandel

Ein erster Mythos ist die weitverbreitete Annahme, es hätte eine Entwicklung von einer vorindustriellen Groß- zu einer modernen Kleinfamilie gegeben. Ausgehend von der Vorstellung, die Familie in der Vergangenheit sei typischerweise die Großfamilie gewesen, in der drei Generationen zusammen unter einem Dach lebten, wird unterstellt, es hätte eine lineare Verkleinerung der Familie gegeben, die bis heute nicht zum Stillstand gekommen ist. Aus heutiger Sicht ist klar, dass die Dreigenerationenfamilie in der Vergangenheit nicht weitverbreitet, sondern eher die Ausnahme war. Vielfach dürften Familien im 19. Jahrhundert kleinere Einheiten mit vier bis sechs Personen gewesen sein, für die, im Unterschied zu heute, das Vorhandensein von Gesinde typisch war. Die Kleinheit ergab sich aus einer Vielzahl von Gründen. Zu den wichtigsten gehörte sicherlich die hohe Säuglings- und Kindersterblichkeit. In manchen Zeiten und Regionen sind wohl bis zur Hälfte der Kinder während ihrer ersten drei Lebensjahre verstorben.

Das Klischee der Familie als *Hort von Harmonie und Glück* kann ebenfalls getrost als Mythos bezeichnet werden. Unter dem Diktat von Knappheit und Not war Familie zumeist nicht der Harmonieraum, zu dem sie bis heute romantisiert wird. Vielmehr kann davon ausgegangen werden, dass die Familie verbreitet ein Ort von Konflikten, Gewalt und Unterdrückung war, unter der besonders Frauen und Kinder und nach der Hofübergabe auch Alte zu leiden hatten.

Weiterhin ist der Deutung entgegenzutreten, der Wandel der Familie sei im Sinne eines fortschreitenden Funktionsverlusts erfolgt, in dem die Familie zunächst die Produktionsfunktion abgegeben habe. Von einem progressiven Funktionsverlust der Familie kann nach den Befunden der historischen Familienforschung nicht gesprochen werden, bestenfalls von einer gewissen Spezialisierung. Entscheidend scheint nicht die Abgabe von Funktionen zu sein, sondern die veränderte Form, in der sie heute erbracht werden. Mit der These des Funktionswandels war die Annahme verknüpft, dass sich diese Entwicklung auch auf die Beziehungen zwischen den Mitgliedern der Familie ausgewirkt habe: Die von der unmittelbaren Subsistenzsicherung entlastete Kernfamilie schaffe Raum für Emotionalität, Intimität und Liebe zwischen den Partnern bzw. zwischen Eltern und Kindern und stelle die moderne Familie auf eine völlig neue Grundlage. Eine solche Charakterisierung dürfte die Entwicklung überzeichnen, weil es durchaus Befunde dafür gibt, dass auch vorindustrielle Familienbeziehungen nicht ausschließlich instrumentell waren, wie ja umgekehrt heutzutage ökonomische oder pragmatische Gesichtspunkte bei Eheschließungen bzw. Familiengründungen durchaus bedeutsam sind.

Rechtliche Wendepunkte, Steigerung der Lebenserwartung und Wandel der Verwandtschaft

Entscheidende *rechtliche Wendepunkte* im Verlauf des Wandels von der vorindustriellen zur modernen Familie waren die Einführung der Schulpflicht, der Übergang vom kanonischen zum bürgerlichen Ehe- und Familienrecht sowie die Durchsetzung des Prinzips der freien Gattenwahl. Maßgebliche *demografische Veränderungen* waren der Rückgang der Säuglingssterblichkeit, der, mit einiger zeitlicher Verzögerung, zu einem spürbaren Rückgang der Geburten führte, und der Rückgang der Sterblichkeit im mittleren Erwachsenenalter. (…) Bei allen markanten Veränderungen der Familie, weit tiefgreifender war im Vergleich dazu der Wandel der Verwandtschaftsbeziehungen. Verwandtschaft hat als vormals mächtige soziale Institution ab Mitte des 19. Jahrhunderts stark an Bedeutung eingebüßt. Die Kernfamilie und ihre Mitglieder, zuvor integraler Bestandteil des übergreifenden Verwandtschaftssystems und davon abhängig, wurden zunehmend unabhängig und selbstständig. Der Einfluss der Verwandtschaft als Kontroll- und Entscheidungsträger ging zurück und hat sich bis heute weitgehend aufgelöst.

Zum Wandel der Familie in Deutschland nach 1955

Die Zeit zwischen 1955 und 1968 wird allgemein als Blütezeit von Ehe und Familie bezeichnet, weil die eheliche Kernfamilie in dieser Zeit eine besondere Monopolstellung innehatte – sowohl faktisch als auch normativ. Voreheliches Zusammenleben, Scheidungen, nichteheliche Geburten und dauerhafte Kinderlosigkeit waren selten, die Heiratshäufigkeit hoch. Eine derartige Dominanz einer einzelnen Lebensform und des damit verbundenen Musters der Lebensführung ist historisch gesehen ein Ausnahmefall. Davor, d. h. insbesondere auch im 18. und 19. Jahrhundert, existierte eine Vielfalt von Lebensformen, die hauptsächlich durch den großen Einfluss der sozialstrukturellen Lage auf die Familienformen, ökonomisch begründete Heiratsverbote und das hohe Risiko der Verwitwung in jungen Jahren verursacht war. Die seit Ende der 1960er-Jahre in Gang gekommene „Pluralisierung der Lebensformen" und „Individualisierung" der Lebensführung stellen deshalb eine Rückkehr zur historischen Normalität der Vielfalt dar.

Strukturelle Ursachen des Wandels

Neben anderen sind vor allem zwei Ursachen für diesen Wandel von Bedeutung: die im Zuge der allgemeinen gesellschaftlichen Modernisierung nachlassende Verbindlichkeit sozialer Normen und Kontrollen sowie die zunehmende Bildungsbeteiligung und Erwerbstätigkeit der Frauen, die dadurch ökonomisch immer unabhängiger von Mann und Ehe werden.

Die Ehe verlor in diesem Prozess ihre frühere Bedeutung als gesellschaftliche Institution, die um ihrer selbst willen zu schützen und aufrechtzuerhalten war, und bietet heute nur noch den rechtlichen Rahmen für eine Lebensform, die die Eheleute ansonsten nach ihrem Belieben individuell gestalten können. Das bedeutet jedoch nicht, dass gesellschaftliche Einschränkungen gänzlich an Bedeutung eingebüßt haben. Im Gegenteil: Nach wie vor beeinflussen strukturelle Rücksichtslosigkeiten, d. h. der politisch gesetzte Vorrang wirtschaftlicher gegenüber familialen Interessen, fehlende öffentliche Kinderbetreuungseinrichtungen und die gesellschaftliche Geringschätzung von in der Familien- und Erziehungsarbeit erbrachten Leistungen das Familienleben und die Entfaltungschancen von Familien beträchtlich. Doch zweifellos haben die Wahlmöglichkeiten und die Vielfalt der Lebensformen zugenommen, zwar nicht im Sinne eines „anything goes", aber im Sinne einer Herauslösung aus den Zwangsläufigkeiten der ökonomischen und sozialen Verhältnisse, wie sie noch in den 1960er-Jahren bestanden.

Norbert F. Schneider: Familie in Deutschland – Stabilität und Wandel, Bundeszentrale für politische Bildung, 31.5.2012, in: http://www.bpb.de (Zugriff: 4.2.2013)

Immer mehr Ehen in Deutschland werden geschieden. Im Jahr 2011 betrug die Scheidungsrate rund 50 Prozent

1 Fassen Sie den Wandel der Familienstrukturen zusammen. Prüfen Sie die Zahlen in **M 38** durch Recherche im Internet.

2 Diskutieren Sie die Auswirkungen des familialen Wandels auf die Kinder.

3 Erörtern Sie mögliche Konsequenzen für die Familienpolitik.

Jedem sein eigenes Risiko? – Individualisierung

Den Wandlungsprozessen in der Arbeitswelt, der Familie und anderen Institutionen der Gesellschaft scheinen tiefer liegende allgemeine Strömungen zugrunde zu liegen. Als eine solche Strömung hat vor allem der Soziologe Beck die Individualisierung ausgemacht. Der Begriff bezeichnet einen Prozess, der mit Industrialisierung und Modernisierung der westlichen Gesellschaften einhergeht und aus dem Übergang des Individuums von der Fremd- zur Selbstbestimmung besteht.

M40 Individualisierung der Lebensführung

Die veränderten Lebenschancen der Individuen

Die Lebenschancen eines Individuums bestehen, ganz abstrakt betrachtet, aus Optionen auf der einen und Ligaturen (Bindungen) auf der anderen Seite:

– Optionen ergeben sich aus Anrechten und Angeboten. Beispielsweise hilft das Demonstrationsrecht, demokratisch Einfluss auf die Regierung auszuüben; und das Warenangebot ermöglicht jemandem, sich z. B. ganz nach seinen individuellen Vorlieben zu kleiden – vorausgesetzt, er verfügt über genug Geld, um die von ihm bevorzugte Kleidung kaufen zu können. Angebote sind also oftmals von individuellen finanziellen Ressourcen abhängig.

– Genauso wichtig für die Lebenschancen einer Person sind die Ligaturen, also die sinnstiftenden Bindungen an kulturelle Werte und soziale Gemeinschaften. Diese Bindungen können höchst vielgestaltig sein – von Freundschaften oder einem guten Betriebsklima bis hin zur Identifikation mit einem Pop-Idol oder der eigenen Nation.

Genauso wie totale Fremdbestimmtheit und Chancenlosigkeit, also die Reduktion von Optionen auf null, einer Person das Leben zur Hölle machen kann, ist dies auch bei einer Reduktion der Ligaturen auf null der Fall. Denn dann breitet sich im Leben einer Person Sinnleere aus. Je besser es hingegen sowohl um Optionen als auch um Ligaturen bestellt ist, umso größer sind die Lebenschancen.

Das Ideal der individuellen Autonomie

Der bereits in der Renaissance einsetzende moderne Individualismus betonte von Anfang an die Autonomie und Einzigartigkeit des Einzelnen – ursprünglich in Absetzung von der starken Eingebundenheit des mittelalterlichen Menschen in rigide lokale Gemeinschaften. Bis heute neigt der Kult des Individuums zu einer Überbetonung von Optionen auf Kosten der Ligaturen. Auf seinem Programm steht u. a. eine rigorose Enttraditionalisierung aller Lebenszusammenhänge, um der Person ein möglichst selbstbestimmtes Leben zu ermöglichen. Traditionen sollen nicht mehr binden. Die Kehrseite dieser Optionserweiterung ist Ligaturenverlust. Der Schützenverein beispielsweise ist eben nicht bloß spießiger Konformitätsterror, sondern kann auch echtes Gemeinschaftserleben – genau wie in der Raver-Szene – bedeuten.

Die drei Voraussetzungen des Individualisierungsprozesses

Der Individualisierungsschub der letzten Jahrzehnte geht vor allem auf drei Entwicklungen zurück. Erstens hat eine bis in die 1980er-Jahre anhaltende Wohlstandssteigerung in fast allen Bevölkerungsgruppen zwar die sozialen Ungleichheiten nicht nivelliert, wohl aber einen „Fahrstuhl-Effekt" ausgelöst: Alle konnten sich kontinuierlich ein bisschen mehr leisten, z. B. Fernreisen oder den Zweitfernseher im Kinderzimmer. Zweitens hat die deutliche Verkürzung der Arbeitszeit den vollerwerbstätigen Gesellschaftsmitgliedern entsprechend mehr Freizeit beschert, in denen sie eigenen Interessen, vom Hobby bis zum politischen Engagement oder zur Weiterbildung, nachgehen können. Drittens schließlich hat das gestiegene Bildungsniveau, wie es sich vor allem im von Kohorte zu Kohorte höheren Abiturienten- und Studierendenanteil zeigt, zum einen dazu geführt, dass immer mehr Menschen bessere Chancen des sozialen Aufstiegs über eine berufliche Karriere bekommen haben. Zum anderen bedeutet höhere Bildung auch die Vermittlung kognitiver Kompetenzen und Anregungen, um profunder über sich selbst und das eigene Leben nachzudenken und auf dieser Grundlage selbstbestimmtere Lebensentscheidungen zu treffen, wie auch ein höheres Interesse daran. Mehr Zeit dafür hat man als Jugendlicher und junger Erwachsener ebenfalls, wenn man mehrheitlich nicht schon mit vierzehn eine Lehre absolvieren oder als Ungelernter arbeiten gehen muss.

Sozialer Aufstieg

Aus diesen Entwicklungen erwuchs eine zunehmende Individualisierung, die sich mit ihrer positiven Seite an einer ganzen Reihe von Phänomenen festmachen lässt. Zunächst ist darauf hinzuweisen, dass von den 1950er- bis zu den 1980er-Jahren mehr Gesellschaftsmitglieder als zuvor – und danach – einen sozialen Aufstieg geschafft haben. Diese Aufsteiger, etwa vom Arbeiterkind zum Akademiker, sind schon deshalb individualisiert, weil sie mit dem sozialen Milieu, in dem sie sich dann bewegen, erst einmal nicht vertraut sind, und weil sie auch auf Dauer nicht alle habituellen Eigenarten ablegen werden, die sie ihrem Herkunftsmilieu verdanken – was bei den Lieblingsspeisen anfängt. Je mehr Aufsteiger ein Milieu verkraften muss, desto heterogener wird es daher, und desto weniger vermag es noch einen Konformitätsdruck auf einströmende Aufsteiger auszuüben. Sozialer Aufstieg führt so zwangsläufig zu einer Individualisierung in vordem traditional in sich gefestigten Milieus.

Pluralisierung der Lebensstile

Aber auch darüber hinaus hat eine zunehmende Diversifizierung von Lebensstilen stattgefunden, was als Übergang in eine „Erlebnisgesellschaft" verzeichnet worden ist. Seit den 1960er-Jahren haben viele Menschen in den entwickelten Ländern des Westens eine ganz neuartige Lebenseinstellung kultiviert. Bis dahin ging es primär darum, zunächst vor allem materielle Grundbedürfnisse zu befriedigen und sodann, insbesondere über Bildungsanstrengungen angegangen, berufliche Leistung zu erbringen und Karriere zu machen. Seitdem hat sich das Lebenskonzept vieler in Richtung „schöner Erlebnisse" verschoben, die neben kulturellen Aktivitäten im engeren Sinne viele weitere Lebensbereiche erfassen: vom Wohnen über Freizeitaktivitäten und Bildungsinteressen bis zum Umgang mit dem eigenen Körper und zum Essen. Dabei bilden sich nach Lebensalter und Bildungsniveau vielfältig differenzierte Lebensstil-Szenen und -Milieus heraus, die relativ friedlich nebeneinander koexistieren. Anders als früher das Bildungsbürgertum, das fraglos beanspruchte, den unteren sozialen Schichten verbindliche kulturelle Standards vorgeben zu können, um sich dann mit vorprogrammiertem Grausen über den „schlechten Geschmack" der „Proleten" erheben zu können, kümmert sich nun etwa das grün-alternative Studienratsmilieu kaum noch darum, was die Schrebergärtner oder die Raver-Szene so treiben.

Individualisierung der Lebensstile

Die Notwendigkeit, zwischen verschiedenen Optionen zu entscheiden

Diese durch sozialen Aufstieg sowie Milieu- und Lebensstildiversifizierung erfolgte Freisetzung des Einzelnen aus engen Sollens- und Wollens-Vorgaben seiner Lebensführung bedeutet: Jeder muss immer mehr Fragen selbst entscheiden, anstatt einfach das zu tun, was „man" in seinem Milieu in entsprechenden Situationen so tut. Das reicht von vergleichsweise belanglosen Fragen wie der, wo man Urlaub macht, bis zu weittragenden Entscheidungen der Berufswahl oder der Gestaltung einer Lebenspartnerschaft. Etwas pathetisch heißt es über diese Stufe der Individualisierung: „Der Mensch wird (im radikalisierten Sinne Sartres) zur Wahl seiner Möglichkeiten, zum homo optionis. Leben, Tod, Geschlecht, Körperlichkeit, Identität, Religion, Ehe, Elternschaft, soziale Bindungen – alles wird sozusagen bis ins Kleingedruckte hinein entscheidbar, muss, einmal zu Optionen zerschellt, entschieden werden."

Uwe Schimank: Sozialer Wandel – Wohin geht die Entwicklung?, in: Stephan Hradil (Hg.): Deutsche Verhältnisse. Eine Sozialkunde, Bonn (Bundeszentrale) 2012, S. 27ff.

1 Erarbeiten Sie in Gruppen die verschiedenen grundlegenden Tendenzen des sozialen Wandels Individualisierung, Wertewandel und Strukturwandel.

2 Stellen Sie zu Ihrem Thema ein Lernplakat oder eine Powerpoint-Präsentation zusammen.

3 Stellen Sie im Plenum die verschiedenen Präsentationen vor. Diskutieren Sie anschließend, inwieweit verschiedene Teile des sozialen Wandels durch die jeweilige Tendenz zu erklären sind.

M41 Folgen der Individualisierung

Die Frauen als Hauptgewinnerinnen des Wandels
An keiner Bevölkerungsgruppe lässt sich der Individualisierungsschub so deutlich zeigen wie an den Frauen, die insofern erst einmal als die Hauptgewinnerinnen dieses Wandels einzustufen sind. Im Bildungserfolg haben sie die Männer mittlerweile übertroffen, im Berufsleben haben sie trotz nach wie vor bestehender Benachteiligungen große Fortschritte zu verzeichnen, und aus beidem erwachsend können sie inzwischen selbstbewusst in Partnerschaften gehen und eigene Bedürfnisse und Interessen etwa in der familialen Arbeitsteilung geltend machen. Dass heutzutage viel mehr Ehen geschieden werden als früher, ist – so paradox sich das zunächst anhört – ein Indikator dafür, wie sich die Lage der Frauen verbessert hat. Denn sie haben nun, anders als früher, aufgrund eigener beruflicher Qualifikationen und Berufstätigkeit Ausstiegsoptionen aus einer unbefriedigenden Partnerschaft.

Pluralisierung der Formen des Zusammenlebens
Generell ist die Pluralisierung der Formen des Zusammenlebens im Vergleich zur Ära des „Fordismus", als die Kleinfamilie eines männlichen Alleinverdieners und einer den Haushalt führenden und die Kinder erziehenden Frau der Normalfall war, frappierend. Neben diesem weiterexistierenden Typ von Partnerschaft gibt es kinderlose Ehen, nicht-eheliche Lebensgemeinschaften mit und ohne Kinder sowie Wohngemeinschaften – nicht mehr nur unter Studierenden. Weiterhin existiert eine erhebliche Teilgruppe von Menschen, die über eine längere Zeit und freiwillig als Singles – wiederum mit oder ohne Kinder – leben. Manche Beobachter sprechen diesbezüglich sogar von einer „Single-Gesellschaft". Schließlich ist bemerkenswert, wie häufig jemand von einer dieser Lebensformen in eine andere überwechselt, und zwar ohne eine feste Abfolge: Vom Single zur Ehe zur Wohngemeinschaft kann ebenso vorkommen wie von der Wohngemeinschaft zur nicht-ehelichen Partnerschaft mit Kind zum alleinerziehenden Vater (...).

Die Entstehung neuer sozialer Bewegungen
Ein weiteres Ergebnis des gesellschaftlichen Individualisierungsschubs waren die sogenannten „neuen sozialen Bewegungen", die nach der Studentenbewegung der späten 1960er-Jahre als ganz neuartige politische Akteure aufgekommen sind: die Frauen-, die Umwelt- und die Friedensbewegung. Nicht nur in den inhaltlichen Forderungen, auch in den Aktionsformen, die von der „außerparlamentarischen Opposition" der Studenten übernommen wurden, fand die neugewonnene Individualität vor allem jüngerer Menschen aus der Mittelschicht ihren Ausdruck. Es ging um „postmaterialistische" Werte (...), um „Lebensqualität" – ein damals aufgekommener Begriff – statt um bloßen „Lebensstandard"; und diese politischen Zielsetzungen leiteten sich aus Bildungserlebnissen und neuen Formen des Zusammenlebens ab. Die 1980 gegründete politische Partei „Die Grünen" – die einzige erfolgreiche programmatische Neugründung in der Parteienlandschaft Nachkriegsdeutschlands – wurde zum parlamentarischen Ausdruck dieses Individualisierungsschubs, der sich freilich nachfolgend auch in den beiden großen Volksparteien Bahn brach.

Die Zunahme der Entscheidungszumutungen
Die eine davon ist als „Multioptionsgesellschaft" porträtiert worden. Wie bereits angesprochen, explodieren die Entscheidungszumutungen, mit denen sich jeder tagtäglich konfrontiert sieht, aufgrund des Ligaturenverlusts. Alles könnte auch anders gemacht werden, und nicht zuletzt die Massenmedien versorgen einen mit Alternativangeboten. Beratungsangebote können partiell abhelfen, bleiben aber hinterfragbar – und dann steht jeder letztendlich mit dem vagen, aber nachhaltig schlechten Gefühl da, er hätte es vielleicht doch besser machen können. Sichtbar wird das natürlich vor allem am eigenen Scheitern: der Ehe, der Kindererziehung oder der beruflichen Karriere. Doch selbst für denjenigen, bei dem es „gut läuft", steht die Frage im Raum: Hätte es nicht noch besser laufen können – und müssen?! Und weil das nicht bloß bei einer einzelnen Entscheidung, sondern jedes Mal so ist, verdichtet es sich zu einem Lebensgefühl, das so weit gehen kann, dass jemand sich als kompletter Versager vorkommt.

Die weitreichende Selbstverantwortung
Die andere Schattenseite der Individualisierung besteht darin, dass der „homo optionis" auch selbst dafür verantwortlich gemacht wird, was aus seinen Entscheidungen wird. Wer z. B. einen Beruf wählt, der ihn dann mit Mitte Vierzig arbeitslos werden lässt, kann nicht mehr so einfach sagen, er habe nur das getan, was sein Vater und Großvater ihm vor-

gelebt und geraten haben – es war kein Milieu-Schicksal, sondern seine höchstpersönliche Entscheidung! Niemandem sonst und schon gar nicht „der Gesellschaft" kann die Schuld zugeschoben werden. Selbstverantwortung ist immer schwer – aber sie kann zu einer übermenschlichen Belastung werden, wenn es um unabsehbare Folgen einer Entscheidung geht oder einem die gesellschaftlichen Umstände keine Chance lassen. Wer konnte schon vor dreißig Jahren absehen, dass er einen Beruf erlernt, der heute keine Zukunft mehr hat – und wer kann etwas dafür, dass ihm eine schwere Wirtschaftskrise den Arbeitsplatz nimmt?

Solche lebensgeschichtlichen Risiken, die sich zu einem totalen Scheitern auswachsen können, gab es zwar immer. Dass der Einzelne sie nunmehr viel stärker als früher sich selbst zurechnen muss, ist seit den 1980er-Jahren virulent geworden, als viele Arbeitsplätze unsicherer wurden und zugleich die Löhne nicht mehr so stetig stiegen wie bisher. (…)

Die zunehmende „Prekarität"

Bei einem solchen Lebensgefühl kann man nur versuchen, sich so lange wie möglich findig und lernbereit als „flexibler Mensch" (…) durchzuschlagen und hinzunehmen, dass das eigene Leben keine lineare Aufwärtsbewegung mehr ist, sondern unter Umständen kreuz und quer dahin treibt. An Großorganisationen wie Gewerkschaften als kollektive Interessenvertreter, die für stabile Verhältnisse sorgen, glaubt man immer weniger; stattdessen verhält sich der einzelne Arbeitnehmer als „Arbeitskraftunternehmer" in eigener Sache – propagandistisch konsequent zu Ende gedacht mit der Erfindung der „Ich-AG" als arbeitsmarktpolitischer Maßnahme. Dabei nimmt die Versuchung zu, mit Ellenbogenmentalität nach dem Motto „Jeder ist sich selbst der Nächste!" zu agieren. Gerade die gesellschaftliche Mitte verspürt inzwischen eine zunehmende „Prekarität" ihrer Lage, obwohl es ihr alles in allem immer noch weit besser geht als den unteren Schichten. (…)

Die neue Gruppe der „Überflüssigen"

Die Anzahl der Menschen, die irgendwann dieses Sich-Weiterhangeln nicht mehr hinkriegen, weil die Kräfte ausgehen, was sich etwa in chronischen Krankheiten und psychischen Beschwerden äußern kann, oder die einfach Pech haben, nimmt seit vielen Jahren zu. Schon Ende der 1970er-Jahre wurde Deutschland als „Zweidrittel-Gesellschaft" etikettiert. Das verwies auf eine nicht länger bagatellisierbare Anzahl von Gesellschaftsmitgliedern, die – wie es gut zehn Jahre später hieß – Opfer gesellschaftlicher „Exklusion" geworden waren. Zwar kennt man das „Lumpenproletariat" schon seit Anbeginn der kapitalistischen Gesellschaft, das als „industrielle Reservearmee" nur in wirtschaftlich guten Zeiten Beschäftigung findet und in schlechten Zeiten freigesetzt wird. Doch inzwischen sehen einige Beobachter eine Zuspitzung derart, dass unter den heutigen Langzeitarbeitslosen eine wachsende Anzahl von Menschen sei, die man im radikalen Sinne als neue Gruppe der „Überflüssigen" einstufen müsse: Sie werden auch in besseren Zeiten nie mehr gebraucht werden, sondern sind nur noch gesellschaftliche Kostgänger. Träfe dies zu, läge hier ein äußerst brisantes gesellschaftliches Konfliktfeld vor; und die Brisanz spitzte sich nochmals zu, wenn sich erwiese, dass nicht nur diese Menschen selbst für den Rest ihres Lebens chancenlos sind, sondern auch ihre Kinder keine realistische Chance bekommen. (…)

Zunehmende Ausländerfeindlichkeit

Eine Ausprägung solcher Konflikte kennt Deutschland bereits seit den 1990er-Jahren in erheblichem Maße: Ausländerfeindlichkeit, die sich immer wieder nicht nur verbal, sondern auch gewalttätig äußert. Wer auch immer die Rädelsführer sind: Die Gefolgschaft und die Sympathisanten setzen sich zu großen Teilen aus jenen zusammen, die wirtschaftlich abgehängt sind und gesellschaftlich nicht mehr mitkommen. Sie suchen Sündenböcke, die sie für die eigene Misere verantwortlich machen können. (…) Dass derartige Ausländerfeindlichkeit regional, bis auf Stadtteilebene heruntergebrochen, immer dort am meisten verbreitet ist, wo die Arbeitslosenquoten und vor allem der Anteil der Langzeitarbeitslosen am höchsten liegen, zeigt, dass vor allem wirtschaftlich verursachte Frustrationen pauschal zum angeblichen Kulturkonflikt umgedeutet werden.

Uwe Schimank: Sozialer Wandel – Wohin geht die Entwicklung?, in: Stephan Hradil (Hg.): Deutsche Verhältnisse. Eine Sozialkunde, Bonn (Bundeszentrale) 2012, S. 30ff.

Arbeitslosigkeit – individuelles Versagen?

Woran halten wir uns? – Wertewandel

Eine andere Grundströmung des sozialen Wandels ist die Veränderung der Einstellung der Menschen, Wertewandel genannt. Es lässt sich empirisch nachweisen, dass Werte zu verschiedenen Zeiten bei den Menschen eine unterschiedliche Rolle spielen. Daraus ergeben sich, so wird von vielen Soziologen gefolgert, unterschiedliche Handlungsmotivationen und unterschiedliches Verhalten.

M 42 Werte und Wertewandel

Die sozialkulturelle Entwicklung im Zeichen des Wertewandels – in den westlichen Industriegesellschaften insgesamt und vor allem in der Bundesrepublik (...) – spielte und spielt sich in wesentlichem Maße im Bereich der Privatheitsformen ab, mit substanziellen öffentlichen und gesellschaftlich-politischen Weiterungen. Seit den Sechzigerjahren hat sich (...) eine fundamentale Pluralisierung der Privatheitsformen vollzogen, in der sozialen Praxis ebenso wie, eng damit verbunden, hinsichtlich der allgemein akzeptierten Normen und Werte.

Aus der Kernfamilie eines verheirateten Ehepaares mit Kindern, der Norm und auch der Regel in den Fünfzigerjahren, bildeten sich allein schon vier Paarkombinationen heraus: nämlich verheiratete und unverheiratete Paare mit und ohne eigene und nicht eigene Kinder. Hinzu kamen die Alleinerziehenden sowie die Alleinlebenden und, neuerdings sozial zumindest offiziell nicht mehr geächtet, homosexuelle Lebensgemeinschaften. Fast alle dieser Lebensformen sind als soziale Massenphänomene ebenso neu wie der Tatbestand der gewollten Kinderlosigkeit als akzeptiertes und sozial üblich gewordenes Phänomen – auf diese Weise haben sich die Geburtenraten seit den Sechzigerjahren beinahe halbiert, und die Reproduktion der Gesellschaft um den Faktor 0,7 geht inzwischen in die zweite Generation. Diese Pluralisierung der Formen des Zusammenlebens steht in enger Wechselwirkung mit einer Fülle von weiteren Entwicklungen, von denen ich vier herausstellen möchte: Geschlechterbeziehungen, Sexualmoral, Freizeit und Entkirchlichung.

Erstens: die Geschlechterbeziehungen im Zeichen dessen, was ein thesenfreudiger Soziologe die „Entfamiliarisierung der Frau" genannt hat, jedenfalls ihrer Lösung aus dem Modell der„Ernährer-Hausfrau-Familie". Die Entwicklung der Geschlechterbeziehungen seit den Sechziger-, eher Siebzigerjahren zählt zu den tiefstgreifenden Veränderungen in der Geschichte der Bundesrepublik. Politisch zunächst von der „neuen Frauenbewegung" in den Siebzigerjahren aufgebracht, setzte sich der Anspruch auf Gleichberechtigung bzw. den Abbau von geschlechtsspezifischer sozialer Ungleichheit vor allem auf dem Wege einer schrittweisen Veränderung der politischen Kultur durch. Was ich meine, zeigt sich in nuce an unserem automatischen Befremden über einen Satz, der im Wahlkampf von 1972 nicht allzu viele störte: „Wir haben die richtigen Männer", plakatierte die SPD – „wählen Sie Anke Fuchs". Der Unterschied zum Jahr, in dem die Bundesrepublik von ihrer ersten Kanzlerin regiert wird, liegt auf der Hand. Dass Angela Merkel dabei um ihre Weiblichkeit wenig Aufhebens macht, macht diesen Wandel nur noch deutlicher. Und natürlich wird dies durch ein Amt, durch einen Beruf sichtbar. Denn Berufstätigkeit von Frauen war der Kristallisationskern der weiblichen Emanzipation – ganz im Sinne der Moderne, denn im Gegensatz zur vormodernen ständischen Gesellschaft wird gesellschaftlicher Status in der modernen Leistungsgesellschaft nicht durch Geburt, sondern in erster Linie über Erwerbstätigkeit und Berufsposition zugewiesen. Der wirksamste Katalysator dieser Entwicklung war Bildung – insofern waren es in wesentlichem Maße Frauen, die von den Bildungsreformen seit den Sechziger- und Siebzigerjahren profitierten. Überhaupt die Bildungsreformen: Viel wird an Universitäten und Schulen, oft mit gutem Recht, über den Verfall von Bildung und Bildungsinstitutionen lamentiert. Ein anderes wird aber dabei übersehen: nämlich eine gleichzeitige Höherqualifizierung von weiten Teilen der Bevölkerung und somit, in den guten Zeiten der Bundesrepublik, eine allgemeine gesellschaftliche „Umschichtung nach oben". Zugleich beförderte zunehmende Bildung Individualisierungs- und Pluralisierungstendenzen im Bereich von Werten sowie von Privatheitsformen und Lebensstilen.

Damit kommen wir zum Ausgangspunkt zurück und nun zur *zweiten* Entwicklung. Indem die sogenannte bürgerliche Kernfamilie nicht mehr den Norm- und den Regelfall darstellte, verlor auch die Institution Ehe an Funktion und Bedeutung. Fand es noch 1967 weniger als ein Viertel der jungen Frauen in Ordnung, mit einem Mann unverheiratet zusammenzuleben, so hatte sich das Verhältnis bereits wenige Jahre später umgekehrt: Nun (fanden) gut drei Viertel nichts dabei. Ehe und Elternschaft entkoppelten sich ebenso wie Partnerschaft überhaupt und Elternschaft, und ebenso Sexualität und Ehe. Dahinter steht ein Wandel der Sexualmoral, der weit über die sexuelle Befreiung im Umfeld von 1968 und Kommune 1 hinausging, ja auch hier vielmehr durch allgemeine sozialkulturelle Prozesse vorangetrieben wurde, in diesem Falle nicht zuletzt die Massenmedien im Zeitalter des dualen Rundfunksystems. Allgemein ist eine zunehmende Permissivität festzustellen, sowohl in den Haltungen als auch – dort allerdings, wie die Sexualwissenschaftler gemessen haben, weniger – im Verhalten.

Damit sind wir bei einer *dritten* Entwicklung: der Freizeitgestaltung im Zeichen anspruchsvoller individualisierter Lebensstile. Freizeit gewann in der sozialen Praxis und mehr noch im Diskurs der Achtzigerjahre eine solche Bedeutung, dass Sozialwissenschaftler ihr eine größere Bedeutung für die soziale Struktur der Gesellschaft zuzuschreiben begannen als der materiellen Schichtung. Gerhard Schulzes Gesamtbeschreibung der „Erlebnisgesellschaft" etwa stammt aus diesem Kontext; ihr Hauptziel lag dabei im „Projekt des schönen Lebens" samt seinem Erlebnis.

Nun hat sich diese Zustandsbeschreibung in der deutschen Tristesse des frühen 21. Jahrhunderts als Phänomen eines verbleichenden Wohlstands herausgestellt, und nicht nur Peter Scholl-Latour und Peter Hahne haben das Ende der Spaßgesellschaft ausgerufen. In der Tat hat sich mancher Trend der Achtzigerjahre inzwischen umgedreht, sodass schon von einem „Wandel des Wertewandels" gesprochen worden ist. Was sich indessen bislang nicht geändert hat, ist der Rückgang der Geburtenraten: Sie sind, mit einem kurzen Zwischenhoch am Ende der Neunzigerjahre, seit 1991 in der Tendenz konstant gesunken. Und was ebenfalls bleibt, ist, dass Freizeit in hohem Maße die Religion ersetzt hat. Der Soziologie Heiner Meulemann deutet den gesamten Wertewandel vor diesem Hintergrund als eine „Art zweiter Säkularisierung".

Das ist die *vierte* Entwicklung: der Rückgang von Kirchenbindung, am deutlichsten ablesbar an den Kirchenbesucherzahlen, die seit den Sechzigerjahren erheblich zurückgegangen sind. Religion ist zunehmend privatisiert worden, und Religiosität ist diffuser geworden (...).

Andreas Rödder: Werte und Wertewandel in der Moderne und Postmoderne, 1.12.2005, in: http://www.leadership.info (Zugriff: 10.2.2013)

M 43 Wertorientierungen von Jugendlichen

Jugendliche im Alter von 12 bis 25 Jahren, in Prozent

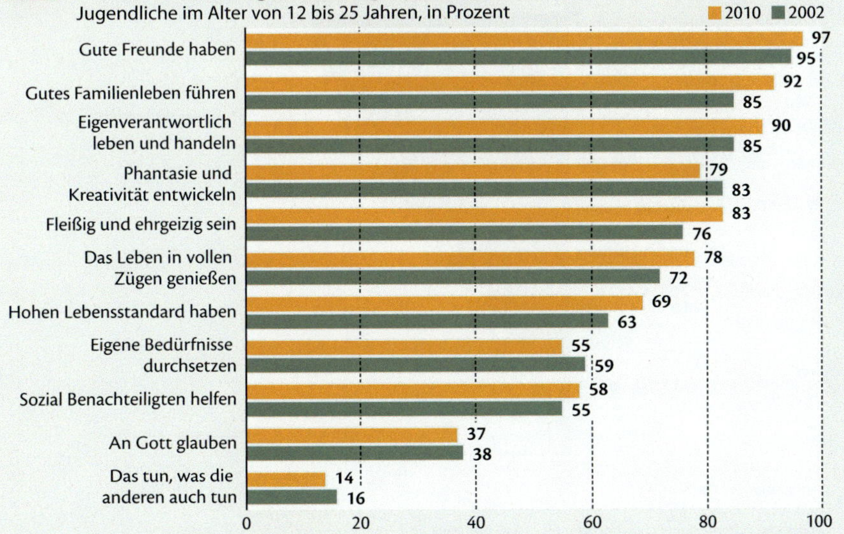

Quelle: 16. Shell Jugendstudie, Stand: 2010

Ronald Inglehart (geb. 1934), US-amerikanischer Politologe

M 44 Theorie des Wertewandels

Die Theorie des postmateriellen Wertewandels wurde durch den amerikanischen Politikwissenschaftler Ronald Inglehart unter dem Eindruck gesellschaftlicher Veränderungen zu Beginn der 70er-Jahre formuliert. Sie besagt, dass die massive Verbesserung der ökonomischen Lebensumstände in vielen westlichen Demokratien seit Ende des Zweiten Weltkriegs zu einer Ablösung traditionell bürgerlicher, sogenannter „materialistischer", Werte durch neue, sogenannte „postmaterialistische", Werte geführt hat. Unter materialistischen Werten versteht Inglehart die individuelle Betonung von Leistung, Sicherheit, sozialem Aufstieg und Prestige, während postmaterialistische Werte die Bedeutung von Selbstentfaltung, Lebensqualität, Emanzipation und gesellschaftlicher Beteiligung hervorheben.

Die oftmals unterstellten gesellschaftlichen Folgen dieses Wertewandels sind beträchtlich (...). So steht in zunehmendem Maße nicht mehr die Sicherung des Lebensunterhalts im Vordergrund der Arbeitsmarktbeteiligung, sondern die Möglichkeiten der beruflichen Selbstentfaltung und der individuellen Weiterentwicklung.

Die Theorie des postmateriellen Wertewandels unterstellt, dass sich dieser Wertewandel mit der Verzögerung einer Generation und nicht gleichzeitig mit dem Wohlstand entwickelt. Deshalb konnte sich die neu entstandene Sicherheit und das Wirtschaftswunder der 50er-Jahre erst in gesellschaftlichen Veränderungen der 70er-Jahre äußern. Menschen, die in ökonomisch oder politisch unsicheren Zeiten aufgewachsen sind, bleiben nach der Theorie ihr Leben lang Materialisten, und solche, die in ihrer Kindheit und Jugend ökonomischen Überfluss und Sicherheit erlebt haben, vertreten in ihrem Leben postmaterialistische Werte. Wertewandel entsteht nach Inglehart nicht durch individuelle Meinungsänderung, sondern vielmehr durch das stete Nachrücken von Geburtsjahrgängen mit neuen Werten, die nach und nach die gesellschaftliche Mehrheitsmeinung prägen.

DIW-Wochenbericht Nr. 34/2008

M 45 Werte in Europa

Eurobarometer-Umfrage: „Welche drei der folgenden Werte sind für Sie persönlich am wichtigsten?"
Angaben in Prozent der Bevölkerung, Europäische Union ■ 2010 ■ 2008

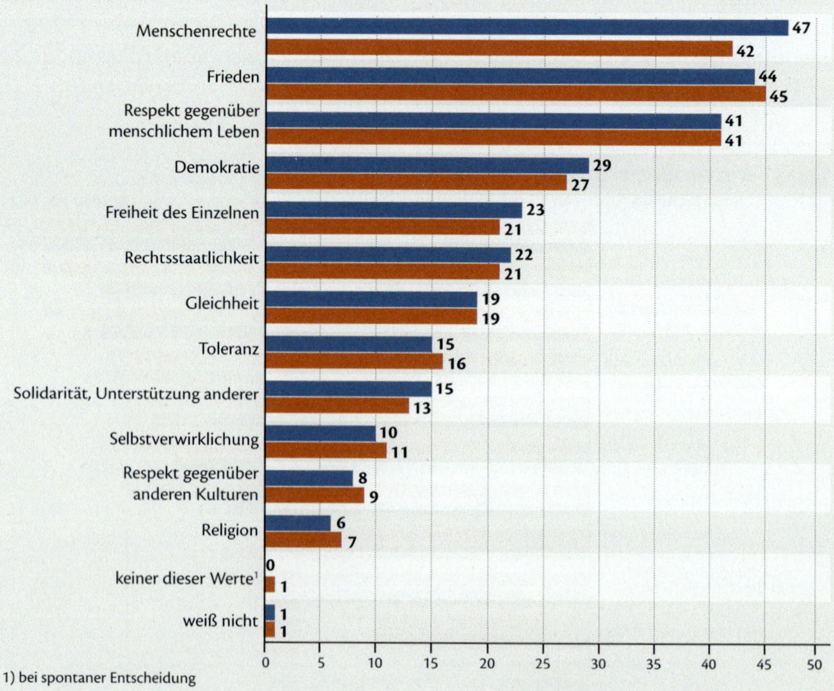

1) bei spontaner Entscheidung

Europäische Kommission: Eurobarometer 69, November 2008 und Eurobarometer 74, Februar 2011

M 46 Ist Ingleharts Theorie richtig?

In einer SOEP-Studie (s. S. 10) wurden Werte des Materialismus und Postmaterialismus erhoben.

Die Befragten wurden dabei gebeten, die vier möglichen Ziele staatlichen Handelns „Aufrechterhaltung von Ruhe und Ordnung", „Kampf gegen steigende Preise", „Schutz des Rechts auf freie Meinungsäußerung" und „mehr Einfluss der Bürger auf Entscheidungen der Regierung" entsprechend der individuell wahrgenommenen Wichtigkeit in eine Rangordnung zu bringen. In dem Maße, in dem die Befragten die ersten beiden Politikziele den letzten beiden in ihrer Wichtigkeit vorziehen, werden sie als Materialisten klassifiziert. In dem Maße, wie sie die letzten beiden Politikziele vorziehen, werden sie als Postmaterialisten bezeichnet.

In Westdeutschland stieg der Anteil der Postmaterialisten in den vergangenen zwanzig Jahren von 38 auf 47 Prozent, wobei Mitte der 90er-Jahre die Betonung postmaterialistischer Werte geringfügig schwächer ausfiel als Mitte der 80er. In Ostdeutschland ist zwischen 1996 und 2006 ein deutlicher Wandel zum Postmaterialismus auf nahezu das westdeutsche Niveau zu erkennen. Der Anteil der Postmaterialisten hat sich in nur zehn Jahren von 22 auf 45 Prozent verdoppelt.

Diese vergleichsweise schnelle Entwicklung kann nicht vollständig durch die Generationenabfolge in den neuen Bundesländern erklärt werden und spricht – entgegen der Theorie des Wertewandels nach Inglehart – für einen Periodeneffekt.

Vermutlich ist die starke Betonung materieller Bedürfnisse und Sicherheit in Ostdeutschland Mitte der 90er-Jahre auf die Folgen des wirtschaftlichen Zusammenbruchs und den Systemwechsel zurückzuführen. Zehn Jahre später unterstützen ostdeutsche Befragte postmaterialistische Ziele der freien Meinungsäußerung und politischen Mitbestimmung in ähnlichem Umfang wie die aus den alten Bundesländern. (…)

Auffallend ist die hohe Stabilität der Verbreitung des Materialismus beziehungsweise des Postmaterialismus innerhalb der jeweils zu zehn Jahren zusammengefassten Geburtskohorten. Dieser Befund, der auf alle Kohorten gleichermaßen zutrifft, deutet darauf hin, dass Personen im Lebenszyklus ihre Werte nicht systematisch in eine Richtung verändern, wie gängige lebenszyklische Thesen zum Beispiel eines „Alterskonservatismus" erwarten lassen würden. (…)

Auffallend ist auch, dass jede betrachtete Generation zunehmend postmaterialistischer ist als ihre Vorgängergeneration. Die deutlichsten Veränderungen in der Ablösung materialistischer durch postmaterialistische Werte werden in der Generationenabfolge zwischen der Kriegsgeneration (bis Jahrgang 1929), der Nachkriegsgeneration (Jahrgänge 1930 bis 1949) und den späteren Generationen (seit Jahrgang 1950) deutlich. Dieses Ergebnis entspricht weitgehend den Vorhersagen der Theorie postmateriellen Wertewandels. Die Jahrgänge seit 1950 unterscheiden sich insbesondere in Westdeutschland eher geringfügig hinsichtlich der Anteile an Postmaterialisten.

DIW-Wochenbericht Nr. 34/2008

M 47 Komponenten gesellschaftlichen Wandels

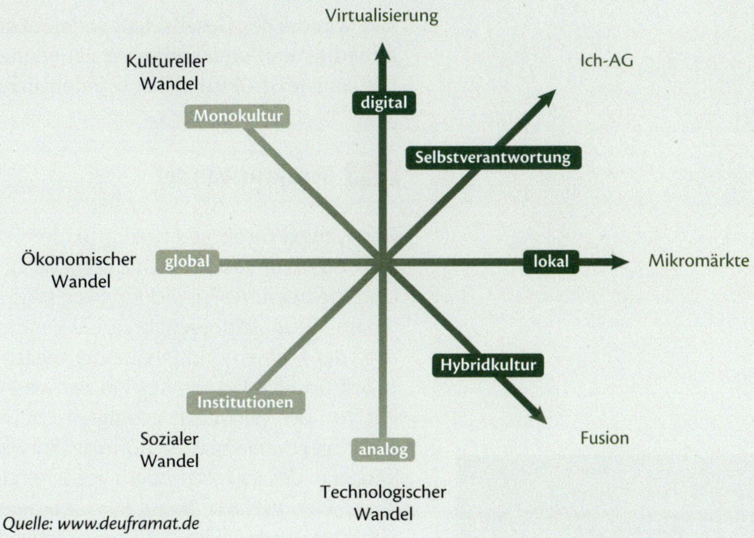

Quelle: www.deuframat.de

Kohorte: in der Soziologie Jahrgänge oder Gruppen von Jahrgängen, die der Abgrenzung von Bevölkerungsgruppen dienen

1 Benennen Sie die Faktoren des Wertewandels in Deutschland und diskutieren Sie sie (M 42).

2 Analysieren Sie die Grafik M 43 im Hinblick auf mögliche Einstellungsänderungen.

3 Diskutieren Sie, ob nach Ingleharts Theorie Menschen in prekären Lebensverhältnissen Postmaterialisten sein können (M 44).

4 Diskutieren Sie die Darstellung in der Grafik M 47.

5 Arbeiten Sie die wesentlichen Ergebnisse der Studie des Deutschen Instituts für Wirtschaftsforderung heraus (M 46) und diskutieren Sie diese.

Lauter Bruchzonen? – Strukturwandel

Der Wandel der Gesellschaft vollzieht sich meist nicht gleichmäßig, sondern in unterschiedlichen Bereichen in verschiedenem Maße oder auch gänzlich ungleichförmig. Die soziale Struktur selbst wandelt sich. Es kommt zu Brüchen und Schieflagen.

Strukturwandel: Ikea in Essen befindet sich in einem ehemaligen Fabrikgebäude

M 48 Strukturwandel

Der Wandel wirtschaftlicher Strukturen, das Auf und Ab unterschiedlicher Branchen und Unternehmen, die Entwicklung von Produkten und Produktionsverfahren, die Veränderung der Formen und Inhalte der täglichen Arbeit und die Wandlungen in der wesentlich von der Wirtschaft geprägten Umwelt gelten als gewissermaßen „normale" Entwicklungen in der sich als modern verstehenden Welt. Der vielfach benutzte Oberbegriff „Strukturwandel" wird der Komplexität des stattfindenden Wandels nur schwer gerecht. Strukturwandel bezeichnet in sehr umfassendem Sinne ökonomischen Wandel und damit ein Konglomerat aus sektoralen, branchenbezogenen und technisch-arbeitsorganisatorischen Veränderungen und bezieht dabei auch regionale und globale Handlungsbedingungen mit ein.

Strukturwandel umfasst damit unterschiedliche Prozesse. Da ist zunächst die Verschiebung zwischen den Sektoren der Wirtschaft – von der agrarischen Gesellschaft über die Industriegesellschaft zur Dienstleistungs- und Wissensgesellschaft. Weiterhin wird eine quasibiologische Entwicklung von Produkten angenommen, die zunächst erfunden werden und als Neuheiten eine Phase des Aufwachsens durchmachen, dann zu etablierten Produkten werden, die schließlich überall produziert werden können und dann weit verbreitet sind und „altern", möglicherweise gar als überholt gelten und zuletzt gewissermaßen sterben. (…) Diese so anschaulich beschriebenen Prozesse, die zu der beliebten Charakterisierung „altindustriell" führen, sind mit dem Wandel der Produktionsverfahren und dem zunehmend auch international erfolgenden Aufbau von Produktionsketten verbunden. Gleichzeitig ändern sich mit dem Wandel der Produktionsverfahren die Formen der Arbeit und die Anforderungen an die Beschäftigten. Der Wandel von der eher standardisierten Massenproduktion und tayloristischen Produktionskonzepten zu flexibleren, individuelleren Produkten, die andere Anforderungen an den Produktionsprozess stellen, wird als Übergang vom Fordismus zum Postfordismus bezeichnet (…). Mithilfe dieser Vorstellung einer langfristigen Änderung der Wirtschafts- und Produktionsweise wird die gesamtwirtschaftliche Entwicklung bzw. der Strukturwandel verknüpft mit neuen Managementstrategien, Unternehmenskonzepten und Produktionszusammenhängen wie der „flexiblen Spezialisierung" zur schnellen Anpassung an sich ständig ändernde Marktstrukturen. (…)

Strukturwandel hat vielfach gravierende soziale Konsequenzen, beispielsweise in der Entwertung von Qualifikationen von Arbeitnehmern, im Zusammenbruch von Unternehmen und dann vor allem auch in Form von Arbeitslosigkeit. So verläuft Strukturwandel oft krisenhaft und wird als krisenhaft wahrgenommen. Die Friktionen und Folgeprobleme des Strukturwandels sind daher ein klassisches Feld, auf dem politisches Handeln erwartet wird.

Stefan Goch: Einleitung, in: Ders. (Hg.): Strukturwandel und Strukturpolitik in Nordrhein-Westfalen, Münster (Aschendorff) 2004, S. 11 ff.

M 49 „Schöpferische Zerstörung"

Jede Rezession trägt den Keim für den nächsten Aufschwung in sich. Für den Ökonomen Joseph Schumpeter hilft gegen schwere Krisen nur eines – innovative Unternehmer.

In völligem Bruch mit den klassischen Ökonomen ist die Wirtschaft für Schumpeter stets im Ungleichgewicht. Nach seiner Ansicht – und diese Botschaft hat in der aktuellen Krise durchaus etwas Tröstliches – ist dem Kapitalismus ein „Prozess der schöpferischen Zerstörung" eigen. Neue Produkte verdrängen die alten, neue Verfahren ersetzen überkommene Produktionsstrukturen. Triebfeder eines jeden neuen Aufschwungs ist für Schumpeter der „dynamische Unternehmer". In der ersten Konjunkturphase liegt die Wirtschaft zunächst noch am Boden, erhält aber neue Impulse durch innovative Entrepreneure, die neue Produkte erfinden, neue Produktionsmethoden entwickeln und neue Märkte erschließen. Dies passiert nicht nach und nach, sondern schubweise. Die Kapazitätsauslastung der Fabriken und die Nachfrage nach Gütern und Arbeitskräften steigen.

Nun beginnt die zweite Phase, die „Prosperität“: Die Innovation sichert dem Pionierunternehmer zunächst ein Monopol und fette Gewinne. Die hohe Kapazitätsauslastung führt aber zu Kostensteigerungen. Zudem treten Imitatoren in den Markt ein, die das Produkt kopieren. Die Nachfrage sinkt, es tritt eine Marktsättigung ein, allenfalls gebremst durch Anschlussinnovationen, die das Produkt verfeinern.

In der dritten Phase, der Rezession, ist der Markt ausgereizt, Kapazitätsauslastung und Gewinne schrumpfen. Wenn es richtig schlecht läuft, folgt nun Phase vier, die Depression, in der das Produktionspotenzial brachliegt. Spätestens jetzt beginnen Pionierunternehmer wieder „die Produktionsstruktur zu reformieren oder zu revolutionieren“, und häufig sind es andere Unternehmen als im vorangegangenen Zyklus.

Für Schumpeter ist es ein normaler Effekt der „schöpferischen Zerstörung“, dass alte Firmen vom Markt verschwinden, während Newcomer nach vorne preschen: „Die meisten Unternehmen werden mit einer Idee und zu einem bestimmten Zweck gegründet. Sie verlieren ihre Lebenskraft, wenn die Idee unzeitgemäß geworden ist.“

Bernd Losse: Schumpeters Theorie der schöpferischen Zerstörung hat Konjunktur, 23.4.2009, in: http://www.wiwo.de (Zugriff: 21.10.2010)

Joseph A. Schumpeter (1883–1950), österreichisch-amerikanischer Ökonom

M 50 Beschäftigungsentwicklung nach Hauptsektoren in Nordrhein-Westfalen

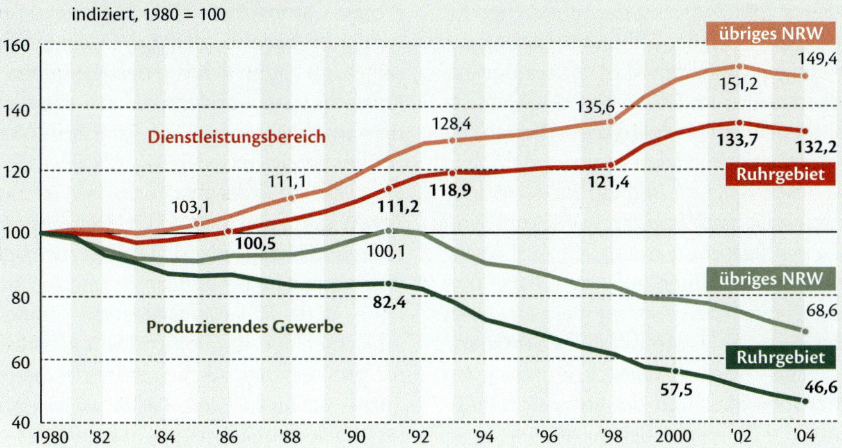

Nach: Struktur und Entwicklung der sozialversicherungspflichtig Beschäftigten im Ruhrgebiet 1980 bis 2004, Essen: Regionalverband Ruhr 2006, S. 2

1 Arbeiten Sie den Zusammenhang zwischen Strukturwandel und „schöpferischer Zerstörung“ heraus.

2 Untersuchen Sie ein Beispiel für Unternehmensschließungen in Ihrer Region und beurteilen Sie, inwiefern hier Schumpeters These von der „schöpferischen Zerstörung“ zutrifft.

3 Ermitteln Sie Positionen, die Schumpeters Ansatz kritisch sehen, und stellen Sie diese vor.

4 Beurteilen Sie, ob die Ausführungen in **M 48** und **M 49** zur Erklärung der letzten Wirtschaftskrise (2009) und der Wirkungen, die von der Globalisierung ausgehen, brauchbar sind.

5 Analysieren Sie Verlauf und Auswirkungen des Strukturwandels im Ruhrgebiet (**M 48**). Prüfen Sie, ob dieser Strukturwandel problemlos erfolgte.

Wie hält das noch zusammen? – Konfliktpotenziale sozialen Wandels

Es ist deutlich geworden, dass der soziale Wandel vielfältige Friktionen erzeugt, zwischen Alt und Jung, zwischen Mann und Frau, zwischen verschiedenen Regionen, zwischen den Lebensbedürfnissen der Einzelnen usw. Dies kann langfristig dazu führen, dass die Gesellschaft auseinanderfällt. Dadurch entsteht immer dringender die Frage, was die Gesellschaft dann noch zusammenhalten kann. Symptome des Auseinanderfallens finden sich genug.

M51 Chronologie: Weltweite Jugendproteste 2010/2011

England I: Im November und Dezember 2010 protestierten in England Zehntausende Studenten gegen die drastische Erhöhung der Studiengebühren an Universitäten. In London kam es bei den Demonstrationen zu Zusammenstößen zwischen Studenten und Polizisten. Im Regierungsviertel stürmten aufgebrachte Studenten die Parteizentrale der regierenden Konservativen. Sie drangen in den Gebäudekomplex am Themse-Ufer ein und besetzten stundenlang das Dach des Parteihochhauses. Trotzdem beschloss die Regierung die Erhöhung der Studiengebühren.

Tunesien: Der Aufstand der tunesischen Jugend wurde von der Selbstverbrennung des 26-jährigen Mohammed Bouazizi ausgelöst. Er steckte sich im Dezember 2010 selbst in Brand, nachdem die Polizei seinen Karren, mit dem er Gemüse verkaufte, zum wiederholten Mal beschlagnahmt und ihn auf der Wache misshandelt hatte. Bouazizi wurde zum Symbol einer Jugend, die trotz guter Ausbildung schlechte Aussichten auf Arbeit hatte und keine Zukunftsperspektiven mehr sah. Nach wochenlangen Protesten für Demokratie und gegen Arbeitslosigkeit, Korruption und Behördenwillkür floh der ehemalige Präsident Zine El Abidine Ben Ali am 14. Jänner 2011 ins arabische Exil.

Ägypten: In Ägypten war die Jugendbewegung 6. April eine der treibenden Kräfte hinter den Massenprotesten und dem folgenden Sturz des Regimes. Sie organisierte ihre Anhänger vor allem über die Internetplattform Facebook. Ihre Mitglieder sind hauptsächlich gut ausgebildete junge Leute, die politische Reformen, Pluralität, Meinungsfreiheit und Demokratie fordern. Nach wochenlangen Protesten und einer Dauerbesetzung des Kairoer Tahrir-Platzes wurde der ehemalige Präsident Hosni Mubarak schließlich am 11. Februar 2011 zum Rücktritt gezwungen.

Portugal: Mitglieder der Jugendprotestbewegung „Geracao a rasca" (Generation in der Klemme) riefen im März 2011 über Facebook zu Protestkundgebungen in elf Städten ihres Landes auf. Das Ergebnis übertraf alle Erwartungen. Hunderttausende Portugiesen zogen in Lissabon, Porto und anderen Städten durch die Straßen und demonstrierten gegen Arbeitslosigkeit und mangelnde Zukunftsperspektiven. Die landesweiten Proteste dauerten wochenlang an.

Spanien: In Spanien demonstrieren seit 15. Mai 2011 vor allem junge Menschen gegen den rigiden Sparkurs der Regierung, die Macht der Banken und die hohe Arbeitslosigkeit. Auf zahlreichen Plätzen errichteten sie Protest-Camps, die mehrfach geräumt und wieder bezogen wurden. Die Organisatoren sagten, sie hätten sich von den Menschen in Nordafrika und in anderen europäischen Ländern inspirieren lassen: „Die arabische Welt hat uns gezeigt, dass der Sieg möglich ist."

Griechenland: In der griechischen Hauptstadt Athen kam es im Juni 2011 zu Demonstrationen und Krawallen gegen den Sparkurs der Regierung. Hunderte Beamte lieferten sich nahe dem Parlamentsgebäude Straßenschlachten mit Autonomen. Die aufgebrachten großteils jugendlichen Protestler warfen Steine, schlugen Fensterscheiben ein und setzten vereinzelt Gebäude in Brand.

Israel: In Israel kommt es seit Juli 2011 zu wiederholten Massenprotesten gegen hohe Lebenshaltungskosten. Der Mitorganisator und Vorsitzende des israelischen Studentenverbandes fasste die Stimmung zusammen: „Wir, die Studenten, die Jugend, sind hier, um deutlich zu machen: Wir haben die Kraft zur Veränderung." Auslöser der Proteste waren fehlende Wohnungen und die immens hohen Mieten in Tel Aviv, die sich viele Menschen nicht mehr leisten können.

Chile: In Chile rief der konservative Präsident Sebastian Pinera im 10. August 2011 zum Dialog über die Bildungsreform auf. Zuvor hatten Hunderttausende Studenten und Lehrer monatelang für eine gebührenfreie Bildung demonstriert. Bei den Protesten kam es immer wieder zu Ausschreitungen. Demonstranten errichteten Straßensperren und setzten Barrikaden in Brand. Die Polizei setzte Tränengas und Wasserwerfer ein.

England II: Die Erschießung eines jungen Familienvaters (29) durch die Polizei entzündete am 7. August 2011 landesweite Krawalle. Jugendliche zogen über mehrere Nächte durch die Straßen, steckten Gebäude in Brand, plünderten Geschäfte und lieferten sich Straßenschlachten mit der Polizei. Für den österreichischen Jugendforscher Philipp Ikrath sind diese Krawalle nicht vergleichbar mit den politischen Protesten in Spanien, Griechenland und Israel. Diese seien von Jugendlichen aus der Mittelschicht, die noch an „demokratisch legitimierte Prozesse" glauben, mitgetragen worden. Die jungen Leute in England würden sich der Gesellschaft nicht mehr zugehörig fühlen. Die Jugendlichen stellen keine politischen Forderungen und doch machen sie aufmerksam auf eine „exkludierte Unterschicht" von Jugendlichen, die in England seit Jahren von Gesellschaft und Politik ignoriert werde, so Ikrath.

Chronologie: Weltweite Jugendproteste, Kleine Zeitung 11.8.2011, in: http://www.kleinezeitung.at (Zugriff: 10.2.2013)

Spanische Jugendliche demonstrieren in Berlin gegen die Jugendarbeitslosigkeit in ihrem Land, Juli 2013

M52 „Der Jugend fehlt jeglicher Gemeinschaftssinn"

Nachdem sich die Lage in Großbritanniens Städten zu beruhigen scheint, kann die Aufarbeitung der Ursachen der landesweiten Randale beginnen. Um die Jugend zurückzugewinnen und Gewalteskalationen in Zukunft zu vermeiden, wird eine deutliche Neuausrichtung der Sozial- und Sicherheitspolitik geschehen müssen.

Die Krawalle und das Chaos in Großbritannien hat die Bevölkerung schockiert und traumatisiert zurückgelassen. Umso wichtiger war es für Premierminister David Cameron, das Problem nicht nur polizeilich, sondern genauso schnell auch sprachlich in den Griff zu bekommen. Teile der Gesellschaft seien kaputt und krank, verkündete er, es gehe um pure Kriminalität, die man bekämpfen und besiegen werde – mit allen Mitteln, die dazu nötig seien.

Harte Worte waren für Cameron das Gebot der Stunde, um der Polizei jegliche Rückendeckung für ihre Einsätze zu geben und um die fassungslosen Briten zu beruhigen. Dennoch war die drastische Wortwahl vermutlich kein kluger Schachzug. Sie hat die Jugendlichen mehr provoziert als beschwichtigt. Der Premier hat es vermieden, in irgendeiner Form Verständnis für die Frustration der Jugendlichen zu äußern. Dabei scheinen die Jugendlichen eine klare Botschaft mit ihrem Aufstand zu verbinden: Die Jugendlichen fühlen sich von der britischen Gesellschaft verstoßen, von den Medien missachtet und von der Polizei bedroht und ohne jeden Respekt behandelt.

Julius Jasso: „Der Jugend fehlt jeglicher Gemeinschaftssinn", Cicero v. 11.8.2011, in: www.cicero.de (Zugriff: 16.7.2013)

1 Analysieren Sie die Materialien im Hinblick auf die Gründe für den Jugendprotest.

2 Untersuchen Sie, inwiefern Prozesse des sozialen Wandels bei diesen Gründen eine Rolle spielen.

3 Beurteilen Sie, inwiefern ähnliche Proteste aufgrund des sozialen Wandels auch in Deutschland erfolgen könnten.

4 Arbeiten Sie heraus, welche Schlussfolgerungen nach Ihrer Ansicht Sozialpolitiker aus den Jugendprotesten ziehen sollten.

M53 „Arm und Reich müssen zusammenleben"

Interview von „Cicero online" mit dem Soziologen und Stadtforscher Hartmut Häußermann, 2011:

Cicero: Herr Häußermann, waren Sie überrascht von dem Ausmaß der Krawalle in Großbritannien?

Häußermann: Überraschend ist es immer, weil man den Zeitpunkt von so einem Ereignis nie vorhersagen kann. Aber es hat in den letzten Jahren immer wieder Unruhen gegeben. Die Gründe dafür sind alles andere als überraschend. Das Szenario dafür wird schon seit über 20 Jahren gebaut.

Cicero: Wie meinen Sie das?

Häußermann: Großbritannien hat schon unter Thatcher einen radikalen Umbau des Staates und der Gesellschaft, oder besser gesagt einen Abbau des Staates unter neoliberalen Prinzipien durchgemacht. Die Spaltung zwischen Arm und Reich ist stetig gewachsen. Nirgendwo in Europa gibt es mittlerweile eine größere soziale Ungleichheit.

Hinzu kommt die sehr liberale Zuwanderungspolitik, die natürlich ihre Vorteile hat und von der das Land auch profitiert. Aber wie die Migranten in dem Land klarkommen, wird ihnen vollkommen selbst überlassen. Deswegen kommt es zu einer starken Segregation, zur Bildung von verfeindeten ethnischen Gruppen, die in bestimmten Stadtteilen wohnen. Ich glaube, dass es da relativ geringe Anlässe braucht, damit eine Welle der Gewalt losbricht. (...)

Cicero: Was wäre also zu tun?

Häußermann: Dort, wo die Probleme am größten sind, reicht es nicht zu sagen: Ja, helft euch doch selbst. Die Regierung muss in der ganzen Stadt eine soziale Wohnungspolitik und verschiedene Integrationsmaßnahmen betreiben und nicht nur in den Stadtteilen, wo es buchstäblich brennt. Ein Zusammenleben von Arm und Reich muss überall in der Stadt möglich sein.

Die Bildungspolitik ist hier besonders gefragt: Die Mittelschicht schickt ihre Kinder auf die Privatschulen, während die Kinder aus den Problemvierteln geschlossen eine staatliche Schule in ihrem Quartier besuchen. Dort können sie keine Qualifikation erwerben, die ihnen nur eine minimale Chance auf dem Arbeitsmarkt sichert. Gegen diese Trennung muss etwas getan werden.

Eine verfehlte Bildungspolitik trägt auch Schuld daran, dass wir statt eines politischen Protests nur die blanke Frustration und eine sinnlose Randale erleben. (...)

Cicero: Glauben Sie, eine ähnliche Entwicklung wie in Großbritannien wäre auch für Deutschland nicht ausgeschlossen?

Häußermann: In Deutschland sollten angesichts der britischen Unruhen die Alarmglocken läuten. Wir haben die Politik, die bisher unsere Stadteile stabilisiert hat, aufgegeben. Unter Schwarz-Gelb ist das Programm „Soziale Stadt", was von der rot-grünen Regierung beschlossen wurde, beerdigt worden. Der staatlich geförderte Wohnungsbau, der weniger betuchten Menschen ein Leben in der Stadt garantieren konnte, gehört seit der Föderalismusreform der Vergangenheit an. (...)

Cicero: Wo sehen Sie europaweit den größten Handlungsbedarf für die Stadtpolitik?

Häußermann: Die Umwandlung von bisher gut integrierten und durchmischten Wohnquartieren muss gestoppt werden. Die Verteurung der Mietpreise und Aufwertung der Wohnviertel darf nicht zu einer Homogenisierung der Nachbarschaft führen.

Cicero: Also soll der Prozess bekämpft werden, den die Soziologen als Gentrifizierung bezeichnen?

Häußermann: Genau. Hier hat sich die politische Maxime in der europäischen Union kaum verändert. Es gilt weiter die Devise: Der Markt soll das regeln und der Staat soll sich zurückziehen. Frankreich hat schon vor 10 Jahren ein beispielhaftes und weitreichendes Gesetz verabschiedet. 20 Prozent des Wohnungsbaus muss eine Gemeinde als sozialen Wohnungsbau betreiben. Dafür stehen der Gemeinde staatliche Mittel zur Verfügung. Der Haken: Die Gemeinden können sich freikaufen. Mit schlechtem Beispiel ging hier die Gemeinde des Präsidenten Sarkozy voran. Ob die Maßnahme langfristig Früchte tragen wird, kann man aber jetzt noch nicht sagen. Dafür ist es noch zu früh.

Interview mit Hartmut Häußermann, in: Cicero online v. 13.8.2011, in: http://www.cicero.de (Zugriff: 10.2.2013)

Gentrifizierung: abgeleitet vom englischen Ausdruck „gentry" (= niederer Adel). Der Begriff wird zur Charakterisierung von Veränderungsprozessen in Stadtvierteln gebraucht. Er beschreibt den Wechsel von einer statusniedrigeren zu einer statushöheren (finanzkräftigeren) Bewohnerschaft. Dieser Wechsel geht oft mit einer baulichen Aufwertung, Veränderungen der Eigentümerstruktur und steigenden Mietpreisen einhergeht

Demonstration gegen Gentrifizierung, Berlin 2013

M54 „Globales Erwachen“?

Interview der ARD mit Simon Theune (geb. 1976), Soziologe am Institut für Protest- und Bewegungsforschung Berlin über die weltweite Jugendrevolte:

ARD.de: Erleben wir hier ein „globales Erwachen“, wie es einer der Demonstranten auf dem Rothschild-Boulevard in Tel Aviv formuliert hat?

Theune: Es ist eine globale Revolte, die sich durchaus mit der Studentenbewegung von 1968 vergleichen lässt. Viele dieser Leute in Chile, Madrid, Tel Aviv, Kairo und nun auch in New York verbindet das Gefühl, dass die Gesellschaft ganz grundsätzlich anders organisiert werden muss und dass die Entscheidungen, wie sie heute getroffen werden, nicht mehr die Bevölkerung berücksichtigen. Die Bewegung heute ist nicht so stark theoretisch oder ideologisch aufgeladen wie das in der Studentenbewegung 1968 der Fall war, allerdings erinnert die Art und Weise und das synchrone Aufflammen der Proteste doch stark an 1968.

ARD.de: „Globale Revolte“ sagen Sie – inwieweit berücksichtigen Sie bei einer solchen Feststellung die regionalen Unterschiede?

Theune: Natürlich gibt es national große Unterschiede, aber das war 1968 nicht anders. Auch damals sind in verschiedenen Ländern ganz unterschiedliche Fragen behandelt worden. In Deutschland war das zum Beispiel die Bewältigung der Nazi-Vergangenheit, und es ging stark um das Universitätssystem, während die Bewegung in Frankreich viel stärker durch die Kommunistische Partei und das so genannte Proletariat geprägt war. Das heißt, auch damals waren die nationalen Fragen sehr unterschiedlich, dennoch fassen wir zu Recht alles, was damals passierte, unter dem Label 68er-Bewegung zusammen. Meiner Einschätzung nach ist das, was wir heute erleben, von der Dimension her durchaus vergleichbar. Es ist zwar offensichtlich nicht wirklich „global“, aber dennoch sind ganze Weltregionen davon betroffen: Der gesamte Mittelmeerraum, aber auch andere Teile der Welt, wie etwa Südamerika und in Grenzen auch die USA. In dieser Größenordnung kann man wohl schon von einer historischen Situation sprechen.

ARD.de: Warum flammen diese Konflikte gerade jetzt auf?

Theune: Da ist es sinnvoll, zu schauen, wer da auf der Straße steht. Meines Wissens sind das nicht in erster Linie Menschen, die zur verarmten Unterschicht zu zählen sind, sondern eher Angehörige der Mittelschicht, die um ihre Aufstiegschancen fürchten, die Angst haben, von der gesellschaftlichen Entwicklung und der Entwicklung des Wohlstandes abgehängt zu werden. Diese Angst mischt sich mit grundsätzlicher Kritik daran, wie repräsentative Demokratie funktioniert. Daran, dass politische Entscheidungsfindungen stark von internationalen Institutionen und vor allem auch von ökonomischen Akteuren dominiert werden. Das wurde zuletzt in Griechenland sehr deutlich: Dort hat ja quasi die Ratingagentur „Standard and Poor's“ die politischen Maßnahmen diktiert, während das Parlament nur noch eine Mehrheit dafür organisiert hat. Wir befinden uns in einer grundsätzlichen Krise der parlamentarischen Demokratie – und dafür sind auch diese Proteste ein Ausdruck.

ARD.de: Eine Gemeinsamkeit der Proteste sind Forderungen nach mehr Bildung, mehr sozialer Gerechtigkeit und größerer Teilhabe am gesellschaftlichen Leben – Forderungen, die auch Bestandteil der arabischen Revolution waren. War der „Arabische Frühling“ der Startschuss für die späteren Proteste?

Theune: Man kann mit Sicherheit sagen, dass die Proteste in der arabischen Welt ein Auslöser waren. Die Demonstranten in Tunesien und Ägypten dienen auf jeden Fall als Vorbilder. Sie haben den Menschen gezeigt, dass sie selbst etwas bewegen können. Und das jetzt auch der Zeitpunkt dafür gekommen ist, diesen Unmut auf die Straße zu tragen. Im Kleinen konnte man diese Dynamik auch in Deutschland bei den Protesten rund um Stuttgart 21 sehen. Da gab es eine verstärkte Mobilisierung, wobei Proteste und Demonstrationen durchaus als Mittel wahrgenommen wurden, Politik mitzugestalten.

Interview mit Simon Theune, in: http://www.ard.de (Zugriff: 10.2.2013)

Zeichnung: Koufogiorgos

Kompetenzcheck

Anforderungsbereich I:

- Zählen Sie Merkmale des sozialen Wandels der letzten 50 Jahre auf.
- Benennen Sie wichtige Bereiche des sozialen Wandels.
- Bezeichnen Sie die Komponenten des demografischen Wandels.
- Charakterisieren Sie den sozialen Wandel der Arbeitswelt. Benennen Sie Auswirkungen für die/den Einzelnen.
- Legen Sie den Wandel durch Migration dar.
- Geben Sie Elemente des Wandels der Familie wieder.

Anforderungsbereich II:

- Ordnen Sie den Begriff des sozialen Wandels ein, indem Sie ihn von anderen Wandlungsprozessen abgrenzen.
- Erläutern Sie den Ansatz des Evolutionismus zur Erklärung des sozialen Wandels.
- Arbeiten Sie den Ansatz der Modernisierungstheorie zur Erklärung des sozialen Wandels heraus.
- Erläutern Sie den Ansatz des Marxismus zur Erklärung des sozialen Wandels.
- Erklären Sie den Ansatz des Strukturfunktionalismus zur Erklärung des sozialen Wandels.
- Analysieren Sie den Ansatz der Modernisierungstheorie zur Erklärung des sozialen Wandels.
- Erläutern Sie den Ansatz der Strukturierungstheorie zur Erklärung des sozialen Wandels.
- Erklären Sie den Rational-Choice-Ansatz zur Erklärung des sozialen Wandels.
- Erläutern Sie Habermas' Ansatz zur Erklärung des sozialen Wandels.
- Charakterisieren Sie Chancen und Risiken des demografischen Wandels.
- Analysieren Sie Chancen und Risiken des Wandels durch Migration.
- Legen Sie Chancen und Risiken des Wandels der Familie dar.
- Analysieren Sie Chancen und Risiken des Wandels der Arbeit.
- Erklären Sie die Individualisierungstheorie.
- Arbeiten Sie Ingleharts Theorie des Wertewandels heraus.
- Erläutern Sie den Strukturwandel.

Anforderungsbereich III:

- Beurteilen Sie drei ausgewählte Theorien zur Erklärung des sozialen Wandels im Hinblick auf ihre Überzeugungskraft.
- Schätzen Sie die Möglichkeiten ein, den demografischen Wandel zu bewältigen.
- Beurteilen Sie die Chancen, den Wandel durch Migration zu bewältigen.
- Bewerten Sie die Chancen, den Wandel der Familie durch das Bildungssystem zu bewältigen.
- Beurteilen Sie die Möglichkeiten, den Wandel der Arbeit durch das System der Tarifvertragsparteien zu bewältigen.
- Nehmen Sie Stellung zu der These, wonach die weltweiten Jugendproteste Ausdruck von Werteverfall seien.

8 Zukunft des Sozialstaats

Die Sozialpolitik gehört zu den Politikfeldern, die unter starkem politischen Veränderungsdruck stehen. Der beschleunigte gesellschaftliche und wirtschaftliche Wandel, die Bevölkerungsentwicklung und die zunehmende Individualisierung in der Gesellschaft stellen die Sozialpolitik vor große Herausforderungen. Europäisierung und Globalisierung der Wirtschaft werfen zusätzliche Probleme auf. Die zukünftige Ausgestaltung des Sozialstaats ist in Politik und Öffentlichkeit umstritten. Die einen fordern höhere sozialstaatliche Leistungen, um soziale Probleme zu mildern. Andere, vor allem die Anhänger der „reinen" Marktwirtschaft, sprechen sich dafür aus, dass der Staat nicht in das Marktgeschehen eingreifen solle, da jeder Eingriff Wachstums- und Wohlfahrtseinbußen zur Folge habe.
Sind die Institutionen des Sozialstaats mit den Herausforderungen des sozialen Wandels überfordert? Gelangt das in Europa lange erfolgreiche Sozialmodell an sein Ende? Wie können soziale Errungenschaften, die für alle selbstverständlich geworden sind, angesichts von internationaler Konkurrenz und Finanznot des Staates aufrechterhalten werden?

Sozialstaat am Ende? – Herausforderungen durch Globalisierung

Kritiker des Sozialstaats weisen darauf hin, dass in Deutschland mehr als ein Drittel unserer Wirtschaftsleistung für den Sozialstaat aufgewendet wird. Viele Politiker und Wissenschaftler kommen deshalb zu dem Schluss, dass für den Sozialstaat eigentlich künftig kein Platz mehr sei. Er sei ein spezielles europäisches Modell, das ausgedient habe, weil es die Wettbewerbsfähigkeit der Wirtschaft gefährde.

M1 Globalisierung und Sozialstaat

Der Politologe Harald Trabold (geb. 1958), wissenschaftlicher Mitarbeiter am Deutschen Institut für Wirtschaftsforschung (DIW), hat folgende Thesen aufgestellt, 2000:

Die Globalisierung wirkt sich auf weite Bereiche von Wirtschaft und Gesellschaft aus. (...) Sozialversicherungssystem und Umverteilungssystem des Sozialstaates (...) erfüllen innerhalb des Sozialstaates unterschiedliche Funktionen. Im Rahmen des Sozialversicherungssystems sollen Mängel der rein privat organisierten Versicherungsmärkte, die prinzipiell auch für eine Absicherung gegen die Risiken aus Krankheit, Pflegebedürftigkeit, Arbeitslosigkeit und Langlebigkeit sorgen könnten, behoben werden. Im Rahmen des Umverteilungssystems sollen Mängel, die in einer als ungerecht empfundenen Verteilung der Einkommen und der Vermögen bestehen, zumindest teilweise korrigiert werden. (...)

Gering qualifizierte Arbeitskräfte werden wegen des zunehmenden Außenhandels immer weniger benötigt, weil die komparativen Vorteile in den fortgeschrittenen Industrieländern bei humankapital- und technologieintensiven Produkten liegen. Dadurch weitet sich die Produktion in diesen Branchen relativ zur Produktion in den arbeitsintensiven Branchen aus. Daher steigt in den Industrieländern aufgrund der Globalisierung auch die Nachfrage nach hoch Qualifizierten. Verstärkt werden diese Strukturverschiebungen der Arbeitsnachfrage durch den technischen Fortschritt. (...) Ergebnis von technischem Fortschritt und Globalisierung ist eine Verschlechterung der Einkommens- bzw. Beschäftigungslage der gering Qualifizierten im Vergleich zu den hoch Qualifizierten. Das Umverteilungssystem des Sozialstaates wird durch die Globalisierung (und den technischen Fortschritt) also stärker gefordert als bisher. (...) Die meisten der gegenwärtigen Probleme im deutschen Sozialversicherungssystem werden im Wesentlichen nicht durch Globalisierung verursacht. (...)

Die Globalisierung wird im Wesentlichen durch zwei Kräfte vorangetrieben. Zum einen senkt der technische Fortschritt die Transaktionskosten; dies gilt sowohl für die reinen Transportaufwendungen als auch für die mit der Geschäftsanbahnung und -abwicklung verbundenen Kommunikations- und Informationskosten. Die zweite Triebfeder der Globalisierung ist die politisch gewollte Liberalisierung des Handels mit Waren, Dienstleistungen und Kapital im Zusammenspiel mit der Deregulierung weiter, bislang staatlicherseits geschützter Bereiche (z. B. Energie- und Wasserversorgung, Post und Telekommunikation). Beide Antriebskräfte der Globalisierung geben den Menschen ein Mehr an wirtschaftlichen Freiheiten und Chancen, aber auch an Risiko und Eigenverantwortung. Die Globalisierung ermöglicht in freiheitlich-demokratischen Gesellschaften eine stärkere Individualisierung der Lebensentwürfe.

Harald Trabold: Zum Verhältnis von Globalisierung und Sozialstaat, in: Aus Politik und Zeitgeschichte 48/2000; www.bpb.de/apuz (Zugriff: 17.9.2013)

Transaktionskosten: Kosten, die durch die Nutzung eines Marktes entstehen

Zeichnung: Sakurai

Hans-Olaf Henkel war Präsident des Bundesverbands der Deutschen Industrie (BDI)

M2 „Sozialstaat überlebt Globalisierung nicht"

Hans-Werner Sinn (geb. 1948), Ökonom und Präsident des Ifo-Instituts für Wirtschaftsforschung, 2006:

Der Überschuss an gering qualifizierten Arbeitern wird (...) durch die Entwicklung im Westen immer größer. Dadurch sinkt der Gleichgewichtslohn für einfache Arbeit. Bis das neue Gleichgewicht erreicht wird, werden Jahrzehnte vergehen. Die meisten Leser dieses Artikels werden das nicht mehr erleben. Der Prozess wird jedoch anhaltend sein. Wären die westlichen Arbeitsmärkte flexibel und würden sie dem Druck nachgeben, könnte die Beschäftigung gering qualifizierter Arbeitskräfte bei fallenden Löhnen erhalten werden. Aber weil die Löhne aufgrund der Lohnkonkurrenz des Sozialstaates starr sind, ist ein Anstieg der Massenarbeitslosigkeit wahrscheinlichste Folge der Globalisierung. Westliche Politiker reagieren auf den Niedriglohndruck, indem sie das Lohnsystem noch starrer machen. In Deutschland beispielsweise plant man einen gesetzlichen Mindestlohn, wie es ihn in anderen Ländern schon gibt. Aber derartige Maßnahmen verschlimmern die Situation. Die Spezialisierung auf kapitalintensive, arbeitssparende Sektoren wird verstärkt, noch mehr Kapital fließt aus dem Land, und noch mehr Menschen wandern aus dem Ausland zu und verdrängen die Einheimischen in den Sessel, den der Sozialstaat für sie bereit hält. Die Massenarbeitslosigkeit steigt. Der auf Lohnersatz und Mindestlöhnen beruhende europäische Sozialstaat wird die Globalisierung nicht überleben. Es wird möglicherweise noch weitere zehn oder zwanzig Jahre dauern, bis die Politiker das verstehen, aber am Ende werden sie es verstehen müssen. Man kann den Gang der Geschichte nicht aufhalten.

Die Frage ist, ob dieser Sozialstaat zur Gänze sterben muss. Ein neues sozialstaatliches System, das trotz Faktorpreisausgleich sowohl die sozialen Werte Europas bewahrt als auch Massenarbeitslosigkeit verhindert, beruht auf Lohnzuschüssen statt auf Lohnersatzleistungen. Jeder sollte arbeiten, zu welchem Lohn es auch immer eine Stelle für ihn gibt, und der Staat zahlt zu diesem Lohn im Bedarfsfalle ein zweites staatliches Einkommen hinzu, sodass ein sozial akzeptabler Lebensstandard gewährleistet ist.

Hans-Werner Sinn: Sozialstaat überlebt Globalisierung nicht, in: Die Presse (Wien) v. 4.3.2006

Faktorpreisausgleich: Theorie, die besagt, dass der Handel zwischen zwei Ländern zu einer Anpassung der Faktorpreise von Arbeit und Kapital führt

M3 Der Sozialstaat lässt sich „globalisierungsfest" machen

Der Soziologe und Journalist Alfred Pfaller, 2000:

Globalisierungsfester ist ein System, das Vorsorge und Solidarität zum großen Teil aus dem allgemeinen Steuertopf bezahlt, wie dies in Dänemark geschieht. Die grundlegenden Verteilungsentscheidungen zwischen Konsum, Vorsorge und Solidarität werden hier eindeutig politisch getroffen. Die Kosten für Vorsorge und Solidarität werden dem Bürger explizit vom Einkommen abgezogen. Da Unternehmen mit Hinblick auf den internationalen Wettbewerb nur begrenzt belastbar sind, muss ein steigender Finanzbedarf der sozialen Sicherungssysteme in aller Regel von den Haushalten aufgebracht werden – in direkter Form als Einkommensteuern oder in indirekter Form als Mehrwertsteuer, Energiesteuer etc.

Eine andere Form der Immunisierung gegen Globalisierung besteht darin, dass die Vorsorge weitgehend privatisiert und nur die Solidarität über den Staat organisiert wird. Am eindeutigsten ist dies bei der Altersvorsorge möglich, die ja zum größten Teil dem Versicherungsprinzip (die Einzahlungshöhe bestimmt die Auszahlungschancen) entspricht. (...)

Die „Immunisierung" der Sozialleistungen gegen internationalen Konkurrenzdruck ist ökonomisch kein Problem und wäre politisch sinnvoll.

Alfred Pfaller: Sozialstaat und Globalisierung sind vereinbar, Bonn (Friedrich-Ebert-Stiftung) 2000, in: http://library.fes.de (Zugriff: 3.11.2010)

1 Stellen Sie die Gefahren zusammen, die dem Sozialstaat drohen.

2 Analysieren Sie die Materialien hinsichtlich der Auswirkungen der Globalisierung auf den Sozialstaat. Diskutieren Sie, ob diese Auswirkungen zu einem Ende des Sozialstaats führen können.

Maastricht-Kriterien: Bestandteil des Vertrags von Maastricht zur Gründung der Europäischen Union (1993), die den Staaten, die der Europäischen Wirtschafts- und Währungsunion beitreten möchten, als Bedingungen gestellt werden. Dabei handelt es sich um Kriterien, die die Stabilität von Preisen, Öffentlichen Finanzen, Wechselkursen und Zinssätzen gewährleisten sollen

M4 Globalisierung, Welthandel und wachsende Arbeitsteilung

Der Begriff der Globalisierung beschreibt eine alle Länder dieser Erde erfassende ökonomische Verflechtung der Wirtschaftssubjekte durch Waren- und Dienstleistungsströme sowie Kapitalverflechtungen. Je stärker die Wirtschaften miteinander verflochten sind, desto größer ist das Handelsvolumen. Ein guter Indikator für das Maß an Globalisierung ist folglich der Anstieg des Welthandelsvolumens, das von 1990 bis 2000 um rund 80 Prozent zugenommen hat.

Das steigende Welthandelsvolumen beruht auf einer wachsenden Arbeitsteilung. Mit zunehmender Arbeitsteilung können sich Produzenten stärker spezialisieren. Handelt man die Produkte frei, führt dies dazu, dass die Produzenten Größenvorteile besser nutzen können und eine Marktabschottung schwierig ist. Freier Handel verhindert die Bildung von lokalen oder regionalen Monopolen. Wettbewerb und Welthandel führen so zu einer kostengünstigeren Versorgung mit Gütern und Dienstleistungen. Ein wachsendes Welthandelsvolumen bringt auf diese Weise Vorteile für die Konsumenten.

Neben diesem Vorteil verbinden sich aber auch viele Befürchtungen mit dieser Entwicklung.

So könnte sich der Wettbewerb als ruinös erweisen, weil ein Land mit relativ hohen Sozial- und Umweltstandards als Standort nicht mit Ländern konkurrieren kann, bei denen kein Geld für Umweltschutz oder soziale Sicherung aufzuwenden ist. Empirisch zeigen sich jedoch keine Anzeichen für eine derartige Entwicklung:

Tatsächlich entwickeln sich die Länder besonders gut, die sich – mit angemessener Vorsicht – dem Welthandel öffnen, während geschlossene Wirtschaften eher ein geringeres Wirtschaftswachstum aufweisen.

Wirtschaftliche Globalisierung wurde erst durch die Verdrängung des Sozialismus durch die Marktwirtschaft und die wegfallenden Mobilitätsschranken für Güter, Kapital und Technologie sowie sinkende Kommunikations- und Transportkosten ermöglicht und beschleunigt. Diese Entwicklung fördert die Dispositionsfreiheit von Unternehmen hinsichtlich des weltweiten Einsatzes von Produktionsfaktoren und führt zu einer ausdifferenzierten Arbeitsteilung. Das bedeutet jedoch nicht, dass Länder mit hoher sozialer Sicherheit und hohen Umweltstandards nicht auch als Standorte gut geeignet wären.

Allerdings müssen Leistungen und Gegenleistungen in angemessenem Verhältnis stehen. Die zunehmende Globalisierung der Weltwirtschaft verursacht nicht nur eine intensivere Kapitalverflechtung und einen stärkeren Warenverkehr, sondern auch neue und in diesem Umfang bisher unbekannte Wanderungsströme wie beispielsweise Werkvertragsarbeitnehmer oder EU-Selbstständige. Diese Gruppen unterscheiden sich von den traditionellen Gastarbeitern insofern, als sie nicht bei einem deutschen Arbeitgeber beschäftigt sind, sondern im Rahmen eines deutschen Subauftrages von ausländischen Unternehmen abgestellt und daher bei diesen beschäftigt oder manchmal auch selbstständig sind. Folglich unterliegen sie auch nicht der deutschen Sozialversicherungspflicht. Schätzungsweise entgehen den Sozialversicherungen durch die nicht sozialversicherungspflichtigen Werkvertragsarbeitnehmer jährlich Millionenbeträge in dreistelliger Höhe.

Ein dritter, für die Entkoppelung von Erwerbsarbeit und sozialer Sicherung relevanter Aspekt der Globalisierung ist in der Europäischen Währungsunion zu sehen. Durch den damit verbundenen Wegfall des Wechselkurspuffers und der Geldpolitik sowie einer durch die Maastricht-Kriterien eng begrenzten Fiskalpolitik kommt der Arbeitsmarkt- und Lohnflexibilität eine herausragende Rolle zu.

Werner Sesselmeier: Zur Reform des Sozialstaats, in: Der Sozialstaat in der Diskussion, der Bürger im Staat 4/2003, S. 220

Hauptsache billig? Lidl-Markt in Deutschland

M5 „Dolchstoß" durch den Konsumenten?

Der Sozialstaat ist im Grunde nichts anderes als ein Kartell. Der Unterschied zwischen dieser Schutzvereinigung und den üblichen Kartellbrüdern in den Konzernspitzen besteht darin, dass der Sozialstaat nicht nur wenigen, sondern vielen nützt. Eigentlich fast allen Bürgern, die in seinen Grenzen leben. Vereinfacht kann man es auch so sagen: Der moderne Sozialstaat hat uns alle zu Kartellbrüdern gemacht. Wir profitieren von seinen Schutzrechten wie von seinen finanziellen Zuteilungen.

Wir nehmen gern die getrennten Betriebstoiletten in Anspruch, die unsere Arbeitsstättenverordnung für Mann und Frau vorsieht, akzeptieren die gesetzlich festgeschriebenen Urlaubstage, den Kündigungs- wie den Krankheitsschutz, und wenn alles schief läuft im Leben, greifen wir auf die Sozialhilfe zurück, die sich samt Wohnungs- und Kindergeld bis auf die Höhe eines Verkäufergehalts summieren kann.

Wenn dieses Schutzkartell, das den Preis der Arbeitskraft um einen Sozialaufschlag verteuert, mit einem Wirtschaftsraum konkurriert, der eine solche Schutzvorrichtung und damit auch einen derartigen Sozialaufschlag nicht kennt, wirkt das Kartell nicht mehr beschützend, sondern bedrohlich. Denn einer der Gründe für die Preisdifferenz zwischen den neuen und den alten Mitgliedern des Weltarbeitsmarkts ist der Sozialstaat, dessen Früchte die einen genießen, derweil die anderen ihn nur vom Hörensagen kennen. Die Mitglieder der Sozialbruderschaft sind von Stund an in Gefahr, ihrer beruflichen Existenz beraubt zu werden. Was gestern noch eine Errungenschaft westlicher Zivilisation war, wirkt nun wie ein Klotz an ihrem Bein.

Der Angriff findet in freundschaftlicher Atmosphäre statt

Es sind die Gegner des Sozialstaats, die daher die weltweite Arbeiterinflation freudig begrüßen. Sie ist erwiesenermaßen die wirkungsvollste Methode, den Sozialstaat zu schleifen. Man muss seinen Abbau nicht mehr fordern und braucht ihn auch nicht zu betreiben, seine Zersetzung passiert scheinbar von allein. Man kann den Sozialstaat einfach ignorieren, zum Beispiel dadurch, dass man beim sozialstaatsfreien Anbieter in Asien bestellt. Das ist fast automatisch ein Votum gegen getrennte Toiletten und ein Plädoyer für niedrigere Löhne.

Es sind andererseits die Freunde des Sozialstaats, die bis heute nicht wahrhaben wollen, dass es diese Nebenwirkung der Globalisierung ist, an der sie leiden. In der Absicht, die Nation gegen die Zumutungen der neuen Zeit zu verteidigen, hat selbst ein so kluger Mann wie Lord Dahrendorf die Augen vor der Wirklichkeit verschlossen. Es gebe eine legitime öffentliche Sphäre, die nicht direkt mit der anderer Länder und Regionen konkurriere, schreibt er. Zu dieser Sphäre gehörten die Bildung, die Steuer und die Sozialleistungen. Man dürfe den Weltmarkt nicht gegen alles ins Feld führen.

Welch ein Irrtum. Niemand führt den Sozialstaat ins Feld. Er steht längst da, umtost von den Winden der neuen Zeit. Der Irrtum ist erklärbar nur dadurch, dass die Angreiferstaaten sich ja nicht mit Gebrüll auf den westlichen Sozialstaat stürzen. Der Angriff findet leise und zumeist sogar in freundschaftlicher Atmosphäre statt, was vielen das Verstehen der Wirklichkeit erschwert.

Dabei sind es keine Unbekannten, die ihn attackieren: In freien Märkten mit freien Konsumenten wird ihm der entscheidende Dolchstoß von seinen Freunden versetzt. Wo auch immer ihr politisches Herz schlägt, links oder rechts, kaum dass die Kunden den Supermarkt oder das Kaufhaus betreten, sind sie nicht bereit, einen Sozialaufschlag zu zahlen. Der normale Käufer bei Karstadt, Metro und Lidl ist ein regelrechter Globalisierungsfanatiker, der Preis und Leistung vergleicht, aber nicht Nationalitäten und ihre sozialen Sicherungssysteme. Er will Rabatte bekommen und nicht Aufschläge zahlen. Der gute Deal interessiert ihn, nicht das schmutzige Geschäft, das ihm irgendwo auf der Welt vorausgegangen ist. Er ist ein Materialist, wie er im Buche steht, auch wenn er sich selbst für einen Romantiker hält. (...)

Mit jedem Kauf eines fernöstlichen Produkts erteilen die Käufer dem heimischen Sozialkartell und seinen Lieferbedingungen eine Absage. Sie vergleichen Preis und Leistung des Produkts, aber sie bedenken nicht Preis und Leistung der das Produkt erzeugenden Nation. So wurden die Konsumenten in allen Ländern des Westens zu Vollstreckern der Globalisierung.

Gabor Steingart: Abbau des Sozialstaats: Dolchstoß durch den Konsumenten, Spiegel online, 12.9.2006, in: www.spiegel.de (Zugriff: 20.3.2013)

M6 Nicht mehr wettbewerbsfähig, weil zu teuer?

„Der Sozialstaat, wie wir ihn kennen, lässt sich im Zeitalter der Globalisierung nicht mehr aufrechterhalten." Diese These wird heute weithin akzeptiert, von den einen mit Bedauern, von den anderen mit unverhohlener Befriedigung. Die These verweist auf den Kostendruck, der vom verschärften internationalen Wettbewerb ausgehe. Der Sozialstaat, so wird behauptet/vermutet/befürchtet, mache die Arbeit so teuer, dass die entsprechenden Produkte bzw. der entsprechende Produktionsstandort im internationalen Wettbewerb auf Dauer nicht mehr mithalten können. Anderswo werde entweder schon jetzt billiger produziert oder im Kampf um Marktanteile würden sich die Länder zunehmend zu unterbieten suchen. Die Standorte mit den geringeren Sozialkosten würden den Standard vorgeben, an den sich auch die anderen über kurz oder lang anzupassen hätten.

Folgt man dieser Argumentation, dann haben Länder zwei Optionen.

- Sie geben dem Wettbewerbsdruck nach, senken die sozialstaatlichen Kosten und sichern so die Wettbewerbsfähigkeit der nationalen Arbeitskraft in den international umkämpften Märkten. Ergebnis: geringere soziale Absicherung.
- Sie geben nicht nach. Als Folge fallen viele Arbeitsplätze weg, weil sie eben nicht mehr wettbewerbsfähig sind. Unternehmen, die ihre Produktion im Lande behalten, treten die Flucht nach vorne an und sparen durch Rationalisierung Arbeitskraft ein, wo immer sie können. Das Ergebnis: zunehmende Arbeitslosigkeit und als Folge ebenfalls Erosion der Sozialstaatlichkeit.

Hohe Produktivität schützt nicht gegen Unterbietungskonkurrenz

Häufig wird folgendes Gegenargument vorgebracht: Wir gleichen die hohen Kosten durch hohe Produktivität und hohe Produktqualität aus. Dazu befähigen uns unser hoher Ausbildungsstand, unsere ausgebaute Infrastruktur, unsere hohe Produktionsdichte (aus der „economies of scope" erwachsen), unsere verantwortungsbewussten Gewerkschaften und unsere relativ konfliktfreien Arbeitsbeziehungen (selbst eine Folge unseres hoch entwickelten Sozialstaates) sowie unsere gewachsene industrielle Produktivitätskultur. Niedriglohnländer können mit diesen Standortvorteilen nicht konkurrieren, sondern müssen sie durch niedrige Löhne, niedrige Grundstückspreise, geringe Umweltauflagen usw. ausgleichen.

In der Tat hat uns all dies in der Vergangenheit unsere hohen Löhne (samt sozialer Absicherung) ermöglicht, obwohl wir im internationalen Wettbewerb standen. Aber „Globalisierung" besteht u. a. darin, dass sich solche Standortvorteile geografisch ausbreiten, zwar nicht überallhin, aber doch in viele Regionen mit gewaltigem Arbeitskräfte-Überschuss. Ein wesentlicher Grund hierfür ist die zunehmende Möglichkeit von Unternehmen, Herstellung und Vertrieb länderübergreifend („transnational") zu organisieren. Wenn sie die Produktion an einen anderen Standort verlagern, übertragen sie dorthin auch ihr Produktionswissen und ihre Management-Kompetenz. Die Folge: Der einstige Produktivitätsvorsprung schützt uns heute nicht mehr in gleichem Maße wie früher. Statistisch ausgewiesene Produktivitätsvorsprünge können sich auch daraus ergeben, dass hierzulande Arbeitsplätze mit geringer Produktivität massenhaft wegfallen und nur noch die hochproduktiven übrigbleiben. Wie weit Globalisierung im Sinne erhöhter Standortkonkurrenz schon vorangeschritten ist, mag als offene Frage angesehen werden. Einiges spricht dafür, dass alles noch gar nicht so dramatisch ist. Aber die Tendenz zur verschärften Kostenkonkurrenz (oder auch nur zur erhöhten Erpressbarkeit der Arbeitnehmer) kann nicht kategorisch verneint werden.

Auch Strukturanpassung bietet letztlich keinen Schutz

Ein weiteres Argument, das die Gefahren der Globalisierung relativiert, verweist auf den Strukturwandel, den die Veränderungen in der internationalen Arbeitsteilung schon immer mit sich gebracht haben: Wir geben einige Produktionsbereiche an die Billigkonkurrenz ab und konzentrieren uns auf solche, in denen Letztere – trotz aller transnationalen Unternehmenstätigkeit – nicht mithalten kann (Hightech, ausbildungsintensive Fertigungszweige).

Doch dieser – für sich genommen richtige – Hinweis entkräftet das Kostendruck-Argument nicht, aus zwei Gründen:

Die Hochproduktivitätsbereiche, in die man sich zu flüchten gedenkt, sind nicht umfangreich genug, um unsere gesamte Arbeitskraft aufzunehmen. Alle Industrieländer drängen in diese Bereiche und machen sich dort den

Platz streitig. Hightech plus lokale Dienstleistungen (Bildung, Gesundheit, Rechtsberatung, Verwaltung etc.) mag eine Option für den Regierungsbezirk Düsseldorf sein, nicht aber für ganz Deutschland oder gar für ganz Westeuropa. Niedriglohnkonkurrenz kann somit durchaus zur Bedrohung für Teile unserer Arbeitnehmerschaft werden.
Strukturanpassung schützt nicht gegen einen etwaigen Unterbietungswettlauf unter den Hochlohnländern.

Der entscheidende Punkt: Sozialstaat ist bei jedwedem Lohn- und Produktivitätsniveau möglich

Bruttoarbeitskosten können nur so hoch sein, wie es der Markt für Güter und Dienstleistungen zulässt. Drückt die ausländische Konkurrenz auf die Arbeitskosten, muss man sich in irgendeiner Weise anpassen. Das kann über den Wechselkurs erfolgen. Es kann aber auch sein, dass in einigen Bereichen die Bruttolöhne stagnieren oder gar eine Zeit lang nach unten gehen müssen.
Sozialstaat hat aber nichts mit absoluter Lohnhöhe zu tun, sondern mit der Aufteilung des Bruttosozialprodukts (oder korrekter: der gesamten vom Markt zugelassenen Lohnsumme) zwischen drei Komponenten:
- unmittelbarer Verbrauch,
- Vorsorge für Lebensrisiken,
- Solidarität mit Einkommensschwächeren.

Dem Sozialstaat fließen die der Vorsorge und Solidarität zugedachten Anteile zu, wobei die Vorsorge den Löwenanteil ausmacht. Welchen Anteil man für diese Zwecke abzweigen will, ist eine politische Entscheidung, nicht eine vom Markt diktierte. Prinzipiell lassen sich auch von geringen Einkommen hohe Anteile für Vorsorge und Solidarität abzweigen. Entsprechend wenig bleibt dann eben für den unmittelbaren individuellen Verbrauch übrig.

Alfred Pfaller: Sozialstaat und Globalisierung sind vereinbar, Bonn (Friedrich-Ebert-Stiftung) 2000, S. 25

M 7 Umfrage zur Globalisierung 2011

Frage: Verbinden Sie mit dem Begriff der Globalisierung eher etwas Positives oder etwas Negatives? Angaben in Prozent

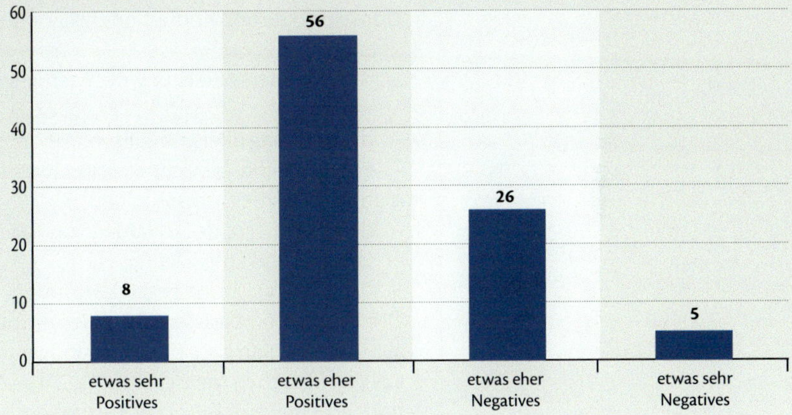

Nach: Thieß Petersen, infas-Umfrage: Meinungen und Einstellungen der Bürger zur Globalisierung und zu globalen ökonomischen Risiken, Gütersloh (Bertelsmann-Stiftung) 2011, S. 8

M 8 Staat und Globalisierung

Frage zur Situation in Deutschland für den Fall, dass es die Globalisierung nicht gäbe, Angaben in Prozent, fehlende Angaben zu 100 Prozent: „weiß nicht" oder Antwort verweigert.

Ohne die Globalisierung ...			
... wäre die Staatsverschuldung in Deutschland	niedriger	etwa genauso hoch	höher
	50	29	18
... wären die Einkommensunterschiede in Deutschland	geringer	etwa genauso groß	größer
	41	43	13
... wäre die Arbeitslosigkeit in Deutschland	niedriger	etwa genauso groß	höher
	37	33	27
... wäre die Armut in Deutschland	geringer	etwa genauso groß	größer
	37	45	16
... wäre der soziale Zusammenhalt in Deutschland	stärker	etwa genauso stark	geringer
	30	47	20
... wären die Preise in Deutschland	niedriger	etwa genauso hoch	höher
	24	35	39
... wäre das Wirtschaftswachstum in Deutschland	größer	etwa genauso groß	geringer
	15	29	55

Nach: Thieß Petersen, infas-Umfrage: Meinungen und Einstellungen der Bürger zur Globalisierung und zu globalen ökonomischen Risiken, Gütersloh (Bertelsmann-Stiftung) 2011, S. 13

Ein Weg? – Der Global Compact

Die globalisierte Wirtschaft besteht nicht nur aus Produzenten, also Unternehmen, sondern auch aus Konsumenten – ganz besonders in den reichen Industriestaaten. Diese können mit ihrer Marktmacht dafür sorgen, dass ihre Vorstellungen auch in der Produktion umgesetzt werden. Unternehmen wiederum verpflichten sich darauf, Standards einzuhalten, die von den Konsumenten der Industrieländer gesetzt werden. Eine Form dieser Zusammenarbeit ist der Global Compact. Darunter ist ein weltweiter Pakt zu verstehen, der zwischen Unternehmen und der UNO geschlossen wird, um die Globalisierung sozialer und ökologischer zu gestalten.

M9 Die Zehn Prinzipien

Die Grundlagen der zehn universell anerkannten Prinzipien des Global Compact aus den Bereichen Menschenrechte, Arbeitsnormen, Umweltschutz und Korruptionsbekämpfung sind:

- die Allgemeine Erklärung der Menschenrechte;
- die Erklärung über grundlegende Prinzipien und Rechte bei der Arbeit der Internationalen Arbeitsorganisation;
- die Grundsätze der Erklärung von Rio zu Umwelt und Entwicklung;
- die UN-Konvention gegen Korruption.

Der Global Compact fordert Unternehmen auf, sich zu einem Katalog von Grundwerten aus den Bereichen Menschenrechte, Arbeitsnormen, Umweltschutz und Korruptionsbekämpfung zu bekennen, sie zu unterstützen und innerhalb ihres Einflussbereichs in die Praxis umzusetzen:

Global-Compact-Konferenz in Genf, 2007. Von links: George Kell, Executive Director von Global Compact, Ban Ki Moon, Generalsekretär der UNO, Neville Isdell, Präsident der Coca-Cola-Company

Menschenrechte
- Prinzip 01: Unternehmen sollen den Schutz der internationalen Menschenrechte unterstützen und achten und
- Prinzip 02: sicherstellen, dass sie sich nicht an Menschenrechtsverletzungen mitschuldig machen.

Arbeitsnormen
- Prinzip 03: Unternehmen sollen die Vereinigungsfreiheit und die wirksame Anerkennung des Rechts auf Kollektivverhandlungen wahren.
- Prinzip 04: Unternehmen sollen sich für die Beseitigung aller Formen der Zwangsarbeit einsetzen.
- Prinzip 05: Unternehmen sollen sich für die Abschaffung von Kinderarbeit einsetzen.
- Prinzip 06: Unternehmen sollen sich für die Beseitigung von Diskriminierung bei Anstellung und Erwerbstätigkeit einsetzen.

Umweltschutz
- Prinzip 07: Unternehmen sollen im Umgang mit Umweltproblemen dem Vorsorgeprinzip folgen.
- Prinzip 08: Unternehmen sollen Initiativen ergreifen, um größeres Umweltbewusstsein zu fördern.
- Prinzip 09: Unternehmen sollen die Entwicklung und Verbreitung umweltfreundlicher Technologien beschleunigen.

Korruptionsbekämpfung
- Prinzip 10: Unternehmen sollen gegen alle Arten der Korruption eintreten, einschließlich Erpressung und Bestechung.

Die Zehn Prinzipien des Global Compact, in: www.unglobalcompact.org (Zugriff: 23.7.2013)

M 10 Sozialstandards durch Konsumentensouveränität?

Die Konsumenten allein werden vor diesem Hintergrund den globalen Kapitalismus mit hoher Wahrscheinlichkeit nicht konsumentendemokratisch substanziell einhegen (können). In oligopolistischen Märkten etwa scheitert Konsumentendemokratie schon an fehlenden Wahlmöglichkeiten der Käufer. Vor allem aber hat der Verbraucher oft weder Zeit noch Wissen, durch seine Kaufentscheidung „gute" Produkte zu prämieren. Die sozial-ökologischen Produktionsverhältnisse sind sehr häufig zu komplex und das Wissen darum beim einzelnen Verbraucher (unweigerlich) zu begrenzt. Schon die vollständige Klimabilanz jedes einzelnen gekauften Produkts ist von mir oft nur schwer zu durchschauen. Erst recht kann ich die Arbeitsbedingungen, Lohnniveaus, Abwesenheit von Kinderarbeit usw. unmöglich für einen substanziellen Teil meiner Kaufentscheidungen vorher „prüfen". Komplexe Unternehmensverflechtungen und Zulieferverhältnisse machen all das noch schwieriger. (...)

Bis dato ziehen westliche Konsumenten (oder auch die neue Konsumentenklasse in den großen Schwellenländern) vielmehr kaum praktische Konsequenzen – selbst daraus, dass (jenseits sozialpolitischer Erwägungen) schon klimapolitisch der bisherige westliche Lebensstil kaum dauerhaft und global praktizierbar sein dürfte. An dieser Stelle wird wohl auch die allgemeine Menschenliebe überschätzt. (...)

Und der menschliche Eigennutzen und die raumzeitliche menschliche Gefühlsenge wirken in puncto sozial-ökologische Fernwirkungen eigener Handlungen noch ungünstiger als ohnehin. Sicher werden hier auch bestimmte genetische Prägungen zu egoistischem, kurzzeitorientiertem und bequemem Handeln wirksam (die globalisierungstypischen Handlungsfernfolgen sieht man nicht) und beeinflussen das als kostenträchtig oder nützlich Angesehene. Auch spielt kulturell neben einem dominanten wirtschaftsliberalen Freiheitsverständnis ein postmoderner Selbstentfaltungsdrang eine Rolle. Die sparsame und disziplinierte Rentnerin, die mit Begriffen wie Nachhaltigkeit nicht viel anfangen kann, hat dann u. U. eine bessere Energie- und auch Sozialbilanz als ein junger, hedonistischer Mensch, der ein größeres Wissen über Sozial- und Umweltfragen hat: indem sie sich auf regionale Produkte fokussiert, den Konsum insgesamt überschaubar hält u. a. m. – und dadurch insgesamt weniger zu den Problematiken eines globalisierten Marktes beiträgt. (...) Doch zu einer bestimmten Wirtschaftsweise gehören immer auch Kunden, die viele und ständig neue Produkte kaufen, nicht nach den Produktionsumständen fragen und sozial-ökologisch vorbildlich hergestellte Produkte zu teuer finden. Bringen wir die bereits erwähnten Faktoren noch einmal in ein Beispiel, zunächst in ein klimapolitisches und sodann in ein soziales. Wir alle „wissen" durchaus, dass mehrere Flugfernreisen jährlich, die tägliche Autofahrt zur Arbeit und die Südfrüchte im tiefsten Winter einen Lebensstil verkörpern, der nicht weltweit und dauerhaft praktiziert werden könnte. Vielleicht fliegt man aber dann doch im Winter – auch als moralisch überzeugter Mensch – gerne einmal zwei Wochen in den Süden, wenn der Partner bzw. die Partnerin ausreichend darauf drängt. Wie aber erklärt sich dies? Erstens aus dem Faktor Konformität heraus: Unterlässt man einen solchen Urlaub, ist man womöglich ein Sonderling und muss mit sozialer Distanz oder gar Ablehnung rechnen. Denn man weicht vom eingewöhnten Pfad kultureller Üblichkeit und technischer Verfügbarkeit ab. Zweitens aus emotionalen Motiven: Die Bindung an einen geliebten Menschen und die eigene Bequemlichkeit sind im Zweifel allemal stärker als die eigenen moralischen Überzeugungen und „Gefühle" für künftige Generationen, seien es sogar eigene Nachkommen, die man dennoch nie kennen lernen wird. So kann man sich emotional raumzeitlich fern liegende, unsichtbare Klimaschäden in Indien oder in 80 Jahren nicht vorstellen. Drittens aus eigennützigen Erwägungen: Wenn man eine solche Reise ablehne, entgeht einem etwas Schönes (und das, wo das Globalklima doch „kostenlos" erscheint), und außerdem bekommt man womöglich Streit mit Partner oder Partnerin. Dazu kommt viertens der äußere Rahmen, in dem ich mich bewege, nicht nur in puncto ökonomische Zwänge: Denn jeder Konsument weiß, dass man mit dem eigenen Klimaschutz empfindliche Verzichte erleidet – und damit am Klimawandel trotzdem als Einzelner wenig ändert. Diese äußere Struktur in Verbindung mit dem Faktor Eigennutzen nennt die Ökonomik übrigens „Kollektivgutproblem". Ebenso wirken fünftens tradierte Werte wie unumschränkte Selbstentfaltung in uns.

Für eine konsumentendemokratische Strategie sind aber auch in sozialpolitischer Hinsicht die Bedingungen nicht viel günstiger als in ökologischer Hinsicht. Dies nicht nur wegen des erwähnten fehlenden Wissens. So sind bereits die Interessen der Menschen weltweit einfach zu unterschiedlich. Den Menschen im Westen etwa sind häufig ihr Wohlstand und ihre Selbstentfaltung wichtig. Das schadet aber (bei ressourcenineffizientem Lebensstil) nicht nur dem Klima, sondern macht auch „kostenintensive" soziale Arbeitsbedingungen in südlichen Ländern erst einmal unattraktiv. Würden etwa auf der Südhalbkugel – oder bei diversen deutschen Billiganbietern und Discountern – faire Löhne gezahlt, könnte sich mancher manch lieb gewonnenes Produkt vielleicht nicht mehr leisten. (Zudem weiß man auch hier wieder, dass man allein zwar ein Opfer bringen, dafür im Gegenzug aber kaum etwas Konkretes bewirken kann.) Zudem müsste sich ein westlicher Konsument, wollte er sozialere Bedingungen auf der Südhalbkugel unterstützen, eben stets mühsam um Informationen bemühen, er müsste vom kulturell eingewöhnten Konsumpfad abweichen, er müsste ein ausgeprägtes Interesse für die Belange ihm ferner Personen entwickeln u. a. m. Umgekehrt wünschen sich viele Menschen in den Entwicklungsländern vielleicht gar keinen Konsumentendruck aus Deutschland für höhere Löhne im Süden, wenn das doch den Produktionskostenvorteil im Süden untergraben würde, der dort gerade Arbeitsplätze sichert (wenn auch schlecht bezahlte). Und die weltweit Ärmsten – in den Entwicklungsländern, aber auch die sozial Schwachen in den OECD-Staaten – haben von vornherein nicht die Kaufkraft, um „konsumentendemokratisch" nennenswerten Druck aufbauen zu können, sodass ihre Interessen am Markt strukturell unterbelichtet bleiben. Genau diese Menschen sind jedoch die Hauptgeschädigten der globalen Bedrohungen Armut, Sozialstaatsabbau und auch Klimawandel. Gleichwohl werden ihre Interessen vom politisch nicht eingerahmten Markt eben nicht in Preisen abgebildet und erscheinen damit als belanglos.

Felix Ekardt: Welthandelsrecht und Sozialstaatlichkeit, Düsseldorf (Hans-Boeckler-Stiftung) 2009, S. 24 ff.

Zeichnung: Mester

M 11 Der Global Compact – ein wirkungsloses UN-Instrument?

Ein neues Konzept der Offenheit

Das Besondere am Konzept des Global Compact (s. *M 9*): Der Beitritt für Wirtschaftsunternehmen erfordert keinerlei Formalitäten oder Bedingungen. Damit will man für möglichst viele kleine und große Unternehmen attraktiv sein. Anderes gilt für die übrigen Beteiligten. Insbesondere Nichtregierungsorganisationen müssen insgesamt fünf Kriterien erfüllen: Sie müssen global agieren, mehr als ein Anliegen behandeln, mit allen Akteuren der Gesellschaft zusammenarbeiten und die Fähigkeit besitzen, Veränderungen zu bewirken. Gerade hier setzen Kritiker an: Jedes Unternehmen kann sich in die Fahne der UNO hüllen, ohne bestimmte Voraussetzungen zu erfüllen („New York Times").

Offenheit oder „Zahnlosigkeit"?
Der Global Compact soll eine neue Form der Zusammenarbeit mit der Wirtschaft sein. Dabei stellt er weder einen freiwilligen Verhaltenskodex dar noch eine bindende Regelung, der sich die Unternehmen unterwerfen. Es findet folglich keine Kontrolle durch die UNO oder die Nichtregierungsorganisationen statt. Ein Unternehmen, das gegen die Prinzipien des Global Compact verstößt, kann nicht aus ihm entlassen werden. Die Kritik an dieser „Zahnlosigkeit" wird indes immer größer – insbesondere vonseiten der Nichtregierungsorganisationen wie z. B. amnesty international (ai) oder Greenpeace. Letztere weigerte sich deshalb auch, am Global Compact teilzunehmen.

„Kreative Kräfte" des Unternehmertums mobilisieren
Die UNO verteidigt jedoch diese Offenheit. Das völlig neue Konzept erfordere sie. Anstatt durch rigide Regelungen und überbordende Formalitäten abgeschreckt zu werden, sollen die Unternehmen zum Handeln im Sinne der Menschenrechte und des Umweltschutzes angeregt werden. Durch Informationsaustausch und gegenseitige Lernprozesse entsteht eine größere Transparenz. Kofi Annan nannte als Ziel, „die kreativen Kräfte des privaten Unternehmertums mit den Bedürfnissen der Benachteiligten und den Anforderungen zukünftiger Generationen in Übereinstimmung zu bringen". Gerade deshalb will der Global Compact auf Kontrollmaßnahmen verzichten.

Gefahr des „Blue Wash"
Doch wie sieht es in der Praxis aus? Die meisten Partnerschaftsprojekte innerhalb des Global Compact beziehen sich weniger auf die neun Prinzipien, als mehr auf reine Wohlfahrtsprojekte. Das Handeln der Unternehmen selbst hat sich größtenteils nicht geändert. Greenpeace bemängelt, dass bei vielen Unternehmen die neun Prinzipien nur als Lippenbekenntnis aufgenommen wurden, nicht aber befolgt werden. Dies kann dem Ansehen der UNO schaden, denn Unternehmen können sich mit der Zugehörigkeit zum Global Compact unter UN-Banner brüsten, ohne dafür irgendetwas Neues tun zu müssen. Die amerikanische Nichtregierungsorganisation CorpWatch nannte dies die Möglichkeit zum „Blue Wash". Gemeint ist damit das Kleiden in die saubere, blaue UN-Weste. Deshalb besteht auch die Gefahr, dass sanktionierbare Richtlinien anderer Institutionen (z. B. OECD-Leitsätze für multinationale Unternehmen), die in die gleiche Richtung zielen, an Akzeptanz und Einfluss verlieren könnten.

Diskussion um Reformen
Deshalb schlägt Greenpeace vor, dass die UNO ein Forum einrichten sollte, in dem die Nichtregierungsorganisationen Verstöße gegen den Global Compact vortragen können. Dieses Forum sollte dann den betreffenden Konzern befragen und ihm eine Frist zur Umsetzung der Prinzipien stellen. Sollte das Unternehmen die Frist nicht einhalten, muss es den Global Compact verlassen. Auch der ehemalige Generalsekretär von ai, Pierre Sané, hat bei Kofi Annan eine unabhängige Überprüfung der Unternehmen angeregt. Annan hat auf die wachsende Kritik am Global Compact im Januar 2002 mit der Einrichtung eines Advisory Councils reagiert. Dieser ist mit der Aufgabe betraut, Mindeststandards und Kriterien für einen möglichen Ausschluss von Unternehmen zu erarbeiten. Auch Beitrittsbestimmungen für Unternehmen wird das Gremium formulieren. Unter den Mitgliedern des Councils befinden sich vor allem Vertreter der Wirtschaft. Damit ist zwar einerseits der Einfluss auf die Unternehmen des Global Compact größer, aber andererseits stellt das auch die Unabhängigkeit des Gremiums in Frage.

Der Global Compact – wirkungsloses UN-Instrument? e-politik.de, 19.5.2002, in: http://www.e-politik.de (Zugriff: 24.5.2013)

1 Analysieren Sie den Global-Compact-Katalog (**M 9**).
2 Arbeiten Sie Mängel und Schwierigkeiten bei dessen Umsetzung heraus.
3 Beurteilen Sie unter Einbeziehung von **M 10** und **M 11** die Möglichkeit, durch den Global Compact sozialstaatliche Prinzipien weltweit zu etablieren.

Soziale Marktwirtschaft weltweit?

Unter sozialer Marktwirtschaft versteht man eine Wirtschaftsordnung, in der der Staat auf der Basis kapitalistischen Wettbewerbs die Aufgabe hat, sozialpolitische Korrekturen vorzunehmen und auf sozialen Ausgleich hinzuwirken. Der Begriff bezeichnet die Wirtschaftsordnung der Bundesrepublik Deutschland.
Ist dieses Modell in Zeiten der Globalisierung aufrechtzuerhalten? Kann man den Sozialstaat in der Globalisierung retten? Oder ist er vielleicht sogar ein Erfolgsmodell, das man universalisieren kann?

M12 Ende der sozialen Marktwirtschaft?

Im Standortwettbewerb (...) müssen sich Regierungen wie Unternehmen verhalten: Sie müssen *Rationalität* und *Effizienz* zur Leitschnur ihres Handelns machen.
Das bedeutet:

- Sie müssen die Rolle eines *Reformers* übernehmen und den Umbau des Steuer- und sozialen Versicherungssystems, des Bildungswesens und der Arbeitsmarktverfassung vorantreiben. Dies muss entweder im Wettbewerb oder, falls möglich, in Kooperation mit den Regierungen anderer Staaten geschehen.
- Sie können sich nicht mehr als Bewahrer von angestammten *Besitzständen* verstehen. Denn es schwinden ihre Möglichkeiten, mit Subventionen, Regulierungen und Handelsbeschränkungen in die Wirtschaft zu intervenieren.

Das Ergebnis der Globalisierung ist also aller Voraussicht nach nicht der Minimalstaat, der sich überflüssig macht. Es ist vielmehr ein anderer Staat, der in erster Linie *ordnungspolitische* Aufgaben wahrzunehmen hat, der jedoch nur noch *wenig Möglichkeiten zur Prozesssteuerung* besitzt. (...)

Was bleibt dem Staat in der Wirtschaftspolitik?
Doch welche Möglichkeiten bleiben fortan den nationalen Regierungen in der „mobilen Welt", eine eigenständige Politik zu betreiben? Auf welchen Feldern müssen sie zurückstecken, und auf welchen behalten sie ihre Handlungsmöglichkeiten oder sind sogar stärker gefordert als bisher? Aus der Sicht der Ökonomen hat der *Staat* in der Wirtschaftspolitik *drei Aufgaben*: die Glättung von *Konjunkturschwankungen*, die Kompensation von *Marktversagen* und die *soziale Sicherung* der Menschen durch Umverteilung der Einkommen. (...)

– Nationale Regierungen besitzen kaum noch Spielraum für eine autonome Konjunkturpolitik. So ist die Geldpolitik wegen der engen Vernetzung der internationalen Finanzmärkte de facto bereits weltweit synchronisiert: Würde beispielsweise ein Land versuchen, die Zinsen im Alleingang zu senken, um die Konjunktur zu stimulieren, könnte ein solcher Schritt rasch zu einem Abfluss von Finanzkapital führen. Es würde möglicherweise anderswo den Druck auf die Notenbanken verstärken, ebenfalls die Zinsen zurückzunehmen. Die Folge ist, dass im Zuge der Globalisierung konjunkturelle Schwankungen in einem Teil der Welt immer rascher auf andere Teile übertragen werden; man spricht deshalb auch von einem zunehmenden *weltweiten Konjunkturverbund*.
Das bedeutet nicht, dass nationale Regierungen Konjunkturschwankungen tatenlos hinnehmen müssten. Sie müssen jedoch ihre Maßnahmen stärker koordinieren.

– Nationale Regierungen haben auch weniger Möglichkeiten, *redistributive Ziele* zu verfolgen. Bei hohen *Steuersätzen* im eigenen Land haben die Kapitalanleger einen Anreiz, ihr Geld ins Ausland zu bringen, und Ähnliches gilt bei hohen *Sozialstandards* oder bei strengen *Umweltauflagen*. Die Leidtragenden sind die immobilen Produktionsfaktoren, die eine solche Option nicht haben. Sie zahlen letztlich die Zeche.
Das muss keinesfalls das Ende des Sozialstaates bedeuten, wie es gern als Schreckgespenst an die Wand gemalt wird. Denn zu den Standortvorteilen eines Landes gehört auch die *soziale Infrastruktur*, die den Menschen materielle Sicherheit und sozialen Schutz gewährt.
Sie hat die Eigenschaften eines *öffentlichen Gutes*. So wird von den meisten Menschen die Zwangsmitgliedschaft in der gesetzlichen Sozialversicherung nicht infrage gestellt, weil sie damit die Vorstellung von der Äquivalenz zwischen jetzigen Beiträgen und späteren Leistungen verbinden. Daraus folgt etwas sehr Wichtiges: Die staatliche Umver-

teilungspolitik in der „mobilen Welt“ muss sich der *Zustimmung der Bürger* versichern, und sie muss entsprechend deren Akzeptanzgrenzen berücksichtigen, jedenfalls soweit diese eine Exit-Option besitzen. Sie muss sich, wie die Ökonomen sagen, um *Pareto-Optimalität* bemühen: Alle müssen das Gefühl haben, sich hinterher zumindest nicht schlechter zu stellen als vorher. Das Konzept ist allerdings nur schwer umzusetzen. Denn wesentliche seiner Prämissen sind in der Realität nicht gegeben, wie unbeschränkte Rationalität, perfekte Verträge und keinerlei Transaktionskosten. Ökonomen können daher nur sehr allgemein sagen, dass es Grenzen für eine staatliche Redistributionspolitik gibt, aber sie vermögen nicht konkret anzugeben, wo diese liegen.

Klaus Peter Schmidt: Auf dem Wege zum Minimalstaat?, in: Der Bürger im Staat 7/1999, S. 212 ff.

Ökosoziale Marktwirtschaft weltweit? *Zeichnung: Wiedenroth*

M 13 Soziale Marktwirtschaft auf Weltebene?

Im Zuge der Globalisierung ist wiederholt deutlich geworden, dass Märkte politisch gesetzte Rahmenbedingungen benötigen, um ihre Funktionen effizient erfüllen zu können. Durch supranationale Organisationen wie die WTO oder den IWF und durch internationale Abkommen wie GATS (*General Agreement on Trade in Services*) wird versucht, den konstituierenden Prinzipien des Ordoliberalismus auf der internationalen Ebene Geltung zu verschaffen, das heißt Eigentumsrechte zu garantieren und faire Wettbewerbsbedingungen herzustellen.

Diese supranationalen Politikmaßnahmen werden von ökonomischer Seite auch nicht ernsthaft infrage gestellt. Nun umfasst der Ordoliberalismus Eucken'scher Provenienz aber nicht nur konstituierende, sondern auch regulierende Prinzipien. Und diese Prinzipien sind für die Funktionsfähigkeit marktwirtschaftlicher Systeme aus Gründen der Nachhaltigkeit und der sozialen Akzeptanz des Marktes ebenso bedeutsam wie die Eigentumsgarantie und die Herstellung eines kompetitiven Preissystems. Aus der Geschichte des Sozialstaats entwickelter Volkswirtschaften ist bekannt, dass sich diese sozialstaatlichen Regelungen im Zug der wirtschaftlichen Entwicklung nicht evolutorisch, also gleichsam „von selbst“ herausbilden; sie sind immer das Ergebnis politisch gesetzter Eingriffe in das Marktgeschehen.

Unter den Bedingungen globalisierter Faktor- und Gütermärkte sind somit auch supranationale Antworten für den Aufbau beziehungsweise Erhalt des Sozialstaats erforderlich. Ein ökonomisch wie sozialpolitisch ineffizienter Unterbietungswettbewerb lässt sich nur durch ein gewisses Maß an Harmonisierung der steuer- und sozialpolitischen Standards verhindern. Natürlich ist bei dieser Festlegung dieser Mindeststandards darauf zu achten, dass die weniger entwickelten Volkswirtschaften durch diese sozialpolitischen Regulierungen nicht überbelastet werden. Die entsprechenden Regulierungen werden also deutlich unterhalb dessen liegen, was entwickelte Ökonomien als Mindeststandards ohnehin praktizieren. Ansonsten würden die Entwicklungs- und Schwellenländer ihre wesentlichen komparativen Vorteile verlieren, nämlich niedrige Lohnkosten und attraktive Kapitalverwertungsbedingungen.

Eine Harmonisierung auf überhöhtem Niveau wäre nichts anderes als ein moralisch verbrämter Protektionismus durch die Industriestaaten. Ein völliger Verzicht auf die Einsetzung sozialer Mindeststandards würde andererseits den Aufbau sozialstaatlicher Strukturen in diesen Ländern auf Dauer verhindern.

Jörg Althammer: Soziale Marktwirtschaft auf Weltebene?, in: Die politische Meinung 5/2008, S. 24

Walter Eucken (1891–1950), Vordenker der sozialen Marktwirtschaft

M 14 Perspektive: Ökosoziale Marktwirtschaft weltweit

Warum sind wir in entscheidenden Fragen als Weltgemeinschaft nicht erfolgreich? Weil die Rahmenbedingungen der Weltwirtschaft inadäquat sind – zum Vorteil einiger, zum Nachteil vieler. An dieser Stelle würde nun in einer funktionierenden Demokratie das Primat der Politik ansetzen und für bessere Rahmenbedingungen sorgen. Leider wird die Globalisierung an dieser Stelle geradezu zum Risiko für die Demokratie. Denn zwischenstaatliche Regelungen werden ohnehin nicht nach demokratischen Prinzipien gefunden: Die starken Staaten setzen sich gegen die schwachen Staaten durch, der zahlenmäßig deutlich kleinere reiche Teil gegen die vielen Armen. Und dadurch, dass die nationale Demokratie durch globale Verhältnisse immer öfter unterlaufen wird, wird es nun auch auf nationaler Ebene immer schwieriger, ein Primat der Politik gegen die globalen Marktkräfte durchzusetzen. Dies vor allem auch, weil die Staaten untereinander konkurrieren. Es geht u. a. um den Zugriff auf Ressourcen und das Recht der Erzeugung von Umweltbelastungen. Ohne Ressourcen kein Reichtum! Und Kollaps bei übermäßigem Zugriff! Wer kann, wer darf auf Ressourcen in welchem Umfang zugreifen? Und wie kommt es zu einer Internalisierung externer Kosten in das weltökonomische System? (...)

Eine substanziell bessere Gestaltung der Globalisierung ist nötig. Entscheidend sind bessere Regelwerke der Weltwirtschaft: Co-Finanzierung von Entwicklung, verbindliche Öko- und Sozialstandards bei der WTO und im Weltfinanzsystem, bessere Regulierung des Weltfinanzsystems, Umsetzung der Klimagerechtigkeit in einem Post-Kyoto-Vertrag, bessere Global Governance – schlicht eine weltweite ökosoziale Marktwirtschaft geben Perspektiven. Die Richtung ist klassisch ordoliberal. Bei erfolgreichen Nationalstaaten war das schon immer das richtige Programm. Jetzt braucht man global – wegen der Dominanz der Weltwirtschaft – entsprechende Lösungselemente für die Weltwirtschaft. Aktive Globalisierungsgestaltung im Sinne einer weltweiten Ökosozialen Marktwirtschaft ist der Schlüssel für eine mit Nachhaltigkeit kompatible Ökonomie: Wirtschaft neu denken.

Franz-Josef Radermacher: Soziale Marktwirtschaft – die ökosoziale Perspektive, in: Kommission Zukunft Soziale Marktwirtschaft. Soziale Marktwirtschaft – Ordnung ohne Alternative, o. O., o. J., S. 24, 27, in: www.bayern.de (Zugriff: 4.7.2013)

M 15 Zukunftsfähigkeit der Sozialen Marktwirtschaft

Grundsätzlich gilt: Die Soziale Marktwirtschaft ist *zukunftsfähig*. Ihre Prinzipien stellen ein geeignetes Fundament dar, das als Ausgangspunkt zur Bewältigung der globalen Herausforderungen dienen kann. Aber um die Soziale Marktwirtschaft auch *zukunftsfest* zu machen, muss das Modell der Gründerväter um Prinzipien ergänzt werden, die in einem durch die Globalisierung deutlich komplexer gewordenen Umfeld allen Bürgern gesellschaftliche Teilhabe ermöglichen. Gleichzeitig muss der Mensch, der im Mittelpunkt der Wirtschafts- und Gesellschaftsordnung steht, wieder stärker zum Maßstab der Politik werden. (...)

Bezüglich der grundlegenden ordnungspolitischen Prinzipien der Gründerväter haben alle elf Prinzipien *nach wie vor* ihre *Berechtigung*. Im Vergleich zur Situation im Deutschland der Nachkriegszeit sind jedoch einige *Modifikationen* bzw. Anpassungen an geänderte globale Rahmenbedingungen erforderlich.

- Das Prinzip der *Vertragsfreiheit* ist die zwingende Voraussetzung für eine arbeitsteilige Wirtschaft und als solches ein unverzichtbarer Bestandteil einer funktionierenden Wirtschaftsordnung.
- Auch das Prinzip *flexibler Preise* auf Märkten der *vollständigen Konkurrenz* ist ein fester Bestandteil einer dezentral organisierten Wirtschaftsordnung. Die Flexibilität der Preise sorgt für einen Ausgleich der Angebots- und Konsumpläne der einzelnen Wirtschaftsakteure. Allerdings können Größenvorteile in der Produktion (economies of scale bzw. steigende Skalenerträge) in einzelnen Bereichen dazu führen, dass der Markt nicht mehr dem Ideal der vollständigen Konkurrenz entspricht.
- Das Prinzip des *Privateigentums* ist auch heute noch ein Grundpfeiler einer funktionierenden Sozialen Marktwirtschaft. Gleichzeitig aber nimmt die Bedeutung der sogenannten globalen Gemeinschafts-

güter („global commons" wie z. B. Umwelt und natürliche Ressourcen) zu. (...)

- Das *Primat der Währungspolitik* im Sinne der Geldwertstabilität hat eine hohe Bedeutung für eine funktionierende Wirtschaft und ist daher nach wie vor wichtig. (...)
- Das Prinzip der *offenen Märkte* hat durch die zunehmende Liberalisierung der Märkte im Zuge der Globalisierung an Bedeutung gewonnen. Da offene Märkte im internationalen Kontext der beste Schutz vor nationalen Monopolen bzw. Oligopolen sind, leistet dieses Prinzip auch einen Beitrag zur Verhinderung von Machtkonzentrationen. Das *Prinzip der Monopolkontrolle zur Verhinderung von Marktmacht* wird daher nicht obsolet, aber es verliert an praktischer Relevanz, weil die Monopolbildung auf globalen Gütermärkten nahezu unmöglich ist. Eine Ausnahme hiervon stellen lokal verankerte Produkte dar, vor allem netzwerkbasierte Versorgungsunternehmen. (...)
- Das Prinzip der *Konstanz der Wirtschaftspolitik* schafft für die Marktakteure ein gewisses Maß an Sicherheit und Planbarkeit und ist insofern bedeutsam für einen reibungslosen Ablauf wirtschaftlicher Prozesse. Die zunehmende Krisenanfälligkeit aller Volkswirtschaften (Wechselkursschwankungen, Spekulationsblasen, exogene Schocks wie z. B. klimabedingte Naturkatastrophen etc.) machen jedoch in immer stärkerem Maße auch außerplanmäßige wirtschaftspolitische Ad-hoc-Eingriffe des Staates erforderlich. (...)
- Das Prinzip der *staatlichen Reaktionen auf ein anomales Arbeitsmarktangebotsverhalten* könnte für die praktische Politik in Deutschland an Bedeutung gewinnen. Wenn der prognostizierte Bedeutungsverlust der menschlichen Arbeitskraft für die wirtschaftlichen Wertschöpfungsprozesse – und hier vor allem für die gering qualifizierten Arbeitskräfte – auf die zunehmende Konkurrenz der aufstrebenden Schwellenländer trifft, werden die ohnehin schon niedrigen Marktlöhne für gering qualifizierte Personen weiter sinken. Diese Erwerbstätigen müssten ohne staatliche Unterstützungen ihr Arbeitsangebot ausweiten, um noch das eigene Überleben und das ihrer Familien zu sichern. Daher werden staatliche Interventionen (auch in Form eines flächendeckenden gesetzlichen Mindestlohns, der gegen das Prinzip der nach oben und unten flexiblen Preise verstößt) hier perspektivisch zunehmen.
- Bezüglich des Prinzips der *staatlichen Einkommensumverteilung* sind die zukünftigen Entwicklungstendenzen nicht eindeutig vorhersehbar. Grundsätzlich ist zu erwarten, dass eine Erhöhung des Bildungsniveaus und der Beschäftigungschancen – vor allem bei den bildungsfernen Personen – dazu führt, dass die Einkommensunterschiede bereits im Marktprozess reduziert werden, weil die qualifizierten Arbeitskräfte in der globalen Ökonomie stärker nachgefragt werden und daher Einkommenszuwächse erwarten können. (...)
- Eine erhebliche Stärkung ist bei dem in der Vergangenheit vernachlässigten *Haftungsprinzip* erforderlich. Viele sozio-ökonomische Fehlentwicklungen der letzten Jahre sind darauf zurückzuführen, dass Wirtschaftsakteure Entscheidungen getroffen haben, deren Konsequenzen sie nicht vollständig getragen haben. (...)
- Gleiches gilt für die *Korrektur externer Effekte*. Auch hier besteht ein erheblicher Nachholbedarf. Beispielsweise bestehen im gesamten Bereich der natürlichen Ressourcen negative externe Effekte, die zu einer systematischen Übernutzung dieser Ressourcen führen. Die Stärkung des Prinzips, dass externe Effekte internalisiert werden müssen, führt dann auch zu einer größeren Bedeutung der *Langfristorientierung*, um neben den kurzfristigen und direkten externe Effekten auch die langfristigen und indirekten externen Effekte von individuellen Entscheidungen internalisieren zu können.

Soziale Marktwirtschaft 2030 – Herausforderungen und Gestaltungsoptionen für ein Zukunftsmodell. Diskussionspapier, Gütersloh (Bertelsmann-Stiftung) 2011, S. 44 ff.

1 Analysieren Sie die Texte im Hinblick auf die Entwicklungsmöglichkeiten, die sie dem Sozialstaat in der Globalisierung zuweisen. Welche Innovationen sind erforderlich (**M 12** bis **M 14**)?

2 Beurteilen Sie die Frage, inwieweit die soziale Marktwirtschaft in der Globalisierung überlebensfähig ist.

3 Diskutieren Sie, ob die Ökosoziale Marktwirtschaft zum globalen Modell werden kann.

Alles rosig? – Zukunftsszenarien des Sozialstaats

Eindeutige Entwicklungen des Sozialstaats sind nur schwer auszumachen. Scheinbare Gewissheiten wie die vom „Ende des Sozialstaats" sind lange schon beiseitegelegt. Von vielen Seiten wird betont, wie wichtig das Eingreifen der Politik und der demokratischen Strukturen sowie die Setzung von Rahmenbedingungen ist. In einer solchen Situation hat sich die Methode des Szenarios bewährt, die nicht nur extreme Entwicklungsmöglichkeiten aufzeigt, sondern auch Eingriffsmöglichkeiten für menschliches Handeln identifiziert. Im Folgenden werden einige dieser Szenarios vorgestellt.

M 16 Sinus-Szenarios – Deutschland 2020

Wenn sich bestimmte Grundorientierungen durchsetzen und das gesellschaftliche Denken dominieren, lässt sich das im Rückblick oft gut beschreiben und analysieren. Man spricht dann gerne von einer Epoche oder Ära. Aber auch mit Blick auf die Zukunft ist das möglich und lässt sich als Szenarien beschreiben. Sinus Sociovision hat solche Szenarien für 2020 auf der Grundlage seiner jahrzehntelangen Erfahrungen in der Beobachtung und Analyse des gesellschaftlichen Wandels entwickelt. Jedes Szenario ist eine gesellschaftliche Zukunft, die entsteht, wenn sich eine der grundlegenden soziokulturellen Strömungen durchsetzt, die heute miteinander im Widerstreit liegen (*s. auch M 17*).

Zukunft 1 – „Free is Fair – Wettbewerb"
Die Gesellschaft wird in diesem Szenario marktorientierter und materialistischer, ihre Kommerzialisierung nimmt zu. Die Bürger werden immer häufiger als Konsumenten und Marktteilnehmer angesprochen. Kollektive Verantwortung, Aufgaben und Ziele werden deshalb nicht gleich ignoriert, aber sie verlieren an Priorität und Bedeutung. Die Gesellschaft findet Eigennutz als Motivation völlig in Ordnung und erwartet, dass Menschen wirklich ihr Bestes geben, um sich und ihr Leben voranzubringen. Vieles im Leben hängt eben vom eigenen Geschick ab und davon, was man daraus macht. Leistung und Performance sind das, was am Ende zählt, und die Gewinner sind in einer Wettbewerbsgesellschaft logischerweise die, die den Löwenanteil abbekommen. Deshalb ist es auch nur natürlich, dass Einkommen und Macht sehr unterschiedlich verteilt sind.
Alter ist deshalb auch kein Grund, um besondere Zuwendungen und Unterstützung zu gewähren oder die Kräfte des Marktes zu beschneiden, etwa im Arbeitsrecht. Man sollte sich halt rechtzeitig zur Decke strecken. Förderungen und Programme, die ursprünglich einmal auf traditionelle Familien ausgerichtet waren, werden zunehmend an eine stark individualisierte Welt angepasst. (...)

Zukunft 2 – „Shared Destiny – die Schicksalsgemeinschaft"
Shared Destiny beschreibt eine Gesellschaft, die den Zwang zu einem größeren Umbau gerade auch wegen des demografischen Wandels wohl anerkennen muss, aber deshalb noch lange nicht alle Prinzipien und Regeln über Bord werfen will, die lange gegolten und getragen haben. Dies käme einer Kapitulation vor „Turbo-Kapitalismus" und simplem neoliberalen Denken gleich, mit der man der gesamtgesellschaftlichen Verantwortung nicht gerecht würde. Aber es erscheint auch nicht als effektiv, denn die unerwünschten Nebeneffekte einer ungezügelten Privatisierung und Liberalisierung werden immer mehr Menschen bewusst. Der Markt, diese Überzeugung greift immer mehr um sich, kann viele Dinge nicht gut regeln.
Der Ruf nach Führung statt Marktmechanik, nach gesellschaftlichen Visionen statt lapidarstem Pragmatismus wird deshalb lauter. Man wendet sich wieder stärker den Prinzipien und Zielen des „rheinischen Kapitalismus" zu, allerdings einer modernisierten Form im Kontext drastisch geänderter Umstände, zu denen auch der demografische Wandel gehört. Man erwartet von den Führungseliten in Politik und Wirtschaft eine gesamtgesellschaftliche Verpflichtung und Verantwortung, mehr Orientierung am Allgemeinwohl und an den Interessen des ganzen Landes. Einfach nur mit den Wölfen zu heulen oder aber potenzielle Probleme für die eigenen Interessen zu nutzen, wird nicht mehr akzeptiert.

In dieser Gesellschaft spielen lokale Lösungen eine große Rolle, die aus den Kommunen, den Stadtteilen und den Nachbarschaften heraus entstehen. Man erkennt ausdrücklich die Rolle der Bürger an, sei es in der Familie, als ehrenamtliche Unterstützer und Freiwillige oder in Form vieler kleiner lokaler Initiativen. Sie gelten als sehr effizient und effektiv, sie sind näher an den Menschen dran und nachhaltiger als solche, die große, anonyme und den Menschen oft fremde Unternehmen mit zu vielen eigenen Interessen im Auftrag erbringen.

Zukunft 3 – „Metamorphosis – Wandel"

Metamorphosis beschreibt eine Gesellschaft im Wandel, die aus den bekannten Gegensätzen ausbricht: Eine Gesellschaft mit dem Willen zum lateralen Denken, die Probleme und Herausforderungen neu definiert, um mit unorthodoxen Lösungen aufzuwarten. In der Debatte um den demografischen Wandel und das Verhältnis der Generationen herrscht Einigkeit darüber, dass es sinnlos ist, in Kategorien von Gewinnern und Verlierern zu reden. Die Gesellschaft – und das trifft insbesondere auf viele ältere Menschen zu – hat doch noch so viele Reserven und Puffer zur Verfügung, die man in Rechnung stellen muss und mobilisieren kann. Denn nie zuvor war die Gesellschaft in einer solchen Lage: Mit so vielen bestehenden und noch immer wachsenden Reichtümern an Kapital, Infrastruktur und Gebäuden; mit einer Hyper-Produktivität, die immer weniger Arbeitskräfte für die industrielle Produktion erfordert; mit einer individuellen Lebensqualität, die sich immer mehr von ökonomischen Statistiken abkoppelt; mit einer globalisierten Welt und einer europäischen Integration, die den problemlosen Umzug ins Ausland erlaubt; und mit einer Reihe neuer Herausforderungen, die ausnahmslos supranationale Aufgaben sind. In dieser historischen Ausnahmesituation liegen große Chancen und Potenziale. Die Gesellschaft wird in Metamorphosis ganz von vorne damit beginnen, diese Möglichkeiten zu erkunden und die Prioritäten neu zu bestimmen.

Joop de Vries/Thomas Perry: Der demografische Wandel und die Zukunft der Gesellschaft, in: Sinus Sociovision Navigator 2/2007, S. 3 ff.

M 17 Sinus-Milieus in Deutschland

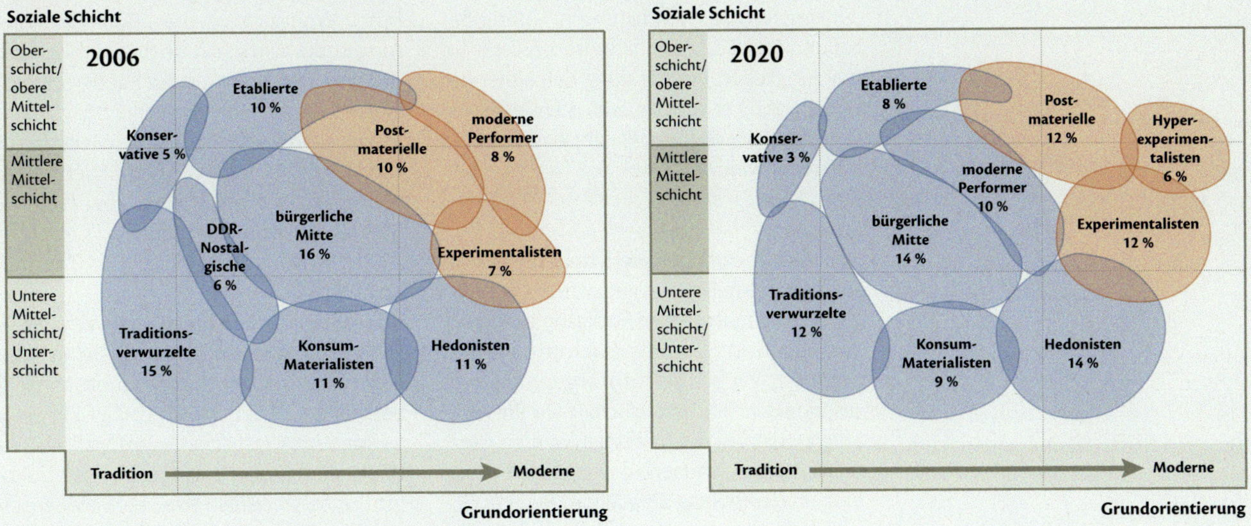

Nach: http://www.spiegel.de/kultur/gesellschaft/grossbild-423043-650833.html

1 Informieren Sie sich im Methodenteil über die Szenario-Methode.

2 Analysieren Sie nach dieser Methode die Szenarien im Hinblick auf die gewählten Zeiträume, Indikatoren und die Aussagen über mögliche Entwicklungsrichtungen.

3 Vergleichen Sie die Szenarien.

4 Diskutieren Sie, welche der Szenarien Ihnen am plausibelsten erscheinen.

5 Entwerfen Sie mögliche Schlussfolgerungen für die Sozialpolitik.

M 18 „Unser Sozialstaat im Jahr 2030"

Szenario 1

Eine hohe staatliche Umverteilung kennzeichnet Szenario 1; sie führt zu einer deutlichen Abnahme der Eigeninitiative bei den Bürgern. Der Staat finanziert über Schulden weite Bereiche der Gesellschaft wie Bildung, Gesundheit und soziale Sicherung. Doch die Gelder versanden häufig in den Mühlen der ausufernden Bürokratie. Die Menschen flüchten in individuelle Freizeitaktivitäten. Man arbeitet, um zu leben, wenn man denn noch einen der wenigen vom Staat geförderten Arbeitsplätze hat.

Von der Wirtschaft gehen kaum Wachstumsimpulse aus. Die Chance dieser Gesellschaft liegt in schöpferischer Zerstörung und radikalem Neuanfang – andernfalls droht ihr der innere Kollaps.

Szenario 2

Das 2. Szenario beschreibt eine Zukunft, in der ein umfassend agierender, funktionstüchtiger Staat auf der Grundlage einer prosperierenden, hoch entwickelten Wirtschaft seinen Bürgern ein sicheres Leben in Harmonie und Wohlstand garantieren kann. Die Menschen nutzen in dieser toleranten, auf Konsens beruhenden Gesellschaft ihre Möglichkeiten zur kreativen Selbstentfaltung in Bildung, Beruf und Familie. Die Schattenseiten liegen in der möglichen Verdrängung aufkeimender Risiken, in einer zunehmenden Entfesselung des Staates sowie in der Gefahr, dass Leistung sich nicht wirklich lohnt.

Szenario 3

Im Zentrum von Szenario 3 steht die umfassend realisierte Eigenverantwortung der Bürger bei einem deutlichen Rückgang staatlicher Aktivitäten. In dieser Gesellschaft trägt und formt der Mensch als sozial engagiertes Wesen die aktive Bürgergesellschaft. Die Entwicklungspotenziale der Menschen werden ganzheitlich angesprochen und gefördert – sowohl in der Bildung als auch im Bereich Gesundheit, Generationenverhältnis etc. Der Staat zieht sich auf seine Kernaufgaben – Justiz, Polizei, Verteidigung – zurück und konsolidiert die öffentlichen Haushalte. Die Betonung des Subsidiaritätsgedankens erlaubt eine effektive Beteiligungsdemokratie. Von der Eigeninitiative der Menschen profitiert auch die Wirtschaft (Innovationen). Die Kehrseite: Sozial Schwache sind in Notsituationen nahezu ausschließlich auf die Unterstützung ihrer Mitmenschen angewiesen, da der Staat die soziale Absicherung von Lebensrisiken weitgehend den Bürgern überlässt.

Szenario 4

Szenario 4 ist geprägt von starken Unternehmen und Konzernen, die sowohl global als auch regional agieren. Der klassische Nationalstaat hat dagegen wenig Bedeutung und Einfluss auf das gesellschaftliche Geschehen. Staatsgeschäfte werden – bei abnehmender Bürgerbeteiligung – zunehmend von Experten übernommen. Neben den Unternehmen bilden die Familien die zweite tragende Säule der Gesellschaft. Soziales Engagement darüber hinaus bleibt eher die Ausnahme. Entsprechend groß sind die sozialen Unterschiede. Gefahren bringt die starke konjunkturelle Abhängigkeit des allgemeinen Wohlergehens.

Szenario 5

Die dominierende soziale Schicht in Szenario 5 sind die wohlhabenden, beruflich noch aktiven älteren Menschen. Sie konnten im Zuge der umfassenden Liberalisierung vieler Märkte sowie der Privatisierung zuvor staatlicher Bereiche der Gesellschaft ihren persönlichen Wohlstand mehren. Dank Deregulierung ist die Wirtschaft hochdynamisch. Kinder sind allerdings zu einer Randgruppe der Gesellschaft geworden. Verlierer sind auch leistungsschwache und kranke Menschen. In der Politik herrschen „Eliten-Experten", die alle Staatsgeschäfte effektiv, aber nicht demokratisch kontrolliert führt. (...)

Szenario 6

Das 6. Szenario beschreibt eine Welt, die gekennzeichnet ist durch eine klassische Industriestruktur mit einer hohen Quote abhängig beschäftigter Menschen. Sie bringen ihrem jeweiligen Arbeitgeber ein hohes Maß an Treue und Identifikation entgegen. Diese Struktur geht einher mit einem Staat, der viele Bereiche des öffentlichen Lebens umfassend reguliert. Sein Hauptanliegen ist dabei aber weniger die Förderung von Investitionen, sondern primär die Besitzstandssicherung und Wohlstandsvermehrung seiner stark alternden Bevölkerung. Kinder und Zukunft dagegen haben eine nur geringe Bedeutung.

„Unser Sozialstaat im Jahr 2030", Tagung der Bertelsmann-Stiftung 2004, in: http://www.bertelsmann-stiftung.de (Zugriff: 14.4.2013)

M 19 Die Wachstumsgesellschaft und die nachhaltige Gesellschaft – zwei Szenarien

Zeichnung: Mester

Szenario I: Die Gesellschaft des Wissens und des Wachstums – die Bedeutung technologischer Innovationen

Am deutlichsten kommt die Wissensgesellschaft in den modernen Informations- und Kommunikationstechniken zum Ausdruck: Intelligente Maschinen, Mikroprozessoren sowie Netz- und Funktechniken dringen mehr und mehr in alle Lebensbereiche vor. In einer Wissensgesellschaft findet sich keine Produktionsstraße, kein Büro, keine Küche, kein Wohnzimmer und keine Freizeiteinrichtung mehr ohne moderne Informations- und Kommunikationstechniken. Sie setzen sich durch, weil sie die menschlichen Fähigkeiten und die bisherigen technischen Leistungen dramatisch erweitern und teilweise ersetzen. Deshalb ermöglichen die modernen Informations- und Kommunikationstechniken eine enorme ökonomische Effizienzsteigerung. Jeder Erwerbstätige kann bedeutend mehr hervorbringen als zuvor. Weltweit vernetzte Produktionsprozesse und Dienstleistungen, neue Organisationsformen von Unternehmen und Infrastrukturen entstehen bis hin zu virtuellen Unternehmen und hochleistungsfähigen Logistiksystemen. Diese Entwicklungen spiegeln sich auch in neuen Formen der weltweiten Arbeitsteilung sowie sekundenschnellen globalen Informations- und Kommunikationsprozessen mit der Folge eines dramatisch intensivierten Produkt-, Preis- und Innovationswettbewerbs. Die sozialen und politischen Folgen dieser Prozesse gehen sehr weit. Sie erst bringen insgesamt die Gesellschaft des Wissens und des Wachstums hervor.

Die Ausweitung von Bildung und Ausbildung ist zugleich Voraussetzung und Folge der neuen Informations- und Kommunikationstechnologien. Einerseits bedarf es erheblicher Kenntnisse, um deren Vorteile zu nutzen. Andererseits verschaffen die modernen Informations- und Kommunikationstechnologien eine Fülle von Informationen, die zuvor nur mit viel Aufwand zu erhalten waren. Aber nur wer die Zusammenhänge kennt, wer Informationen im Hinblick auf ihre Auswirkungen und ihre Relevanz beurteilen kann, wer wesentliche von unwesentlichen Informationen unterscheiden kann, der verfügt über nützliches Wissen. Immer mehr Menschen besuchen daher immer länger Lehrgänge, Schulen und Hochschulen, die ihnen Überblick und Urteilsfähigkeit vermitteln.

Die Veränderungen auf dem Arbeitsmarkt und die Folgen der Ökonomisierung

Der Bedarf an Arbeitskräften in einer Wissensgesellschaft ist hoch, weil zahlreiche Betätigungsfelder vor allem im Dienstleistungsbereich wachsen oder überhaupt erst neu erschlossen werden. Das Angebot an Arbeitskräften geht jedoch infolge der demografischen Entwicklung zurück. Das wird dazu führen, dass fast alle Menschen im mittleren Lebensalter erwerbstätig sein werden, auch die „jungen Alten" und die Mütter. Die flächendeckende Bereitstellung von staatlichen oder privaten Kinderbetreuungseinrichtungen wird daher unerlässlich werden. Gleichwohl wird das Zeitbudget vieler Menschen angespannt sein: Die Pflege der eigenen Eltern und die Sorge für die eigenen Kinder, gegenseitige Unterstützung von Nachbarn werden zu den Verpflichtungen der Erwerbstätigkeit hinzukommen.

Wenn die Produktivitätszunahme in einer Wissensgesellschaft größer ist als die Abnahme der Erwerbstätigen und das dadurch verminderte Arbeitsvolumen, dann wächst die Wirtschaftsleistung. Damit ist die Grundlage gelegt, um Löhne, Renten und Renditen zu erhöhen, Infrastruktur und Sozialleistungen zu verbessern oder wenigstens aufrechtzuerhalten und insoweit den Herausforderungen des demografischen Wandels zu begegnen. Weil die Menschen im erwerbsfähigen Alter aber gleichzeitig, ergänzend zu gesetzlichen Renten, für ihren Lebensabend selbst sorgen und auch immer mehr Familienangehörigen helfen müssen, wird die Wohlstandsmehrung in großen Teilen der Bevölkerung zwar als Einkommenszuwachs, aber nur ein Teil hiervon als disponible, konsumierbare Wohlstandsmehrung ankommen. Die Prinzipien der Effizienzsteigerung und der Rentabilitätsmehrung, der Beschleunigung und somit der Ökonomisierung der Gesellschaft setzen sich in der Wissens- und Wachstumsgesellschaft

mehr und mehr durch. Dies macht sich auch in Bereichen außerhalb des Arbeitslebens bemerkbar: In der Familie, im Bildungsleben, in der Politik usw. verbreiten sich Leistungsmotivation und individuelle Konkurrenz. Die Beanspruchung der Menschen wird steigen, aber auch die Belohnung individueller Erfolge.
Die Globalisierung von Informationen, des Handels, der Arbeitskräftemigration, des Tourismus und des Kapitalverkehrs beschleunigt sich in der Wissens- und Wachstumsgesellschaft. Effiziente Produktion bedient sich der internationalen Arbeitsteilung, unterstützt von Informationssystemen nimmt der Kapitalverkehr globale Gewinnchancen wahr. Weil sich die englische Sprache als lingua franca durchsetzt, haben Arbeitskräfte es leichter, ihre Entlohnungschancen durch grenzüberschreitende Migration zu verbessern.

Individuelle Freiheiten und soziale Ungleichheit nehmen zu

In Wissens- und Wohlstandsgesellschaften haben die Einzelnen einen großen Gestaltungsspielraum. Die persönlichen Freiheiten steigen, unter anderem weil die meisten Menschen wohlhabend sind und über viel Bildung verfügen. Aber auch die kulturell vorherrschenden Werte und Normen betonen und ermöglichen die Freiheit des Einzelnen, individuellen Wettbewerb und Eigeninitiative.
Die Menschen streben in wachsendem Maße nach Erfolg, Statusgewinn, Komfort und Prestige. Sozialer Aufstieg gilt als gesellschaftliches Ziel und wird entsprechend gefördert. Soziale Auf- und Abstiege nehmen zu. Die Gesellschaftsmitglieder streben weniger nach Sicherheit, entfalten aber mehr individuelle Aktivitäten. Es gibt mehr Menschen mit ausgeprägtem Selbstbewusstsein, aber auch mehr Menschen mit Angst.
Das Oben und das Unten rücken in der Wissens- und Wachstumsgesellschaft auseinander. Denn wegen der wachsenden Nachfrage einer Wissensgesellschaft nach gut ausgebildeten Menschen und des geringen diesbezüglichen Angebots der geburtenschwachen Jahrgänge steigen die Entlohnungen der Qualifizierten im Vergleich zu den Löhnen gering Qualifizierter. Eine gesellschaftliche Elite wird hervorgehoben und immer sichtbarer. Dagegen bilden Menschen mit geringer Bildung und diejenigen, die den wachsenden Anforderungen der Wissensgesellschaft nicht gerecht werden, die immer weniger respektierten unteren Schichten der Gesellschaft. Die Mittelschichten werden relativ kleiner. Auch die kulturelle und die politische Dominanz der Mittelschichten lässt nach. Die oberen und die unteren Schichten entwickeln zunehmend eigene Kulturen und Leitbilder und stellen diese auch nach außen dar. (...)
Die hohen beruflichen Mobilitätsanforderungen und die starke Konkurrenz in einer Wissensgesellschaft sowie die damit einhergehende Individualisierung der Menschen lassen Ehen unbeständiger und Haushalte kleiner werden. Die Auffächerung der Lebensformen nimmt stark zu: Immer mehr Menschen leben als Singles, leben bzw. stehen also im mittleren Lebensalter allein oder als Alleinerziehende. Die Freiheiten im persönlichen Lebensumfeld werden größer, zumal bei steigendem Wohlstand. Aber auch die Risiken des persönlichen Scheiterns nehmen zu. Da Frauenerwerbstätigkeit die Regel ist, und Paare immer häufiger gleiche Bildung haben, leben in den Haushalten oft zwei Hochverdiener oder aber zwei Geringverdiener zusammen, dadurch werden die Einkommensverhältnisse der Haushalte nochmals ungleicher.

Kulturelle Pluralisierung und Segregation nehmen zu

Die Freiheiten der Lebensgestaltung werden mit dem Wohlstand und der Bildung immer größer. Die Mitglieder einer Wissens- und Wohlstandsgesellschaft wollen ihren eigenen Lebensentwurf leben, aber in der Regel zusammen mit Gleichgesinnten. Lebensstilgruppierungen und soziale Milieus setzen sich daher kulturell und lokal voneinander ab. Dies äußert sich in Nachbarschaften und Stadtvierteln, die zunehmend eigene Charakteristika aufweisen. Die Städte entmischen sich, vertikal und horizontal.
Wissens- und Wachstumsgesellschaften, in denen wenige Einheimische in den Arbeitsmarkt nachrücken, brauchen qualifizierte oder qualifizierbare Zuwanderer und sind auch ein begehrtes Ziel für Migranten. Diese Mittelschichtzuwanderer kommen aus sehr entfernten Erdteilen und geben ihre kulturellen sowie religiösen Eigenarten nicht ohne weiteres auf. Berufliche Integration und kulturelle Assimilation fallen auseinander.
Wer Wachstum und Wohlstand sehr schnell maximieren will, darf im Prinzip keine Rücksicht auf die Ausbeutung natürlicher Ressourcen nehmen. Diese kurzfristige Mehrung von Vorteilen beansprucht Umwelt und Natur. Allerdings schaffen Wachstum und Wohlstand auch die finanziellen und wissen-

schaftlichen Voraussetzungen dafür, Umweltschäden zu vermeiden oder natürliche Ressourcen (mittels wissenschaftlicher Erkenntnisse) zu ersetzen.

Szenario II: Die nachhaltige und ausgleichende Gesellschaft – Nachhaltigkeit als Leitziel des ökonomischen und technischen Wandels

Beruht die Wissens- und Wachstumsgesellschaft auf einer maximalen Stärkung und Freisetzung der technologischen, wirtschaftlichen und sozialen Produktionsfaktoren, so stützt sich die nachhaltige und ausgleichende Gesellschaft auf eine sehr viel stärkere Regulierung. Der technologische, ökonomische und soziale Wandel wird laufend auf die Zielsetzung hin befragt und kontrolliert, nachhaltige Entwicklungen hervorzubringen. (...)

Gemeinsinn geht vor Selbstverwirklichung

Während die Wissens- und Wohlstandsgesellschaft der Gewinnung des Wohlstands große Aufmerksamkeit schenkt, konzentriert sich die nachhaltige und ausgleichende Gesellschaft auf Fragen der Verteilung des Wohlstands. Zahlreiche Maßnahmen sind darauf gerichtet, bildungs- und einkommensschwache Gruppierungen direkt oder indirekt zu unterstützen und keine Kluft zwischen einer wenig produktiven Unterschicht und hochproduktiven Mittel- und Oberschichten aufkommen zu lassen. Eine Elitenbildung wird sorgsam vermieden. Die Lebensbedingungen der Menschen liegen der nachhaltigen und ausgleichenden Gesellschaft mehr am Herzen als die Wettbewerbs- und Aufstiegschancen.

Die gesellschaftliche Entwicklung beruht hierdurch sehr viel weniger auf der maximalen Entfaltung der Einzelnen als auf der Schaffung von Konsens und Ausgleich. Diese Zielsetzung drückt sich nicht nur immer wieder in einzelnen Maßnahmen aus, sie dominiert auch kulturell.

Die sozialen und politischen Folgen dieser Regulierungen reichen weit. Sie erst schaffen die nachhaltige und ausgleichende Gesellschaft

Die Erhöhung der Effektivität und der Effizienz des Wirtschaftens gilt in einer nachhaltigen und ausgleichenden Gesellschaft zwar als wichtig, aber nicht als oberstes Ziel. Da zudem aus demografischen Gründen weniger und ältere Menschen erwerbstätig sind, erhöht sich die Wirtschaftsleistung nicht wie im bisherigen Maße. Die geringere Zahl der Erwerbstätigen muss für mehr ältere Menschen (und teilweise für die eigene Alterssicherung) aufkommen. Deswegen und wegen der Zielverschiebung zugunsten ökonomischer Nachhaltigkeit und des sozialen Ausgleichs stagnieren die Nettoeinkommen, und die individuell disponiblen Einkünfte gehen spürbar zurück. (...)

Förderung des gesellschaftlichen Zusammenhalts durch Angleichung der Lebensbedingungen

Das gesellschaftliche Oben und Unten, das sich in Deutschland wie in den meisten anderen Industrieländern seit den 1980er-Jahren auseinanderbewegte, rückt in der nachhaltigen und ausgleichenden Gesellschaft wieder zusammen. Gesellschaftliche und kulturelle Gräben zwischen sozialen Schichten werden vermieden. Kapitalbesitzende und Einkommensstarke werden durch Besteuerung in ihre Schranken verwiesen. (...)

Wohlstand und Macht sollen begrenzt werden, die zu kurz Gekommenen sollen nicht entmutigt und nicht fatalistisch werden, die Ängste der Menschen, zu scheitern, sollen abgebaut werden. (...)

Die Zielsetzung, eine nachhaltige und ausgleichende Gesellschaft zu schaffen, ist ohne einen starken Staat nicht zu erreichen. Die Stärkung staatlicher Instanzen unterscheidet die nachhaltige und ausgleichende Gesellschaft deutlich von der Wissens- und Wachstumsgesellschaft. Diese stärkt die Einzelnen und damit auch staatsbürgerliche Aktivitäten zulasten staatlicher Macht, während die nachhaltige und ausgleichende Gesellschaft Partizipation an einem starken Staat zu realisieren versucht.

Eine Gesellschaft, die sozialen Ausgleich und Konsens sucht und findet, mag weniger Leistungsmotivation erreichen, sie vermeidet aber zahlreiche Reibungsverluste: Unter anderem minimiert sie Protest(-wahlen) der Benachteiligten, beseitigt Anlässe für Klassenkampf, erlaubt politischen Parteien die Ausrichtung auf eine gesellschaftliche Mitte, vermeidet Konflikte um Arbeitsmigranten, mindert Kriminalität, bietet weniger Anlass für Generationenkonflikte zwischen der mittleren Generation der Zahlenden und der älteren Generation der Anspruchsberechtigten.

Stefan Hradil: Die Wachstumsgesellschaft und die nachhaltige Gesellschaft: Zwei Szenarien, Bundeszentrale für politische Bildung, 31.5.2012, in: http://www.bpb.de (Zugriff: 1.4.2013)

Kompetenzcheck

Anforderungsbereich I:

- Benennen Sie mögliche Entwicklungsrichtungen des Sozialstaats.
- Geben Sie die Faktoren wieder, die die Entwicklung des Sozialstaats bestimmen.
- Stellen Sie Herausforderungen des Sozialstaats dar.
- Beschreiben Sie den Global Compact als Versuch, soziale Standards international zu verbreiten.

Anforderungsbereich II:

- Erläutern Sie, in welcher Weise die Globalisierung den Sozialstaat beeinflusst.
- Stellen Sie verschiedene Szenarien zur Entwicklung des Sozialstaats dar und erläutern Sie ihre Entstehung.
- Zeigen Sie, wie das Wirtschaftssystem in den fortgeschrittenen Industrieländern durch die Globalisierung zur Gefahr für den Sozialstaat wird.

Anforderungsbereich III:

- Beurteilen Sie die Möglichkeiten, den Sozialstaat in der Globalisierung zu erhalten.
- Nehmen Sie Stellung zur These vom Ende des Sozialstaats.
- Bewerten Sie das Bestreben zur Ausweitung der sozialen Marktwirtschaft als Modell für die Weltgemeinschaft.
- Entwerfen Sie Szenarien des Sozialstaats im Hinblick auf ihre Eintrittswahrscheinlichkeit angesichts aktueller Entwicklungen.

9 Methoden in den Sozialwissenschaften

Die Forschungsmethoden, besonders die Methoden der Empirischen Sozialforschung, machen die Sozialwissenschaften zu einem „Methodenfach". Die Inhalte des Faches sind stärker als bei anderen Disziplinen mit der Methodik verbunden. Grundlegende Auseinandersetzungen und Neubestimmungen des Faches waren in der Vergangenheit häufig Debatten über die richtigen Methoden. Das methodische Handwerkszeug wurde in den Sozialwissenschaften in den letzten Jahren systematisiert. Zudem stellen die Sozialwissenschaften im Hinblick auf die Methoden eine Brücke zwischen Naturwissenschaften und Gesellschaftswissenschaften dar.
Über die Fachmethoden hinaus sind in der Schule Methoden wichtig, die auch im Fach Sozialwissenschaften der Oberstufe eine Rolle spielen, wie etwa die Methoden der Textarbeit oder der politischen Urteilsbildung. Solche Methoden werden im Folgenden bezogen auf das Fach vorgestellt, wobei die Besonderheiten der analytischen Herangehensweise des Faches in den Blick genommen werden.

Analyse von Grafiken

Bei Grafiken gibt es verschiedene Darstellungsmöglichkeiten, die häufig auch in Kombination sowie zusammen mit Tabellen auftreten können. Verschiedene Formen von Grafiken sind Standard und mit jeder Tabellenkalkulation selbst zu erzeugen.

M1 Formen von Diagrammen

a Balkendiagramm

„Frauen sollten sich um Kindererziehung kümmern"

Zustimmung in Prozent der Befragten

Gruppe

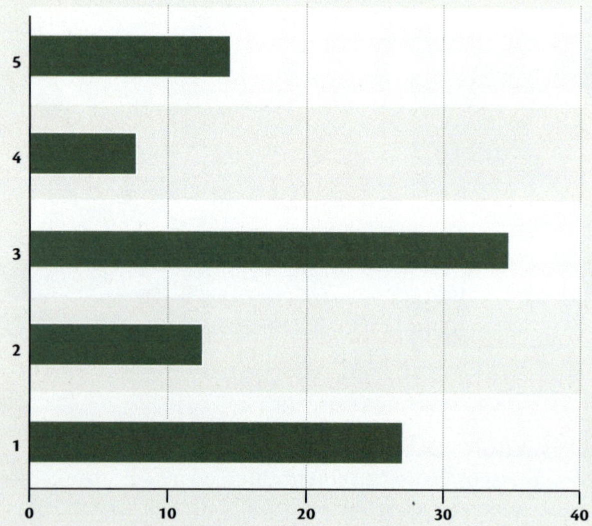

Quelle: Statistisches Bundesamt

b Kreisdiagramm

Deutschlands Energieträger 2008

Anteile am Primärenergieverbrauch in Prozent

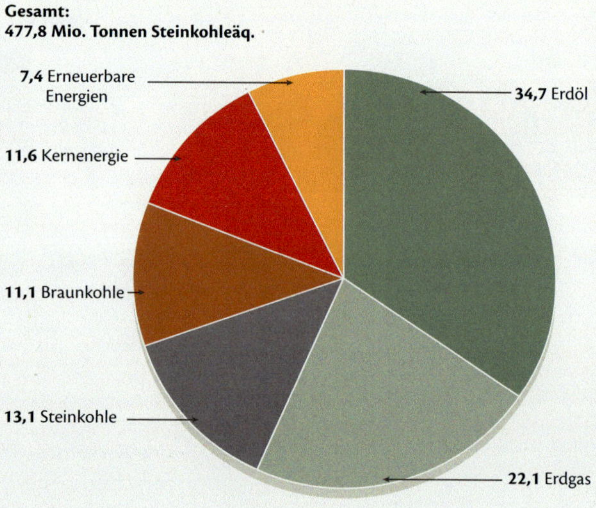

Quelle: Arbeitsgemeinschaft Energiebilanz 2009

c Säulendiagramm

Die „wahre" Arbeitslosigkeit

Angaben in Millionen

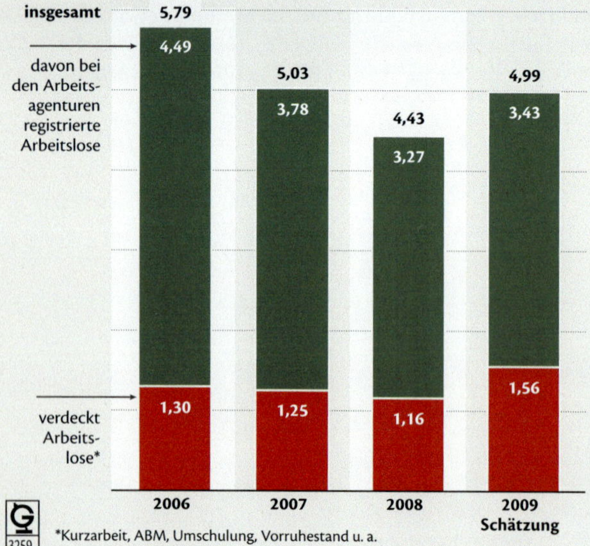

*Kurzarbeit, ABM, Umschulung, Vorruhestand u. a.

Quelle: SVR-Jahresgutachten

Globus 3259

d Liniendiagramm

Weltindustrieproduktion[1] nach Ländergruppen

Index 2008 bis 2010; 1. Quartal 2008 = 100

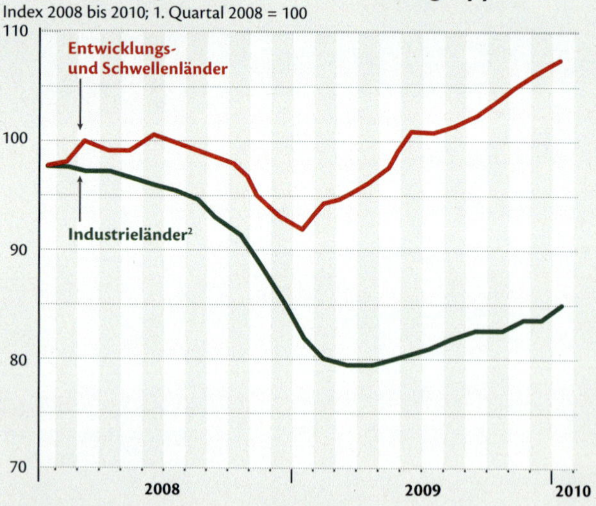

[1] Gewichtet mit Anteilen an der Weltproduktion
[2] OECD-Länder ohne Türkei, Mexiko, Korea und mittelosteuropäische Länder

Nach: Projekt Gemeinschaftsdiagnose, Erholung setzt sich fort – Risiken bleiben groß, Kiel 2010, S. 9

e **Spannweitendiagramm**

„Ausländer nehmen Arbeitsplätze weg"

Zustimmung in Prozent der Befragten

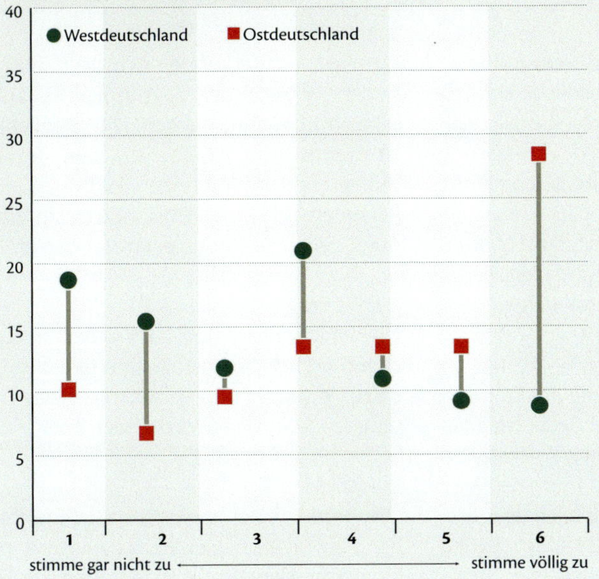

f **Flächendiagramm**

Erdölförderung großer Konzerne 2004–2008

in Mio. Barrel pro Tag

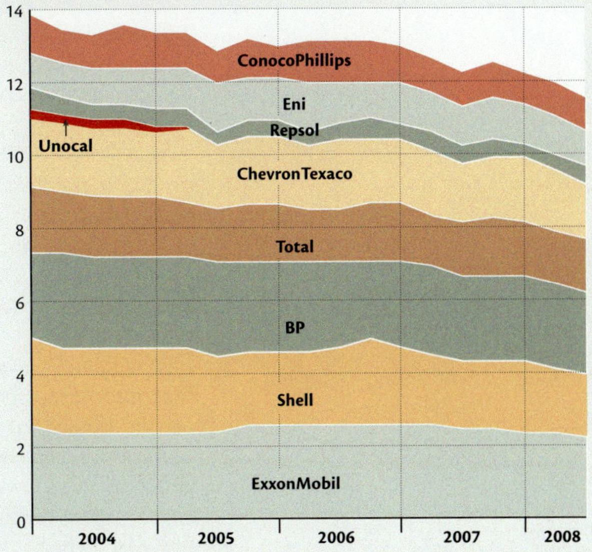

Quelle: Quartalsberichte der Firmen

M2 Stellenwert von Grafiken

Diagramme stellen häufig komplizierte Sachverhalte in einfachen grafischen Formen dar. Weil sie so eindeutig, übersichtlich, grafisch einfach und klar gehalten sind, sind sie ein beliebtes Mittel zur Veranschaulichung, als Verständnishilfe und als Medium zum Einprägen und Behalten. Es erhebt sich jedoch die Frage, ob die Gesichtspunkte der Einfachheit, der Eindeutigkeit und Übersichtlichkeit nicht auch manchmal Gefahren für einen sachgemäßen Umgang mit historischen Problemen und für eine angemessene Erkenntnis mit sich bringen können.

Die statistische Auflistung, die tabellarische Zusammenfassung und die grafische Darstellung heben immer nur einzelne Aspekte aus einem komplizierteren Zusammenhang hervor. Man kann hier von einer inhaltlichen Vereinfachung sprechen, die noch durch die Darstellung mit einfachen grafischen Symbolen verstärkt wird. Man muss sich also davor hüten, so zu tun, als habe man mit einem Diagramm das ganze Problemumfeld abgehandelt. Vielmehr sind gerade dann Gefahren zu bedenken, wenn anhand eines Diagramms nur ein bestimmter Aspekt des dargestellten Problemzusammenhangs, wie z. B. die Verfassungstreue von politischen Parteien, hervorgehoben wird. Im schlimmsten Fall kann dies sogar zur Verkürzung, Verzerrung oder gar zur Verfälschung ausarten, wenn im Bemühen um Verallgemeinerung und eine besonders pointierte Darstellung jegliche inhaltliche Differenzierung unterbleibt.

Ulrich Mayer: Umgang mit Statistiken und Diagrammen, in: Hans-Jürgen Pandel/Joachim Rohlfes (Hg.): Umgang mit Geschichte, Stuttgart 1992, S. 137

Schritte zur Analyse von Statistiken und Diagrammen befinden sich auf S. 252, M 8.

1 Analysieren Sie eine aktuelle Infografik zur Sozialpolitik aus einer Zeitung in Gruppen.

2 Vergleichen Sie Ihre Ergebnisse.

3 Manipulation mittels Grafiken? Erkunden Sie die Möglichkeiten durch Anwendung einer Tabellenkalkulation.

Analyse von Karikaturen

M3 Fünf Schritte der Analyse von Karikaturen

1. Beschreiben:
Grundvoraussetzung für das Verständnis einer Karikatur ist, dass die bildliche Darstellung genau erkannt und in ihren Details (Haltung, Mimik, Gestik, Details der Darstellung usw.) präzise erfasst wird. Eine Beschreibung dessen, was zu sehen ist, steht am Anfang. Sie sollte zunächst von den weiteren Schritten getrennt werden, damit Details nicht verloren gehen oder einseitig interpretiert werden.

2. Verstehen:
Die Symbole müssen nicht nur erkannt werden, sie müssen auch in ihrer Bedeutung bekannt sein. Ikonische (bildhafte) Zeichen sind aufgrund ihrer Darstellung normalerweise aus sich selbst heraus verständlich (z. B. Fessel für Unfreiheit, Pferdegeschirr für Lenkung und Unterdrückung). Die Bedeutung arbiträrer (*willkürlicher*) Zeichen beruht auf gesellschaftlicher Konvention, die man kennen muss (z. B. Michel für die Deutschen bzw. Deutschland, Hahn für Frankreich, Waage für Gerechtigkeit).

3. Anwenden:
Der Sachverhalt, auf den sich die Karikatur bezieht, muss in den Grundzügen bekannt sein und benannt werden. Die politischen Umstände und gesellschaftlichen Bezüge müssen Erwähnung finden. Evtl. muss eine Recherche über die Umstände stattfinden, unter denen die Karikatur entstanden ist.

4. Erklären:
Die Karikatur geht über das Aufdecken charakteristischer Wesenszüge einer Situation hinaus, sie wertet und kommentiert das Geschehen, was aufgedeckt werden muss.

5. Urteilen:
Die Qualität einer Karikatur hängt entscheidend davon ab, inwieweit es dem Autor gelungen ist, seine Kritik angemessen ins Bild umzusetzen. Die Beurteilung der Karikatur muss sich auf den Zusammenhang mit dem Karikierten beziehen.
Nach: Manfred Faust: Politische Karikaturen im Geschichtsunterricht der Sekundarstufe I, in: GWU H. 12 (1980), S. 739–753

M4 Karikatur

Zeichnung: Koufogiorgos

1 Analysieren Sie die Karikatur anhand der Arbeitsschritte.

Analyse von Texten

M5 Herangehen an Texte

Herkunft des Textes

- Welche Angaben werden zur Herkunft des Textes gemacht (siehe besonders die Quellenangabe)?
- Handelt es sich um einen Primärtext (eigenen Verfassertext) oder einen Sekundärtext (Wiedergabe des Gedankenguts anderer)?

Ermittlung des Kontextes (Zusammenhangs)

- In welcher Umgebung steht der Text (z.B. in einer Zeitung, als Kapitel in einem Buch)?
- Zu welchen anderen Texten hat der Text einen Bezug (etwa durch Zitate oder durch Nutzung einer bestimmten Form)?
- Wer ist der Autor bzw. wer sind die Autoren, und was ist über sie bekannt? Was kann sie dazu veranlasst haben, den Text zu verfassen? Zu welchem Anlass hat er/sie den Text verfasst?
- Innerhalb welcher Auseinandersetzung steht der Text (etwa einer wissenschaftlichen Kontroverse, einer politischen Auseinandersetzung usw.)?

Inhalt des Textes

- Was ist das Thema des Textes? Innerhalb welchen Themenkomplexes ist das Thema einzuordnen?
- Welche Aussagen werden im Text gemacht?
- Was sind die Hauptthesen des Textes, wenn es sich um einen argumentativen Text handelt?
- Welche Ausführungen zum Detail werden gemacht?
- Welche Belege, Argumente und Beispiele werden benutzt?
- Was ist dem Autor besonders wichtig, worauf weist er besonders hin?
- Was ist die Aussageabsicht des Autors? Worauf will er hinaus?
- Welchen Charakter hat der Text (beschreibend, wertend usw.)?

Aufbau und Stil des Textes

- Wie geht der Autor vor, um seine Intention zu verfolgen?
- Wie ist der Text gegliedert? Welche Sinnabschnitte weist er auf?
- Welche allgemeinen Merkmale hat die Sprache des Textes? Versucht sich der Autor anzubiedern? Verwendet er bewusst ein bestimmtes Sprachniveau?
- Wie ist der Sprachstil des Textes? Handelt es sich z.B. um eine wissenschaftlich-nüchterne oder eine agitatorische Sprache?
- Fallen besondere sprachliche Mittel auf?

Rezeption (Aufnahme) des Textes

- An welches Publikum wendet sich der Autor aufgrund von Inhalt, Form und Sprache? Ist die angesprochene Zielgruppe identisch mit der tatsächlich erreichten?
- Was ist über die Aufnahme des Textes beim Publikum bekannt?

Textkritik

- Welchen Stellenwert hat der Text im Publikationszusammenhang, im Werk des Verfassers, in Bezug auf eine bestimmte Problematik oder Textsorte?
- Lässt sich der Text einer geistigen Strömung oder Epoche bzw. Ideologie zuordnen?

M6 Textsorten in den Sozialwissenschaften

	Kognitive Texte	Normative Texte	Informative Texte	Appellative Texte
Beispiele	Lehrbuch, Sachbuch, wissenschaftlicher Text	Gesetz, Vertrag, Urteil, Verordnung	Nachricht, Meldung, Bericht, Reportage	Werbetext, Rede, Flugblatt, Programm
Inhalt	Die Verfasser teilen Erkenntnisse mit, fassen Ergebnisse zusammen	Festsetzen von Normen und Regeln, Abstecken von Grenzen	Feststellen bzw. Mitteilen von Beobachtetem, von Erfahrungen usw.	Interessengeleitete Darstellung, Aufforderungen
Intention	Mitteilen und lehren	Regulieren des Handelns, Festlegen des Verhaltens	Sachlich-objektive Darstellung	Überzeugen, auffordern, überreden, zu Handlungen veranlassen
Verfasser	Fachleute, Experten, Lehrkräfte	Richter, Parlamentarier, Juristen	Journalisten, Reporter, Wissenschaftler	Werbefachleute, Politiker, Pressestellen
Adressaten	Lernende, Interessierte, andere Fachleute	Betroffene, andere Juristen	Zeitungsleser, Medienkonsumenten	Potenzielle Käufer oder Wähler

1 Analysieren Sie einen aktuellen Zeitungsartikel nach den Vorgaben von **M 5**.

2 Sammeln Sie Texte aus Zeitungen oder aus dem Internet und ordnen Sie sie in das Schema **M 6** ein.

Analyse von Tabellen

M7 Tabellenformat nach DIN 5008

Kopfbezeichnung		Gemeinsame Spaltenbezeichnung	
Vorspaltenbezeichnung	Spaltenbezeichnung	Spaltenbezeichnung	Spaltenbezeichnung
Zellenbezeichnung			
Zellenbezeichnung		*Feld bzw. Zelle*	
Zellenbezeichnung			
Insgesamt		Summenzeile (nicht immer vorhanden)	

M8 Schritte zur Analyse von Statistiken und Diagrammen

1. Statistiken werden oft als Faktenmunition für Auseinandersetzungen in Politik und Wirtschaft genutzt, und besonders grafisch aufbereitete Daten sollen immer etwas „zeigen". Nicht immer ist der erweckte Eindruck den tatsächlichen Verhältnissen angemessen, und manchmal muss man selbst den Verdacht der Manipulation hegen. Es ist daher bei Statistiken zunächst wichtig zu wissen:
   - Wer ist der Auftraggeber für die jeweilige Erhebung?
   - Wer hat die Erhebung durchgeführt?
   - Von wem stammen die Werte? Ist die Erhebung repräsentativ?
2. Versuchen Sie zunächst Klarheit über die Sache und damit auch über die Begriffe zu gewinnen, über die die Statistik Auskunft geben soll.
   - Wie lautet das Thema, die Tabellenüber- oder -unterschrift?
   - Was wird miteinander in Beziehung gesetzt?
   - Welche Kriterien werden dabei verwendet?
3. Überprüfen Sie den formalen Aufbau der Statistik!
   - Um welche Materialart handelt es sich (Säulendiagramm, Indexkurve ...)?
   - Welche Zahlenarten werden verwendet (absolute, relative Zahlen), Prozentangaben oder Beziehungszahlen (...), Messzahlen und/oder Indexzahlen?
   - Wie genau sind die Zahlenwerte?
   - Ermitteln Sie den Bezugsraum und die zeitlichen Komponenten der Statistik; achten Sie auch auf die Zeit, in der die Statistik selbst erstellt wurde!
   - Prüfen Sie die Maßeinheiten der Achsen! Gibt es Zeitsprünge oder Verzerrungen?
   - Sind die verwendeten Begriffe und die Art der Gruppenbildung (z. B. EU-Länder) eindeutig?
4. Analysieren Sie die Aussage der Statistik:
   - Benennen Sie Minimal- und Maximalwerte!
   - Benennen Sie Häufigkeitsverteilungen!
   - Beschreiben Sie zeitliche Entwicklungen (gleichmäßig, sprunghaft?) und unterschiedliche Verlaufsphasen (Zunahme, Abnahme, Stagnation?)!
   - Prüfen Sie beim Vergleich von Zahlen, was verglichen wird! Es gibt Sachverhalte, die grundsätzlich oder zumindest mit bestimmten statistischen Methoden nicht vergleichbar sind.
   - Vergleichen Sie Daten untereinander und zeigen Sie Zusammenhänge auf; formulieren und belegen Sie mögliche Tendenzen und Arbeitshypothesen!
5. Bewertung und Kritik
   - Ist die gewählte grafische Darstellung geeignet?
   - Sind bei relativen Zahlenangaben die Grund- bzw. Bezugswerte angegeben?
   - Sind die gewonnenen Aussagen aufgrund des Zeitraums, der Zeitpunkte, des Bezugsraumes oder der Aufarbeitung mit zusätzlichem Material vergleichbar?
   - Überlegen Sie stets, ob das vorgelegte statistische Material dem Aussagewert entspricht, den man ihm unterstellt!

Bernd Kolossa: Methodentrainer, Berlin (Cornelsen) 2010, S. 76

M9 Lügen mit Statistik

Statistik ist ein komplexes Werkzeug. Eines mit verschiedenen Methoden und Vorgehensweisen, mit vielen Stellschrauben für den, der mit ihr arbeitet. (...)

Eines der vielen Missverständnisse um die Statistik ist, dass man mit ihr kausale Zusammenhänge beweisen könnte. Das kann man nicht. Um zu beweisen, dass aus einem bestimmten Umstand A mehr oder weniger zwingend ein Umstand B folgt, muss man A und B inhaltlich verstehen und über die reine Beobachtung hinaus einen Blick sozusagen unter die messbare Oberfläche werfen. Die Statistik wagt diesen Blick nicht. Sie kann nur beobachten, ob und wie häufig A und B empirisch zusammen auftreten. Das kann auf eine Kausalbeziehung hindeuten, muss aber nicht.

Für diese Beobachtung gibt es eine ganze Reihe statistischer Maßzahlen. Eine der einfachsten und bekanntesten ist die sogenannte Korrelation. Sie misst den Zusammenhang zwischen zwei Messgrößen, die man mit einer kontinuierlichen Skala beschreiben kann, wie z. B. Temperatur, Körpergröße usw. Die Korrelation ist auf das Intervall von −1 bis +1 normiert. Liegt sie nahe bei 1, dann treten hohe Werte der Messgröße A sehr häufig zusammen mit hohen Werten der Messgröße B auf, und analog niedrige mit niedrigen; es handelt sich also um einen positiven Zusammenhang, mit A steigt auch B. Liegt die Korrelation nahe bei −1, liegt ein negativer Zusammenhang vor, steigt A, so fällt also B, und umgekehrt. Bei Werten nahe 0 liegt meistens kein Zusammenhang vor.

Klassischerweise kann man bei hoher Korrelation sehr gut Regressionskurven durch die empirische Datenwolke legen, eine Gerade z. B.; bei niedriger Korrelation sind die Datenpunkte mehr oder weniger gleichmäßig im Raum verteilt.

Für andere Skalentypen, qualitative Merkmale (etwa Farben: rot, grün, blau) oder auch ordinale (Rangstufen wie z.B. Schulnoten), gibt es in der Statistik andere Maßzahlen, die ein ähnliches Funktionsprinzip haben und meistens ähnlich angenehm zu handhaben sind. Gerade dass diese Maßzahlen relativ einfach gestrickt sind, verleitet allerdings dazu, sie sehr häufig zu verwenden und auch überzuinterpretieren. Das führt aber in die Irre und oft zu grotesken Ergebnissen. Ein Forscher hat sich beispielsweise einmal den Spaß erlaubt, für eine bestimmte Region zwei Zeitreihen zu vergleichen, nämlich die Geburtenentwicklung und die Storchenpopulation. Beide verliefen nahezu parallel, und eine Berechnung ergab eine Korrelation von 0,7 – also einen recht starken positiven Zusammenhang. Daraus könnte man nun einen statischen „Beweis" für die alte Kindermär deuten, nach der der Storch die Kinder bringt. Nun: Wer daran glauben will, mag das tun; man kann aber auch nach einer dritten Größe, einer „erklärenden Hintergrundvariable" suchen, um den Zusammenhang plausibel zu deuten. In diesem Fall stößt man auf die wirtschaftliche Entwicklung, auf Industrialisierung und Verstädterung, die sowohl den Störchen ihren Lebensraum nahmen als auch die Lebensstile so veränderten, dass die Geburtenrate sank. (...)

Die Korrelation und ihre Verwandten können also ein Indiz dafür sein, wo man nach kausalen Zusammenhängen durch fachwissenschaftliche Forschung suchen sollte; aber sie ersetzen diese sachlogischen Überlegungen nicht. Das muss man sich klarmachen und von manchem bequemen Begründungsmuster Abschied nehmen. Dass man nachweisen kann, dass sich die globale Durchschnittstemperatur und die CO_2-Konzentration in der Atmosphäre in der Erdgeschichte nahezu parallel entwickelt haben, und das à la Al Gore auch dramatisch grafisch veranschaulichen kann, beweist also noch nicht, dass die CO_2-Konzentration die Temperatur wirklich bestimmt. Und dass in einem Langzeitexperiment diejenigen Probanden, die regelmäßig genau ein Glas Wein am Tag tranken, im Mittel einige Jahre länger lebten als die übrigen, sagt noch nicht, dass moderater Weinkonsum wirklich gesundheitsfördernd ist. Es ist ein Hinweis darauf. Mehr aber nicht.

Christian Roth: Wie lügt man mit Statistik?, Akademische Blätter, 18.1.2011, in: http://akademische-blaetter.de (Zugriff: 20.2.2012)

1 Sammeln Sie Beispiele für Manipulationen mit Statistiken.

2 Erläutern Sie die Art der Manipulation

Arbeiten mit Texten

M 10 Lesen, Notizen machen, Zusammenfassen

Im Folgenden geht es darum, Ihnen beim Lesen und Bearbeiten wissenschaftlicher oder sonst schwieriger Texte zu helfen und die Schwierigkeiten bewusst zu machen. (...)

Vorbereitung der Lektüre
Eine große Gefahr (Verführung!) besteht darin, dass man, sobald die Texte vorliegen, unverzüglich mit Lesen beginnt. Um einen Überblick zu gewinnen, das Verständnis zu verbessern, eine Beurteilung zu ermöglichen und das Gedächtnis zu unterstützen, ist es von Vorteil, das Lesen und Bearbeiten der Texte erst vorzubereiten. (...)

Überblick gewinnen
Auch wenn das richtige Buch, der richtige Artikel vorliegt, auch wenn ich genau weiß, wonach ich suche und was ich mir erarbeiten möchte, so beginne ich immer noch nicht mit Lesen. Ich verschaffe mir zuerst einmal einen Überblick. Ich mache mir anhand des Inhaltsverzeichnisses, der Kapitelüberschriften und Untertiteln ein Bild vom Aufbau des Buches oder Artikels etc. Ich untersuche, was gewichtet wurde, die Ausführlichkeit, den wissenschaftlichen Stil, z. B. arbeitet der Autor eher quantitativ (Zahlen, Statistik etc.) oder qualitativ (Beschreibungen, Schätzungen etc.). Ich mache mir anhand des Literaturverzeichnisses ein Bild, in welchem fachlichen Kontext der Text verfasst wurde und bearbeitet werden will.

Von eigenen Fragen ausgehen
Bevor ich mit dem Lesen beginne, stelle ich mir Fragen zum Inhalt. Was erwarte ich genau? Was weiss ich schon? Wo knüpft dieser Text bei meinem Wissen an? Wo sind allenfalls Schwierigkeiten zu erwarten – bei meinen evtl. mangelnden Vorkenntnissen oder beim Text?
Ein Tip! Nehmen Sie den Titel und das Inhaltsverzeichnis zu Hilfe. Fragen Sie sich zu jeder Überschrift: Was müsste hier dargestellt werden? Welche Auffassung wird der Autor vertreten? Was erwarte ich als deren Begründung? Versuchen Sie das Buch sozusagen im Geiste selber zu „schreiben".
Mit diesen Vorbereitungen haben Sie eine Übersicht und wissen nun, wonach Sie suchen. Somit sind Sie gut vorbereitet, um mit der Lektüre zu beginnen.

Lesen und Bearbeiten des Textes
Eigenheiten wissenschaftlicher Texte: Wissenschaftliche Texte besitzen ihre Zielsetzungen in der Informations-, Wissens- und Erfahrungsvermittlung. Sie sind infolgedessen um äußerste Klarheit und Verständlichkeit bemüht (oder sollten es sein). Folgende Eigenheiten zeichnen einen wissenschaftlichen Text aus:
- *Fachsprache* (Fachterminologie, Wissenschaftsstil etc.);
- *Struktur* (wissenschaftliche Texte besitzen einen bestimmten Aufbau, eine bestimmte Darstellungsweise);
- *Referenzen* auf schon geleistete Forschung, Untersuchungen, Berichte etc.

Fachsprache
Fachterminologie und allgemeine Fremdwörter stellen für verständnisvolles Lesen und Bearbeiten oft ein Hindernis dar. Deren Kenntnisse setzen wissenschaftliche Texte normalerweise voraus. Und das ist legitim, denn Fachleute wollen sich nicht in jedem Texte mit für sie bereits bekannten Bedeutungserklärungen beschäftigen. Fachbegriffe dienen ja gerade dem Ziel der knappen Ausdrucksweise und dem der höchsten Klarheit und Deutlichkeit. Stößt man beim Lesen auf Fachbegriffe, die man nicht versteht, so versucht man vorerst einmal durch den Kontext ein vorläufiges Verständnis zu gewinnen. Aber Achtung! Man darf sich nicht dabei zufrieden geben. Am besten, man sucht mit Hilfe des Begriffs-Indexes (nicht immer vorhanden) alle Textstellen auf, die den Fachbegriff enthalten. So kann man sich ein präziseres Bild von seiner Bedeutung machen. Den besten Aufschluss über die Bedeutung erhält man allerdings erst in Handbüchern des betreffenden Fachgebietes. Für allgemeine Fremdwörter benütze man ein entsprechendes Wörterbuch. Das Ziel ist, dass Sie Ihren Wortschatz sukzessive erweitern.

Struktur
Wissenschaftliche Texte sind stark strukturiert: Kapitel, Unterkapitel, Abschnitte. Jeder dieser Teile besitzt eine bestimmte bedeutungstragende Funktion:
- Jeder Abschnitt drückt einen Hauptgedanken aus.
- Unterkapitel verbinden die Hauptgedanken zu einem umfassenderen Bedeu-

tungsgebilde, z. B. zu einer Beschreibung eines Vorganges, eines Modelles, einer Theorie etc.
- Kapitel verbinden diese Gebilde wieder zu einer umfassenderen Bedeutungseinheit, z.B. Entwicklung einer wissenschaftlichen Hypothese, Beschreibung eines Experimentes etc.

Für die Textbearbeitung ist es unerlässlich, dass man sich den Hauptgedanken jedes Abschnittes genau erarbeitet. Ein Abschnitt besteht in der Regel aus folgenden Aussagearten:
- Kernaussage = Träger des Hauptgedankens (hier sind die Schlüsselwörter anzutreffen);
- Erläuterungen zur Kernaussage (Definitionen, Erklärungen etc.);
- Beispiele zur Kernaussage oder zu den Erläuterungen;
- Strukturangaben: „Wir betrachten zuerst ...." oder „Eine Konsequenz besteht darin...."

Zusätzliche Darstellungen:
- Tabellen, Grafiken, Realbilder, Mikroskopische Aufnahmen etc.

Achten Sie genau darauf, welche Funktionen und Informationen diese Darstellungen im Einzelnen besitzen. Dienen sie der Veranschaulichung, zeigen sie Funktionen auf, sind sie Nachweise für etwas Bestimmtes?

Referenzen

Forschungsresultate und Gedanken gründen oft auf Arbeiten anderer Personen, oder werden durch Aussagen anderer Personen bestätigt. Wenn immer solche Zusammenhänge bestehen, wird in wissenschaftlichen Texten versucht, die korrekte Referenz anzugeben. Wie beim Wortschatz, gilt auch hier, dass, je besser Sie die Literatur eines Fachgebietes kennen, desto einfacher wird das Lesen. Es ist wichtig, dass Sie sich die Namen von Autoren und Wissenschaftern merken. Versuchen Sie die wissenschaftliche Position dieser Personen zu ergründen, damit Sie deren Aussagen zuordnen können.

Markieren

Um sich im Text beim Bearbeiten (oder zu einem späteren Zeitpunkt) schneller orientieren zu können, ist es nützlich, am Textrand Markierungen oder Notizen anzubringen. Es ist ratsam, dies wirklich nur am Rande zu tun, und zwar nur mit Bleistift. Der Text sollte frei bleiben, denn man sollte ihn immer wieder „neu" lesen können. Hat man hingegen im Zuge einer ersten Lektüre in allen Abschnitten mit Leuchtstift oder Kugelschreiber die falschen Sätze als Kernaussagen gekennzeichnet, so ist der Text in der Folge fast nicht mehr lesbar.

Es ist auch hilfreich, einen eigene Markierungskode zu entwickeln: z.B. „!" für Kernaussage, „Def" für wichtige Definitionen, „F" für Fachbegriff etc.

Lesenotizen

Wer beim Lesen laufend Notizen macht, prägt sich nicht nur den Inhalt besser ein, sondern liest auch sorgfältiger. Es ist aber ratsam, nicht einfach Sätze abzuschreiben, sondern eine eigene Formulierungen und Darstellungsformen zu wählen, die einen weiteren Arbeitsschritt umfassen. Zum Beispiel mittels einer skizzenhaften Darstellung der Zusammenhänge können Sie einen Überblick über die einzelnen Informationen erhalten.

Kritisches Lesen

Wissenschaftliche Texte bemühen sich zwar, möglichst objektiv zu sein. Trotzdem ist es wichtig, auf folgende Dinge zu achten:
- Unterschied zwischen Aussagen, die Tatsachen ausdrücken oder bloß Meinungen oder Mutmaßungen des Autors wiedergeben. Hypothesen sollten als solche sorgfältig gekennzeichnet sein. Dabei ist auf die Begründungen und auf allfällige Referenzen auf die Forschung oder Untersuchungen zu achten.
- Auch wissenschaftliche Texte besitzen rhetorische Komponenten. Sie vertreten eine bestimmte Auffassung, verfolgen eine bestimmte Absicht, wollen überzeugen etc.
- Wissenschaftliche Texte sind geprägt durch die historische Entwicklung und evtl. durch die Kultur, in der sie entstanden sind.

Leonard Lutz/Maia Egeli: Arbeiten mit Texten – Anleitungen und Tipps, Zeitschrift „Technische Dokumentation" 9/2001, in: http://www.doku.net (Zugriff: 20.2.2012)

1 Lesen Sie einen längeren Text aus dem Buch nach Absprache im Kurs einzeln streng nach den Angaben in der Anleitung.

2 Tauschen Sie Ihre Erfahrungen aus.

Fallanalyse

Bei der Fallanalyse wird anhand eines Einzelbeispiels das Allgemeine eines politischen oder sozialen Sachverhalts herausgearbeitet, um Konstellationen und Entwicklungen aufzuzeigen und damit das Verständnis für politische Auseinandersetzungen zu erleichtern. Wichtige Analyse-Instrumente sind hierbei die drei Dimensionen des Politischen sowie der Politikzyklus.

M11 Worum geht es bei der Fallanalyse?

Ein Fall ist eine zeitlich und räumlich zumeist begrenzte Situation, in der Einzelpersonen agieren, Konflikte austragen oder Probleme zu lösen suchen. Der Fall sollte die Möglichkeit einer *Inhaltsgeneralisierung* erlauben, d. h. individuelle Probleme sollten sich zu einem allgemeinen sozialen oder politischen Sachverhalt verallgemeinern lassen. Auf der *konkreten Lernebene* werden der Fall und die Agierenden untersucht. Auf der *allgemeinen Lernebene* wird die im Fall gespiegelte politische Begebenheit analysiert und beurteilt, um daraus eine Entscheidungsfindung abzuleiten. Mögliche Folgen dieser Entscheidung werden dann, im Sinne einer Rekonkretisierung auf das Fallbeispiel bezogen, untersucht.
Den leichtesten Zugang zu einer Fallanalyse finden Jugendliche, wenn sie mit Fällen aus ihrer eigenen Vorstellungs- und Lebenswelt konfrontiert werden. Ausgehend von den eigenen Erfahrungen können sie sich auch ohne politische Vorkenntnisse in den Fall hineindenken. Während ihrer Untersuchung lernen sie, Fragen zu Ereignissen und Lebensbedingungen der untersuchten Personen zu stellen. Der Wechsel vom konkreten Fallbeispiel zur abstrakten allgemeinen Lernebene fällt ihnen eher schwer. Zu Fällen aus der Welt der Politik haben Jugendliche üblicherweise keinen Zugang, weshalb für sie eine Annäherung an die Gedanken und Gefühle von Politikerinnen und Politikern eher schwierig ist. Demgegenüber fällt ihnen der Wechsel zur Verallgemeinerung des Politischen leichter als bei Beispielen aus ihrer eigenen Lebenswelt. Denkbar sind auch Mischformen beider Zugänge. Von der verallgemeinerten Ebene aus kann ein erneuter Bezug zum Einzelfall erfolgen, um beispielsweise Auswirkungen von politischen Entscheidungen auf konkrete Lebensbedingungen aufzuzeigen.
Beispiel: Jugendliche setzen sich mit den Lebensbedingungen erwerbsloser, alkoholabhängiger Erwachsener auseinander, die sich häufig in einer neben der Schule liegenden Parkanlage aufhalten. Über eine *Innenperspektive* versuchen sie, sich in die Lebenslage eines dieser Männer hineinzuversetzen. Weshalb lebt er auf der Strasse, hat keine Arbeit und ist Alkoholiker? Wie sieht er selber seine Lage, was empfindet er dabei? Was halten die Jugendlichen selber von einer solchen Lebensart? Die Jugendlichen können auch eine *Außenperspektive* einnehmen und nach den äußeren Umständen fragen, die den Mann in diese Situation geführt haben (der einst erfolgreiche Unternehmer verlor sein Unternehmen, als selbstständig Erwerbender konnte er die Sozialversicherungen nur bedingt nutzen, wurde zum Alkoholiker und hat mit der Gesellschaft gebrochen). Auf einer abstrakteren Ebene setzen sich die Jugendlichen mit dem Arbeitsrecht und der Sozialgesetzgebung auseinander. Im Sinne einer Rekonkretisierung greifen sie einzelne Gesetze heraus und fragen nach ihrer Bedeutung für die Lebenswelt des im Fallbeispiel thematisierten Mannes.
Eine Verallgemeinerung ist nur dann möglich, wenn sich die Schülerinnen und Schüler bewusst sind, was ein *politisches Problem* ist. Hat der genannte Unternehmer seine bürgerliche Existenz aufgrund rein privater Probleme verloren, eignet sich dieser Fall nur bedingt für den Unterricht (allenfalls, um die Durchlässigkeit eines Gesellschaftssystems und um die Unterschiede in der Gesetzgebung für Selbstständige und für Angestellte aufzuzeigen). Verlieren demgegenüber viele Selbstständige beispielsweise wegen einer Inflation ihre Existenzgrundlage, handelt es sich um ein Problem von gesamtgesellschaftlicher Bedeutung mit politischer Tragweite.
Yvonne Leimgruber, in: http://www.politischebildung.ch (Zugriff: 20.4.2011)

1 Führen Sie eine Fallstudie durch zu einem sozialpolitischen Fall, den Sie im Internet finden.
2 Beurteilen Sie die Methode, indem Sie sie mit dem Planspiel vergleichen und die Vorzüge und Nachteile der beiden Methoden gegenüberstellen.

M 12 Verlaufsstruktur des Lernprozesses

Die Lernenden durchlaufen während der Fallbearbeitung einen Entscheidungs- und Problemlösungsprozess, der sich in sechs Phasen gliedern lässt:

1. Konfrontation mit dem Fall: Was ist passiert?
Die Lernenden werden mit einer Problemsituation konfrontiert, die einen Bezug zu ihrer gegenwärtigen und/oder zukünftigen Lebenssituation hat und die damit für sie persönlich bedeutsam ist. Wesentlich ist hier, dass die Lernenden das Problem verstehen, da nur so eine erfolgreiche Fallbearbeitung möglich ist. Deshalb ist auf der Grundlage des zur Verfügung gestellten Materials bzw. eigener Recherchen eine Problem- und Konfliktanalyse durchzuführen und im Rahmen einer Normen- und Zielanalyse zu diskutieren, inwieweit die unterschiedlichen Interessen im dargestellten Fall im Hinblick auf ein Ziel in Einklang zu bringen sind.

2. Information über das bereitgestellte Fallmaterial und durch selbständiges Erschließen von Informationen: Welche Informationen brauchen wir? Wo und wie bekommen wir sie?
Ziel ist es, dass die Lernenden die ihnen zur Verfügung stehenden Informationen analysieren, bewerten und für die Falllösung nutzbar machen können. Ggf. sind weitere Informationen durch Erkundungen vor Ort, Befragung der Lehrkraft, Studium schriftlicher Quellen, Internetrecherchen etc. zu beschaffen.

3. Exploration, d. h. Diskussion alternativer Lösungsmöglichkeiten: Welche Lösungen sind denkbar?
Es geht darum, mögliche Falllösungen zu erarbeiten. Die Lernenden sollen dazu angehalten werden, unterschiedliche Handlungsmöglichkeiten zu entwickeln und zu bewerten.

4. Resolution, d. h. Treffen der Entscheidung in Gruppen: Welche Folgen hat die getroffene Entscheidung?
Die Vor- und Nachteile sowie die Konsequenzen der gefundenen Handlungsmöglichkeiten werden gegeneinander abgewogen und bewertet. Ziel ist es, eine Entscheidung zu treffen und diese zu begründen.

5. Disputation, d. h. die einzelnen Gruppen verteidigen ihre Entscheidung: Was spricht für, was gegen die von uns getroffene Entscheidung?
In dieser Phase präsentieren die Gruppen ihre Entscheidung vor dem Plenum und stellen sie zur Diskussion. Ziel dieser Phase ist es, dass die Gruppen ihre Entscheidung gegen Argumente des Plenums verteidigen und so prüfen können, ob ihre Entscheidung der Kritik standhält.

6. Kollation, d. h. Vergleich der Gruppenlösungen mit der in der Wirklichkeit getroffenen Entscheidung: Welche Entscheidung wurde in der Realität getroffen?
Es erfolgt ein Vergleich der schulischen Lösung mit in der Praxis getroffenen Entscheidungen. Die Schüler können somit erkennen, dass hier nicht immer eine Übereinstimmung vorliegt, da Entscheidungen immer von Menschen, die fehlbar sind, getroffen werden. Diese Verlaufsstruktur stellt einen idealtypischen Verlauf eines Entscheidungsprozesses dar. Das bedeutet, dass der Lernprozess nicht zwangsläufig in dieser idealtypischen Reihenfolge ablaufen muss. Es kann Vor- und Rückgriffe geben, einzelne Phasen können schneller, andere langsamer durchlaufen, wiederholt oder auch übersprungen werden

Franz-Josef Kaiser: Die Fallstudie, Bad Heilbrunn 1983, S. 28 f.

M 13 Phasen einer Fallanalyse

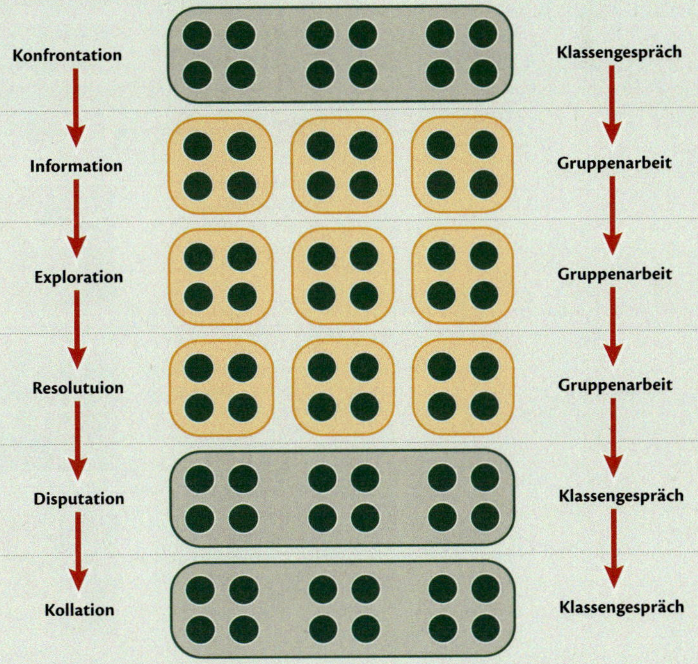

Nach: http://www.sn.schule.de/~sud/methodenkompendium/module/3/6_1.htm (Zugriff: 20.2.2012)

Gruppenpuzzle (Jigsaw)

M 14 Form kooperativen Lernens

Die Jigsaw-Methode (auch: *Mosaikspiel*) wurde 1978 vom Sozialpsychologen Elliot Aronson in den USA entwickelt und wird auch als Puzzle-Methode oder Gruppenpuzzle bezeichnet. Als Methode für die Textarbeit in Gruppen wurde sie ursprünglich im schulischen Kontext eingesetzt, eignet sich aber auch für die Verwendung in der Hochschullehre.

Bei der Jigsaw-Methode handelt es sich um eine Form kooperativen Lernens, welche „durch die Verschränkung dreier pädagogischer Prinzipien (Kooperation, Interdependenz, Lernen durch Lehren) den Zusammenhalt und die Ergebnisse einer Lerngruppe verbessern" soll. Ziel der Methode ist, Lernen durch Lehren zu initiieren. Deshalb erfolgt bei der Textarbeit nach der Jigsaw-Methode ein Wechsel zwischen verschiedenen Rollen der Lernenden und der Sozialformen, sodass die Lernenden Erfahrungen auf verschiedenen Ebenen erwerben können. Sie nehmen die Rolle des Lernenden, aber auch die des Lehrenden ein und arbeiten in verschiedenen Gruppenzusammensetzungen auch in Einzelarbeit.

Die Abfolge der verschiedenen Phasen der Jigsaw-Methode verläuft in folgenden sechs Schritten:

1. Schritt: Textauswahl und Textaufteilung:
Der Dozent wählt den Text aus und teilt diesen in die durch die Lernenden zu bearbeitenden Abschnitte auf.

2. Schritt: Erläuterung der Methode und Bildung der Stammgruppen (SG):
Die Lernenden werden vom Dozenten über die nun zum Einsatz kommende Jigsaw-Methode und die damit verbundenen Lernziele informiert. Das Plenum wird in sogenannte Stammgruppen aufgeteilt.

3. Schritt: Verteilen der Texte und Bildung der Expertengruppen (EG):
Der Dozent übergibt jeder SG einen Satz der Texte, d. h. jede SG hat die gleiche Textgrundlage. Innerhalb der SG einigen sich die Gruppenmitglieder, wer welchen Textabschnitt bearbeiten wird. Mit der Aufteilung der Texte innerhalb der SG werden automatisch die EG gebildet, sie setzen sich jeweils aus den Personen der verschiedenen SG zusammen, die den gleichen Textabschnitt zur Bearbeitung gewählt haben.

4. Schritt: Selbststudium der Texte:
Jeder Lernende liest nun seinen Text und eignet sich ihn mit dem Ziel an, ihn zu verstehen, um ihn später den Mitgliedern seiner SG vermitteln zu können.

5. Schritt: Textarbeit in den EG:
Die Lernenden diskutieren den Text in den EG, erarbeiten ein gemeinsames Textverständnis und überlegen, wie sie dies als Experten in den SG vermitteln können.

M 15 Die einzelnen Phasen

Nach: http://lehrerfortbildung-bw.de (Zugriff: 22.2.2012)

6. Schritt: Wissensvermittlung der Experten in den Stammgruppen:
Die Experten kehren in ihre SG zurück. Nun geben alle ihr Expertenwissen aus ihren Texten an die anderen Mitglieder der SG reihum weiter.
www.wikipedia.de (Zugriff: 22.2.2012)

M 16 Die grundlegende Vorgehensweise des Kooperativen Lernens

Think–Pair–(Square)–Share

- Zuerst die individuelle Auseinandersetzung mit einer Aufgabe/Anforderung;
- danach der Austausch im Paar, die wechselseitige Ergänzung, die Kontrolle des eigenen Verständnisses im sicheren Kontakt mit dem Partner und
- (eventuell) sodann in der – immer noch schützenden – Vierer-Gruppe;
- erst am Schluss der Schritt in die Öffentlichkeit der Klasse, der Bericht, die Demonstration des Gelernten vor den (kritischen) Augen der ganzen Lerngruppe und des Lehrers.

1. Schritt: Think (Denken)

Die einzelne Schülerin, der einzelne Schüler bearbeiten einen Auftrag, z. B. einen Text zu lesen, ein Bild zu deuten oder dazu zu assoziieren, ein erweitertes Namensschild zu erstellen etc. Normalerweise bearbeiten in dieser Phase alle Schülerinnen und Schüler eine Aufgabe, die im folgenden Schritt einen sinnvollen Austausch ermöglicht. In der Regel wird die Lehrerin/der Lehrer für diesen Arbeitsschritt eine knapp bemessene Zeit angeben, um eine angemessene Arbeitshaltung zu erzeugen. Nach der angekündigten Zeitspanne folgt der nächste Schritt:

2. Schritt: Pair (Paare bilden)

Die Schülerinnen und Schüler werden nun paarweise zusammengesetzt und darüber informiert, dass jeder nach dieser Phase in der Lage sein soll, den Bericht ihres Partners der Gesamtgruppe vorzustellen. Es ist sinnvoll, das gewünschte Verhalten der Schülerinnen und Schüler in dieser Phase klar zu modellieren. Dann tauschen sich die Paare über ihre Arbeitsergebnisse aus. Dies geschieht in der Regel in einer etwas ritualisierten Form: Zuerst wird der Partner A seine Aufgabe und sein Arbeitsergebnis vorstellen, während Partner B sich Notizen macht, danach vice versa. Auch in diesem Schritt ist die Zeit üblicherweise knapp bemessen.

3. Schritt: Square (Vierergruppen bilden)

In diesem Schritt verbinden sich je zwei Paare zu einer Vierergruppe, in der dann – in knapper Form – jedes Mitglied seinen Paar-Partner mit seinen Arbeitsergebnissen vorstellt. Insbesondere, wenn eine neue Gruppenbildung angestrebt wird, ist dieser Weg sehr nützlich, da hier die Chance besteht, Kontaktivität und inhaltliche Arbeit problemlos zu verknüpfen.

4. Schritt: Share (sich aufteilen)

In dieser Phase präsentieren Schülerinnen und Schüler Ergebnisse der früheren Arbeitsphasen der gesamten Lerngruppe. Dies kann die Form annehmen, dass nach der Partnerarbeit einzelne Schülerinnen und Schüler jeweils die Arbeitsergebnisse ihres Partners vorstellen; es kann sein, dass nach einer Gruppenarbeitsphase Schülerinnen und Schüler als Sprecher der einzelnen Gruppen die Gruppenergebnisse präsentieren. In allen Fällen ist es so, dass die Präsentatoren Arbeitsergebnisse präsentieren, die sie nicht allein zu verantworten haben.

Nach: http://www.kooperatives-lernen.de (Zugriff: 22.2.2012)

Placemat

Bei der Placemat-Methode handelt es sich um eine Form des kooperativen Lernens, bei der die Lernenden zunächst die Möglichkeit haben, zu einer bestimmten Fragestellung eigene Gedanken zu entwickeln, um anschließend in eine schriftliche Diskussion mit den anderen Lernenden zu treten. Dazu wird ein Bogen Papier entsprechend der Anzahl der Diskutierenden in gleich große Teile geteilt. In der Mitte des Papiers wird Platz gelassen für die abschließend konsensuell ermittelte Antwort der gesamten Gruppe auf die eingangs gestellte Frage, Aufgabe oder These.

M17 Beispiele

Ein Beispiel für ein unausgefülltes Placemat für eine Vierergruppe sieht so aus:

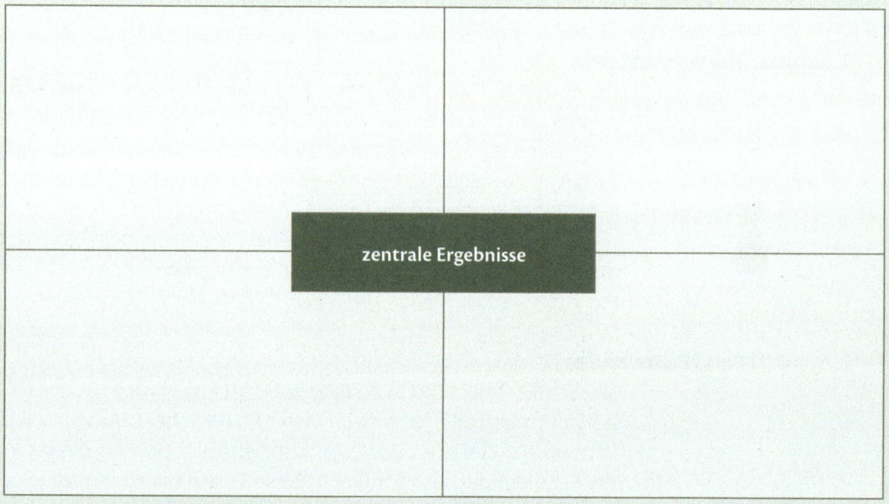

Ein Beispiel für ein unausgefülltes Placemat für eine Dreiergruppe sieht so aus:

M 18 Ablauf des Placemat-Verfahrens

1. Einzelarbeit

Pro Feld nimmt je eine Person Platz und schreibt in einer vorgegebenen Zeit ihre Gedanken und Ergebnisse zu einer vorgegebenen Fragestellung auf. Es können jedoch auch Fragen, Unklarheiten, Widersprüche oder Querverweise festgehalten werden.

2. Gruppenarbeit

Anschließend tauschen die Lernenden ihre individuellen Notizen mit den anderen Gruppenmitgliedern aus. Dazu wird das Blatt im Uhrzeigersinn gedreht und die Lernenden lesen, kommentieren, ergänzen und erweitern die bereits festgehaltenen Ausführungen in einer vorgegebenen Zeit. Dies wird so oft wiederholt, bis jede Person ihr ursprüngliches Feld erneut vor sich hat. Nachdem alle Lernenden sämtliche Eintragungen gelesen haben, einigen sie sich auf beispielsweise zwei bis drei zentrale Antworten und Aussagen auf die gestellte Frage, Aufgabe oder These. Dabei ist wichtig, dass die Lernenden im „Prozess des deliberativen Sprechens" die Ideen jedes einzelnen Gruppenmitgliedes berücksichtigen und die Zusammenhänge zwischen den individuellen Aussagen erkennen sowie einen Konsens finden, welche Einzelaussagen für die Meinung der gesamten Gruppe stehen und somit als gemeinsame zentrale Antwort auf die gestellte Fragestellung formuliert werden können. Diese finden in der Mitte des Placemats Platz. Die Lernenden erfahren so, dass sie ohne die anderen Mitglieder der Lerngruppe die Fragestellung nicht erfolgreich bearbeiten können; jeder Lernende steht also in einer individuellen persönlichen Verantwortung. Man spricht hier auch vom Prinzip der positiven Abhängigkeit.

3. Plenum

In der dritten Phase werden nun die Ergebnisse aus den Kleingruppen dem gesamten Klassenverband präsentiert. Als Hilfestellung dient hierzu das Feld aus der Mitte des Placemats, auf dem zuvor in der Gruppenarbeitsphase die zentralen Ergebnisse der Diskussion festgehalten wurden. Im Idealfall ist dieses Feld leicht vom Placemat zu entfernen. Dies gibt den Lernenden die Möglichkeit, ihre Ergebnisse mit denen der anderen Kleingruppen beispielsweise an der Tafel zu vergleichen oder Strukturen zu legen.

Mögliche Abwandlungen

Statt das Blatt in der Gruppenarbeitsphase um 90° im Uhrzeigersinn zu drehen, ist es auch möglich, die Lernenden ihre Notizen aus der Einzelarbeitsphase in der Kleingruppe vortragen und diskutieren zu lassen und sich ohne weitere schriftliche Ergänzungen und Kommentare auf die zentralen Aussagen für den Plenumsvortrag zu einigen.
In der bisher beschriebenen Form haben alle Gruppenmitglieder den gleichen Status inne, und die Lehrkraft gibt eine klare Struktur vor. Darüber hinaus kann den Lernenden jedoch mehr Selbststeuerung und Verantwortung – ganz im Sinne des konstruktivistischen Lernverständnisses – übertragen werden. So kann zum einen in der Gruppe ein „Zeitmanager" bestimmt werden, der die Einhaltung der Zeitvorgaben während der Gruppenarbeitsphase überwacht, aber auch situativ entscheiden kann, ob weniger oder mehr Zeit für die Bearbeitung der zweiten Phase von Nöten ist. Zum anderen kann die Funktion des „Sozialmanagers" in der Gruppe vergeben werden. Dieser hat erheblichen Einfluss auf den Kommunikationsprozess. Die Aufgaben dieser Person liegen darin, erstens auf eine gleichberechtigte und faire Kommunikation zu achten, sodass jedes Gruppenmitglied die Chance erhält, seine Gedanken mitzuteilen, und zweitens am Schluss der Gruppenphase im Mittelfeld des Placemats auch ein von der gesamten Gruppe geteiltes Ergebnis festzuhalten.

http://methodenpool.uni-koeln.de/placemat/frameset_vorlage.html (Zugriff: 20.2.2012)

1 Erstellen Sie in arbeitsgleicher Arbeit Placemats zu einem von Ihnen im Kurs gewählten Thema.

2 Vergleichen Sie Ihre erstellten Placemats.

3 Beurteilen Sie den Einfluss der folgenden Faktoren auf die von Ihnen erarbeiteten Placemats: Sachkompetenz der Ersteller, soziale Handlungsfähigkeit der Ersteller, evtl. Störungen.

Politische Urteilsbildung

M 19 Politisches Urteilen

Das politische Urteilen ist eine Kunst, die man erlernen kann. Auf dieser Methodenseite finden sich Hinweise, nach denen etwa die Aufgabe des Beurteilens eines Sachverhalts oder einer These besser bewältigt werden kann.

Das Urteil ist ganz allgemein eine begründete Stellungnahme zu einer Frage oder einem Problem. Die Urteilsbildung, also der Prozess der Begründung, steht dabei im Mittelpunkt. Vier Komponenten sind für ein politisches Urteil wichtig:

- Kriterien müssen verfügbar sein, mittels derer Stellungnahmen geäußert werden können;
- Kategorien sind Leitbegriffe, die es ermöglichen, Kriterien zu ordnen und einzuordnen;
- Betrachtungsebenen verdeutlichen, für welchen Ausschnitt der Realität die gefällten Urteile gelten sollen;
- Perspektiven berücksichtigen die Tatsache, dass es unterschiedliche Sichtweisen auf ein und dieselbe Sache gibt.

M 20 Aspekte politischer Urteilsbildung

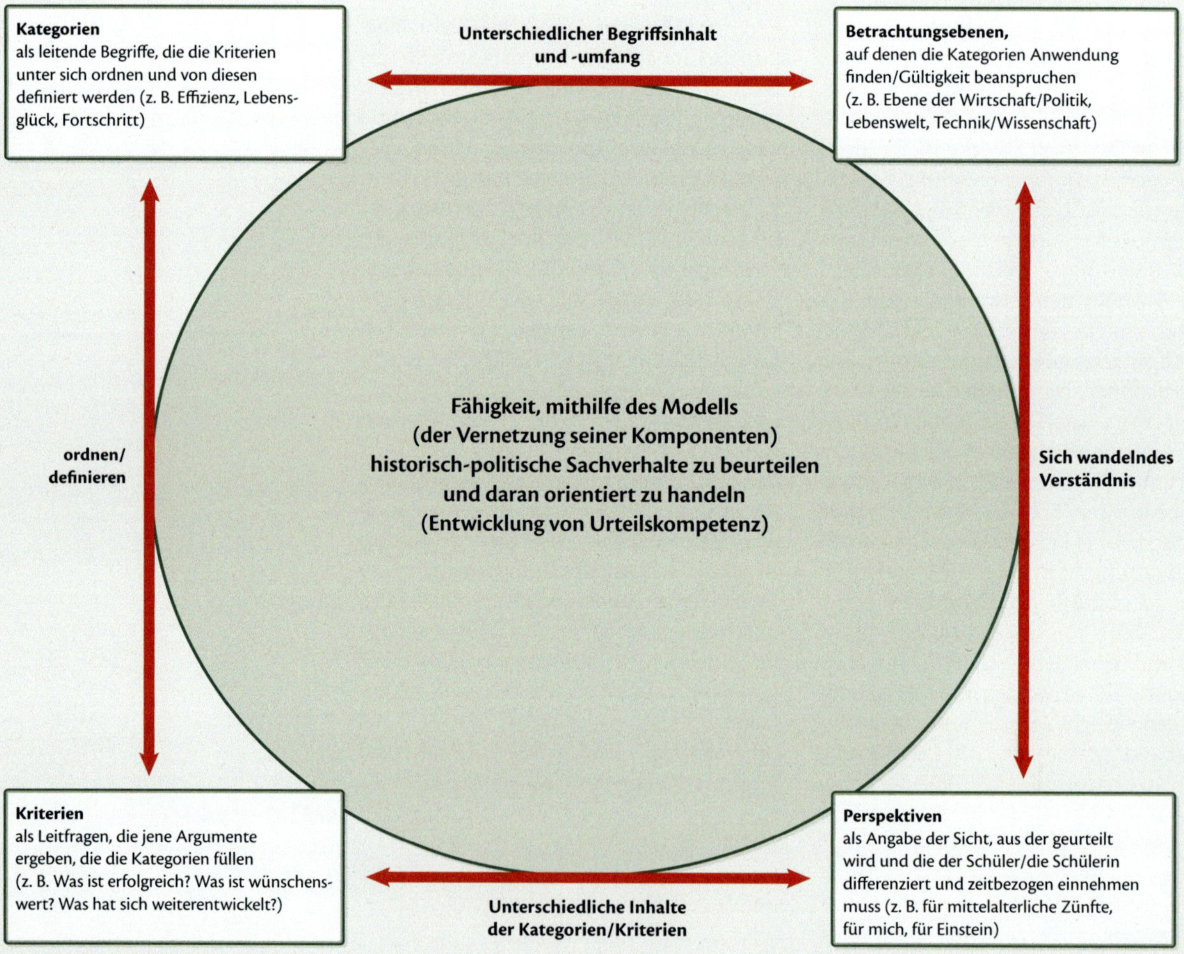

Quelle: J. Kayser/U. Hagemann (Hg.): Urteilsbildung im Geschichts- und Politikunterricht, Berlin 2005, S. 42

M21 Stufen des moralischen Urteilens nach Kohlberg

I. Das präkonventionelle Stadium

Moralische Wertung beruht auf äußeren (...) Geschehnissen, schlechten Handlungen oder auf quasi-physikalischen Bedürfnissen statt auf Personen und Normen.

Stufe 1: Orientierung an Bestrafung und Gehorsam. Egozentrischer Respekt vor überlegener Macht oder Prestigestellung bzw. Vermeidung von Schwierigkeiten. Objektive Verantwortlichkeit.

Stufe 2: Naiv egoistische Orientierung. Richtiges Handeln ist jenes, das die Bedürfnisse des Ich und gelegentlich die der anderen instrumentell befriedigt. Bewusstsein für die Relativität des Wertes der Bedürfnisse und der Perspektive aller Beteiligten. Naiver Egalitarismus und Orientierung an Austausch und Reziprozität.

II. Das konventionelle Stadium

Moralische Wertung beruht auf der Übernahme guter und wichtiger Rollen, der Einhaltung der konventionellen Ordnung und der Erwartung anderer.

Stufe 3: Orientierung am Ideal des „Guten Jungen". Bemüht, Beifall zu erhalten und anderen zu gefallen und ihnen zu helfen. Konformität mit stereotypischen Vorstellungen vom natürlichen oder Mehrheitsverhalten, Beurteilung aufgrund von Intentionen.

Stufe 4: Orientierung an Aufrechterhaltung von Autorität und sozialer Ordnung. Bestrebt, „seine Pflicht zu tun", Respekt vor der Autorität zu zeigen und die soziale Ordnung um ihrer selbst willen einzuhalten. Rücksicht auf die Erwartungen anderer.

III. Das postkonventionelle Stadium

Moralische Wertung beruht auf Konformität des Ich mit gemeinsamen (oder potenziell gemeinsamen) Normen, Rechten oder Pflichten.

Stufe 5: Legalistische Vertragsorientierung. Anerkennung einer willkürlichen Komponente oder Basis von Regeln und Erwartungen als Ausgangspunkt der Übereinstimmung. Pflicht definiert als Vertrag, allgemein Vermeidung der Verletzung von Absichten oder Rechten anderer sowie Wille und Wohl der Mehrheit.

Stufe 6: Orientierung an Gewissen oder Prinzipien. Orientierung nicht nur an zugewiesenen sozialen Rollen, sondern auch an Prinzipien der Entscheidung, die an Universalität und Konsistenz appellieren. Orientierung am Gewissen als leitendem Agens und an gegenseitigem Respekt und Vertrauen.

Lawrence Kohlberg: Zur kognitiven Entwicklung des Kindes. Frankfurt 1974. S. 60; zit. nach: Sybille Reinhardt: Werte-Wandel und Werte-Erziehung. Perspektiven politischer Bildung. In: Silvia Buchen, Elke Weise (Hg.): Schule und Unterricht vor neuen Herausforderungen, Weinheim 1995, S. 138 f.

M22 Regeln des Urteilens

1. Die Kriterien zur Beurteilung des konkreten Falles sind so zu wählen, dass sie auch für die Beurteilung ähnlicher Fälle Gültigkeit beanspruchen können.

Erläuterung: Ohne Kriterien ist keine praktische Entscheidung möglich. Sie können aus tradierten oder vorläufigen Urteilen eruiert werden. Angesichts neuer Entscheidungsprobleme, die sich z. B. infolge von technischem Fortschritt ergeben, sind innovative und besonders intensive Bemühungen um die Entwicklung neuer Beurteilungskriterien notwendig.

2. Die für die Bearbeitung des Falles relevanten Aussagen über die Wirklichkeit (Sachverhaltsfeststellungen) müssen auf sachliche Richtigkeit, auf ihren Wahrheitsgehalt hin überprüft werden. Hierfür ist die theoretische Vernunft zuständig.

Erläuterung: Ausgehend von den Kriterien zur Beurteilung des Falles sind die Sachverhaltsfragen zu klären. Es muss gleichsam eine Beweisaufnahme durchgeführt werden.

3. Die Passung von Beurteilungskriterien und Aussagen auf die Wirklichkeit ist schrittweise zu verbessern.

4. Die Gesamtentscheidung ist so zu fällen, dass die Einzelurteile angemessen berücksichtigt werden.

Erläuterung: Das Gesamturteil sollte nicht nur logisch und stilistisch aus „einem Guss" sein, sondern auch inhaltlich eine angemessene Berücksichtigung der einzelnen Urteile widerspiegeln.

Wolfgang Sander: Sieben Regeln zur Urteilsbildung (gekürzt), www.pbnetz.de

Sach- und Werturteile

M23 Werturteile in Wissenschaft und Politik

Gesellschaftliche Grundwerte finden sich zum Beispiel im Grundgesetz, in Gesetzestexten, in politischen Programmen sowie in Reden von Parlamentariern, Regierungsvertretern oder anderen Persönlichkeiten des öffentlichen Lebens. Grundwerte stellen Werturteile dar und unterscheiden sich damit von Sachurteilen:

- Sachurteile sind Aussagen über Erkenntnisse und Informationen. Sie beziehen sich auf das, was ist, und wollen erklären, warum die Wirklichkeit so ist, wie sie ist, zum Beispiel, wie Arbeitslosigkeit entsteht.
- Werturteile beziehen sich dagegen auf das, was sein soll. Sie formulieren Bekenntnisse und Appelle und beinhalten eine Stellungnahme, wie beispielsweise: „Die Bekämpfung der Arbeitslosigkeit sollte das wichtigste Ziel der Wirtschaftspolitik sein".

Die Wirtschaftswissenschaftler früherer Jahrhunderte haben Sach- und Werturteile vermischt: Sie beschrieben die Realität, stellten Theorien über ökonomische Zusammenhänge auf (= Sachurteile) und gaben gleichzeitig Empfehlungen zur Gestaltung der Wirtschaft (= Werturteile). Zu Beginn des 20. Jahrhunderts erhob der deutsche Soziologe und Philosoph Max Weber (s. S. 29) dagegen die Forderung, Sachurteile und Werturteile zu trennen.

Nach seiner Ansicht kann Wissenschaft nicht vorgeben, was getan werden soll, sondern nur aufzeigen, welche Mittel zur Verwirklichung welcher Ziele taugen. Werturteile bleiben der Politik vorbehalten, die entscheiden muss, welche Ziele angestrebt werden sollen. Wenn es zum Beispiel einen Konflikt zwischen den Zielen Vollbeschäftigung und Preisstabilität gibt, dann muss die Politik festlegen, welches Ziel in der gegebenen Situation als wichtiger anzusehen ist. Die Wissenschaft kann die Politik dabei auf der Grundlage der jeweils vorgenommenen Bewertung beraten.

Heute hat sich Max Webers Auffassung weitgehend durchgesetzt, wenngleich sie nie gänzlich unumstritten geblieben ist. Das liegt auch daran, dass es im konkreten Einzelfall keineswegs einfach ist, Wert- und Sachurteile auseinanderzuhalten. Dies ist aber sehr wichtig, wenn man zum Beispiel versteckte Beeinflussung, also Manipulation, erkennen will: Wer Werturteile als Sachurteile „tarnt", erweckt den Eindruck, eine Aussage sei wissenschaftlich begründet und daher „objektiv wahr", obwohl es sich tatsächlich um ein Werturteil handelt, das man teilen mag oder auch nicht. Es muss erkennbar sein, welche Aussagen Werturteile und welche Sachurteile sind. Dies ist die Forderung nach „Werttransparenz". Zum Beispiel könnte sich hinter der Aussage, der internationale Handel gefährde Arbeitsplätze in Deutschland und müsse deshalb beschränkt werden, ein Werturteil zugunsten von nationaler Autarkie verstecken, die einer modernen, arbeitsteiligen Weltwirtschaft nicht angemessen ist. Das Werturteil würde so durch eine scheinbar ökonomische Sachaussage getarnt.

Hans-Jürgen Schlosser: Werturteile in Wissenschaft und Politik, in: Informationen zur politischen Bildung, H. 294 (2007)

M24 Gegen die Verletzung humaner Werte

Demonstranten protestieren am Brandenburger Tor in Berlin gegen den syrischen Machthaber Assad, Februar 2012

Deskriptive und präskriptive Aussagen

Aussagearten oder Aussagetypen sind Klassifikationskategorien, die helfen sollen, Typen von sprachlichen Äußerungen bzw. deren Gehalt zu unterscheiden. Beispiel hierfür ist die Unterscheidung von beschreibenden (deskriptiven) und vorschreibenden (präskriptiven) Sätzen.

M25 Deskription und Präskription

Deskriptiv (von lat. describere, beschreiben, umschreiben) bezeichnet einen beschreibenden bzw. abbildenden Text oder Standpunkt, der den Anspruch einer wertfreien Betrachtung erhebt. Gefragt wird durch Seiens-Fragen nach der Faktizität von etwas. Dargestellt wird der Seins-Zustand. Beim wissenschaftlichen Arbeiten wird besonders zwischen normativen und deskriptiven Betrachtungen unterschieden, um intersubjektiv nachvollziehbare Grundlagen zu entwickeln, beispielsweise in der Betrachtung politischer Systeme.
Beispiele für Deskription sind u. a. empirische Erhebungen, die dazu dienen, Aussagen über den gegenwärtigen Zustand der Gesellschaft zu machen (Arbeitslosenzahl), aber auch Analysen menschlichen Verhaltens im Rahmen der Soziologie, Psychologie oder Philosophie. Normative Aussagen wären dahingegen solche, die einen Soll-Zustand beschreiben, etwa Mindestlöhne oder das „ideale" Verhalten von Menschen.
Das Ziel der Präskription ist die Festlegung von Strukturmerkmalen, die im Rahmen wissenschaftlicher Beobachtungen als wiederkehrende, typische Merkmale zu erfassen sein müssen. Die Präskription ist also eine wissenschaftliche Methode zur Herausbildung einer These, die im Anschluss an die Thesenbildung durch empirische (allgemeine) Beobachtung oder durch ein Experiment abgesichert werden muss.
Wikipedia.de (Zugriff: 15.8.2012)

M26 Typen von Aussagen

Aussagetyp	Zweck	Erläuterung	Beispiel
Empirisch bzw. deskriptiv	Beschreibt das, was man vorfindet oder vorfinden wird.	Empirische Information kann gewiss oder ungewiss sein; deskriptive Information ist gewiss, sofern sie auf empirischen Erhebungen beruht; prognostische Information ist ebenfalls empirische Information, aber sehr ungewiss, nur unter Wahrscheinlichkeit richtig.	„Das Wirtschaftswachstum der Gemeinde hat sich verlangsamt."
Normativ	Enthält ein Werturteil über das Vorgefundene.	Streng genommen kann normative Information in deutende und urteilende Information unterteilt werden: Deutende Information ordnet die empirische Information ein und sagt etwas über ihre Relevanz aus. Urteilende Information sagt etwas über die Wertigkeit von Variablen, Phänomenen etc. für einen bestimmten Akteur aus.	„Das Wirtschaftswachstum der Gemeinde sollte sich erhöhen."
Präskriptiv	Soll einen Adressaten zu einem bestimmten Handeln bewegen; gibt Handlungsanweisungen.	Spielt in Plänen naturgemäß eine große Rolle.	„Die Gemeinde soll ein Technologiezentrum einrichten, um Klein- und Mittelunternehmen den Technologietransfer zu erleichtern."

Normative und präskriptive Aussagen sind nicht immer auf den ersten Blick zu trennen, sie haben aber unterschiedliche rechtliche und politische Konsequenzen. Je nach der Formulierung können Planaussagen normativ oder präskriptiv gemeint sein. Ein häufiges Argument von Städten im Widerspruch gegen Regionalpläne ist, dass normative und präskriptive Aussagen (an die die Gemeinden gebunden sind) sprachlich nicht exakt genug voneinander getrennt sind.
Nach: Dietrich Fürst/Frank Scholles: Wirtschafts- und kommunikationstheoretische Grundlagen der Planung (2000); in: http://www.laum.uni-hannover.de (Zugriff: 16.1.2009)

1 Formulieren Sie deskriptive, normative und präskriptive Aussagen zu einem Thema der Sozialpolitik.

Präsentation

Besonders dann, wenn unterschiedliche Aufgabenstellungen in Einzel- oder Gruppenarbeit erarbeitet wurden, bietet es sich ab einem gewissen Zeitpunkt an, einen Austausch der jeweiligen Arbeitsergebnisse zu organisieren. Eine gute Möglichkeit hierzu bietet die Präsentation. Hierbei geht es um die strukturierte und anschauliche Vermittlung von Informationen an ein Publikum, das selbst nicht an der Informationsgewinnung beteiligt war und dementsprechend einen Erkenntnisgewinn durch die Präsentation erwartet. Um diesem Anspruch gerecht werden zu können, sind einige zentrale Arbeitsschritte und Regeln zu beachten.

M27 Checkliste: Präsentation

Recherche- und Arbeitsergebnisse ordnen und verknüpfen:

- Im Anschluss an die inhaltliche Recherche- und Erarbeitungsphase macht es Sinn, die erhaltenen Ergebnisse nach Relevanz für die übergeordnete Themenstellung zu ordnen und soweit möglich miteinander zu verknüpfen (ggf. kann hier die Erstellung einer Mindmap hilfreich sein).

Struktur für die Präsentation festlegen:

- Nun geht es darum festzulegen, welche konkreten Aspekte im Rahmen der Präsentation in welcher Reihenfolge behandelt werden sollen.
- Legen Sie zunächst die Zielsetzung Ihrer Präsentation fest. Bestimmen Sie z. B. diejenigen Inhalte, deren Vermittlung Sie als besonders wichtig ansehen.
- Hierbei ist besonders zu beachten, dass die dargebotenen Inhalte auch für Außenstehende nachvollziehbar und interessant sind. Stellen Sie hier also insbesondere Zusammenhänge zwischen einzelnen Aspekten heraus, überlegen Sie, wo ggf. zusätzliche Erklärungen hilfreich sein könnten, und trauen Sie sich auch, evtl. weniger relevante Aspekte zu vernachlässigen.
- Halten Sie die geplante Struktur Ihrer Präsentation schriftlich fest.

Die Präsentation erarbeiten:

- Dieser Arbeitsschritt umfasst die Festlegung dessen, was Sie zu den einzelnen Gliederungspunkten Ihrer Präsentation sagen möchten.
- Es empfiehlt sich, die erarbeiteten Präsentationsinhalte stichpunktartig festzuhalten. Sie können hierzu beispielsweise Karteikarten oder auch eine Stichwortliste erstellen. Darauf können Sie dann während Ihrer Präsentation zurückgreifen.

Inhalte visualisieren und zusammenfassen:

- Informationsgehalt und Anschaulichkeit einer Präsentation werden entscheidend gesteigert, wenn Sie Ihre Inhalte nicht nur mündlich, sondern auch in schriftlicher Form anbieten. Sie können hierzu wichtige Eckpunkte und Kernthesen Ihrer Präsentation auf eine OHP-Folie schreiben bzw. drucken oder eine Powerpoint-Präsentation anfertigen.
- Es bietet sich auch an, ein zusammenfassendes Thesenpapier anzufertigen, das wichtigste inhaltliche Aspekte in knapper Form enthält und den Zuhörern während der Präsentation oder im Anschluss daran zur Verfügung gestellt wird.

Die Präsentation vorbereiten und durchführen:

- Es ist sehr sinnvoll, die Präsentation zunächst zu erproben. Hierdurch gewinnen Sie Sicherheit im Umgang mit der Thematik und können zudem erkennen, an welchen Stellen ggf. noch Optimierungsbedarf besteht. Am besten ist es, wenn Sie Ihre Präsentation vor Freunden/Familie erproben. So erhalten Sie unmittelbar wertvolle Rückmeldungen, welche die Präsentation abschließend verbessern helfen.
- Bevor Sie Ihre Präsentation schließlich durchführen, denken Sie an die Vorbereitung der Präsentationsumgebung (Materialien, Karteikarten, Medienausstattung) und beachten Sie die wichtigsten Grundregeln des Präsentierens/Referierens (s. S. 117).

Autorentext

M28 Die „goldenen" Regeln des Referierens

1. Reden Sie so frei und ungezwungen wie möglich.

- Hier gilt: Übung macht den Meister. Je öfter Sie referierend vor einer Gruppe stehen, desto mehr Sicherheit werden Sie erlangen.

2. Denken Sie immer an Ihr Publikum. Überfordern und unterfordern Sie es nicht.

- Suchen Sie während der Präsentation Blickkontakt mit Ihrem Publikum. Sie werden in der Regel feststellen können, welche Wirkung der Vortrag auf Ihr Publikum hat.
- Bitten Sie Ihr Publikum nach der Präsentation um ein Feedback. So erhalten Sie wichtige Rückmeldungen und können diese bei der nächsten Gelegenheit berücksichtigen.

3. Versuchen Sie Ihr Publikum ebenso im Blick zu behalten wie die Uhr.

- Achten Sie darauf, während der Präsentation Ihren Blick nicht nur auf einen Teil des Publikums zu richten. Lassen Sie Ihren Blick ruhig wandern. Das Publikum erhält so das Gefühl, direkt angesprochen zu sein.
- Stellen Sie am besten einen Wecker in Ihr Blickfeld. So können Sie unauffällig den zeitlichen Verlauf Ihrer Präsentation überprüfen. Vom ständigen Blick auf die Armbanduhr ist abzuraten.

4. Konzentrieren Sie sich auf das Wesentliche, indem Sie wichtige Punkte besonders betonen.

- Kennzeichnen Sie diese wichtigen Punkte deutlich sichtbar auf Ihren Karteikarten/Ihrer Stichwortliste. So haben Sie sofort im Blick, wann eine besonders relevante Stelle Ihrer Präsentation erreicht ist.

5. Visualisieren Sie, was wichtig ist. Aber erschlagen Sie das Publikum nicht mit Abbildungen, Folien oder Powerpoint-Folien.

- Achten Sie darauf, Ihre (Powerpoint-)Folien möglichst übersichtlich zu gestalten. Denken Sie an eine ausreichende Schriftgröße und verzichten Sie möglichst auf Verzierungen und aufwändige Animationen.

6. Geben Sie am Anfang bekannt, wie Ihr Referat aufgebaut ist.

- Es bietet sich etwa an, Ihre Gliederung zu Beginn mithilfe einer gesonderten Folie vorzustellen.

7. Sagen Sie bei Übergängen, zu welchem Punkt Sie nun kommen.

- Hier könnte jeweils wieder die Gliederungsfolie zum Einsatz kommen.

8. Trennen Sie Ihre eigene Meinung und die Wiedergabe fremden Gedankenguts.

- Achten Sie insbesondere auch darauf, Zitate ausreichend kenntlich zu machen.

9. Fassen Sie am Ende die wesentlichen Ergebnisse und/oder Aussagen Ihres Referates zusammen.

- Hier bietet sich insbesondere das ergänzende Verteilen eines zusammenfassenden Thesenpapiers an.

Nach: Siegfried Frech: Das Referat. In: Bundeszentrale für politische Bildung: Methodentraining II für den Politikunterricht, Bonn 2007, S. 47 (erweitert)

Recherche

Die Recherche ist eine Arbeitstechnik des Journalismus und bedeutet die Beschaffung von neuen und wichtigen Informationen. Die journalistische Recherche kann als Vorbild für die Informationsbeschaffung dienen, die in der Schule wichtig ist. An Information herrscht spätestens seit dem Siegeszug des Internets kein Mangel. Information ist anscheinend schnell beschafft. Aber ist es auch die richtige, ist sie korrekt und noch aktuell, trifft sie auf die Fragestellung zu? Die eigentliche Arbeit der Informationsrecherche muss sich mehr und mehr solchen Fragen widmen. Die Informationsbeschaffung erschöpft sich nämlich nicht im mehr oder weniger zufälligen Auffinden. Entscheidend ist die Prüfung und Einordnung der Information.

M 29 Vorgehen bei der Recherche

Um die unüberschaubare Datenmenge vorzustrukturieren, empfiehlt sich folgendes Vorgehen.

1. Schritt: Planung
Nach der Festlegung eines Themas prüft der politische Bildner, ob überhaupt genügend brauchbare Online-Dokumente verfügbar sind und stellt eine Sammlung von Internet-Adressen zusammen, die als Ausgangspunkt für die Recherche dienen können. Die Internet-Adressen sollten möglichst kommentiert werden. Ob sich ein Online-Dokument als Informationsquelle eignet, lässt sich mit den Kriterien aus M 2 feststellen.

2. Schritt: Erste Recherche
Grundlage der ersten Recherche ist ein klar formulierter Recherche-Auftrag. Dieser Auftrag fordert dazu auf,
- vorgegebene (Start-)Seiten zu besuchen,
- evtl. weitere Online-Seiten ausfindig zu machen,
- die gefundenen Seiten zu selektieren,
- online gefundenes Material durch Abspeichern oder Ausdrucken festzuhalten und
- den Rechercheweg detailliert zu dokumentieren.

Entscheidend ist, dass das festgehaltene Material nur wenige Seiten umfasst.

3. Schritt: Auswertung
Das Ergebnis der ersten Recherche wird ausgewertet, indem
- das festgehaltene Material noch einmal selektiert und bewertet,
- sprachlich erschlossen und
- hinsichtlich der Themenstellung aufbereitet wird.

4. Schritt: Weitere Recherchen
Der Sinn weiterer Recherchen durch den Einsatz zusätzlicher Suchwerkzeuge liegt in der Vertiefung des erworbenen Informationsstandes und der Optimierung der Suchstrategie.

5. Schritt: Aufarbeitung und Vorbereitung der Präsentation
Wie im 3. Schritt werden die Resultate der weiteren Recherchen ausgewertet; zusätzlich geht es nun aber darum, eine Präsentation vorzubereiten

6. Schritt: Präsentation und Diskussion
Entsprechend der Arbeiten in Phase 5 werden die Recherche-Resultate präsentiert und in der Gesamtgruppe kritisch gewürdigt.

Frank Langner: Internet. Methodische Hinweise zum Medieneinsatz, 2002; http://www.sowi-online.de (Zugriff: 16.1.2009)

M 30 Wichtige Fragen zur Recherche auf Internet-Seiten

- Enthält die Seite relevante Informationen?
- Sind die Informationen sachlich korrekt und seriös?
- Sind die Informationen aktuell? Ist ein Aktualisierungsdatum angegeben?
- Ist die Strukturierung der Inhalte transparent, logisch und der Sache angemessen?
- Sind Informationen über den Anbieter gegeben? Wer, welche Einrichtung?
- Werden Quellen und Zitate korrekt angegeben?

Eugen Baacke/Gisela Ruprecht: Politische Bildung @Netz, in: Herbert Kubicek u. a.: Jahrbuch Telekommunikation und Gesellschaft 2000, S. 7 f.

1 Führen Sie eine Recherche durch zu einem selbstgewählten Thema der Sozialpolitik.

Umgang mit Theorien

M31 Was ist eine „Theorie"?

Eine Theorie ist ein vereinfachtes Bild eines Ausschnitts der Realität, der mit diesem Bild beschrieben und erklärt werden soll, um auf dieser Grundlage möglicherweise Prognosen zu machen und Handlungsempfehlungen zu geben. Jeder Theorie liegen mehr oder weniger deutlich ausformulierte Annahmen zugrunde. Es lassen sich Alltagstheorien und wissenschaftliche Theorien unterscheiden. Letztere unterscheiden sich von Ersteren durch höheren Grad an Bewusstheit, ausdrückliche Formulierung, größeren Umfang und meist durch die Einbeziehung von systematischer Beobachtung, die der Prüfung der Theorien dient (empirische Prüfung).

Wikipedia.de (Zugriff: 20.12.2009)

M32 Soziologische Theorieansätze

Es gibt vor allem die folgenden Ansätze:

- mikrosoziologische Theorieansätze: Sie sind auf die Handlungen von Individuen und Kleingruppen bezogen;
- makrosoziologische Theorieansätze: Sie gehen von größeren gesellschaftlichen Strukturzusammenhängen aus;
- Theorien mittlerer Reichweite: Das (...) Theorie- und Erkenntnisprogramm der Theorien mittlerer Reichweite geht davon aus, dass die mikrosoziologischen Theorien zu kurz greifen, weil sie Gesellschaftsstrukturen gar nicht oder nur unvollkommen in den Blick bekommen, und weil die makrosoziologischen Theorien zwar wünschenswert, aber (gegenwärtig) auf einer wirklich konsistenten (*widerspruchsfreien*) Basis nicht formulierbar sind.

Nach: Bernhard Schäfers (Hg.): Grundbegriffe der Soziologie, 6. Aufl. Opladen 2000, S. 340 ff.

mikro (griech.)**:** klein
makro (griech.)**:** groß

M33 Zur Analyse von soziologischen Theorien

Zur Analyse einer Theorie gehören auf jeden Fall die folgenden Aspekte:

- Von welchem Faktenmaterial, von welchen Beobachtungen geht die Theorie aus?
- Welche Zusammenhänge zwischen dem Beobachteten weist die Theorie als wesentlich aus?
- Welche Kriterien stellt die Theorie für diese Zusammenhänge heraus bzw. wie sucht sie diese Zusammenhänge zu deuten?
- Welchen Anspruch hat die Theorie, was will sie erklären?
- Welche Reichweite beansprucht die Theorie und woran kann man die Gültigkeit dieser Theorie messen (z. B. durch eine aus der Theorie hervorgehende Vorhersagbarkeit gesellschaftlicher Ereignisse)?

Gegenüber allen Theorien ist in der Wissenschaft Skepsis angebracht. Zur Kritik von Theorien sollte man sich u. a. folgende Fragen stellen:

- Ist die Auswahl der Theorie aus dem Faktenmaterial richtig und nachvollziehbar?
- Sind die durch die Theorie hergestellten Zusammenhänge gültig?
- Sind die von der Theorie aufgestellten Kriterien passend und erklärend?
- Genügt die Theorie ihren Ansprüchen?
- Erklärt sie wirklich, was sie zu erklären sucht?
- Hat sich die Theorie in der Praxis bestätigt?

Autorentext

1 Fertigen Sie ein Schema zur Einordnung soziologischer Theorien nach dem Text von Schäfers an (**M 32**).

2 Recherchieren Sie, welchen Theorieansatz der Marxismus hat. Ordnen Sie ihn anschließend als soziologische Theorie begründet in das Schema **M 32** ein.

3 Beurteilen Sie, ob der Marxismus plausible Erklärungen für die heutige Gesellschaft liefert.

Klausuren

Klausuren im Fach Sozialwissenschaften sind in aller Regel in einem Dreischritt aufgebaut. Es sollen nämlich drei verschiedene Anforderungsbereiche geprüft werden, die Reproduktions-, die Reorganisations- und die Reflexionsleistung. Die drei Anforderungsbereiche sind in ihrem Schwierigkeitsgrad steigernd angelegt. Die Reproduktion gilt als die einfachste Art der Leistung. Deshalb wird es in der Regel auf keinen Fall ausreichen, einen Text oder anderes Material einfach nur wiederzugeben. Vielmehr muss es analysiert, eingeordnet, in einen Zusammenhang gestellt werden usw. Auf keinen Fall wird es für eine mindestens ausreichende Leistung hinreichen, sich ausschließlich auf das in der Klausur vorgelegte Material zu beziehen. Im Zentralabitur beispielsweise wird in aller Regel ausdrücklich Wissen aus dem Unterricht der Qualifikationsphase der gymnasialen Oberstufe eingefordert und mit entsprechend hoher Punktzahl bewertet.
Die Operatoren helfen die Anforderungen zu verstehen und einzuordnen:

M34 Operatoren

Operatoren, die Leistungen im *Anforderungsbereich I* (Reproduktion) verlangen:	
aufzählen nennen wiedergeben zusammenfassen	Kenntnisse (Fachbegriffe, Daten, Fakten, Modelle) und Aussagen in komprimierter Form unkommentiert darstellen
benennen bezeichnen	Sachverhalte, Strukturen und Prozesse begrifflich präzise aufführen
beschreiben darlegen darstellen	Wesentliche Aspekte eines Sachverhaltes im logischen Zusammenhang unter Verwendung der Fachsprache wiedergeben

Operatoren, die Leistungen im *Anforderungsbereich II* (Reorganisation und Transfer) verlangen:	
analysieren	Materialien oder Sachverhalte kriterienorientiert oder aspektgeleitet erschließen, in systematische Zusammenhänge einordnen und Hintergründe und Beziehungen herausarbeiten
auswerten	Daten oder Einzelergebnisse zu einer abschließenden Gesamtaussage zusammenführen
charakterisieren	Sachverhalte in ihren Eigenarten beschreiben und diese dann unter einem bestimmten Gesichtspunkt zusammenführen
einordnen	Eine Position zuordnen oder einen Sachverhalt in einen Zusammenhang stellen
erklären	Sachverhalte durch Wissen und Einsichten in einen Zusammenhang (Theorie, Modell, Regel, Gesetz, Funktionszusammenhang) einordnen und deuten
erläutern	Wie „erklären", aber durch zusätzliche Informationen und Beispiele verdeutlichen
herausarbeiten ermitteln erschließen	Aus Materialien bestimmte Sachverhalte herausfinden, auch wenn sie nicht explizit genannt werden, und Zusammenhänge zwischen ihnen herstellen
interpretieren	Sinnzusammenhänge aus Materialien erschließen
vergleichen	Sachverhalte gegenüberstellen, um Gemeinsamkeiten, Ähnlichkeiten und Unterschiede herauszufinden
widerlegen	Argumente anführen, dass Daten, eine Behauptung, ein Konzept oder eine Position nicht haltbar sind

Operatoren, die Leistungen im *Anforderungsbereich III* (Reflexion und Problemlösung) verlangen:	
begründen	Zu einem Sachverhalt komplexe Grundgedanken unter dem Aspekt der Kausalität argumentativ und schlüssig entwickeln
beurteilen	Den Stellenwert von Sachverhalten oder Prozessen in einem Zusammenhang bestimmen, um kriterienorientiert zu einem begründeten Sachurteil zu gelangen
bewerten **Stellung nehmen**	Wie „beurteilen", aber zusätzlich mit Reflexion individueller und politischer Wertmaßstäbe, die Pluralität gewährleisten und zu einem begründeten eigenen Werturteil führen
entwerfen	Ein Konzept in seinen wesentlichen Zügen erstellen
entwickeln	Zu einem Sachverhalt oder zu einer Problemstellung ein konkretes Lösungsmodell, eine Gegenposition, ein Lösungskonzept oder einen Regelungsentwurf begründend skizzieren
erörtern	Zu einer vorgegebenen Problemstellung eine reflektierte, kontroverse Auseinandersetzung führen und zu einer abschließenden, begründeten Bewertung gelangen
gestalten	Produktorientierte Bearbeitung von Aufgabenstellungen. Dazu zählen unter anderem das Entwerfen von eigenen Reden, Strategien, Beratungsskizzen, Karikaturen, Szenarien, Spots und von anderen medialen Produkten sowie das Entwickeln von eigenen Handlungsvorschlägen und Modellen
problematisieren	Widersprüche herausarbeiten, Positionen oder Theorien begründend hinterfragen
prüfen **überprüfen**	Inhalte, Sachverhalte, Vermutungen oder Hypothesen auf der Grundlage eigener Kenntnisse oder mithilfe zusätzlicher Materialien auf ihre sachliche Richtigkeit bzw. auf ihre innere Logik hin untersuchen
sich auseinandersetzen **diskutieren**	Zu einem Sachverhalt, zu einem Konzept, zu einer Problemstellung oder zu einer These etc. eine Argumentation entwickeln, die zu einer begründeten Bewertung führt

Kultusministerium des Landes Nordrhein-Westfalen: Sozialwissenschaften und Sozialwissenschaften/Wirtschaft, 2007, in: http://www.standardsicherung.schulministerium.nrw.de (Zugriff: 16.8.2012)

Kurzvortrag/Impulsreferat

Semiotik (semiotisch): Wissenschaft von den sprachlichen Zeichen und Zeichenreihen

Syntax (syntaktisch): Satzbau

M35 Hinweise zum Impulsreferat

Welchen Zweck soll ein Impulsreferat erfüllen?
Die Impulse sollen Entwicklungen, Planungen, Evaluationen und Kooperationen sowie Kommunikation, Verstehen (Lernen) und Verständigung anregen. Sie sollen gewissermaßen wie ins Wasser geworfene Steine wirken und sind zunächst unverbunden. Im Kopf der Zuhörer sollen sie aber miteinander in Wechselwirkung geraten.
Daher: Zusammenhänge sollen eigenaktiv entdeckbar und erfindbar sein

Was ist bei einem Impulsreferat zu beachten?
An Stelle von Regeln zum Aufbau eines Referates werden hier akzentuierte Hinweise zur „Gestaltung“ eines Impulsreferates gegeben, die jeder für sich auf den jeweiligen konkreten Zweck (Planung, Kooperation, Unterricht, Verstehen, ...) übertragen muss.

Semiotische Hinweise
Zeichen wie Grafiken, Bilder, Karikaturen und „geschriebene“ Witze sollen im Impulsreferat den Zweck des Referates visuell (OHP, Beamer, Aushang) veranschaulichen. Die „Zeichen“ sollen auflockern. Sie sollen kurz und bündig sein und die Aussagen auf „den Punkt bringen“. Von daher bedürfen sie einer guten „Vor“planung. Die visuelle Darstellung sollte akustisch begleitet werden (im einfachsten Fall durch Sprache). Aber bitte keine einfache Dopplung der Information durch Vorlesen des Sichtbaren.
Die semiotischen Zeichen können (sollten) durch den Vortrag zu Supra-Zeichen, Metaphern oder Symbolen werden, an die man sich nachhaltiger erinnern kann, da sie ganzheitlicher sind, als die verbale Sprache

Semantische Hinweise
Die Bedeutung der Zwecke muss im Impulsreferat auf den Punkt (die Punkte) gebracht werden. Wiederholungen derselben Begriffe oder Zeichen schaden überhaupt nicht. Redundanz ist notwendig, da im Vortrag gelernt werden soll. Die Zuhörer müssen aber die Aussagen für sich als bedeutungsvoll – also pädagogisch sinnvoll – erkennen können.

Syntaktische Hinweise
Mit einfachen Sätzen muss die Bedeutung der Zwecke klar werden. Also z. B. keine verschachtelten Sätze konstruieren, wie es in der Schriftsprache üblich ist. Der inhaltliche Zusammenhang, der einen Impuls ausmacht, muss deutlich werden. Verbale Impulse sollten durch eine angemessene Mimik, Gestik, Stimmführung, deutliche Aussprache und Intonation unterstützt werden. „Der Ton macht die Musik.“

Pragmatische Hinweise
Es sollte „lebendig“ und engagiert gesprochen werden, wobei auch die Motive und Emotionen des Referenten deutlich werden sollten. Am Anfang einen Überblick über das Thema geben. Außerdem sollte frei gesprochen werden, um die Mimik und Gestik bei den Zuhörenden beobachten zu können. So werden schnelle Reaktionen auf Missverständnisse möglich. Ruhig auch mal kleine Pausen einlegen und Wiederholungen in Form von Zusammenfassungen einfügen. Am Ende des Referates einen „guten“ Abgang sichern, denn der letzte Eindruck bleibt!
Ein Impulsreferat sollte nicht länger als 20 Minuten dauern.
Achtung: Je besser akzentuiert die Impulse des Referates sind, um so stärker werden die Zuhörer herausgefordert. Das kann natürlich z. B. auch dazu führen, dass die Zuhörer für sich nach Argumenten suchen, um nichts tun zu müssen, wenn sie sich innerlich gegen die Impulse wehren.

Pädagogisches Institut der deutschen Sprachgruppe, Bozen 2003; in: http://www.blikk.it/angebote/schulegestalten/se815.htm (Zugriff: 2.12.2012)

Schülerin bei einem Referat

Eine Debatte führen

M 36 Strukturen einer Debatte

Grundidee

Derjenige wird beim Debattieren überzeugen, der seine eigene Position mit den Interessen der anderen vermitteln kann. In dieser Fähigkeit liegt die Basis gemeinsam getragener Entscheidungen und ein Fundament der Demokratie. Debatten sind regelgeleitete Diskussionen, in denen Schüler wichtige Demokratiekompetenzen lernen können:

- die Bereitschaft zum Perspektivenwechsel,
- die Achtung des/der Andersdenkenden,
- das gegenseitige Zuhören,
- und das Definieren eigener Positionen.

Ziel des Debattierens

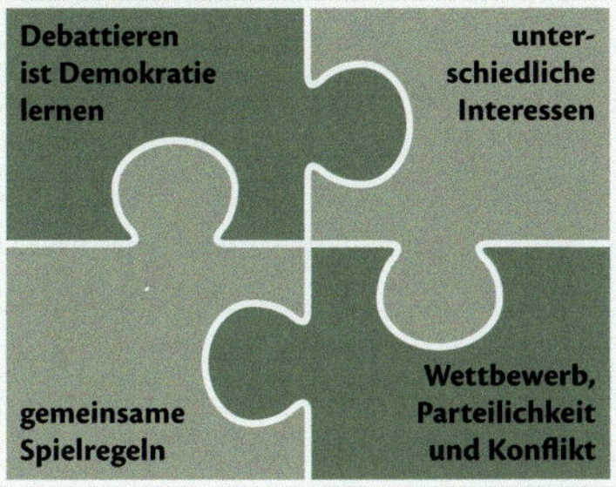

Durchführung

Makrostruktur Modell I: Debattiermodell British Parliamentary (geeignet für Arbeitsgemeinschaften):

- Als erstes gilt es, ein zum Debattieren geeignetes Thema zu finden (z. B.: Dieses Parlament glaubt, dass auch Frauen Wehrdienst oder Zivildienst leisten müssen).
- Alle potenziell an der Debatte Beteiligten sollten in den Prozess der Themenfindung eingeschlossen werden, um eine nur für wenige zugängliche Fachdebatte zu vermeiden (z. B.: Dieses Parlament glaubt, dass der Länderfinanzausgleich einer Reform bedarf).
- Im Anschluss an die Themenfindung werden die zu debattierenden *Meinungen* (Pro bzw. Kontra) den Debattanten zugelost. Man spricht auch von der Pro-Fraktion und der Kontra-Fraktion.
- Den Debattanten bleiben nun 15 Minuten Vorbereitungszeit, um sich auf die Debatte vorzubereiten.
- Ein Präsident hat den Vorsitz der Debatte. Ihm werden die Juroren beigestellt. Sie bilden zusammen das Präsidium.
- Der Präsident eröffnet die Debatte mit einleitenden und begrüßenden Worten an die Debattanten und die Zuschauer. Es wird dabei das Thema der Debatte genannt und sogleich dem ersten Redner das Wort erteilt.
- Jeder der acht Redner hält eine Rede an einem Rednerpult o. ä. stehend.
- Die Debatte wird von der Pro-Fraktion, mit der Rede des Premier-Ministers, eröffnet. Es schließen sich die übrigen Fraktionen im Wechsel an.
- Jede Rede dauert einheitlich lange (ca. 7 Min.), worüber das Präsidium mittels Stoppuhr und Glocke wacht. In der ersten und in der letzten Minute einer Rede dürfen die Mitglieder der gegnerischen Fraktion keine Zwischenfragen an den Redner stellen. Von der zweiten bis zum Ende der sechsten Minute dürfen Zwischenfragen an den Redner gestellt werden. Der Redner hat das Recht, die Fragen anzunehmen oder abzulehnen.
- Nach der letzten Rede, dem Opposition Whip, schließt das Präsidium die Debatte und zieht sich zur Beratung zurück.

Makrostruktur Modell I: Debattiermodell British Parliamentary Debate

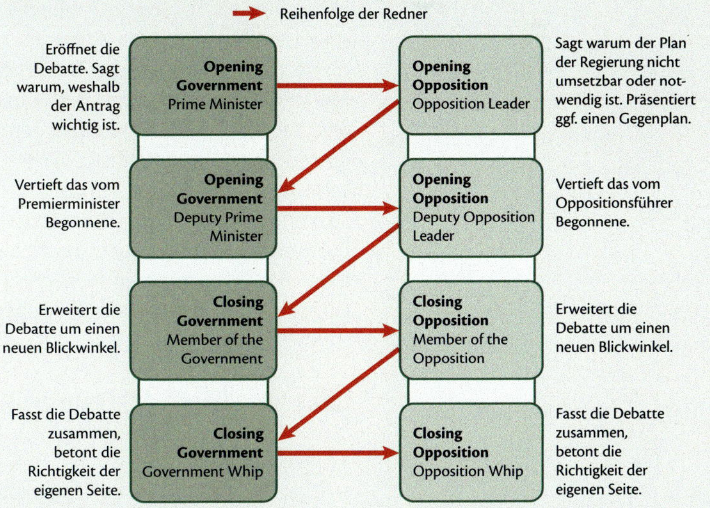

- Anschließend werden die Reden durch das Präsidium ausgewertet:
  - Inhalt: Wie stichhaltig waren die Argumente? Wie gut waren sie gegliedert?
  - Form: Wie wirkte der Redner? War die Redeweise der Situation angemessen?

Planspiel

Das Planspiel ist eine Methode der Simulation von Realität, mit der sich komplexe Situationen vorbereiten und einüben lassen. So werden Planspiele in militärischen und wirtschaftlichen Bereichen angewandt, um Schwierigkeiten und mögliche Problemlösungen zu erkennen, bevor sie in einer realen Situation auftreten.

M 37 Organisation der Planspiels

(*Der Pädagoge Heinz*) Klippert definiert das Planspiel als „eine relativ offene politische oder ökonomische Problemsituation, die pädagogisch-didaktisch vereinfacht ist und nach einer irgendwie gearteten Lösung verlangt." Das Problem soll konkret in Interaktion aller Lerner gelöst werden.

Entscheidend für Planspiele ist eine relativ freie Ziel- und Zeitvorgabe. So wird den Teilnehmern eine Lernumgebung geschaffen, die sich insbesondere durch Gruppenautonomie, selbstständige Erarbeitung von fachbezogenem Wissen, Flexibilität, Interaktion, Hypothesenbildung, Offenheit, Ungewissheit und nicht zuletzt einer „Quasi-Realität" auszeichnet. Ein besonders wichtiger Aspekt ist dabei der Realitätsbezug – die Simulation einer Praxissituation und die damit verbundene Bewältigung von Anforderungen und Problemen, wie sie auch in der Realität auftreten könnten. Dabei verlangt das Planspiel in der Umsetzung von den Teilnehmern ein großes Maß an planerischen, strategischen und kreativen Fähigkeiten zur Lösung des Problems. Zudem stellt das Planspiel hohe Anforderungen an die soziale Kompetenz der Teilnehmer, welche in der Interaktion mit der Gruppe von Bedeutung ist. Dabei werden gemeinsam Entscheidungen getroffen, Meinungsverschiedenheiten diskutiert, Gespräche und Verhandlungen geführt, Auswertungen der Ergebnisse vorgenommen, und zuletzt erfolgt die Auswertung und Präsentation der gemeinsamen Ergebnisse in sehr unterschiedlichen Formen (die auch selbst wieder gespielte Situationen sein können).

Zur Durchführung eines Planspiels (z. B. im Unterricht) müssen folgende Unterlagen vorbereitet/bereitgestellt werden:

- eine Fallstudie, in der kurz die vorherrschende Problemsituation skizziert wird;
- eine Arbeitskarte mit Erläuterungen zum Spielverlauf;
- Rollenkarten, durch welche den Teilnehmern spezifische Rollen übertragen werden (Informationen zum Rollenverständnis von Betriebsrat, Unternehmensleitung, Aktionären, Mitarbeitern, Kunden, Bürgerinitiativen, Ministerium u. a.)
- Ereigniskarten, die als Impulskarten durch den Spielleiter in die Gruppen gereicht werden können (Änderungen von Bedingungen, Preisen, o. Ä.),
- Arbeitsmittel wie Büromaterial und Nachschlagewerke.

Der idealtypische Verlauf eines Planspiels

Die Phasen sind im Überblick abgebildet (*M 58*). In den einzelnen Phasen sollten – idealtypisch gedacht – folgende Aspekte beachtet werden:

1. Spieleinführung
2 Informations- und Lesephase
3. Meinungsbildung und Strategieplanung innerhalb der Gruppe
4. Interaktion zwischen den Gruppen
5 Vorbereitung eines Plenums/Konferenz
6. Durchführung eines Plenums/Konferenz
7. Spielauswertung

http://methodenpool.uni-koeln.de

M 38 Die Phasen des Planspiels

1. Spieleinführung
- Das Planspiel, sowie die Spielmaterialien und die einzunehmenden Rollen werden vorgestellt.
- Verständnisfragen werden geklärt.
- Die Arbeitsgruppen werden eingeteilt.
- Der Spielleiter schildert kurz das Problem und stellt das Material bereit (intensive Vorbereitung erforderlich!).

2. Informations- und Lesephase
- Es werden die Plätze an den Gruppentischen mit der entsprechenden rollenspezifischen Bezeichnung eingenommen.
- Die Gruppenmitglieder erhalten die Arbeitskarten (die für alle Gruppen gleich sind) und unterschiedliche Rollenkarten.
- Das Informationsmaterial wird durchgelesen.

- Verständnisfragen werden geklärt.
- Der Spielleiter verteilt die Arbeits- und Rollenkarten.

3. *Meinungsbildung und Strategieplanung innerhalb der Gruppe*
- Die Informationen werden gruppenintern strukturiert und anschließend wird die Ausgangssituation analysiert.
- Es werden Handlungsoptionen besprochen und diskutiert sowie möglichst kreative Ideen und Strategien entwickelt.
- Hilfestellungen werden nur in Notsituationen geleistet.
- Der Spielleiter beobachtet und berät bei Rückfragen.

4. *Interaktion zwischen den Gruppen*
- Diese Phase ist die intensivste Spielphase.
- Die Gruppen agieren (Versenden von Briefen und Faxen an die übrigen Gruppen, Besuche, das Führen von Gesprächen und Verhandlungen) und reagieren ebenso auf die Anfragen der anderen Gruppen.
- Durch Ereigniskarten können gezielt Impulse und Veränderungen ins Spiel eingebracht werden.
- Der Spielleiter beobachtet lediglich!

5. *Vorbereitung eines Plenums/einer Konferenz*
- Diese Phase ist meist die spannendste im Spielverlauf und bildet damit den Höhepunkt.
- Die Gruppe trägt intern ihre Ergebnisse zusammen und verarbeitet und bewertet ihre erreichten Ergebnisse.
- Es wird der Verlauf des Plenums geplant, die zu vertretenden Positionen besprochen, mögliche Argumente und Strategien sowie die Einstiegsstatements und der jeweilige Gruppensprecher bestimmt.
- Der Spielleiter berät bei Rückfragen.

6. *Durchführung eines Plenums/einer Konferenz*
- Am Plenum nehmen i. d. R. alle Teilnehmer teil.
- In dieser Phase werden die Ergebnisse einer jeden Gruppe vor dem Plenum zusammengetragen und durch den Gruppensprecher bzw. unterstützend durch die Gruppenmitglieder präsentiert.
- Bleiben offene Fragen oder wird kein Konsens erzielt, da die Interessen nicht zu vereinbaren sind, werden die Teilnehmer auf die Phase der Spielauswertung verwiesen.
- Der Spielleiter fungiert als Konferenzvorsitzender.

7. *Spielauswertung*
- In dieser Phase werden Zusammenfassungen und Analysen zum inhaltlichen, aber auch zum formalen Spielverlauf vorgenommen, wobei die Teilnehmer den Spielverlauf und die erzielten Spielergebnisse reflektieren und anschließend konstruktiv Kritik äußern sollen.
- Der Spielleiter leitet das Gespräch in der Rolle des neutralen Moderators.

Die hier dargestellte Abfolge ist idealtypisch und kann im Einzelfall variieren. In der Praxis ist darauf zu achten, dass die eingenommen Rollen tatsächlich gespielt und ernst genommen werden:
Die Teilnehmer übernehmen Verantwortung für ihre eigenständig erarbeiteten Ergebnisse und damit für ihren Lernerfolg. Sie arbeiten zwar im Team, aber als solches zugleich selbstständig. Durch die Präsentation der Ergebnisse im Plenum sind die Teilnehmer meist höchst motiviert, da das Plenum die jeweiligen Präsentationen aufmerksam verfolgt und beurteilt. Dies fördert neben der Motivation die Lernintensität, da die Teilnehmer während der Diskussion informiert sein wollen, um am Ende als „beste Gruppe" dazustehen (z. B. den höchsten Spekulationsgewinn an der Börse, den größten Unternehmensgewinn, den Gemeindezuschuss o. Ä. zu verzeichnen). Diese Anerkennung vor der Gesamtgruppe ist natürlich für viele Teilnehmer ein großer Ansporn.
Die Spielleiter trauen den Teilnehmern etwas zu und räumen ihnen damit große Freiräume ein. Diese zeichnen sich z. B. durch das Zulassen von Fehlern und Lernumwegen aus. Die Aufgabe des Spielleiters besteht hauptsächlich aus der Organisation des Materials und der Moderation der Spielphasen. Die Teilnehmer werden nur beraten, wenn sie den Spielleiter explizit dazu auffordern. Während der Gruppenaktivitäten hält sich der Spielleiter im Hintergrund, achtet jedoch auf die grobe Einhaltung der Zielvorgaben.

Heinz Klippert: Planspiele, 5. Aufl. Weinheim 2008

1 Führen Sie das Planspiel S. 46 ff. nach dieser Anleitung durch.

Szenariotechnik

M 39 Beschreibung der Methode

Die Szenariotechnik ist eine Methode, bei der die Teilnehmerinnen und Teilnehmer ausgehend von der Gegenwart mögliche Zukunftsbilder entwerfen. Sie ist eher zur Behandlung globaler und längerfristiger Fragestellungen geeignet (z. B.: Das Leben in unserer Stadt in der Zukunft, Beteiligung von Kinder und Jugendlichen in 20 Jahren). Zu den möglichen Entwürfen werden gegenwärtige Fakten und Entwicklungsfaktoren als Basis herangezogen und Zusammenhänge und Wechselwirkungen analysiert. Mögliche Lücken werden mit Phantasie und Kreativität geschlossen. Anhand der entstehenden Szenarien können schließlich konkrete Maßnahmen und Strategien geplant und festgelegt werden.

Im Rahmen der Szenariotechnik werden, ähnlich wie bei Werkstattmethoden, Visualisierungsverfahren, Kreativtechniken, teilnehmerorientierte Moderationsmethoden, ganzheitliche, motivierende, lockernde und das Gruppenklima fördernde Methoden eingesetzt.

Entworfen werden in der Regel drei mögliche Zukunftsbilder:

a) Ein positives Extremszenario: Wie könnte die Zukunft im besten Falle aussehen?
b) Ein negatives Extremszenario: Wie könnte die Zukunft im schlimmsten Falle aussehen?
c) Ein Trendszenario: Wie könnte die Zukunft aussehen, wenn sich die jetzige Situation fortschreibt?

Veranschaulichen lässt sich die Methode am sogenannten Szenariotrichter (s. *M 40*). Am engsten Punkt des Trichter befindet sich die Gegenwart. Nun öffnet sich der Trichter und wird immer weiter. Die Öffnung des Trichters markiert den größten gedachten Zeithorizont (z. B. die Zukunft in 20 Jahren). An den Rändern der Öffnung sind zwei gegenüberliegende Punkte markiert. Sie symbolisieren jeweils ein positives und ein negatives Extremszenario. In der Mitte der Trichteröffnung positioniert sich das Trendszenario. Zwischen Anfang und Ende des Trichters (engste und weiteste Stelle) können weitere Zeitpunkte markiert werden, die z. B. die Zukunft in 5, 10 und 15 Jahren symbolisieren.

Die Phasen der Szenariotechnik

Nach einer Vorbereitungsphase schließen sich folgende Phasen an:

a) Problemanalyse,
b) Einflussanalyse,
c) Dekriptorenanalyse,
d) Entwicklung zweier Extremszenarien sowie eines Trendszenarios,
e) Entwicklung von Strategien und Maßnahmen zur Problemlösung.

Auf diese eigentlichen Kernphasen folgt eine Phase der Nachbereitung.

Die Problemanalyse

Im Mittelpunkt der Szenariotechnik steht immer ein gesellschaftliches Problem, von dem alle Teilnehmerinnen und Teilnehmer betroffen sind, und das als lösungsbedürftig empfunden wird. Das Thema wird von der Gesamtgruppe festgelegt und konkretisiert. Nun geht es darum, den Ist-Zustand zu beschreiben. Entweder müssen Informationen zum Sachverhalt gesammelt werden oder sie sind bereits vorhanden. Dabei geht es nicht nur um Zahlen und Fakten, sondern auch um herrschende Meinungen und Einstellungen. Mit dem Abschluss dieser Phase muss das Problem umfassend beschrieben sein, denn diese Beschreibung stellt die Basis für die zu entwerfenden Szenarien dar und muss zuverlässig und stimmig sein.

Die Einflussanalyse

Ist die Problemanalyse abgeschlossen, werden nun Einflussbereiche und Einflussfaktoren benannt, die auf das Problem einwirken können. Hier eignen sich besonders Brainstorming-Verfahren.

Die ermittelten Einflussfaktoren und -bereiche werden gesammelt und für alle sichtbar angebracht. Wenn möglich sollte sich eine Clusterung anschließen, d. h. Faktoren werden unter verschiedenen Bereichen zusammengefasst. Die Einflussbereiche werden dazu in Spalten und Zeilen einer Tabelle (Matrix) übertragen und mit Punkten bewertet. Beispiel: Einflussfaktoren wie „Straßenbenutzungsgebühr", „Verkehrsberuhigung", „Ausbau des Straßennetzes" können unter dem Einflussbereich „Verkehrspolitik" zusammengefasst werden. Wichtig ist, möglichst viele und umfassende Einflussfaktoren auszumachen. Die genannten Bereiche stehen aber nicht unabhängig nebeneinander. Sie beeinflussen einander. Mit Hilfe einer sogenannten „Vernetzungsmatrix" wird im nächsten Schritt versucht, diese Zusammenhänge sichtbar zu machen.

Vernetzungsmatrix

Einfluss-bereiche	Verkehrs-politik	Automobil-branche	gesellschaftl. Bewusstwein	Umwelt	Aktivsumme
Verkehrs-politik	X	2	2	2	6
Automobil-branche	2	X	1	2	5
gesellschaftl. Bewusstwein	1	1	X	2	4
Umwelt	2	0	1	X	2
Aktivsumme	4	3	4	6	

Nach: Olaf Albers/Arno Broux: Zukunftswerkstatt und Szenariotechnik, Weinheim/Basel (Beltz) 1999, S. 62

Bei der Punktvergabe bedeutet 0 = kein Einfluss, 1 = schwacher oder indirekter Einfluss und 3 = starker Einfluss.

Das Ergebnis spielt eine eher untergeordnete Rolle. Ziel ist hier vor allem, Zusammenhänge und Abhängigkeiten zu reflektieren sowie die Diskussion und Kommunikation über den Sachverhalt.

Sind die Punkte vergeben, erfolgt die Auswertung nach Spalten und Zeilen. Die Summe der Spalten nebeneinander gibt die „Aktivsumme“ an (Wie stark beeinflusst ein Bereich andere?). Die Summe der Zeilen untereinander gibt die Passivsumme an (Wie stark wird ein Bereich durch andere beeinflusst?).

Die Deskriptorenanalyse

In dieser Phase wird zum ersten Mal ein Blick in die Zukunft gewagt. Die Einflussfaktoren werden dazu, wenn notwendig, zusammengefasst, eindeutig beschrieben und operationalisiert (Deskriptoren). Aus dem quantitativen Einflussfaktor „Emissionen“ wird beispielsweise „Ausstoß von Kohlendioxid durch Autoabgase in Tonnen“. Sie sollen wertneutral und sachlich formuliert sein. Nun werden die Deskriptoren in ihrem Entwicklungsverlauf untersucht und beschrieben. Dabei unterscheidet man zwischen „eindeutigen Deskriptoren“, deren Verlauf eindeutig und zielstrebig ist (z. B. eindeutige Zunahme oder Abnahme bzw. wechselhafte Entwicklung), und „alternativen Deskriptoren“, die mehrere mögliche Entwicklungsverläufe beschreiben, die sich voneinander deutlich unterscheiden.

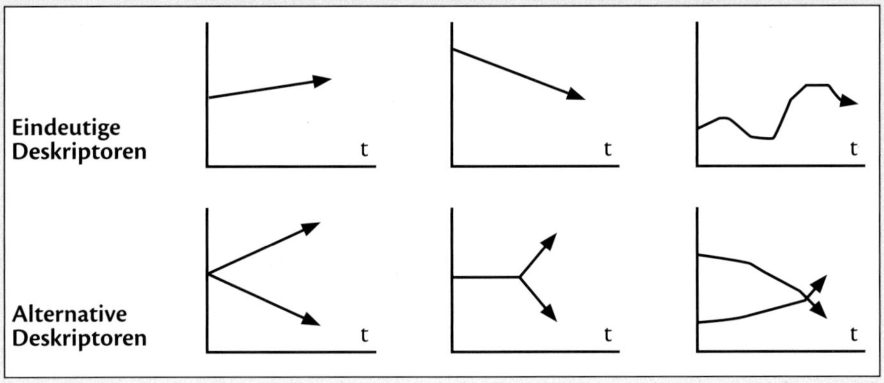

Nach: Olaf Albers/Arno Broux: Zukunftswerkstatt und Szenariotechnik, Weinheim/Basel (Beltz) 1999, S. 63

Die erwarteten Entwicklungsverläufe (eindeutig oder alternativ) werden nun den Einflussfaktoren zugeordnet und zwar jeweils für die unterschiedlichen zu betrachtenden Zeithorizonte.

Die Entwicklung der Szenarios

Spätestens in dieser Phase teilt sich die Gesamtgruppe in Teilgruppen auf. Die Teilgruppen entscheiden sich nun, welches der drei möglichen Szenarien sie beschreiben wollen. Dabei sollte darauf geachtet werden, dass positive und negative Extremszenarien zahlenmäßig in etwa gleichgewichtet vorkommen. Ein Trendszenario ist nicht unbedingt notwendig, ist im Gegenteil sogar in der Literatur in seiner Notwendigkeit strittig.

Die Szenarien sollten stimmig und frei von Widersprüchen sein. Egal ob eine positiv oder negative Entwicklung aufgezeigt wird, die Szenarien sollten möglichst „extrem“ sein. Um im Bild des Trichters zu bleiben: Sie sollten möglichst weit an den Rändern des Trichters liegen. Relativierungen sind zu vermeiden.

Die Szenarien können vielfältig gestaltet werden (z. B. Briefe, Reiseberichte usw. Denkbar wären auch Rollenspiele, Modelle usw.).

Anschließend werden die Szenarien der Gesamtgruppe – auf möglichst kreative Weise – vorgestellt.

Die Entwicklung von Maßnahmen und Strategien zur Problemlösung

Die entwickelten Extremszenarien zeigen deutlich, wie groß das Spektrum der möglichen Zukunftsentwicklungen sein kann. Diese Bilder vor Augen kehren die Teilnehmerinnen und Teilnehmer nun zur Ausgangslage, den Ergebnissen von Problemanalyse und Faktorenanalyse zurück. Welche Strategien und Maßnahmen sind möglich und notwendig, um eine positive Zukunftsentwicklung herbeizuführen? Was kann jeder Einzelne tun? Was kann die Gruppe tun? Was kann die Organisation bzw. Institution tun? usw. Ziel ist es, einen konkreten Handlungsplan zu entwerfen. Dazu können kreative Methoden eingesetzt werden, denn mehr denn je ist an diesem Punkt Fantasie und Kreativität gefragt. Die einzelnen Maßnahmen sollten auf einer Zeitschiene kategorisiert werden: Was können wir sofort tun? Was folgt dann? Was müssen wir auf einen späteren Zeitpunkt verschieben? Damit die Methode nicht zum reinen Plan- und Gedankenspiel wird, müssen Verantwortlichkeiten und Aufgabenverteilung verbindlich festgelegt werden.

Deutsches Kinderhilfswerk: Szenariotechnik, in: http://www.kinderpolitik.de (Zugriff: 2.12.2012)

M 40 Der Szenariotrichter und die drei Grundtypen des Szenarios

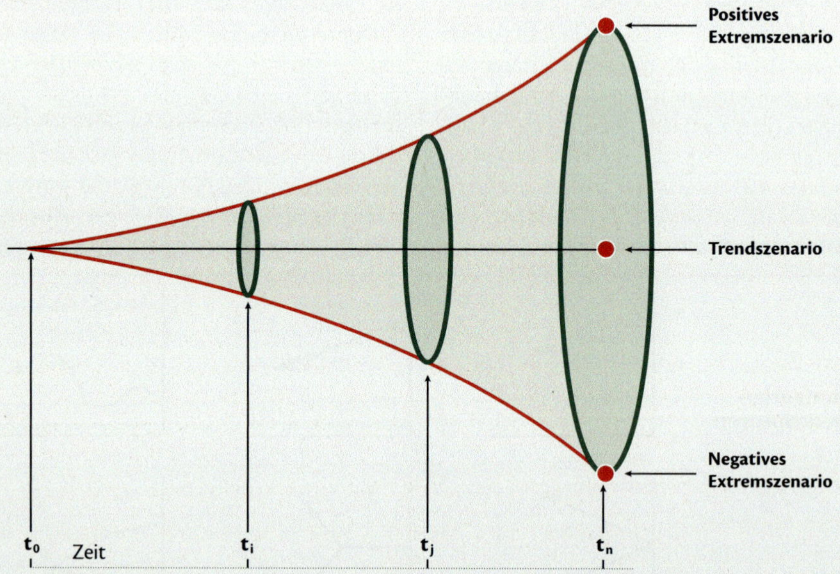

Nach: Peter Weinbrenner: Szenariotechnik, in: http://www.laum.uni-hannover.de/ilr/lehre/Ptm/Ptm_Szenario.htm (Zugriff: 10.7.2008)

Glossar

A

Agenda 2010: Maßnahmenkatalog der Regierung des Bundeskanzlers Schröder (SPD, 1998–2005) zur Reform der Arbeitsmarkt- und Sozialpolitik (siehe Hartz-Gesetzgebung).
Akteur/e: Sozial Handelnde. Das können Einzelne, aber auch „überindividuelle" Zusammenschlüsse von Menschen (Staaten, Organisationen) sein.
Altersarmut: Von Altersarmut spricht man, wenn der nicht mehr arbeitende Teil der Bevölkerung seinen Bedarf aus den Leistungen der gesetzlichen und privaten Versorgungssysteme nicht decken kann.
Altruismus: Selbstlosigkeit (Ggs. [Gegensatz] Egoismus).
Angebotsorientierung: Angebotsorientierte Wirtschaftspolitik hat zum Ziel, die Angebotsbedingungen in der Wirtschaft zu verbessern. Dazu dienen ihr z. B. Forderungen nach Abbau der Staatstätigkeit, Reduzierung der Steuerbelastungen (Unternehmen) und Senkung der Lohnkosten.
Äquivalenzeinkommen: Das Äquivalenzeinkommen dient dem Vergleich von Einkommen in unterschiedlich großen Haushalten und wird mit Hilfe einer Äquivalenzskala berechnet. Diese misst die prozentuale Erhöhung des Einkommens bei Hinzukommen einer weiteren Person und gleichem Wohlfahrtsniveau.
Arbeitskosten: Kosten für den Einsatz der Mitarbeiter in einem Unternehmen. Das sind insbesondere Löhne, aber auch Lohnnebenkosten (siehe dort).
Arbeitskräftepotenzial: Siehe Erwerbspersonenpotenzial.
Arbeitslosenhilfe: In Deutschland bis Ende 2004 eine steuerlich finanzierte staatliche Sozialleistung, die von der Bundesagentur für Arbeit ausgezahlt wurde. Zum 1. Januar 2005 wurde die Arbeitslosenhilfe mit der Sozialhilfe unter der Bezeichnung Arbeitslosengeld II zusammengefasst.
Arbeitslosenquote: Anteil der Arbeitslosen an allen abhängig beschäftigten Erwerbspersonen.
Arbeitslosenversicherung: Sozialversicherung, die in erster Linie das Ziel hat, arbeitslosen Menschen während ihrer Arbeitssuche ein Einkommen zu sichern. Die Finanzierung erfolgt jeweils hälftig durch Erwerbstätige und Arbeitgeber. Im Bedarfsfall erhalten Betroffene daraus für eine begrenzte Zeit Geld zur Sicherung ihres Lebensstandards (Arbeitslosengeld).
Arbeitslosigkeit: Im Zusammenhang mit Lohnarbeit das Fehlen bezahlter Beschäftigungsmöglichkeiten für Erwerbspersonen, die arbeitswillig und arbeitsfähig sind.
Arbeitsmarkt: Unter einem Arbeitsmarkt versteht man einen realen oder gedachten Ort, an dem die Nachfrage nach Arbeitskräften mit dem Angebot von Arbeitskräften zusammentrifft.
Arbeitsmarktpolitik: Gesamtheit aller Maßnahmen zur Regulierung von Angebot und Nachfrage auf dem Arbeitsmarkt. Aktive Arbeitsmarktpolitik hat das Ziel der Wiedereingliederung der Arbeitslosen, passive Arbeitsmarktpolitik das der Linderung der Folgen von Arbeitslosigkeit (z. B. ALG II).
Arbeitsproduktivität: Verhältnis der erbrachten Leistung einer Arbeitskraft oder eines Landes zum eingebrachten Arbeitseinsatz.
Armut: Lebenslage, in der entweder absoluter Mangel herrscht (absolute Armut) oder das Einkommen ein Durchschnittseinkommen erheblich unterschreitet (relative Armut).
Armutsgrenze: Armut liegt immer dann vor, wenn eine Person ein sozio-kulturelles Existenzminimum nicht erreicht oder anders ausgedrückt: wenn sie keine angemessene Teilhabe an der Gesellschaft hat und so ausgegrenzt ist. Liegt ein Einkommen unter den Ressourcen, die zu einer vollen Teilhabe nötig sind, so ist die Armutsgrenze unterschritten (in Deutschland 60 Prozent des Durchschnittseinkommens).
Armutsrisiko(-quote): Die Armutsrisikoquote (auch: Armutsgefährdungsquote) gibt den Bevölkerungsanteil an, dessen Nettoeinkommen pro Kopf weniger als 60 Prozent des statistischen Mittelwertes beträgt.

B

Bedarfsprinzip: Nach diesem Prinzip soll jeder Mensch ein Einkommen erhalten, das zu seiner Bedürfnisdeckung ausreicht.
Beihilfe: Finanzielle Unterstützung in Krankheits-, Geburts-, Pflege- und Todesfällen für Beamte, Soldaten und Berufsrichter, deren Kinder sowie deren Ehepartner, wenn diese nicht selbst sozialversicherungspflichtig sind.
Beveridge-Plan: Modell der sozialen Sicherung, vorgeschlagen von Wiliam Beveridge 1941. Danach sollen Sozialversicherungen weniger durch Beiträge als durch steuerbasierte öffentliche Dienste und staatliche Transfers finanziert werden.
Bruttoinlandsprodukt (BIP): Gesamte Wirtschaftsleistung innerhalb eines Gebiets (Land, Staat, Region) in einem bestimmten Zeitraum.
Bruttonationaleinkommen (BNE, früher: Bruttosozialprodukt): Die Summe aller Güter und Dienstleistungen in Landeswährung, die in einer Volkswirtschaft in einem bestimmten Zeitaum hergestellt/bereitgestellt werden. Bei der Berechnung des BNE wird vom Bruttoinlandsprodukt (BIP) ausgegangen. Von diesem werden diejenigen Erwerbs- und Vermögenseinkommen abgezogen, die ans Ausland geflossen sind, und die Einkommen addiert, die Inländer aus dem Ausland erhalten haben. Im Vergleich zum BIP bezieht sich das BNE eher auf Einkommensgrößen.
Budget: Haushalt bzw. Haushaltsplan.
Bundesagentur für Arbeit (BA): Verwaltungsträger der deutschen Arbeitslosenversicherung. Sie erbringt insbesondere Leistungen der Arbeitsvermittlung und -förderung sowie finanzielle Ersatzleistungen, z. B. das Arbeitslosengeld.
Bundeskartellamt: Oberste Wettbewerbsbehörde in Deutschland.
Bürgerversicherung: Der Grundgedanke der Bürgerversicherung ist, dass alle Bürger – also auch Unternehmer und Beamte – mit möglichst allen Einkommensarten (also auch Zinseinkünfte, Mieteinnahmen etc.) in den gesetzlichen Sozialversicherungen versichert sind.

C

Chancengerechtigkeit: Ein breit gefächertes Chancensystem soll unterschiedlichen Begabungen gerecht werden. Während bei der Chancengleichheit der Schwerpunkt auf Gleichheit der Chancen liegt, stellt die Chancengerechtigkeit die Aufstiegschancen in den Vordergrund.

D

Demografie (Bevölkerungswissenschaft): Wissenschaftliche Disziplin, die sich statistisch und theoretisch mit der Entwicklung von Bevölkerungen und deren Strukturen befasst.
Deregulierung: Abbau von Gesetzen, Verordnungen, Richtlinien mit dem Ziel, mehr Entscheidungs- und Wahlfreiheiten zu eröffnen und technische, wirtschaftliche und soziale Innovationen anzuregen.
Dienstleistungsgesellschaft: Gesellschaft, in der das Wirtschaftswachstum überwiegend durch den Konsum und die Produktion von Dienstleistungen getragen wird.

E

Ehrenamt: Freiwilliges (ehrenvolles) öffentliches Amt, das nicht an Einkommen gebunden ist.

Eigenverantwortung: Pflicht, Möglichkeit und Fähigkeit, für das eigene Denken, Handeln, Reden und Unterlassen Verantwortung zu übernehmen.
Einkommen (verfügbares): Einnahmen eines Privathaushaltes abzüglich Steuern und anderer Abgaben. Steht für Konsum zur Verfügung.
Elterliche Sorge: Sie beinhaltet die Pflicht und das Recht der Eltern, für das minderjährige Kind zu sorgen. Die elterliche Sorge umfasst die Sorge für die Person des Kindes (Personensorge) und das Vermögen des Kindes (Vermögenssorge).
Endogen: Etwas entsteht aus sich heraus, aus inneren Ursachen.
Erwerbspersonenpotenzial: Anzahl aller mindestens 15 Jahre alten Personen, die in Deutschland wohnen und dem Arbeitsmarkt zur Verfügung stehen.
Erwerbstätigenquote: Anteil aller Erwerbstätigen an der Bevölkerung (oder einer Bevölkerungsgruppe).
Existenzminimum (soziokulturelles): Das Mindestmaß an Nahrung, Kleidung, Wohnung, medizinischer Versorgung und kultureller Teilhabe.
Exklusion: Ausschluss, Ausgrenzung.

F

Fahrstuhleffekt: Mit Fahrstuhleffekt bezeichnet der Soziologe Ulrich Beck den Einfluss der Wohlstandsexplosion und des Wandels des Arbeitsmarktes auf die Gesellschaft Westdeutschlands seit dem Ende des Zweiten Weltkriegs. Beck sagt, dass sich die Einkommensunterschiede kaum verändert hätten, die Erhöhung des Wohlstands, der Zugewinn an Freizeit und die verbesserten Bildungschancen aber allen Bevölkerungsgruppen zuteil geworden seien. Das gesamte gesellschaftliche Gefüge befinde sich nun einige Etagen höher.
Familie: In soziologischer Hinsicht eine durch Partnerschaft, Heirat oder Abstammung begründete Lebensgemeinschaft.
Familienpolitik: Politische Maßnahmen, die Einfluss auf den Lebenszusammenhang und die Lebensführung von Familien nehmen.
Finanzkrise: Die 2008 in den USA beginnende Krise des Finanzsystems, die sich schließlich zu einer globalen Finanz- und Wirtschaftskrise entwickelte. Das globale Finanzsytem umfasst die Finanzmärkte (z. B. Kreditmärkte) und die finanzspezifischen Unternehmen (Banken, Versicherungen) sowie die für Finanzen zuständigen staatlichen Institutionen (Zentralbank, Aufsichtsbehörden). Zugleich sind auch Privatpersonen und Unternehmen, wenn sie das Finanzsystem in Anspruch nehmen, Teil des Systems und auch von dessen Krise betroffen.
Flexibilität: Anpassungsfähigkeit an wechselnde Umstände.
Fortbildung: Eine Fortbildung soll die Qualifikationen beeinflussen, die in einem Ausbildungsberuf erworben wurden. Sie sollen erhalten, erweitert, der technischen Entwicklung angepasst oder so ausgebaut werden, dass ein beruflicher Aufstieg möglich wird.
Fürsorgeprinzip: Nach diesem Prinzip greift der Staat ein, wenn sich Menschen in Not befinden und bedürftig sind. Insbesondere die Zahlung von Sozialhilfe oder Wohngeldzahlungen an einkommensschwächere Mieter beruht auf dem Fürsorgeprinzip.

G

Geburtendefizit: Wenn die Sterberate (z. B. Sterbefälle pro 1000 Einwohner) in einem Staat oder einer Region über der Geburtenrate (Geburten pro 1000 Einwohner) liegt, spricht man von Geburtendefizit.
Gehalt: In der Regel monatlich ausgezahlte Vergütung für Angestellte.
Gemeinwohl: Politisch-soziologische Bezeichnung für das Gemein- oder Gesamtinteresse einer Gesellschaft.
Generationenvertrag: Politische Bezeichnung für das Grundprinzip der gesetzlichen Rentenversicherung in Deutschland. Danach kommt immer der gerade arbeitende Teil der Bevölkerung für die Rentenzahlungen an den nicht mehr arbeitenden Teil auf.
Gesundheitskosten: Sie umfassen sämtliche Güter und Leistungen mit dem Ziel der Prävention, Behandlung, Rehabilitation und Pflege, die Kosten der Verwaltung sowie die Investitionen der Einrichtungen des Gesundheitswesens.
Gini-Koeffizient: Ein Maß für relative Konzentration bzw. Ungleichheit. Er kann einen Wert zwischen Null und Eins annehmen. Ein Gini-Koeffizient von Null bedeutet Gleichverteilung, ein Wert von Eins die Konzentration des gesellschaftlichen Reichtums auf eine Person.
Globalisierung: Prozess der zunehmenden weltweiten Verflechtung und Angleichung in den Bereichen Wirtschaft, Politik, Kommunikation u. a. m.
Grundeinkommen (bedingungsloses): Das bedingungslose Grundeinkommen ist ein sozialpolitisches Modell, nach dem jeder Bürger unabhängig von seiner wirtschaftlichen Lage vom Staat eine gesetzlich festgelegte und für jeden gleich hohe finanzielle Zuwendung erhält, für die keine Gegenleistung erbracht werden muss. Die Höhe des Grundeinkommens soll existenzsichernd sein.
Grundsicherung: Seit 2003 in Deutschland bestehende bedarfsorientierte Sozialleistung zur Sicherstellung des notwendigen Lebensunterhalts für ältere Menschen ab dem 65. Lebensjahr und für Bezieher von Erwerbsminderungsrente, deren Rente/Einkommen und Vermögen nicht für den Lebensunterhalt reicht.

H

Hartz-Gesetzgebung: Vier Gesetze (Hartz I bis IV) zur Reform des Arbeitsmarktes, die auf Vorschlag einer von Peter Hartz geleiteten Kommission vom Bundestag 2003 bis 2005 beschlossen wurden. Kern der Hartz IV-Gesetzgebung war die Zusammenführung von Arbeitslosenhilfe und Sozialhilfe zum Arbeitslosengeld II und die Reduzierung des Geldbetrags auf eine Pauschale.

I

Indikator: Anzeiger für bestimmte allgemeine Sachverhalte.
Individualisierung: Zunehmend individualistisch geprägte Lebensplanungen und Lebensweisen.
Industriegesellschaft: Eine Gesellschaftsform, in der das wirtschaftliche, soziale und kulturelle Leben wesentlich von den Bedingungen der industriellen Produktion geprägt ist. Charakteristisch für Industriegesellschaften ist z. B. eine hochgradige Arbeitsteilung.
Industriestaat: Ein Staat, in dem die Erwerbsbevölkerung vor allem im industriellen Sektor arbeitet.
Infrastruktur: Die langlebigen Grundeinrichtungen personeller, materieller oder institutioneller Art, die das Funktionieren einer arbeitsteiligen Gesellschaft und Volkswirtschaft garantieren.
Innovation: Neuerung, Erneuerung; unspezifisch meist im Sinne von Erfindung(en) verstanden. In der Volkswirtschaftslehre (Schumpeter) auch im Sinne neuer Produktionsweisen zu verstehen.
Institution: Bezeichnet soziologisch die sozialen Regelungsbereiche innerhalb des Gesamtsystems der Gesellschaft (z. B. Ehe, Beruf). Politologisch sind Institutionen Einrichtungen bzw. Organe oder Organisationen zur Regelung, Herstellung oder Durchführung

bestimmter Zwecke. Zum Beispiel ist ein Gericht eine Institution der Rechtssprechung.
Integrationspolitik: Politische Maßnahmen, die die Einbeziehung fremder bzw. neuer Gruppierungen in eine Gesellschaft fördern sollen, die zunächst oder neuerdings andere Werthaltungen vertreten, aus den verschiedensten Gründen von dieser ausgeschlossen (exkludiert) und teilweise in Sondergemeinschaften zusammengefasst waren.
Interessen: Ökonomische, soziale und politische Absichten und Forderungen, die an das politische System herangetragen werden.
Invalidenrente: Sie wird ausbezahlt an versicherte Personen, die als invalid eingestuft sind. Invalidität ist die dauernde Beeinträchtigung der körperlichen und/oder geistigen Leistungsfähigkeit aufgrund von Krankheit oder Gebrechen, die zu einer dauernden Dienst- beziehungsweise Berufsunfähigkeit geführt hat.

J

Jugendarbeitslosigkeit: Arbeitslosigkeit von jugendlichen Personen im Alter von 15 bis 24 Jahren.
Jugendpolitik: Maßnahmen zur Gestaltung der Lebensverhältnisse von Jugendlichen unter Berücksichtigung ihrer Bedürfnisse und Anliegen. Hierfür gibt es auf den verschiedenen staatlichen Ebenen (Bund, Länder, Kommunen) Ausschüsse, Gremien, Arbeitskreise, Jugendringe, Jugendverbände und lose Zusammenschlüsse.

K

Kinderzulagen: Zulage für Personen, die ein oder mehrere Kinder versorgen.
Klassen: Große gesellschaftliche Personengruppen, die ein gemeinsames soziologisches oder ökonomisches Merkmal und unterschiedliche bzw. gegensätzliche Interessen haben (z. B. Besitz bzw. Nichtbesitz von Produktionsmitteln).
Klassenkampf: In der marxistischen Theorie die sozialen und politischen Konflikte zwischen den gesellschaftlichen Klassen. Ursache der Konflikte sind die gegensätzlichen Interessen der Klassen.
Konjunktur: Die gesamte Wirtschaft oder einzelne Branchen betreffende Schwankungen von Produktion und Beschäftigung aufgrund von Veränderungen bestimmter ökonomischer Größen.
Konjunkturpolitik: Wirtschaftspolitische Maßnahmen, die den Konjunkturverlauf verstetigen sollen (siehe Konjunktur). Unter antizyklischer Konjunkturpolitik wird die auf Keynes zurückzuführende Konjunkturpolitik verstanden. Diese sieht in der Krise vor, dass der Staat sich verschuldet, um mit Hilfe von staatlichen Investitionen (Konjunkturprogramme) für Nachfrage zu sorgen und so auch die sozialen und finanziellen Folgelasten der Krise abzumildern. Die entstandenen Schulden sollen dann in der Phase wirtschaftlichen Aufschwungs wieder abgebaut werden.
Konkurrenz: Siehe Wettbewerb.
Konzentration (ökonomische): Zusammenballung wirtschaftlicher Macht durch den Zusammenschluss von Unternehmen.
Krankenkassen/Krankenversicherung: Krankenkassen sind Träger der Krankenversicherung und Teil des Gesundheitssystems und der Sozialversicherung. Krankenkassen und -versicherungen in Deutschland erstatten den Versicherten voll oder teilweise die Kosten für Therapien bei Krankheit, Mutterschaft und oft auch nach Unfall.
Kündigungsschutz: Gesamtheit der Regelungen aus dem Privatrecht, die die Kündigung eines Arbeitsvertrages erschweren oder ausschließen.

L

Langzeitarbeitslosigkeit: Arbeitslosigkeit, bei der ein Mensch ein Jahr oder länger ohne Arbeit ist.
Legislative: Gesetzgebende Gewalt; in der Bundesrepublik bestehend aus Bundestag, Bundesrat und Länderparlamenten.
Leiharbeit: Liegt vor, wenn Arbeitnehmer mit einer Zeitarbeitsfirma einen Vertrag abschließen und von dieser an andere Unternehmen für eine bestimmte Zeit „ausgeliehen" werden.
Liberalisierung (ökonomische): Befreiung des Handels von Beschränkungen z. B. durch Zölle.
Liberalismus: Gesellschaftskonzeption, die individuelle Freiheit und Selbstverantwortung betont.
Lohnabstandsgebot: Die Forderung, dass Einkommen aus Sozialtransfers deutlich unter den Einkommen liegen sollen, die untere Lohngruppen am Arbeitsmarkt erzielen. Nach dem Urteil des Bundesverfassungsgerichts zur Höhe der Hartz-IV-Regelsätze ist das Lohnabstandsgebot dem Recht auf Sozialleistungen, die eine menschenwürdige Teilhabe ermöglichen, untergeordnet.
Lohnstückkosten: Lohn(kosten) pro Leistungseinheit bzw. erzeugtem Gut.
Lohnnebenkosten: Kosten, die dem Arbeitgeber zusätzlich zum Lohn entstehen, wenn er Beschäftigte hat; dabei handelt es sich um Sozialbeiträge, Kosten für Aus- und Weiterbildung, Steuern und sonstige Aufwendungen.

M

Marginalisierung: Prozess, der Bevölkerungsschichten an den Rand der Gesellschaft drängt.
Markt: Das geregelte Zusammenführen von Angebot und Nachfrage an Waren, Dienstleistungen und Rechten.
Marktkonformität: Wirtschaftspolitische Maßnahmen sind marktkonform, wenn sie das Zusammenwirken von Angebot und Nachfrage nicht stören.
Marktwirtschaft: Wirtschaftsordnung, in der Produktion und Verteilung aller Güter und Dienstleistungen über Angebot und Nachfrage, also über Marktprozesse, frei gehandelt und getauscht werden (s. auch Soziale Marktwirtschaft).
Menschenwürde: Das Grundgesetz erklärt die Würde des Menschen für unantastbar (Art. 1 GG): Kein Mensch darf wie eine Sache behandelt, entrechtet, unmenschlichen und erniedrigenden Strafen und Behandlungsweisen ausgesetzt, gefoltert oder als so genanntes lebensunwertes Leben vernichtet werden.
Migration: Räumliche Mobilität von Individuen, Gruppen und Minderheiten z. B. zum Zwecke der Arbeitssuche. Migrationsprozesse können sich in Form von Land- oder Stadtflucht oder in Form von Ein- bzw. Auswanderung vollziehen.
Mindestlohn: Festsetzung einer Lohnuntergrenze (in einer bestimmten Branche) durch den Staat.
Mittelstandsgesellschaft: Der Soziologe Helmut Schelsky stellte 1953 die These auf, dass sich die soziale Schichtung in der Bundesrepublik durch eine steigende Mobilität stark verändere. Immer mehr Menschen würden aus den Unterschichten in die Mittelschicht auf- und aus der Oberschicht in die Mittelschicht absteigen, so dass letztere erheblich an Bedeutung gewinne.

N

Nachfrageorientierung: Sieht die gesamtwirtschaftliche Nachfrage als entscheidende Größe für Produktion und Beschäftigung.
Neoliberalismus: Spielart des Liberalismus, die eine freiheitliche, marktwirtschaftliche Wirtschaftsordnung mit den typischen Gestaltungsmerkmalen anstrebt (Privateigentum an den Produktionsmitteln, freie Preisbildung,

Wettbewerbs- und Gewerbefreiheit). Der Neoliberalismus lehnt staatliche Eingriffe in die Wirtschaft nicht ganz ab, will diese allerdings auf ein Minimum beschränken.
Nettoeinkommen: Einkommen, das dem Einzelnen nach Abzug aller Abgaben und Steuern für private Nutzung zur Verfügung steht.
Normalarbeitsverhältnis: Abhängiges Beschäftigungsverhältnis, das in Vollzeit und unbefristet ausgeübt wird. Dieses Beschäftigungsverhältnis besteht direkt in dem Unternehmen, mit dem der Arbeitnehmer einen Arbeitsvertrag hat. Bei Zeitarbeitnehmerinnen und -arbeitnehmern, die von ihrem Arbeitgeber an andere Unternehmen verliehen werden, ist das nicht der Fall.

O

OECD-Skala: Verfahren zur Durchführung internationaler Einkommensvergleiche. Der Hauptbezieher des Einkommens geht dabei mit dem Faktor 1,0 in die Gewichtung ein, alle anderen Mitglieder der Bedarfsgemeinschaft im Alter von mindestens 14 Jahren mit 0,5 (unter 14: 0,3).
OECD: Organisation für wirtschaftliche Zusammenarbeit und Entwicklung.
Ökonomie: Wirtschaft.

P

Pflegeversicherung: Versicherung zur Vorsorge hinsichtlich des Risikos der Pflegebedürftigkeit. Bei Pflegebedürftigkeit erbringt die Versicherung Geld- oder Sachleistungen, um die erforderliche Pflege ganz oder teilweise zu gewährleisten. Die Leistungen umfassen in der Regel auch die häusliche Pflege.
Postindustrielle Gesellschaft: Die der Industriegesellschaft nachfolgende Gesellschaftsform. Sie ist gekennzeichnet durch die zentrale Stellung des theoretischen Wissens und das zunehmende Übergewicht der Dienstleistungswirtschaft über die produzierende Wirtschaft.
Postmaterialismus: Ein Wertesystem, das sein Hauptaugenmerk nicht (mehr) auf die Befriedigung materieller Bedürfnisse legt.
Prekariat: Ein soziologischer Begriff, der ungeschützte Arbeitende und Arbeitslose als soziale Gruppierung beschreibt.
Prekarisierung: Tief greifender Wandel in der Arbeitswelt, nämlich die Zunahme von Arbeitsplätzen mit zu geringer Einkommenssicherheit, also von Arbeitsplätzen, mit denen der Betroffene seine Existenz nicht bestreiten kann.
Primäreinkommen: Bruttonationaleinkommen (BNE) abzüglich Abschreibungen.
Privatisierung: Veräußerung und Umwandlung öffentlichen Vermögens in Privateigentum. Privatisierung ist zumeist mit weiteren Formen der Entstaatlichung, Deregulierung etc. und dem Abbau öffentlicher Verantwortung verbunden.
Proletariat: Seit dem 19. Jahrhundert Bezeichnung für die abhängig beschäftigten Industriearbeiter.

R

Realeinkommen: Eine die Kaufkraft berücksichtigende Einkommensgröße. Maßstab ist die Menge an Waren und Dienstleistungen, die mit einem bestimmten Einkommen gekauft werden kann.
Rechtsanspruch: Gesetzlich gewährter Anspruch auf eine Sozialleistung (z. B. auf einen Kinderbetreuungsplatz).
Rentenversicherung: Versicherungssystem zur Absicherung nach der Zeit der Berufstätigkeit bzw. im Alter. Dabei werden die Leistungen für die gegenwärtigen Rentnerinnen und Rentner immer von der derzeit erwerbstätigen Bevölkerung bezahlt („Generationenvertrag"). Die individuelle Höhe der Rente wird mit Hilfe der so genannten Rentenformel berechnet. In sie gehen u. a. Dauer und Höhe der Einzahlungen in die Rentenversicherung ein.

S

Schicht (soziale): Ausgehend von der Annahme, dass Gesellschaften grundsätzlich oder wenigstens in ihren heutigen Formen hierarchisch aufgebaut sind, werden verschiedene Stufen („soziale Schichten") angenommen, in denen sich jeweils die sozialen Akteure befinden. Dabei werden objektive und subjektive Kriterien zur Einordnung unterschieden. Je nach Analyse entstehen dabei grafisch unterschiedliche Modelle der sozialen Schichtung, z. B. das von dem deutschen Soziologen Karl Martin Bolte entwickelte Zwiebel-Modell.
Solidarität: Prinzip, das sich gegen Vereinzelung und Vermassung richtet und die Zusammengehörigkeit, also Mitverantwortung und Mitverpflichtung betont. Grundlage für Solidarität können gemeinsame politische Überzeugungen sowie die wirtschaftliche oder soziale Lage sein.
Sozial: Das Wort bezeichnet wechselseitige Bezüge als eine Grundbedingung des Zusammenlebens, insbesondere des Menschseins. Es nimmt Bezug auf die Erkenntnis, dass der Mensch in der Regel in Gruppen lebt.
Sozialabzüge: Beiträge, die die Arbeitnehmer in Form von prozentualen Abzügen von ihrem Arbeitslohn für die Sozialversicherung entrichten.
Sozialbudget: Umfang aller Sozialleistungen und ihrer Finanzierung.
Sozialdumping: Billiges Exportangebot eines Landes aufgrund eines niedrigen Lohnniveaus bzw. niedriger Lohnnebenkosten (v. a. Sozialaufwendungen).
Soziale Frage: Im 19. Jh. entstandener Begriff für die Verelendung der arbeitenden Klasse (Industriearbeiterschaft). Er wird heute auch verwendet, um die Not in den so genannten Entwicklungsländern zu problematisieren.
Soziale Gerechtigkeit: Leitbild einer Gesellschaft, das die Verteilung der Güter an sozialen Kriterien ausrichten will (z. B. Würde des Menschen, Bildungschancen, gesellschaftlicher Friede).
Soziale Kontrolle: Darunter versteht man die gesellschaftlichen Mechanismen, die sowohl der Prävention von abweichendem Verhalten dienen als auch eine Reaktion auf abweichendes Verhalten darstellen. Soziale Kontrolle stellt somit den Versuch dar, gesellschaftlich erwünschte Verhaltensweisen zu erreichen.
Soziale Lage: Beschreibt die Lebensqualität und die Lebenschancen von Bevölkerungsgruppen. Bezugsgrößen sind beispielsweise (Aus-)Bildung, Beruf, Wohnen und Freizeit.
Soziale Marktwirtschaft: Wirtschaftsordnung, die auf der Basis kapitalistischen Wettbewerbs dem Staat die Aufgabe zuweist, sozialpolitische Korrekturen vorzunehmen und auf sozialen Ausgleich hinzuwirken (s. Marktwirtschaft).
Soziale Milieus: Gesellschaftliche Gruppen mit ähnlichen Lebenslagen, Lebensumständen und Vorlieben.
Soziale Mindeststandards: Standards bei der Ausgestaltung von Arbeitsverträgen (Arbeitszeit, Lohn, Sozialversicherung etc.) und für Arbeitnehmerrechte, die akzeptable Beziehungen zwischen Arbeitgebern und Arbeitnehmern sichern sollen.
Soziale Mobilität: Allgemein die Bewegung von Individuen oder Gruppen zwischen unterschiedlichen sozialökonomischen Positionen (Schichten, Klassen). Vertikale Mobilität: Ab- oder Aufstieg zwischen zwei sozialen Schichten/Klassen. Horizontale Mobilität: Veränderung des Berufs oder der Tätigkeit, ohne dass sich dabei die Schichten- oder Klassenzugehörigkeit ändert.

Soziale Schichtung: Siehe Schicht (soziale).
Soziale Sicherung: Sammelbegriff für die drei Säulen des Sozialsystems in Deutschland: Die gesetzlichen Sozialversicherungen (z. B. Arbeitslosenversicherung), die sozialen Versorgungssysteme (z. B. Wohngeld) und die Sozialfürsorge (z. B. Sozialhilfe).
Soziale Ungleichheit: Ungleiche Verteilung von Rang ,Status, Einkommen und Macht zwischen Menschen und Gruppen in einer Gesellschaft.
Soziale Sicherheit: Bestrebungen, die Folgen verschiedener Arten von Ereignissen auszugleichen, die als „soziale Risiken" bezeichnet werden.
Sozialgesetzbuch: Das Sozialgesetzbuch (SGB) fasst das in Deutschland geltende Sozialrecht in einem Gesetzbuch zusammen. Es besteht derzeit aus zwölf Teilen (Büchern). Eines der bekanntesten ist das SGB II (Grundsicherung für Arbeitssuchende, Hartz IV).
Sozialhilfe: Sozialleistung, die ein menschenwürdiges Leben sichern soll, wenn keine anderen Einkünfte bestehen.
Sozialindikatoren: Instrumente der Sozialwissenschaften, mit denen Lebensqualität, Gesamtzustand und Entwicklungsvorgänge einer Gesellschaft ermittelt und mit anderen Gesellschaften verglichen werden. Auf dieser Grundlage können dann objektive Lebensbedingungen und subjektive Zufriedenheit dargestellt werden.
Sozialleistungen: Oberbegriff für alle sozialen Leistungen des Staates.
Sozialpolitik: Überwiegend staatliche Maßnahmen zur Verbesserung der wirtschaftlichen und sozialen Lage von Teilen der Bevölkerung.
Sozialstaat: Ein Staat, der auch soziale Gegensätze und Spannungen abbaut oder ausgleicht.
Sozialstruktur: Die grundlegenden Wirkungszusammenhänge in einer Gesellschaft, in die die Individuen eingebunden sind (Familien-, Bildungs-, Wirtschafts-, Vermögens-, Bevölkerungsstruktur etc.). Die Sozialstruktur prägt die individuellen und kollektiven Verhaltensmöglichkeiten.
Sozialversicherung: Obligatorische Kollektivversicherung, die auf der organisierten Selbsthilfe beruht. Sie umfasst in Deutschland die fünf Versicherungszweige Arbeitslosenversicherung, Krankenversicherung, Pflegeversicherung, Rentenversicherung und Unfallversicherung.
Status: Stellung einer Person oder einer Gruppe innerhalb der Gesellschaft.
Subsidiarität: Subsidiarität bedeutet, dass staatliche Eingriffe und öffentliche Leistungen grundsätzlich nur dann erfolgen sollen, wenn die jeweils tiefere Ebene (z. B. der Einzelne, seine Familie, das Umfeld, die Kommune usw.) nicht die erforderliche Leistung zu erbringen vermag.
Subvention/en: Vorteile, die ein Staat ohne Gegenleistung Unternehmen, Haushalten oder anderen Staaten gewährt.

T

Teilzeitarbeit: Teilzeitarbeit liegt dann vor,wenn Arbeitnehmer regelmäßig kürzer arbeiten als vergleichbare Vollzeitarbeitnehmer.
Tertiarisierung: Im wirtschaftswissenschaftlichen Sinne die Entwicklung einer Ökonomie hin zur Dienstleistungs- oder Informationsgesellschaft.
Transfereinkommen: Einkommen, das durch den Staat ohne Gegenleistung in Form früherer Einzahlungen gewährt wird (Beispiel: ALG II).

U

Umlageverfahren: Finanzierungssystem, bei dem die durch Versicherungsbeiträge aufgebrachten Mittel direkt in die gesetzlich vorgeschriebenen Leistungen umgelegt werden.
Umverteilung: Die Verteilung von Einkommen und Vermögen auf verschiedene Wirtschaftsbereiche oder Personen bzw. Personengruppen.
Unfallversicherung: Sie hat zum Zweck, Arbeitsunfälle, Berufskrankheiten und arbeitsbedingte Gesundheitsgefahren zu verhüten und nach Eintritt von Arbeitsunfällen oder Berufskrankheiten die Gesundheit und die Leistungsfähigkeit der Versicherten mit allen geeigneten Mitteln wiederherzustellen. Die gesetzliche Unfallversicherung ist ein Zweig der Sozialversicherung.

V

Vermögen: Die Gesamtheit aller Güter und Ansprüche auf Güter (Geld, Aktien) im Eigentum eines Menschen oder einer Organisation.
Versicherungsprinzip: Grundprinzip der kollektiven Risikoübernahme. Viele zahlen einen Geldbetrag in einen gemeinsamen Geldtopf ein, um beim Eintreten des Versicherungsfalles aus diesem Geldtopf einen Schadensausgleich zu erhalten. Da der Versicherungsfall nur bei wenigen Versicherten eintritt, reicht der Geldtopf für die Auszahlung des Schadensausgleichs aus. Voraussetzung ist, dass der Umfang der Schäden statistisch abschätzbar und der benötigte Beitrag bestimmbar ist.
Versorgungsprinzip: Grundsatz für die Zahlung staatlicher Leistungen. Nach diesem Prinzip werden einzelne Bürger entschädigt, die Opfer oder besondere Leistungen für die Gemeinschaft erbracht haben. Zur Versorgung führt nicht die eigene Vorsorge durch Beitragsleistung wie beim Versicherungsprinzip, sondern die Finanzierung aus Steuermitteln.
Verteilungsgerechtigkeit: Die Gerechtigkeit von Verteilungsregeln und ihren Ergebnissen.
Vorruhestand: Zeitspanne zwischen dem Beenden der Erwerbstätigkeit und dem Eintritt des gesetzlich festgelegten Renten- bzw. Pensionsalters.

W

Wettbewerb: In der Wirtschaftswissenschaft das Streben von mindestens zwei Akteuren (Wirtschaftssubjekten) nach einem Ziel. Dabei bedingt der höhere Zielerreichungsgrad des einen Akteurs einen niedrigeren Zielerreichungsgrad des anderen.
Wissens- und Informationsgesellschaft: Eine Gesellschaftsform in hochentwickelten Ländern, in der das individuelle und kollektive Wissen sowie seine Organisation zur Grundlage des sozialen und ökonomischen Zusammenlebens wird.
Wohlfahrtsstaat: Bezeichnung für einen Staat, der eine Reihe von Maßnahmen, Programmen und Politiken anwendet, die der sozialen, materiellen und kulturellen Wohlfahrt der Bevölkerung dienen.
Wohlstandsgesellschaft: In den 1960er-Jahren entstandene Bezeichnung für eine Gesellschaft, die dem überwiegenden Teil der Bevölkerung die Befriedigung materieller Bedürfnisse weit über dem Existenzminimum bietet.
Wohngeld: In Deutschland die staatliche Unterstützung für Bürger, die aufgrund ihres geringen Einkommens einen Mietzuschuss erhalten.

Z

Zivilgesellschaft (auch: Bürgergesellschaft): Der Begriff bezeichnet in der Soziologie und in der Politik eine Form gesellschaftlicher Tätigkeit, die nicht Folge staatlichen Handelns ist, sondern sich der Aktivität und der Kooperation einzelner Menschen oder gesellschaftlicher Gruppen verdankt.

Register

A

Agenda 2010 94
AGIL-Schema 193
Allgemeine Ortskrankenkasse (AOK) 138
Almosen 8, 66
Almosensteuer 8
Alters- und Invaliditätsversicherung 64, 109
Altersarmut 103
Alterssicherung 122, 124, 126
Analyse von Grafiken (Methode) 248, 249
Analyse von Karikaturen (Methode) 250
Analyse von Tabellen (Methode) 252
Analyse von Texten (Methode) 251
Anrechtsprinzip 177
Aquin, Thomas von 66, 67
Äquivalenzeinkommen 24, 28
Äquivalenzprinzip 112, 113
Arabischer Frühling 223
Arbeit 202
Arbeiten mit Texten (Methode) 254
Arbeitgeberverbände 156, 157, 163
Arbeits- und Gesundheitsschutz 90
Arbeitsbeschaffungsmaßnahmen (ABM) 135
Arbeitsförderung 135
Arbeitsgesellschaft 204
Arbeitslosengeld 137, 151, 175
Arbeitslosengeld I (ALG I) 135
Arbeitslosengeld II (ALG II) 135, 166, 169
Arbeitslosenquote 144, 165, 200
Arbeitslosenversicherung 72, 80, 82, 108, 112, 113, 119, 121, 124, 134, 136, 141
Arbeitslosigkeit 7, 32, 52, 77, 94, 107, 108, 112, 118, 134, 141, 143, 144, 147, 151, 162, 164, 175, 213
Arbeitsmarkt 90, 105
Arbeitsmarktpolitik 100, Arbeitsmarktpolitik 136, 151
Arbeitsrecht 87
Arbeitsschutz 87
Arbeitswerttheorie 46
Arbeitszeitverkürzung 204
Arbeitszeitvorschriften 90
Armenhäuser 8
Armut 8, 20, 21, 22, 23, 27, 32, 33, 77, 104, 164, 183, 188
Armutsgefährdungsschwelle 28
Armutsgefährdungsquote 24
Armutsgrenze 162
Armutsquote 162
Armutsrisiko 29, 30
Armutsrisikoquote 29
Asylsuchende 50
Aufklärung (18. Jahrhundert) 190
Ausbildungsförderung 87, 119, 120
Ausländerfeindlichkeit 213
Australien 139
Automatisierung 203

B

Bebel, August 64
Bedarfsprinzip 17, 128, 177
Beitragsbemessungsgrenze 110, 124
Belgien 133
Berufsprestige 39
Betriebskrankenkasse 138
Betriebsräte 156
Bevölkerungsstruktur 196
Bildung 180
„Bildungsexpansion" 54
Bildungsreform 214
Bismarck, Otto von 65, 71, 72, 109
Bismarck'sche Sozialgesetzgebung 120, 128, 133, 139
Blair, Tony 60
Bolte, Karl Martin 48
Boltezwiebel 48
Bourgeoisie 46
Bruttoeinkommen 8, 9
Bruttoinlandsprodukt (BIP) 141
Bundesanstalt für Arbeit 95
Bundesausbildungsförderungsgesetz (BaföG) 109, 170
Bundessozialhilfegesetz (BSGH) 106
Bundesverfassungsgericht 96
Bürgergesellschaft 242
Bürgerinitiativen 187
Bürgerversicherung 75
Butterwegge, Christoph 109, 111

C

Chancengerechtigkeit 60
Chancengleichheit 170
Coleman, James 194
Comte, Auguste 190

D

Dahrendorf, Ralf 48, 229
Dänemark 133, 136
Dänemark 137, 139, 173
DAX-Unternehmen 20
Dekommodifizierung 68, 69
Demografie 197
Demografischer Wandel 142
Demokratisierung 192
Deskriptive und präskriptive Aussagen (Methode) 265
Deutsche Demokratische Republik (DDR) 187
Deutscher Gewerkschaftsbund (DGB) 97, 163, 156, 164
Deutschland 136, 137, 173
Dezile 11, 12, 13
Diagramme 249, 252
Dienstleistungen 81, 188
Dienstleistungsgesellschaft 54
Dreistadiengesetz (Comte) 190
Dritter Sektor 92, 114
Dritter Weg 60
Durchschnittseinkommen 22
Dynamisierte Pflichtgrenze 128

E

Egalitätsprinzip 17
Ehernes Lohngesetz 46
Eine Debatte führen (Methode) 273
Einkommen 181, 182
Einkommen 8, 13, 16, 34, 35, 38, 47, 60
Einkommensarmut (s. Working Poor) 29, 31
Einkommensteuer 60
Einkommensungleichheiten 8, 146
Einkommensverteilung 16, 17, 35
Einzelarbeit 261
Elterngeld 119, 120
Emanzipation 192, 216
Engels, Friedrich 64
Entgeltfortzahlung (im Krankheitsfall) 90
Erbschaftsteuer 27
Ersatzkasse 138
Erwerbsquoten 202
Esping-Andersen, Gosta 68, 69
Etatismus 68, 69
Eucken, Walter 237
Europäische Union (EU) 22, 82, 83
Europäisches Sozialmodell 69, 73
Existenzminimum 154, 168

F

Faktoreinkommen 8
Fallanalyse (Methode) 256, 257
Familie 172, 173, 189, 206, 207, 208, 209, 210
Familienbezogene Leistungen 174
Familienformen 172
Familiengerechtigkeit 70
Familienpolitik 72, 174, 175
Finanzmärkte 147
Finnland 136, 137
Finnland 149
Flächentarifverträge 158
Flexibilisierung 203
Flüchtlinge 50
Fordismus 218
Frankreich 133, 136, 137, 173
Funktionalismus 58, 72

Fürsorge 120, 122
Fürsorgemodell 119

G
Geburtenrate 31
Geburtenrückgang 189
Geißler, Rainer 49
Gemeinwohlklausel 87
Generationengerechtigkeit 70
Gentrifizierung 222
Gesundheitsfonds 129, 130
Gewerkschaften 64, 72, 113, 151, 156, 157, 158, 163, 165
Giddens, Anthony 193, 194
Gini-Koeffizient 18, 19, 99
Gleichheitsprinzip 177
Global Compact 232, 234, 235
Globalisierung 63, 104, 146, 147, 203, 225, 226, 227, 228, 229, 230, 231, 236, 237, 238
Gossen, Hermann Heinrich 17
Großbritannien 127, 133, 136, 137, 139, 149
Grundgesetz 154, 155
Grundgesetz 86, 87, 88, 90
Grundrente 122, 126
Grundsicherung 75, 135, 162, 166
Gruppenarbeit 261
Gruppenpuzzle (Methode) 258

H
Habermas, Jürgen 195
Hartz-Gesetze 60, 94, 95, 96, 97, 118, 141, 163, 166, 168, 169
Haushalt 9
Haushaltseinkommen 9, 11, 12, 21, 76, 98
Hausmodell (Dahrendorf) 48, 49
Hausmodell (Geißler) 49
Historischer Materialismus 190
Hradil, Stefan 50
Human Development Index (HDI) 19
Hundt, Dieter 156

I
Imperialismus 191
Indikatoren 68
Indirekte Steuern 81
Individualisierung 39, 44, 192, 210, 211, 212, 214, 225, 244
Industrieländer 226
Industrielle Revolution 206
Inglehart, Ronald 216, 217
Innungskrankenkasse 138
Integration 201
Invalidität 77
Irland 149
Italien 130
Italien 133, 136, 137

J
Japan 139
Jugendarbeitslosigkeit 221
Jugendproteste 220

K
Kapitaldeckungsverfahren 127
Kapitalismus 240
Kernfamilie 209, 215
Kinderfreibetrag 175
Kindergeld 119, 120 175
Klasse 40, 46, 47, 54
Klassenkampf 46
Klassenlage 42, 43
Klausuren (Methode) 270
„Klimakatastrophe" 187
Knappschaftskassen 138
Koalitionsfreiheit 90, 157
Konflikttheorie 58
Kooperatives Lernen 259
Koran 8, 67
Korporatismus 68, 69
Krankenversicherung 64, 80, 82, 109, 112, 119, 121, 124, 128, 131, 143, 150
Kriegsopferversorgung 119
Kündigungsschutz 90, 111
Kurzvortrag/Impulsreferat (Methode) 272

L
Landwirtschaftliche Sozialversicherung 138
Langzeitarbeitslosigkeit 105, 175, 162, 164
Lassalle, Ferdinand 64
Lebenserwartung 178
Lebenslage 47, 77
Leistungsgerechtigkeit 70
Leistungsprinzip 16, 17, 177
Liebknecht, Wilhelm 64
Lohnersatzleistungen 81
Lohnnebenkosten 113, 148
Lohnsteuer 9, 15
Lorenzkurve 18, 19
Luhmann, Niklas 195
Luxemburg 133, 139

M
Maastricht-Kriterien 228
Mackenroth, Gerhard 81
Manager 20
Manipulation 253
Marktwirtschaft 17, 100
Marx, Karl 64, 190, 191
Materialismus 217
Median 24
Medianeinkommen 31, 35
Mehrwert 46
Mehrwertsteuer 15
Merkel, Angela 143
Miegel, Meinhard 204
Migration 31, 50, 52, 56, 57, 189, 197, 199, 200
Milieu 44, 45, 46, 51, 57, 211, 212, 241, 244
Mindestlohn 60, 158, 160, 161, 163, 164, 165, 227, 239
Mindestrente 126
Mineralölsteuer 15
Minijobs 94
Mittelschicht 32, 33, 34, 35, 49, 244
Modernisierung 44, 192, 195
Monopolkontrolle 239
Mortalität 178, 179

N
Nachhaltigkeit 243
Nationaler Gesundheitsdienst (National Health Service) 149
Negt, Oskar 204
Neoliberalismus 111, 113
Nettoäquivalenzeinkommen 9
Nettoeinkommen 8, 9
Nettovermögen 15
Neuseeland 133
Nichtregierungsorganisationen (NGOs) 234, 235
Niederlande 127, 131, 136, 137, 149
Niedriglöhne 160, 161, 163
Nominaleinkommen 8
Normalarbeitsverhältnis 144, 147
Norwegen 133, 139

O
Obdachlose 102
OECD 11, 21, 56, 99, 133, 149, 234
Ökosoziale Marktwirtschaft 238
Operatoren 270
Ordoliberalismus 237, 238
Österreich 136, 137

P
Parsons, Talcott 193, 194
Parteien 47, 72
Pflegebedürftigkeit 77
Pflegeversicherung 80, 82, 119, 121, 138, 139, 143
PISA 56, 180
Placemat (Methode) 260, 261

Pluralisierung (Lebensstile) 211, 212, 214, 244
Politische Urteilsbildung (Methode) 247, 262, 263
Portugal 133
Postfordismus 218
Postmaterialismus 217
Präsentation (Methode) 266
Prekariat 28, 213
Private Altersvorsorge 143
Private Krankenversicherung (PKV) 128, 129, 150
Privateigentum 238
Privatisierung 68, 69
Produktionsmittel 46, 47
Proletariat 46

R

Rational-Choice-Ansatz 194
Rationaliserung 192
Rationalisierung 203
Rawls, John 16
Realeinkommen 8
Recherche (Methode) 268
Referieren 267
Regelsätze 167
Rehabilitation 138
Reichtum 7, 15, 20, 33, 60, 183
Rekommodifizierung 151
Rente 109, 125, 143, 147, 168
Rentenberechnung 125
Rentenformel 125
Rentenreform (von 1957) 75
Rentenversicherung 80, 82, 110, 124, 112, 119, 121, 124, 128, 177
Rentner 110
Residualismus 68, 69
„Riester-Rente" 95

S

Sach- und Werturteile (Methode) 264
Säkularisierung 192, 195
Schicht 40, 46, 47, 52
Schichtstruktur 43
Schröder, Gerhard 60, 106, 107
Schulpflicht 209
Schulze, Gerhard 51, 215
Schumpeter, Joseph 218, 219
Schweden 136, 139, 149, 173
Schweiz 127, 133, 136, 137, 139
Schwellenländer 60
Segregation 244
Sekundärer Sektor 53
Selbstverwaltung 785
Single 244
Solidarprinzip 75, 115
Sommer, Michael 156
Sozialabbau 93
Sozialabgaben 10
Sozialbudget 80
Sozialdarwinismus 192
Soziale Differenzierung 38
Soziale Durchlässigkeit 54, 55
Soziale Gerechtigkeit 17, 59, 73, 108, 114, 176
Soziale Herkunft 55
Soziale Lage 41, 44, 46, 52
Soziale Marktwirtschaft 108, 236, 237, 238
Soziale Mobilität 52
Soziale Schichtung 49
Soziale Sicherheit 88, 90, 108, 112, 117, 118, 119, 122, 140, 148, 155, 157, 163
Soziale Ungleichheit 7, 8, 16, 18, 50, 53, 222, 244, 58, 59
Sozialer Aufstieg 54
Sozialer Status 53
Sozialer Wandel 71, 185, 186, 187, 188, 194, 195, 197, 214, 220
Sozialgeld 135, 166, 169, 175
Sozialgesetzbuch 89, 131, 134, 166, 167, 168, 169
Sozialgesetzbuch (SGB) 89
Sozialgesetzgebung (Bismarck) 64, 118
Sozialhilfe 32, 87, 89, 107, 108, 110, 113, 166, 168
Sozialkapital 92
Sozialkosten 230
Sozialleistung 168
Sozialleistungen 9, 154
Sozialleistungsquote 78, 141, 149
Sozialpolitik 100, 112, 113, 114, 120, 150, 151, 172, 225
Sozialpolitik 8, 27, 37, 63, 64, 65, 66, 67, 68, 70, 71, 74, 75, 76, 77, 78, 79, 80, 82, 86, 90, 91, 92, 96, 97, 98, 100
Sozialprodukt 80, 81
„Sozialschmarotzer" 106
Sozialstaat 71, 72, 85, 86, 87, 90, 88, 91, 92, 98, 99, 100, 101, 106, 108, 109, 110, 112, 111, 114, 115, 117, 118, 143, 146, 148, 149, 150, 153, 154, 176, 225, 226, 227, 228, 230, 231, 236, 237, 240, 242
Sozialstaatsgebot 155
Sozialstaatsprinzip 85, 87, 88
Sozialstaatsverpflichtung (im Grundgesetz) 85
Sozialstandards 233, 236, 238
Sozialstruktur 37, 38, 39, 185, 186, 218
Sozialversicherung 11, 65, 72, 75, 80, 87, 100, 109, 117, 119, 120, 121, 122, 123, 126, 128, 132, 136, 143, 148, 150, 228
Sozialversicherungsmodell 119
Sozialversicherungsrente 123
Sozio-ökonomisches Panel (SOEP) 10, 183
Spanien 133, 139, 149
Spitzensteuersatz 60
Standortwettbewerb 230, 236
Statistiken 249, 252, 253
Steuern 10, 74
Steuerquote 113
Struktureller Wandel 144
Strukturfunktionalismus 193
Strukturwandel 65, 218
Studentenbewegung 187, 212
Studiengebühren 171
Subsidiaritätsprinzip 75, 112
Subventionen 9
Szenariotechnik (Methode) 240, 241, 245, 274
Szenariotrichter 276

T

Tarfiverträge 164
Tarifautonomie 90, 157
Tarifbindung 158
Tariflohn 158
Tarifparteien 156
Tarifpolitik 60, 156, 157
Tarifsystem 164
Tarifverhandlungen 158, 159
Tarifvertrag 90, 157, 158
Tarifvertragswesen 100
Terrorismus 187
Tertiärer Sektor 53
Tertiarisierung 53, 144
Textarbeit (Methode) 247, 258
Textkritik 251
Textsorten 251
Thatcher, Margaret 60
Transfer 9, 11, 98, 100

U

Umgang mit Theorien (Methode) 269
UNESCO 200
Unfallversicherung 80, 82, 109, 119, 132, 133
UNO (Vereinte Nationen) 232, 234, 235
Unternehmenseinkommen 10
USA (Vereinigte Staaten von Amerika) 133, 139

V

Vermögen 14, 16
Vermögenseinkommen 10
Vermögenskonzentration 27
Vermögensteuer 15
Vermögensverteilung 14, 17
Versicherung 120
Versicherungspflicht 121
Versicherungsschutz 121
Versorgung 120

Versorgungsmodell 119
Verteilungsgerechtigkeit 70
Vertragsfreiheit 238
Von Hayek, Friedrich August

A

Wachstumsgesellschaft 243, 244
Währungspolitik 239
Wandel der Arbeit 202
Weber, Max 42, 47
Weltbank 147
Weltfinanzkrise 187
Weltwirtschaft 187
Weltwirtschaftskrise 83
Wertewandel 214, 216
Wiedervereinigung 187
Wirtschaftskreislauf 82
Wirtschaftspolitik 239
„Wirtschaftswunder" 187
Wissensgesellschaft 243, 244
Wohlfahrtsregime 68
Wohlfahrtsstaat 72, 83, 93, 109, 111, 148
Wohngeld 108, 119, 120, 169
Working Poor (s. Einkommensarmut) 162
World Trade Organization (WTO) 238

Z

Zakat 8, 67
Zweiter Weltkrieg 187

Bildquellenverzeichnis

akg-images: 47, 66 (Erich Lessing), 73, 225 u.r.; Harm Bengen, Norden: 135; Martin Erl, Ingolstadt: 184; Fotolia: 7 o.m. (CandyBox Images), 272 (DragonImages); Martin Guhl, Stein am Rhein: 133; imago sportfotodienst: 216 (imago stock&people); INTERFOTO: 47 (Sammlung Rauch), 237 u. (Archiv Friedrich), 185 o.m. (Friedrich), 190 o. (Mary Evans); Kostas Koufogiorgos, Stuttgart: 36, 113, 116, 149, 223, 250; laif – Agentur für Photos und Reportagen: 185 o.r., 185 u.r. (beide: W. P. vd Hoef/Spaarnestad Photo); Gerhard Mester, Wiesbaden: 110, 123, 201, 234, 243; Annette Pflügner, Mörfelden-Walldorf: 259 (4x); picture-alliance/ ©dpa: 7 o.l. (Wolfram Steinberg), 7 o.r. (Sven Simon [Fotomontage]), 7 u.l. (Bernd Thissen dpa/lnw), 7 u.m. (Jens Kalaene), 7 u.r. (Patrick Pleul), 8 (Arno Burgi), 20 o.l. (augenklick/fi), 20 o.m. (Matthias Schrader), 20 o.r. (Maurizio Gambarini), 20 u.l. (AP Photo/Michael Probst), 20 u.m. (Federico Gambarini), 20 u.r. (AP Photo/Uwe Lein), 23 (dpa-infografik), 28, 37 o.l. (EPA/Hugo Burnand/ Clarence House), 37 o.m. (Wolfram Steinberg), 37 o.r. (Arco Images), 37 u.l. (Marius Becker/dpa lhe), 37 u.m. (©PHOTOPQR/Nice Matin/Eric Duliere), 37 u.r. (Joker), 38 l. (Rainer Jensen), 38 r. (Bernd Settnik), 46 (HisPer), 48 (Handout dpa/lby), 48 (Jörg Schmitt), 50 (Horst Galuschka), 51 (David Ebener dpa/lby), 59 (Österr. Nationalbibliothek), 63 o.l. (Wolfgang Kumm), 63 o.m. (Markus Heine dpa/lbn), 63 o.r. (Zentralbild), 63 u.l. (Inga Kjer), 63 u.m. (Jan Woitas), 63 u.r. (Zentralbild), 64 (Berliner Verlag/Archiv), 85 o.l. (Tim Brakemeier), 85 o.m. (Jens Kalaene/ZB), 85 o.r. (Bernd Wüstneck), 85 u.l. (Berliner Verlag/Steinach), 85 u.m. (Kai Remmers), 85 u.r. (Uli Deck dpa/lsw), 87 (Peter Steffen dpa/lni), 96 (Peer Grimm dpa/lbn), 102 (Wolfram Steinberg), 103, 105 (Armin Weigel dpa/lby), 109 (Oliver Berg), 117 o.l. (dpa Themendienst), 117 o.m. (Klaus Rose), 117 o.r. (Waltraud Grubitzsch), 117 u.l. (Jens Wolf), 117 u.m. (Joker), 117 u.r.. (Stephan Jansen), 128 (Schoening/CBF Steglitz), 137 (EPA/Etienne Laurent),), 147 (Boris Roessler dpa/ lhe), 153 o.l. (Ralf Hirschberger), 153 o.m. (Jens Büttner), 153 o.r. (Jens Kalaene/ZB), 153 u.l. (Wolfgang Kluge), 153 u.m. (Guido Meisenheimer), 153 u.r. (Jochen Lübke), 154 (Bernd Weißbrod dpa/lsw), 156 o., 156 u. (Tobias Hase), 158 (Jens Büttner/ZB), 164 (Robert B. Fishman, ecomedia), 171 (AP Photo/Eckehard Schulz), 185 o.l., 185 u.l. (Andreas Lander/dpa-report), 185 u.m. (Bildagentur Online), 187 l. (presse-bild-p), 187 r. (Horst Ossinger), 190 u. (HisPer), 191 (Leemage), 193 u., 195 (Arne Dedert dpa /rc), 197 (Soeren Stache), 204 o. (Arno Burgi/dpa Zentralbild), 204 u., 209 (Jan-Philipp Strobel), 211 (Icon Images), 213, 218 (Hans Blossey), 219 (dpa-report), 221 (Wolfgang Kumm), 222 (Wolfram Steinberg), 225 o.l. (Kay Nietfeld/lno), 225 o.m. (Uli Deck dpa/lsw), 225 o.r. (Photoshot), 225 u.l. (Frank Rumpenhorst dpa/lhe), 225 u.m. (Action!Kidz), 228 (Marijan Murat dpa/lsw), 232 (EPA/Martial Trezzini), 247 l. (dpaweb), 247 m., 247 r. (Thomas Lehmann/dpa-report), 264 (Maurizio Gambarini dpa/lbn); Thomas Plassmann, Essen: 151; Heiko Sakurai, Köln: 226; Jan Tomaschoff, Düsseldorf: 34; Götz Wiedenroth, Flensburg: 237 o.; Bernd Zeller, Jena: 93